U0896275

国网北京市电力公司年鉴

2019年

《国网北京市电力公司年鉴》编委会

中国电力出版社
CHINA ELECTRIC POWER PRESS

图书在版编目（CIP）数据

国网北京市电力公司年鉴. 2019 年 /《国网北京市电力公司年鉴》编委会组编. —北京：中国电力出版社，2019.8

ISBN 978-7-5198-3339-8

Ⅰ. ①国… Ⅱ. ①国… Ⅲ. ①电力工业－工业企业－北京－2019－年鉴 Ⅳ. ①F426.61－54

中国版本图书馆 CIP 数据核字（2019）第 129531 号

出版发行：中国电力出版社
地　　址：北京市东城区北京站西街 19 号（邮政编码 100005）
网　　址：http://www.cepp.sgcc.com.cn
责任编辑：刘丽平　穆智勇　王蔓莉
责任校对：黄　蓓　太兴华
装帧设计：张俊霞
责任印制：石　雷

印　　刷：北京盛通印刷股份有限公司
版　　次：2019 年 8 月第一版
印　　次：2019 年 8 月北京第一次印刷
开　　本：889 毫米×1194 毫米　16 开本
印　　张：19.5
字　　数：672 千字
印　　数：0001—1000 册
定　　价：158.00 元

特 约 撰 稿 人

白雪莹　　国网北京市电力公司办公室（党委办公室）
张　晶　　国网北京市电力公司发展策划部
马晓燕　　国网北京市电力公司党委组织部（人事董事部）
王希菁　　国网北京市电力公司人力资源部（社保中心）
李　刚　　国网北京市电力公司财务资产部
宗晓茜　　国网北京市电力公司安全监察部（保卫部）
李　戎　　国网北京市电力公司设备管理部（政治供电办公室）
周晓梅　　国网北京市电力公司建设部
耿　涛　　国网北京市电力公司营销部（农电工作部）
帅　萌　　国网北京市电力公司科技部
张　璇　　国网北京市电力公司物资部（招投标管理中心）
赵　悦　　国网北京市电力公司审计部
门吉光　　国网北京市电力公司监察部（纪委办公室、巡查办）
于宝来　　国网北京市电力公司党建工作部（思想政治工作部、机关党委、公司团委）
张文旭　　国网北京市电力公司离退休工作部
楚济祥　　国网北京市电力公司经济法律部（体改办）
刘丽娜　　国网北京市电力公司党委宣传部（对外联络部）
韩戈齐　　国网北京市电力公司后勤工作部
赵　飞　　国网北京市电力公司互联网部
韩帅斌　　国网北京市电力公司电力调度控制中心
范晓辉　　国网北京市电力公司工会
刘园园　　国网北京市电力公司企协分会
鲁秦圣　　国网北京市电力公司电力交易中心
李　根　　国网北京城区供电公司
苏韵涵　　国网北京通州供电公司

朱锦标　　国网北京朝阳供电公司

李丹丹　　国网北京海淀供电公司

李　放　　国网北京丰台供电公司

赵　飞　　国网北京石景山供电公司

孙立东　　国网北京亦庄供电公司

党　剑　　国网北京昌平供电公司

谭久俞　　国网北京门头沟供电公司

侯　冲　　国网北京房山供电公司

曹　觐　　国网北京大兴供电公司

张　强　　国网北京平谷供电公司

杨海霞　　国网北京怀柔供电公司

孙佩佳　　国网北京密云供电公司

蔡溪源　　国网北京顺义供电公司

颜　渊　　国网北京延庆供电公司

张　健　　国网北京市电力公司经济技术研究院

张祎果　　国网北京市电力公司科学技术研究院

秀景琪　　北京电力工程有限公司

刘　丛　　国网北京市电力公司检修分公司

王　辉　　国网北京市电力公司信息通信公司

娄　强　　国网北京市电力公司培训中心

邢晓溪　　国网北京市电力公司物资供应分公司

居　然　　国网北京市电力公司综合服务中心

胡晨同　　国网北京市电力公司客户服务中心

张　鹏　　国网北京电动汽车服务有限公司

刘　星　　国网北京市电力公司建设咨询公司

金　建　　北京供用电建设承发包公司

董　凤　　国网北京电力物业管理公司

贾忱然　　北京市城市照明管理中心

姚　澜　　集体企业管理办公室（北京华商伟业资产管理有限公司）

编 辑 说 明

1 《国网北京市电力公司年鉴》是国网北京市电力公司（以下简称公司）的企业年鉴，是一部集史实性和资料性为一体的综合性工具书。本年鉴每年编纂出版一期，按年度记载公司的重大事项、专业工作和所属各单位的基本情况。本期是第 15 期，记载年度为 2018 年度。

2 本年鉴的编纂宗旨是：全面、系统、真实地反映公司在北京地区电网规划与建设中取得的成绩，总结公司生产经营工作的创新经验，弘扬公司干部职工的奉献精神，展示公司服务首都经济社会发展的企业风采。

3 本年鉴采用文章和条目两种载体，以条目体为主，用规范的记述文体，直陈其事，文字力求言简意赅。同时，文中选配具有一定史料价值的图片，力求图文并茂。

4 本年鉴的框架结构由篇目、栏目、条目 3 个层次组成。共设有 15 个篇目，即特载，公司概况，电网发展，企业管理，安全生产，电网运行与电力市场，科技信息，党的建设与精神文明建设，供电公司，业务支撑机构及其他单位，产业管理，公司荣誉，大事记，重要文献，统计资料。

5 本年鉴的编辑工作是在公司直接领导下进行的。稿件由公司各部门、各单位的专人负责撰写，经部门、单位领导审核后，由年鉴编辑部汇总编辑并经年鉴编辑专家组反复审核定稿。

6 本年鉴编辑工作得到了公司各部门、各单位的高度重视和大力支持，在此谨致谢意，并欢迎提出改进意见。

篇　目 / Sections

目　录

安全生产

电网运行与电力市场

科技信息

党的建设与精神文明建设

供电公司

业务支撑机构及其他单位

产业管理

公司荣誉

大事记

重要文献

统计资料

Table of Contents

Enterprise Management

Safe Production

Power Grid Operation and Power Market

Science and Technology Information

Party Building and Cultural-Ethical Standards Improvement

Power Supply Companies

Business Support Institutions and Other Units

Industrial Management

Awards and Recognitions

Memorabilia

Important Documents

Statistics

特　　载

吴国健　摄

领导关怀

郝鹏调研并检查春节保电工作

2 月 7 日，国资委党委书记郝鹏一行赴国家电力调度控制中心、北京公司调研检查春节保电工作，看望慰问国家电网公司一线员工。国家电网公司董事长、党组书记舒印彪，总经理、党组副书记寇伟，党组副书记、副总经理辛保安，副总经理张智刚陪同调研。

■ 2 月 7 日，郝鹏到北京公司调研并检查春节保电工作。

（程伟　摄）

郝鹏一行在听取北京公司春节期间保电工作等情况汇报后，对北京公司春节安全供电保障工作给予高度评价，并代表国资委对公司全体员工表示问候和感谢。他指出，北京公司在历次重大供电保障任务中，尤其是党的十九大重大保电任务中，充分发挥了国企“六个力量”的作用，做到了供电安全可靠。

舒印彪、寇伟检查春节保电工作

2 月 9 日，在新春佳节即将到来之际，国家电网公司董事长、党组书记舒印彪，总经理、党组副书记寇伟一行来到北京公司，检查春节保电工作，看望和慰问坚守在一线的员工。

舒印彪、寇伟听取北京公司相关工作汇报，详细了解春节期间供需预测、电网运行方式安排、优质服务、应急值班、“煤改电”等方面情况，并向员工致以新春祝福。

舒印彪对北京公司春节保电工作给予充分肯定，对一线员工为北京公司和电网发展付出的努力表示感谢。舒印彪指出，春节即将来临，广大干部员工仍坚守岗位，为人民群众过一个欢乐祥和的春节做贡献。

2018 年是党的十九大召开后的第一个春节，电网安全对社会稳定和百姓生产生活至关重要，保证春节供电安全是我们的重大政治责任，也是重要任务。大家要深入学习贯彻党的十九大精神，认真落实国家电网公司有关部署和要求，坚持把电网安全作为第一要务，扎扎实实做好春节保电各项工作，确保电网安全稳定运行与优质服务。同时，舒印彪对新的一年北京公司和电网发展提出了更高的要求。他说，随着国家发展进入新时代，北京公司也进入新的发展阶段，要找准新定位、谋划新发展，在促进能源生产和消费革命、科技创新等方面努力作为，为服务“建设具有卓越竞争力的世界一流能源互联网企业”的新时代发展战略贡献智慧和力量。

寇伟出席北京公司领导班子民主生活会

2 月 11 日，按照国家电网公司党组统一部署，国家电网公司党组副书记、总经理寇伟出席北京公司领导班子 2017 年度民主生活会并讲话，要求北京公司认真学习、全面贯彻国网两会精神，切实把思想和行动统一到国家电网公司党组的决策部署上来。结合北京公司电力实际，找准定位，担当作为，奋力争先，努力在推动新时代北京公司战略实施中当先锋、做表率。

寇伟代表国家电网公司党组对此次民主生活会情况进行了系统深刻的点评，充分肯定了北京公司领导班子民主生活会。他认为，北京公司领导班子对此次民主生活会高度重视，准备充分，整改措施针对性强，班子成员发言直奔主题、简单明了，严肃认真、求真务实，开出了效果，达到了目的。

■ 2月11日，寇伟出席北京公司领导班子民主生活会。（李博　摄）

隋振江到北京公司检查全国两会供电保障工作

■ 3月5日，隋振江到北京公司检查全国两会供电保障工作。（李博　摄）

3月5日，在十三届全国人大一次会议开幕当日，北京市副市长隋振江到北京公司检查全国两会供电保障工作。

隋振江一行走进全国两会会场直供110kV变电站，了解站内设备运行情况和重要客户保电措施，询问了保电重点时段各级人员值班值守情况，听取了北京公司全国两会保电工作汇报。他还详细了解了运检智能管控平台应用，现场观看了移动作业客户端功能演示。

隋振江充分肯定了北京公司全国两会供电保障筹备工作。他指出，电力保障对城市安全稳定运行起到至关重要的作用。北京公司地处首都，承担着重要的政治责任。全国两会供电保障使命神圣，任务艰巨。

国务院督查调研组到北京公司督导调研优化营商环境工作

4月16～17日，国务院督查调研组“获得电力”专题组来到北京公司，现场督导调研优化电力营商环境工作。

督查调研组先后到朝阳、城区公司供电区域，实地走访了新接电客户，到供电营业厅现场调研，听取工作汇报，与电力客户、设计单位、施工企业、中介机构的代表座谈，面对面聆听各方声音，征求优化营商环境的工作建议。

“获得电力”专题组负责人段学军高度评价了国家电网公司的政治担当和高效行动，并强调要以

■ 4月17日，国务院督查调研组到北京公司督导调研优化营商环境工作。（程伟　摄）

国家名义向世界银行推介北京公司“三零”服务举措。他指出，优化营商环境离不开电力的支撑保障，这次调研看到了北京公司认真落实党中央、国务院要求，思想上高度重视、措施上扎实有效、沟通上全面到位，精准对接世界银行评价对象的用电需求，创新开展“三零”专项服务行动，各项工作非常有价值，让首都用电企业和广大群众享受到了实实在在的获得感。

隋振江到北京公司架空线入地工程指挥部调度工程进展

4 月 27 日，北京市副市长隋振江到北京公司架空线入地工程现场指挥部，组织市有关部门和单位召开调度会，协调推进架空线入地工程。北京市政府办公厅巡视员魏成林陪同。

■ 4 月 27 日，隋振江到北京公司架空线入地工程指挥部调度工程进展。（李博　摄）

在调度会上，市架空线入地办汇报了 2018 年架空线入地及规范梳理工作开展情况。照明中心、北京联通等建设单位分别汇报了年度架空线入地工作进展和需协调解决的问题。隋振江听取汇报后表示，北京市委、市政府高度重视架空线入地工作。2017 年首都核心区架空线入地工作，得到北京市委、市政府的高度肯定，为 2018 年工作开展打下良好的基础。年内各部门、各区、各建设单位协同作战，合力推进，早部署、早启动，实现开局良好。

王红检查北京公司优化营商环境工作

■ 5 月 9 日，王红到北京公司检查优化营商环境工作。（赵一　摄）

5 月 9 日，北京市副市长王红对全市优化营商环境工作进行实地检查，通过到城区、海淀查看走访，全面考察了北京公司“三零”专项服务行动，调研指导公司高质量优化电力营商环境工作。

王红表示，北京市委、市政府高度重视优化营商环境工作，作为优化营商环境的重要保障和举措，北京公司面向各类企业打造卓越供电服务，创新推出低压报装接电“三零”专项服务行动，精简了环节、时间和费用，进一步提升客户用电体验。她强调，要围绕评价指标梳理相关工作，认真做好与世界银行数据调查团队的对接和交流准备，努力以最佳状态迎接世界银行营商环境评价，为各类企业创造更加优质的发展环境，为国家排名提升作出应有贡献。

舒印彪参加北京公司安全主题党日活动

6月30日，国家电网公司党组书记、董事长舒印彪到北京公司督导检查迎峰度夏安全生产工作，并参加“做好先行官、架起连心桥”安全主题党日活动。

■ 6月30日，舒印彪到北京公司参加安全主题党日活动。（高志星　摄）

当天，舒印彪来到调控中心、应急指挥中心、天安门广场重要场所改造工程现场、长安街电缆隧道标准段、西便门内大街架空线入地工程现场、西便门小微企业报装接电现场、220kV 长椿街变电站，检查了迎峰度夏应急措施、工程施工安全、电缆隧道标准段管理和运行模式、核心区架空线入地工程建设、现场接电安全作业、变电站运维等有关情况。

舒印彪强调，要深入学习贯彻习近平总书记关于安全生产的重要论述，落实党中央、国务院关于加强安全生产工作的决策部署，牢固树立底线思维，认真履行公司在服务国计民生、保障安全可靠供电中承担的重要政治责任、经济责任和社会责任，以实际行动发挥国有企业“六个力量”的重要作用。北京公司承担着保障首都电力安全可靠供应的重大责任，安全压力巨大，应始终保持如履薄冰的忧患意识，居安思危，警钟长鸣。北京公司要落实责任，坚持管业务与管安全并重，严格落实各级各类人员责任，切实做到恪尽职守、守土有责。抓安全必须注重源头治理，要提高防范各类风险的能力。应急处置是安全生产的最后一道屏障，要强化主动应急意识，提高应急处置能力。当前正值迎峰度夏关键时期，电网面临高温、强降雨等恶劣天气考验，要认真落实公司迎峰度夏安全生产电视电话会议精神，针对北京地区地下变电站、输电通道密集等可能发生严重故障的生产场所，修订完善事故处置预案，严格制度执行、反措落实和现场管理，确保电网、设备、人身安全度夏。

隋振江检查北京公司度夏防汛工作

7月31日，在北京电网负荷再创历史新高之际，北京市副市长隋振江一行到北京公司检查度夏防汛工作。

■ 7月31日，隋振江到北京公司检查度夏防汛工作。　　（程伟　摄）

隋振江来到调控中心大厅，听取了度夏期间北京电网运行情况的汇报，了解了电网运行趋势和保障举措。在应急指挥中心，隋振江了解了北京公司运用气象灾害精准预报预警系统有效应对汛情取得的成效，以及主、配网层面为应对大负荷到来采取的系列举措。

隋振江表示，当前迎峰度夏和防汛工作都到了关键期，非常感谢国家电网公司为保证首都电网安全给予的大力支持，并对北京公司扎实细致开展度夏防汛工作给予充分肯定。他说，进入汛期后，北京公司充分发扬优良传统，运用气象灾害精准预报预警系统实现了科学管理和精准指挥，在最短时间和最近距离内精准布防，高效开展了应急抢修工作。

陈吉宁检查北京公司迎峰度夏工作

8月1日，北京市委副书记、市长陈吉宁，副市长隋振江来到北京公司调控中心，听取电网度夏保障情况汇报，慰问一线电力员工，对北京公司全力以赴确保城市电力可靠供应和百姓生活用电表示感谢。

陈吉宁指出，2018年夏季以来，北京接连经受了持续降雨和连续高温的考验，各方面都面临着很大压力。电力供应是城市的基础保障，电力系统工作人员在防汛、供电保障中作出了突出贡献，值得肯定。

陈吉宁强调，首都无小事，要继续强化管理、做细工作，降低电网运行风险，提高城市运行保障能力；要加强节能宣传教育，提高全社会绿色生活理念；要提高用电高峰时期的应对能力，做好老旧小区供电保障，优先确保群众生活用电。

■ 8月1日，陈吉宁到北京公司检查迎峰度夏工作。（赵一　摄）

舒印彪、寇伟检查北京公司中非论坛北京峰会保电工作

■ 8月30日，舒印彪、寇伟到北京公司检查中非论坛北京峰会保电工作。（赵一　摄）

8月30日，国家电网公司董事长、党组书记舒印彪，总经理、党组副书记寇伟检查中非论坛北京峰会供电保障工作，慰问参加保电的干部员工，感谢大家的辛勤劳动，勉励大家要切实把思想与行动统一到中央决策部署上来，提高政治站位，牢固树立“四个意识”，确保中非论坛北京峰会保电工作万无一失。

舒印彪、寇伟先后来到天安门政治供电服务中心、人民大会堂、峰会保电重要变电站，听取保电筹备工作汇报，详细了解保电工作机制、供电保障系统、设备运行管理、应急处置、智能巡检、主要场馆设备供电安排等情况。

舒印彪表示，中国是非洲国家的传统友好伙伴，中非友好交往源远流长。中非论坛北京峰会供电保障是一项重大的政治任务，必须做到万无一失。北京公司超前谋划、精心组织，保电技术方案安全可靠，工作部署细致严密，有着丰富的保电经验。舒印彪向参加保电的干部员工表示诚挚的慰问，勉励大家发扬历次保障重大活动可靠供电万无一失的优良传统，攻坚克难、勇于担当，全力以赴做好供电工作。

阎京华到北京公司调研首都产业工人队伍建设工作

12 月 5 日，中华全国总工会副主席、书记处书记阎京华一行赴城市副中心调研首都产业工人队伍建设情况，了解北京公司服务保障国家重大项目、推进重点工程建设等方面的工作。

■ 12 月 5 日，阎京华到北京公司调研首都产业工人队伍建设工作。

（李博　摄）

阎京华一行来到通州梨园职工文化展示中心，参观了国网印吧、篆刻培训区、陶艺工作室等，调研职工文化建设成果。阎京华还分别来到城市副中心行政办公区综合管廊、市委开关站和通州公司调控中心，调研智慧型综合管廊建设及运行情况，了解重要客户供电服务保障举措，听取世界一流高端智能配电网建设情况的介绍。

阎京华指出，北京公司在政治保电、安全管理、重大项目保障、优质服务等方面做出了大量富有成效的工作，取得了令人瞩目的成绩，得到了各级领导和广大市民的赞扬和肯定。在国家电网公司的指导下，北京公司工会在加强新时期产业工人队伍建设、打造健康向上的职工文化等方面有很多经验和做法，值得推广和借鉴。广大一线职工辛勤付出，充分体现了习近平总书记“劳动最光荣、劳动最崇高、劳动最伟大、劳动最美丽”指示精神。他要求，一要认真贯彻中国工会第十七次全国代表大会精神和习近平总书记同中华全国总工会新一届领导班子成员集体谈话时的讲话要求，充分发挥工人阶级主力军作用，打造一支听党话跟党走的职工队伍；二要团结带领干部职工围绕“中国梦”建功立业，在经济社会发展中当好主人翁，积极投身改革创新工作中；三要加强思想引领，学习弘扬伟大的时代精神和民族精神，培育和践行社会主义核心价值观；四要当好党和职工的纽带，维护职工合法权益，切实为职工服务好务。

张家明到北京公司调研电网运行和迎峰度冬工作

■ 12 月 10 日，张家明到北京公司调研电网运行和迎峰度冬工作。

（李博　摄）

12 月 10 日，北京市副市长张家明到北京公司调研北京电网整体运行和迎峰度冬保障等情况，对 2019 年首都电网发展建设提出工作要求。

张家明一行首先来到天安门政治供电服务中心，听取了该中心运维情况及重大政治供电服务工作的汇报，对 10kV 广场开闭站运维保障能力进行实地考察。在调控中心大厅和应急指挥中心，听取有关北京电网运行和迎峰度冬开展情况的汇报，督导检查应急安全管控措施。

张家明指出，一直以来，北京公司讲政治、顾大局，为首都城市安全稳定运行、人民美好生活提供了坚强电力保障，做出了突出贡献，尤其是在核心区架空线入地、“煤改电”、城市副中心建设等国家重大工程项目上勇当先锋。通过调研，深切感受到公司各级领导的尽职尽责，感受到这支“特别能吃苦、特别能战斗、特别能奉献”的电力铁军斗志昂扬的精神风貌。他强调，2019 年将密集举办全国两会、“一带一路”高峰论坛、世园会、建国 70 周年等国家活动，电力作为城市血脉和一切应急措施的基础，保安全始终是首要责任。北京公司要继续发扬优秀传统，高度重视各项工作，制定详细实施计划，加强与市城管委、发改委等相关委办局的协同配合，建立顺畅的日常沟通机制，为确保政治保障万无一失、服务首都新时代发展做出新的贡献。

要事特辑

【2018年党建暨干部工作会】4月13日，北京公司召开2018年党建暨干部工作会议。会议对党的十九大以来公司党建工作进行全面总结，分析新形势下加强公司党建工作的重要性和紧迫性，提出构建“站位高、机制优、融合深、载体实、作用强”的“大党建”工作格局，明确下一阶段党建工作的总体要求，部署四方面工作。

（于宝来）

【优化营商环境】2月8日，北京公司面向社会推出零上门、零审批、零投资的“三零”服务，在全国范围内实现“三个率先”，即：率先将世行调研对象与国务院扶持小微企业政策相结合、率先将低压供电容量由100kV提升至160kV、率先推出小微企业接电“三零”服务。低压小微企业客户接电环节由6个压减至2个，接电时间由141天压减至25天以内，接电成本压降至0，为1.76万户小微企业节约投资约7.5亿元。中国“获得电力”指标由98位提升至14位，实现大幅提升。

（苏一飞）

【煤改电工程】10月25日，北京公司“煤改电”工程全面竣工，在完成市政府下达的312个村12.26万户“煤改电”任务基础上，还超额完成了163个村5.74万户配套电网改造，全市平原地区基本实现“无煤化”，提前两年完成国务院《打赢蓝天保卫战三年行动计划》中北京承担清洁取暖任务和北京“十三五”期间“煤改电”任务。北京地区电采暖用户突破120万户，公司成为全市第二大供暖企业。每个采暖季可贡献电量80亿kWh，减少散煤燃烧452万t，减排二氧化碳1176.37万t、二氧化硫10.86万t。2018年，北京市PM2.5平均浓度为51μg/m³，同比下降12%。

（王瀚秋）

【首都核心区架空线入地】北京公司落实市委、市政府决策部署，克服施工时间紧、施工环境复杂等难点，完成了北京市下达的全年79条78.73km核心区电力架空线入地任务，2017～2018年，累计完成137条129.33km电力架空线和375条225km路灯架空线入地任务，拆除导线687.65km，拔除电杆6270基，新建路灯9741盏，施工高峰期一天内投入5400余人、机械千余台套，基本实现核心区主次干路架空线入地目标。工程建设标准化、精益化水平稳步提升，标准化装配式围挡、预制式基础、永磁式吊装钢板、三维设计、“小型化、景观化、隐形化”设备等创新技术工艺在工程中广泛应用。随着架空线入地和“撤线拔杆”工作的完成，首都核心区主次干路景观显著优化，“四个中心”保障能力明显增强，百姓获得感大幅提升。

（周晓梅）

【中非合作论坛保电】北京公司全体干部职工放弃休假，领导班子成员分赴重要场所现场值守，14960名保障人员克服降雨大风等恶劣天气影响，坚持坚守、连续作战，全力以赴决胜保电攻坚战。公司两级指挥部24小时持续运转，与总部、北京市等上级保障体系紧密对接；公司领导率先垂范，先后26次赴现场督导检查；723名基层干部重心下移，贴近一线指挥保电工作；融合各专业的179支保障团队现场看护值守，形成“整体指挥、专业协同、团队合作”的保障格局。加强电网运行监视，停止各类施工作业，电网始终保持“全接线、全保护”运行，将电网风险控制在最小。强化城市运行和保障重点站线的特巡和看护，巡视线路4.7万km、电缆1.3万km、塔杆24万基，发现并消除隐患289件，制止线下施工作业391处，有效管控各类风险。加强网络安全分析和监控，成功拦截185次网络攻击，确保网络信息安全运行。49支1+N保障团队、441人提前进驻重要客户内部，24小时提供服务保障。配备大容量发电车、飞轮储能和UPS车等先进设备，运用“固态切换开关+不间断电源”等先进技术，为实现客户供电“零闪动”提供了坚强支撑。

（李　戎）

【举办“砥砺奋进　电靓京华——北京公司庆祝改革开放40周年成果展”】12月19日，举办“砥砺奋进　电靓京华——北京公司庆祝改革开放40周年成果展”。展览回顾了1978年以来，特别是党的十八大以来，首都电网跨越发展、供电能力突飞猛进、人民用电日新月异的光辉历程。主要包括巨变、创新、重器、支撑和文化五大板块，分别从公司概况、装备发展、管理创新、党建引领、文化建设、集体企业发展等方面，全景展示了北京公司重要发展成果，弘扬了企业精神。

场馆运行 18 天，接待来自北京公司各部门、各单位万余名干部员工参观，共计 105 批次。

（李春华　刘丽娜）

【发布中英文双语《国网北京市电力公司服务营商环境白皮书（2017—2018）》和《2017 国网北京市电力公司打赢蓝天保卫战——电能替代专项行动白皮书》】3 月 28 日，发布了中英文双语《国网北京市电力公司服务营商环境白皮书（2017–2018）》。这是北京公司首次以营商环境为主题，综合各方面首都电力服务内容，把与居民、企事业单位和各类机构最为相关的信息、政策和举措用白皮书的形式，与广大客户进行沟通，以明确电力连接和使用过程中涉及的政策手续，服务流程、优惠措施和权利义务等，促进电力服务透明度，提升客户体验和获得感。白皮书介绍了北京地区电力服务的基本信息、相关政策、流程和各项服务改革举措。作为北京市优化营商环境的重要保障和举措，公司面向各类企业，打造卓越供电服务，实现了客户办电流程更精简、接电时限更短、接入成本更合理，受到了社会各界的认可。5 月，发布《2017 国网北京市电力公司打赢蓝天保卫战——电能替代专项行动》白皮书。以“首善标准、央企担当”为核心主题，介绍了北京公司全面落实国家电网公司电能替代战略，大力推进以电代煤、以电代油、以电代气，着力构建以电为中心的能源结构，积极助推首都能源转型，将北京打造成为国际一流电能替代示范区，为在全国推广提供更多“北京借鉴”和“北京方案”。

（李艳娜　李春华　王若溪　刘丽娜）

【北京城市副中心行政办公区配套电力工程建设】5 月 23 日，北京公司经过 800 余天建设，提前建成行政办公区配套的 3 座 110kV 变电站、8 座开关站、23 座配电室，同步完成 $6km^2$ 内所有 110kV 及以上高压线路入地和迁出，打造了世界一流高端智能配电网示范区，为市级机关入驻提供了电力保障。9 月 29 日，行政办公区 C 地块及市政工程涉及的 8 座开关站、19 座配电室、18 台开闭器、23 台箱变、4 台地埋变全面竣工，电力建设再次走在各项市政配套工程前列。行政办公区高端智能配电网示范区建成了世界上可靠性最高的“双花瓣”配电网架，共形成 13 组电缆双环网，年户均停电时间小于 21s，超过新加坡、巴黎等国际知名城市。选用了世界一流的高端设备，建成国内首个全综合管廊的电缆供电系统，以及国内首套“零闪动”低压配电系统，全站、全线配置巡检机器人，实现无人运维。打造绿色优质的精品工程，建成 1615 台小型化、定制式充电桩，覆盖全部地下车库，满足绿色出行需求。结合行政办公区整体景观特色，创新采用景观变、地埋变等“小型化、景观化、隐形化”电力设备，实现与外部环境的协调统一。示范区电网建设得到市委书记蔡奇、市长陈吉宁，国家电网公司董事长寇伟等领导的批示肯定。

（苏韵涵）

公 司 概 况

【公司简介】国网北京市电力公司（简称公司）是国家电网有限公司（以下简称国网公司）的子公司，前身是 1905 年创建的京师华商电灯股份有限公司。2003 年以前作为华北电力集团公司的直属单位，按地市公司实施“收支两条线”管理；2003 年成为华北电力集团公司授权经营、独立核算的分公司，由国网公司按省公司直接管理；2008 年成为独立法人企业。公司作为首都最大的公用事业单位，负责北京地区 1.64 万 km^2 范围内的电网规划建设、运行管理、电力销售和供电服务工作。先后完成第 29 届奥运会、新中国成立 60 周年庆典、APEC 会议、“一带一路”国际合作高峰论坛、党的十九大等重大政治活动保电任务。

截至年底，公司下辖二级单位 33 个，包括 16 个供电公司、13 个业务支撑机构及 4 个其他单位。完成售电量 1037.04 亿 kWh；拥有 35kV 及以上变电站 540 座，变电容量 10190.82 万 kVA，架空线路 9563.53km、电缆 2447.47km；历史最大负荷 2356 万 kW；城市供电可靠率达到 99.98%，处于国内领先水平；业绩考核位列国网公司 A 段。目前，北京电网形成了七大分区相互支持的坚强主网结构，具备较强的资源配置能力和抵御风险能力。同时，北京电网又是一个典型的受端电网，高峰负荷期间，本地发电仅占全部用电负荷的 30%，其余 70%的电力依靠山西、内蒙古、河北等地输入。

近年来，公司坚决贯彻落实国家电网公司战略部署，积极践行“努力超越，追求卓越”的企业精神和“以客户为中心、专业专注、持续改善”的核心价值观，以首善标准担当政治责任、经济责任和社会责任，奋力在服务党和国家工作大局中彰显价值，积极服务北京国际一流的和谐宜居之都建设，加快建设具有卓越竞争力的世界一流能源互联网企业。

（汪　剑）

【2018 年工作思路】以习近平新时代中国特色社会主义思想为指导，深入贯彻党的十九大精神，坚决落实国家电网公司和北京市委、市政府决策部署，坚持人民电业为人民，牢牢把握高质量发展要求，以党的建设为引领，以安全为基础，以客户为中心，以改革创新为动力，全面提升安全、质量、效率、效益和服务水平，为建设具有卓越竞争力的世界一流能源互联网企业、服务首都新时代发展作出新贡献。

（汪　剑）

【安全生产】总结、固化党的十九大政治保电成功经验，完成全国两会、中非合作论坛峰会、改革开放 40 周年等重大政治保电任务；完成天安门广场核心区和 46 户政治供电常态化客户供电可靠性提升工程，确保政治保电万无一失。完成 412 项春检、544 项秋检等主网停电检修工作，切实做到“应修必修、修必修好”，确保电网安全；提前发布电网风险预警，度夏前投产上庄扩建等 261 项工程，做好应对大负荷准备；落实国家网络安全法要求，开展信息系统等级保护备案测评，完善网络边界差异化防护措施，坚决杜绝失泄密事件。输电、变电、配电故障同比分别下降 20%、20%、30%；年内安装 6058 套反外力视频监控装置，实现 110kV 及以上平原地区输电线路通道全覆盖；完善电缆精益化管理平台，完成主网电缆和特级、一级客户直供电缆精益化治理；完成 98 套智能安防系统建设，实现 220kV 及以上和政治供电重点变电站全覆盖；实现全市区域配电自动化覆盖率 100%、功能投入率 100%、正确动作率 95%以上；深化两级配网指挥中心建设，实现配电运检业务上线运行，移动作业化率达到 100%；完成 1500 个重点台区和低压线路改造，推广应用低压联络箱，实现故障停电快速恢复；建成投运带电作业北中心，实现示范区不停电作业率 100%，平原地区不停电作业率 90%以上。完成 79 处输配电“三跨”（跨公路、跨铁路、跨河流）加固和治理，完成 14 座山区老旧简易 35kV 变电站改造。完成四环内 45km 电缆隧道防火整治，实现核心区等重要隧道无水化，确保设备安全。压紧压实各级安全责任，梳理全员责任清单，明确各类工程安全责任界面；制定公司安全工作奖惩实施方案，加大重奖重罚力度；深化两级安全监控中心建设，安装 500 套移动视频装备，开发智能安全管控系统违章自动判别、告警功能，对所有作业现场进行 24 小时高质量监控；深化安全双准入管理，将监理单位和人员纳入管控范围，确保所有劳务分包人员持证上岗；开展集体企业、分包队伍施工能力专项评估，提升安全管控能力，确保人身安全。建设国家级电力专业应急防恐基地，取得项目核准并开工建设；按照准军事化管理要求，打造业务精湛、作风过硬的应急防恐骨干队伍，确保应急防恐能力持续提升。

（汪　剑）

【电网发展】重点工程建设高质量推进。在首都核心区架空线入地方面，完成 62 条 80km 入地任务，建设规模是 2017 年的 1.6 倍，3 月陆续开工、采暖季前全面完成。同时配合市政府开展 1359 条 370km 胡同架空线治理工作。在城市副中心方面，开工 500kV 通州北等“2+1+2”共 5 项工程；投产 220kV 运河、110kV 市府东等“2+2”共 4 项工程；推进 220kV 潞城变电站和电力运行保障中心建设；加快建成行政办公区可合环运行的网格化高可靠性配电网，完成综合可视化平台建设。在新机场方面，开工500kV新航城工程，投产220kV杨各庄等“2+1”共3项工程，机场红线内2座变电站具备投产条件；建成新机场供电保障中心。在新首钢方面，开工220kV石景山、110kV炼钢等“2+2”共4项工程。在冬奥会（世园会）方面，开工220kV西白庙、110kV冬奥村等“1+5”共6项工程，投产500kV昌平增容等2项工程，加快推进张北柔直工程建设。在轨道交通配套方面，开工220kV三营门等“3+5”共8项工程，投产220kV鱼子山等“2+1”共3项工程、110kV肖家河等2项工程。在外受电通道方面，加快推进房山—南蔡工程建设，开工北京东—通州工程，确保张昌三回等2项工程按期投产。完成35kV及以上输变电工程立项核准85项，开工79项、投产62项。

建设管理水平提升。紧抓项目管理关键人和现场作业关键点，做实业主现场管理和施工现场管控。深化应用“智慧工地”管控平台，加强“痕迹化”管理，落实安全质量责任和标准化建设要求。完善建设提速增效保障措施，推广三维标准化设计、钢结构模块化建设等先进技术，加快“三通一标”在各电压等级全覆盖，保障物资高质量及时供应，提升建设效率和工程品质。

（汪　剑）

【经营创效】全面增收节支，开展电网资产统一身份编码建设，推进资产全寿命周期管理在各业务环节的深化应用。争取并落实外部资金，促进政府支持转化为企业效益。严控应收账款和存货“两金”规模，有序接收优质用户资产，确保资产负债率不超过64.99%。加强全面预算管理，深化标准成本应用，发挥资源集中管控优势，压缩非生产性支出。推动废旧物资再利用，提高废旧物资处置效率和规范性。深化同期线损管理，确保综合线损率平稳下降、分线分台区线损合格率超过90%。完善激励机制，制定竞赛夺旗、攻坚创优等激励措施，完善专项奖励机制，实现重点任务完成情况与专项奖励、业绩评价“双挂钩、双激励”。加大薪酬分配向关键岗位、专家人才、技术骨干的倾斜力度，构建“能力升、薪酬升”的激励导向新机制。加强业绩考核和对标管理，主动研判国家电网公司业绩考核规则调整，分析各专业考核重点，制定应对策略。优化所属单位业绩考核体系，有效传导经营压力，逐项逐级落实管理和考核责任。完善指标“预警、预测、预控”机制，开展潜力指标和落后指标专项治理，推动各项考核指标持续提升。加强本部能力建设，巩固“三带头、三强化”作风建设成果，倡导“基层吹哨、部门报到”的服务意识，继续发挥好“一线工作日”作用。建立重点课题统一管理机制，强化过程管控和成果应用。优化提升决策支持系统，完善应用功能，加强重点工作的跟踪管控。提升后勤服务保障能力，围绕“更安全、更规范、更专业”，加强后勤领域安全管理，强化后勤项目规范管控，推进后勤队伍专业水平提升。实现亦庄备调中心开工建设，物资中心库二期结构封顶。加大集中式办公区建设改造力度，优化重点区域供电服务中心建设布点，改善一线办公条件和窗口服务形象。推进房屋土地集约化管理，确保资源高效利用。

（汪　剑）

【电能替代】推进“以电代煤”工作，完成北京市政府下达的110个村5.07万户平原地区“煤改电”任务，4月开工建设，10月底全部完工，提前实现平原地区采暖“无煤化”。完成147个村6.35万户山区“煤改电”配套电网工程。建成国网公司电能替代实验室，发挥延庆“煤改电”试验点作用，为设备选型和建设运维提供决策参考。推进“以电代油”，按照北京市2018年2096辆电动公交车更换计划，完成45项外电源工程建设。优化充电网络布局，在城市副中心、新机场、冬奥会场馆等区域打造示范星级充电站，建成公共领域充电桩1871个。加强充电设施运行维护，确保设备稳定运行率保持在99%以上。推进“以电代气”，以怀柔科学城、延庆冬奥园区等新建区域为重点，试点开展集中式电采暖建设。合理安排机组运行方式，代理“煤改电”客户直购京外清洁电力，进一步降低本地燃气发电比例。创新餐饮行业电代气商业模式，完成全市首家示范项目建设。主动开拓综合能源服务市场，拓展外部市场，在新首钢等重点区域打造综合能源服务示范标杆；深挖内部资源，开展配网节能、办公场所屋顶光伏等项目建设。深化“多表合一”建设，试点推进水表代抄、代收，全年完成接入8万户。

（汪　剑）

【优质服务】提升业扩服务质量。以“三减一提升”（减环节、减时长、减成本，提升客户感知）专项行动为抓手，完成国网公司“获得电力”指标提升目标，完成接电1000万kVA。减环节，实施低压“一站式”、方案设计一体化等措施，低压居民报装、低压非居民报装、高压报装分别精简至1个、3个和4个环节。减时长，推出咨询前行、契约保障、先接后改等举措，低压、高压平均接电时间分别压缩至30天、80天。减成本，严格按照“就近接入”原则编制供电方案，客户总造价压降30%。提升客户感知，大力推行“线上办电”，及时反馈客户诉求，客户办电更加方便快捷。提升客户满意度，完善投诉管控机制，有责投诉同比下降20%，力争下降30%。推出20项集团客户定向服务产品，为10个集团客户及所属客户提供定向服务。构建计量全业务监控两级体系，实现购电下发平均时长降至5min以内。加强客户应急保障体系建设，实现发电车应急保障常态化，确保30min内到达现场，第一时间恢复供电。打造线上统一服务平台，深化“互联网+电力营销”服务，逐步实现缴费、能源服务等业务“一网通办”。提高客户关键信息采集水平，在亦庄试点开展10万客户的供电服务信息主动通知。加快实体营业厅智能化升级，实现线上线下服务无缝对接。

（汪 剑）

【改革创新】推进电力体制改革，参与北京市政府配套政策制定，适应输配电价新机制，科学安排投资规模和项目，提高投入产出率，工程转资率三年监管期内平均不低于75%。配合北京市政府完善电价形成机制，优化北京市燃气电厂核价及居民阶梯电价标准。关注能源互联网示范工程项目建设，应对增量配电试点改革。推进跨省跨区市场化交易，完成交易电量55亿kWh。推进国有企业“三供一业”[供水、供电、供暖（供气）和物业管理]供电设施改造移交，完成20万户接收任务。推进体制机制创新，加强现代企业建设，完善法人治理结构，构建与高质量发展相匹配的公司治理体系。推进“深化基建队伍改革、强化施工安全管理”12项配套政策落地，组建电力建设工程咨询公司，推动工程公司转型升级。完善供电服务平台建设，加强营配调等业务深度融合，促进资源整合共享，提高服务效率，增强客户体验。推进科技创新，以电科院和经研院为重点，加强科研和支撑能力建设，提升软硬件水平，打造高素质团队。加快主动配电网等重点实验室建设，开展智能配电网、量子通信等重点领域技术攻关。探索公司双创管理模式，促进协同攻关及成果转化，激发全员创新创业活力。全面启动通信带宽提速工作，推进移动应用和无线通信集约管理。加快北京电力数据中心建设，年底前完成24套系统接入。

（汪 剑）

【从严治企】深化法治企业建设，落实法治企业建设第一责任人职责规定，建立重大决策合法性审核机制，将风险论证嵌入决策程序；开展经营管理合规性评价，推进规章制度有效落地。加强合同履约监督管控，推进经法系统与项目、财务管理深度融合；推广应用“互联网+法治电网”平台，推动法治工作全面融入公司各项业务。强化重点领域管控，落实问题清单梳理整改决议，完成职工家属区“两供一业”[公司系统职工家属区供水、供暖（供气）和物业管理。]分离移交，完成实开公司和电动车公司清理处置；加强工程建设、物资采购、营销服务、集体企业等重点领域监督管控。提升综合监督效能，发挥财务、审计、法律、监察等协同监督作用，完善全面风险防控体系；构建审计部、审计中心“一体化”运作机制，强化“上审下”监督；加强对冬奥会、城市副中心等重点项目跟踪审计，强化对业扩工程的造价监督，促进经营行为规范和人员从业安全。

（汪 剑）

【集体企业】推进瘦身健体，完成15户吸收合并、9户清算关闭，探索1户混改，清理4项对外参股。推进人员安置、债权债务清理、业务划转和企业处置，确保程序依法合规。统筹优化业务布局，实现平稳过渡和安全稳定，确保改革任务完成率100%。深化经营管理，规范全面预算与财务核算，开展应收和预收账款压降专项行动，降低往来账款挂账率。压降用工总量，调整业务委托方式，逐步推进辅助性业务和人员社会化，引导管理岗位向生产一线流动。试点上线电商平台，推进辅助性物资全程公开透明化采购。盘活房屋土地车辆资产，提升资金资产运作效率。突出发展质量，设计施工联合运作，推动监理业务升级，服务电网本质安全。推广智慧能源管家，拓展代维业务，提升高端市场占有率。优化内控管理流程，做优做精产品服务。健全市场化运作机制，确保全年实现产值目标135亿元。

（汪 剑）

【党的建设】提升党建工作水平，学习贯彻党的十九大精神，开展“不忘初心、牢记使命”主题教育。落实国网公司党组1号文件，推进党建“对标管理年”各项任务，开展党建责任制考核和党建对标管理，完成党建信息化试点。深化党员服务队、突击队、保障队建设，巩固两个“双百”（百佳支部、百佳党员和百佳班组、百佳工匠）创建成果，建成一批党建示范阵地，提升首都电力党建品牌影响力。加强党风廉政建设，突出政治体检，加大内部巡察力度，狠抓问题闭环整改，两年内实现二级单位巡察全覆盖。应用“首善清风”APP平台，实施廉洁文化宣教专项行动，营造“干事干净”氛围。提升队伍素质能力，加大毕业生向一线核心业务岗位配置力度，优化岗位职级体系，拓展员工发展通道，引导员工立足一线、成长成才。落实专业部门主体责任，强化核心技能岗位的基础性、系统性、进阶式培训培养，打造高水平工匠队伍。树立竞赛调考“金牌意识”，调动各部门、各单位及参赛人员积极性，以考促学、以赛促训，实现竞赛调考成绩新突破。强化和谐企业建设，深化企业文化阵地建设和示范点创建，推进卓越文化落地基层。强化高端媒体宣传策划，打造社会责任示范基地，塑造公司责任央企形象。推进班组标配，完善电脑终端、工器具等设备配置，深化“职工之家”建设，创造良好生产生活条件。拓展优质文体资源，发挥“十大协会”作用，策划丰富多彩的文体活动。关心关爱职工，开展暑期子女托管、智慧健康食堂创建、职工“精准健康管理”等关爱行动。打造“青创先锋”品牌，推动青年创新成果转化。落实离退休人员“两项待遇”，深化信访维稳、舆情防控和保密管理。

（汪　剑）

【组织机构】

国网北京市电力公司

本部职能部门
- 办公室（党委办公室）
- 发展策划部
- 党委组织部（人事董事部）
- 人力资源部（社保中心）
- 财务资产部
- 安全监察质量部（保卫部）
- 运维检修部（政治供电办公室）
- 建设部
- 营销部（农电工作部）
- 科技信通部（智能电网办公室）
- 物资部（招投标管理中心）
- 审计部

本部职能部门
- 监察部（纪委办公室、巡察办）
- 党建工作部（机关党委、公司团委）
- 离退休工作部
- 经济法律部（体改办）
- 对外联络部（品牌建设中心）
- 后勤工作部
- 运营监测（控）中心
- 电力调度控制中心
- 工会
- 企协分会

首都电力交易中心有限公司

供电公司
- 国网北京城区供电公司
- 国网北京朝阳供电公司
- 国网北京海淀供电公司
- 国网北京丰台供电公司
- 国网北京石景山供电公司
- 国网北京亦庄供电公司
- 国网北京通州供电公司
- 国网北京昌平供电公司
- 国网北京门头沟供电公司
- 国网北京房山供电公司
- 国网北京大兴供电公司
- 国网北京平谷供电公司
- 国网北京怀柔供电公司
- 国网北京密云供电公司
- 国网北京顺义供电公司
- 国网北京延庆供电公司

业务支撑机构
- 国网北京市电力公司经济技术研究院（北京电力经济技术研究院有限公司）
- 国网北京电力科学研究院
- 北京电力工程有限公司
- 国网北京检修分公司
- 国网北京信息通信分公司
- 国网北京物资分公司［国网京电（北京）招标有限公司］
- 国网北京培训中心（党校）
- 国网北京综合服务中心
- 国网北京客户服务中心
- 国网北京电动汽车服务有限公司
- 国网北京电力建设工程咨询分公司

其他单位
- 北京市供用电建设承发包有限公司
- 物业管理公司
- 北京市城市照明管理中心

国网北京市电力公司组织机构图（截至年底）

（李　蓉）

【公司领导班子】

职务	姓名
国网公司副总工程师兼北京公司董事长、党委书记	李同智
董事、总经理、党委副书记	万志军
党委副书记、副总经理（正局级）	李百顺
总会计师、党委委员	李　路
副总经理、党委委员	刘润生
副总经理、党委委员	周建方
副总经理、党委委员、工会主席	王西胜
副总经理、党委委员，城区公司总经理、党委副书记	张铁恒
副总经理、党委委员，通州公司总经理、党委副书记	赖祥生
党委委员、纪委书记	闫承山

职务	姓名
总工程师	陈守军
副总经理、党委委员	安建强（2018 年 3 月离任）
副总经理、党委委员	唐屹峰（2018 年 3 月离任）
副总经理、党委委员、城区供电公司总经理、党委副书记	孙兴泉（2018 年 9 月离任）

（马晓艳）

电网发展

规划与发展

【北京电网发展规划】对接北京城市新总规，编制北京电网中长期发展规划和空间布局规划，将城市副中心电网规划纳入控制性详规。各区“网格化”规划获得政府文件支持，落实273座变电站站址和1500km电力廊道资源。滚动编制《度夏重点项目推进手册》、累计安排解决措施112项，投产48项，在夏季电网负荷较“十二五”末增长26.9%的情况下，电网整体运行平稳。核心区结合架空线入地打造高端配电网，10kV线路“手拉手”率100%、电缆化率93.7%；城市副中心以北京市级机关搬迁为契机，建设高标准智能配电网，供电可靠率实现99.9999%，达到国际领先水平。

（张　晶）

【项目前期管理】参与北京市建设项目审批制度改革工作，为公司争取优越的政策环境。配合北京市规划和自然资源委员会搭建“多规合一”审批平台（以北京城市总体规划为引领，实现本市城乡、土地利用、国民经济和社会发展等规划相互衔接、协调一致的“一张蓝图”为底图，通过信息化手段，实现多种规划信息共享共用，各部门业务协同办理，为工程建设项目提供“预沟通、预协调”等技术服务，从而提高审批效率的工作平台)，将树村等6项电网工程纳入平台审批，缩短前期手续办理时序。搭建前期管理APP系统，实现前期工作全流程跟踪管控，共取得柔直换流站至昌平500kV送出工程核准、CBD500kV输变电工程前期工作函等重大项目核准手续66项。

（张　晶）

【课题研究】开展储能技术在北京电网的适应性应用研究，推进怀柔北房、延庆东杏园储能电站示范工程建设，探索储能技术在解决度夏主变压器重载问题和提升政治保电能力方面的作用。组织完成2018年落实《总体规划》的19项重点课题研究工作，《同期线损精益管理“北京方案”》获得国家级管理创新二等奖和北京市一等奖。

（张　晶）

工程建设与管理

【综述】完成年度电网建设任务，推进国家重大项目配套工程，开展专业管理与技术创新，推动基建改革配套措施落地，深化基建卓越人才队伍建设，推动“十三五”首都电网建设实现重要阶段性目标。落实基建改革配套措施，通过国家电网公司验收，推行基建专业安全双准入管理，开展风险作业值班监督，将基建工程风险作业纳入安全规范化管控平台，深化安全质量责任量化考核，试点开展实体质量实测实量，深化预制技术和标准工艺应用，74项输变电工程通过达标投产考核，全年基建安全质量局面稳定。

（胡进辉）

【基建工程完成情况】全年投产35kV及以上线路661.56km、变电容量1793万kVA，开工35kV及以上线路724.99km、变电容量1232.2万kVA；完成35kV及以上迁改工程53项213.48km。首都核心区架空线入地工程开工并投产79项，完成架空线入地道路长度78.73km。

2018年竣工投产工程统计表

序号	单位	项目名称	投产时间	规模	
				线路长度（km）	变电容量（万kVA）
1	顺义公司	北京顺义东府220kV输变电工程	1月6日	1.81	36
2	经研院	北京信息港220kV输变电工程	1月12日	6.41	36
3	建设部	北京安定500kV站增容改造工程	1月19日	—	480
4	密云公司	石城35kV输变电工程	1月22日	2.76	2
5	顺义公司	北京顺义板桥110kV输变电工程	1月26日	15.34	10
6	门头沟	王平110kV输变电工程	1月30日	41.38	10

续表

序号	单位	项目名称	投产时间	规模	
				线路长度（km）	变电容量（万kVA）
7	经研院	罗奇营 220kV 输变电工程	1月31日	53.56	36
8	经研院	北京宝善庄 220kV 输变电工程	1月31日	38.3	36
9	丰台公司	北京丰台南营110kV输变电工程	2月2日	5.42	10
10	通州	市府东110kV输变电工程	3月31日	6	20
11	平谷	220kV 鱼子山输变电工程	4月10日	31.64	36
12	大兴	110kV 后大营输变电工程	4月11日	5.8	10
13	检修	220kV 韩村河主变压器扩建工程	4月15日	—	18
14	经研院	220kV 四家庄输变电工程	4月29日	32.1	36
15	昌平	110kV 中滩输变电工程	5月6日	2.73	10
16	通州	徐辛庄110kV主变压器扩建工程	5月13日	—	5
17	经研院	220kV 良乡北输变电工程	5月20日	19.7	36
18	大兴	采育110kV主变压器增容工程	5月19日	—	5
19	昌平	四家庄站110kV切改工程	5月23日	2.5	—
20	昌平	110kV 流村输变电工程	5月25日	4.4	10
21	丰台	110kV 西铁营输变电工程	5月27日	6.54	10
22	大兴	110kV 观音寺输变电工程	5月30日	7.25	10
23	平谷	鱼子山站110kV切改工程	6月1日	11.56	—
24	检修分公司	仁和 220kV 变电站主变压器扩建工程	6月9日	—	36
25	亦庄	泰和110kV变电站主变压器扩建工程	6月15日	—	10
26	房山	大宁110kV变电站主变压器扩建工程	6月20日	—	15
27	检修	荣华 220kV 变电站主变压器扩建工程	6月29日	—	18
28	检修	上庄 220kV 变电站主变压器扩建工程	6月30日	—	18
29	亦庄	科创街110kV变电站主变压器扩建工程	6月28日	—	10
30	建设部	昌平 500kV 变电站主变压器增容工程	6月25日	—	480
31	经研院	杨各庄 220kV 输变电工程	7月3日	22.4	36

续表

序号	单位	项目名称	投产时间	规模	
				线路长度（km）	变电容量（万kVA）
32	经研院	张家务 220kV 输变电工程	7月7日	55.4	36
33	大兴	广厦110kV输变电工程	7月9日	0.84	10
34	亦庄	文化园110kV变电站主变压器扩建工程	7月10日	—	10
35	通州	通州可再生电厂并网工程	7月25日	15.5	—
36	建设部	蔚县电厂—门头沟500kV线路工程	9月11日	104	—
37	朝阳	团结湖站110kV切改工程	9月21日	12.54	—
38	经研院	梁各庄 220kV 输变电工程	9月28日	18.56	36
39	经研院	通州三联供电厂并网	9月29日	3.8	—
40	密云	大石岭110kV主变压器增容工程	9月28日	—	10
41	丰台	110kV 临泓输变电工程	10月26日	12.2	10
42	通州	梁各庄站110kV配套切改工程	10月26日	6.1	—
43	昌平	110kV 十三陵变电站升压工程	10月31日	8.93	10
44	密云	巨各庄110kV主变压器增容工程	10月26日	—	10
45	朝阳	110kV 东苇输变电工程	11月3日	3.19	10
46	顺义	110kV 北务增容工程	11月22日	—	10
47	经研院	沙河北 220kV 输变电工程	11月27日	6.34	36
48	昌平	大东流110kV输变电工程	11月26日	12.17	10
49	朝阳	东郊农场110kV输变电工程	11月28日	9.12	10
50	海淀	肖家河110kV输变电工程	11月30日	8	10
51	经研院	堰上 220kV 变电站主变压器扩建工程	12月12日	—	36
52	石景山	鲁谷站第三电源工程	12月25日	3.11	—
53	大兴	五福堂110kV输变电工程	12月26日	8.4	10
54	大兴	机场东110kV输变电工程	12月30日	32.72	20
55	大兴	机场西110kV输变电工程	12月28日	22.12	20
56	门头沟	35kV 灰峪配套切改工程	12月21日	0.92	—
57	密云	35kV 穆家峪主变压器增容工程	10月30日	—	4

（王晓峰）

【重点工程建设】

1. 新航城 500kV 输变电工程

规划建设新航城 500kV 变电站并实施配套送出，可实现新航城 500kV 主变压器下送至 220kV 电网，可以满足新机场及周边地区负荷发展需求。新航城变电站接入后按照分列运行考虑，一期 2 台主变压器分别接入现状安兴分区和兴房门分区，形成安兴航和航兴房门分区。新航城 500kV 输变电工程线路起自双破口，π 入在建房山—南蔡 500kV 线路，止于拟建新航城 500kV 变电站。本工程新建 A、B 两个双回路，线路路径长度均为 5.6km，共 11.2km，线路采用双回路铁塔，新建铁塔 30 基。

工程于 6 月开工，计划 2019 年 9 月底前投产。新航城 500kV 输变电及配套 220kV 送出工程投产后，将优化北京南部地区电网结构，提高电网抵御风险能力。新航城 500kV 变电站的建设，将有效解决新机场及周边地区负荷发展需求，有利于承接北京西特高压变电站下送电力，提高北京电网受电、供电能力，有利于北京电网进一步解环、分区，满足大兴地区电力负荷发展需求，完善大兴新机场周边电网结构，提高供电可靠性。

2. 北京换流站—昌平 500kV 联络线工程

为满足张家口地区大规模风电和光伏发电的送出，“十三五”期间将建成张北可再生能源柔性直流电网示范工程，即建设柔性直流环形电网，张北换流站、康宝换流站为新能源送端，丰宁换流站为调节端，北京换流站为受端。根据《张北柔直工程可研评审意见》（电规规划〔2016〕238 号），北京换流站交流网侧电压等级 500kV，500kV 出线 2 回接入昌平 500kV 变电站。建设北京换流站—昌平双回 500kV 线路，将增加北京电网 500kV 受电通道，减轻张南—昌平输送电压力，进一步加强北京 500kV 外受电能力，提高供电可靠性。

昌平 500kV 变电站扩建两个至北京换流站出线间隔，更换创评 500kV 变电站的 500kV 母线，500kV 电气设备短路电流水平按 63kA 选择。新建北京换流站—昌平双回 500kV 线路，线路长约 2×47.9km，采用 4×630mm^2 导线。该工程于 12 月底前开工建设，计划 2019 年 12 月底前建成并具备投产条件。

3. 张北柔性直流电网试验示范工程（北京段）

该工程是为示范应用柔性直流电网技术，实现弱送端系统条件下新能源大规模送出，实现风、光、储多能互补，满足张家口市可再生能源示范区新能源送出需要，提高北京市接受外电能力，支撑低碳和绿色奥运用电需要，推进柔性直流关键技术和装备创新。

直流部分建设北京换流站，安装 2×150 万 kW 柔性直流单元，直流额定电压±500kV；换流变压器交流侧电压 500kV，单台容量约 56.7 万 kVA，本期共 7 台，其中 1 台备用；直流出线至丰宁换流站、张北换流站各 1 回。交流部分建设 2 组 75 万 kVA 主变压器，建设 2 个 500kV 出线间隔，5 个 220kV 出线间隔。

张北工程开创全球柔性直流输电技术先河，在张北工程 4 座换流站中公司率先完成北京换流站前期“四通一平”工作，保障了本体施工单位顺利进场。工程于 2 月 28 日开工，计划 2020 年正式投运。

（陈　伟）

【基建安全质量管理】落实基建改革配套措施，开展 6 批次安全质量责任督查，发现并整改问题 1960 项。推行基建专业安全双准入管理，严抓项目管理关键人员配置和履责管控，实施关键人员到岗登记制度，推行“四不两直”（不发通知、不打招呼、不听汇报、不用陪同接待、直奔基层、直插现场）督查和抽查考问，落实“一方案一措施一张票”。开展作业层班组建设，发布核心分包队伍和人员备案名单，线路工程实施“作业层班组+核心分包队伍”模式。建立风险作业许可报备和值班机制，依托经研院安全质量监察室，每日监督风险作业到岗到位和安全措施落实。开展基建安全事故反思教育、电力建设工程施工安全专项治理等活动，排查治理现场安全隐患。强化安全信息化手段，线路、变电、电缆工程全覆盖建设“智慧工地”（通过“指挥中心—项目部—施工作业区”三个层级构建“现场终端系统+项目部本地管理平台+云端管理平台”），每日通过“智慧工地”监督关键人员到岗到位、管控现场安全。开发并应用安全质量责任量化考核系统，实时发布考核情况，压实各级责任。

开展钢结构工程施工标准工艺研究，提升标准工艺应用效果，在输变电工程建设过程中分阶段开展过程质量督查，全年 74 项输变电工程达标投产，在国网公司达标投产项目督查中得分率位居前列。针对 12 方面质量共性问题开展专项治理，推广实体质量实测实量，在变电土建专业推广预制技术，在 GIS 安装、电缆终端安装环节推行空气净化设备，规范施工过程影像记录，确保质量问题可追溯。

（胡进辉）

【基建技术管理】印发《关于进一步加强新技术研究及应用管理工作的通知》（建设〔2018〕31 号），推进输变电工程变电站模块化建设，编制印发《钢结构变电站建设管控要点》（建设〔2018〕6 号），组织召开钢结构变电站设计回访工作会。贯彻国网公司“三通一标”，以及通用设备“四统一”（统一技术参数、统一电气接口、统一二次接口、统一土建接口）要求。“110kV 电缆接头防火防爆装置应用研究”“220kV 高压电缆工程通用设计技术研究及应用”“110kV 高压电缆工程通用设计技术研究及应用”完成验收。继续开展三维设计应用研究，三营门 220kV 变电站施工图三维设计完成国网审核。组织设计竞赛与设计评优，经研院两次获国网公司设计竞赛三等奖，马坡 220kV 变电站工程获国网公司优秀设计一等奖。编制完成《2019－2022 年度基建施工企业装备配置中长期规划报告》，完成施工装备购置，提升施工单位装备配置水平。

（张 波 张 啸）

【技经管理】完成 110kV 及以下输变电工程初设评审 37 项，出具评审意见 32 项。审定概算 38.09 亿元，初设较可研核减 2.19 亿元。完成 220kV 及以上输变电工程初步设计评（内）审 18 项，出具评审意见 18 项。审定概算 47.72 亿元，初设较可研核减 3.12 亿元。

完成国网结算管理监督检查的前期自查及迎检工作。完成输变电工程专项造价分析，对公司结算完成的 51 项 110kV 及以上输变电工程的其他费用结余率进行分析，完成《北京公司 2018 年投产项目其他费用分析报告》。分析建设咨询公司、朝阳公司、丰台公司等 50 项结算工程设备购置费投资控制情况，完成《北京公司 2018 年结算工程设备购置费投资控制情况分析报告》。编写完成国网公司技经工作培训命题作文《科学谋划新时代技经工作“八个转变”》。

组织编制《电气安装工程施工特殊措施性费用内容以及计列标准》《城区架空入地工程结算管理指导意见》《加强施工图预算管理指导意见》《电气安装工程施工措施费用内容及标准》。完成国网公司党组巡视检查和国网公司结算监督检查工作。

（张 波 张 啸）

农 电 发 展

【农电标准化建设】深化“全能型”乡镇供电所建设，健全网格化供电服务模式，强化专业协同机制，推进营配业务融合。持续改善生产营业条件，完成台区经理、综合柜员岗位技能轮训，提升服务前端响应能力和工作质效。141 个乡镇供电所全部达到“全能型”供电所建设标准，门头沟龙泉、顺义仁和供电所获得国网公司五星级供电所称号。

（王瀚秋）

企业管理

计划与投资管理

【投资管理】分解项目里程碑计划和季度资金支出计划，按月调度投资完成进度，完成投资 206.54 亿元。发挥属地优势，加快政府补贴资金到位，全年取得电网建设外部资金 56.9 亿元。围绕优化营商环境关键指标，延伸投资界面，创新投资流程，完善投资制度，争取国网公司 3 亿元专项资金，服务公司“三零”（零上门、零审批、零投资）工作。建立“常规计划、预安排计划、内部启动计划”三种投资模式，分层次、分阶段满足不同重要等级和前期进度项目投资需求，重点项目较往年提前 4～6 个月开展工作。创新建立物资“蓄水池”投资模式，专项购置超过 5000 万元常规物资，实时满足应急迁改和业扩项目物资需求。引入两家第三方独立机构，完成 16 家供电公司重点项目投资稽查和后评价，规范投资行为，消除投资风险，降低外部审计和监督风险。

（张　晶）

【计划管理】打造同期线损管理“北京方案”，分线、分台区线损合格率超过 90%，提升 40%以上，同期线损管理成效在国网公司持续领先，管理经验在国网系统推广应用；综合线损率下降 0.3 个百分点、贡献利润 2.42 亿元。科学编制年度发电量调整计划；安排华能三期并网和煤机应急备用电量计划，压减燃气电量 28.9 亿 kWh、节约购电成本 2.47 亿元；加强综合计划全业务链条科学管控，深挖“量、价、费、损、利”大数据应用服务价值，综合计划指标执行平稳有序。

（张　晶）

【统计管理】优化统计专业信息化功能，实现“统计报表 100%自动生成、统计数据 100%自动校验”的目标。组织召开电力统计数据与国民经济关系分析应用与实践座谈会，邀请国网公司、中电联、市统计局和高等院校专家共同挖掘电力数据应用价值，探索建立常态化工作机制。形成《电力行业大数据的特性与价值分析》《北京电网企业数据管理规范研究》《分行业终端能源消费发展趋势分析》等研究成果。

（张　晶）

人力资源

【综述】公司对标业绩排名蝉联 A 段，人资专业管理对标保持国网标杆行列。全口径劳动生产率完成 167.6 万元/人，在各省公司中排名第二。截至年底，共有长期职工 8336 人，其中：研究生及以上学历 1853 人，本科学历 4130 人，专科学历 1436 人；高级职称 1853 人，中级职称 1682 人；技师及以上职业资格 3881 人，高级工 1619 人，中级工 448 人。

（郭建府　王桂哲　齐　军　戴　泓）

【干部队伍建设】持续加强领导班子和干部队伍建设，激励广大干部担当作为。认真执行国网公司《领导人员选拔任用工作规程》，严格遵循动议、民主推荐、考察、讨论决定、任职等流程。严把入关口，严格落实“凡提四必”（对拟提拔或进一步使用人选，要做到干部档案“凡提必审”，个人有关事项“凡提必核”，纪检监察机关意见“凡提必听”，反映违规违纪问题线索具体、有可查性的信访举报“凡提必查”）、廉洁“双签”（所在单位党委按照管理权限，对考察对象廉洁从业情况出具书面结论性意见，并由党委书记和纪委书记签字）、任前公示、试用期等制度要求。立足大局配置干部，把事业需要、岗位要求与干部人选条件紧密结合，以事选人、因事择人，围绕城市副中心、新机场、架空线入地、冬奥会、重点生产基地建设等国家重大项目、公司重点工作充实干部力量。科学构建干部梯队，用好各年龄段干部，大力选拔优秀年轻干部。配强班子正职，配齐党务、纪检监察干部，选拔业务精、懂管理、善经营的干部充实到基层班子。处级干部平均年龄 45.5 岁，原始学历大学本科以上占比 72.6%，80 后处级干部 34 人。公司党委选人用人总体评价满意率连续两年在 97%以上，处级干部的年度民主测评平均成绩 98.7 分。

（杜长军　焦东升）

【干部考核和干部监督】强化日常监督，落实领导干部提醒、函询、诫勉谈话等要求，加大重要情况请示报告、因私出国（境）审批备案等制度执行，基层班子分工提前报备。加大干部监督制度宣贯力度，促进干部增强自我约束、自我监督意识。经常与干部谈心交流，加强精神激励和人文关怀。坚持考准考实干部，坚持重业绩、重实干的考核导向，综合运用现场考核、网络测评等方式，设置反向测评票，开展业绩网上公示，从正反两个角度，从日常表现、工作实绩等方面综合研判干部。把巡视巡察作为选人用人工作新起点，制定整改措施，深化选人用人监督。创新开展基层选人用人即时检查，实现问题早发现、早纠正。开展“带病提拔”集中倒查等工作，开展干部选拔任用“一报告两评议”和选人用人工作检查。

（杜长军　焦东升）

【干部培训培养】开展现职领导干部培训，分 4 期进行，共计 640 人参加培训，学习领会习近平新时代中国特色社会主义思想和党的十九大精神、坚决做到“两个维护”的重要意义，以及习近平总书记在全国组织工作会议上的重要讲话精神。采用京电微课堂手机 APP 组织结业考试，检验培训效果。学习党的十九大精神网络专题培训班，共设 16 门必修课程、209 门选修课程。组织国网公司北京片区干部人事档案现场调研会，国网公司组织部和 9 家网省公司、直属单位人员参加会议，公司就档案管理工作进行了交流发言，并开展档案管理场景模拟演示。

（杜长军　焦东升　王华伟　陈俊廷）

【机构编制和岗位管理】服务专业发展需求，优化组织体系。调整 110kV 输变电运检和调控运行业务模式，将通州及远郊 110kV 调控业务由调控中心调整至区域供电公司；将通州地区 110kV 及以下输变电设备运维检修业务由检修公司调整至通州公司。整合经研院建管中心、监理公司，挂牌成立建设咨询分公司。组建综合能源服务公司和电缆分公司。

构建现代供电服务体系。在公司和区域供电公司层面建设供电服务指挥平台、反外力监控、安全监控平台；推进供电服务指挥中心建设。开展北京城市副中心、新机场、冬奥会等园区供电服务中心建设；城区公司持续建设东城、西城、崇文、宣武等供电服务中心，实现首都核心区全域供电服务中心全覆盖；针对乡镇区域，推进全能型乡镇供电所建设。

（李　蓉）

【员工管理】优化用工配置，引进优秀高校毕业生 495 人，较 2017 年增加 17.3%。组织工程公司社会招聘急需相关资质人才 15 人，华商电灯公司招聘毕业生 113 人。首次开展校企合作联合招生培养 25 人，为乡镇供电所提早做好人才储备。开展跨单位人员交流配置 166 人，优化人才分布。响应国家政策，遴选 8 名优秀专业人才开展 2018～2020 年度对藏帮扶。落实“三项制度”（通过干部人事、劳动用工和收入分配等方面的制度安排，建立与社会主义市场经济体制和现代企业制度相适应的市场化用工机制，充分调动各类职工积极性，实现企业与员工双赢的企业内部改革）改革要求，规范管理长期不在岗人员 46 人，解除劳动合同 4 人。

（段鹏飞）

【薪酬管理】在工资总额中设置高质量发展专项奖励，对优异业绩考核和同业对标结果、完成重点任务、解决公司重点难点问题进行奖励。设置安全生产专项奖励，执行安全奖惩资金落实情况定期报告制度，跟踪奖惩兑现的落实情况。量化各级组织和员工在重点工作中的贡献，匹配奖励资金，对突出贡献个人奖励额度达到普奖人均水平的 1.4 倍以上，发挥薪酬激励导向作用。

（张亚楠）

【绩效管理】围绕公司两会确定的年度业绩考核 A 段目标，把握突出贡献和专业部门评价两个加分项，总结公司在服务国家及国网公司发展战略、履行央企政治责任与社会责任、保障首都党政军机关和重大政治活动安全供电、治理大气污染改善民生等方面做出的突出贡献及重点工作亮点成效，赢得争先进位的主动权。业绩考核结果在国网公司系统排名第七。

（戴　泓）

【人才队伍建设】完善公司人才培养体系，落实各层级人才培养责任，强化基层单位用人主体作用和专业部门主导作用。出台加强青年人才职业发展“第一个十年”培养工作、加强生产技能人员岗位培训和人才培养、加强现场培训等三个指导意见。印发网络大学标准培训教材，为开展人才培养工作提供资源保障。

创新人才培养机制，提出人才培养“九年制义务教育”理念，加强青年员工入企后的基础性、系统性、进阶式培养工作。与国网技术学院深度合作，围绕公司核心业务，针对入职 2～5 年的青年员工，组织继电保护、调控、配电自动化 3 个专业共 4 期“回炉”培训，获得学员好评。建立人才培养现场经验交流机制，召开“师带徒”培养工作现场观摩交流会，推广顺义公司“师带徒”典型经验。

加强专家队伍建设，新增全国青年岗位能手1人、北京大工匠1人。截至年底，国网系统内人才共有705人，其中国网公司专业领军人才20人、国网公司级优秀专家人才17人、国网公司级优秀专家人才后备69人、省公司级优秀专家人才99人、省公司级优秀专家人才后备138人、地市公司级优秀专家人才149人、地市公司级优秀专家人才后备213人。公司建设部出台《关于着力打造基建卓越人才队伍的指导意见》，按照“播种期–培育期–收获期”的步骤，推进基建专业卓越团队建设，在构建专业人才培养体系方面发挥示范带头作用。

（司贺秋　王曦影）

【社会保险】优化保障管理，向北京市争取社保减负政策，延长执行阶段性降低社会保险费率政策，基本养老保险、失业保险费率降低1%和0.2%，工伤保险费率下浮一档。完善“政策宣传全覆盖、解读机制动起来”长效机制，开展“提高安全意识，防范工伤风险”活动，将职工和流动性施工人员全部纳入工伤保险范围。

（李　宝）

财　务　管　理

【综述】资产负债率完成64.92%；资产总额1133.59亿元，同比增长2.57个百分点。在国网公司财务工作典型经验评比中，电价、预算、资金、财税等8个专业，被评为国网公司区域级提升型典型经验。在管理创新评比中，《电网企业成本多维度展示模式构建与应用实践》管理创新成果荣获北京市管理创新成果一等奖，另有3项管理创新成果分别获得公司管理创新一、二、三等奖。在国网公司财务部资金、财税专业调考中，取得财务调考第三名，资金专业以全部满分成绩并列第一。参加调考的10人中，杨莉、李靖等8人被评为优秀个人。公司被评为国网公司财务工作先进单位，通州公司被评为国网公司财务工作先进集体，郭捷、陈晓燕被评为国网公司财务先进个人。

（李　刚）

【提质增效】内部挖潜增效，通过提高售电量、压降线损、优化购电结构等方式挖潜增效，创造效益约5亿元。争取政策支持，争取到北京市压减高价燃气机组发电小时数以及政府补助资金，产生效益贡献约5亿元，争取到国网公司注资10亿元和特高压资产租赁收益政策，增加效益约5亿元。合理安排成本，在标准成本基础上，争取到国网公司追加可控费用10亿元。结合公司夯实安全生产和提升优质服务两年计划，加大对政治供电、安全生产、优化营商环境等方面的投入。

（邓正炜　潘紫宜　魏梦真）

【预算管理】严控负债水平，科学确定资产负债率、应付账款、“两金”占用等关键指标管控边界，将指标嵌入预算，强化过程管控，对接考核，年末资产负债率控制在64.92%。优化成本管理体系，试点开展重点项目和大额支出成本预算审查，搜集整理成本标准，为预算审查数据库建立奠定基础。在成本动因、定额标准、调整系数等方面对现行标准成本开展适应性调整，修订标准成本体系，深化标准成本应用，提升成本管理的科学性。

（邓正炜　潘紫宜　魏梦真）

【会计精益核算】试点开展多维精益管理体系变革工作，以“会计科目+管理维度”实施会计管理化改造，初步实现了运检及营销业务按业务活动、资产类型、电压等级和用户类别反映信息，自动出具多维成本报表，完成了执行财政部成本核算制度的法定任务。开展会计基础工作规范培训和基础工作自查，研究财务新准则，规范“三供一业”移交、跨单位资产调拨等新业务核算要求。加强“两金”（应收账款和存货）管控，建立往来款项管理机制，稳步推进长期挂账清理工作。开发运用财务机器人技术，解决实际工作中大批量重复性工作，提升管理效率。

（邓　瞰）

【资金集中管理】试点推行资金“按日排程”。参与国网公司“1233”新型资金管理体系建设，优化资金支付流程，完成资金应收池、应付池建设，实现资金支付“按日排程”，提高资金管控精准度。开展资金安全大检查，发现问题52项，100%整改到位。研究集团账户体系，使用子公司闲置资金，利用外部资金，精准把控融资节奏，缓解公司资金备付压力。合并口径货币资金余额4.46亿元，较2017年同期压降64.4%。将电费财务核算业务下放至客户服务中心，实现业务和财务职能匹配。

（韩　丹　孙　迪）

【工程资产管理】夯实有效资产基础，实现电网基建、技改和小型基建项目预算管控全覆盖。清理333项、48亿元长期挂账在建工程，规范工程暂估增资行为，全年转资162.43亿元。开展资产卡片专项治理，提升卡片信息质量，夯实核价资产。优化财务职能管理界面，将公司220kV及以上电网基建工程财务管理下放至建设咨询公司，实现业务和财务职能匹配。

（李　丽）

【内控稽核评价】加强重点领域风险防控，在线监控大额资金收支。针对工程建设、物资管理、运维成本等重点领域开展内控评价与现场稽核，开展输配电成本预稽核，推动稽核监督工作围绕公司重点任务转型发展。有序推进问题整改，将国网公司巡视、审计，以及公司内部巡察、审计和财务实时监督等暴露的问题纳入综合问题清单，建立销号制度，明确整改责任，落实整改措施，确保各类问题整改到位。

（张娜娜）

【电价税收管理】落实国家降价减负政策，切实降低社会用能成本，一般工商业用户平均降价6.55分/kWh，年减负31亿元。配合清理规范转供电环节加价，力争打通降价“最后一公里”，通过工信部组织的第三方评估，降价效果获得认可。适应输配电价改革和监管要求，优化经营管理策略，在投资、资产、成本、收入、价格和运营六个方面制定了44项工作任务清单、27项改革落地措施，取得初步成效。紧跟税收政策动向及“三供一业”等新业务要求，在增值税税率调整、个税改革、费改税等方面落实国家税务改革要求。按照国网公司部署，在开展电费电子发票应用试点的基础上，全面应用电费电子发票。应用研发费加计扣除、节能设备减税等方面税收优惠政策，合理降低企业税负。

（金　锋　滕仁鹏）

审计管理

【综述】全年审计工作聚焦公司重大政策落实、重要资金投入、重点迎审任务，围绕发现、整改、预防三大任务主动作为，各项工作取得了新成绩。全年共实施两级审计项目96项，同比增长26%；发现整改问题1443项，同比增长36%；促进增收节支3.97亿元，同比增长135%。

审计业绩考核连续两年获评国网公司A段，3项审计项目获评国网公司优秀审计项目，1篇审计实践成果荣获国网公司管理创新成果三等奖，1篇理论研究荣获北京市内审协会论文一等奖，房山公司数字化审计工作实践成果发表在权威期刊《中国内部审计》中。

（赵　悦）

【重点迎审及派出审计】接受国家审计署资产负债损益、冬奥会配套建设、重大政策落实跟踪三项审计任务，同时接受国网公司西蒙—山东特高压、城区公司经济责任两项审计任务，累计迎审255天。遴选30余

■ 3月7日，公司召开审计工作会。（李博　摄）

■ 5月26日，苏州派出审计组党员扶贫活动。（郑以哲　摄）

名各专业骨干力量，高质量完成了国网江苏苏州供电公司经济责任审计，出具审计记录、底稿 151 份，管理建设书、要情专报、审计报告共 3 份，获评国网总部审计项目质量考核 A 类。

（赵　悦）

【领导干部履职监督】深化领导干部经济责任审计，坚持“离任必审、离任即审”，对大兴、昌平供电公司等 5 家单位主要负责人开展离任审计，重点揭示经营管理突出问题及重大风险，促进领导干部依法用权和担当作为。

（赵　悦）

【工程投资审计监督】在重点电网建设项目管理的薄弱环节和风险点方面，对公司所属 21 家单位、491 项、39.98 亿元的基建、生产、营销、后勤等资本性投资项目开展竣工决算全面审计。在物资处置效率及规范性方面，开展工程物资管理专项审计调查，推动公司集中专项整治剩余及废旧物资风险隐患。

（赵　悦）

【重点领域审计监督】围绕优化营商环境，对公司 5.34 万户低压报装接电服务情况及 85 项集体企业承揽客户工程实施情况开展“三减一提升”专项审计。围绕打赢污染防治攻坚战，对 8 家单位“煤改电”工程、15 家单位充换电设施建设开展了嵌入式审计，在工程实施、物资领退、结算复核等关键环节实现纠偏问题 103 项。在重要资金利用方面，对公司所属 20 家单位、2.92 亿元政治供电经费以及 16 家供电公司电费资金安全开展了专项审计。

（赵　悦）

【审计成果综合运用】梳理 36 家单位 3 年共 1190 项内外部审计发现问题的整改质量，安排后续审计方式进行全面检验。按照审计项目同质化管理要求，梳理现场核查整改支撑资料，全面摸查整改落实情况，促进重点、难点问题的协同治理和研究解决；健全完善问题整改台账和动态销号管理，对审计发现的 6 类系统性问题和重点风险事件进行分类并建立问题整改机制；实行被审计单位主要负责人为整改第一责任制，将审计发现问题的整改成效作为主要负责人在年度领导班子综合考评中的述职内容，并纳入企业负责人绩效考核。全年累计完成整改问题 1443 项，补充实施各类工程 1.34 亿元，清理债权债务 26.63 亿元，促进增收节支 12.83 亿元。

（赵　悦）

【审计工作机制建设】完善审计工作领导体制，成立党委审计工作领导小组，制定党委审计工作领导小组工作规则及领导小组办公室工作细则，出台《关于建立健全公司审计机构向党组织负责和定期报告工作机制的指导意见》，有效夯实党对审计工作的全面领导。落实国网公司加快建立总审计师制度的要求，率先设立总审计师，为进一步完善审计工作领导体制提供保障。健全“上审下”工作机制，落实审计中心建设要求，公司层面审计中心到位人员 14 名，到位率 70%。理顺审计部—审计中心一体化运作职责界面，设立绩效评价体系，实现审计计划统一安排、审计资源统一调配、审计质量统一管控、审计整改统一推进的“四统一”管理模式，推进公司审计工作集约统筹高效运转。

（赵　悦）

【审计数字化生态建设】全面构建数字化审计生态，采用数字化远程审计方式，围绕营销服务、工程财务、人力资源三大领域 17 个主题，对所属 16 家供电公司、8 家业务支撑机构、24 家集体企业开展数字化持续审计，调取业务数据 91.37 万条，发现审计疑点 682 个，涉及金额 2.15 亿元。组建数字化审计模型开发小组，研究开发电量电费异常、剩余物资积压藏匿等 5 项重点频发审计问题的数据模型，并应用于优化营商环境跟踪审计、物资内控审计调查、电费资金安全审计等项目，发现有效问题线索 1588 项，为精准审计提供了技术支撑。

（赵　悦）

【审计人员队伍建设】充分发挥党建引领作用，组织党支部集中学习和党员自学 38 次，创新开展了“支部建在审计点，党建促审抓融合”系列党建活动，在总部派出项目和公司内审项目中组建临时党支部，发挥审计党组织战斗堡垒和党员先锋模范作用。围绕审计人员“四项能力”，分层次、多领域开展集中业务培训，采用“互联网+”模式应用手机 APP 对通用制度开展在线周考，全年累计周考 17 次，完成制度学习 85 项；组织审计人员定期开展业务技能交流、审计经验分享，通过互学互鉴发挥示范带动作用，促进审计队伍业务技能本领整体提升，培育审计队伍的政治责任感、发展使命感和职业荣誉感，进一步汇聚干事创业的正能量，打造一支履职尽责、担当作为、奋发向上的审计队伍。

（赵　悦）

物资管理

【综述】全年公司集中采购金额108.75亿元（国网公司72.84亿元，北京公司35.91亿元），其中：物资采购金额81.04亿元，占比72.82%；服务采购金额27.71亿元，占比27.18%。签订物资合同2936份，总金额43.75亿元。完成物资合同履约供应计划8776条，涉及金额39.70亿元。累计下达检测任务2087条，检测物资13040台/套，开展监造工作164项，整改问题361项。完成废旧物资处置6899.75万元，跨省调拨1358万元，内部调拨1.69亿元。

（张　璇）

【计划管理】主动安排采购计划，指导督促建设单位及时上报需求，针对冬奥会、新机场、“1951”等重点工程实行单独采购批次，极大提高采购效率。抽调专家队伍组织研讨，分阶段开展公司物料精简工作，将35～750kV电网标准物料由6263个大幅压减至1473个，压降率77%，位列国网公司第二名。向国网公司成功申请将公司固化需求纳入国网公司修编范围，全年公司所采购的总部输变电批次的固化ID应用率从82%提高到96%，省公司批次固化ID应用率达到了100%。

（张　璇）

【招投标管理】协同国网天津、冀北电力开展国网物资采购评估价格研究，提高了物资采购价格估算的精准度，为确定招标限价和划分标包提供科学依据。对《省公司集中采购评审细则》进行全面调整，修改技术评审结构，增加运行绩效要素评价。经过7次专家修改、4次征求网省意见，最终完成1289个评审细则的调整与系统布置。成功将城市副中心、新机场、架空线入地等重点工程列入差异化采购范畴，采用独立批次、独立分包、单独编制主要设备技术参数的方式，采购完成国内外知名品牌的优质设备。

（张　璇）

【采购合同管理】专门成立专项小组，开展超期合同治理和保证金清理工作，建立专项例会制度，定期预警督办。完成2014年以前的1319个超期合同订单的数据核实，有效防范了14.23亿元资金支付风险。对所有在账保证金未付情况开展全面清理，梳理出应退未退保证金3.15亿元，已按照国网公司要求的计划节点完成全面清退。

（张　璇）

【物资仓储管理】打造以“自动化、智慧化、实用化”为原则的智慧仓储体系，组织编制各具特色的仓储点建设方案，通过集中评审、交叉互审的方式，已全面完成公司17个仓储点内部注册工作，基本实现仓储区域独立、业务独立、人员独立的目标，未来将与智能中心库、三个周转库构成“1+3+17”的仓储网络体系，服务整个北京区域。

（张　璇）

【物资供应管理】保障优化电力营商环境、农村煤改电、架空线入地等工程物资的快速高质响应，高度融合仓储和检测业务，将17类主要配网物资进行统一入库管理，开展库内集中检测，检测效率提高75%，退换货时间平均缩短5.7天。保障重点工程物资供应更加灵活可靠，着力推动公司调配中心转入实体化运转，实现主动协调、供应统筹、数据统计等功能，针对通州行政副中心、新机场、冬奥会电力配套等重点工程，动态监控物资履约业务链各节点，调度物资履约进度，实现物资供应业务和考核指标的双控。

（张　璇）

【物资质量管理】加强主设备监造，强化出厂试验见证，严把设备出厂关。除国网公司要求的监造品类外，将监造范围扩大至110kV及以上电缆、电缆附件、新型节能导线、国网试点应用新材料和新设备。其中，电缆监造创新性采用了电缆监造移动作业平台，该项目在国网公司青创赛中荣获金奖。加强物资抽检，在抽检原有配网物资基础上，将500kV及以下铁塔、金具、绝缘子等主网线路材料和110kV及以下电缆纳入抽检范围，提高主网设备质量。强化供应商违约责任的追溯和赔偿，推进绩效评价信息化应用成效，固化不良行为问题报送及整改机制，对658家供应商开展绩效评价，对25家供应商进行资质能力核实，约谈供应商152家，处罚29家，对不良供应商形成有效约束作用。

（张　璇）

【废旧物资管理】开展废旧物资和闲置物资利用工作，

组织全面梳理盘点，配合国网公司开展闲置物资跨省调拨，突破性完成闲置物资跨省调拨1358万元。实行物料资源全局统筹，完成公司内部调拨转储1.69亿元，同比增长71.67%。推行废旧物资处置配额制，根据各单位实际情况制定处置金额，有序推动处置进度，完成废旧物资处置6899.75万元，同比提升30.26%。

（张　璇）

【物资监察管理】基于各类巡视和审计工作，针对性开展立行立改和长效机制建立，年内根据各类审计、巡视问题，组织专题研讨、协调会议11次，开展各类培训6次，新建和完善管理要求13项，协同有关部门、组织相关单位开展“回头看”3次，确保问题有效整改。深入落实国网公司10项风险防控措施，在招标采购规范性、超期合同治理、深化价格分析机制、完善供应商绩效评价等方面制定专项风险防控措施。集中力量对近几年的投诉事件开展系统梳理和分析，细化形成投诉问题处理手册，固化投诉处理流程，及时受理、调查、回复投诉举报事件，有效防范舆情风险。通过标前会、专题讲座、法制培训等形式，开展评标专家及从业人员廉洁教育。

（张　璇）

【物资信息化建设】结合国网公司现代（智慧）供应链建设方案要求，编写北京特色实施方案，重点打造结算支付电子化、仓储作业智能化、物资供应全链条可视化等功能，完成特色方案建设。筹备信息化建设方案，合理安排网络布局，组织各单位试点应用，开展多轮测试完善，完成智能仓储管理系统的全面部署，并编制仓储点业务操作手册，保障智能仓储管理系统全面实施。

（张　璇）

运营监测（控）工作

【重点工作】构建“1+X”（以客户为中心，围绕客户服务能力、安全保障能力、运营管控能力、增值创新能力四个方面构建多层次、多维度监测体系，全面开展监测分析工作）现代化客户服务监测体系，以客户为中心，围绕百日攻坚行动，开展话务量、购电下发时长等12项重点专题监测。开展配电自动化率、电压合格率、线损率、客户满意率“四率”指标监测，精准定位管理问题，全过程跟踪问题治理，促进专业管理水平提升。搭建监测主题库、分析项目库、大数据储备库“三库”体系架构，实现监测分析工作规范化、系统化、常态化。完成电力营商环境监测体系业务设计及试点任务，重点围绕世行“获得电力”评价指标开展监测，建立5大类、9个主题、19个业务点的首都电力营商环境监测体系。

（赵　飞）

【“三个中心”建设】建设战略运营监控中心，聚焦北京电力经营业绩、运营效率、发展投入、资产质量、人力资源和供电服务六个方面，常态开展综合计划月度分析工作，累计发现业务及数据异动1.57万条，指导和督促各单位完成治理1.33万条。建设数据资产管理中心，完成《数据资产管理体系研究与实践》课题研究，新增实现基于95598客户服务的八类工单数据接入与实时监测功能，进一步深化运监大数据应用平台建设。建设企业价值展示中心，以“党建引领，数据护航”为主线，聚焦北京电力新时代发展战略和“三个争当”工作目标，初步构建完成涵盖13项展示主题的新时代企业价值展示体系。

（赵　飞）

【数据资产管理】梳理核心系统业务数据，完成PMS2.0、OMS、财务管控等8套核心业务系统对应数据库表清单及数据项清单的调研，形成业务与数据表、字段对应关系表。建立数据存储统一标准，完成36套统推一级系统全量数据的接收入库。编制数据获取工作规范，完成13套统推二级业务系统全量数据导出及归集。完成全业务数据中心接入数据检查与核对，共核查9套系统，数据一致率达到99%以上。

（赵　飞）

【大数据分析应用】试点开展《基于春节返乡人口模型的配变负荷预测大数据应用》研究；完成《客户服务质量第三方监测体系构建与评估》《基于客户服务的95598工单大数据挖掘》两项专题运营分析研究；开展《极端天气对北京电网运行影响的大数据分析》，提升北京电力大数据分析应用水平。

（赵　飞）

基 础 管 理

【综述】建立卓越绩效“四个一体化”工作模式，组织通州西集供电所围绕基于全能供电所的“台区线损合格率”和“台区低压电压合格率”指标、亦庄公司围绕基于以客户为中心的“停电信息主动通知率”指标，开展卓越竞争力体系建设试点工作。组织城区公司、经研院获评“全国电力行业卓越绩效企业”。深入开展失信联合惩戒自查自纠工作，失信行为的监测、预警、处置和整改实现“四个百分百”管控。

（刘园园）

【电力体制改革推进】建立全面深化改革工作例会机制，实现重要改革事项沟通顺畅、快速响应。落实国家一般工商业电价降价措施，降低客户用电成本 10.39 亿元。适应改革监管新形势，制定实施 27 项优化经营管理策略。推进北京地区售电侧放开，深度参与电力市场交易，促进清洁能源消纳。全年实现市场化交易 61.5 亿 kWh，释放改革红利 1.16 亿元。完成 261 个小区、29.77 万户“三供一业”接收和 196 处、9030 户职工家属区“两供一业”移交任务。稳妥推进增量配电改革，研究北京地区增量配电试点推进策略。推广首钢、新机场模式，打造利用市场化手段拓展增量配电业务市场的样板。持续完善体制机制，成立供电服务指挥中心，优化 110kV 输变电运检和调控业务管控模式。

（楚济祥）

【对标管理】深入贯彻落实公司两会精神，结合公司重点工作任务，全面制定公司对标目标和 120 项指标保障措施，开展定期、专题对标诊断分析，优化制定内部对标指标体系，组织开展内部对标点评，强化大供、专业机构专项协调，促进指标水平持续提升，为夯实企业基础管理水平提供有力支撑和服务。

（陈毛昌）

【创新实践活动】落实国网公司“一六八”战略新体系要求，结合公司“东西南北中”年度重点工作任务，明确创新实践 16 个领域 87 个重点方向，统一制定立项计划，形成创新实践项目 238 项。把握创新实践内在规律，统筹创新实践资源，组织开展形式多样的创新实践活动，138 项创新实践成果（论文）获得省部级以上奖项，管理创新成果（论文）66 项，QC 小组活动成果 72 项，3 个 QC 小组获得“国优小组”称号。

（刘园园）

【标准化建设】落实国网公司制度标准执行考核要求，注重制度标准一体化平台应用，加强与经法部、科信部等专业部门沟通，强化制度标准的落地执行，按季度上报制度标准执行情况统计表及工作总结，组织城区公司、通州公司同步完成季度考核资料上报，全面反映制度标准一体化建设成效，完成公司标准化年度考核目标，促进公司管理水平提升。

（龙　琳）

【社团组织管理】组织完成北京电机工程学会换届理事推荐工作，完成中国水利电力质量管理协会换届理事推荐工作，完成中电联供电分会与农电分会合并工作，完成北京电力行业协会注销工作，完成华商远大电力建设公司参加外部社团组织审批工作，完成中电联电力纠纷调解员推荐工作，组织参加中电联及中国水电质协理事会议及工作例会，完成公司社团组织会费缴纳及社团管理自查工作，实现社团组织规范管理。

（龙　琳）

依 法 治 企

【综述】全年以建设“三全五依”（全员守法、全面覆盖、全程管控和依法治理、依法决策、依法运营、依法监督、依法维权）法治企业为统领，以打造法治力为主线，围绕中心工作，推动法律服务与专业发展深度融合，推动法治工作与公司重点任务紧密融合，发挥经济法律保驾护航作用，为公司和电网高质量发展提供坚强保障。

（徐厚华）

【普法工作】以首个“宪法宣传周”为契机，召开“国家宪法日”主题宣传活动暨法治成果发布会。开展“我与宪法”微视频征集展播，4 件作品荣获北京市法治动漫微电影征集展映活动二、三等奖，公司荣获优秀组织奖。发布《案件全过程处置操作指导书》三项建设成果，丰富拓展法治装备库。编制《涉刑问题防范责任手册》，梳理企业经营管理中可能触犯的刑事罪名 68 项。持续优化“法治电网”APP， 在线解答涉法问题 48 项，依法有效留存证据 1528 条。通过“法治电网”微信公众号移动普法 203 期，发布宣传稿件 546 篇。深入开展“法治五进”活动，面向政府、客户开展普法宣传 184 余次，营造良好内外部法律环境。

（徐厚华）

【规章制度管理】开展合规管理试点工作，梳理规划、运检、营销领域合规风险点 177 项，形成合规风险清单，编制风险提示书。开展规章制度合章性审查，逐项梳理人资领域 66 项制度，从程序合章和内容合章两方面进行评估，形成文件要求汇编及程序性问题清单等。开展“三供一业”（企业的供水、供电、供热及物业管理）分离移交、“煤改电”等公司重点任务的现行有效制度及规范性文件解读，推进新形势下制度基层落地。组织制度执行落地自查工作，发现整改问题 85 项，提出意见建议 85 项，研究反馈基层制度执行实际问题 6 项。推动问题清单整改制度废改立决议落实，公司两级废止制度 255 项、修订制度 32 项、新建制度 98 项，超前完成年度制度废改立指标。完成 5669 道制度题库滚动修编，以制度管理 APP 为平台，全面开展制度在线普考累计 7761 人次，提升全员遵规守纪的意识和能力。

（徐厚华）

【法律风险防范】贯彻落实《国家电网公司重大决策合法性审核实施办法》，将合法性审核内嵌到决策程序，出具重要决策法律意见书 14 份。发挥法治工作对公司重点任务的支撑保障作用，编制反外力“百日专项行动”法律服务指导意见，利用法律手段挽回外力故障经济损失 179.61 万元。主动服务优化营商环境攻坚战，深入对接高压业扩报装改革，规范业扩报装对外提供法律文件。试点开展架空线入地项目法务经理制，实现重点工程建设项目法律风险专人专项“一对一”精准管控。持续推进法律风险提示由“数量”到“质量”转变，编制重点领域法律风险提示书 8 份，牢牢把握风险预警主动权。积极配合地方立法，参加市城管委电力设施保护立法研讨会，完成立法说明及立项报告。优化法律风险库更新，提出体改类法律风险审核意见 45 条。

（徐厚华）

【合同及招投标管理】加强合同制度流程的落实和升级工作，编制《经济合同法律审核要点》，进一步调整规范合同在线审批流程。开展多维精益物资和服务采购试点建设，推进 ERP 采购管理与经法系统有机集成深度融合。添加合同履约、金额及税率等信息窗口，制定订单补挂流程，完成工程前期合同在线审核流程再造。开展合同专业服务攻坚，配合业扩报装外电源工程改革、基建超期工程结项、物资超期合同整治，清理陈年未结合同 57 项，出具法律意见书 12 项，形成合同法律风险处置典型经验。践行服务主业工作理念，通过对接专业研讨制定合同范本，服务于国网公司电动车用电优惠政策、电力市场改革、“三供一业”资产移交、增值税税率调整、职工疗养业务。提倡集中打包办理授权，压缩授权办理频次，减轻基层单位授权申请负担。委派法律顾问开展 9 次招标法律保障工作，6 次非招标法律保障工作，为公司采购提供全面的法律服务保障。

（徐厚华）

【依法维权】全面开展触电案件压降专项整治工作，成立触电案件压降专项行动协调工作小组，编制印发触电案件专项整治行动指导意见，定向发布汛期触电隐患法律风险提示书。年度新发触电案件 5 起，同比降低 58.33%，完成年度目标任务。评选并发布年度十大依法维权典型案例。高度关注生效判决文书执行情况，建立被执行人信息检索快速响应工作机制，防止公司被纳入失信惩戒。大力倡导依法主动维权，首次使用以物抵债方式处置拖欠电费历史问题。完成《案件全过程处置操作指导书》编制，多起重大案件得到妥善处置，年度被诉案件数量同比下降 33.33%，避免或挽回经济损失 9839.5 万元。

【法律队伍建设】进一步完善基层法律顾问 AB 角机制，提升基层法律服务保障水平。健全经法专业工作例会制度，开展法律顾问季度专项培训。组建公司招标和非招标法律服务保障两个专家人才库，实现招标与非招标审核的双轨制管理。

（徐厚华）

综合管理

【信息工作】主动向北京市委市政府、国网公司汇报优化营商环境、“煤改电”、国家项目保障等重要工作成效，得到蔡奇书记、陈吉宁市长、寇伟董事长等领导的批示肯定，为公司发展营造良好外部环境。发挥信息直通车作用，全年在《国家电网工作动态》《国网内参》刊发信息 88 条。

（姚宝庆）

【决策落实】严格规范“三重一大”决策程序，全年共组织召开公司党委会 23 次，总经理办公会 3 次，审议议题 139 项，促进公司整体工作高效推进。创新重点任务过程管控，分解制定并滚动更新《2018 年重点工作任务书》，依托年中会、月度会、周例会等平台，及时通报重点工作进展情况，确保公司部署落到实处。

（李兴华　易弛韡）

【值班管理】严格落实 24 小时值班和领导带班制度，在防汛度夏期间发挥应急值守作用，高效应对顺义“6.26”倒塔等突发事件，确保全国两会、中非合作论坛等重大政治保电值班工作万无一失。完成中组部调研组、国务院国资委党建局等上级调研迎检任务。

（李国强）

【信访保密工作】聚焦集体企业瘦身健体等热点问题，开展稳定风险评估，制定专项应急预案。在天安门广场变电站升级改造等涉密任务中，公司系统未发生失泄密事件，在国网公司保密工作会上做交流发言，处于国网公司保密对标 A 段。全年信访总量 185 件 240 人次，未发生非正常访、集体访和越级访。

（崔　征）

【文档管理】加强发文统筹，精简各类文件简报，持续改进文风。全年公司本部、各单位分别制发文件 1903 份、6800 份，同比压降 11.1%、4.4%。

（白雪莹）

机关管理

【本部建设】以习近平新时代中国特色社会主义思想为指导，深入学习贯彻党的十九大精神，认真落实国家电网公司“旗帜领航·三年登高”计划和公司党建暨干部工作会要求，发挥机关本部示范带动作用，加强党建引领、强化基础建设、促进中心工作。重点开展以下工作：①突出党性教育，扎实开展“两学一做”。组织“三学三亮三比三争当”实践活动，开展“本部大讲堂”活动，先后组织 6 期讲座；组织建立支部书屋，通过个性化订购方式向各支部党员累计发放书籍 3000 余册；组织“支部互联两个一”活动，搭建机关各支部、机关与基层单位支部沟通学习的桥梁；统一制作员工工位标识牌，组织参观《真理的力量——纪念马克思诞辰 200 周年》展览。结合党员社区“双报到”工作，号召机关党员主动走进社区，亮出党员身份，参与社区工作。②突出组织建设，建设坚强支部堡垒。加强机关党委各支部基础管理工作，建立党支部党员活动阵地。严格开展组织生活，每季度下发“三会一课”学习计划，每月提供学习参考材料。开展信息化建设工作，指导各支部将七项组织生活等基础信息完整录入国资委和国网公司两套党建信息系统并督促日常应用工作。③突出作风建设，持续改进机关工作作风。通过“一线工作日”等形式，营造“带头担当、带头谋划、带头落实”和“强化执行、强化协调、强化服务”的工作氛围。组织机关党员制定共产党员个人卓越履责清单，坚持以“做”促“学”，在转变机关作风、提升能力素质、提高效率效益等方面继续建立长效机制。④突出示范带头，完成国网巡视检查工作。对照国网公司和公司各项制度标准，带头制定党建专业自查自纠清单，梳理完善 38 大项 137 小项党建巡查内容。组织机关党委各支部开展自查整理工作，指导各支部整理完善 2015～2018 年支部工作实证材料，累计梳理各类材料 3 万余份。

（于宝来）

【党务管理】全面完成党建标准化、信息化建设，通过配齐“三本六盒一证”（党支部学习记录本、党小组会议记录本、党员学习笔记本，组织管理档案盒、党员管理档案盒、组织生活档案盒、集中教育档案盒、创先争优档案盒、群团文化档案盒，党费证），规范支部活动阵地建设。认真组织党员发展，发展党员 16 名，预备党员转正 9 名，做好党员组织关系转移工作，转入 158 人，转出 64 人。

（于宝来）

后勤管理

【后勤安全管理】成立后勤综合巡检组，全年不间断开展房屋土地、车辆管理、食品安全、工程项目、物业小区、消防、防汛综合巡检，并开展消防“百日安全”专项行动和消防演练，制定年度防汛专项方案和 6 项主要措施，全口径、全专业、全范围排查整治后勤领域安全隐患，累计开展现场检查 9609 处，发现并治理隐患 237 项。严格落实“十条禁令”要求，交通违法行为同比下降 9%，未发生负同等及以上责任的重大交通事故，未发生影响公司形象的涉车舆情事件。施行重点安全隐患通报约谈制，后勤“大安全”理念逐步树立。

（韩戈齐）

【“两供一业”分离移交】3 月签订正式移交协议，超前 1 个月完成国网公司进度目标。准确梳理 196 处 9030 户职工家属区台账，涉及建筑面积约 67.66 万 m^2、账面资产 2.4 亿元，2741.7 万元公共维修基金、9943.29 万元售房款余额全部匹配到户，建立各项档案资料 1.5 万余份，职工家属区全部完成管理权现场移交。积极争取政策支持，通过中央财政补助申报。成立资产划转专项工作组，引入第三方财务机构，全程依法合规推进资产划转，工作经验多次获国网公司宣传推广。

（韩戈齐）

【后勤资源管理】开展变配电站室附属用房专项隐患排查，日均核查房屋 62 处，累计核查 9451 处，非生产性房产管理现象得到有效治理。严细管理自用和出租行为，在满足自用的基础上，推进房屋资源合理创效，实现合同收入 1.5 亿元。

（韩戈齐）

【后勤项目建设】根据公司生产经营需求和后勤资源运行要求，针对各基层单位大量房屋设备设施老旧，急需维修、改造的情况，重点安排基层单位综合楼及供电所建设，逐步解决一线班组用房严重不足的问题。强化职能监督和业务指导，协同海淀公司、丰台公司、电科院、照明中心、建设咨询公司等建设单位，方庄办公区、航天桥供电服务中心、电科院综合实验楼建设有序推进。出版《非生产项目典型设计》《典型造价》等专业指导书籍，承担《国网公司非生产性技改大修技术规范》编制任务，推广《国网北京市电力公司小型基建项目前期工作手册》，建设线上技经中心，统筹把控关键节点，项目安排更加规范有序。

（韩戈齐）

【车辆管理】全面完成国Ⅰ、国Ⅱ车辆更新，更新各类车辆 504 辆，购置高空作业车、带电作业工具车、保电专用车、疏浚车等 63 辆，为主营业务发展提供车辆保障。按照“一车一档、一车一卡、单车核算”的原则，新建车辆购置更新、租赁、单车核算、维修保养、调度监控等 7 项管理办法，车辆管理制度体系全面完善。推广应用统一车辆管理平台，实现车辆购置、租赁、运行、费用、处置、监督全过程规范管理。

（韩戈齐）

【重大活动保障】充分发挥后勤系统“一盘棋”机制优势，在中非合作论坛保电等后勤保障任务中，共计投入保障人员 3571 人次，投入车辆 2325 辆次，64021 份保障餐饮实现全地形热餐送达，累计安排医疗巡诊 7 轮次，509 个值守点急救药品全覆盖。按照“勤俭节约、充分利旧、保障到位”的原则，利用废旧物资 5374 件，补充易耗装备 4258 件，9632 件后勤物资于保障前到位，完成 1.5 万名保电人员的后勤保障工作。牵头编制《国家电网公司重大活动保电后勤保障标准》，在国网公司系统推广北京经验。

（韩戈齐）

【职工服务】深入打造“专职—专业—专家”的三级精准健康管理体系，完成 1.3 万名职工个性化、差异化体检。继续推行重大疾病筛查，在央企中率先开展女职工专项体检，职工体检服务逐步体系化、专业化。开办亦庄办公区医务室，专职医疗服务广受一线好评。持续开展重大疾病专家面对面咨询、健康服务送一线等特色服务，“重检帮治”的医疗服务惠及公司每一名职工。连续 4 个月，为架空线入地、煤改电等夜间施工现场提供全电餐车送夜宵服务，累计服务职工 1.6 万人次，日均送餐 160 份。

（韩戈齐）

【后勤专业化管理】围绕工程项目管理、办公用房、周转住房、公务用车等后勤工作重点领域，明确立查立改任务，制定整改措施 38 项，严密防范经营风险。对新建、改造办公楼宇，加强设计审核，从源头杜绝超标配置办公用房现象。制定《后勤项目技经管理指导意见》《后勤专项计划管理工作手册》等规范性文件，后勤计划安排更加规范有序。在国网首届后勤竞赛中，取得初赛八强、复赛第四名、综合排名第七名。借助国网公司竞赛调考的有利契机，建立“走出去、请进来”的队伍建设机制，推动后勤系统拓宽视野，聘请国内知名专家，开展全口径后勤人员专业技能培训，为基层单位挖掘、培养了一批青年业务骨干。

（韩戈齐）

安 全 生 产

安全监察

【安全责任落实】各单位主要负责人落实安全第一责任人职责，研究部署解决重大安全问题；各分管领导履行“一岗双责”职责，严抓分管领域安全责任落实，按照职责分工，组织各专业安全责任清单编制工作。各专业部门坚持“管业务必须管安全”原则，落实安全管理主体责任，在开展业务的同时抓好建章立制、教育培训、安全检查、风险防控等安全管理工作，做到专业工作与安全工作同布置、同标准、同考核。按照规定模板，组织本专业安全职责梳理和责任清单编制。开展各单位和集体企业领导干部安全审计工作，对安委会、安全例会、到岗到位等安全责任落实情况进行专项检查。

（宗晓茜）

【安全风险预警管控】将配网风险流程全面纳入风险管控系统，完善配网施工作业五维度风险定级和管控措施，强化措施落实监督检查和考核。开展配网工程安全管理提升专项行动，在各供电公司项目管理中心设立配网项目管理部（业主项目部），健全配网工程安全质量管理体系。综合运用移动作业手段实时监督工作负责人、现场把关人、运维巡视看护人到岗到位、巡视看护等风险管控措施落实情况，并对高风险作业项目实现全过程监督。依据电网风险等级、人身风险等级、分包单位和人员数量、违章情况、作业区域天气情况等信息，综合评定电网风险指数及人员承载力，启动风险指数预警发布机制，指导制定风险管控措施，并对措施制定和落实情况进行监督检查。

（宗晓茜）

【智能安全管控】提升安全监控中心场地配置、终端设备应用标准，新增配备 500 套布控视频装备，加大土建、组塔等高风险作业现场应用力度。完成智能安全管控系统视频智能判断、告警和评价功能建设，加强监控中心对作业现场人员施工行为“面对面”的监督和指导，实现作业关键环节视频监督工作流程标准化。将监理工作纳入作业安全规范化管控流程统一管理，完善作业安全规范化管控平台及 APP，加强飞行检查、交叉互查工作质量评价和通报。健全安全巡检常态评比机制，开展巡检人员培训、取证，提升安全巡检规范化水平。针对架空线入地等工程项目，制定专项安全监督方案，实现从开工前风险评估、实施中现场监督到完工后项目验收的全过程管控，保障重点工程项目安全实施。

（宗晓茜）

【隐患排查治理】巩固隐患排查治理工作机制，完成全国两会、中非论坛、电气火灾、线路“三跨”、防汛、电缆终端、迎峰度夏、迎峰度冬等隐患专项排查治理工作，落实“一站一评估”“一线一评估”“一户一评估”“一系统一评估”的隐患排查治理责任签字，做到隐患管理“过程可追溯、结果可核查、责任可追究”。运检专业结合政治供电和度夏、度冬等专项任务，对输、变、配电设施开展隐患排查，落实治理和管控措施，排查设备普遍性问题造成的隐患，实施管控治理。科信专业排查信息通信安全隐患，包括政治供电重点站线通信系统以及保障涉及业务的信息系统，组织开展常见安全漏洞、边界安全和信息系统安全等级保护测评专项排查。营销专业结合重要客户内部安全评估、消技防设施检查、客户用电安全检查等工作开展隐患排查，督促客户进行整改。建设专业结合春、秋季安全大检查，重点开展防范人身、坍塌等基建施工作业及消技防设施隐患排查。调控专业结合年度电网运行方式分析、重要客户外电源分析，加强电网运行及二次系统隐患排查，对政治供电重点站线继电保护及自动化设备开展隐患排查。后勤专业结合日常检查，开展办公场所、车辆、交通、消技防设施安全隐患排查。全年累计开展隐患专项排查任务 19 项，制定落实隐患排查任务 9580 项，开展隐患工作督查 195 次，下发隐患督办任务 14 项。

（宗晓茜）

【应急处置能力】优化应急指挥中心电网、设备、环境等数据统筹分析和综合展示功能，加强应急通信系统建设，提升对应急指挥的支撑作用。组织各单位应急救援队伍开展应对雨雪冰冻等自然灾害专项技能培训，加大各类“无脚本”应急演练比例，提升综合应急处置能力。对照国网公司应急救援基干队伍装备配备标准，逐步完善公司应急救援队伍装备配备和物资储备。

（宗晓茜）

【应急防恐】推进应急防恐基地建设，打造具备安防队伍驻扎、防恐演练实训、战时地下调度等功能的国家级电力专业应急防恐基地。依托应急防恐基地建设，建立集队伍驻扎、场景实训、技能培训等功能于一体的应急防恐中心，强化应急防恐工作的常态支撑，服务公司政治保电、抢险救灾等重大活动。以准军事化管理为标准，开展安保防恐专业培训，为应急防恐基地做好人才储备。建立安保防恐专业信息化管理平台，实现日常突发事件的信息实时掌控及快速应对处置。加强政企、警企协调联动，建立全天候安保防恐稽查和特勤体系，确保全国两会、改革开放40周年等重要活动安保防恐工作万无一失，实现公司安保防恐形势持续稳定。

（宗晓茜）

生 产 管 理

【综述】完成各类保电任务182项，其中特级任务2项、一级任务63项、二级任务39项、三级任务78项，累计保电天数345天。完成天安门广场开关站改造工程，首次在人民大会堂、天安门城楼及广场等重要政治供电区域配置40套“SSTS+UPS”不间断供电装备，实现主备电源毫秒级切换。深化运检管理机制建设，建成供电服务指挥中心，完善智能化供电服务指挥系统和APP业务功能。深化输电反外力机制建设，输电线路外力故障较2017年同期下降39.5%。完成不停电作业业务、人员、装备集约调整，在城区、朝阳等7个示范区实现不停电作业100%。提升电网设备管理水平，完成四环内45km电缆隧道、336组高压电缆中间接头防火整治，完成79处输配电线路“三跨”隐患治理，输、变、配电设备故障同比下降29.5%、28.6%和34.3%。提升智能配电网运营水平，实现配电自动化覆盖率100%、功能投入率100%，自愈功能投入率90%以上。创新成立配网数据管理中心和自动化运维中心，集中开展系统数据维护和终端传动运维。推进智能技术支撑应用，完成94座变电站智能安防建设，实现220kV及以上变电站以及政治供电重点变电站智能安防全覆盖。应用气象灾害精准预报预警系统，度夏防汛期间有效发布各类精准预警192次。应用国内首套电缆精益化管理系统，完成全部1442km电缆隧道及5390km管井基础数据普查录入，实现电缆业务管理全覆盖。

（李　戎）

【重大活动供电保障】完成全国“两会”、中非合作论坛北京峰会、十九届三中全会、国网公司重要会议等保电任务，实现“设备零故障、客户零闪动、工作零差错、服务零投诉”工作目标。

应用先进技术装备——主配网移动作业、配电自动化、气象灾害精准预报预警等系统，实现保障信息精准研判和保障资源精准部署，实现智能化指挥、智能化管控和智能化保障。通过配置移动式变电站、大容量飞轮储能和UPS电源车等高性能装备，有效提升供电保障综合能力。

完善保障组织体系，建立两级指挥体系，成立现场指挥部，增强保障工作的专注度和精益度。提前启动两级指挥部运作机制，24小时不间断运转，与北京市、国网公司等上级部门紧密对接。领导干部在总指挥部、人民大会堂、天安门政治供电服务中心等关键地点现场指挥，保障人员在遍布全市的重点站线值守，运维人员24小时巡视重点线路和设备，“1+N”保障团队进驻重要客户内部24小时提供服务保障，应急队伍和应急车辆在各保障点24小时待命，确保保电工作万无一失。

提升重要区域供电可靠性。细致摸排中南海、人民大会堂、天安门广场、京西宾馆等党和国家重要办公活动场所的供电情况，组织编制七个重点区域配网建设改造方案。结合天安门地区市容环境景观提升工程，历时83天完成广场开闭站升级改造工程。针对人民大会堂重要负荷加装SSTS等不间断供电装备，提升供电可靠性。

（胡永强）

【设备管理】强化变电设备故障管控。组织开展变电设备评价分析及第三方检测评估，对18001、18002及防汛度夏、度冬147座重点变电站进行评估，累计发现并处理问题3226项；强化新设备交接验收，明确新投运设备强制检测及变电站待用间隔检测工作要求，开展2416台次干式设备强制检测工作，共计发现问题设备27台次，全部进行更换，确保设备运行状态可控。详细制定状态检测计划，加强过程管控，完成2517座次变电站排查，其中主变压器等电容型设备3133台次、GIS间隔4155个次、开关柜9447面次，发现问题32

项，均已处理。加强电网设备春检、秋检工作的组织管理，做好现场把关工作，确保春检工作有序开展，处理各类缺陷1942条缺陷，其中危急缺陷处理385项，严重缺陷337项。共发生一次设备故障停运5次，比去年同期下降28.6%。

推进变电站智能安防系统建设。完成4座500kV变电站智能安防系统建设；完善智能安防主站系统及前端设备升级改进工作方案；细化分解智能运检变电专业工作任务，明确下一步变电站智能安防建设方案及工作计划；完成94座变电站智能安防建设方案编制以及可研、初设编制审核；完成丰台和海淀政府投资变电站智能安防建设招标，落实94座变电站智能安防建设资金项目计划安排，实现220kV及以上变电站、110kV供电保障重点变电站全覆盖。

启动变电站老旧设备改造。完成密云、房山、大兴、顺义和检修等老旧变电站改造可研报告编制审核及郊区消弧线圈接地系统及小电阻接地改造工程可研报告编制工作。完成两年设备改造计划编制及项目储备工作。完成14座山区老旧简易35kV变电站改造项目实施，为山区煤改电负荷用电可靠性提升提供有效保障。

做好消防隐患排查治理工作。根据国网公司设备部下发的《国家电网公司关于进一步加强电气火灾综合治理工作的通知》等9项文件，公司下发了《国网北京市电力公司运检部关于开展消防安全“三查”活动的通知》，对电气设备火灾隐患排查治理作出部署，组织各单位对在运530座变电站消防隐患进行排查，共查出17类问题1000余项问题。根据排查出的问题制定了三年改造计划，修订完善消防系统建设改造首都标准，指导开展消防设备改造完善工作。

夯实输电运检管理工作。完善反外力两级监控体系，实现通道巡视看护全覆盖，全年累计完成巡视看护任务23万次，发现整改巡视看护不到位问题3371处。加大输电视频技防措施应用，实现北京电网110kV及以上输电通道全覆盖，累计加装6058套视频监控装置，发现处置输电保护区周边大型机械作业、异物搭挂等外力隐患5100余项，输电线路故障率同比下降28.3%，其中外力故障率同比下降39.5%。推进“三跨”隐患治理，对全部“三跨”隐患区段加装视频监控装置，实现“三跨”隐患图片监控全覆盖，安排“三跨”区段每3个月开展1次带电登检、红外测温，每日开展两次通道巡视。按照国网公司整体部署，完成4处跨高铁非独立耐张段隐患治理。

深化电缆运维质量管理。输电电缆及电缆隧道管理方面，筹备成立专业的电缆公司，全面负责35kV及以上电缆及通道运维检修业务。电缆及隧道隐患整治工作全面实施，做到强化管控、标准明确，完善全部336只沈阳古河电缆中间接头防火措施，加装防火隔板、灭火弹。完成10kV及35kV电缆接头灭火弹全覆盖，完善二环内及核心区域全部45km 1－N隧道防火隔离措施，加装69个隐患点水位监测。完成太阳宫2.8km老旧隧道加固工作。完成主网隧道1万余个检查井和电缆接头的电子标签加装工作。完成57路220kV电缆加装光纤测温系统和55路110kV电缆线路加装接地电流监测系统的工作。对通州行政办公区综合管廊内配备的自主研发载人巡检设备进行常态化巡检工作。完善电缆精益化管理平台建设，深化基础数据普查和监控信息挖掘应用，明确各类监控数据接入标准，提升监控数据精度与管理应用水平。

（马　锋　赵留学　张竟成）

■ 5月23日，巡检人员在综合管廊电力舱应用自主研发的载人巡检设备进行巡视检修工作。（张竟成　摄）

【防汛工作】强化监测预警工作。依托精准气象预报预警系统，汛期首次实现提前4～72h发布站线级预警清单，针对积水、山洪、雷电等汛情风险做到早预报、早告知、早准备。汛期内，系统共发布精准预警189条，其中积水预警52条，涉及变电站410站次，山洪预警35条，涉及变电站26站次、线路316条次，雷电预警92条，地质灾害预警2条，异物侵扰预警8条。依据精准预警，公司防汛办下发专项电传和各类通知15次，应急办发布汛情预警应急响应18次（Ⅲ级5次，Ⅳ级13次），布置各专业降雨应对工作，实现信息精准传递和预警快速响应。

强化防范部署工作。各单位依据精准预警信息提前开展输、变、配电设备汛情防范措施，实施设备设施运行巡视、抢修人员提前布防、装备物资优化调配、人员看护应急值守，实现变配电站室、输电线路、电力隧道汛情防范向“点对点”精准布置转变，防汛资源调动更加灵活和优化。“7·16”“7·24”强降雨期间，公司对历史上出现严重积水、严重渗漏雨以及存在积水风险的88座变电站恢复有人值守；提前将公司综合应急救援队及大功率吸污排涝车部署至降雨较大区域集结待命；组织防触电专项排查，检查低压漏电开关安装和投运情况，开展路灯铁杆接地电阻测试，防范人身触电和供电设施安全风险；对82处基建项目现场进行检查并采取停工措施；通过防汛系统布置站室雨前巡视检查任务390项，执行工单2624个，通过内网移动作业终端、微信公众号反馈站线雨情汛情信息1206条，掌握设备设施实时情况，实现雨前防范的智能化管控。

强化处置应对工作。针对汛期历次降雨，公司依据实时降雨情况和积水、山洪预警信息，差异化启动应急响应，组织做好运行巡视、技防监控、人员看护、信息报送、应急值守、物资准备等工作。指挥部每10min通过系统获得所有站线的气象实况和未来4h的精准预报，及时对抢修队伍和应急物资进行调配，集中抢修力量布置在风险设备区域，第一时间应对汛期风险，实现精准处置。公司依据站线降雨量等信息，通过防汛系统下达巡视任务，共计排查输电隐患12项、变电隐患81项、配电隐患181项，均已及时落实管控措施。实现雨中雨后排查工作智能化管控，及时准确掌握溢水报警动作、站室渗漏积水、设备设施受损等情况，为公司处置决策提供科学依据。

■ 7月16日，受连日强降雨影响，密云公司10kV四合堂路抢修现场。（王丽　摄）

（李　洋）

【配网管理】做好配网精益化运维工作。开展故障高发线路专家会诊巡视，累计会诊巡视线路266条，发现各类缺陷、隐患3427处。分析故障原因和区段，开展运维质量提升和季节性防护工作，配网架空故障率同比降低69.3%。坚持台区日分析周通报机制，监测并完成2973台异常台区治理，异常台区同比下降13.93%，其中：过载台区同比下降52.97%，低电压台区同比上升15.23%。加强多户报修管控，每日梳理多户报修工单，组织各单位逐件明确报修台区、分析报修原因并采取治理措施，多户报修同比下降8.98%。提升台区四率，通过加装信号放大装置、宽带载波等技术手段，解决山区信号盲区、部分地下配电室信号较弱等问题，台区关口计量及采集装置覆盖率、采集率、一致率和完整率均达到98%以上。

深入推进供电服务指挥中心建设，推进16家供电公司供电服务指挥中心独立实体化建设，在2017年“16+1+1+1”配电运检业务管理体系运转的基础上，整合运检、营销、调度等专业指挥资源，坚持以客户为中心，以提升供电可靠性和优质服务水平为重点，集中配网调控、抢修指挥、配电运营、服务指挥、服务监督等业务，完成8项主要业务流程优化、17项主要业务流程再造工作，体现“指挥、管控”职责。规范公司配电运维管控中心运转，发布工作标准，细化指挥、管控工作要求，编制值班员应知应会知识题库，开展中心值班员业务培训、技术培训、技术交流32次。编制发布各类配网运行分析日报、周报、月报、快报2900余份，强化管控职责，发布业务通报57次。推进智能化供电服务指挥系统建设应用，完成消缺全过程管控、多户报修管控、停电计划管控等12个运检业务功能以及服务指挥、服务监督等10个营销业务功能的开发应用，实现对供电服务指挥中心、公司配电运维管控中心的高效支撑。配合国网公司完成公司供电服务中心建设运营验收工作。

■ 12月，国网公司对通州公司开展供电服务指挥中心开展验收检查。

提升配电自动化智能化水平。国内首套“一体双核”配电自动化主站系统投入运行。完成8705条线路配电自动化改造，实现公司全区域自动化覆盖率100%。完成8705条配电线路FA配置，与EMS系统打通数据接口，实现配电自动化系统功能投入率100%。累计接入各类终端51000余台，提升配网数据融合和运行数据智能感知能力。推进“一体双核”系统实用化建设，在三区部署缺陷管控、故障管控、指标管控等功能，提升系统实用性。承办并参加国网公司第一届省公司级配电自动化专业技能竞赛，获得国网公司大力支持和肯定。

（晋文杰）

【技术监督管理】完成基础技术监督工作9项，涉及完善组织体系、培训业务能力、编写教材三个方面。完成全过程技术监督任务36项，涉及规划可研、工程设计、设备采购、设备制造、设备验收、设备安装、设备调试、竣工验收、运维检修、退役报废10个技术监督阶段和电测、环保、自动化、继电保护、信息通信、金属、电气设备性能、电能质量8个专业。完成专项技术监督26项，涉及运检环节供应商评价、电能谐波技术监督、电厂专项技术监督、重点活动政治保电专项技术监督等四大类监督项目。对59项35kV及以上输变电工程开展全过程监督检查，发现问题160个，应用技术监督精益化管理实施细则21项。对开关柜、复合绝缘子、配电变压器、高压电力电缆4类电网设备部件共13个项目开展电气设备性能专项监督，涉及11个110kV及以上输变电工程、97项10kV配电工程以及1个省级物资库。对开关柜触头、GIS壳体、开关柜铜排、变电站接地体等金属材质部件共12项试验项目开展金属监督工作，涉及7个220kV输变电工程及1项煤改电工程。对油浸式变压器、组合电器、断路器、电容器、电缆及杆塔等18类输变电设备的43个细度，开展问题台账的核查和治理工作，治理台账71000余条，上报1147家供应商有效质量缺陷5351条。对站用变压器、配电变压器、中低压分支箱、不停电作业装备四类设备开展技术标准梳理及差异化分析，梳理标准302项，新增标准51项，建议移除标准37项。

开展常态化配网技术监督，从工程设计、物资检测、施工质量三个阶段开展检查，保证配网建设改造原则、典型设计、物资订货、施工工艺、拆旧设备等相关技术标准在配电网建设改造中得到有效执行，并将“三减一提升”工程纳入监督范围。共对810项工程、近3000个施工现场进行配网建设改造技术监督检查，发现问题6548项，下发质量问题整改通知单357份，编制配网建设改造专项技术监督工作周报51份，季度分析报告4份；编写配网施工质量培训教材，并组织开展施工质量培训4次；抽检变压器、电缆、架空绝缘导线、避雷器、绝缘子、自动化终端等19类设备11204件；发布配网建设改造技术监督红、黄、蓝告警单24份，提高配网建设改造工程质量。

■ 7月，公司配网电缆专项监督组于10kV广安路电缆室内对现场电缆接头制作工艺进行监督。（郭卫 摄）

承接国网公司技术监督工作，完成国网公司技术监督大数据分析报告，编制国网公司运检部技术监督月报、季报，参与国网公司设备部援藏技术监督培训等，在国网公司运检环节供应商绩效评价中全程参与评价算法完善和问题台账审核两项核心工作。

（李 戎）

【技术改造与大修管理】开展“三减一提升”业扩配套项目审批工作，为配合实施低压客户报装接电（160kVA及以下）“三零”（零上门、零审批、零投资）专项行动，将公司出资范围扩大至表箱及以上设备设施投资，并加快业扩接电速度，及时响应客户需求。共组织4批“三减一提升”业扩配套技改项目的可研评审及批复，合计297项通过评审，共计29985.12万元。

开展精益化评价工作。每季度对各项目单位精益化管理评价工作落实情况进行评价打分，主要包括过程管控评价和日常工作评价两部分内容。此外，结合国网运检部精益化季度评价结果，对各单位精益化评价工作进行综合打分，及时发现管理过程中的问题并制定措施加以改正。每月通报各单位、各专业项目完成情况，包括资金入账、形象进度、下一步工作安排等内容。

开展2018年调整建议、2019年总控目标和计划编制工作。根据生产技改项目实施情况，因物资招标采购、环境条件变化等因素，全年共计申请总部调整项目 639 项，资金调增 71960.5 元，调整后计划建议为 122136.8 万元。其中，调增项目 538 项，调增资金 44552.43 万元；原计划调整 101 项，调增资金 27408.12 万元。根据生产大修项目实施情况，因政策变化、招标采购因素，共计申请 2019 年总部调整项目 156 项，资金调增 10363.27 万元，调整后计划建议为 40334.52 万元。其中，调增项目 153 项，调增资金 10543.48 万元；原计划调整 3 项，2018 年调减资金 180.21 万元。

（皮伟才）

电网运行与电力市场

电力供需形势

【2018 年电力供需形势分析】全社会累计完成用电量 1142.38 亿 kWh，同比增长 7.08%。其中，第一产业 10.64 亿 kWh，同比降低 5.80%；第二产业 331.60 亿 kWh，同比降低 0.23%；第三产业 543.78 亿 kWh，同比增长 7.40%；城乡居民生活用电 256.36 亿 kWh，同比增长 18.18%。北京电网最大瞬时负荷 2356 万 kW，发生在 8 月 3 日，同比增长 4.53%。高峰负荷时刻，北京地区电厂出力 757.5 万 kW，外受电 1598.5 万 kW，外受电比例为 67.85%。

北京地区总装机容量 1275.52 万 kW，同比增长 4.2%。其中，水电 98.30 万 kW（含十三陵抽水蓄能电厂），占比 7.71%；煤电 84.5 万 kW，占比 6.62%；气电 984.89 万 kW，占比 77.21%；风电 18.85 万 kW，占比 1.48%；太阳能 39.79 万 kW，占比 3.12%。全社会发电机组发电设备平均利用小时数为 3597h，同比增长 4.29%。其中，水电发电设备平均利用小时数为 1000h，同比下降 11.89%；火电发电设备平均利用小时数为 3940h，同比增长 4.93%；风电发电设备平均利用小时数为 1849h，同比下降 0.32%；太阳能发电设备平均利用小时数为 935h，同比下降 9.92%。

北京电网为非独立控制区，电力平衡在京津唐电网内统一安排。北京电网 500kV 层面依然保持 10 个通道 20 回线路与外网联络，受电能力较强，网内机组按照月度电量计划及京津唐电网平衡情况统一安排发电、停备及检修。北京地区电力供应充足，无拉路限电情况。

（余　妍）

【2019 年电力供需形势预测】全社会用电量预测：2019 年北京地区依然处于经济结构转型、提升发展质量，推进大气污染治理，疏散非首都核心功能的重要时期，预计 2019 年全社会用电量为 1182 亿 kWh，同比增长 3.5%。电力负荷预测：根据近年来统调最大负荷的增长规律，并综合考虑影响负荷增长的各种主要因素，预计 2019 年最大负荷预测值为 2500 万 kW，同比增长 6.1%。

供需形势：预计 2019 年末全社会发电装机容量为 1317 万 kW。北京地区外送电通道输电能力保持不变，高峰负荷期间最大输送能力为 2000 万 kW。

（余　妍）

电网调度运行

【电网概况】截至年底，北京电网共有电厂 34 座，机组 285 台（含 124 台风机+73 台光伏逆变器），总装机容量 11307.794MW。并入 110kV 及以上的升压变压器共有 71 台，变电容量 14622.5MVA，其中：并入 220kV 的升压变压器 42 台，变电容量 13390MVA；并入 110kV 的升压变压器 29 台，变电容量 1232.5MVA。火电厂 14（含燃气）座，发电机组 50 台，装机容量 10582.23MW，其中：燃气机组 46 台，装机容量 9812.23MW，占火电装机容量的 92.72%；燃煤机组 4 台，装机容量 770MW，占总装机容量的 7.28%。水电厂 5 座，发电机组 12 台，装机容量 183MW。风电场 1 座，风电机组 124 台，装机容量 186MW。光伏电站 2 座，装机容量 51MW。垃圾、沼气及核电电厂 12 座，发电机组 26 台，装机容量 305.564MW。并入 220kV 电网共有 43 台机组，装机容量为 10312.25MW；并入 110kV 电网共有 184 台机组，装机容量为 933.98MW；并入 35kV 及以下电网共有 58 台机组，装机容量为 61.564MW。

北京地区运行的 110kV 及以上变电站 531 座，变压器 1341 台，变电容量 126217.8MVA。500kV 变电站 10 座，变压器 28 台，变电容量 30951MVA。220kV 变电站 97 座，变压器 260 台，变电容量 45655MVA。其中：公司所属变电站 90 座，变压器 237 台，变电容量 44540MVA；用户变电站 7 座，变压器 23 台，变电容量 1115MVA。110kV 变电站 424 座，变压器 1053 台，变电容量 49611.8MVA，其中：公司所属变电站 374 座，变压器 937 台，变电容量 45374MVA；用户变电站 50 座，变压器 116 台，变电容量 4237.8MVA。

北京电网共有 110kV 及以上架空线路 643 条 7229.422km，110kV 及以上电缆线路 1083 条

2276.403km。其中：500kV 架空线路 8 条 312.706km，500kV 电缆线路 2 条 13.372km（其中昌海、门海线为架混线路）；220kV 架空线路 233 条 3029.755km，220kV 电缆线路 164 条 647.962km；110kV 架空线路 402 条 3886.961km，110kV 电缆线路 917 条 1615.069km。

（张绍峰）

【系统运行管理】全年两级调控共计执行 157 项方式调整措施，其中 220kV 负荷网重载问题调整措施 4 项、110kV6 项、35kV 及以下 147 项，有效解决了电网各电压等级设备重过载问题，确保了电网平稳度夏。发布年度电网风险预警 19 类 586 项，度夏季节性风险预警 9 类 253 项，度冬季节性风险预警 10 类 148 项，组织相关部门对各单位预警响应措施落实情况进行监督检查。完成 1007 个重要客户外电源方式图的绘制，依托 OMS 系统开展重要客户基本信息、外电源风险信息、外电源追溯信息梳理，发布重要客户外电源风险预警 5 类 110 项。执行 220kV 批准书 39 项、110kV 批准书 148 项，同比分别增加 117%、90%。针对华能 3#、4#机投运、华潞电厂投运、北州双改州通双等工程涉及的重大检修方式开展专项校核 147 次，确保检修方式风险可控。完成 2 座燃气电厂并网任务（翠湖热电厂、华潞电厂）。优化调整调度范围，完成朝阳、丰台、通州和 9 个远郊共 186 座 110kV 变电站、19 座用户变电站、215 条 110kV 线路的调控职责及调度范围调整工作。完善调控技术支持手段，提升调控业务运行水平，完成了市调、朝阳、海淀、丰台、亦庄、通州、昌平共 7 套 AVC 系统建设工作。

（张绍峰）

【设备监控管理】开展变电站集中监控许可工作。组织完成 220kV 罗奇营站、信息港站、宝善庄站、东府站、广阳站、榆垡北站、礼贤北站、吉利站、鱼子山站、梁各庄站、于辛庄站 11 座变电站的集中监控接入工作，完成 110kV 槐树岭站、王平站、板桥站、市府东站、月季园站、中滩站、西铁营站、流村站、清源站、广厦站、十三陵站、康营站、东苇站、大东流站 14 座变电站的集中监控接入工作。实现公司 110kV 及以上所属变电站集中监控覆盖率 100%；公司两级调控机构共组织开展变电站集中监控试运行评估 25 站次，评估过程中发现问题 2 项，已督促完成整改。

持续推进监控信息隐患排查。以监控信息专家决策系统为技术支撑手段，通过常态化监控信息梳理，滚动修编监控信息问题池，持续开展监控信息的隐患排查，不断夯实监控专业本质安全工作；同时结合春检、秋检、综自改造等工作，开展监控信息隐患整治工作，完善、规范相关设备监控信息，确保监控信息准确、规范、完整、标准。

开展监控业务指标评价工作。在《调控机构设备监控业务评价指标》基础上，进一步丰富、细化变电站监控业务评价内容、评价标准、评价方法，从变电站设备可监视、可控性等多维度、多层次对变电站监控业务进行全面评价，做到公司所辖变电站的全覆盖。及时发现变电站存在的监控风险，提前为变电站监控设备“把脉”，提升监控运行专业对变电站设备运行情况的掌控能力。

提升运维班现场技术支撑手段。协同运维单位，在现有技术支撑系统基础上采用 Web 方式提供运维班监视手段，并充分考虑运维单位实际应用需求，完善 Web 系统功能，对具备条件的运维站驻点完成智能电网调度控制系统工作站的部署工作，有效提升了运维单位对设备运行状态的掌控能力。

加强监控信息相关缺陷管理。通过早汇报、通报形式督促运检部对重点问题进行分析、运维单位对重点问题进行处理。建立监控信息相关缺陷月度协调会工作机制，在现有周会商基础上，每月组织运检、两级调控及设备监控专业人员及自动化、保护、检修单位开展月度缺陷分析及专业会，发现并协调解决监控运行及设备缺陷问题。

（齐　旭）

【继电保护管理】截至年底，公司全部继电保护及安全自动装置（不包含故障录波器）共 40149 套，其中微机保护装置共 39983 套，微机化率 99.57%，同比增加 0.23%。北京地区全部继电保护及安全自动装置共计动作 1506 次，正确动作 1504 次，正确动作率 99.87%，其中，220kV 及以上系统继电保护及安全自动装置按照功能统计共计动作 116 次，持续保持 100%。全年故障录波完好率 100%，故障快速切除率 100%。

设备运行维护与安全管理。组织开展对 110kV 及以上继电保护作业现场的全覆盖安全检查工作。落实国网公司家族性缺陷管理要求，共完成 430 套继电保护及相关辅助设备家族性缺陷整改工作，设备运行可靠性进一步提升。按照北京电网实际运行需求，组织开展自投保护装置功能逻辑优化调整工作，保障自投装置运行可靠性。完成“三道防线”（第一道防线为继电保护装置；第二道防线为系统安全自动装置；第三道防线为失步解列、频率、电压减载装置）核查及整改工作。严格落实《国家电网公司关于开展电网“三道防线”专项核查工作的通知要求》（国家电网调

〔2018〕337 号），梳理所辖变电站继电保护相关设备运行隐患。对 4 座 500kV 变电站、86 座 220kV 变电站、377 座 110kV 变电站、80 座 35kV 变电站，按核查要求，在核查装置功能压板、核查装置年检完成情况、核查安控系统运行管理情况、核查反措执行情况和核查后备定值适应性方面开展专项排查，并完成问题治理工作。

一体化整定计算平台实用化。深入推进北京电网一体化整定计算工作，根据《国家电网公司省地县继电保护一体化整定计算实用化验收办法》要求，完成了整定计算平台功能优化、一次和二次设备模型完善、年度等值计算及模型校核、主变压器等 7 类 16 套“六统一”（功能配置统一，回路设计统一，端子排布置统一，接口标准统一，屏柜压板统一，保护定值、报告格式统一）保护装置通用模板编制及审核、发布一体化平台运行管理规范等相关工作，提升了整定计算水平。

信息安全管理。为落实信息安全管理要求，夯实电力监控系统网络安全基础，提高故障录波器主站的信息安全防护能力，组织开展故障录波器联网系统主站 Windows 操作系统安全隐患专项治理工作。操作系统更换后，系统安全性得到进一步提升。

重要用户保障。开展全国两会、中非论坛涉及的重要客户供电设施保护定值与上级电源保护定值配合关系等的全面核查，同时组织重要客户进行保护装置实际传动，并完成隐患排查和治理工作。组织绘制完成重要客户及其外电源继电保护定值配置图。

继电保护队伍建设。举办继电保护整定计算培训班，推动北京电网一体化整定计算平台实用化工作；围绕青年员入企培训需求，组织开展继电保护青年员工“回炉”培训。

（杨明华）

【调控运行管理】调控运行业务。公司重新调整了北京 110kV 电网调控管理范围，市调负责城区、朝阳、海淀、丰台、石景山、亦庄所属区域内 110kV 变电站的调度运行和设备监控，通州、昌平、门头沟、房山、大兴、平谷、怀柔、密云、顺义、延庆供电公司负责所属区域内 110kV 变电站的调度运行和设备监控。北京市调完成 11 座 220kV 变电站、11 座 110kV 变电站传动接入工作。截至年底，已接入北京市调监控的变电站达到 266 座，其中 500kV 变电站 4 座、220kV 变电站 91 座、110kV 变电站 172 座。北京市调共下达电网操作任务 4053 项，操作步骤 60612 步，执行正确率 100%；执行停电计划票共计 4256，完成率 100%；处理 110kV 及以上电网故障 94 起，正确率 100%；执行监控操作任务共 3202 项，执行正确率 100%；远方遥控操作 2424 次，成功率 100%。

电网安全稳定运行。北京市调以防止发生大面积停电为重点，以确保电网安全稳定运行为主线，有效提升电网安全运行保障能力和电网风险防控能力，完成全国两会、中非合作论坛等重大保电任务，成功应对 2356 万 kW 历史最大负荷考验，电网保持平稳运行。充分发挥在线安全分析系统功能，针对重大检修计划进行电网安全校核分析 95 次，针对电网事故预想进行电网安全校核分析 312 次，与国调、华北分调开展联合计算进行电网安全校核分析 52 次。结合迎峰度夏（冬）、重点工程投产、重要保电任务，编制各类预案 2243 项，组织两级调控及设备运维单位开展反事故演练 1173 次。大力推进一键顺控操作，针对设备严重过载、变电站全停等电网风险，参照事故预案编制专项“一键操作”方案 191 项，减少故障处置过程中的遥控操作用时。

调控运行管理。印发《国网北京市电力公司关于进一步规范配电自动化系统调控应用的通知》（京电调〔2018〕26 号）和《国网北京市电力公司配电自动化设备晨操管理规范》（京电调〔2018〕47 号），规范配网调控运行管理，促进通过配电自动化系统开展遥控操作，提升配电自动化系统应用水平。印发《北京电网调控运行管理规范》（京电调〔2018〕46 号），结合公司重新调整了 110kV 电网调控管理范围，重新明确 110kV 调控范围调整后相关管理要求和业务流程，进一步规范公司调控运行管理。印发《关于快速处置电缆线路单相接地故障的通知》（京电调〔2018〕57 号），强调通过各类系统技术手段及时研判接地线路，并采取快速拉停接地线路的工作要求。

技术支持系统。完成在线安全分析静态安全快速分析统推工作，将计算耗时压缩到 1min，故障集考虑到了全网 $N-1$ 并针对重要断面计算 $N-2$ 故障；针对大机脱网等故障开展频率安全分析计算。计算过程中考虑安控装置动作策略，并给出大机组出力限值、线路输送功率及主变压器输送功率限值及频率正常控制范围等辅助决策内容。完成基于未来态潮流的日内计划安全校核功能建设，基于日内计划、超短期负荷及母线预测、实时电网拓扑以及设备状态变化，构建未来 4h 的北京电网运行断面，校核各断面基态及静态安全运行水平，提供相应的调整策略，为日内现货交易的开展提供指导。完成北京电网电压裕度评估及辅助决策试点工作。在在线安全分析系统中，完善电压在线评估功能，并提出电压安全辅助决策，通过可视化的方式进行展示，提升了调度员对电压的控制水平。完成市地一体远程视频会商系统建设，实现了市、地调度的可视化操作与协同作业，降低调度工作中的误操作率，提高调度工作效率，对重大应急时段和重大政治保电工作起到重要作用。完成市调调控智能防误操作票系统建设，为调控运行拟票、审核、下令提供辅助安全把控。完善市调调控 DTS 系统功能，加大电网覆盖范围，在迎峰度夏（冬）演练、停电检修方式演练等反事故演练中应用，提升市调安全运行水平。

调控运行队伍建设。保持市调人员梯队成长，选派 6 名值长调度员赴华北分中心跟班实习，27 名值班员通过持证上岗资格考试，其中：4 人晋升值长，5 人晋升安全分析工程师，3 人晋升主值，3 名新入职人员顺利转为副值，12 人通过复审。强化青年员工培养，组织公司调控系统54名调控青年员工赴国网山东技术学院开展 2 期“回炉”培训，同时举办电力调控运行青年员工技术技能竞赛，促进调控青年人才培养。加强地调人员培养，强化公司调控系统专业管理，共举办 4 期电网调控运行业务培训班，对调控运行规章制度、规范要求进行宣贯，对故障异常处置进行分析研讨，推进电网调控运行值班工作的标准化、职业化。严格落实调度系统持证上岗制度，举办输变电设备运维、发电厂、客户变电站运行值班员专项培训班，并进行持证上岗考试，严肃调度纪律。创新开展红旗班组建设，制定了《市调红旗班组评选实施细则》，明确了评价指标和评价方法，组织开发了红旗班组评价系统以及展示平台，每月开展红旗班组评比活动，通过班组之间比、学、赶、超，激活班组活力，形成良好的班组氛围。完成青创赛《电网哨兵》创新项目，在“2018 年创响中国——国家电网站发布会”上作为国网公司优秀青年创新项目向社会发布，并荣获国网公司第四届青年创新创意大赛铜奖、国网北京市电力公司金奖。

（张印宝　金广厚）

【调度计划管理】全年，北京电网 110kV 及以上设备停电计划共计执行 1843 项，35kV 及以下设备停电计划共计执行 15913 项。审核通过停电及带电作业风险工作共计 3470 项，其中 110kV 及以上设备涉及电网三级以上风险的风险管控单 802 张，电网维度一级（+）风险 24 项、一级风险 211 项、二级风险 553 项、三级风险 14 项；35kV 及以下设备涉及电网三级以上风险的风险管控单 2668 张，其中电网维度一级（+）风险 17 项、一级风险 193 项、二级风险 518 项、三级风险 1940 项。年内，北京电网未发生人为责任的电网或人员事故，未对重要客户造成故障停电影响。

北京电网新投产燃气蒸汽联合循环机组两套，装机容量 34.6 万 kW；垃圾焚烧电厂 2 座，发电机组 3 台，装机容量 6.2 万 kW。全网共计新增装机容量 40.8 万 kW。

北京电网统调电厂共计完成发电量 398.56 亿 kWh，地方电厂共计完成发电量 32.26 亿 kWh，合计完成发电量 430.82 亿 kWh。统调和地方电厂发电量分别占总发电量的 92.51%和 7.49%。燃煤发电占到了总发电量的 3.93%，燃气发电占到了总发电量的 91.44%，火力发电合计占到了总发电量的 95.37%；风力发电占到了总发电量的 0.81%，光伏发电占到了总发电量的 0.16%，水力发电仅占到了总发电量的 0.06%，以垃圾焚烧为主的生物质能发电占到了总发电量的 3.61%。

北京地区最大负荷为 2356.0 万 kW，发生在 8 月 3 日 11 时 48 分，同比 2017 年夏季历史最大负荷增长 4.53%。高峰负荷时刻，空调等降温负荷为 1166 万 kW，占最大负荷的 49.49%。整点最大负荷发生于 12 时，最大负荷 2347.4 万 kW。北京区内电厂出力 755.8 万 kW，联络线净受电 1591.6 万 kW，区内电厂出力占总电力需求比例为 32.20%，外网受电比例 67.8%。电网负荷需求纳入京津唐电网统一平衡，保证了对首都用户的可靠供电。

通过优化机组运行方式，努力提升外部清洁能源消纳比例，有效降低本地燃气机组发电量。针对不同季节电网运行特点，在确保电网安全稳定运行、重大政治保电、冬季供暖的前提下，采取年计划、月统计、周分析、日滚动的工作方式，优化发电机组运行方式，根据有利时机安排机组停备与检修，精准调整发电计划。春秋季机组平均停备容量 245 万 kW，启停调峰 295 台次，降低了本地燃气机组发电比例。年度供电量为 1138.5 亿 kWh，同比增长 6.75%；统调燃气机组完成发电量 381.6 亿 kWh，占北京电网供电量的 33.52%，相比年初测算的计划电量约下降 15.2 亿 kWh，相比各发电厂投产核价计划电量下降 28.8 亿 kWh，完成了年度电能替代高质量推进重点任务。

（薛建杰）

【自动化管理】公司调度自动化系统整体运行平稳，调度自动化主站及 110kV 及以上变电站远动系统可用率达到 100%；未发生六级以上电网安全事故，厂站遥测数据合格率保持在 99.5%以上，自动化各项运行指标和同业对标维持在较高水平。

自动化专业管理。强化自动化运行管理，编制《自动化系统运行维护管理规定》及《自动化系统运行维护工序卡》，推进自动化系统规范化运维、定值化管理。强化自动化专业运行值班管理，执行自动化运行日报、日例会制度，提升自动化值班运行水平。开展自动化专业隐患排查工作，发现并解决各类自动化隐患35项。对新建电厂、变电站开展自动化系统调试验收及安全防护技术监督工作，发现并整改各类问题150项。

自动化作业现场安全管控。严格执行《国家电网公司电力安全工作规程（电力监控部分）》等安全管理规定，督查并规范各类作业人员行为。制定并落实《自动化系统安全风险预警管控规范》，实现自动化现场安全及风险管控全覆盖。制定《国网北京市电力公司自动化传动工作规范》，将自动化传动工作纳入公司安全风险管控体系，建全自动化传动全过程安全管控机制。

自动化技术装备改造。完成朝阳等 6 个地调智能电网调度控制系统建设及切回主用系统运行工作。完成 148 座变电站自动化设备改造工程。完成北京接入网二平面顺义备调节点建设，实现接入网与骨干网双点互联；实施西大望等 53 座变电站市调接入网设备改造工作，整合北京调度数据网接入网，形成接入网 A、B 网的双网络结构。完成了大兴应急防恐调控项目的可研编制工作，推进大兴应急防恐基地调控中心建设工作。

电网自动化系统各项应用。完成主备调数据库升级，国分省图形自动同步、批量挂摘牌、110kV 状态估计、全网 DSA 分析、厂站 SOE 时钟监视等各项应用功能。持续开展配电自动化与配电网图模建设工作，各公司配电网图模覆盖率、系统通过率月度指标达到100%。开展北京电网 35kV 以上厂站电网调控云数据上传与图库整治工作，联动匹配 OMS、PMS 数据 57823 条。深化同期线损电量采集系统应用，完善系统功能，闭环线损异常治理跨专业工作流程，公司 35kV 及以上母线平衡率达到 98%，供电关口日表底完整率达到 99%，在国网公司排名保持前列。

电力监控系统安全防护。组织各单位开展信息系统安全等级保护测评、系统安全防护检查与整改，开展网络空间治理、“四消除两关闭”（消除垃圾软件、消除程序不良行为、消除缺省用户和弱口令，关闭不必要的硬件接口，关闭不必要的网络服务）、“三合理一规范”（网络结构参数合理、安全防护策略合理、用户权限配置合理，运维操作行为规范）等整改工作，发现并整改问题 6 类 201 项。完成 80 座变电站、16 个地调网络安全管理平台部署及功能调试工作。完成 21 家并网电厂安全防护综合整治情况现场检查工作，发现并整改问题 8 类 413 项。制定《电力监控系统网络安全保障工作规范》，规范电力监控系统网络安保工作。完成全国两会、“护网 2018”、中非合作论坛等重要任务安全防护保障工作，实现了公司电力监控系统网络攻击零侵入、系统设备零缺陷、恶意代码零感染。

（董　宁　许章波）

电力市场交易

【综述】电力交易中心高效稳步推进首都特色电力市场建设，主动探索清洁能源消纳，开展市场化交易，精益交易结算分析统计，创新市场主体服务途径，持续深化平台功能应用，加强交易机构规范化建设，助力公司世界一流电力营商环境构建，服务首都社会民生和经济发展。年内北京电网全口径购电交易电量 1108.14 亿 kWh，同比增长 6.86%。其中，购华北电网电量 684.46 亿 kWh，占比 61.77%；购电厂电量 423.67 亿 kWh，占比 38.23%。2018 年北京地区电厂购电量完成情况见表 1。

表 1　北京地区电厂购电量完成情况统计表　单位：万 kWh，%，元/兆 Wh

序号	单位名称	购电量			上网电价
		本　期	同　期	同　比	
	电厂合计	4236743.90	4222693.27	0.33%	—
	火电	4180064.39	4157556.37	0.54%	—
	其中：燃煤	206986.96	690762.78	-70.04%	—
	燃气	3826042.31	3364728.46	13.71%	—
	生物质能	147035.12	102065.13	44.06%	—

续表

序号	单位名称	购电量			上网电价
		本　期	同　期	同　比	
	水电	3792.93	6363.95	–40.40%	—
	风电	33996.58	42671.51	–20.33%	—
	光伏	18890.00	16101.44	17.32%	—
一	直购电厂	4224146.42	4215557.08	0.20%	—
1	华能电厂（1～4 号）	149894.96	202348.78	–25.92%	停备
	华能电厂（后置机）	0.00	0.00	—	停备
	华能电厂（6～8 号）	356303.81	392497.57	–9.22%	650/643.6/639.8
	华能电厂（9～11 号）	302448.67	76946.62	293.06%	278.24/470/495
2	京丰燃气电厂	160678.72	154787.49	3.81%	650/649.8/646
3	郑常庄燃气电厂	200572.35	193766.65	3.51%	650
4	京阳燃气电厂	326224.80	295941.80	10.23%	650
5	京桥燃气电厂	354124.95	349537.49	1.31%	650
6	京科燃气电厂	106047.65	94694.22	11.99%	650
7	高井电厂（燃机）	569043.75	522293.75	8.95%	650/648.5
8	京西燃气电厂	557425.72	497560.97	12.03%	650
9	高安屯热电	345999.39	316580.55	9.29%	650
10	国华燃气热电	382665.43	348053.71	9.94%	650
11	上庄燃气电厂	45126.95	—	—	278.24
12	协鑫热电厂	69133.02	72839.58	–5.09%	650
13	正东热电厂	50247.12	49228.08	2.07%	650/633.9/630.1
14	密云水电厂	931.71	3.84	24163.28%	364
15	京西水电厂	1765.85	4400.42	–59.87%	364
16	鹿鸣山风电场	33996.58	42671.51	–20.33%	459.8/359.8
17	阿苏卫沼气电厂	3517.87	3656.69	–3.80%	359.8
18	高安屯垃圾焚烧电厂	20759.64	21395.88	–2.97%	359.8
19	德青源沼气电厂	391.80	348.90	12.30%	359.8
20	华泰沼气电厂	6679.30	6928.50	–3.60%	359.8
21	鲁家山垃圾焚烧电厂	33721.16	30224.48	11.57%	359.8
22	金榆路电厂	23818.91	32312.28	–26.29%	359.8
23	南宫电厂	11716.76	7198.40	62.77%	359.8
24	大工村电厂	40407.84	—	—	359.8/351.5
25	采林路电厂	6021.84	—	—	359.8
26	华电密云光伏电站	2575.66	2614.64	–1.49%	359.8
27	龙庆峡光伏电站	4812.24	8310.30	–42.09%	359.8
二	非直购电厂	12597.48	7136.19	76.53%	—
28	地区小水电站	1095.37	1959.69	–44.10%	300
29	分布式光伏	11502.10	5176.50	122.20%	359.8

（周　哲）

【电力市场建设】完成首次电力直接交易。从公司经营确定电力用户准入规模，主动向北京市城管委提出相关建议，配合北京市城管委出台北京市售电公司和电力用户准入与退出管理实施细则，于8月成功启动北京市首次电力直接交易，助推首都电力市场建设步伐。持续优化各项业务流程，不断细化市场成员注册流程，厘清注册业务横向职责界面，建立注册工作纵向沟通机制，完成北京市89家电力用户及120家售电公司注册工作，牵头组织公司有关部门参加专题研讨、协调会，及时解决电力市场化推进过程中遇到的各类问题。加强内部组织协同，增强横向沟通力度，厘清部门间工作界面，不断优化工作流程。探索首都特色电力市场建设，邀请政府有关部门共同赴有关省份针对市场化建设开展专题调研，结合北京特殊政治地位、区内多燃气电厂、电力用户实际情况等探索建设首都特色电力市场。

截至12月末，北京电网在运直购电厂27座，发电机组204台，总装机容量1122.41万kW。2018年北京电网直购电厂情况见表2。

表2　2018年北京电网直购电厂情况统计表

单位：万kW，个

序号	电厂名称	装机容量	机组台数
	直购电厂合计	1122.41	204
	其中：火电	1084.01	71
	水电	14.7	7
	风电	18.6	124
	光伏	5.1	2
一	火电厂	1048.39	65
	其中：燃煤	84.5	5
	燃气	973.26	44
	生物质能	26.25	22
1	华能电厂1～5号机（燃煤）	84.5	5
	华能电厂6～8号机（燃气）	92.34	3
	华能电厂9～11号机（燃气）	99.8	3
2	京丰燃气电厂	41	1
3	郑常庄燃气电厂	50.8	4
4	京阳燃气电厂	78	3
5	京桥燃气电厂	83.8	3
6	京科燃气电厂	25.5	2
7	高井燃气电厂	138	5
8	京西燃气电厂	130.80	5
9	高安屯热电	84.5	3
10	国华燃气热电厂	95.10	3
11	北京上庄燃气热电有限公司	26.62	2
12	协鑫热电厂	15	4
13	正东热电厂	12	3
14	阿苏卫沼气电厂	0.54	4
15	高安屯垃圾焚烧电厂	3	2
16	德青源沼气电厂	0.21	2
17	华泰沼气电厂	1	5
18	鲁家山垃圾焚烧电厂	6	2
19	金榆路电厂	4	2
20	南宫电厂	2.5	1
21	北京北控绿海能环保有限公司	4	2
22	北京绿色动力环保有限公司	5	2
二	水电厂	14.7	7
23	密云水电厂	5.2	4
24	京西下马岭电厂	6.5	1
	京西下苇甸电厂	3	2
三	风电场	18.6	124
25	鹿鸣山风电场	18.6	124
四	光伏发电	5.1	2
26	华电密云光伏电站	2	1
27	龙庆峡光伏电厂	3.1	1

注　以上为截至12月31日在首都电力交易平台注册并正常运营的发电企业。

（韩福彬）

【交易电量情况】年内累计达成各类市场化交易电量61.5亿kWh，其中首次开展电力用户直接交易，组织89家用户、18家售电公司与京外发电企业开展交易，当年9～12月交易合同电量32.23亿kWh。开拓跨省跨区交易模式，主动邀请政府部门前往东北、西北、西南各省调研协商，通过特高压购入东北、西北、西南地区区外电量21.54亿kWh，持续推进“疆电入京”政府间框架协议履约，购入电量1.16亿kWh。响应节能减排号召，高度重视发电权交易工作，在与常规火电机组完成发电权替代的基础上，首次开展了山西清洁能源电厂与区内关停电厂发电权替代交易，完成了年内发电权替代任务，被替代发电量6.57亿kWh，清洁能源替代电量1000万kWh。此外，根据京津唐地区特点，研究利用市场化手段消纳张北地区风电方式，拓展消纳区域内清洁能源新思路，促成《京津冀绿色电力市场化交易规则（试行）》的印发。

（崔东君）

【电力市场服务】创新主体服务途径，打造用户良好体验，在现场咨询、电话咨询、微信公众号服务的基础上，编制《北京地区电力市场化直接交易工作指引》，发挥了交易中心在市场规则与市场成员间衔接。完善交易平台服务功能，优化市场成员注册界面，拓展数字证书办理途径，打造良好平台使用体验。建立市场成员注册流转登记制度，规范处室间业务衔接。组织召开月度电力市场交易部门联席会和季度电力市场交易信息发布会，为发电企业创造畅所欲言和答疑解惑的平台桥梁，有效促进全年直接交易工作顺利开展，促进厂网协同发展、和谐共赢。建立直接交易结算微信工作群沟通机制，及时磋商解决各类问题近300条。组织开展多批次电力直接交易专项培训，参培人员775余人次，解答市场主体各类疑问470余次。

■ 4月28日，召开电力市场交易信息发布会。（周哲 摄）

（鲁秦圣）

电力市场营销

【综述】公司完成全口径售电量1037.04亿kWh，同比增长7.13%，全年电力销售情况见表1。实现当年电费回收率100%。应收电费余额完成2455.95万元，同比上升117.75%。新增客户400379户，同比增长4.95%，公司客户发展情况表见表2。共受理客户申请报装容量2303.48kVA，同比增长22.76%；共完成接电容量1177.36万kVA，同比减少22.76%，公司市场发展情况见表3。

表1　全年公司电力销售情况统计

单位	售电量（亿kWh）	增长率（%）
城区供电公司	104.21	2.10
朝阳供电公司	186.99	5.05
海淀供电公司	145.81	5.15
丰台供电公司	87.47	5.66
石景山供电公司	20.08	8.57
亦庄供电公司	63.23	14.58
通州供电公司	66.93	10.41
昌平供电公司	75.57	8.15
门头沟供电公司	11.86	10.87
房山供电公司	70.45	9.93
大兴供电公司	58.61	0.94
平谷供电公司	17.37	12.02
怀柔供电公司	20.23	6.41
密云供电公司	20.29	7.00
顺义供电公司	75.78	14.73
延庆供电公司	12.17	22.25
合计	1037.04	7.13

表2　全年公司客户发展情况统计

单位	2018年户数	2017年户数	2018年新增户数	增长率（%）
城区供电公司	914819	909375	5444	0.60
朝阳供电公司	1616951	1584349	32602	2.06
海淀供电公司	846889	805638	41251	5.12
丰台供电公司	917698	845984	71714	8.48
石景山供电公司	239063	202929	36134	17.81
亦庄供电公司	108237	106561	1676	1.57
通州供电公司	676390	640485	35905	5.61
昌平供电公司	605123	583406	21717	3.72
门头沟供电公司	193579	165781	27798	16.77
房山供电公司	537322	502663	34659	6.90
大兴供电公司	556680	522742	33938	6.49
平谷供电公司	220582	215079	5503	2.56
怀柔供电公司	175722	167708	8014	4.78

续表

单位	2018年户数	2017年户数	2018年新增户数	增长率（%）
密云供电公司	277776	262296	15480	5.90
顺义供电公司	438101	418169	19932	4.77
延庆供电公司	165746	157134	8612	5.48
合计	8490678	8090299	400379	4.95

表3　全年公司市场发展情况统计

单位	申请报装		完成接电	
	容量（万kVA）	增长率（%）	容量（万kVA）	增长率（%）
城区供电公司	69.44	77.32	40.34	-3.95
朝阳供电公司	225.54	-36.29	118.42	-53.34
海淀供电公司	347.37	75.89	138.84	16.67
丰台供电公司	161.79	31.54	119.05	8.22
石景山供电公司	90.36	99.67	51.67	123.58
亦庄供电公司	98.06	24.25	38.73	-12.52
通州供电公司	204.83	-23.04	144.80	-18.00
昌平供电公司	171.27	37.20	85.58	-15.35
门头沟供电公司	48.08	37.77	35.71	89.90
房山供电公司	276.12	93.39	77.54	-34.36
大兴供电公司	262.07	60.95	98.51	7.89
平谷供电公司	29.92	-29.74	22.86	-36.27
怀柔供电公司	47.15	16.46	30.22	-3.03
密云供电公司	59.58	67.11	47.48	63.39
顺义供电公司	150.61	-3.88	102.56	-15.10
延庆供电公司	61.28	93.94	25.06	36.75
合计	2303.48	22.76	1177.36	-11.70

（耿　涛）

【电能替代及综合能源服务】公司全年累计完成电能替代电量28.55亿kWh，同比增加11.61%。各供电公司均完成年初下达的电能替代电量目标值。其中，开展了丰台方庄海底捞旗舰店“气改电”示范工程，顺义28街区清洁供暖项目建设等亮点工作。

（赵　乐）

【光伏并网】光伏市场大规模发展，项目业主并网意愿强烈。全年受理并网申请5729项，累计报装容量12.80万kW；完成并网发电6238项，容量14.89万kW。截至年底，并网运行12361项，容量36.94万kW；累计发电量56629.04万kWh，累计上网电量19050.97万kWh。

（苏一飞）

【电费回收】加强电费回收管控，确保“当年电费回收率”“应收用户电费余额占当年月均应收用户电费比例”等同业对标指标保持国网A段水平，实现年底电费零在途。落实“一户一策”和“一类一策”的电费风险管控体系，开展电费收费、资金在途稽查，完成高压客户分次划拨电费、分次抄表结算电费及电费担保等协议的签订工作，规范欠费停复电管理，加强电费回收风险预警，有效降低电费回收风险。

（蒋　旭）

【营业普查】组织开展春播农业生产和夏季高温大负荷打击窃电专项行动，专项检查15万余户次，共发现窃电及违约用电734户，累计追补电量1014.82万kWh，补收电费713.70万元，收取违约金3456.86万元。

（李佳玮）

【智能用电】全年建设165座充换电站、1231个充电桩。完成40项公交车充电站外电源建设。完成私人充电设施报装接电1.8万户，基本形成覆盖北京全部区域、服务公用行业和私人需求的充电服务网络。已投运的充换电站服务电动汽车21.86万辆，当年累计提供充换电服务717.63万次，充电量1.2亿kWh，服务里程44058.63万km，实现CO_2终端减排7.91万t。全市开通车联网服务营业厅53个，为北京市各类电动车用户开通充电卡业务，共开卡16.01万张，预付电费收入12823.37万元。领取奖励资金13175.22万元。全市开通车联网服务营业厅53个，实现城六区每区3个营业点，远郊区至少2个营业点。完成704个热点区域老旧桩迁移及环境整治工作，改造充电桩使用率提升54%。

（李　千）

【电价管理】1月，北京市发改委明确取消向余热、余压、余气自备电厂征收的系统备用费。公司及时开展电价政策宣传、项目资料审核及电价调整工作，全年共计减收电费1637.69万元。

年内，北京市发改委连续4次下调一般工商业用电价格。自4月1日起，下调10个郊区一般工商业用电价格1.53分/kWh；自5月1日起下调全市一般工商业用电价格1.48分/kWh；自7月1日起，下调全市一般工商业用电价格0.27分/kWh；自9月1日起，下调全市一般工商业用电价格 4.29 分/kWh，同时完成了 11.53 万非居民预付费智能表内置电价的远程调整工作，完成 66.16 万次用户调价差额电费追溯退还核算工作，全年共计减收电费 123789.85 万元。

7 月，北京市发改委进一步完善两部制电价政策，明确两部制电价客户可自愿选择按变压器容量、合同最大需量、实际最大需量三种方式中任意一种计收基本电费，变压器容量在 315kVA 及以上（亦庄经济开发区变压器容量在 100kVA 及以上）的一般工商业用户可选择执行两部制电价。2018 年，新增选择按合同约定需量计收基本电费用户 35 户，选择按实际需量计收基本电费用户 15 户，新增选择执行两部制电价一般工商业用户 4 户，共计减收电费 5018.26 万元。

7 月，北京市发改委对部分环保行业实施用电支持政策，明确自当年 8 月 1 日至 2025 年 12 月 31 日，对电动汽车集中式充换电设施、污水处理、港口岸电运营、海水淡化等执行两部制电价的企业免收需量（容量）电费。经市水务局认定，96 家污水处理企业符合免征基本电费条件，共计减收电费 0.18 亿元。

当年 1 月、2 月、5 月、8 月、10 月，北京市经信委陆续向公司提交了天树家具等 8 家暂停执行差别电价的企业名单。截至年底，地区执行差别加价电价政策企业有 72 家，2018 年累计征收差别加价电费 411.86 万元。

9 月，北京市城管委公布首批市场化交易用户名单，198 家大工业企业累计交易电量约 31.01 亿 kWh，共计减收电费 1.02 亿元。

在电价专项稽方面，公司结合国家发改委销售电价大检查工作，及时完善调整《2018 年电价专项稽查工作方案》，按月开展电价稽查工作，发现各类电价执行差错问题 92 户次。

（黄　宁）

【电能计量管理】联合市质监局、计量院开展电能表运行质量监督试点工作，开展运行智能表的现场校验，出台《智能表检定周期调整实施规程》及《现场校验设备技术规范》，推动北京地区运行电能表从周期轮换向状态更换的转变。开展台区线损治理，编制台区线损治理标准化工作手册，应用载波台区识别技术，研究应用智能表停电事件记录功能，结合台区停电检修工作，一次性准确收集台区户变关系，台区线损合格率从年初的 58%提升至 90%。开展购电下发大数据专项分析，针对购电下发时长较长的 2 万台集中器开展专项治理，分换装采集设备 0.34 万台，升级 4G 信号 3.5 万台，购电下发平均时长由年初的 5.77min 下降至 3.82min。

构建公司两级计量全业务监控体系，推出优质服务、采集运行和资产管理三大类监控 23 项日常监控主题和 7 项重大专项督办主题，全面推广计量现场移动作业，为一线人员配置移动作业终端 770 台，全年累计派发工单 17.9 万件，督办购电下发超时监控工单 1.99 万件，处理时钟异常超期监控工单 11.66 万件、剩余金额异常监控工单 3.20 万件，累计追补购电费约 2521 万元。

（董　宇）

【营销信息化建设】当年完成预付费售电业务纳入营销系统切割上线工作，将所有收费业务纳入统一管理。持续开展掌上电力功能优化，实现线上报装等功能，助力提升营商环境。在电力微信公众号上开通在线客服、电费充值卡充值、有奖调查等功能，进一步丰富服务渠道。截至年底，掌上电力绑定客户 242 万户，电力微信绑定客户 213 万户。

（姚　斌）

【稽查监控管理】持续开展营销业务质量稽查管控工作，常态开展重点稽查监控主题 303 个，累计处理营销业务异常问题 26.27 万项，营销业务异常率月均控制在 0.001%以下，营销基础数据可用率持续保持 100%。发挥市客服中心营销业务质量稽查管控支撑作用，开展 17 项营销业务质量专项稽查工作，累计下发营销业务质量专项稽查工单 1522 张，指导各单位完成 6030 项专项稽查问题整改，有效降低了电费在途资金风险，提升了 95598 优质服务水平。

（袁学重）

优　质　服　务

【综述】全年公司超额实现“获得电力”指标进入前 60 名的目标，完成了优化电力营商环境的重大政治任务。连续 3 年超额完成北京市“煤改电”任务，提前两年完成国务院《打赢蓝天保卫战三年行动计划》和北京

“十三五”期间“煤改电”任务。

（李立刚）

【重要活动保障】完成全国两会、中非合作论坛北京峰会、庆祝改革开放四十周年大会等 182 项重大活动相关重要客户用电安全服务保障工作，累计保障天数 345 天，确保了会场驻地、城市运行等重要客户用电安全服务保障万无一失，实现了“设备零故障、客户零闪动、工作零差错、服务零投诉”的工作目标。

（李佳玮）

【营业窗口服务】截至年底，公司共设有营业窗口 154 个，其中 A 级营业厅 15 个、B 级营业厅 7 个、C 级营业厅 114 个、D 级营业厅 18 个。2018 年公司共有 6 个供电公司 15 个营业厅完成了优化调整工作，其中关停营业厅 10 个，涉及密云 6 个、海淀 4 个；等级及营业时间变更营业厅 1 个，涉及城区公司；迁址营业厅 4 个，涉及朝阳、海淀、房山、大兴公司各 1 个。

（王　峥）

【首都集团要客服务】创新推出重要客户 20 项定向服务举措，组织客服中心、各供电公司累计开展首都集团要客定向服务 365 户•次，惠及中央军委、北京市医管局、国家机关事务管理局、中宣部机关服务局等 10 家客户，服务内容涵盖政治供电保障、安全评估、状态检测、业扩工程协调、设备校验等方面，满足客户的用电需求，为战略合作单位带来优质服务体验。

（李佳玮）

【便民服务】组织开展高新企业入企服务工作，采用党员服务队的形式，各单位领导带队深入辖区重要客户内部开展宣传工作，共计开展了 85 户高新企业入企服务工作。组织开展党员服务队进校园活动，走进 24 所中小学校，举办电力知识大讲堂，讲授日常用电知识，宣传公司服务举措。在采暖季期间，多次开展“情系万家、电暖京城”“卫蓝暖心”“煤改电”服务日专项行动，在北京地区供电营业厅和“煤改电”村中共计设置 413 个宣传点；各单位共产党员服务队携手供暖设备厂家深入 8545 户居民家中开展服务宣传，提供供暖设施免费检修服务，共计发放宣传折页 137178 份。

（王　峥）

【“三供一业”供电设施移交改造】8 月，完成全部项目的实施协议签订工作，共涉及在京央企 59 家国有企业、337 个项目、32.31 万户。12 月底，完成国资委管理的在京央企 261 个项目、29.77 万户的资产移交协议或补充协议工作，完成实施协议签订、供电职能移交和实物资产移交三个 100%的工作目标。

（耿　涛）

【95598 热线】全年公司 95598 话务量累计 587.11 万通，同比下降 21.68%；下派工单 565986 件，同比减少 22.14%。其中，故障报修工单 272343 件，同比减少 29.09%；业务咨询工单 13 件，同比减少 99.97%；服务申请工单 259083 件，同比减少 2.07%；意见 30144 件，同比增加 11.08%；受理举报工单 439 件，同比减少 42.76%。

全年公司 95598 受理投诉共计 2812 件，同比下降 29.03%。其中，服务类投诉 638 件（占 22.69%），同比下降 49.20%；营业类投诉 601 件（占 21.37%），同比下降 37.78%；供电质量类投诉 1136 件（占 40.40%），同比增加 6.87%；停送电类投诉 339 件（占 12.06%），同比下降 22.07%；电网建设类投诉 98 件（占 3.49%），同比下降 59.50%。

（王　峥）

【履行社会责任】严格落实服务、通知、报告、督导“四到位”要求，完成 1296 户重要客户的用电安全评估工作。推进民生工程建设，完成 5 个老旧小区改造，惠及居民客户 0.79 万户，累计改造容量 2.37 万 kW。

（李立刚）

科 技 信 息

科 技 工 作

【科技项目管理、成果和知识产权】全年公司投入研究开发费15559万元。获得国网科技成果奖励13项，其中牵头获得一等奖2项，获得中国电力科学技术奖励5项、北京市科技奖励4项。公司牵头的“863”课题“主动配电网”和“交直流混合配电网关键技术”通过国家科技部验收，4项国网总部科技项目通过验收；策划牵头申报国网总部科技项目4项、参与申报国网总部科技项目10项。获中国专利奖1项。围绕“煤改电”电动汽车、智能配电网等开展专利布局，全年共申请专利303件，其中发明专利申请196件；授权专利229件，其中发明授权130件。“电能替代技术联合实验室”获国家电网公司联合实验室命名。

（徐绍军　沈　琪　帅　萌）

【环境保护工作】强化电网环保技术监督管理，全年完成125座变电站电磁环境和噪声的监测工作；完成40座变电站废水监测工作；完成690kg六氟化硫气体回收再利用工作；完成3座噪声超标扰民变电站的噪声治理工作；开展建设项目全过程精细化环保技术监督。开展进社区环保宣传，提高环保宣传的针对性和有效性；利用“六五”世界环境日、中国科普日暨北京科学嘉年华科普公益活动等契机，开展环保科普宣传；借助第三方开展宣传，发放环保科普宣传手册，利用营业厅和电力展厅进行环保科普宣传，引导公众科学认识输变电设施的环境影响。

（徐绍军　沈　琪　帅　萌）

信 息 化 建 设

【综述】全年信息系统事件数保持零纪录，公司各类通信主设备5712台套，同比增加160台套，骨干通信光缆总里程11922km，同比增加366km。2018年，公司通信网运行平稳，未发生七级及以上设备事件，未发生由于通信原因造成的电网事故。

（徐绍军　沈　琪　帅　萌）

【网络安全】健全了由董事长任组长的网络安全和信息化工作领导小组，印发《全面深化网络安全和信息化工作意见》。组织签订网络安全责任书53份、网络安全承诺书18995份。组织开展各种形式网络安全宣传活动30余次，组织网络安全管理和技术培训33次，组织网络安全新技术交流4次。全年评审网络安全防护方案14项，推进网络安全防护与信息系统建设同步规划原则的有效落实。完成管理信息系统等级保护定级调整与备案，报备主系统19套、分系统75套。完成应测评29套信息系统等级保护测评工作。邀请网络安全专业机构对营销业务应用、掌上电力等20套重要保障系统开展网络安全评估，并完成安全加固。采取自查、专家排查和公司督查相结合的方式，开展多轮次隐患排查工作，共排查治理网络安全隐患79项。按照“一系统一报告”“一网站一报告”标准，编制网络安全隐患排查自查报告、专家排查报告和督查报告180份。建立信息专业“1+29”（1个公司+29个基层单位）预案体系，编制专项预案30个，现场处置预案60个。组织完成网络安全典型场景应急演练30次，组织掌上电力（居民版）联合应急演练，有效验证了业务应急和系统应急的协同处置机制。完成公安部组织的“护网2018”国家专项演习网络安全防护工作，成功拦截外部攻击394次，处置国网下发预警346次，首次发现疑似社会工程学攻击事件（4次）。完成公司16个APN专线通道APN专线通道梳理（本部13个、基层单位3个），实现由信通公司统一管理公司APN专线通道的工作目标。结合国网公司新一代网络安全接入网关和隔离装置，以及网络终端边界准入技术规范的要求，按照移动应用类、采集类和视频类制定APN专线通道典型安全防护措施并组织专家评审。组织公司网络安全红队参加全国第四届工控系统信息安全攻防比赛、首届中央企业网络安全攻防大赛选拔赛、国网信通部2018年网络安全攻防比赛，提升公司网络安全红队蓝队的实战能力。首次将网络安全纳入公司技能体系，举办公司首届网络安全技能竞赛，所有二级单位113名选手参加比赛。公司红队研究的“智能门锁安全隐患”被评选为国网公司优秀成果。公司红队挖掘并被国网信通部认可首发漏洞 120 个，较 2017 年增加 47 个。网络安全督查检查常态化，开展了全国两会、中非论坛等专项督查。全年开展现场检查 137 次，发现隐患 511 个，下发整改通知单 95 张，完成技术报告 151 份，隐患整改完成率 100%，发挥督查队伍“查、督、防”作用。

（李　新）

【信息系统建设】全年共完成电网信息化项目 176 个。移动应用顺利上线，新增获得电力、多户报修等 18 个新场景，增加协同办公等辅助办公功能，覆盖九大专业。开展“网上国网”建设工作，完成 80 余台设备的基础环境部署，参与业务验证测试，完成工作方案及应急处置流程的制定。开展财务多维精益分析系统适应性调整工作，资金优化功能作为国网试点顺利上线。完成电网资产统一身份编码系统改造。完成 12 个 ERP 调整功能点的开发与测试、5 个 PMS2.0 调整功能点、6 个微服务和微应用的部署实施。持续深化应用同期线损管理系统，完成 7 万个台区 8000 条线路的数据治理；承担线损助手 APP 微应用的试点建设任务，完成第一批 5 家供电公司的 8 个供电所的试点应用工作，共计覆盖 7185 个台区。

完成 21 套业务系统数据接入，数据总量超过 15.9TB。完成 15 套业务系统源端表与数仓表字段对比工作，完成云操作系统 2.0 及 SG-VCS3.0 的系统实施工作，通过工信部两化融合和国网公司信息化企业评价的验评工作。国网北京数据中心二期工程年底正式进入施工阶段，完成配套信息化项目和第三路市电配套储备。牵头编制《数据中心新技术应用指南》并于国家电网公司层面正式发布，编制数据中心第三电源市电替代柴油发电机可靠性分析报告，验证了第三电源使用市电替代柴油发电机的可行性。完成 ERP 系统小型机架构向 X86 架构的迁移改造，实现了 ERP 系统数据库服务器和应用服务器的物理分离、运行服务器平台从 IBM P590 小型机到华为 X86 服务器迁移、操作系统版本从 AIX5.3 到 LINUX SUSE 的转变、ORACLE 数据库版本从 10G 到 11G 的升级。“特大型城市‘一体双核’配电自动化主站系统设计与应用”获得一等奖，“移动互联网技术在线损管理中的应用”“基于‘互联网+’模式的计量器具智能配送”获二等奖，“基于现代可视化技术的公司运营全景式监测展示”获三等奖。开展 2018 年度信息化后评估工作，对 2015～2018 年 47 个信息化项目进行规范性互查工作，共查出整改问题 243 个。组织 2017 年在运系统综合绩效评估，收集调研问卷 525 份，根据绩效评价体系计算，全年增收效益 2399 万元，节支效益 171361 万元。

（李　新）

【信息系统运行】全年信息事件保持零纪录，网络可用率 100%，信息系统可用率 99.98%，同比上升 0.02%，未发生八级以上信息事件，获得国网公司 4 项信息通信运维创新成果。公司作为国网公司信息通信运维体系（SG-ITOM3.0）试点单位，参与 SG-ITOM3.0 总体设计、一期流程深化应用及二期流程设计方案编制，高质量开展一期 9 项流程、二期 4 项流程的深化与试点使用。建立了调度、方式和检修的联动机制，确保信息业务的健康运行，缩短了信息故障处理时间，信息故障同比下降 63.15%。在国网公司“星级调度”评选工作中达到四星“星级调度”标准。

（李　新）

电力通信

【通信网建设管理】完成当年通信网建设任务，35kV 及以上变电站、主要办公场所、营销网点、分支机构的光纤覆盖达到 100%。全面启动骨干通信网带宽提速项目，推进朝阳、亦庄、通州公司本部通信系统建设，完成初步设计、物资采购、服务招标工作。加快北京副中心通信网建设，构建潞城变电站、东夏园变电站、新胡各庄变电站和辛安屯变电站的骨干通信系统，初步建成 12 座开关站、用户配电室的核心区高端智能配电通信网。提升了通信业务系统，行政交换核心网汇接功能由电路交换系统迁移至 IMS 系统，与北京联通 IMS 语音交换网络形成前门、顺义两点互联结构，具备异地容灾能力，朝阳、海淀等 6 个地区启动 IMS 接入网改造项目，公司行政交换网完成向 IMS 交换方式演进。升级高清电视电话会议系统，完成 16 个供电公司第三会议室高清一体化会议系统覆盖。完成北京科委科技项目“电力通信量子密匙抗干扰传输技术研究”，完成通信电源通用设计国网公司重点工作。

（温明时）

【通信网运行管理】印发公司800M数字集群终端、卫星通信系统管理规定，印发通信风险预警管理实施细则，修编公司通信系统突发事件应急预案，印发通信安规实施细则，完成通信安规落地实施工作。组织开展通信电源专项隐患排查整改，开展保护业务通道承载情况核查，加强继电保护、调度数据网等重点业务优化及分析评估，全面开展通信电源隐患排查及方式管理。完成年度通信系统春检春查、秋检秋查、度夏度冬工作。全年通信安全事件保持零纪录。扎实开展通信隐患排查治理工作，综合运用4G单兵、800M集群等通信技术，完成全国两会、中非合作论坛等重大活动保障。完成SG-ITOM 3.0通信运维“六位一体”（组织职责、运维流程、支撑平台、评价指标、制度和标准一体化通信运维管理体系）专题设计，同时组织相关单位完成试点验证工作。对移动应用和无线公网实现“五个一”（一个终端、一张SIM卡、一套通道、一个商店、一笔预算）统一管理，通过充分竞价和深化管理进一步降本增效，年度无线通信租用费用节省3577万元，成本节约45.7%。

（温明时）

党的建设与精神文明建设

党建工作

【落实党建责任】严格“三重一大”决策程序，全年共召开党委会 23 次，研究党建工作 40 项。完善细化党建工作领导小组及其办公室议事规则，全面开展各级党组织书记述职评议，逐级向上级党组织报告年度党建工作。推进国网公司党委“六个标准化”和党支部“五个标准化”建设。落实“对标管理年”要求，建立“双维双向”党建对标评价体系，细化 46 项对标指标，实施党建工作对标和量化计划管理，逐级开展党建工作绩效综合考评，全覆盖完成党组织书记和党务干部轮训，公司党建基本组织、基本制度、基本队伍建设得到显著加强。

（于宝来）

【发挥党建引领作用】构建“强化党建引领，突出内嵌融入”长效机制，围绕中非论坛供电保障，开展“争当新时代先锋、保首都电力安全”主题活动，签订党员安全承诺，实现重点保障站线党员“一带二、一带三”。在全部 220kV 及以上输变电工程同步实行项目部、临时党支部两个“标准化”建设，创新成立涵盖政府、设计、监理等各相关方的联合党支部。围绕优化营商环境，开展“争当新时代先锋、做服务首都标兵”主题活动，签订党员身边无投诉服务承诺 2284 份，助力公司优质服务投诉率、话务量持续下降。围绕“煤改电”用户冬季供暖，连续三年开展“卫蓝暖心”党员服务队专项行动，村村设党员电管家，党员干部担当“暖心人”、架起“连心桥”，有效解决服务群众“最后一公里”。

（于宝来）

【基层党组织建设】深化“组织建到现场，支部建到班组，阵地建到前端”工作模式，各级党组织共有 554 个，与业务机构和一线班组更加匹配。加强制度建设，按照上级要求梳理 49 项制度清单。全覆盖开展党支部标准化建设，新建（改造）党员活动室 196 间，崇文党支部获评国网公司首个中央企业示范党支部。

（于宝来）

【党员教育管理】作为国网公司 4 家试点单位之一，全面应用国网党建信息化系统，基层党组织规范化、标准化、信息化水平持续提升。推动“两学一做”学习教育常态化、制度化，抓住关键少数，严格落实理论中心组学习计划。领导干部带头参加学习教育、带头讲党课，按要求参加双重组织生活。制作“党的十九大和习近平新时代社会主义思想”系列动画课件，编制《党组织生活制度操作指导书》。抓基层党支部，严格执行“三会一课”等组织生活七项制度，细化各级党员卓越履责清单，推动“四讲四有”合格党员标准具体化。严把党员“入口”关，做好入党积极分子培训，全年发展党员 173 人。开展基层党委书记、党支部书记、党务人员、新发展党员培训，累计培训 1170 人。开发“竞赛式情景模拟”课程，通过学员分组对抗、预设陷阱、互相挑错等方式，增强培训效果。创新党员教育管理手段，承担国网公司党建 APP 平台建设任务，同步为每个党委、支部、党员建立专属网上阵地，增进党员和组织的互动，实现党建管理纲举目张。创建“首都电力先锋”党建微信订阅号，累计发布 62 期 80 条消息。

（于宝来）

思想政治工作

【精神文明建设】弘扬社会主义核心价值观，以“道德讲堂”活动为抓手，持续深化精神文明创建活动，贾立刚、乔生繁荣获“首都精神文明建设奖”，公司系统“全国文明单位”数量增至 14 家，28 家单位保持首都文明单位（标兵）荣誉，7 家单位继续保留国网公司文明单位称号。

（于宝来）

【企业文化建设】落实企业文化建设“旗帜领航·文化登高”行动计划，加强企业文化传播、落地、管理工作，全年开展企业文化培训 342 次，参培人数达两万余人次。深入实施企业文化示范点“百千万”工程建设，新建企业文化示范点 243 个，评选地市级企业文化建设示范点 67 个、公司级示范点 27 家，城区公司崇文供电服务中心、照明中心华灯班、房山公司长阳供电所获评国网公司级示范点。深化企业文化项目建设和管理，承接国网公司示范项目《北京城市副中心重大企业文化示范点建设》课题建设。

（于宝来）

【先进典型选树】打造先锋群体，激发干事创业热情，积极践行“冲在前、干在先、争先锋”的示范精神，利用身边人、身边事，加强企业文化的人格化承载、故事化诠释。选送“北京榜样”“北京大工匠”等各级各类先进典型，引导各单位深入开展先进事迹选树宣传。海淀公司冯丽利、昌平公司王月鹏入选“2018 北京榜样”月榜单，昌平公司王月鹏荣获首届“北京大工匠”称号，顺义公司董浩被授予“首都劳动奖章”。

（于宝来）

纪 检 监 察

【综述】全年围绕公司改革创新发展和依法从严治企中心工作，严明政治纪律，强化责任落实，严格监督执纪问责，未发生被上级纪委或地方纪委监察委直接查处的干部违法违纪案件、违反中央八项规定精神事件、典型性或造成严重影响的行风责任事件。公司营商环境协同监督风险管控做法在国网纪检培训会上进行了交流，创新打造廉洁文化宣教模式经验并在《纪检监察工作交流》上刊载，《廉洁文化宣教系列剧》荣获全国电力行业最佳编剧奖。

（门吉光）

■ 2 月 8 日，公司召开 2018 年党风廉政建设和反腐败工作会议。

（李博 摄）

【落实党风廉政建设“两个责任”】落实党要管党、从严治党要求，强化主责担当，加快构建“不敢腐、不能腐、不想腐”的体制机制。强化党风廉政建设工作研究部署，召开 9 次党委会专题研究党风廉政建设和反腐败工作 20 项。结合“大党建”责任体系建设，健全完善党风廉政建设和反腐败工作领导小组等保障机构，细化界定主体和监督责任清单 39 项，逐级签订责任状，促进主责延伸落细到基层最末端。完善干部任前廉政谈话和履责约谈机制，并以信息化手段提升谈话效能，公司纪委对全部 52 名提职干部进行了任前廉政谈话，各级领导班子成员结合“一线工作日”“一线工作月”活动，共约谈下级负责人 2455 人次，实现 100% 全覆盖。落实巡视反馈整改意见，从党的建设、关键领域等 6 方面拉列 81 项整改任务，细化 217 项措施，整改工作扎实有效，配套建立健全制度 32 项，并以公示方式接受监督，一些“习惯性违章”问题风险得到切实化解。修订巡察工作“一规定四规则”（国网北京市电力公司党委巡察工作规定、巡察工作领导小组工作规则、巡察工作领导小组办公室工作规则、巡察组工作规则、被巡察单位党组织配合公司党委巡察组开展巡察工作规则），推动巡察工作更加高质、有序实施。加大巡察力度和深度，完成 15 家基层单位内部巡察工作。

■ 11 月 14 日，公司召开 2018 年新提职干部任前廉政谈话会。

（杜敏 摄）

（门吉光）

【廉洁文化宣教工作】落实上级教育为先、预防为主要求，坚持将廉洁安全作为对干部员工的首善关怀，以改变廉洁认知为核心，以深化运用“首善清风”APP平台为抓手，聚焦政治纪律，从制度解读、干部讲廉、岗位话廉、风险防控、培训考试等方面，全员、全时、点对点宣教和传播，实现碎片化时间学习。拓展基层宣教阵地，每周制作宣教短片，一年52期在各单位轮播，促进干事干净理念更加入心入脑。公司开展廉洁教育457场次，受教育8.9万人次。两级班子成员讲专题廉课175次，人财物、工程、营销等业务负责人开展“业务风险我来讲”226次。

（门吉光）

【重点对象监督管理】突出权力制约，针对领导干部，以讲廉、促廉为重点，深化开展了“七廉”（学廉、讲廉、研廉、促廉、守廉、述廉、评廉）活动，“一岗双责”有效落地，各级领导干部带头讲廉306人次。针对“职低权实”重点岗位，深化拓展《廉洁从业重点岗位人员监督管理规定》的内涵及方式，推进各单位开展专家讲廉、集体研廉、自评考廉、参观警廉等监管措施，以在同一岗位满6年必须交流轮岗为硬约束，交流496人次。

（门吉光）

【专项监督工作】坚决纠正“四风”不止步，着力在抓严抓细抓常上下功夫，从决策落实、文风会风、调查研究、履责担当等10个方面，对违反形式主义、官僚主义等问题查纠整治。狠抓常态监督，完善“逢节必查、逢查必报、快查快办”和“零报告”常态监督机制，并将其纳入纪委书记月度报告监督内容，对查处问题严查快办、问责曝光，“四风”问题得到有效遏制。坚持发挥协同监督作用，针对营商环境、工程建设等重点领域风险，促进两级班子成员实施立项协同监督190项，其中A类65项、B类125项。特别是在营商环境协同监督方面，公司纪委结合业扩报装“三减一提升”、优质服务“百日攻坚”等工作，配套开展了专项监督和廉洁宣教行动，突出工程承揽、造价、实施、履约等环节，对其合法性、规范性进行审计监督和执纪审查，严查弄虚作假、损公肥私、靠电吃电等不正之风和腐败行为。专门对595家供应商、设计、施工等单位进行了调查回访，全年有责投诉同比下降达75.1%。

（门吉光）

【信访案件查办】加强问题线索集中管理、处置方式集体研究，对信访举报、审计监督、依法治企等各类重要线索的集中管理、动态研判和执纪审查，做到严抓严管、防微杜渐。落实监督执纪工作以上级纪委领导为主的要求，加强基层单位问题线索处置、立案审查报告报备，统一尺度，加大力度。严格落实执纪审查安全工作预案，正确使用执纪审查措施，规范谈话室建设，保障执纪审查工作依规依纪、安全文明开展。2018年，公司纪检监察系统共收到并核查各类信访举报136件，初步核实129件，谈话函询6件，共处分处理有关人员64人，其中给予党纪政务处分15人。对违反中央八项规定精神的问题案件进行通报，实践运用“第一种形态”132人次，在“四种形态”中占比达到89.8%。

（门吉光）

品 牌 建 设

【综述】贯彻公司党委新时代战略部署，加强深度策划，开展新闻传播，持续构建舆情防控体系，全面推进社会履责行动，高质量开展品牌建设管理，向社会全景展现责任国网、创新国网、美好国网的新形象。“公司电能替代工作成效”参展“伟大的变革——庆祝改革开放40周年”大型展览；举办公司庆祝改革开放40周年成果展；“煤改电”经验分别在《人民日报》、新华社《国内动态清样》《科技日报》内参刊发；优化营商环境系列宣传获得国际认可，“北京方案”纳入国务院发展调研报告。全年舆情形势保持平稳。公司11项品牌工作被纳入“国家电网”品牌贡献度榜单，其中4项被评为A级，在国网系统名列前茅。荣获2018年中国电力行业企业公众透明度“责任沟通创新卓越企业奖”。

（李春华　刘丽娜）

【品牌传播】围绕优化营商环境议题，与国网公司总部、北京市政府联动组织新闻发布活动，向国务院发展研究中心营商环境专家输送“三零”服务全国可推广的核心观点，促其完成深度调研报告《国家电网获得电力便利化改革优化营商环境的几点思考》。围绕北京“煤改电”实施成效，借助《人民日报》、新华社、《科

■ 12月19～29日，公司举办“砥砺奋进　电靓京华”庆祝改革开放40周年成果展。（李强　摄）

技日报》内参渠道，聚焦北京“煤改电”的成功经验，强化公司价值理念输出。配合中央电视台记者多方走访调研百余天，策划完成《国企担当与新理念新思想同频共振——国网北京市电力公司践行习近平总书记关于推进北方地区冬季清洁取暖重要指示精神综述》，在《北京日报》双整版刊发。联合《北京日报》市属党报媒体，举办“发现北京　城市之美”摄影比赛活动，得到市委宣传部、市网信办的高度关注，发动10余家网络媒体开展二次传播。全国两会期间，与新华社策划拍摄专题报道《中国战霾行动》，并在会场播出；借助新华社CNC WORLD、Facebook、Twitter等海外媒体平台发布英文版视频新闻，点击量超过150万次；该片获得2018年科技传播三等奖。参与中央电视台公益广告片策划拍摄，展现电力员工形象。度夏期间，电网负荷屡创新高，中央电视台一天内连续播发3条长新闻，新华社内参发布度夏保障报道，《北京日报》等连续多篇头版、整版刊发公司保障举措。全年，在中央电视台播出时长302min，其中新闻联播播出时长突破230s；在中央主流媒体发稿460余篇，同比增长20%；在国际媒体传播平台发稿19篇，实现新突破；围绕优化营商环境、打赢蓝天保卫战策划深度报道6篇；组织集中新闻发布72次，与国网总部联动发布11次；传播重点议题62项，各类媒体发稿达3740篇次，同比增长16%。

（李艳娜　刘丽娜）

【新媒体传播】依托“国网故事汇”和“电网头条”两个国网公司重点新媒体平台，讲好北京电力故事，传播北京电力声音。全年“国网故事汇”共播发公司原创优秀作品52条，打造了一批有影响力的作品。在重要时段节点，利用“电网头条”微信公众号刊发公司作品358篇。公司微信公众号注重粉丝关注与反馈，根据受众所需推动产品和组织互动活动，增强粉丝黏性，粉丝量达128万，同比增长22.4%。官方微博加强与国资系统、行业媒体、公司矩阵的传播互动，围绕网友的兴趣点，联动微信热点话题，开展主题策划，引导受众对公司品牌形成深度价值认同。

（王莹彬　宣丽娜　刘丽娜）

【品牌维护】将新闻应急和舆论引导纳入公司突发事件应急体系，确保新闻应急与生产应急同部署、同落实。制定《关于规范舆情预警与处置的意见》，形成规范、高效的新闻应急和舆情处置工作机制。针对防汛度夏供电保障等工作，主动与公司建立信息沟通机制，针对极端情况的信息发布和宣传引导，明确“政府主导，统一口径”的工作原则，确保突发情况应对有序。与网信办建立“舆论引导协同联动”合作新模式，增强辟谣信息的权威性。针对架空线入地、敏感地区变电站建设等重点工程，在开工前编制下发专项舆情分析报告，对照历年舆情规律进行风险预警，为公司整体决策提供参考建议。将编制舆情风险应答口径纳入工程筹备的重要内容，谋划部署舆情防控措施，促进品牌风险意识细化到点，落实到人。完成《基于新闻舆论大数据的品牌传播效果研究》，相关模型可较为直观地反映公司在传统媒体、网络媒体的传播情况，分析公司传播优势和短板，为今后评价品牌传播效果提供参考。

■ 4月27日，公司开展优化营商环境公众开放日活动。（程伟　摄）

（张　画　刘丽娜）

【品牌塑造】编制发布公司2017年《打赢蓝天保卫战——电能替代专项行动》和中英文双语《服务营商环境》两本白皮书。连续第八年开展公司“社会责任推广月”活动，发布系列社会责任履责成果共计3000余册。围绕优化营商环境主题，组织开展公众开放日活动，邀请政府部门、小微企业代表等利益相关方，以及新华社、《中国日报》等媒体现场观摩，人民网、北京时间依托官方微博、网站开展直播互动，在线观看超过10万人次；配合《WTO经济导刊》记者，策划完成《宜商之境攻坚战——国网北京电力“获得电力”改革推进之路与思》，深度揭示“北京方案”经验成效。强化社会责任管理体系，从管理制度、项目制方法、履责案例、责任传播等多层面深化体系建设，丰富全面社会责任管理示范基地内涵。力推电力爱心教室建设、首都核心区架空线入地工程、新机场配套电网建设等5个根植项目。开展“善用电，更安全”统一专项行动，向中小学生、社区居民宣传安全用电知识，惠及全市23所中小学，学生1300余人。完成密云电力爱心教室开营仪式，全市挂牌电力爱心教室达到32家，覆盖全市各区。

（李春华　刘丽娜）

■ 12月21日，公司开展“首都卫蓝暖心服务日”活动。

（黄晓东　摄）

【企业内宣】整合调动内部宣传资源，突出融媒体概念，坚持“一个主题，实现一次采集、多元生成、多渠道传播”，形成综合报道合力和声势。全年成完成重点新闻选题策划678项，行业报刊发稿548篇，其中《国家电网报》《中国电力报》《亮报》三大行业报刊头版报道68篇。网站推出专题报道43期，系列报道130次。编辑制作“煤改电”画册、《中国电业》“煤改电”专刊、架空线入地工程摄影作品集和人物故事集，制作《旗帜领航　奋斗新时代》党建先锋团队及人物故事一体化展板等。注重一线人物挖掘，网站创建“电力先锋人物汇”“特别推荐”“朗读者”“故事会·劳动者”等栏目，视频打造“直击一线”“新闻30秒”精品栏目。主动融入公司“互联网+”发展战略，开展网站信息多元化、杂志传播立体化、展板展示电子化、媒资管理网络化建设，通过传播手段创新和技术创新，提高传播资源的聚合能力和行业传播能力。

（赵　一　孙　璐　刘丽娜）

工　会　工　作

【综述】把握新时代工会工作定位和工作要求，围绕企业发展和职工需求“两大主线”，打造新时期首都电力产业工人队伍，推动建功建家，提升服务实效，开展了大量扎实有效的工作。搭建民主管理平台，选举产生新一届公司工会委员，完成26个基层工会换届工作，设置基层工会副主席。搭建劳动竞赛平台，开展故障管控、降损增效、电网建设等6项全员劳动竞赛，亮指标、搭平台、强激励、重宣传。搭建班组建设平台，持续推进全能型班组建设，深化“百佳班组”创建成果，加强班组标准化配置，提高班组工作条件，班组内质外形建设不断加强。搭建职工关爱平台，组织职工子女暑期托管、夏令营、职工健康管理、心理咨询等服务项目，提升职工的满意度和幸福感。搭建文化建设平台，依托职工文化、体育活动中心，发挥文体协会作用，丰富职工文化生活。

（王　茜）

【民主管理】贯彻执行国网公司《国家电网公司职工代表大会质量评估办法（试行）》，按照6大类24项具体要求，分级落实责任，加强职工满意度调查，进一步提升会议质量。认真组织提案办理，征集提案64件，提案办结率、满意度100%。开展职工代表巡视检查和职工代表述职评议工作，推动职代会各项决议与公司重点任务的贯彻落实。组织“我为企业献一策”合理化建议和“众说新时代国家电网”论文征集活动，采纳优秀合理化建议101条，通州、朝阳、海淀、昌平、大兴公司报送的4条建议、2篇论文获国网公司表彰。开展“一句话建言献策”活动，征集职工建议320余条。组织董事长联络员开展专题调研，发挥联络员“上传下达、下情上传”的作用。进一步加强厂务公开工作，实现厂务公开工作常态化、规范化管理。加强班组民主管理，规范班务公开载体，切实维护职工知情权、参与权、表达权，激发基层班组自主管理活力。

（王　婧）

【女工工作】鼓励女职工岗位成才，持续开展“巾帼建功”活动，围绕公司年度中心任务，引导女职工投身公司重点工程、重要任务、重大课题，实现岗位建功。陈爽荣获“北京市三八红旗奖章”。举办文化展示体验活动，通过才艺表演、艺术文学作品展览、巾帼先进表彰、文化互动活动等不同的载体和方式，丰富女职工文化生活。各级女工委依托职工之家和文体中心开设瑜伽、舞蹈、绘画、烘焙等兴趣班，为女职工打造服务多样、活动丰富、健康关爱的立体服务平台和温馨家园，将服务触角延伸至女职工身边。承办北京市总工会工业（国防）工会女职工文化活动，得到上级工会的肯定和好评。持续开展“书香国网”女职工主题读书活动，荣获全国“书香三八”活动优秀组织奖。

（王　茜）

【职工文体】依托职工文化活动中心，发挥各类文化体育协会职能作用，完善文化体育社团管理体制和运行机制，结合企业重点任务、重大工程、重要项目，开展丰富多彩的职工文体活动。编写人民对美好生活的向往——讲好中国故事系列丛书《电靓京华》。举办公司年度表彰会、读书征文活动。组织创作《一碗面的特高压味道》，获中国能源化学地质工会微视频金奖，出版、创作《西交民巷》等文艺作品，获北京市比赛一等奖。荣获“劳动光荣”年度职工摄影大赛优秀组织单位。原创《新唐老板的烦心事》获国网公司优秀编创奖。推动群众性体育健身活动蓬勃开展，举办羽毛球、足球、乒乓球、健步走等活动。组织“六城市电友杯”足球比赛，荣获冠军。组队参加全国电力行业职工羽毛球比赛，荣获混合团体赛冠军。组队参加国网公司足球比赛，荣获华北赛区第二名。参加北京市足球比赛，荣获及季军及精神文明单位。参加北京市乒乓球比赛，荣获亚军及优秀组织单位。

（于　磊）

【服务职工】加强职工之家建设，完成昌平、丰台、培训中心等 6 家单位职工之家的升级建设工作，注重线上线下结合，1 个示范职工之家、20 个“暖心驿站”获北京市总工会挂牌。推进员工心理关爱活动，提升员工心理健康水平。争取市总工会支持，协调西城区教委、学校、社会教育机构及各单位职工之家等资源，在机关、经研院、石景山公司、大兴公司、工程公司、房山公司、密云公司等具备条件的基层单位开办职工子女暑期托管班 8 个，170 多名职工子女参加。策划举办暑期职工子女乒乓球夏令营，惠及职工子女 156 名。《中国电力报》对公司暑期托管班进行了专题报道，被评为 2018 年十佳企业文化实践及传播案例。

（王　婧　王　茜）

【劳动保护与劳动竞赛】围绕企业中心工作和职工队伍实际，开展降损增效、电网建设、电能替代、优质服务、智能配网、故障管控 6 项全员劳动竞赛活动，参赛单位 30 个，参与职工 4 万余人次。公司创新竞赛模式，亮指标、建网站、强激励、重宣传，解决了传统劳动竞赛与企业中心工作结合不够、缺乏过程管控、职工参与率低等问题。承办北京市“职工技协杯”职工职业技能竞赛农网配电营业工比赛，开展“安康杯”竞赛活动，职工技术技能水平和岗位履职能力显著增强。开展职工劳动安全卫生宣传教育系列活动，加强劳动保护监督检查三级网络建设，开展劳动保护监督检查，举办劳动保护知识培训班。公司获得全国“安康杯”竞赛优胜单位，公司工会获得全国“安康杯”竞赛安全文化宣传工作优秀组织单位，工程公司电缆青年班获得北京市“安康杯”竞赛优秀班组。

■ 9 月 27 日，公司承办北京市“职工技协杯”装表接电工竞赛。

（孙钢荣　摄）

（刘清华）

【先进、劳模评选工作】规范培养选树机制，落实民主推荐程序，在公司重要工作岗位、重点工作任务和劳动竞赛活动中选树具有时代性和先进性的集体和个人，唱响“评选孕育伟大、劳动奉献光荣”的主旋律。王月鹏被评为国网公司工匠；邱明泉等 4 人被评为国网公司劳动模范；海淀公司配电运营指挥室等 2 个班组荣获全国工人先锋号；通州公司城市副中心高端智能配网工程班等 7 个班组荣获国网公司工人先锋号；65 个班组被评为国家电网公司先进班组。弘扬劳模精神、劳动精神和工匠精神，发挥典型引领作用。开展劳模体检、休养、慰问等活动，将公司对劳模的关怀落在实处。

（刘清华）

【班组建设】推进班组标准化和智能化建设，优化组织模式，注重互联网+和机制创新，前端融合，服务一体，打造全能型班组、复合型岗位，现代化班组建设初具雏形。抓好班组小家、班组文化和班组民主建设，开展“百佳班组”创建活动。通过转变班组业态，使班组从高效执行的细胞群转变为充满活力的生命体，推动了基层班组减负、提质、增效、育人。加强班组资金投入，规范基层班组标准化建设。深化班组小家建设，加强班组文化建设和自主管理，打造温馨、和谐职工家园。完成国网公司班组建设子课题研究任务和班组建设成果展示活动，公司智能化班组建设成效和职工良好精神风貌受到国网公司高度肯定。

（刘清华）

【职工创新活动】推进职工创新工作室建设，建立劳模（职工）创新工作室 33 家，骨干成员超过 2000 人，实现基层单位全覆盖。围绕企业中心工作开展创新创效活动，取得创新成果 580 余项，转化应用 300 余项。完善创新体系，强化引导激励，鼓励众筹众创，充分发挥员工的创造力。创新开展班组移动作业终端，转变了班组作业模式。公司多项职工技术创新成果获得全国电力职工创新成果一、二、三等奖，《面向能源计量物联网的微功率无线关键技术与应用》荣获国网职工技术创新“双越之星”优秀成果金奖。加强职工创新成果孵化基地建设，为职工创新活动提供有力支撑。

（刘清华）

共青团工作

【主题教育活动】组织开展“青年大学习”主题团日和“书为媒”青年读书成长活动，通过学习座谈、宣讲交流、重温入团誓词等形式深入学习宣传贯彻习近平新时代中国特色社会主义思想和党的十九大精神，推动学习贯彻往深里走、往实里走、往心里走。坚持党建带团建，自编自导自演“不忘初心 红色追寻”团建活动，增进团员对党的政治认同、思想认同和情感认同。

（于宝来）

【“号手岗队站”创建】依托“号手岗队站”创建、“青年五四奖章”评选等创先争优活动，挖掘选树具有示范性的青年集体和个人，发挥青年生力军作用，承办团中央“青年文明号开放周”活动，房山供电公司长阳供电所、平谷供电公司金海湖供电所荣获“全国青年安全生产示范岗”，公司 4 个集体荣获“北京市青年安全生产示范岗”。组建青年突击队、保障队、服务队，在全国两会、党的十九大等重大政治供电保障和首都核心区、城市副中心、新机场、电能替代等重点工作中贡献青春力量。首都电力北京城市副中心电网建设经研院青年突击队荣获“北京市优秀青年突击队标杆”称号，北京城市副中心电网建设（通州）青年突击队荣获“北京市优秀青年突击队”称号。

（于宝来）

【青年志愿服务】公司《电靓天路——用电关爱与定向扶贫项目》荣获第四届中国青年志愿服务项目大赛铜奖，《心心点灯——用电关爱与成长公益服务项目》入选第一批全国志愿服务优秀项目库，顺义公司青年志愿者服务队获评 2018 年首都学雷锋志愿服务示范站。组织开展“好书伴成长”志愿活动，4100 余名团员青年为新疆和田地区定向捐赠 1.6 万余册图书。开展团员“双报到”工作，完成团员到社区青年志愿服务站报道，参加社区志愿服务活动。

（于宝来）

【青年创新创效】服务公司创新驱动发展战略，推动青年创新创效，加强青年创新阵地建设，3 个青年创新阵地获评北京市青年创新工作站，并与北汽集团、中国电信北京分公司、北京电控集团共同发起成立北京市青年创新工作站联盟，开展创新合作。在国网公司第四届青年创新创意大赛中荣获 3 金 2 银 4 铜。参加第三届国际创新创业博览会，展示公司多项优秀青年创新成果，得到共青团中央书记处常务书记、全国青联主席汪鸿雁等领导的高度评价，北京电视台、东方卫视等多家媒体宣传报道。

（于宝来）

【团组织建设】落实基层组织建设三年行动计划，推动团建工作标准化，将团建工作纳入党建工作考核评价体系。严肃基层组织生活，坚持“三会两制一课”制度，推行团组织负责人向党组织、上级团组织和团员青年定期述职制度。执行团组织按期换届工作制度，完成 9 家基层团组织换届选举工作，实现团组织全覆盖。检修公司团委获评北京市“五四红旗团委”，通州公司团委获评国网“五四红旗团委”，城区公司崇文供电服务中心团支部、大兴公司运维检修团支部获评国网“五四红旗团支部”。

（于宝来）

离退休工作

【落实老干部政治待遇】认真落实好离退休老同志的政治待遇，加强离退休党支部建设和思想政治建设，离退休工作部党支部积极协助机关离退休党支部制定计划、开展活动，公司所属相关单位积极组织开展落实离休干部工作。年初，公司离退休职工代表分别参加了国网公司和北京公司职代会。春节、重阳节期间，公司各级领导和离退休工作部负责人分别以慰问和座谈会等形式看望了离退休老干部和退休职工，向老同志们表示节日的祝福，通报了近一年来公司的发展建设情况，并认真听取了老同志们的建议。

■ 7 月，97 岁的离休老干部张琪为公司职工代表讲党课。

（张文安　摄）

（张文旭）

【落实离退休职工生活待遇】“五一”劳动节和“八一”建军节期间，公司各级领导和离退休工作部负责人慰问了离退休老劳模和老军人。为配合北京市民政系统“退役军人”登记工作，公司档案馆共为 400 多名退休职工（曾服兵役）开具了相关证明。全年，公司先后为离退休职工发放了春节、“五一”“十一”、重阳节日补贴、高龄补贴、困难补贴和月度生活补贴。继续为公司退休职工办理英大医疗系列保险，配合电力医院开展 30 人小规模的老人信息化“居家诊疗”试点工作。

■ 4 月，电力医院的医生为老职工调试居家诊疗仪器。

（张文安　摄）

公司各单位及各单位分别举办了离退休职工新春联欢会、重阳节秋游以及慰问病困离退休职工等活动。组织开展离退休职工年度体检工作，并根据离退休职工的身体状况，有针对性地组织举办老年健康养生讲座。公司各单位离退休职工活动平台建设深入开展，通过有重点地组织老年歌舞、健身太极、手工制作、书画摄影、时装模特等特色活动，达到了离退休职工老有所为、老有所乐，保持身心健康的目的。

（张文旭）

【离退休管理和服务】全年，公司到年龄退休职工增加 276 人，因去世减少 111 人，其中离休干部减少 5 人。截至年底，公司在册离休干部为 24 人，退休职工为 6351 人，离退休职工共计 6375 人。在日常管理和服务中，公司各级单位坚持做好为公司离退休职工办理医药费报销，慰问重病、住院离退休职工，接待并处理老职工来信来访，为去世老职工办理丧事处理等帮扶送温暖工作。公司各级单位定期组织离退休工作研讨会及离退休职工座谈会，了解老职工的所思、所想和所需，努力把问题解决在个体和基层。全年，未发生集体上访等情况，实现了公司离退休职工队伍的稳定。

（张文旭）

供电公司

国网北京城区供电公司

【概况】国网北京城区供电公司（简称城区公司）是国网北京市电力公司直属大型重点供电企业，负责首都核心区东城、西城两个行政地区 93km² 范围内的电网规划建设、运行管理、电力销售和 91 万客户的供电服务工作，肩负着为政治核心区、国家党政军机关、重大政治活动和城市运行安全供电的光荣使命。

截至年底，共设置职能部门 12 个、供电服务中心 6 个、集体企业 1 个。城区公司管辖范围内共有 110kV 变电站 31 座，变电容量 5302MVA；10kV 电缆线路 20935 条，长度 4541.16km；10kV 架空线路 297 条，长度 260.9km；10kV 双环网 49 对，10kV 电缆化率达到 94.56%。

全年完成售电量 104.2 亿 kWh，完成线损率 5.44%，完成营业收入 71.55 亿元，实现内部利润 7.98 亿元，当年电费回收率 100%，供电可靠性 99.9916%，最大用电负荷 254 万 kW，实现连续安全生产 3308 天。

城区公司荣获北京市安全文化建设示范企业称号；崇文供电服务中心党支部荣获第一批“中央企业基层示范党支部”称号、获评国网公司企业文化建设“百千万工程”首批示范点；党员服务队荣获国家电网金牌党员服务队；崇文供电服务中心团支部获评国家电网公司“五四”红旗团支部；电力先锋创新工作站获评北京市青年创新工作站；电力调度控制中心配电运营指挥室获评北京市“青年安全生产示范岗”榜样集体等。

地址：北京市西城区西直门南小街 174 号
邮编：100034
电话：010－63128718

【人力资源】城区公司共有全民职工 501 人。其中研究生及以上学历 99 人，本科学历 231 人，专科学历 100 人，高中及以下学历 71 人；高级职称 89 人，中级职称 100 人，初级职称 143 人。

深化“营配微单元”全业务融合，在 5 个供电服务中心分别选择“1+1”（1 条 10kV 混网线路，1 对直配含开闭站线路）“营配微单元”进行全业务融合，由 3～5 名工作人员组成 1 值，全面覆盖线缆运维、营销服务、用电检查、抄核收等专业。以 10kV 线路为“微单元”，重点围绕 10kV 线路及以下高低压营配全业务进行融合管控，促进营配业务深度融合，提升试点线路营配业务精益化管理水平。完善供电服务中心绩效比对评价机制，组织职能部门开展比对体系打分评价，在供电服务中心之间建立“比学赶”氛围，定期进行通报公示，促进整体水平提升。

完善干部梯队机制建设，牢固树立正确的选人用人导向。在干部管理工作中加强党建引领。年内，城区公司调整干部 2 批次、3 人次，规范干部 30 人形成合理梯队结构。重视干部的素质培训，组织开展 2 期中层干部素质提升培训班，加强干部队伍创新思维和灵活性，提高工作绩效水平和综合管理能力。加强员工队伍技能培训，制定青年员工培养方案。结合供电服务中心“营配融合”推进及“营配微单元”试点，针对各中心一线人员技能短板和业务需求，开展 3 期 80 人次专项培训，补充一线技能人才储备。规范青年员工培养体系，制定《国网北京城区供电公司新入企员工“第一个十年”培养工作方案》，建立青年员工培养档案，强化青年员工跨单位、跨专业、跨岗位培养，实现培养全过程监督与管控。

【电网规划与建设】完成法华寺 110kV 输变电工程主体结构施工，菜市口—宣武门 110kV 线路工程开工建设，取得 111 项 10kV 工程发改委核准批复。结合新总规积极开展首都核心区中长期“网格化”规划修编及变电站空间布局规划编制工作，形成主报告、“8 图 1 表 1 清册”（首都核心区规划成果：8 个规划图、1 个项目梳理表，1 个项目清册）、“六查六防”（查安全责任落实、查安全基础保障、查消防隐患整治、查现场安全管控、查专业安全管理、查迎峰度夏工作，防范大面积停电事故、防范人身死亡事故、防范重特大设备事故、防范重大网络安全事件、防范重大火灾事故、防范重特大交通事故）和变电站及电网通道空间布局专题研究报告成果体系，完成与北京市规划院及两区规划分局对接，10 座 220kV 变电站和 46 座 110kV 变电站全部纳入新总规。VIP 定制核心区政治要客专项电网规划，编制完成正义路等区域高可靠性智能配电网专项规划方案。

完成 79 项、78.73km 首都核心区架空线入地政治任务，撤除导线 104.15km、拔除电杆 3584 基，全年工作量为2017年的1.6倍，相比2017年整体送电工期提前23天，高效完成全部送电任务。至此，年度首都核心区架空线入地工程撤线拔杆任务全面完成，标志着核心区主次干道进入全电缆化时代。为确保工程安全、质量、进度和绿色施工协调统一，充分发挥政企联动、集中办公协作优势，制定标准化配置、隐蔽工程验收等11项管控方案，推广应用组合式围挡、永磁吊装钢板、预制式井室等12项新工艺，采取雾炮、苫盖等减尘降噪措施，最大程度压缩工期、降低施工扰民影响。经过近10个月连续作战，高峰期5000余人、700余台车辆、2100余个点位同时进场，没有发生一起安全事故、没有出现一次意外停电，以实际行动为服务北京"国际一流"和谐宜居之都建设做出新贡献。

■ 4月29日，城区公司在马连道入地工程现场吊装预制井。（林峰　摄）

【经营管理】全面加强综合计划管理，企业经济效益水平持续提高，14项综合计划指标超额完成。同期线损管理系统建设取得突破，110kV母线平衡线损合格率、输电线路线损合格率保持100%，分线、分台区线损合格率分别提升至67.04%、60.38%，治理速度是2017年同期的4倍。"同期线损合格质量"同业对标保持A段，夺得公司"降损增效"劳动竞赛之星与流动红旗，创新应用系统数据分析现场表计采集设备故障及窃电问题，系统建设应用成效显著。

以巡视巡察营造良好政治生态，全面梳理排查2015年度以来党建基础管理、选人用人、费用管理、车辆和办公用房管理、工程项目管理、招投标采购管理、集体企业管理等方面问题风险，边查边改，规范管理。各专业对照上级清单，比照制度标准，反复过筛子、扫盲区，梳理问题清单19项，形成问题整改专项报告。高质量配合完成国网公司巡视现场检查及经济责任审计工作，反馈巡视立行立改意见10份，制定整改措施23项，建立闭环整改落实机制。拉列6大类28项整改任务，逐一明确整改责任、工作标准和节点要求。

依托首善清风APP平台开展廉洁宣教活动，领导班子、党支部促廉讲廉56次，形成精品廉课音视频6个。以重点领域风险防控压实监督责任，约谈中层干部、重点岗位186人次。以协同监督机制促进规范管理，持续督导历史遗留问题整改取得新进展，累计完成剩余物资消纳8810.25万元，梳理集体企业工程挂账98项，年度内新完成清理17项。

营造创先争优浓厚氛围，组织开展公司内部劳动竞赛，夺得公司竞赛红旗14面、竞赛之星11名。卓越绩效不断巩固，强化顶层设计与专业协同，编制卓越绩效项目池，强化过程跟踪、管控和效果评估，顺利通过全国电力行业卓越绩效AAA企业现场评审。

【安全生产】完成重要政治保电任务，把服务辖区内中央党政军机关和重大活动供电保障作为首要任务，不断加大人员、技术、资金、装备投入，圆满完成全国"两会"、中非合作论坛北京峰会、庆祝改革开放40周年大会等各级保电任务75项、196天，实现政治供电保障"全天候、全时段"万无一失。

完成天安门广场开闭站改造。抢抓天安门地区市容环境景观提升工程实施契机，对服役超40年的主体结构和运行近20年的电气设备进行整体改造，助力建国70周年庆典活动供电保障万无一失。天安门广场10kV开闭站改造工程于4月1日进场，历经94天昼夜鏖战，提前高质量完成建设任务。本次改造内容包括对站室房屋扩建及修缮、统一外立面装修风格，更换站内配电设备，安装快速切换开关（SSTS），配备智能安防、智能巡检等高端智能化装备，提升天安门广场地区供电"零闪动"能力。

强化本质安全管理。制定涵盖各部门、各班组、各岗位的安全责任清单193项，部门清单15类45项。开展春季复工安全大检查、安全生产"六查六防""安全生产月"、秋季安全生产大检查等专项行动，共计排查治理隐患142项。聚焦消防隐患整治，排查整治2213个场所，有效提高全员消防安全意识。对作业现场安全监管保持高压态势，全覆盖安全巡检4644次，领导班子带队督导检查400余次，查处纠正各类违章554件，下发各类违章警告单25张，对严重违章队伍实行

■ 5月25日，天安门广场开闭站升级改造工程现场。
（林峰　摄）

“三停”（停工、停结算、停招标）处理。进一步整合、优化、增强安全监控中心力量，使用安全标准化 APP 等手段，开展实时、全过程在线监控。推进安全生产标准化建设，明确作业人员及人员标志、安全防护设施、安全警示标识、安全工器具、安全 APP 及视频监控设备 5 类 15 项安全配置标准。

统筹开展电缆反外力专项行动。9 月 18 日～12 月 31 日，在城区公司范围内组织开展“电缆反外力”百日故障压降专项活动，期间电缆外力故障数量明显减少。加强现场核查力度，共核实在施工地 120 余处，全部签订《电缆保护协议》并履行交底手续，持续开展反外力特巡看护，在各部门间开展摘星夺旗评比，强化激励引导，确保在施工地可控在控。平稳应对度夏、度冬期间电力保障。

■ 8月2日，城区公司员工顶着高温在官园珠宝城进行设备抢修。
（林峰　摄）

【营销与优质服务】全面优化营商环境。统筹开展优质服务百日攻坚专项行动，深化低压“三零”服务举措，制定低压业扩报装专项稽查方案。采取自查、交叉检查、工作组现场抽查等形式，重点围绕“三零”服务执行情况、外线施工情况等开展现场检查。累计完成“三零”服务报装接电 1131 户，容量 2.49 万 kVA。其中小微企业接电 859 户，小微企业平均接电时间 4.91 天。在世界银行发布的《2019 年营商环境报告》中，北京“获得电力”排名由上年度的第 105 名大幅跃升至第 14 名，成为全市营商环境 10 个指标中提升幅度最大的指标，我国整体排名由第 78 名提升至第 46 名。其中，西便门内大街“云能投”（云能投投资咨询有限公司）接电现场作为北京市唯一选取的电力调研现场得到世行专家团队、北京市领导高度肯定，对指标排名提升起到至关重要作用。推进高压业扩改革。完成全部 63 项“835”项目城区办理项目处置，累计压降结存容量 12.4 万 kVA，累计结存压降率达到 100%。

■ 6月30日，国网公司舒印彪董事长到城区公司调研营商环境现场。
（林峰　摄）

开展高速载波技术应用示范建设。在东城、西城、宣武三个中心电源较难核查地区，选取 98 个台区作为试点安装载波设备，辅助核查台户关系，分析治理后，试点台区线损全合格。在东城、宣武中心持续深化试点建设，对 544 个台区全点位覆盖换装载波设备，同时在部分台区上开展加装超级电容试点工作，实现台户关系梳理、表计数据上传、缩短下发时长、监控客户实时用电情况等功能，进一步提升城区公司范围内台区线损合格率、优质服务水平。

推进“三型一化”（智能型、市场型、体验型、线上线下一体化）营业厅建设。打造东城“三型一化”营业厅，为客户提供自主、互动、高效个性化服务体验，于 9 月正式开启智能化、综合化运营。打造宣武“三型一化”营业厅，于 8 月启动建设，进一步丰富营业厅自助办理功能，为构建首例无人营业厅、为客户提供全方位、无差别、优体验、高价值的智能化优质服务打下坚实基础，于 11 月正式投入运营。

【科技与信息化】以“一库、四创新”（一个储备库，管理创新、科技创新、文化创新、群众创新）为重点，滚动更新创新项目储备库，全方位挖掘各专业创新实践成果。确定管理创新年度重点项目 12 项，其中示范项目 7 项，推广项目 5 项。获得第三十三届北京市企业管理现代化创新成果一等奖、二等奖各 1 项；获得国网公司 2018 年度管理创新论文大赛三等奖 1 项；获得公司 2018 年度管理创新成果一等奖、二等奖各 1 项、三等奖 3 项。推进科技项目试点落地，获得公司科学技术创新奖一等奖、二等奖各 1 项、三等奖 2 项。《首都核心区 0.4kV 故障研判装置的研制》获得 2018 年电力行业 QC 小组成果展示一等奖、国家电网质量管理（QC）小组成果三等奖。

实现高技术设备创新应用。在重要政治保电任务中，创新应用低压宽带载波通信技术、大容量移动箱变车、户外移动式快速切换开关等新技术，确保供电保障万无一失。启动供电服务指挥中心建设。制定供电服务指挥中心建设方案，梳理业务职责分工，明确工作流程 12 项、工作标准 7 项，完善相关管理规定 3 项，结合供电服务中心模式的推广，以供电服务指挥中心一元化指挥为核心，筹建安全、运检、营销多专业联动机制，推动配网调控、抢修指挥、配电运管、安全管控等业务的深入融合，助力配网信息化建设水平、配网运营效率效益和供电优质服务水平有效提升。

【党的建设与精神文明建设】加强党的建设，强化党建引领，突出内嵌融入，构建融合式“党建+”项目制管理模式。组建全国“两会”、中非论坛保障等 12 支突击队、10 支保障队、94 个党员示范岗，成立临时党总支和党支部，充分发挥党建示范引领作用。深化党员“一带二、一带三”，全面开展“争当新时代先锋　保首都电力安全”主题活动，形成干部带头、党员示范、员工争先的良好氛围。依托首善清风 APP 平台开展廉洁宣教活动，领导班子、党支部促廉讲廉 56 次，形成精品廉课音视频 6 个。以重点领域风险防控压实监督责任，约谈中层干部、重点岗位达 186 人次。

深化品牌建设，积极开展新时代企业文化宣贯传播，打造崇文中心、天安门中心等企业文化示范点，崇文中心获评公司企业文化建设示范点。加强工会品牌建设，积极打造标准化、智能化班组。深化全员劳动竞赛，助力重点工作扎实推进。坚持党建带团建，深化“号手岗队站”建设，配电运营指挥室获评北京市青年安全示范岗榜样集体，崇文中心团支部获评国家电网“五四”红旗团支部。

■ 6 月 1 日，城区公司共产党员服务队在西北四条小学开展“六一”活动。（林峰　摄）

（李　根）

国网北京通州供电公司

【概况】国网北京通州供电公司（简称通州公司）成立于 1958 年，2016 年 1 月，为更好地服务京津冀协同发展战略和北京城市副中心建设，国网公司将通州公司升格为大型重点供电企业，负责通州地区 906km^2 范围内的电网规划建设、运行管理、电力销售和 67.6 万客户的供电服务工作，肩负着建设北京城市副中心坚强智能电网、行政办公区常态化政治供电保障、重要用户和居民生活安全供电的光荣使命。

通州公司共设有9个职能部门、4个业务支撑机构及10个乡镇供电所。5月23日，副中心行政办公核心区配套电力工程提前全部完工，全面满足行政办公核心区搬迁入驻供电条件。11月15日，北京行政办公区市级机关正式启动搬迁工作，通州公司正式对特级重要用户启动常态化供电保障工作。

■ 5月23日，北京公司领导参加行政办公区核心区配套电力工程竣工投运会。 （洪雷 摄）

截至年底，通州公司管辖范围内共有变电站44座，其中，500kV变电站1座，容量240万kVA；220kV变电站7座，容量324万kVA；110kV变电站28座，容量315.2万kVA；35kV变电站8座，容量20.52万kVA；110kV输电线路47条，共计358.48km；35kV输电线路23条，共计142.831km。年内最大瞬时负荷在12月28日20时28分，为157.6kW。实现全年安全生产无事故目标，累计安全生产周期2999天。

通州公司全年完成售电量66.93亿kWh，同比增长10.41%；营业收入40.07亿元，同比增长4.48%；固定资产投资7.34亿元，年度计划完成率100%；线损率4.88%，降低1.43%；城网供电可靠率99.968%，农网供电可靠率99.9031%，城市综合电压合格率99.999%，农网综合电压合格率99.989%；当年电费回收率100%。

通州公司获得年度业绩考核第二名，劳动竞赛以18面红旗的成绩连续两年位居红旗榜首，荣获公司先进单位及安全生产、电网建设、优质服务、党的建设功勋单位，并首度荣获国资委“中央企业先进集体”称号。

地址：北京市通州区滨河中路甲10号
邮编：101101
电话：010－63666485

【人力资源】截至年底，通州公司共有全口径用工1247人，全民职工375人，其中博士生1人，研究生学历92人，本科学历66人，专科学历75人；高级职称41人，中级职称62人；高级技师161人，技师57人，高级工39人，中级工28人。

加强干部队伍建设。围绕发展需要，统筹考虑专业、年龄、经验等要素，科学构建干部梯队，真正将理想信念坚定、专业经历丰富、管理能力突出、忘我无我奉献的干部选出来、用起来。通过持续努力，通州公司干部队伍结构进一步优化，科级干部原始学历大学本科以上占比53%，研究生占比28%，80后占比47%，逐步向高知化、专业化、年轻化方向迈进。

加强薪酬绩效管理。充分发挥绩效考核作用，每月召开绩效例会，将上级点评纳入考核范畴，提升组织绩效和全员绩效日常考核的精准度和覆盖面。持续开展“全能型”供电所薪酬绩效体系建设，激发一线职工干事热情。以业绩考核为抓手，逐项制定提升措施，分解工作任务，实现提质增效。

优化人力资源配置。科学实施人力资源规划，加大毕业生引入，争取人才支援；加强重点项目人力资源倾斜；充实一线班组力量，加强核心业务人才梯队配置，加强乡镇供电所人员配置；持续加强班组长配置，加强青年班组长更新迭代，加强供电所所长选拔聘用，充分焕发员工干事创业热情，推动管理提升。2018年制订通州公司队伍提升两年行动计划，引进高校毕业生31人，遴选13名毕业于清华、浙大、中科院等知名高校的青年人才开展高端智能配电网建设，公司30岁以下班组长占比32%，乡镇供电所所长中80后占比提升到50%，大学本科以上占比提升至40%。

加强劳动竞赛过程管控。公司层面，通过年度签订责任状、月度定目标、周研讨等措施，时时跟进，使劳动竞赛得以落地。加大宣传激励力度，采取亮成绩、推明星、挂钩绩效等方式，激发了职工投身公司发展的积极性、主动性和创造性。供电所层面，制定《国网北京通州供电公司2018年供电所管理提升工程暨内部劳动竞赛激励实施方案》，将7类重点指标作为考评依据，精准衡量供电所业绩贡献，指标量化至业务专责人，促进供电所管理更加系统性、规范性，工作成效不断加强。

全方位做好人才培养。教培工作与通州公司发展趋势和重点任务保持一致，承担国网公司级培训开发项目任务，牵头做好实训基地方案策划，创新安排好长期职工及农电工新入企员工培训，全力策划并组织“全能型”供电所全员培训，构思通州公司“第一个十年”人才培养体系。顺利完成2019年教育培训项目储备，牵头各专业竞赛调考人才甄选与培训，常态化做好后续学历、专业技术资格、技能鉴定认证与评定，服务职工各类培训业务指导，配合各部门做好人才培训方面数据支撑。人才当量密度达 1.2091，较 2017 年提升 0.0105。

【电网规划与建设】高端智能配电网建设实现重大突破。突出示范先行，在行政办公区内创新应用 14 项首创电网技术，建成“双花瓣”（双环网合环运行带环间联络的配电网接线方式）配电网架，采用全电力综合管廊供电方式，建成政治供电“零闪动”低压配电系统，全线、全站配置智能终端和巡检机器人，量身定制的 1885 台小型化、美观化充电桩覆盖全部地上地下停车场，供电可靠率实现 99.9999%，达到国际领先水平。坚持示范引领，兼顾可靠性与经济性，编制了副中心高端智能配电网专项规划，为后续配网建设改造提供科学指导。示范区建成以来，迎接国内外各层级调研 51 次，为世界一流城市配电网发展提供了“副中心方案”。高端智能配电网建设的重大突破，标志着通州公司在电网建设中迈出了坚实步伐。

电网规划前期成果丰硕。主动对接区、镇两级规划，超前完成中长期电网规划和空间布局规划，取得区政府支持性文件，累计落实变电站站址 75 座，共计占地面积 49.3ha，输电廊道 578.61km。完成行政办公区二期、城市绿心等重点区域电网咨询，完成 220、110kV 5 座配套规划变电站系统接入方案，超前启动前期对接。充分发挥政企协作机制，稳步推进 9 项地区重要供电电源站点前期工作，完成文化旅游区配套 2 座 110kV 变电站全部规划前期手续办理，确保工程方案合理、手续依法合规，为副中心高可靠性电网建设打好基础。完成文旅区 4km^2 架空线迁改，加快推进城市绿心、杨庄小学等重点区域线路迁改进度，助力北京城市副中心建设发展。

电网建设提质提速。紧密对接地区发展规划，将 41 座规划站址和输电廊道一次性纳入副中心控制性详规，取得通州全境电网空间布局规划支持性文件，为未来发展预留充足空间。面对连续第三年的繁重基建任务，严格落实基建改革 12 项配套措施，组建实体化运转的班组式业主项目部，工程管理主体责任进一步强化。促成区政府每周召开电力工程专题调度会，9 项工程以“零前期”方式完成投资划分协议签订，23 项工程前期资金纳入区财政投资储备三年计划。加强关键节点管控，北京东特高压下送、通州北两项 500kV 重点电源工程实现开工，梁各庄、三联供 2 项 220kV 工程以及北神树等 6 项 110kV 工程顺利投产，文化旅游区高压线路临时迁改工程提前 6 个月送电，110kV 可再生能源电厂送出工程按期投产，助力副中心快速拉开城市发展框架。

■ 7 月 25 日，可再生能源电厂 110kV 送出工程完工。（赵靓　摄）

【经营管理】经营管理更加稳健。组建物资中心，完成仓储标准化改造与信息系统上线，采用跨省调拨、内部利库等多种方式压降剩余物资 5256 万元，处置废旧物资 1558 万元，经营风险有效降低。强化同期线损集中攻坚，10kV 分线、分台区合格率较年初提升 30 个百分点以上，为企业创造效益 3930 万元。完成涵盖 11 大类、5 万项固定资产的全面清查，有效资产管理基础得到夯实，为推进多维精益管理试点提供保障。紧盯业扩报装、抄核收等敏感业务领域，综合运用协同监督、现场抽查、跟踪审计等方式，促进专业管理规范开展。集体企业同质化管理全面加强，规范外包单位评价、预算管控等关键业务流程，超额完成“两金”压降任务，并在副中心电网建设、优化营商环境等方面为主业提供强有力支撑。建立绩效结果月通报机制，将上级点评纳入评价范畴，日常业务管控工作更加精准。

【安全生产】安全生产保持稳定。始终将人身安全作为头等大事，实施覆盖全部作业人员的安全技能现场模拟演练，精准管控人身风险。建立覆盖全员的安全责任清单，常态化开展班组例行会议、小型分散作业现场的监督检查，全年共查处违章 142 次、落实奖惩金额 368 万元，安全职责压紧压实。稳妥承接 110kV 及以下输变电业务，组建专业化检修队伍，运检业务体系更加健全。配电自动化线路覆盖率、功能投入率实现 100%，新装 485 台支线断路器，有效避免整路停电 37 次，配网故障同比降低 31%。扎实开展低压故障“回头看”，提前采取变压器分换装、低压线路切改等措施，并主动在老旧弃管小区开展抢修延伸服务，多户报修工单数量、处置时长同比减少 49.2%、44.2%，成功应对最大负荷六创历史新高的严峻考验，确保了电网安全运行和居民可靠用电。

■ 8月1日，通州公司在度夏期间开展“让灯先亮起来”延伸服务。（洪雷　摄）

【营销与优质服务】服务市级机关搬迁入驻取得重大胜利。坚持主动担当，始终将行政办公区政府工程当作通州公司内部配网工程管理，攻坚期间连续数月昼夜奋战，直接为市级机关办公楼供电的3座110kV变电站、8座开关站、23座配电室于5月提前投运，为信息中心、市政设施供电的8座开关站、19座配电室于9月提前投运，电力建设始终走在各类市政设施前列。与市区两级机关事务管理部门建立起常态化、多层级的沟通对接机制，主动实施12条主要通勤道路电力设施标准化整治，高效完成武警驻地等5个临时新增场所双电源改造，提前投运临时停车场270台充电桩。参照首都核心区及奥运保电标准，高质量完成市级机关办公楼内部设备检测与发电车应急演练，以主动、超前服务赢得重要客户充分信任，有力保障北京市级机关11月启动搬迁。

■ 12月26日，通州公司开展大负荷测试及应急演练工作。（洪雷　摄）

优质服务持续提升。聚焦小微企业用电痛点难点，大力优化营商环境，全年累计为全区1592户小微企业提供“三零”接电服务，接电环节由6个压缩至2个，接电时长降至3.3天，节约企业投资2300万元。创新装表、验收、送电“三合一”新模式，积极推进高压接电流程变革，57项在途流程处置率100%，全年累计接电78.3万kVA，完成年度计划指标的118%。率先组建实体化运转的供电服务指挥中心，实现客户诉求集中管控与服务质量统一监督。像管安全一样管服务，坚持投诉分析“四不放过”（投诉原因未查清不放过、责任人未处理不放过、责任人未受教育不放过、整改措施未落实不放过），按周发布管控阈值、落实责任考核，全年95598工单和客户投诉同比减少21.8%、29.3%，购电下发时长压缩至3.1min，全面完成“百日攻坚”目标。

■ 11月30日，通州公司工作人员向客户介绍低压报装“三零”服务工作。（洪雷　摄）

【供电所管理】全面启动供电所管理提升工程。强化顶层设计，印发《关于实施乡镇供电所管理提升工程的通知》，制定10项提升措施，设置7项目标指标激励机制，开展供电所层面劳动竞赛，量化测评供电所管理提升成效；印发《2018年“全能型”乡镇供电所推广建设实施方案》，按照“分批次妥善推进”“成熟一个、推广一个、完成一个、验收一个”的原则，实现“全能型”乡镇供电所全覆盖。建立常态化运行机制。召开通州公司首次供电所全体员工大会，表彰先进，总结经验。每日召开视频调度会、每周召开重点工作推进会、每月召开所长会，加强对日常业务的指导与过程管控；在通州公司网站开设宣传专栏，通报工作进展情况，搭建经验交流平台，激发供电所的活力和创造力。开展运行保障规范建设。以十项业务为核心，编制《“全能型”乡镇供电所业务指导手册》《“全能型”乡镇供电所工作手册》，全面优化供电所涉及业务、工作标准、流程；推进定置化管理，编制《“全能型”乡镇供电所定置化管理手册》，打造九大功能分区，实现信息通信管理、综合管理、档案资料管理等长期化、制度化、标准化。积极争取资金，实施办公环境整治工程，更换办公家具、值班用品、办公电脑，提升办公条件、食堂标准。

【科技与信息化】通州公司贯彻落实公司创新创效工作部署，以培育引领和重点突破为主线，推进创新创效与专业管理深度融合。国网系统外，运检部主创的“北京城市副中心高端智能配电网高质高效建设的实践”获得全国电力行业年度电力创新奖一等奖，发策部、运检部 2 项成果分获北京市管理现代化创新成果一、二等奖。国网系统内，营销部主创的“北京城市副中心高质量供电服务管理”、财务部主创的“服务城市副中心新区域定位的全面精益管理”分获国网公司管理创新成果一、二等奖，营销部、财务部、运检部 4 项成果分获公司管理创新成果一、二、三等奖。

【党的建设与精神文明建设】党的建设成效卓著。深入学习贯彻十九大精神和习近平新时代中国特色社会主义思想，领导干部结合“一线工作日”带头进班组讲党课、讲廉课，干部职工“四个意识”更加牢固，“两个坚决维护”更加自觉。制定通州特色党建工作体系，扎实开展“争当新时代先锋 保首都电力安全”主题活动，党建引领作用充分彰显。高效配合完成国网巡视检查，全部整改任务均按期完成。聚焦“职低权实”重点岗位，印发廉洁风险防控手册，定期开展履责约谈，将从严治党延伸到基层末端、业务前端。围绕高端智能配电网建设等重大主题开展立体传播，在中央电视台等高端媒体报道 100 余次，在国家电网报等三大行业报刊发表文章 47 篇，品牌传播更加广泛。圆满承办国家审计署主题党日、全国总工会调研等活动，举办“我与城市副中心的故事”先进事迹分享会，在更大范围展现队伍风采，涌现出配电工程班等一批有影响力的先进典型。

（苏韵涵）

国网北京朝阳供电公司

【概况】国网北京朝阳供电公司（简称朝阳公司）成立于 1987 年，是国网北京市电力公司（简称公司）直属供电企业，负责朝阳地区 470.8km^2 范围内的电网规划建设、运行管理、电力销售和 162.65 万客户的供电服务工作，肩负着为约占全市三分之二的星级饭店、外交驻华使馆区、奥运中心区、中央商务区、大型商业区、工业、农业、涉外企业及居民生活和重大政治活动和城市运行安全供电的使命。

朝阳公司共设置 11 个职能部门、3 个业务支撑与实施机构，下设 33 个班组、6 个供电营业所、4 个农村供电所。管辖范围内共有 10kV 开闭站 259 座，小区配电室 1927 座，箱式变电站 986 座，配电变压器 1142 台；10kV 架空线路 345 条，长度 2717km；10kV 电缆线路 1311 条，长度 6057km。实现全年安全生产无事故目标，累计安全生产长周期 3595 天。

全年完成售电量 186.99 亿 kWh，同比增长 5.05%；完成线损率 6.37%；完成接电容量 74.71 万 kVA；电费回收率 100%；城网供电可靠率 99.9769%，农网供电可靠率 99.940%，电压合格率 99.999%；最大负荷 401.8 万 kW。

朝阳公司蝉联“全国文明单位”“首都文明单位标兵”荣誉称号，荣获中国安全生产协会评审的“全国安全文化建设示范企业”称号，获得国网公司“安全工作先进集体”称号，取得国网公司地调安评工作最佳成绩，荣获国网公司营销先进单位及公司营销服务功勋单位称号，供电服务指挥中心获评国网公司 10 家“建设标杆单位”之一。蝉联公司第三届“承发包杯”有限空间作业大比武冠军，勇夺北京市城管委第二届有限空间作业大比武一等奖，获得公司第一届配电自动化技能竞赛团体第一名。

地址：北京市朝阳区百子湾西里 300 号
邮编：100124
电话：010－63232273

【人力资源】截至年底，共有全民职工 460 人，研究生及以上学历 111 人，本科学历 197 人；高级职称 45 人，中级职称 95 人；技师及以上职业资格 297 人，高级工 65 人，中级工 17 人。

不断优化提升“三集五大”体系建设。深化“四个中心”（即供电服务指挥中心、供电服务中心、智能配网支持中心、项目管理中心）建设。尤其在供电服务中心建设方面，按照试点先行，再全面推广的原则，先期开展低压营配融合试点，在试点经验基础上，编制完成高低压营配融合供电服务中心、全能型供电所建设方案编制，定期组织召开推进双周会，统筹协调、跟踪监督资产、人员调整划分、办公地址装修等各类事项，确保建设工作有序推进。

持续深化人才培养工作。建立了系统的“3+4”（“3”主要指3个培养阶段，包括青葵筑基阶段、发展成熟阶段和菁英领航阶段；“4”主要指4个培养维度，包括培养目标、培养原则、培养举措和培养评估）人才培养体系，秉承“人人渴望成才、人人努力成才、人人皆可成才、人人尽展其才”的培养理念，按照“铺路子、压担子、搭平台、重实践”的工作思路，优化完善了培训培养组织体系，编制了《青年人才培养“第一个十年”工作方案》《员工职业生涯发展积分档案实施细则》《师带徒工作方案》《青年讲堂工作方案》等各类工作细则，创新实践一系列培养举措，包括个性化定向实习培养、多元化师带徒培养、攻关小组培养、青年讲堂培养、九大典型现场培养以及员工积分档案培养等；精心挑选12名大学生、19名师傅，进行首批“多元化”师带徒培养；开展青年讲堂8期，累计450人次参与；针对2017、2018届39名大学生建立积分档案，实现青年员工“一人一案”。承办东部片区人才培养交流座谈会，并在公司人才培养交流座谈会上以及西部片区交流座谈会上进行经验分享。

持续优化全员绩效管理工作。完成《全员绩效管理实施方案》与指标体系修订工作。创新绩效分配机制，设定数学公式，引导合理拉开差距的同时，给予部门负责人调节灵活性，并提高绩效兑现精准性；强化员工年度考核等级与月度考核成绩关联性，确保年度倍比关系相对可控，避免轮流坐庄；进一步加强党建工作在绩效管理工作中的比重，增加部门负责人年度党建工作考核；不断细化基于“重点工作”的年度加分分享激励机制，进一步明确加分折算公式、多项劳动竞赛加分合计上限等细节，确保年度加分公平合理；明确配电运营指挥中心等新设机构考核方式。编制公司专项奖励实施方案，充分发挥专项考核奖的激励、导向作用，促进公司专项重点工作圆满完成；参与国网公司绩效管理工作指导意见编制。

【电网规划与建设】主动对接北京市新总规，完成朝阳区2035年电网中长期规划报告和空间布局规划报告，电网规划纳入分区规划，并取得政府支持文件。加大政企战略合作，争取并落实外部资金5.26亿元。全力推进CBD地区电网规划建设，完成500kV变电站投资划分协议签订，解决了长达10年的历史遗留问题；积极筹划地区过渡用电事宜，落实110kV移动变电站基础施工建设。在公司率先完成冬奥会配套速滑、奥体工程全部规划前期手续并确保顺利开工。开创架空线入地“朝阳模式”，朝阳区政府全资投入15亿元，启动2018年“五区一路”（三里屯地区、雅宝路地区、亮马河地区、奥运核心区、北京会议中心区，广渠路沿线）入地工程；完成2019年5个地区、2020年6个地区的现场方案编制工作。

东苇、康营项目如期投产，“煤改电”配套工程圆满收官；团结湖工程、王双切改工程顺利完工发电，缓解了北部、东部区域重载现状。“冬奥会”配套工程开局良好，速滑、奥体工程全面开工，奥体工程管控质量得到国网公司高度认可。加快CBD地区配套110kV变电站建设，郎家园110kV变电站启动土建改造。百子湾、黄港、常营3项工程按计划节点有序推进。架空线入地工程稳步实施，完成了雅宝路、三里屯地区8条道路送电、5条道路撤线拔杆工作。

【经营管理】线损治理攻坚战取得阶段性成果，综合线损率完成6.37%，较2017年同期下降0.75个百分点；10kV分线合格率达到86.40%，较年初提升19.46个百分点；0.4kV台区合格率达到71.62%，较年初提升38.41个百分点。成本费用精益管控不断加强，年末可控成本预算完成率100%。建立业财协同机制，切实发挥财务过程调控作用。落实公司数字化审计体系建设要求，开展远程数据监督，推进审计发现问题整改在线管控。

加强供电服务指挥中心建设，实现配网抢修指挥、客户服务指挥等业务深度融合。加快供电服务中心和全能型供电所建设，完成了8个基层机构重组和部分人员调整，“前端贴近、后端支撑，营配融合、管理穿透、作业智能”的供电服务新模式初具雏形。强化智能配网支持中心支撑作用，打破专业界限，实现数据共享，为电网智能化、信息化发展提供了有力保障。

完成国网公司巡视、资金安全和国家审计署冬奥工程资金安全专项审计迎检。围绕物资管理、政治供电、优化营商环境开展专项审计3项。深化合同全流程管控，累计审核合同1628份，涉及资金19.82亿元。强化法制管理和依法维权，新建制度6项，主动起诉案件16件，积极应诉案件5件；开展“中心组集中学法”4次，班子成员“走进法庭”4次。落实电力设施隐患整改，实现触电案件零发生。

集体企业完成了直签人员（业务委托）薪酬套改，构建了科学合理的薪酬管理体系。实体化建设智慧代维服务中心，代维新签率 76.83%，续签率同比提升 17%，转化率稳步提升；累计代维户数 1520 户，同比增长 659 户。深入开展综合能源服务，签订服务协议 60 户。施工设计联合体高效运转。

【安全生产】 圆满完成重大活动保电工作。中非合作论坛作为我国 2018 年重要主场外交活动，规模最大、出席外国元首最多、保障标准要求最高，朝阳公司上下统筹一切资源、凝聚全部力量，精心筹备半年多，实现了万万无一失的保障目标。全国两会期间投入 2 倍于 2017 年两会保障的力量，确保了首都电网的安全稳定运行。全年完成保电任务 54 项、保电天数 240 天，累计投入人员 6700 人、车辆 1580 辆。

“1+*N*”（1 指安监部安全巡检组，*N* 指 *n* 个专业巡检组，通过建立“1+*N*”巡检体系，确保各类施工现场巡检全覆盖）专业巡检体系更加完备，覆盖作业项目 2483 个，同比增加 29.93%；强化领导干部现场督导，飞行检查作业现场 549 次，同比增加 23.65%；下发违章通知单 29 张，违章率同比下降 41.21%。开展安全生产大检查，发现各类隐患 1345 项，治理完成 1211 项，治理完成率 90%。

■ 9 月 2 日，朝阳公司北区供电所使用测距仪巡视 110kV 孙机线。（翟磊　摄）

加强输电运维管控，输电移动作业 APP 完成巡视任务 4 万项，与政府联合执法 15 次，排查隐患 572 处。开展“压降配网故障”“煤改电回头看”等专项行动，消除缺陷隐患 5820 处，治理异常台区 317 台、分换装 232 台，百台异常率同比降低 41.4%；加装断路器 728 台，有效隔离故障、避免整条线路停电 149 次，实现配网故障降低 39.7%。配电自动化工作成效显著，完成“一体双核”（省级统一部署配电自动化主站系统，同时在前门和通州设置两个核心节点，互为备用、随时切换）系统建设；开展智能配电网提升“百日专项行动”，处理缺陷 3264 台，自愈功能投入率等 6 项指标达到 100%，非故障段平均恢复时间从 57min 缩短至 5min，成功实现从遥控到自愈的转型。积极开展架空线路带电作业综合检修，成为公司首家试点单位。

■ 11 月 28 日，朝阳公司在春秀路使用超声波局部放电检测仪检测 10kV 春秀线。（翟磊　摄）

【营销与优质服务】 精准落实“三减一提升”政策，累计完成“三零”服务 3915 件，节约客户成本 1.2 亿元，平均送电时长 4.73 天，助力“获得电力”指标世界排名从 98 位上升到 14 位。创建低压报装“1+1”团队模式，创新应用“方案设计一体化移动作业终端”（PDA），打造了和颐酒店、福寿苑等典型案例，代表公司承办了国网公司优化营商环境现场会。积极争取政府支持，电力报装窗口进驻区政务服务大厅，主动开展电力协同服务。积极开展高压“临电三省”服务，推出“1+2”高压业扩（1 个客户经理，方案前期、验收送电 2 个工作组）管理模式，出台“客户工作日”举措，北京首个试点项目“甜水园房地产”21 天完成送电，为公司高压业扩改革积累了宝贵经验。

全面落实“百日攻坚”行动要求，开展“情系万家，电暖京城”等主题活动 112 次，建立社区服务微信群 192 个，推广线上客户端绑定 11.09 万户，线上缴费率达到 86%；受理 95598 工单同比降低 23.96%，投诉同比降低 34.27%；完成接电容量 74.71 万 kVA，报装结存容量压降率达到 57.98%；购电下发平均时长由 9.23min 压降至 4.18min。积极主动推进“三供一业”移交工作，协议签订率 100%，资金到位 2.3 亿元。推动全区 44 个老旧小区改造项目落地，20 个项目取得立项核准，改造资金到位 1 亿元，白家庄等三个项目实现提前开工。

推进计量全自动采集工作，实现全采集覆盖率 99.7%、整台区全采集率 96.7%。电费回收和营业普查政企协作成效显著，当年电费回收率达到 100%，累计收回 143 户陈欠电费 3870.32 万元；完成营业普查收入 701 万元，追补电量 226.91 万 kWh。电能替代不断深化，建成公共充电桩 100 台，完成公交外电源工程 4 项；开展要客定向服务 13 次，完成全电厨房改造、设备租赁等项目 8 项，综合能源收入实现 701 万元。

■ 12 月 21 日，朝阳公司望京营业所员工在坝北村向客户介绍网上交电费方法。（翟磊 摄）

【科技与信息化】朝阳公司信息网络、信息系统、通信网运行平稳，未发生六级及以上设备事件、信息系统事件，调度生产通信业务保障率 100%。圆满完成 18001、18002 信息通信保障任务。开展朝阳公司通信进局第二路由建设，满足调度机构必须具备两条独立的光缆通道的安全要求，保证朝阳公司通信通道安全可靠。

以“建设智慧型电力企业和全业务泛在电力物联网”为目标，围绕安全生产高质量管控、电网建设高质量发展、电能替代高质量推进、客户服务高质量提升、改革工作高质量深化、经营管理高质量加强等中心工作，积极开展创新项目攻关及储备工作。

通过建立工作领导小组和工作小组，全方位明确职责分工，建立考核体系，完善激励机制，明确工作流程和管理要求，从机制创新、管理创新、技术创新等方面入手，强化创新项目的全过程管理，集中力量、多方协调、积极组织、规范管理，大力加强重点项目的协调与组织，加大创新与成果推广应用工作力度。

积极开展管理创新，《实现一流党建引领一流企业发展的“五维嵌入”机制构建》获国网公司二等奖，《运用数字化手段开展公司持续审计监督创新实践》获国网公司三等奖；获得公司二等奖 1 项、三等奖 3 项；取得授权发明专利 6 项、实用新型专利 3 项。

【党的建设与精神文明建设】加强政治理论学习，开展中心组学习 17 次；严格执行“三重一大”（重大问题决策、重要干部任免、重大项目投资决策、大额资金使用）决策制度，召开党委会 47 次，审议议题 143 个。强化组织建设，扎实开展党委、总支、支部三级标准化建设，完善了党建工作考核评价系统。强化党建内嵌融入，紧扣架空线入地、中非合作论坛保电等重点工作，成立临时党总支、党支部。聚焦“五个服务”，重新梳理出党员保障队、突击队、服务队共计 30 支。积极开展“一线工作月”，5 月、10 月班子成员带队走进政府、客户、基层现场 230 次，汇聚了干事创业的正能量。签订党员干部安全承诺书 334 份，全面开展党员“拍照亮身份”“一带二、一带三”工作。开展“不忘初心 牢记使命”系列活动十项。完成公司所有在职党员社区双报到。

成立党风廉政建设和反腐败工作领导小组，制定《党风廉政建设“两个责任”（落实党风廉政建设责任制，党委负主体责任，纪委负监督责任）清单》等规章制度 4 项。巡视自查自纠发现四类 33 项问题，印发公司文件 6 份，制定公司管理制度 3 项，更新修订规章规定 1 项。开展廉洁风险排查防控，梳理风险 100 项，制定措施 175 项；征集协同监督项目 26 项，开展专项监督检查 21 次；组织领导班子成员开展“七廉”活动 53 次，党政纪主要负责人约谈下级负责人 37 人次；全体员工签订《廉洁从业承诺书》1400 余份。

完成“五个朝阳”（平安朝阳、智慧朝阳、美丽朝阳、卓越朝阳、奋进朝阳。）企业文化长廊建设。成立 30 支青年先锋队，开展“朗声朝阳”“电力青年说”等活动。完成工会换届改选工作。组织 6 批 192 人参加职工疗养。完成 4 家基层单位全电厨房升级改造，开展全员健康体检，举办“寻香朝阳”美食节活动 21 次，职工幸福感得到提升。在《人民政协报》等外媒及行业媒体上稿 52 篇，公司上稿 67 篇；朝阳公司网站发稿 2168 篇，“朝阳好图”发图三万余张，党建一线通展示内容 60 余版。完成新闻预警及处置 23 次，未发生重大舆情事件。

（朱锦标）

国网北京海淀供电公司

【概况】国网北京海淀供电公司（简称海淀公司）成立于1987年，是国网北京市电力公司（简称公司）的直属供电企业，负责海淀地区430.77km^{2}范围内的电网规划建设、运行管理、电力销售和82万客户的供电服务工作，肩负着为海淀地区重大政治活动和城市运行安全供电的光荣使命。

截至年底，海淀公司共设置9个职能部门、3个业务机构和30个班组。辖区内开闭站132座，配电室1155座，箱变329座，电缆分界室1440座；架混线路258条，总长1413km；电缆线路1092条，总长4793km；配电变压器6050台；配电自动化覆盖率100%。

海淀公司全年完成售电量145.81亿kWh，同比增长5.15%；累计线损率5.28%，同比下降0.39个百分点，优于年度指标0.95个百分点；完成固定资产投资5.86亿元，计划完成率100%；实现内部利润7.98亿元，完成指标的129.67%，同比增加7.39%。产业公司全年实现收入62250万元，完成利润3010万元。

海淀公司获得年度首都文明单位标兵、电力行业QC小组活动先进单位等荣誉称号，在优化营商环境工作中被评为公司优化营商环境突出贡献单位。海淀公司配电运营指挥室获评全国工人先锋号。

地址：北京市海淀区常青路6号院
邮编：100195
电话：010－63232623

【人力资源】截至年底，海淀公司共有全口径用工1011人。其中，长期职工416人，集体职工20人，产业公司直签员工386人，产业公司派遣人员21人，华商电灯公司员工168人。其中研究生及以上学历84人，本科学历396人，专科学历291人；高级职称66人，中级职称86人；技师及以上职业资格314人，高级工196人，中级工143人。

为全面贯彻公司人才培养责任和全力支撑海淀公司高质量发展的工作要求，海淀公司以“一个核心、四大重点，六个举措，八项指引”（“一个核心”：人才是企业发展的核心。“四大重点”：推进青年人才职业发展、加强技能人才培养实效、建立职工成长培养学院、创新开展员工后评估机制。“六个举措”：开展青年员工“第一个十年”培养计划、规范新员工入职培养管理、用好交流学习分享平台、实施青年员工“三跨”培养、推行“双导师制”培养模式、开展精准考核与激励。“八项指引”：① 公司青年员工“第一个十年”培养计划；② 公司新员工入职培养实施方案；③ 公司新员工入企指南；④ 公司青年员工跨单位、跨专业、跨岗位培养实施方案；⑤ 公司青年员工“双导师制”培养实施方案；⑥ 公司职工成长培养学院实施方案；⑦ 技能人员培训培养方式指引；⑧ 专家人才、专业技术资格、技能等级评价申报指引。）为依托，制定卓越人才发展战略规划。制定青年员工“第一个”十年计划，确定34对师徒开展双导师培养模式。推行生产现场学习观摩等培养举措，促进青年员工拓展业务范围。打造“卓·悦”系列特色活动，全年组织微课堂24次，开展小提问30人次，组织干部脱产培训2期，进一步增强广大干部职工的专业能力和业务素质。完善“1+13”绩效管理实施方案，将薪酬分配与岗位价值、能力素质和绩效贡献紧密挂钩，强化薪酬激励的引导性和时效性。获得国家电网公司年度后勤依法规范管理知识竞赛个人三等奖及优秀组织奖。

【电网规划与建设】统筹“一蓝图六方案四落地”（整体布局一张“安全、可靠、高效、经济、绿色”的“一大网两小网”蓝图，配套开展中关村科学城、冬奥会、三山五园、轨道交通、电动汽车及新能源“6+25”精准差异化专项方案，实现“资源落地、规划落地、资金落地、保障落地”四个落地，确保电力设施“布得准、落得下、送得出”，实现电网高质量智慧发展。）总体目标，高效推进总规落地方案，完成《海淀电网空间布局规划（2018年－2035年）》《“网格化”规划报告》等7个规划报告编制及配套中关村科学城等“6+25”（精准差异化开展中关村科学城、三山五园、冬奥会、轨道交通、新能源及电动汽车、智慧城市等6个专项规划，配套规划建设25座变电站）精准差异化专项规划研究工作。地区电网规划成果入选作为雄安新区电网规划类比方案。完成冬奥会配套工程首体110kV输变电工程协议签订，并成功促请政府纳入“一会三函”（“一会”指市政府召开会议集体审议决策；“三函”指前期工作函、设计方案审查意见、施工意见登记书）、“多规合一”协同平台项目。创新采用站址联合申报模式，取得理工大学110kV输变电工程站址规划意见书。

按期开工玉渊潭110kV切改、五路居扩建等3项工程，实现新开工变电容量10万kVA，线路长度4.13km。建成投产肖家河110kV输变电工程，新增变电容量10万kVA，线路长度8km。有序推进玉渊潭、玉河、后屯等8项重点工程建设，提前办理北安河、土井等5项工程的设计、施工招标手续及相关行政审批手续，全面完成公司四家庄220kV送电工程前期任务。

持续深化落实国网基建12项配套政策改革要求，组建完成3个“班组式业主项目部”，在11月份国网公司验收过程中，肖家河送电工程现场以及资料检查均得到肯定。成立物资中心，印发《国网北京海淀供电公司物资专业管理实施细则》，进一步规范物资管理流程。

【经营管理】坚持降本增效，年度可控成本预算执行率100%。精准决算工程项目143个，决算转资金额2.66亿元，工程竣工决算完成率100%。在首都电网减量发展的形势下，积极争取外部资金12.04亿元，再创历史新高。“两金”压降管理措施全面落地，应收账款同比降低15%，压降物资金额436.2万元。创新开展虚拟对标及联责奖惩，提升对标工作水平。

持续开展同期线损建设，海淀公司及航天桥供电所分别成功入围公司级线损示范公司、示范供电所。在“国网同期线损治理推进会”中，海淀公司在同期线损治理方面的特色亮点、监测使用和线损助手APP的试点应用得到国网公司和公司有关领导的高度认可。高度重视巡视巡察工作，解决历年来审计发现问题46项，整改率达到93%。主动依法维权，促成公司首例“以物抵债”追缴欠费案例，追缴电费325万元，被评选为公司年度十大“依法维权”案例。注重将党风廉政建设与党委中心组工作同部署、深融合、齐推进，制定党风廉政建设两个责任清单、2018年党风廉政建设和反腐败重点工作及履责要点。持续推进会商机制，完成2017年竣工决算项目和政治供电专项经费的迎审工作。配合公司开展非生产性房产现场核查334处。平稳有序完成职工家属区“三供一业”分离移交。

集体企业建立经营活动分析常态机制，突出经营管理“同质化”。坚持传统代维和智能运维双管齐下，用户工程新签合同增幅达92.3%，智慧能源管家业务年度新签合同3700万元。坚持设计施工联合运作，实现服务与业绩双提升，区域内年度主业设计市场占有率位列三甲。

■ 10月17日，国网公司总经理助理赵庆波和北京公司董事长李同智、总经理万志军等领导到海淀公司对同期线损治理推进工作进行现场调研。（李博　摄）

【安全生产】坚决贯彻本质安全要求，扎实开展安全生产“六查六防”专项行动、“安全生产月”、电气火灾综合治理等活动，排查各类隐患120项。及时调整安委会等组织机构，编制覆盖全公司307个岗位的安全责任清单。检查各类作业现场876处，发放违章通知单27张。开展到岗到位1181次，飞行检查683次，发现各类问题232项，全面筑牢安全生产防线。全年启动应急响应69次，总结形成首都科技创新区配电网灾害应急指挥管理实践工作经验推广至国网公司范围。

科学安排运行方式，强化风险预警管控，成功应对349.6万kW历史最大负荷考验。圆满完成新一代调度自动化系统建设验收，实现D5000系统正式上线平稳运行。通过加强维护队伍管理、利用信息化技术手段以及开展“不忘初心 护线保网”主题党日等举措，切实增强输电通道看护能力，故障同比下降86%。强化配网故障管控，发现并处理各类缺陷和隐患1708个。及时消除国防大学、309医院、总后住宅等电缆接头老化等多项重大隐患。完成重过载及中高考保电的16条架空线路开展整路综合检修全面提升架空线路绝缘化水平，彻底根除运行隐患。配电故障同比下降30%。加强配电自动化应用和终端处缺，全年实现在运柱上断路器数量翻一番、架空线路断路器保护全覆盖。终端遥控成功率、故障就地隔离率双100%。圆满完成全国两会、中非合作论坛等保电任务99项，保电314天，累计保电668天次。

【营销与优质服务】承办“优化营商环境”公众开放日及国家发改委全国营商环境评价考察团迎检等一系列工作。全年完成低压“三零”服务报装项目共计2281户，容量3.2万kW，低压非居民、居民平均送电时间分别压缩至 3.44、1.78 个工作日，节省用户投资 977.84 万元。国家发改委、北京市和国网公司各级领导多次表扬和肯定海淀公司推广的“三零”服务举措。

■ 8 月 27 日，海淀公司承办国家发改委全国营商环境评价考察团迎检工作。（王洋　摄）

开展优质服务百日攻坚专项行动，制定 14 项主题活动及 40 项重点工作任务，压降投诉数量、95598 工单量优于管控目标 56.52%、38.46%；1523 项在途项目结存压降率 99%；购电 12h 下发成功率为 99.99%，平均下发时长为 2.91min，优于管控目标 27.25%。在“三供一业”施工过程和发卡环节创新开展“三统一、三同步”（统一组织模式、统一换装流程、统一服务标准，同步开展智能电表使用宣贯、同步开展线上缴费渠道推广、同步开展社区经理“网格化”服务宣传）工作模式，同时邀请外部媒体全面介绍海淀公司优质服务工作内容，大力推广线上服务渠道，营造了良好外部舆论环境。深化“互联网+电力营销”服务，推广新增“掌上电力”和“电力微信”注册客户 105914 户，优于管控目标 1.28%，地区用户线上购电率达 85%。

全年累计完成接电容量 72.7 万 kVA，较年度目标超额 17 个百分点。“三供一业”换表项目 25 项，装换表计 3.5 万具，产权移交协议及补充协议签订完成率均达 100%，累计资金到账 71 项，到账金额 4.87 亿元。高效推进综合能源服务业务，完成综合能源营业收入 708 万元。海淀公司年度新建充电桩 220 个，圆满完成了国网公司有序充电技术试点工作；在八里庄宿舍小区安装国网智慧能源控制系统，实现居民小区负荷削峰填谷调控目标。落实降低一般工商业电价政策要求，妥善应对北京城区一般工商业电价三轮调整，累计完成 1.88 万户一般工商业用户的调价工作，量价费损管理更加精益。

【农电工作】海淀公司 6 个农村供电所开展全能型供电所建设工作。完成了组织机构调整，班组统一按照营业班、运维服务班规范化进行设置；推行“一长三员”（所长、副所长选设），安全质量员、运检技术员、客户服务员）的管理模式；147 人完成了台区经理和综合柜员的业务培训；建立了台区经理、综合柜员岗位工作积分库。

【科技与信息化】搭建“海创先锋”创新平台，引入北京市自然基金，与海淀区气象局、北京电科院签署创新合作协议，发布“海创先锋”月报 6 期，开展创新沙龙、专业培训等特色活动 6 次。全年完成群创项目 5 项，申报 2019 年市公司科技项目储备项目 1 项。完成 14 项专利申报，取得 4 项发明专利授权。作为国网公司基层单位完成了国家双创示范基地迎检工作，配合公司完成全国双创周北京会场主题展工作。

■ 6 月 11 日，海淀公司开展第二届“海创先锋”职工创新创效大会。（李英玲　摄）

【党的建设与精神文明建设】以党的十九大精神和习近平新时代中国特色社会主义思想理论武装头脑，落实党建主体责任，建立领导班子党建一岗双责机制，促进党建与业务工作同频共振。深入推进党委“六个标准化”（班子建设标准化、组织建设标准化、党员管理标准化、党内生活标准化、工作体系标准化、基础保障标准化）和党支部“五个标准化”（组织建设标准化、组织生活标准化、党员管理标准化、信息台账标准化、活动阵地标准化），全面应用党建信息化系统。落实“对标管理年”要求，健全“党建工作绩效考核评价”和“支部目标管理评价”机制，量化具体评价指标，实现党组织书记和党务工作者培训全覆盖。

强化内嵌融入，围绕中非论坛、优化营商环境、优质服务百日攻坚等重大政治供电保障和重点工作任务，组建临时党支部和党员先锋队，高质量完成综合保障。通过“主题党日+电网建设”“主题党日+安全生产”“主题党日+优质服务”将主题党日延伸至生产一线、用电客户，推动党建工作与中心工作深度融合。践行“旗帜领航·文化登高”，召开“道德讲堂”“勇奋斗、承匠心、争先锋”榜样分享会，营造积极向上、见贤思齐的良好氛围。服务“煤改电”用户冬季供暖，连续3年开展“卫蓝暖心”专项行动，架起“连心桥”，解决服务群众的最后一公里问题。

聚焦“三零服务”等重点任务，高质量开展主题传播33次，累计在各类媒体及平台刊发报道750余篇，受到新华社、人民日报、中央电视台等高端主流媒体

■ 5月25日，海淀公司举办“勇奋斗、承匠心、争先锋”榜样分享会。（张昊 摄）

和《国家电网报》《中国电力报》等行业媒体的持续跟踪报道。建立“4+3+2”QC活动长效机制，获得全国首届央企QC成果发布一等奖等各级奖项10项。推进企业文化“百千万”工程，苏家坨供电所荣获公司“企业文化建设示范点”称号。关心关爱职工，开展“1+2+10（一个大讲堂、两个专业团建活动，9个供电所+一个营业大厅）”心理关爱月主题系列活动，惠及职工147人；迎峰度夏、元旦期间慰问班组累计68个，职能部室12个，涉及公司职工全口径，人员全覆盖。完成五路居办公区搬迁入驻。深化“智慧健康食堂”创建，开展主题美食节8次。举办多种文体活动，丰富职工文化生活。

（李丹丹）

国网北京丰台供电公司

【概况】国网北京丰台供电公司（简称丰台公司）成立于1987年，是北京市电力公司（简称公司）直属供电企业，负责丰台地区305.87km^{2}范围内的电网规划建设、运行管理、电力销售和91.77万客户的供电服务工作，肩负着为丰台地区重大政治活动和城市运行安全供电的光荣使命。

截至年底，共设置11个职能部门、3个业务支撑与实施机构，下设46个班组、6个供电营业所、3个农村供电所。丰台公司管辖范围内共有110kV变电站35座，主变压器82台，容量4050MVA；35kV变电站0座；110kV线路85条，长度288.2km；35kV线路2条，长度17.9km；10kV架空线路225条，长度842.01km；10kV电缆线路696条，长度4391.78km。实现全年安全生产无事故目标，累计安全生产长周期4482天。

全年完成售电量87.47亿kWh，同比增长5.66%；完成线损率6.75%；完成业扩报装接电容量80.26万kVA；电费回收率100%。供电可靠率达到99.9702%，电压合格率为99.999%。最大负荷达到203.3万kW。

荣获首都环境保护先进集体、北京市交通安全先进单位、北京市职业技能大赛2018年度优秀组织单位、国网北京市电力公司2018年优化电力营商环境突出贡献单位等荣誉称号。

地址：北京市丰台区丰北路117号
邮编：100073
电话：010－63663600

【人力资源】截至年底，丰台公司共有全民职工378人，其他职工661人（含农电工和集体企业用工）。其中研究生及以上学历61人，本科学历323人，专科学历339人，中等教育及以下学历316人；高级职称53人，中级职称87人；技师及以上职业资格185人，高级工276人，中级工67人。

修订完善公司全员绩效管理方案，完成制定“三项制度”（人员能进能出、收入能增能减、岗位能上能下）改革方案，建立“以奖为主、奖惩结合、贡献导向、科学管理”的绩效体系。充分利用掌上丰供、微课堂、网络大学和课堂教学相结合等模式，落实干部队伍培训教育，全力打造高素质专业化干部队伍。高度重视专家人才培养，在年度省地两级专家15人履职考核工作，成绩为优秀及良好的占比高达46.67%。大力参与并拓展培训资源开发，积极参与国网公司网络大学四优评选，荣获国网公司一等奖1项、三等奖3项。

【电网规划与建设】电网规划前期稳步推进。率先取得丰台区政府关于2035年电网空间布局规划的批复，依据北京新总规规划变电站43座。借助大型园区、市政交通等重点项目建设契机，落实丰火、丽泽2座220kV变电站站址用地。完成丽泽商务区智能调控指挥中心

项目用地控规调整。

重点工程建设加速开展。推动停滞 8 年的岳各庄 220kV 输变电工程顺利开工建设。临泓、西铁营、槐树岭等 4 座 110kV 变电站顺利投产，有效缓解了西铁营、大红门地区电网供电压力，改善了河西区域电网薄弱的现状。丰益、张郭庄等 4 项输变电工程开工建设，草六 110kV 线路迁改工程按期完成，临泓、槐树岭和北铁营 3 个切改项目具备投产条件。完成河东地区网架结构优化等续建项目 9 项，有序推进电力医院改造项目和晓月苑老旧小区改造项目。

■ 4 月 18 日，岳各庄 220kV 变电站现场指挥部沟通工程进展事宜。（张瀞文　摄）

工程管控措施不断强化。严格落实基建 12 项配套措施，健全业主项目部；完善施工安全风险防控体系，做好站班会和基建巡检、风险作业许可及备案机制，主动发现并整改问题 89 项；全面开展施工图预算编制，基建工程管控水平进一步提高。打造配网项目管理中心，梳理项目管理关键环节，与配网各专业深度融合，突出设备主人在工程施工中的管理效能，促进项目建设与配网运行深度融合。

【经营管理】降损节能成绩斐然。10kV 分线、分台区线损合格率在公司名列前茅。率先通过线损治理示范区建设审核，《分线线损管理手册及典型案例汇编》成为在公司范围内推广的“丰台方案”，示范作用突出。

经营质效稳步提升。克服成本刚性增长和电价下调等不利因素，提升经营管理绩效，企业盈利能力不断增强。完成接电容量 80.26 万 kVA，完成年度指标值的 129%。建设项目外部资金到位 28087.77 万元，占丰台公司全年电网建设资金总量的 22.96%，资金到位率 109.37%。完成剩余物资利库 4000 万元，处置废旧物资 444 万元。

依法治企有效加强。聚焦“无违规年”创建，组织“无违规”专题考试 2 次、微讲堂 33 次，干部职工依法合规办事意识和能力显著增强。完善议事决策制度流程，确保决策程序依法合规。充分发挥“一案一提示”风险防范作用，被诉案件同比下降 40%。大力开展触电压降专项整治行动，全年未发生触电人身伤害案件。创新开展年度新开工项目跟踪内审全覆盖，工程项目管理更安全、更规范。

后勤保障坚强有力。稳妥开展 18 处 222 户“两供一业”分离移交工作。开展办公区域装饰装修，全力改善职工办公环境。攻坚克难，全力配合公司推进方庄办公区建设。开展职工健康体检数据分析，合理调整食堂餐品结构，保障职工健康、营养饮食。

【安全生产】政治供电保障能力再攀新高。总结、固化十九大保电成功经验，联动区政府高效处理输电线下隐患，圆满完成全国“两会”“中非论坛”等重大活动保障任务，实现万无一失保障目标。全年完成重要政治保电任务 64 项，保障天数 255 天，再创历史新高。

安全管控基础不断夯实。强化本质安全，建立专业安全巡检组，增强现场巡检的针对性和渗透力。固化施工方案会审机制，累计审核方案 871 个。丰富安全质量信用评价体系维度，刚性执行外协单位严格准入、动态淘汰机制。违章通报不手软，下发各类违章通知单 21 张，取消工作负责人资格 10 人次，全年现场违章数量同比下降 21.6%。建立消防长制度，开展覆盖生产区、办公区、生活区的消防安全大检查，消除隐患 243 个，消防安全形势稳定。

■ 2 月 7 日，丰台公司员工在北京南站电缆小室检查春节保障准备。（张瀞文　摄）

电网运行水平持续提升。主动开展电网风险分析，科学制定电网运行方式，统筹安排停带电计划2080项，编制故障处置预案66份，组织开展应急演练43次，实施解重载工程10项，丰台电网平稳应对203.3万kW历史最大负荷和165.6万kW冬季最大负荷考验。

设备运维管理更加精益。安装反外力视频监控装置249套，实现对域内输电通道的24h反外力监控全覆盖。有效管控、消除通道异物等隐患434处，加固彩钢房1.5万余m^2，输电故障同比降低30%。配网自动化应用水平强势突破，自动化终端在线率稳定在98%以上，线路自动化功能和自愈功能投入率均达到100%。线路故障成功自愈42次，自愈实现率82.35%。完成各类配网状态监测8505次，治理隐患63处，异常台区和多户报修数量分别同比降低71%和20.31%。安装柱上断路器763台，隔离故障121次，实现站内开关跳闸次数同比降低58%，配网故障率降低40.8%，降幅排名公司第一。

■ 6月14日，丰台区副区长张鑫到丰台公司调控中心调研。（张瀞文　摄）

丰台公司全年未发生有管理责任的5级及以上安全事件，实现3个100天安全生产长周期，累计安全生产长周期4482天。

【营销与优质服务】截至年底，丰台公司共管理营业客户917698户。其中抄表收费客户28942户，卡表客户140户，本地费控表客户888616户；110kV客户 8户，35kV客户 7户，10kV客户 8982户，低压客户908696户。全区共有重要客户126户，其中一级客户 45户，二级客户 81户。

优化营商环境卓有成效。累计完成2970户低压“一站式”送电，低压居民用户平均接电时长压减至1.92天，低压非居民用户平均接电时长压减至4.32天，节省客户资金3770.06万元。开辟丰台区重点工程业扩方案及配套电网工程绿色通道，高效推进丽泽航站楼等重点项目进度。深化“互联网+线上接电”服务，线上办电率达99%以上。

主动服务地区民生。面对“三供一业”空前的改造接收压力，圆满完成移交户表改造5.54万具，居公司第一；度夏期间组织支援老旧小区内部故障抢修1254次，出动车辆1300余车次、人力2500余人次，得到了政府和社会的高度认可。主动对接区城管委、发改委，提出用电隐患严重的老旧小区解决方案，启动明春苑等小区内部电力改造的前期工作。逐村、逐线制定差异化管控方案，落实电力管家驻村全覆盖、发电车服务全天候举措，保障百姓温暖度冬。电网抢修运维作业大数据APP正式投入使用，全年共记录用户报修故障工单2517个，彰显责任央企形象。

■ 4月25日，用户在丰台公司供电营业厅向丰台公司赠送优化营商环境锦旗。（张瀞文　摄）

优质服务水平显著提升。主动开展多户报修和意见工单电话回访，减少客户重复诉求；建立社区服务微信群、张贴用电咨询宣传卡，拓展客户诉求渠道，全年投诉压降幅度达到29%，万户投诉件数指标位居公司第一。持续优化表计采集环境，电费下发时长稳定在2.2min以内。

电价电费管理进一步规范。认真贯彻国家政策，召开一般工商业电价降价政策宣贯会5次，完成2.8万户次转供电电费退补工作，全年为一般工商业用户节约用能成本1.18亿元。建立用户信用评级机制，打造电费业务全流程自主稽查监控体系，专项开展电价执行、抄表质量及电费回收等主题自查工作16.34万户次，订正用户档案信息1.82万户次。

电能替代不断突破引领。优化电动汽车充电设施网络布局，新建公用快充桩28台、自用充电桩配电箱139台。完成五里店、海户屯公交场站外电源建设。推进“以电代气”，圆满完成海底捞方庄店“气改电”改造，打造京城首家餐饮“气改电”示范工程，树立行业新标杆。

【科技与信息化】科技创新硕果累累。获批专利授权7项，其中发明专利授权5项。“电网抢修运维作业大数据APP建设”获公司互联网+营销服务创新创意技能竞赛一等奖。“‘煤改电’项目数据分析应用与实践”和“基于‘三减一提升’的报装管理创新”获得公司管理创新成果二等奖。

【党的建设与精神文明建设】党建责任有效落实。深入学习贯彻习近平新时代中国特色社会主义思想，扎实开展“不忘初心，牢记使命”主题教育，持续推进“两学一做”学习教育常态化制度化。坚持全面从严治党，制定“六项举措”“九项制度”，成立党建工作领导小组，党委一班人率先垂范、站在排头。坚持强化责任落实，党委会专题研究党建工作17次，党委领导作用充分发挥。持续开展“六个一”活动落实主体责任，抓紧抓实党组织书记抓党建述职评议考核。坚持增强民主决策，走基层、下一线、解难题，开展“中心组周调研”50余次，党建工作联系点调研26次，解决问题17项。

内嵌融入彰显价值。聚焦提升党组织引领力、组织力和战斗力，着力构建“内嵌深、融入实”的“大党建”工作格局。在中心工作上，围绕重要保电和重点工程成立2个临时党组织，让党旗飘扬在现场一线，组织扎根到阵地前端。深化开展共产党员先锋队伍建设，践行“人民电业为人民”宗旨，走进社区、乡村、企业开展宣传走访活动680余次。在长效机制上，组织“党员身边无违规”活动，打造党员动态包干体系，定制党员身份证。持续开展“争当新时代先锋 保首都电力安全”活动，将中心工作与党员“六维度”（围绕“安全生产、优质服务、业绩指标、廉政建设、联系群众、舆情防控”开展“六维度”党员责任区创建活动）责任区、“引领型”先锋岗紧密联动，深化“一带二、一带三”帮带机制，充分发挥党员示范引领作用。

打造卓越党建品牌。持续深化“卓越党建”论坛、“红色1+1”创先结对工程建设，与北京电科院、区总工会等7家单位结对子，推动党建融合、业务融合、工作融合。持续深化两个“双百”建设，开展“身边的感动”巡回宣讲，身边人讲身边事。依托首都电力先锋“优+星”典型选树，营造“百舸争流、奋楫者先”的创优争优氛围。持续强化“红色丰供”平台、“掌上丰供”手机APP建设，高标准推进国网党建信息系统应用。党建优秀成果在新华社、中华网等央媒刊登，党建活力显著增强，品牌影响力持续提升。

加强人才队伍建设。一是落实干部队伍培训教育计划。要结合工作和业务需求，深入调研培训需求，利用掌上丰供、微课堂、网络大学和课堂教学相结合等模式，多方式多载体开展培训教育，并持续关注培训效果，将个人参培和任课情况纳入干部培训教育管理档案。二是充分发挥助理总师等干部梯队技术管理优势和作风榜样作用，通过重点难点任务清单等形式“压担子”，在多专业协调配合中带动部门与专业，创新突破难点工作，在实践中打造干部梯队。三是多种形式开展干部考核评价。以述职评议和季度测评等方式为载体，与全员绩效管理体系和提拔任用工作相挂钩，通过过程评价与目标任务完成考核，提升干部队伍执行能力建设。四是探索中层管理人员岗位培养模式。以生产岗位实践锻炼为基础，充分利用班组长岗位的成长进阶，实施多岗位实践轮换，完善构建管理人员梯队成长模式。大力开展劳动竞赛活动，累计获得红旗16面，连续7个月获得智能配网劳动竞赛红旗。

以人为本服务职工。倾力打造职工文化中心和职工小家，成立篆刻、瑜伽、绘画等14个兴趣协会，充实职工业余文化生活。关爱职工身心健康，组织职工体质测试，积极参加区运动会等活动，建设职工心灵驿站，员工保持昂扬向上工作状态。打造丰台电力新时代的“青年近卫军”，鼓励青年员工在基础工作中学习，在攻坚任务中成长，在科技创新中建功。

（李　放）

国网北京石景山供电公司

【概况】国网北京石景山供电公司（简称石景山公司）成立于1988年，是国网北京市电力公司（简称公司）直属供电企业，负责石景山地区84.38km²范围内的电网规划建设、运行管理、电力销售和23.91万客户的供电服务工作，肩负着为辖区内重大政治活动和城市运行安全供电的光荣使命。

石景山公司共设置9个职能部门、3个业务支撑与实施机构，下设17个班组、4个供电营业所。管辖范围内共有10kV开闭站46座，配电室234座；10kV架混线路33条，长度101.3km；10kV电缆线路141条，长度765km；配网容量709MVA。实现全年安全生产无事故目标，累积安全生产长周期4984天。

全年完成售电量20.07亿kWh，比2017年增长8.57%；110kV及以下线损率5.39%；完成接电容量38.81万kVA；当年电费回收率为100%；城市供电可靠率99.979%；供电电压合格率99.999%。最大负荷37.7万kW，为历史最大负荷。

年内，石景山公司获得首都文明单位标兵、国家电网有限公司基建信息化先进单位、北京市交通安全先进单位、国网北京市电力公司2018年中非合作论坛北京峰会突出贡献单位、大运行优化提升工作先进单位，并获得公司8月电网建设、10月电能替代、11月优质服务、12月优质服务、12月电网建设、12月降损增效、电网建设、优质服务年度红旗单位等活动劳动竞赛红旗单位荣誉称号。

地址：北京市石景山区鲁谷路59号
邮编：100043
电话：010－63664123

【人力资源】截至年底，石景山公司有全民员工192人，硕士及以上学历64人，本科学历71人，专科学历29人；副高及以上职称29人，中级职称38人；技师及以上职业资格51人，高级工55人，中级工15人。

石景山公司组织召开人才建设大会，明确人才强企的战略目标。制定《青年员工“第一个十年”人才培养实施方案》，明确培养目标、重点任务和实施途径。建立培养、跟踪、评价、考核机制，加强培养效果考核评价，形成了持续开展青年员工业绩展示，完善青年员工业绩档案，帮助青年员工快速成长。强化基建人才队伍建设，入选公司基建卓越导师1人、基建卓越人才2人。强化竞赛调考组织管理，其中参加国网公司资金财税专业调考获得满分成绩，参加公司配电自动化竞赛获得个人二等奖，参加北京市“职工技协杯”职业技能竞赛获得个人第六名等。

【电网规划与建设】严格落实国网公司基建十二项配套措施，将原发展建设部（项目管理中心）拆分成立建设部（物资中心、项目管理中心）和发展策划部。完成《北京石景山区中长期（2018－2035年）空间布局规划》编制，取得政府支持性文件，成功将5座220kV、21座110kV变电站及相关廊道资源纳入《石景山分区规划》。全年共取得各类重要前期手续39项，各项工程依法合规开工，编制形成《重点工程“一会三函”全流程办理指南》，确保了各项工程依法合规开工，为后续工作开展奠定基础。冬奥会、新首钢配套“2+2”输变电工程8月底前全部开工建设，目前4项工程钢结构全部组立完成。12月刘娘府站竣工；鲁谷站第三电源工程竣工投产；石景山站110kV切改、金顶街站扩建工程完成施工监理招标及合同签订。11月全部8项110kV及以上基建工程完成物资招标、停电计划预安排，为2019年项目投产创造条件。1月底冬训开闭站工程竣工投产，为国家体育总局冬季训练中心、首钢“三高炉”等项目用电提供保障；11月南山站10kV切改工程竣工投产，20天完成1km管井修建及电缆敷设，创造地区建设最快速度，首钢电网退运首个重点工作任务按计划完成。石景山220kV输变电工程顺利通过国家能源局检查，获得公司专项嘉奖。鲁谷110kV变电站第三方向电源土建工程三个项目部被公司建设部授予“无违章工地”流动红旗。冬训开闭站1月完成发电；完成14座开闭站外电源的切改；10月完成永乐西老旧小区改造工程。

■ 5月15日，国家体育总局冬季训练中心冰球馆正式供电。
（马炎　摄）

【经营管理】深入开展同期线损治理工作，制定《国网北京石景山供电公司同期线损常态化工作管理方案》，分线线损合格率达90.02%，较年初提升12.38个百分点，台区线损合格率达87.74%，较年初提升22.73个百分点。进一步加强全面预算管理，加快推进“两金”压控工作，强化工程决算管控，年度可控成本执行率

100%，竣工决算完成率 100%，项目物资结存率 0%，资金支付完成率 99.5%。严格落实《国家电网公司资金管理办法》，及时消除隐患，落实问题整改，未发生资金安全事件。持续强化依法治企工作，完成增量配网领域制度落地试点工作，持续开展触电案件压降工作，全年未发生触电案件。完成“两供一业”相关资产移交工作。切实压严落细“两个责任”。成立公司党风廉政建设和反腐败领导小组，调整了协同监督委员会，进一步强化了党风廉政建设的组织保障。高标准、高质量配合国网公司巡视“下沉一级”现场检查，配合提供资料 300 余份，在规定时限内完成了全部立行立改任务。结合巡视工作，开展 2016～2018 年审计问题整改专项行动，完成了 37 项审计问题的整改验收工作。开展冬奥工程建设、集体企业管理、物资管理等领域专项监督，组织实施完成 2 个 A 类项目、5 个 B 类项目专项监督工作。集体企业提质增效，实现营业收入 2.2 亿元，利润总额 1460 万元。

【安全生产】监督落实各级安全生产责任制，修订安全工作奖惩实施细则和安全工作过程评价考核规则。严格落实生产现场作业“十不干”（无票的不干；工作任务、危险点不清楚的不干；危险点控制措施未落实的不干；超出作业范围未经审批的不干；未在接地保护范围内的不干；现场安全措施布置不到位、安全工器具不合格的不干；杆塔根部、基础和拉线不牢固的不干；高处作业防坠落措施不完善的不干；有限空间内气体含量未经检测或检测不合格的不干；工作负责人（专责监护人）不在现场的不干），下半年依托安全巡检、到岗到位、飞行检查 APP 执行、视频监控全覆盖的科技手段，高效开展安全监督工作。开展“电气火灾综合治理”，修订各级消防责任制，完成消防责任书签订工作。形成周风险会商机制，全年共组织风险会商会 48 次，分析风险 437 项。试行电话预巡检工作制度，对工作任务、现场风险等掌握情况进行随机抽查和定期留言。两级巡检组严格执行典型违章判定标准，加大现场管控力度。开展首钢电网退运的前期工作，对首钢 30 个小区开展隐患排查工作，基本掌握了首钢的配电设备现状，并根据隐患严重程度编制了改造项目可研，为后续改造提供依据。完成 10 座变电站 EMS 数据转发一体双核系统，转发完成率 100%。完成 992 台断路器开关的 FA 配置工作，FA 配置率 99%。本年度新投运终端 209 台，终端总量为 809 台，终端在线率 93%。完成遥控操作 180 台次，遥控成功率 96%。全年圆满完成“全国两会”、一带一路、中非合作论坛、冬奥誓师大会、平昌冬奥总结大会等供电保障工作任务。

■ 6 月 7 日，石景山公司对辖区内京源学校开展高考供电保障工作。（马炎 摄）

【营销与优质服务】坚持以客户为中心，努力践行“人民电业为人民”的企业宗旨，有效改善地区营商环境。为 631 户小微企业和居民提供“三零”服务。服务新首钢，保障冬奥项目有序推进。冰球馆全容量过渡方案已完成送电，冰球馆、三高炉秀池、运动员公寓、石景山景观进入工程实施阶段。全力推进“三供一业”改造任务，与辖区内涉及“三供一业”的 6 家企业 4.2 万户居民签订实施协议，首付款资金到付率 100%。积极拓展综合能源服务市场，牵线综合能源公司与首钢、保险产业园等大型园区开展集中储能和热泵合作意向，与热力集团对接提升供暖末端用户供暖温度的服务项目。开展首钢用户报装“零出行”服务，全年完成首钢医院、首钢篮管中心等 23 个高压用户的用电报装，总报装容量 10.70 万 kVA。其中 13 个高压用户已完成接电，接电容量 4.88 万 kVA。度夏期间，永乐东、西小区因用户内部故障导致停电，根据区委区政府的请求，主动突破产权界限，服务地区用电安全，快速恢复居民供电，得到了市委市政府的肯定，区委区政府向公司和石景山公司分别赠送锦旗表示感谢。

■ 10 月 30 日，石景山区委区政府到石景山公司交流座谈并赠送锦旗。（程伟 摄）

【科技与信息化】组织推荐申报公司 2018 年群众性创新成果奖 2 项。“供电公司基于客户需求的全过程服务管理创新实践”等项目获得北京市级管理创新成果二等奖 1 项，公司级管理成果二等奖 1 项，三等奖 2 项，为提升石景山公司基础管理水平发挥了重要作用。成功研发柱上台区黑盒开关接头温度监测装置、智能 e 锁等，全年共取得专利授权 13 项，其中发明专利 3 项。加强信息化制度建设，强化学习培训，提升职工信息化应用水平。加强弱口令、违规外联的检查力度，全年未发生信息安全类事件。

【党的建设与精神文明建设】深入学习党的十九大精神，召开党委中心组学习扩大会，邀请中央党校教授解读十九大精神。优化党建顶层设计，成立党建工作领导小组。构建大党建格局，有效落实党建工作责任制。建立健全党委议事规则，规范“三重一大”决策程序。转化落实大党建联合考评指标，将同业对标指标责任落实到人。开展支部书记抓党建述职评议，党建主体责任有效落实。优化基层党支部建设，增设发建党支部，党建管理工作力度显著增强。加强党支部制度建设，梳理现行有效制度要点，推动支部标准化建设。坚定“四个自信”，尤其是突出“文化自信”在党建工作中的重要作用。对青年干部、新提职干部、新入企员工等重点人员开展廉洁培训、APP 线上廉洁考试、参观国子监廉洁基地等形式多样的宣教工作。拍摄廉政成效宣传片，制作纪律处分条例修订版宣传 FLASH，利用“首善清风”APP、企业文化长廊、宣传栏等多种媒介，形成全方位、全天候、多角度宣传。组织党员廉洁寄语征集，签订重点岗位廉政承诺书 47 份，进一步强化人员廉洁意识。按照民主程序组织完成石景山公司工会换届改选工作，选举了第三届工会委员会、经费审查委员会，推荐产生了女职工委员会。组织开展第二期暑期职工子女托管班，解除了职工后顾之忧，职工满意度和幸福感持续提升。设舞蹈班、羽毛球初级培训班以及举办“二次创业”杯羽毛球团体赛，吸引更多职工投入到运动健身的热潮中，有效缓解了工作压力，增强了企业凝聚力。在公司羽毛球比赛中荣获超越组团体第二名。

■ 6 月 29 日，石景山公司组织全体党员在首钢开展宣誓活动并为首钢冬奥供电服务中心揭牌。（马炎　摄）

（赵　飞）

国网北京亦庄供电公司

【概况】国网北京亦庄供电公司（简称亦庄公司）成立于 1993 年，是国网北京市电力公司（简称公司）直属单位中最年轻的供电企业，负责北京经济技术开发区地区 59.47km^2 范围内的电网规划建设、运行管理、电力销售和 10.65 万客户的供电服务工作，肩负着为地区经济发展、政治供电和人民生活提供安全可靠电力的光荣使命。

亦庄公司共设置 11 个职能部门、2 个业务支撑与实施机构，下设 14 个班组、2 个供电服务机构、3 个其他机构。

亦庄公司实现连续安全生产 5268 天；完成售电量 63.23 亿 kWh，同比增长 14.58%，较公司整体增速高 7.45 个百分点；固定资产原值 20.11 亿元，同比增长 9.75%；内部利润总额 9.15 亿元，在公司排名第 2；城市供电可靠率 99.9963%，在公司排名第 1；地区线损率 1.42%，低于公司下达指标 0.29 个百分点。

亦庄公司荣获首都文明单位标兵、第十四届北京市思想政治工作优秀单位、北京经济技术开发区 2018 年度消防安全工作先进单位、北京经济技术开发区 2018 年度消防工作先进微型消防站、北京市城市管理委员会第二届有限空间作业大比武电力行业二等奖、公司经营管理功勋单位、公司优质服务劳动竞赛红旗单位、公司 2018 年优化电力营商环境先进单位等荣誉。

地址：北京经济技术开发区地盛北街 2 号院 2 号楼
邮编：100176
电话：010－63120058

【人力资源】截至年底，亦庄公司共有全民职工 117 人，本科及以上学历 93 人，专科学历 9 人；其中高级职称 27 人，中级职称 34 人，初级职称 43 人；高级技师、技师共 25 人，高级工 35 人，中级工 14 人。

亦庄公司深化改革，成立供电服务中心，制定运检、营销、调度等专业整合方案，为配网调控、抢修指挥、配电运营、服务指挥、服务监督等业务深度融合打下基础。数据运营管理中心有效运转，全年累计完成 444 个项目数据更新工作，增量数据有效管控；开展重点数据问题治理，累计治理问题数据 41875 条；按季度发布主要统计数据，为亦庄公司层面决策做好支撑。成立重点工程办公室，满足了地区电网超常规发展建设和保障地区重点工程高效推进的要求。创新工作模式，派驻专人到管委会基建办上门办公，实现一口对外、提升办事效率。成立二次运检中心，融合调控自动化、配网自动化、通信、继电保护、二次安全防护等专业，明确人员职责及工作流程，有效提升二次专业技术支撑水平。

【电网规划与建设】规划前期有效落实。主动对接地区发展需求，及时调整规划时序，将 4 项“十四五”规划电网建设项目提前至“十三五”期间实施。深度参与区域总规修编，配合开展路南区电力专项规划修编与低压电网规划编制。完成地区“网格化”电网规划修编，并获得政府文件支持，主要规划内容纳入地区发展控制性详规。5 条跨区隧道规划纳入实施日程，其中 2 条跨京沪高速的电力隧道主体基本竣工。取得标厂 110kV 输变电工程项目核准并完成投资划分协议签订；取得路东 220kV 变电站可研批复并纳入市“多规合一”项目库。重点工程全面提速。历时 90 天，组织完成泰河、科创街、文化园 3 座 110kV 变电站增容扩建任务，新增主变压器 6 台、10kV 馈线间隔 84 回。同步完成 29 路 10kV 线路配套切改，为平稳度夏打下坚实基础。路南区瑞新 110kV 变电站正式开工建设。T1 线沿线配迁工程完成方案审核并进场施工。完成核心区、路东区 12.5km 架空线入地，进一步改善开发区城市环境。调度 D5000 系统正式投入试运行，提升地区电网智能化水平。高效推进国网公司北京数据中心二期工程前期工作，6 月 7 日取得项目建设主体及项目性质变更批文，11 月 16 日取得项目规划许可证，12 月 18 日取得工程施工许可证，圆满完成李同智董事长在职代会上提出的年内开工建设的目标。亦庄公司坚定务期必成的信念，与开发区领导及产促、市政、规委等委办局积极沟通，有效解决历史遗留难题。变电站建设用地出让政策取得重大突破，实现土地开发使用公司“零支出”。目前，开发区土地开发成本已由 2012 年的每平方米 350 元上涨到每平方米 5000 元，且还在逐年增加。亦庄公司通过主动作为、全面服务，争取管委会最大程度的支持，实现今后 110kV 及以上变电站建设用地开发成本不再由公司负责出资。据此估算每座 110kV 变电站仅土地开发就节省 2 千多万元的成本支出，效益明显。

■ 8 月 21 日，亦庄公司启动世界机器人大会保障工作。
（蔡海波　摄）

【经营管理】管理基础不断夯实。修订同业对标奖惩细则，加强过程管理，深化诊断分析，有针对性地开展重点短板指标提升。建立专项重点工作考核制度，完善各专业绩效考核实施细则，优化绩效考核体系。加大外部资金争取力度，全年资金到账 1.91 亿元，再创历史新高。依法治企有效加强。开展“学制度、明规矩、守纪律”专题活动，加强制度研学用。深化合同全流程管控，加强法律风险源头防范。全年处理案件 4 起，避免经济损失 285.1 万余元。规范亦庄公司“三重一大”议事事项和规则，全年召开党委会 51 次，审议议题 412 个。构建全方位、全覆盖自主审计体系，聚焦业扩报装、工程建设等重点领域开展审计，发现整改 136 项问题，确保重点工程管理依法合规。物资管控显著提升。优化调整物资专业机构设置，修订物资管理实施细则，进一步规范物资管理。全年废旧物资处置收入 162 万元，完成率达到 202%。完成物资仓库标准化改造工程，彻底解决消技防措施不到位等安全隐患。

【安全生产】安全基础不断夯实。开展为期3个月的“反违章　保安全”专项行动，确保亦庄公司安全稳定局面。制定安全生产工作绩效考核细则，明确奖惩标准，严格过程考核。严格“双准入”管理，形成“严格准入”和“动态淘汰”相结合的管控模式。扎实开展安全生产问题清单、“六查六防”专项行动、电气火灾综合治理等专项梳理排查活动，及时消除763项风险隐患，连续3年获得开发区消防先进单位称号。完成“护网2018”专项隐患排查治理工作，关停各类终端高危等级端口134个，完成系统安全加固468台次。设备运维更加精益。加速推进配电自动化工程建设及应用，在公司率先实现线路自愈功能投入率100%。11月份，组织完成994台存量自动化终端“一体双核”主站迁移工作，在公司率先实现“一体双核”系统全接入。

■ 11月30日，随着10kV和成璟园商业分界DTU的传动完成，亦庄公司完成了全部存量自动化终端由许继主站迁移至“一体双核”主站的工作。（蔡海波　摄）

以实施隐患治理和外力防控为重点，强化运维责任落实，配网故障率同比降低40%。完成输电通道1000余棵树木移栽及15万方堆土隐患清理，连续3年未发生输电通道原因导致的线路故障。多措并举平稳度夏。全面梳理和分析电网度夏形势，科学制定27项方式调整措施，强化风险预警管控和应急处置，成功应对113.36万kW历史最大负荷及37天持续大负荷的考验。强化政企协同，多次向管委会专题汇报并联合城管委召开度夏形势宣贯会，全面落实需求侧管控措施。超常规加速实施度夏工程，实现泰河、科创街、文化园110kV变电站$N-1$负载率分别从扩建前的160%、116%、122%降至99%、65%、75%。度夏期间共启动各类应急响应18次，时长440h，为平稳度夏保驾护航。先后发布新闻报道18篇及视频新闻3期，加大宣传力度营造良好内外部环境。主动支援听涛雅苑非亦庄公司产权小区停电应急抢修，以最快速度恢复供电，得到开发区管委会和居民高度评价。7月16日，开发区管委会梁胜主任就亦庄公司2018年迎峰度夏工作做出书面批示，号召各部门以亦庄公司为榜样，为开发区发展建设做出更大贡献。

【营销与优质服务】营商环境显著优化。全面落实小微企业“三零”服务，完成低压报装接电532户，为用户节省投资780余万元。4月16日，完成路南区4个台区箱式变电站及600余盏路灯的发电工作，点亮了路南区。度冬供暖前完成3个单电源低压锅炉供暖小区双电源改造，消除多年安全隐患。“百日攻坚”成效显著。深入开展优质服务百日攻坚专项行动，四方面重点任务全部完成，亦庄公司获评为“北京公司2018年优化电力营商环境先进单位”。电量下发时长稳居公司首位；完成2.7万户掌上电力及微信电力绑定及安装工作，提前一个月完成指标；张贴24h热线宣传册3.2万张，95598话务量同比下降27.1%；累计调度高压业扩工程45项，新增接电容量完成9.45万kVA，比计划送电项目多完成16项。服务质量持续提升。积极落实电价调整，2018年释放改革红利3372.4万元，有效帮助用户降低企业用电成本。深化“互联网+电力营销服务”体系建设，全年受理线上报装591户，受理95598工单6895件，提供应急送电服务384次。全年收到客户赠送锦旗13面。巩固党的十九大保障经验，累计投入322人次，首次承担并圆满完成丰大酒店全国“两会”政协代表驻地保电任务；圆满完成“中非合作论坛”北京峰会期间9个国家元首及夫人到四达时代公司访问的保电任务；圆满完成国网青创赛赛事服务及供电保障工作，国网公司专门致信表示感谢。

■ 6月13日，亦庄公司共产党员服务队走进社区，开展用电宣传和延伸服务。（蔡海波　摄）

【科技与信息化】科技创新成果丰硕。全年获得公司青年创新创意大赛铜奖1项，公司管理创新成果二等奖1项、三等奖1项；获得北京市QC小组活动成果发表会二等奖3项，公司年度QC小组活动成果一等奖1项、二等奖1项、三等奖2项。主动承担并圆满完成多项试点工作。克服技术难题和跨区域施工难点，保质保量完成国家“863”课题主动配电网示范工程建设，并于11月顺利通过国家科技部验收。作为公司唯一试点单位，承担国网公司低压可靠性试点工作，完成《低压用户供电可靠性管理试点工作实施方案》编制。“多表合一”试点深入推进，累计接入37812具，占北京市总接入量的30%。资金收支标准化日排程试点经过业务全面性考核，形成实用方案，为公司全面推广积累经验。

【党的建设与精神文明建设】打造党建特色品牌，实现多方合作共赢。创新“党建+”模式，亦庄公司主动与开发区内10家企业开展“党旗辉映　电靓亦庄”党建联合共建活动，全年共组织活动40余次。通过真心沟通、真情付出、真诚工作，得到了政府和客户的广泛认可和好评。

12月，亦庄公司作为开发区唯一一家推荐单位，获得“第十四届北京市思想政治工作优秀单位”荣誉称号。产业公司借助党建联合共建平台主动服务用户，通过一系列举措赢得了用户信任和政府支持。2018年签署代维合同1209万元，同比增加近6倍，完成卓越指标值。党建引领不断加强。深入开展习近平新时代中国特色社会主义思想和党的十九大精神学习，全年组织中心组学习8次。扎实推进“旗帜领航　三年登高”计划，组织开展“三走进、抓落实、促发展”党员先锋行动、“三亮三比三争当”等活动。落实“对标管理年”要求，深化党委和支部标准化建设。结合重点工作，成立党员保障队1支、党员突击队4支，进一步发挥党员先锋模范作用。创建党员示范岗29个、党员

■ 8月3日上午，亦庄公司到人大附中经济技术开发区学校举行党建联合共建——“共产党员服务队”挂牌仪式。（蔡海波　摄）

责任区8个，带动了职工队伍素质整体提升。通过党员“一带二”“一带三”活动，促进党员与群众的良性互动。将巡视巡查作为压实管党治党责任的有利契机，全方位做好各项配合工作，坚决整改7类28项问题，同步完善规章制度，建立长效机制，提升管理水平。队伍面貌积极向上。落实开展“一线工作月”“一线工作日”，领导班子开展活动157次，进一步汇聚了干事创业的正能量。创新开展“中层讲堂”4次，进一步提升中层干部自身综合素质。全面启动实训基地建设，策划定制化培训内容。设立优秀人才奖励基金，全年对表现突出的优秀班组长、管理人员和专业技术人员34人次奖励10.2万元。和谐企业建设亮点纷呈。聚焦优化营商环境、电网建设等重点任务，在亦庄时讯等开发区媒体持续开展传播。启动“青春梦想　亦路辉煌”亦庄公司25周年纪念活动筹备。依托职工之家实体，12个特色兴趣小组活动精彩纷呈。实施北环东路办公楼维修工程及球场、食堂改造，完成各部门档案室建设，提升职工办公生活环境和安全保障。在前期申请18套公租房的基础上再次积极申请14套，解决无房职工生活需求。亦庄公司全年累计取得劳动竞赛红旗4面，12名职工获评为“竞赛之星”。

（孙立东）

国网北京昌平供电公司

【概况】国网北京昌平供电公司（简称昌平公司）成立于1958年，是国网北京市电力公司（简称公司）直属供电企业，负责昌平地区1343km^{2}范围内的电网规划建设、运行管理、电力销售和60万客户的供电服务工作，肩负着为辖区内重大政治活动和城市运行安全供电的光荣使命。

截至年底，共设置11个职能部门、3个业务支撑与实施机构，下设26个班组、14个农村供电所。共有110kV变电站33座，主变压器71台，容量3407.5MVA；35kV变电站5座，主变压器10台，容量172.6MVA；110kV线路43条，长度204.21km；35kV线路29条，长度144.388km；10kV架空线路

222条，长度2113.27km；10kV电缆线路4400条，长度1963km。

全年完成售电量76.5亿kWh，同比增长9.47%；完成线损率 5.00%；完成业扩报装接电容量 70.01万 kVA；电费回收率 100%。供电可靠率达到99.957%，电压合格率为99.999%。最大负荷172.88万kW。

荣获全国文明单位、首都文明单位标兵、公司2018年中非合作论坛北京峰会贡献单位、公司2018年“煤改电”工程贡献单位、公司2018年优化电力营商环境先进单位等荣誉。

地址：北京市昌平区永安路33号
邮编：102200
电话：010－69742681

【人力资源】截至年底，昌平公司共有长期职工 355人。其中研究生及以上学历71人，本科学历175人，专科学历75人；高级职称46人，中级职称74人；技师及以上职业资格191人，高级工77人，中级工20人。

强化人才队伍建设。领导班子带头开展政治理论学习，全年完成中心组集中学习12次、专题研讨6次、专题党课活动7次，撰写学习体会7篇，领导干部理论素养和政治素质全面提升。落实公司“一线工作日”“一线工作月”工作要求，并进一步扩展建立昌平公司领导班子成员供电所联系机制，领导干部深入一线直接贯彻部署重点工作，形成“领导带动、多级联动”的良好工作局面。梳理规范干部人事管理工作，按照公司干部管理相关规定，对昌平公司岗位名称、职责、岗级等方面进行规范和理顺。围绕“煤改电”、优化营商环境等重点工作，结合供电服务指挥中心、物资管理中心建设，进一步优化调整干部力量，年度新聘任四级职员2名、副科级干部2名，交流正科级干部12名、副科级干部1名。系统性完善员工培养工作，制定《青年员工“十年成长登高”培养方案》《生产技能人员岗位培训培养方案》《新员工入企见习期培养方案》《“师带徒”培养工作方案》等实施方案。成立人才培训培养工作领导小组，健全人才培养工作组织体系，明确部门培养职责，分阶段制定具体培养目标和培养方法，有效开展人才培养工作。系统性设立新员工入职培养的入职教育、轮岗见习、定向见习阶段，建立“方案明确、内容充实、阶段考核、过程总结、期满鉴定”的培养模式，完善入企指南、领导班子见面会、学习鉴定等工作载体，推动新员工入企见习培养系统化。组织装表接电工竞赛、营销技能竞赛培训100余人次，助力昌平公司竞赛成绩提升，员工陈龙获得2018年北京市“职工技协杯”职业技能竞赛装表接电工职业（工种）个人第二名，杜炳超获得北京市电力公司配电不停电作业技能竞赛个人第三名。持续深化先进典型选树，积极开展先锋基层党组织、优秀共产党员、“最美昌电人”评选，优秀人物和先进模范不断涌出，员工王月鹏荣获首届“北京大工匠”荣誉称号，并入选2018年北京榜样月榜。

【电网规划与建设】坚持规划先行，结合北京市新总规（2016年－2035年），完成地区2018～2035年“网格化”配电网规划和电网中长期（2018～2035年）空间布局规划，至2035年地区规划新建500kV变电站1座，220kV变电站9座，110kV变电站44座。启动北环等5项110kV变电站工程可研编制，取得4项重点工程立项核准。全面统筹年度14项工程计划，按里程碑节点细化工作流程，优化资源配置，实现工程高效稳步推进，完成110kV中滩变电站、流村变电站等7项工程建设投产，推动220kV邓庄变电站、110kV邓庄配套送出2项工程进入投产准备阶段，全面完成四家庄、沙河北、信息港3项220kV输变电工程前期协调任务。深化基建管控12项配套政策落地，完成基建管理模式、组织架构和专业流程优化调整，提升基建现场安全管控能力。配网工程稳步实施，优化配网项目管理模式，组建配电项目管理中心，累计实施配网改造工程12项，技改大修工程117项，网架结构和设备健康状态有效改善。

【经营管理】深化同期线损管理，强化职责落实与协同配合，依托供电所劳动竞赛与“降损增效”百日攻坚行动，在各部门与属地供电所的共同努力下，推动线损治理工作取得显著成效，分线、分台区线损合格率分别达到76.74%和79.19%，较年初提升均超过30个百分点以上。提升物资管理水平，完成职能调整与管控流程优化，全面完成3842万元剩余物资及在建工程物资账物梳理，实现剩余物资消纳709万元，废旧物资处置690万元。加强指标全过程管控，组建对标工作小组，优化管理方案，建立工作例会制度，推进昌平公司年度指标成绩有效提升。增强集体企业发展能力，持续开展管理提升与业务拓展，完成“三重一大”集体决策实施细则修订，推进“两金压降”工作，依托“智慧能源管家”系统，深化代维业务拓展，全年实现代维业务收入3000万元，完成营业收入4.32亿元，实现利润5194万元。构建高效服务体系，整合供电服务指挥与监督职责，成立昌平公司供电服务指挥中心，完成中心核心岗位人员调整和业务流程梳理，基本实现平台化运转。高质量配合完成国网公司党组、公司党委等巡视、巡察工作，深度开展自查自纠，对巡视检查所提问题均针对性制定整改措施。聚焦重点风险环节，以项目制形式开展 6 方面协同监督管理，完善整改 16 项问题。持续开展行风廉政监督，累计开展明察暗访 9 次，发现整改存在问题 10 项。

■ 10 月 20 日，昌平公司成立六十周年纪念活动，领导班子登台表演。 （李强　摄）

【安全生产】安全管理基础持续巩固，组建安全监控中心，将现场巡检与远程监控相结合，实现安全监督、监控“全覆盖”，累计检查作业现场 1222 个，纠正和制止违章行为 29 项。年内累计开展安全质量培训 5 轮、650 人次，组织 296 人完成春、夏两季安全技能考试，整体合格率 96%。严格安全准入把关，完成 29 家施工单位安全质量评价及安全准入。扎实开展“春检安全”“六查六防”等安全专项检查活动 13 次，开展重大活动保障及防汛度夏等专项隐患排查 14 次，治理各类安全隐患 178 项。强化电网精益化运维，围绕“一降三提升”工作要求，组织安装输电通道视频监控设备 274 套，反外力工作精准度与覆盖面有效提升。累计治理异常台区 684 台次，分换装变压器 430 台，异常台区数量同比降低 44.6%，配网故障数量同比降低 20%。昌平公司电网成功应对 172.88 万 kW 历史最大负荷考验，圆满完成全国“两会”、中非合作论坛北京峰会等重大政治活动保障任务 59 项、192 天。

【营销与优质服务】截至年底，昌平公司共管理营业客户 60.51 万户。其中， 220kV 客户 1 户，110kV 客户 5 户，35kV 客户 20 户，10kV 客户 5257 户。全区共有重要客户 33 户，其中一级客户 20 户，二级客户 13 户。

全面落实“三零”服务工作部署，优化低压报装属地化管理，减少办电中间环节，压缩办理时长，平均接电时间压降至 3.35 天。全力推进优质服务百日攻坚专项行动，进一步加强投诉分析与有责投诉考核，员工优质服务意识明显强化。积极推进客户经理联系电话与二维码宣传卡等多渠道服务方式，累计压降 95598 话务量 20.9%。加快高压业扩报装，开展在途项目深度梳理，建立“日例会”推进机制，提前完成年度 70 万 kVA 接电指标，压降结存容量 26.09%，10 月、11 月完成高压送电 16 项，平均接电时长 23.25 天，较下半年平均接电时长降低 94%。完善采集系统建设，提升用户电能表采集覆盖率至 99.94%，购电下发 1 小时成功率由年初的 97.78%提升至 98.62%，平均购电下发时长由年初 7.45min 下降至 4min 以内。稳步推进电价调整工作，全年一般工商业业电价每度累计降幅 8 分。持续推进老旧小区改造，北郊肿瘤医院宿舍等 4 项工程完工，11 项工程进场施工。实施完成公共充电站工程、公交充电站外电源工程等 6 工程，全年完成分布式光伏并网 311 户，同比 2017 年增长 89%。

■ 12 月 27 日，昌平公司举办优质服务百日攻坚知识竞赛活动。 （张亮　摄）

【农电工作】持续推进农村地区电能替代，全年实施“煤改电”工程 36 村 2.38 万户，新建、改造 10kV 架空线路 55 条，新增、改造 10kV 变压器台区 448 台。截至年底，地区“煤改电”用户达到 7 万户。深入开展“日常购电不出村、党员上门送服务、多方协同保供暖”三项保障“煤改电”用户温暖过冬的工作举措，在营业厅、商业银行等现有服务网点的基础上，大力推进掌上电力 APP、微信电力公众号、支付宝、村邮站、村内超市 POS 机购电等方式，实现用户多渠道方便购电。建立了“煤改电”共产党员突击队和服务队，依托 14 个供电所建立的 49 个网格化小组，服务于昌平 307 个行政村，全年共进行专题宣传 23 次，服务爱心卡用户 78 户。为服务区域内用户发放服务联系卡，告知服务内容和工作人员联系方式，累计发放服务联系卡37384张。积极推动农电管理提升，扎实开展全能型供电所建设，紧密围绕“业务协同运行、人员一专多能、服务一次到位”的建设理念，全面推动14家供电所组织结构、职责范围及班组业务调整，建立以网格化小组和台区经理为基础的供电服务网格体系，完成全能型供电所管理架构搭建，在公司试点建设评比中，全体供电所完成验收申报。

■ 5月10日，昌平区十三陵镇康陵园村“煤改电”工程现场。
（李强　摄）

【科技与信息化】大力提升电网管控智能化水平，历时一年半完成调控D5000系统软硬升级改造，主调系统功能与抵御突出事件能力明显提升。加快配电自动化建设，全面推进柱上断路器安装应用，内设配电自动化中心，率先试点启动一体双核系统数据迁移工作，实现“四率”（自动化覆盖率、遥控使用率、终端在线率、线路自愈率）指标大幅提升。有序推进科技研发与管理创新，启动光缆巡线机器人科技创新项目研究，完成2项群众性创新项目，完成群创项目验收2项，申报专利10项。“首都电网企业全员量化考核创新实践构建与实施”“供电企业‘煤改电’工程全过程跟踪审计的创新实践”两个项目荣获第三十三届北京市企业管理现代化创新成果二等奖，“基于大数据背景下的‘煤改电’故障快速处置实践”“基于专业协同的供电企业法律服务保障创新实践”荣获公司管理创新成果二等奖。

【党的建设与精神文明建设】严格落实“旗帜领航　三年登高”计划，扎实推进党组织标准化建设，完善政工绩效考核内容，促进党建工作更加规范、精细、扎实。打造党建活动阵地，完成昌平公司级党员之家及8个一线党员活动室建设，形成昌平公司党建活动特色阵地。深入开展主题实践活动，开展领导干部十九大精神宣讲活动7次，发布微党课96期，组织“六个一”道德讲堂等各类教育实践活动。深化党建融入，围绕“煤改电”“优化营商环境”等年度重点工作任务，组织开展党员先锋行动主题实践活动课题25项，成立13个临时党组织和5支党员先锋队，533名党员签订安全承诺书和“一带二、一带三”协议，156名党员签订“党员身边无投诉”服务承诺书。在中组部调研党建工作并开展联合党日活动中，昌平公司党建管理和内嵌融入等工作获得高度评价。强化党风廉政责任落实，梳理明确党风廉政建设主体责任、监督责任清单40项，累计开展领导干部约谈活动149人次。深化廉洁宣教，借助首善清风APP、电靓昌平微信公众号等载体，广泛宣传党纪党规、廉洁理念，深化廉洁文化“四进”活动，累计开展各类党风廉政宣传教育活动18次，参加人员2620人次。深化企业文化建设，高质量完成昌平公司成立60周年纪念活动，宣传贯彻国网公司新时代“一六八”战略部署，按照“分级、分类、分层”的建设思路，全面打造“公司、专业、班组”三级文化长廊。以8个基层供电所为重点，广泛开展企业文化“百千万”工程建设，推进国网文化在基层一线全面落地，其中马池口供电所荣获公司级示范点称号。广泛开展品牌传播。坚持“提高站位、准确落地”，紧密围绕党的十九大精神落地、以电代煤、劳动之美等重大传播主题开展系列化、体系化、持续性的传播工作，累计在中央电视台、新华社等中央媒体刊发报道16篇次，在北京市属媒体刊发报道30篇次。充分发挥内宣引领作用，运用网站、微平台、官方微博等载体，累计在国家电网报等行业媒体刊发报道54篇次，其中，在国网公司故事汇平台刊发作品7篇，获得月度优秀作品2篇。新闻宣传和品牌建设工作成果获得公司充分肯定，专业贡献度排名公司第一位。

■ 11月28日，昌平公司“传承中华美德　学做大国工匠”主题道德讲堂活动现场。
（闵政君　摄）

（党　剑）

国网北京门头沟供电公司

【概况】国网北京门头沟供电公司（简称门头沟公司）是国网北京市电力公司（简称公司）直属供电企业，负责门头沟地区 1455km²范围内的电网规划建设、运行管理、电力销售和19.39万客户的供电服务工作，肩负着为门头沟地区经济社会发展和地区生产、生活安全供电的光荣使命。

截至年底，门头沟公司拥有110kV变电站7座，变压器16台，变电容量663MVA；用户变电站1座，变压器2台，变电容量80MVA。

门头沟地区拥有35kV变电站18座，变压器36台，变电容量224.3MVA，其中，门头沟公司所属变电站5座，变压器10台，变电容量140MVA；用户变电站13座，变压器26台，变电容量91.7MVA。

门头沟地区35kV及以上架空输电线路共有29条，总长度190.18km，其中，门头沟公司负责运维的110kV架空输电线路7条，共计65.12km；35kV架空输电线24条，159.25km；负责运维10kV架空线路长度910.014km；10kV电缆线路长度617.57km。

全年完成售电量11.8622亿kWh；完成线损率6.92%；完成业扩送电项目5081个，送电容量61594kVA，送电容量61594kVA；完成接收居民用户15881户，35kV用户变电站8座及全部居民小区用户配电资产。完成35个村9703户农村“煤改电”配套电力工程建设任务。

荣获全国文明单位、首都文明单位标兵称号。

地址：北京市门头沟区滨河路66号
邮编：102300
电话：010－69844354

【人力资源】门头沟公司共有全民职工168人，其中研究生及以上学历26人，本科学历100人，专科学历38人；高级职称26人，中级职称31人；技师及以上职业资格80人，高级工27人，中级工7人。共有集体职工10人，农电用工（北京华商电灯有限公司）116人，集体企业直签社会化用工174人，集体企业其他从业人员2人。

加快推进“三项制度”改革工作奠定基础，优化绩效考核机制。加强人才培训培养工作，年内共完成各专业共计10个类别55班次的培训内容，最大培训量达到200人/天。妙峰山实训基地初步建成，扎实开展现场技能实训工作，理论培训室、架空线路实训场已初步建立并投入使用，共完成生产技能、班组管理等专业共计6班次的培训内容。设计制作的网络大学课件《主备调切换演练流程》荣获年度（第四届）中国企业微课大赛北京赛区最佳脚本设计奖。新增中级及以上专业技术职称9人。张志远作为门头沟公司历史上第一位参与东西人才帮扶的人员，任国网西藏电力公司拉萨市堆龙德庆区供电有限公司副经理职务，为期1年半。

【电网规划与建设】跟踪地区发展热点，开展“网格化”配电网规划修编工作，将地区规划全部3座220kV变电站、13座110kV变电站一次性纳入门头沟分区规划。与政府共同开展电网建设项目前期工作取得上岸输变电工程－外电源工程开工证及变电站工程规证，取得潭柘寺110kV输变电工程立项核准，完成斋堂、清水输变电工程可研编制，完成配网工程立项核准批复13项，核准率100%。投产王平110kV输变电及配套10kV切改工程。王平35kV切改工程开工建设。上岸110kV变电站工程具备投产条件。妙峰山供电所按期投入使用。落实基建改革12项配套措施，强化三个项目部关键人员和作业层骨干配置，有效加强现场项目管理和作业安全管控。加强基建管理信息系统和智慧工地系统应用，工程现场全天候监控，及时纠正现场违章行为20项。

■ 6月28日，门头沟公司在妙峰山实训基地开展模拟操作更换台区高低压熔断器培训工作。（付燕明　摄）

■ 1月30日，门头沟公司王平110kV变电站投产。（张文静 摄）

【经营管理】以同期线损管理为抓手，促进业务末端融合、夯实专业管理基础，线损治理成效显著。10kV线路、台区合格率分别达到91.2%和94.21%，综合线损率持续三年下降，获得公司9月“降损增效”劳动竞赛红旗和年度“降损增效”劳动竞赛红旗，永定供电所被评为公司第一批线损管理示范供电所。

参与完成对房山公司年资金安全检查的互审任务，配合完成白晶经理离任审计。同时完成门头沟公司年度正式竣工决算项目42个，积极开展资产管理工作，并根据公司《关于印发巡视反馈意见整改落实工作方案》的通知，认真对照检查，结合自身实际，制定整改落实工作方案。完成两金压降工作。

年内，向党委专题汇报审计相关工作3次，全年迎接离任审计1次、2017年年竣工决算审计1次，形成记录266条。完善“煤改电”过程跟踪审计过程管控，关键节点倒排工期、现场勘查三方签字、工程过程进度定期更新，同步开展35个村28次现场核查，形成审计意见28条，下发内部审计建议书8份。开展工程物资内控专项审计工作，客观揭示工程物资管理薄弱点与风险点，形成内部物资管理实施细则，捋清了物资管理13个流程37个节点。结合物资内控专项审计等工作，借助ERP审计系统与财务、营销、运检等业务系统联动，查找审计数据，建立审计模型，并通过模型证实存在问题，最终形成审计案例5篇，其中3篇作为优秀案例被推动至国网公司。参与国网公司和公司审计项目2项，参与公司数字持续化审计监督项目2次，形成审计记录23份、底稿19份、小组报告2份，内部审计论文1篇。结合当年审计发现问题，建立汇报机制和整改督促机制，切实形成制定措施、过程管控、定期检查、结果验收的闭环管理。

【安全生产】门头沟公司全年累计实现安全生产长周期4973天，共发生安全事件35起，其中达到八级事件的共9起，配电8起，输电1起。全面加强施工现场安全管控，成立二级安全视频监控中心，作业现场实现视频监控全覆盖，通过现场与视频监控共计检查工作现场670个，全年下发违章通知单17张。城网供电可靠率完成99.972%，农网可靠率完成99.939%。全年累计发现各类安全隐患488项，消除440项，治理完成率90%。成立安保指挥中心、安保稽查大队对安保值守情况24h监督管控，并对各变电站、配电室、办公大楼、仓库等重要场所的安保、消防情况进行突击检查。编制完成覆盖门头沟公司全部部门、机构和岗位的《安全责任清单》，明确了各岗位的责任人员、责任范围以及部门和岗位安全责任。高质量完成“六查六防”工作任务，共发现并整改问题93项。开展“两会”保电、防汛、迎峰度夏应急演练，联合区政府开展大面积停电应急演练，强化应急管理水平和能力。

滚动修订电网方式分析及薄弱环节分析，制定度夏、度冬、“煤改电一线一案”等专项预案17份，组织开展各类应急演练及后评估18次，并与其他相关专业建立联动机制。全年执行0.4kV及以上停电计划430条，执行新设备投运批准书334份，执行调度操作票782张，操作步骤1120步。全年未发生信息安全事件，开展各类信息安全培训演练14次，制定网络安全预案、现场处置防范方案9份，完成“护网2018”保障工作，参加公司年度网络安全竞赛并获三等奖。

■ 4月24日，门头沟公司10kV南村路实施带电作业。（石腾 摄）

完成调度大厅改造、地调自动化机房搬迁、UPS电源室改造、应急指挥中心等项目建设工作，为调度监控、供电服务指挥打下坚实的环境基础。以龙泉供电所为试点，建立两级配电运营指挥中心，积累典型经验，探索集约高效的配网管理模式。完成王平站35、10kV无压掉逻辑整改工作，提高王平站无压掉判据的可靠性。获得第四届北京市青年安全生产管理大师赛安全网络宣传银奖和年度北京市青年安全生产示范岗。

建立微型气象站4座，实时掌握辖区内雨水、温度、湿度情况。全年累计完成各级别供电保障14次，其中特级保障2次，三级保障12次，圆满完成全国两会及中非合作论坛供电保障。

累计安装配电自动化设备273台（配电终端FTU26台，站所终端DTU28台，台区终端TTU168台，二遥故障指示器51台），均零缺陷投运，自动化设备终端覆盖率由94.32%提升至100%。主动开展配电自动化设备隐患排查，累计排查问题3类7项，治理隐患178处（配电终端FTU缺陷105处，站所终端DTU缺陷73处），终端在线率由91.31%提升至95.57%。通过更换通信方式，彻底实现10kV田庄路、淤白路等7条山区线路的自愈功能。完成169项工程实施，总投资约3.6亿元。扩展性改造完成项目结算决算12项，大修、技改等项目均已完工，资金完成率96.85%。

【营销与优质服务】年内完成35个村9703户农村“煤改电”配套电力工程建设任务，其中，实现电采暖改造的涉及8个村1517户，完成配套外电源提升改造具备“煤改电”条件的涉及27村7814户。与节能公司密切配合积极拓展综合能源服务业务；在东方巴黎项目探索电费托管业务；在斋堂小城镇项目探索集中电采暖业务；在育园小学项目探索屋顶光伏和智能检测平台的应用；在龙泉供电所项目探索全电厨房业务。积极推进辖区“三零”服务，累计节省用户投资876.73万元。高质量完成北京鑫三通汽车维修服务中心占掘路典型案例创建工作。主办以“提升获得电力，助力小微企业”为主题的新闻发布会。年内，与三家“三供一业”电网资产改造的国有企业签订了框架协议和实施协议，共接收居民用户15881户，35kV用户变电站8座及全部居民小区用户配电资产。

年内，创新举办优质服务百日攻坚擂台赛，提升一线服务人员业务能力。与辖区物业、村电工等建立微信群87个，组织1000余人次一线服务人员深入社区、“煤改电”村宣传优质服务举措，发放客户联系卡8000余张，绑定掌上电力、微信电力2万余户，百日攻坚活动期间话务量压降达到17%。完成835户及688户高压在途项目情况梳理处置，涉及容量7.44万kVA。

■ 5月14日，门头沟公司召开“三零”服务新闻发布会。（张文静　摄）

年内，建立电费回收预警机制，编制欠费客户黑名单，采取与政府相关部门配合、依法停电等措施，确保电费足额回收，完成后付费用户6.5亿元电费的发行和回收工作，实现门头沟电费回收双结零。完成4次电价调整工作，门头沟地区一般工商业用户7100余户，经历年内4次降价政策的实施共计减收电费1991.46万元，一般工商业平均单价降价幅度达到4.64%，一般工商业年度平均单价下降4.22分/kWh。

开展现场检查60余次，查处窃电及违约用电7户，涉及违约资金39.3万元。开展业扩报装业务、收费过程、95598工单处理超时等8项营销业务专项稽查，累计解决稽查问题390项。协同发改委进行转供电情况调查，协同供电所走访转供电用户68户，统计降价用户24户。成立计量数据工作组，实时监控计量采集率、覆盖率、购电下发时长等各类数据，累计处理各类异常数据2181个。推进计量工程建设，更换非互通集中器350台，分装集中器680台，升级4G终端2302台，更换专变采集终端781台，采集覆盖率达到100%。建立计量库房管理制度，对所有计量物资进行盘点，形成物资台账，按月把控所有拆旧表计，做到退运表返回率达到100%。与自来水公司、开发商进行沟通，共完成63户远传水表采集调试。

【农电工作】完成斋堂供电所办公楼及院落综合大修、清水供电所综合性小修、龙泉和永定供电所办公楼小修工程；完成潭柘寺、雁翅、清水、妙峰山供电所防水改造；完成龙泉、永定、潭柘寺、雁翅供电所彩刚板房改造，改善办公条件，消除安全隐患。9月5日，龙泉供电所作为门头沟公司建设示范所接受并通过公司验收。1月4日，龙泉供电所被国家电网公司授予“国家电网有限公司五星级乡镇供电所”称号。

【科技与信息化】发布公司科技及管理创新工作管理及专项绩效实施方案，开展群众创新基地建设，组织举办创新工作相关培训会9次。收集专利申请10项，群创成果4项，管理创新成果8项。其中“结合新总规实现地区网格化规划落地实施”获管理创新成果二等奖，“基于‘两金’压减的风险管控实践”“电网建设工程项目前期管理‘1+3’模式创新”获管理创新成果三等奖。

■ 7月3日，门头沟公司举行“重温红色记忆　弘扬革命精神”主题党日活动。（张文静　摄）

【党的建设与精神文明建设】积极推进党委“六个标准化”和支部“五个标准化”建设，健全党委议事规则，落实部门工作职责，规范“三本六盒一证”（党支部会议记录本、党小组会议记录本、党员学习笔记本，组织管理、党员管理、组织生活、集中教育、创先争优、群团文化六个档案盒，以及党费证）使用，创新完成“一室一栏一群一队”（党员活动室、宣传栏、微信群、党员先锋队）建设。深入开展“三维双向”党建工作对标，深化党支部目标管理考核办法，并将考核结果应用于全员绩效、评先评优等领域。

开展“凝心聚力　携手共进”作风建设主题活动，以班子为单位走访政府、委办局、重要客户，创新开展地区共建活动22次；领导班子全年共深入基层调研173次，解决问题30项；开展部门360度综合评价，将评价结果纳入部门绩效，有效提升部门的服务、协同意识。

围绕年度重点任务，开展“聚力攻坚　辉煌共创”主题实践活动，完成“党建+业务”两级攻坚项目14项，相关实践成果在《北京日报》《中国电力》杂志刊登。全面实施公司企业文化“2+7”工程，在门头沟公司本部实施“三厅两家一长廊”（调度大厅、营业厅、司史教育展厅，党员之家、职工之家，企业文化长廊）建设，在基层单位实施“企业文化建设示范点”创建，龙泉供电所获评公司级“企业文化建设示范点”。深化“双百”创建，基于“多维量化”的管理机关考核，开展月度星级集体、员工评选工作，持续推进三个“十佳”选树，营造奋勇争先的良好氛围。

加强职业道德建设，建立健全党委、党支部两级道德讲堂活动机制，年活动参与人数超过300人次。进一步健全精神文明建设工作机制、明确工作责任、落实工作措施，确保了公司连续9年蝉联“全国文明单位”荣誉称号、22年保持“首都文明单位标兵”荣誉称号。

（谭久俞）

国网北京房山供电公司

【概况】国网北京房山供电公司（简称房山公司）成立于1962年，是国网北京市电力公司直属供电企业，负责房山地区2019km^{2}范围内的电网规划建设、运行管理、电力销售和51.04万客户的供电服务工作，肩负着为国家党政军机关、重大整治活动和城市运行安全供电的光荣使命。

截至年底，共设置9个职能部门、3个业务支撑与实施机构，下设22个班组，15个供电所，共17个营业网点。

共负责110kV变电站25座，主变压器53台，容量2593MVA，35kV变电站11座，主变压器20台，总容量252.8MVA；10kV变电站1座，主变压器2台，容量4MVA；110kV线路36条，总长184.82km；35kV输电线路46条，288.41km；10kV配网线路共347条，其中电缆线路109条，架空或混网线路238条，总长3485.67km。10kV开闭站28座，配电室348座，箱式变电站312座，柱上变压器5527台。实现了3个百日安全纪录。

全年完成220kV及以下售电量70.45亿kWh，同比增长9.9%；营业收入33.02亿元，同比增长7.3%；完成固定资产投资8.36亿元；线损率5.90%，同比下降2.86个百分点；连续36年电费回收率100%；全年未发生人身伤亡事故和造成较大影响的停电事件，安全生产长周期累计3146天。业绩考核获公司第六名，取得历史最好成绩。荣获“煤改电”突出贡献单位，优质服务、依法治企功勋单位，降损增效劳动竞赛红旗单位。累计夺取降损增效、电能替代、故障管控、电网建设、优质服务月度竞赛红旗11面。

地址：北京市房山区拱辰街道办事处广阳西路11号
邮编：102401
电话：010－63669123

【人力资源】截至年底，房山公司共有职工845人，其中，全民员工300人，集体企业员工188人（集体工9人，集体企业直签工158人，劳务派遣17人），农电用工357人。全民员工当中博士生1人，研究生41人，大学本科175人，大学专科66人；高级职称31人，中级职称54人，初级职称160人；高级技师137人，技师70人，高级工26人，中级工18人。

优化干部梯队建设，年内9名后备干部被提拔至中层，科级干部中80后占比33%。推进岗位职级建设，10人被聘为五级职员。加大人才培养力度，刘旖旎获国网公司财务专业调考第14名，王豪获北京市技协杯装表接电大赛第1名，刘广宽获公司集体企业工作负责人调考第1名。尖刀QC小组荣获中国质量协会40周年发表赛银奖，并获评“2018年全国优秀质量管理小组”。王豪赴当雄县开展援藏帮扶。

■ 9月3日，房山公司党员服务队到中非保电通道保障现场巡视。（李铮　摄）

【电网规划与建设】发展环境日益优化。聚焦北京市新总规和地区发展布局，编制《房山电网中长期规划（2018—2035年）》，规划成果全部纳入房山区分区规划。协调两级政府，签订4项投资划分协议，争取外部资金5亿元，获取外部资金支持创历史新高。推动项目落地，完成110kV长阳、长沟北输变电及长安220kV配套110kV送出三项工程规划前期工作，实现项目储备10亿元。500kV房山—南蔡（房山段）提前4个月完成建场任务。220kV广阳站配套切改工程顺利实施，110kV变电站双方向电源比例提升2.5倍。110kV大宁改扩建等度夏工程按期投产，根本性解决了度夏期间区域重载问题。220kV阎村北变电站配套110kV送出、可再生能源电厂并网、石化输变电工程有序开工建设。完成全部“三供一业”移交企业的实施协议和资产移交协议签订工作，获取用户改造资金5.37亿元，已到账3.63亿元，有序组织“三供一业”居民智能表换装工作，换装率实现52%。高质量完成网架结构优化等11项配网工程。

■ 5月4日，房山公司大宁110kV变电站改扩建工程建设现场。（任以杰　摄）

【经营管理】经营创效成果显著。线损治理由集中攻坚过渡到常态化管理模式，10kV分线线损、低压台区线损合格率率先突破95%，持续保持公司第一。区域综合线损率由8.76%大幅下降至5.90%，下降幅度位居公司第一，减少损失电量1.08亿kWh，带来经济效益6800万元。成立物资中心，打造全新的物资管控体系，全面强化废旧、剩余物资管理工作，全年累计处置废旧物资334.65万元，跨省调拨剩余物资80.3万元，有效促进“两金压降”。全年完成固定资产投资8.36亿元，投资完成率达85%，连续两年位居公司第一。深化工程决算转资管控，全年143项工程项目全部按期完成决算转资。集体企业价值提升。持续保持作业现场高压态势，安全形势保持平稳。圆满完成公司“煤改电”、度夏工程、网架结构等重点工程建设，快速响应和实施“三零”服务，全年实现产值5.31亿元，利润1091.38万元，在政治保电、度冬保障等方面有效支撑主业发展。新签代维合同达1830万元，同比增长205.60%，市场开拓能力不断提升。依法治企有效加强。全年迎接上级专项审计4项，针对业扩报装“三减一提升”等重点工作自行开展专项审计4项，整改问题63项。全年成功应对9起应诉案件，挽回经济损失12.2万元，“我与宪法”微视频荣获北京市法律宣传三等奖。警务工作室在各单位中成为首例，协助治理隐患352处，查处窃电18起，追补电量114万kWh，追缴电费174万元。后勤保障扎实有力。率先完成222户“两供一业”分离移交工作。成立车辆管理中心，电子化路单实现100%全覆盖，连续11年获评市级交通安全先进单位。深化健康食堂建设，建成洗车房，研发后勤综合服务APP，线上使用率达3000余人次，实现广大职工“工作有品质、生活有品位”。圆满完成重大活动后勤保障，为顺利完成保电攻坚提供有力支撑。

■ 6月13日，房山公司警务工作室成立。（李铮　摄）

【安全生产】安全管控持续加强。突出“全面覆盖，令行禁止”，坚持作业计划统筹管控，强化“无计划、无监控、不作业”。各级领导干部连续8个月开展“一线工作月”活动，累计督导现场1275人次；安全督察人员与作业现场数量严格匹配，安排6200余人次，督查现场5625个，安全事件、违章行为同比下降60%、66%。扎实开展安全生产问题清单专项梳理、防触电安全隐患排查、“六查六防”等专项行动，及时消除风险隐患877项。电网运维精益可靠。科学安排运行方式，稳妥应对120.44万kW的历史最大负荷，确保电力有序供应。提前完成供电服务指挥中心建设，集中配网调控、抢修指挥、配电运营、安全监控、服务指挥等业务，实现多专业集约协同运转，顺利通过公司现场评估。最早建成输电反外力中心，实现外力隐患实时动态监控，扎实开展变电日常运维，坚持配网会诊巡视，输电、变电、配电设备故障分别同比下降66%、50%、59%，实现连续三年大幅下降。35kV于庄站成功退运。深化“一体双核”建设，安装柱上断路器235台、二遥故障指示器347组，实现平原地区自动化率100%，缩短故障抢修时间46min。圆满完成全国“两会”、中非论坛等重大保电工作，全年累计完成政治保电任务90项、保电天数258天，保电天数创历史新高。

【营销与优质服务】优化营商环境，聚焦减环节、压时长、提效率，践行零上门、零审批、零投资“三零”服务举措，实现低压报装接电环节由6个缩减至2个，平均时长由141天压降至3.07天，节约客户投资2112万元。电能替代高质量完成。大力推进以电代煤，率先完成22个村近2万户浅山区“煤改电”工程，近五年全区累计完成“煤改电”村数221个，户数12.2万户，采暖季每个电采暖客户预计贡献售电量7.6亿kWh。大力推进以电代油，全年全区共建成83座充换电站、660台充电桩，覆盖全部乡镇、跨境高速、主要道路、旅游景点等生活场所，实现15km充电半径，百姓获得感明显提升。服务质量有效提升。全面推广实施“网格化”客户经理服务，覆盖房山区域696个村庄、社区。深化“互联网+电力营销”服务，“掌上电力”APP、电力微信客户绑定率共计73.9%，线上缴费率达到74.7%。深化需求分析和投诉管控，实现投诉量、话务量同比下降26.5%、29.9%。稳妥开展高压业扩报装优化提升工作，压降报装结存34.2万kVA，压降率达到65%。夯实量价费损基础管理，实现连续36年电费回收100%。着力提升计量采集管理水平，用电信息采集覆盖率、采集抄通率分别达到99.99%和99.91%，购电下发平均时长降至2.97min，客户满意度明显提升。

■ 4月30日，房山公司“三零”服务工作现场。（张颖　摄）

【农电工作】供电所劳动竞赛共发放红旗119面，奖励金额达80.6万元。持续深化全能型乡镇供电所建设，14个供电所全部升级为全能型供电所。深化专业技能实训基地建设，304名供电所外勤人员通过技能考试，农电员工素质不断提升。

【科技与信息化】尖刀QC小组分获北京市第72、73次质量管理小组发表赛一等奖、二等级、中国质量协会40周年发表赛银奖，并获评“2018年全国优秀质量管理小组”。全年信息安全形势保持平稳。

【党的建设与精神文明建设】开展习近平新时代中国特色社会主义思想和党的十九大精神学习，开展中心组理论学习12次，班子成员基层讲党课7次，各级党组织开展“互学互宣”23场。深化内嵌融入，以“旗帜领航·温暖房山”为主题，通过支部座谈会、微信群、联合党建APP等方式，提供多种服务举措，确保“煤改电”用户度冬无忧。开展“争当新时代先锋 做服务首都标兵”活动，签订党员身边无投诉服务承诺201份，评选党员服务示范岗36人，助力公司投诉率、话务量持续下降。打造党建特色品牌，创新举办联合党建日活动，构建“资源共享、优势互补、双促双赢”的党建工作新格局。聚焦精准扶贫攻坚战，与青龙湖镇水峪村就光伏项目、民俗旅游等提供电力帮扶，为革命老区霞云岭镇银水村果蔬冷库提供用电支持，助力当地百姓脱贫致富。配合完成国网公司巡视巡查，建立问题、任务、责任清单，25项问题全部按期整改。建立履责预警机制，严格约谈各级人员，创新实施项目制协同监督，“两个责任”有效落实。组织廉洁教育系列活动，根植廉洁文化，直接受众452人次。队伍素质显著提高。企业文化品牌彰显。实施企业文化“百千万”工程，建成公司级企业文化示范点7个，长阳供电所获评国网公司企业文化建设首批示范点。弘扬劳模精神，袁卫东同志被推荐为中央企业劳动模范候选人。长阳供电所荣获全国、北京市两级青年安全生产示范岗荣誉称号。羽毛球和足球项目分获公司卓越组冠军和超越组第四名的历史最好成绩。围绕房山公司党建引领、政企合作、“煤改电”用户温暖度冬等重点工作，在新华社等中央权威媒体及市属主流媒体开展主题传播24次，发布报道53篇，品牌形象全面彰显。全年信息安全和舆情防控保持平稳。

■ 6月21日，房山公司与水峪村结对帮扶现场。（任以杰 摄）

（侯 冲）

国网北京大兴供电公司

【概况】 国网北京大兴供电公司（简称大兴公司）成立于1956年，是国网北京市电力公司直属供电企业，负责大兴地区1024km²范围内的电网规划建设、运行管理、电力销售和供电服务工作，肩负着为地方政府机关、重大政治活动、城乡居民安全供电的光荣使命。年内面对北京大兴国际机场建设的历史机遇和地区跨越发展的外部环境，大兴公司坚决贯彻公司决策部署，以安全生产为基础，服务新机场建设为重点，紧紧围绕全年工作目标，圆满完成各项指标任务。

截至年底，大兴公司共设置11个职能部门、3个业务支撑与实施机构、1个供电服务中心，下设24个班组、1个供电营业所、14个农村供电所。共负责110kV变电站36座，主变压器78台，容量337.2MVA；35kV变电站2座，主变压器4台，容量40MVA；110kV线路57条，长度319km；35kV线路6条，长度52km；10kV架空线路263条，长度3286.11km；10kV电缆线路251条，长度1535.58km。实现全年安全生产无事故目标，累计安全生产长周期4159天。

全年完成售电量58.61亿kWh，同比增长0.94%；完成线损率6.23%；完成业扩报装接电容量42.31万kVA；电费回收率100%；最大负荷129.4万kW。

继续保持全国文明单位、首都文明单位标兵、国网公司文明单位荣誉称号，获得北京市电力公司先进单位、北京市电力公司电网建设功勋单位荣誉称号。

地址：北京市大兴区兴政街1号
邮编：102600
电话：010－63670190

【人力资源】 截至年底，大兴公司共有长期职工319人，劳务派遣职工0人，农电业务外包322人，集体企业332人，其他职工0人。其中研究生及以上学历84人，本科学历313人，专科学历353人；高级职称37人，中级职称182人；技师及以上职业资格172人，高级工423人，中级工187人。

围绕大兴公司重点工作要求，完成物资中心、配网项目管理中心的设立，完成安全巡检组的组建，在发展部下设立电力通道管控组，以服务新机场发展建设为重点，完成北京新机场供电服务中心的设立，并组织开展国门特战队、服务队预备队员的招募与培训工作，为新机场供电服务中心高质量运行提供人员保障。全年开展6期324人次参加的中层及以上领导干部领导力提升系列培训；完善新员工入企培训，以“理论实践相结合”的培训思路，让新员工扎根一线，快速有效充实提升员工一线实战经验水平，切实提升员工综合能力培养成效。完善“师带徒”人才培养方案，推选6位“星级师傅”，开展“星级师傅”大讲堂，通过“助力新机场，做新时代电力匠人”技能比武大赛来以赛促学，以赛促训。对国门特战队、服务队预备队员开展专项培训，从军事化素质培训到专业化技术培训全面武装，开辟了43门专业课程，180课时的特训，打造服务新机场高质量人才队伍。

【电网规划与建设】对接北京市新总规和大兴区城市规划，地区中长期电网规划顺利通过公司和市区两级专家评审，至2035年地区规划新增2座500kV、13座220kV、53座110kV变电站，其中临空经济区规划“7+27”座变电站（即7座220kV变电站、27座110kV变电站），全面优化网架结构，重点布局站点廊道，为大兴地区经济社会发展提供充足电力保障。推进主网互联互通建设，全面实施110kV链式接线和双方向电源改造，至2020年形成14个链式结构接线，2035年链式或双方向电源变电站达到100%，地区网架结构全面优化。

■ 4月12日，新机场东变电站钢结构建设现场。 （张章 摄）

电网建设高质量推进。将新机场红线内原有双射线配网网架结构按照双环网、三电源方式重新设计改造，在航站区、飞行区、公共区等区域形成25个双环网、15座三电源开闭站的供电格局，供电可靠率提升至99.9999%的国际一流标准。高效完成房山—南蔡、新航城等工程前期工作任务，确保如期进场施工。积极应用各类先进技术，在两座中心变电站配置智能安防、智能巡检和光纤纵差保护装置，运行维护质效进一步提升。高质量完成年度电网建设攻坚任务，110kV月季园、清源、广厦、五福堂等输变电工程高标准按期完成，进一步优化大兴地区电网结构，提高居民用电质量。应用“智慧工地”（通过“指挥中心—项目部—施工作业区”三个层级构建“现场终端系统+项目部本地管理平台+云端管理平台”的技术手段，是可视化、信息化、移动互联网等先进技术在基建管理中的具体应用）、人员管理系统等先进管控手段，充分发挥技术优势，深入开展安全量化考核，完成各类巡检76次，整改问题114项，全年未发生安全事件或事故，提升了现场安全作业水平。紧盯招标采购、合同履约和调配预警等关键环节，物资供应保障及时高效。

运行维护保障高标准执行。创新建设2座35kV移动式智能变电站，保障新机场联调联试顺利开展。主动承担新机场区域154条10kV电缆、1426个电缆接头的制作管理工作，高标准施行作业现场环境管控，确保关键环节万无一失。与新航城公司、动力能源公司共同制定综合管廊断面审批流程，成立联合验收管控组，对综合管廊电力仓施工工艺进行严格把关，为后期高质量运维打下坚实基础。着力建设集电网信息展示、运维抢修指导、能源监测、用户服务等功能于一体的区域电网运维管控平台，为高水平开展新机场区域电网运维管理和综合能源服务工作提供坚强支撑。

规范配网管理。落实地区配电网建设管理责任，成立项目管理中心、物资中心和电力通道管控组，严把施工过程和竣工验收质量关，重点管控配电网通道建设，全年完成49.7km管井、12.6km隧道的资料移交和现场验收。全面规范业扩外电源工程项目，建立图纸集中审核和项目联合验收机制，对各环节进行严格把关，持续提升地区配电网网架坚强可靠水平。

【经营管理】管理水平持续提高。大兴公司健全完善“三重一大”、公务活动、值班值守等管理制度，强化发展重点任务监督管控，编制督查督办任务单22期，对126项任务进行持续跟踪督导，制作新机场挂牌督办6期，保障新机场各项重点工作有序推进。多次走访住户、协调大兴区不动产管理中心解决“两供一业”历史遗留问题，圆满完成移交工作。持续提升工程项目管理水平，完成工程转资89项，金额75260.69万元，转资率99%。引进物业专业化管理，规范营业厅前停车秩序，建设“文化长廊”，持续改善办公区、职工宿舍生活条件，实现广大职工“工作有品质、生活有品位”。

■ 6月27日，新机场35kV移动式智能变电站投入运行。
（张章　摄）

加强依法治企。将巡视巡查作为规范企业管理的重要契机，对照四大类典型问题深入开展自查自纠和问题整改。深入开展历史遗留内外部审计问题整改销号，推动问题全面彻底整改。自行组织资金安全专项审计、集体企业承揽客户工程专项审计，推进政治供电专项经费自查自纠、“煤改电”工程跟踪审计问题整改和工程竣工决算、领导干部离任审计等专项工作。开展通用制度及公司自建制度落地执行自查，提出优化建议4项，发现执行问题4项，完成落实整改。扎实推进经法基础工作管控，全年完成合同审核1202份，依法主动维权，处理被诉案件6起，避免经济损失275万元，为企业高效运转提供坚强法治保障。

集体企业价值提升。全面加强经营管理，实现营业收入6.357亿元、利润1962万元，完成年度目标的100.12%。强化市场开发信息对接，全年承接用户工程总额同比提升15.7%，新增37户、续签46户代维客户，代维护收入同比提升101%。提前完成南各庄35kV变电站拆除，顺利完成军航和民航红线内35kV及以下临时迁改工程。深入推行外电源工程EPC承包模式，持续推进东航、口岸办、中航油等重点驻场单位项目。强化机场配网建设施工力量储备，配合编制变电站10kV电缆接头施工计划，购置耐火电缆和进口电缆附件开展集中培训，储备充足的电缆施工力量，为电缆接头制作提供坚强保障。

【安全生产】政治供电保障。针对全国“两会”、中非合作论坛北京峰会两项重大活动，大兴公司全体干部职工坚守岗位、各司其职，高标准、高质量完成供电保障任务。将“煤改电”保障作为重大政治任务和民生工程，供暖季前逐村、逐线制定保障方案，实时监测电网及设备运行状态，成功应对129.4万kW冬季最大负荷考验。

现场风险防控。坚守“安全是不可碰触的底线和不可逾越的红线”理念，完成安全监控中心建设。持续完善安全监控中心和配电运营指挥中心联动机制，严格执行“无监控、不作业”的管理要求，通过监控发现及整改现场各类违章108项。开展高质量安全巡检工作，形成线上线下密切配合的立体式安全巡检队伍，全年巡检工作现场1243个，发现及整改违章问题17项。推进安全奖惩举措有效落地，共发放百日安全、安全技能等级评价等安全奖励计71.63万元，对安全技能等级评价未达标、设备故障、现场违章等处罚计3.9万元。

电网运行维护。加强内外协调，完成全部385条配网线路的自动化图模录入审核及自愈功能配置工作，排名公司前列。制定大兴公司架混线路断路器及二遥设备图纸审核技术细则，明确配电线路改造需求，编制完成配网自动化总体规划。累计加装视频监控装置456台、断路器465台、故障二遥定位装置220套，大力应用运检管控平台、配网巡检APP等管控手段，强化隐患排查治理、提升设备运维质量，实现变电零故障，输电、配电故障率同比下降28.6%、43.24%，地区电网坚强水平显著提升。

【营销与优质服务】营商环境优化。持续推广“三零”服务，精简接电环节、大幅降低接电时长，惠及80家小微企业，节省客户投资约636万元。在大兴公司范围公开竞聘，组建客户经理团队，构建全环节适应市场、贴近客户、一口对外的工作机制，以最优方案、最短时间为中关村医疗器械产业园等重点高新企业送电，提前完成全年业扩报装接电指标。推出14项集团要客定向服务举措、在大兴区行政服务中心设立供电服务窗口、举办高端能源客户沙龙活动，及时掌握重要客户能源需求，服务地区经济社会发展。

客户服务开展。建立机场客户用电报装新机制，与南航、东航、边检、海关等驻场单位分别签订EPC合作协议，高质量完成新机场建设指挥部等8家驻场单位全部47个项目的方案答复，报装容量总计86.23万kVA。大力拓展综合能源项目，与建设方就新机场飞行区、东航、南航基地共9MW光伏项目达成合作意向，取得新机场近端停车场和东航、南航基地充电桩建设运营权，计划建设充电桩1600台。以作风最硬、素质最强、专业最精为标准，精心组建国门运维特战队和国门供电服务队两支专业队伍，全面负责设备验

■ 2月28日，大兴公司“三零”专项服务工作人员为用户装表。（张章　摄）

收、电网运维、客户服务等各项业务，提供一流的服务保障，打造新国门电力服务靓丽名片。

服务质量提升。全面推进新航城国网级“多表合一”示范区建设，积极主动对接新机场回迁房项目指挥部，提前完成15306户表计安装工作。强化与建设主体、施工单位三方联动，高效推进魏善庄、庞各庄回迁房，黄村火车站等外电源项目建设，有力把控施工质量，实现多方互利共赢，打造“交钥匙”示范工程。建立专业主责的投诉管控机制，实现有责投诉同比下降40.48%，服务、营业和电网建设投诉均实现超过20%的压降，完成新增客户绑定“掌上电力”和“电力微信”5万户，顺利完成公司管控目标。

营销基础夯实。成立线损管控工作小组，坚持“日管控、周调度”机制，推进降损增效专项行动，台区线损合格率由年初的65%提升至94.74%，超额完成公司既定90%的目标。持续强化采集运维、电费回收等专业管理，全采集覆盖率由年初的99.88%提升至99.95%，购电下发平均时长降低至4.2min；应用律师函、诉讼等法律催收手段，有效回收历史陈欠电费49.9万元。突出警企联动，在西红门地区开展打击窃电专项行动，成功追补电费及违约使用电费25.7万元，入选国网公司典型打窃案例，有力保障地区用电秩序。

【农电工作】农电管理创新创效。编制《深化供电所组织建设的指导意见》，强化职能部门对供电所全业务的服务、指导，全力推进全能型供电所建设，采育、榆垡供电所代表大兴公司顺利通过公司验收。严格执行《2018年乡镇供电所全员培训指导方案》，形成培训、学习、调考的常态化学习模式，组织各专业开展20项专业培训工作，累计培训时长94h，参培1700余人次。充分发挥专业优势，开展11个镇农村电工和28支分包队伍的培训工作，培训人员1207人，大幅提升地区电网管理水平。

【科技与信息化】推进全面质量管理工作。以细化管理工作为抓手，加强全面质量管理工作实施落地，捋顺大兴公司全面质量管理工作相关流程，并严格按照要求开展各项工作。组织各QC小组上报本年度创新课题，并对小组进行注册，共申报11项课题，2项被公司列为重点项目。大兴公司共有3名国家级初级诊断师，积极参加公司重点课题片区督导会，增强专家经验值。开展内部教育培训活动，采取“1+3”诊断师带项目的模式（即一个诊断师带三个项目），完善项目成果，提出指导性建议。“基于互联网+模式的计量器具智能配送”获得公司第四届青年创新创意大赛铜奖，“防窃电型互感器变比标识贴纸的研制”“室外开关机构防雨防潮装置的研制”“降低清洁机箱时粉尘扩散装置的研制”分别获得公司全面质量管理成果二等奖、三等奖。

不断推动员工创新创效。鼓励部门、员工积极参与各类劳动竞赛，提升专业、技能水平。“供电企业社会责任管理体系的建立与实践”获第三十三届北京市企业管理现代化创新成果二等奖；“基于‘政企协作’的新机场电力投资管理”获公司管理创新成果二等奖；“高质量规划建设北京新机场配套电网的创新与实践”“‘一线班组工作日志’体系构建与实践”获公司管理创新成果三等奖；获得发明专利授权5项，实用新型专利授权2项。

【党的建设与精神文明建设】党的建设持续深化。落实党建工作责任制，成立党建工作领导小组，严格“三重一大”决策程序，召开党委会32次。采用“述、问、评、测”的形式，开展党组织书记抓党建工作述职评议，确保书记党建第一责任人的责任有效落实，高质量开展专题组织生活会和民主评议党员工作。编制“三会一课”实施细则，按月发布学习资料，有效推进“两学一做”常态化制度化。认真落实对标管理年各项任务，扎实推进党务工作规范化和标准化建设，全面实施党建对标管理，制定《国网北京大兴供电公司党（总）支部党建工作绩效考核评价细则》，采用“月督导、季检查、半年考评”的模式，每月对各支部党建工作进行督导、每季度进行一次检查，半年进行阶段对标考评，促使支部加强细节管理，落实党建责任。

队伍建设有效加强。以新机场临时党支部和党员突击队建设为核心，实施“党建+新机场攻坚”工程，吹响红色号角，在新机场电力保障服务中带头攻坚克难。以“践宗旨、展形象、搭平台”为工作定位，聚焦“五个服务”（即服务政治、服务经济、服务发展、服务民生、服务公益），围绕重点攻坚任务，打造“1+3”共产党员先锋队伍（即以刘丽艳爱心服务队为主体，继续做好电力延伸志愿服务；以“党建+专业”模式，围绕重点攻坚任务，打造共产党员突击队、服务队和保障队）。健全中层干部考评机制，将中心工作推进情况作为重要的考核依据，持续完善考核指标，确保干部考评工作科学严谨。不断加强员工队伍建设，利用青年员工入职第一年的“入门培养、磨砺成才”阶段，跟班组、跟项目学习基本专业技能，真正做到下沉一线。全年组织各级岗位开展12期390人次的专项培训，全面提升整体专业能力和管理水平。

企业文化示范引领。在全大兴公司范围内开展高质量发展劳动竞赛，激发全体干部员工凝心聚力、攻坚克难的责任感，营造全员争先的浓厚氛围。开展“百千万”企业文化建设活动，变电运行维护专业获得公

■ 11月22日，大兴公司举办“电靓新国门，建功新时代”职工运动会。（赵迪　摄）

司优秀企业文化阵地。持续推进“五四青年月”“青春光明行”“号手岗队”创建等活动，以“青创赛”为平台引导青年员工“创新、创造、创业”。组织开展“多彩大兴文化等”系列文体活动，举办“电靓新机场，建功新时代”职工运动会，进一步凝聚大兴公司员工创业热情；暑期职工子女托管班、职工运动会深受广大职工欢迎。

（曹　靓）

国网北京平谷供电公司

【概况】国网北京平谷供电公司（以下简称平谷公司）成立于1963年（原为平谷供电局，2004年建制调整后为平谷供电公司），是国网北京市电力公司直属供电企业，负责平谷地区950.13km^{2}范围内的电网规划建设、运行管理、电力销售和19.28万客户的供电服务工作，肩负着为地区党政军机关、重大节日活动和城市运行安全供电的光荣使命。

截至年底，共设置10个职能部门，2个业务支撑与实施机构，下设15个班组、10个供电所、1个产业公司。

共负责110kV变电站12座，主变压器24台，容量921MVA；35kV变电站3座，主变压器6台，容量80MVA；110kV线路20条，长度153.203km；35kV线路7条，长度43.3km；10kV架空线路89条，长度1650km；10kV电缆线路67条，长度450km。实现全年安全生产无事故目标，截至2018年底累计安全生产长周期2841天。

完成售电量17.37亿kWh，同比增加12.02%；完成业扩报装接电容量22.85万kVA；电费回收率100%；最大负荷41.45万kW。

荣获“一流供电企业”、北京市“首都文明单位”标兵、国家电网公司文明单位、平谷区公共服务行业“五好单位”、全国“五一”劳动奖状、“全国青年安全生产示范岗”“首都劳动奖状”“全国文明单位”“首都绿化美化式花园单位”等荣誉称号。

地址：北京市平谷区新平南路239号
邮编：101200
电话：010－63671123

【人力资源】截至年底，平谷公司共有全民工234人，集体工17人，华商人员199人，产业直签人员105人；全民工职工中，研究生及以上学历22人，本科学历151人，专科学历38人；高级职称47人，中级职称38人，初级职称107人；高级技师87人，技师57人，高级工19人，中级工10人。

将新入职大学生全部配置到一线班组，扎实学习生产技能、专业基础知识。为入职3年以上的青年员工量身制定成长计划书，督促青年员工快速成长成才。举办管理人员培训班，开阔管理人员眼界，激发管理创新意识，进一步提升管理人员综合业务能力水平。牢固树立“人人皆可成才、人人尽展其才”的理念，

积极为员工搭建平台，全年16人评定为副高级职称、7人评为中级职称、19人认定为初级职称。39人参加了技师技能鉴定。21名兼职培训师在金海湖实训基地公开授课。9人参与申报网络大学优秀课件评选。1人进藏工作。

【电网规划与建设】对接平谷区2035年新版总规，编制形成《北京市平谷区“网格化”电网规划（2018～2035年）》《北京平谷区电网中长期（2018～2035年）空间布局规划》两项规划成果，通过了公司组织的专家评审，规划成果纳入区城管委组织编制的《平谷区市政基础设施规划》，落实了规划站址和线路廊道资源。完成鱼子山220kV输变电工程、东高村110kV输变电工程、鱼子山220kV变电站110kV配套送出工程竣工投产工作。陆港110kV输变电工程已进入投运前准备阶段。

积极承担配网改造、煤改电、充电桩、老旧小区、变电站10kV配切等23项大型工程建设任务，组织实施的55项大修技改项目全部竣工。强化工程前期管理，以“安全”“质量”为抓手，严控施工现场安全和施工工艺，重点解决废旧物资处置、工程转分包管理等薄弱环节，加强了工程管理的依法合规性。全年未发生施工安全质量事件，电网健康水平显著提升，供电可靠性明显增强。

■ 9月17日，平谷公司“煤改电”施工现场。（张强 摄）

【经营管理】积极开展“走进法庭”“讲案例防风险”、送“法”下基层等法治宣传教育活动，积极参与开展各项法制工作，全员法律知识水平得到有效提升。平谷公司保护输电线路胜诉案件被北京电视台报道，承办的“公司诉张泽民等人消除危险妨碍案”荣获年度公司“十大典型案件”，拍摄制作的《我与宪法的故事》微视频入选公司年度优秀法治微视频。进行合同梳理工作，严控合同流转质量，确保合同环节不留法律隐患。在提升法治意识、强化关键管控、健全长效机制等方面为持续健康发展提供坚强保障。

【安全生产】全年平谷公司未发生人身重伤、死亡事故，未发生五级及以上电网、设备事件，未发生火灾事故，未发生六级信息系统事件，未发生本企业负主要及同等责任的重大交通事故，未发生突发事件及安全事件迟报、漏报、瞒报情况。

深入开展重大活动保电专项隐患排查、防汛隐患专项排查、“六查六防”专项行动、“十不干”宣传活动以及安全生产月活动，营造浓郁的安全氛围。制定出台《国网北京平谷供电公司安全工作奖惩实施细则》，进一步加强反违章工作，共检查713个工作现场，发出违章通知单17张，有效防止现场违章行为。全年各项供电保障及计划检修工作中共制定政治保电预案11项，计划检修风险预案70项，迎峰度夏预案31项，迎峰度冬预案94项，组织反事故演习及迎峰度冬演习81次，圆满完成各项政治保电任务和计划检修工作。完成马坊垃圾焚烧厂、峪口分布式光伏发电。

■ 6月27日，平谷公司员工参加有限空间作业比赛。（张强 摄）

【营销与优质服务】开展“三零”服务专项行动，不断优化地区营商环境。完成《国网北京平谷供电公司业扩报装“三减一提升”专项行动实施方案》《平谷公司业扩报装“一站式”服务管理实施细则》等文件的编制工作，形成了平谷式“3+10+1”（3指公司运维检修部、营销部、安监部；10指平谷区10各供电所；1指产业公司统一组织实施）一站式工作服务模式。组织营销服务人员开展宣贯培训10余场，各供电所组织自培训培50余场，不断提升用电服务水平。主动对接政府，积极走访企业，用心拜访用户，完成“世行”问卷回复工作，高压业扩改革全面启动，报装接电服务水平得到进一步提高。积极开展业扩调整方案培训，制定《关于进一步提高客户报装接电服务水平专项行动实施方案》，成立高压业扩优化调整工作组织机构，强化业扩报装全流程管控。深度梳理所有高压在途项目，将责任落实到人，确保高压业扩项目平均接电时长压缩至 80 天。

■ 3 月 15 日，平谷公司组织开展进企业宣传“三零”服务活动。
（张强　摄）

【科技与信息化】积极推动 QC 小组活动和科技创新管理工作，加大培训和指导力度，“夹嘴式低压绝缘护套的研制”荣获北京市第 73 次 QC 成果发布一等奖，“电杆型手摇吊装机的研制”荣获北京市第 72 次 QC 成果发布优秀奖，1 项 QC 成果荣获公司二等奖，2 项 QC 成果荣获公司三等奖，2 项年度自安排科技项目通过了公司组织的专家验收，2 项实用新型和 4 项发明专利通过了专家评审，1 项实用新型项目取得专利证书。

【党的建设与精神文明建设】紧紧围绕“旗帜领航 三年登高”计划，深入推进“党员一带二、一带三”活动、先锋队伍创建、“优质服务百日攻坚”活动和党员活动阵地建设工作，深入践行“人民电业为人民”的服务宗旨，圆满完成各项工作任务。一名共产党员服务队队员获得北京市优秀应急志愿者称号。一支青年集体获得全国青年安全生产示范岗。组织参加北京市装表接电工技能竞赛，提升职工参与度，打造高技能人才队伍。进一步完善职工的文化活动场所，满足职工的精神文化需求。加强工会组织建设，按照基层工会组织换届选举工作的程序，圆满完成工会换届工作。

■ 12 月 15 日，平谷公司组织开展“煤改电”入户测温活动。
（张强　摄）

（张　强）

国网北京怀柔供电公司

【概况】国网北京怀柔供电公司（简称怀柔公司）是国网北京市电力公司的直属供电企业，负责怀柔地区电网规划与建设、电力调度控制与运行监测、电网维护及抢修，承担着为怀柔地区经济、社会发展和城乡广大电力客户提供安全可靠电力供应的重要职责，供电区域为 2128.7km^2。共设置 12 个职能部门、3 个业务支撑与实施机构，下设 22 个班组、14 个农村供电所。共管辖 110kV 变电站 14 座；35kV 变电站 4 座；10kV 开闭站 15 座；35kV 及以上线路共 14 条，合计 236.987km；10kV 配电线路 318 条，合计 2177km。地区共有用电客户 17.57 万户。

全年怀柔地区售电量累计完成 20.22 亿 kWh，同比增长 6.41%；营业收入 12.91 亿元，同比增长 1.30%，完成线损率 7.41%，怀柔地区最大负荷达到 46.81 万 kW。同业对标综合排名第 10，管理对标排名第 8，业绩对标排名第 12；获得劳动红旗 10 面、竞赛之星 13 名。荣获首都文明单位标兵、北京市安全文化建设示范企业、北京市交通安全先进单位等多项荣誉称号。

地址：北京市怀柔区湖光小区 36 号
邮编：101400
电话：010－69653415

【人力资源】截至年底，怀柔公司共有职工 604 人，其中，全民员工 236 人，华商电灯公司 208 人，主业派遣 2 人，集体职工 129 人；全民人员中博士学历 1 人，研究生学历31人，本科学历142人，专科学历37人；高级职称人员42人，中级职称51人，初级职称81人；高级技师人员45人，技师89人，高级工51人，中级工6人。

加强员工队伍建设，提升青年员工核心业务岗位能力培养成效，开展“双导师”“双培训”“双评价”“双挂职”的“四双”培养机制；编制调控专业、农电专业的青年员工入职见习期、岗位学徒期、岗位成长期三个阶段培养指导手册；强化师带徒管理，对近5年入企的大学生重新签订双导师协议，共计50余人次。通过师傅的“告知、示范、模仿、改善、固化、创新”的在岗指导六步法，使徒弟中有10人获得工程师资格，1人获得地市级专家，1人获得专家人才后备称号。遴选16名优秀青年员工支援公司电网重点工程建设运营，年内获得10面劳动竞赛红旗，有13人获得竞赛之星称号。建立专家人才培训培养、使用锻造、考核激励机制，重点打造“名师讲堂”，推出系列精品课，促进专家“教学相长”，实现培训实力和业务能力双提升。进一步优化完善一线员工考核模式，规范员工绩效考核量化管理和过程管理，实现考核结果公开透明、群众公认。组织完成“三项制度”改革政策的宣传培训工作，有序推进“三项制度”改革工作。

完成基建体系配套改革，成立发展策划部、建设部，优化整合配网建设改造、物资及同期线损管理。建立电网数据中心、配电自动化中心、项目管理中心，进一步优化业务流程。成立供电服务指挥中心并顺利通过公司验收。

■ 1月9日，怀柔公司举行“双师型”人才培养及师带徒合同签订仪式。（赵艳阳 摄）

【电网规划与建设】高标准编制2018～2035年电网中长期发展规划并纳入怀柔区分区规划，超前编制怀柔科学城100.9km^2“1+3+12”电网规划（围绕怀柔科学城规划，拟建设500kV变电站1座、220kV变电站3座、110kV变电站12座，以满足核心区域供电需求）。积极争取外部资金3.4亿元，同比增长300%。促成北京公司与怀柔科学城建设发展有限公司签订战略合作协议，确定由科学城公司全部出资，建设北部组团高端智能配电网；由区政府出资支持4200万元，建设科学城电力保障运行中心。实现怀柔科学城电力建设与服务现场指挥部高效运转，快速推进配套输变电工程建设与客户报装服务，科学城西110kV输变电工程土建部分完工率达到85%，科学城东110kV输变电工程获得公司投资批复，综合极端条件试验装置等4户临时用电报装快速完成。全年启动5项输变电工程、42项配电网改造工程，建设规模再创历史新高。汤河口110kV输变电工程实现合法开工建设；南华110kV变电站扩建工程顺利启动；黄坎110kV输变电工程、喇叭沟门35kV输变电工程按照里程碑计划稳步推进；10kV黄花城路改造工程克服前期难题如期投产，渤海—九渡河工程完工率达到85%，九渡河地区5年用电紧张问题得到显著缓解；10kV府东路线路改造工程完工，有效解决城区电网薄弱环节；完成汤七（过渡）、汤石配网改造工程，北部山区度冬用电得到有力保障。

■ 12月28日，北京公司与怀柔科学城签订战略合作协议。（赵艳阳 摄）

【经营管理】开展“基础提升年”活动，明确8个方面、44项重点任务。扎实推进同期线损管理，雁栖供电所评选为公司同期线损示范性供电所。深化法治企业建设，开展“煤改电”跟踪审计，后勤风险防控审计和集体企业承揽工程常态化审计等。推进“三供一业”供电设施移交改造，累计完成5个小区、3020户移交协议签订。编制涵盖物资计划、仓储、结余物资、退役资产管理等多项细则和实施方案，全过程监督废旧物资处置，实现利库物资金额146.44万元，回收废旧物资处置资金59.5万元。开展主业、多经车辆分离管理，实施消防、技防、给排水、节能、路面等修理项目，消除各类安全隐患，改善员工生产生活环境，稳步推进九渡河供电所建设，完成金台园等 4 个小区、2.06 万㎡“两供一业”分离移交任务。完善集体企业外施单位评价管理办法，对 17 家外施企业负责人进行双约谈。集体企业集中开展文、教、卫等集团客户设备代维业务，代维合同签订额突破 1200 万元，同比增加 100%。

【安全生产】安全基础有力夯实，修订全员安全职责规范，细化责任清单，制定安全奖惩实施细则。开展安全生产问题清单梳理、“六查六防”、电气火灾综合治理等专项行动，各级领导干部、管理人员全年累计现场督导把关 721 次、飞行检查 281 次，两级巡检组、安全监控分中心实现对 1045 个现场监督全覆盖，累计下发红色违章通知单 1 张、蓝色违章通知单 13 张、安全建议 97 个，违章发现率同比提高 85%。持续加强电网运行安全管控，成功应对夏季持续大负荷、46.81 万 kW 历史最大负荷及“7·16”恶劣天气等考验。科学安排电网运行方式，顺利承接 110kV 设备调控权，推动 10 项电网提升工程实施落地，确保主配网安全稳定运行。加强输电线路反外力管理，实现平原地区输电线路隐患点视频监控全覆盖；完成汤河口、琉璃庙老旧变电站设备改造，设备健康水平持续向好；开展压降配网故障专项行动。推进“一体双核”配电自动化建设，全年新装柱上断路器 479 台、二遥故障指示器 120 台，加装联络 35 处，实现支线故障和用户故障就地隔离，成功试点北房等地区电网自愈功能。配电线路自动化覆盖率、功能投入率和远方操控率分别达到 100%、100%、86%，配电故障同比下降 21%。

■ 7 月 16 日，怀柔公司在琉璃庙地区进行暴雨抢修。

（赵艳阳　摄）

【营销与优质服务】落实优化营商环境各项举措，全年累计报装接电容量 28.77 万 kVA，同比增长 115.08%，圆满完成 14 街区庙城回迁房、怀柔中医院、怀柔科学城临电等重点工程送电任务。通过“一站式”服务举措完成接电 9066 户，接电容量 9.97 万 kVA，平均接电时间由 48 天缩短为 3.21 天，接电户数在公司排名第 2，工作得到了怀柔区委、区政府的高度肯定，助力中国“获得电力”营商环境排名由上年度的第 98 名提升至第 14 名。全面开展优质服务百日攻坚专项行动，深化“第六维度”（客户投诉风险管控：针对敏感时段、敏感地区、敏感事件，对电网建设工程中容易引发客户投诉的风险点进行梳理分析，在生产作业“五维度”风险管控基础上，建立针对客户投诉风险的“第六维度”风险管控机制）客户投诉风险管控，着力解决客户投诉多、95598 话务量大、业扩结存高等突出问题，开展集中宣讲活动 13 次，发放便民服务卡 8.76 万张、服务贴 11 万张，有责投诉同比下降 26.67%，95598 话务量同比下降 17.84%。成立购电下发工作管控组，加强分析预控及应急处置，采取多种有效措施，实现购电下发成功率 99.91%，购电下发时长由 5.84min 缩短至 3.17min。紧抓“量、价、费”等基础业务，规范细化计量管理制度，重点提升采集覆盖率和数据采集质量，实现全采集覆盖率 99.92%。认真落实电价政策，顺利处置 4 家大工业用户完成市场化售电，配合开展 4 次一般工商业电价调整，配合政府部门清理 86 户转供电，京运轮胎厂等用户欠费全部到账。落实蓝天保卫战三年行动计划部署，圆满完成渤海所、西湾子等 37 个村线路改造任务，累计完成改造 119 个村 4.17 万户，实现平原地区 100%、山区 31.85%村庄无煤化。完成庙城家园、力学所等 17 个充电桩站点建设任务，新建并投入使用充电桩 100 台，全区累计充电桩达到 881 台，充电网络更加完善、便捷。

■ 9 月 13 日，怀柔公司举行优质服务百日攻坚专项行动誓师大会。

（赵艳阳　摄）

【农电工作】规范供电所月度例会制度，开展所长讲专业活动，9 名所长进行经验交流。加强供电所用工配置，招聘选拔 9 名青年学生补强队伍力量，支撑业务发展需求。合理优化供电所车辆配备、房屋修理等资金和资源，最大限度满足供电所的日常工作需求。建立设备运维、“三零”服务、台区线损等 5 个指标月度评价机制，加强安全管控，强化配电设施运维管理，确保供电所各项业务平稳有序推进。发挥供电所属地优势，积极协调工程前期难题，为各项工程顺利实施争取宝贵时间。

【科技与信息化】全年组织网络信息安全培训 4 次，签订网络安全责任书 25 份，签订全员网络信息安全书 592 份，开展网络与信息安全专项排查 10 次，完成配电自动化系统网络分区切换。在同期线损治理工作中，梳理、变更母线平衡、分压同期线损以及输电线路模型 15 次。一体双核系统修改馈线 239 条，完成西庄、银地、安乐庄 3 座开闭站的三遥传动验收接入工作，首次实现开闭站配电自动化技术应用。完成东庄站、城东站、黄坎站自动化改造工程，切实提升了厂站监控质量与二次安防水平。开展科技成果、管理创新成果及 QC 成果征集上报，“重大活动的‘四链协同’供电保障体系创新与实践”获得北京市第三十三届企业管理现代化创新成果一等奖，“电网‘紧耦合’配电调控运营模式的构建”获得北京市第三十三届企业管理现代化创新成果二等奖，“基于核心区建设及供电保障需求保密管理创新与实践”等 3 项获得公司年度管理创新成果三等奖。“电能表接线智能检测仪的研制”获得北京市第 72 次质量管理小组创建活动成果优秀奖，“变电站一次设备带电清扫工具的研制”获得北京市第 73 次质量管理小组创建活动成果二等奖，“用户端光伏发电显示器的研制”获得公司年度 QC 小组活动成果二等奖，“升压发电车组高压引流线对接箱的研制”获得公司年度 QC 小组活动成果三等奖。

【党的建设与精神文明建设】全面落实从严治党要求，实施“旗帜领航·三年登高”计划。强化党委理论学习中心组示范作用，组织集中学习、专题研讨 12 次。推进党委和党支部标准化建设，制定党建工作绩效考核评价指标，细化党支部工作 68 项，建设完成 4 个党员综合活动室和 2 个标准化示范党支部，设置 45 名党员示范岗。组织完成党组织书记抓党建述职评议考核工作。突出党建与业务相融合，紧密围绕重点任务，开展“一支部一特色”专项党建活动，成立临时党支部助力重大工程攻坚，推进党建工作与专业工作同频共振。队伍建设显著增强。建立领导班子成员党建联系点机制，组织开展百日攻坚活动，推动高质量发展任务。持续推进“电靓怀柔　奉献有我”主题教育活动，开展“争当新时代先锋　保首都电力安全”系列主题活动，紧密围绕防汛度夏、电网建设、“三零”服务等重点任务，强化党员先锋队建设，签订《党员安全承诺书》和《“党员身边无投诉”承诺书》，丰富党员“一带二、一带三”活动，队伍整体素质不断提升。加强新闻专题策划，“7·16 暴雨”抢修、度夏保障工作在中央电视台、北京电视台等主流媒体进行了宣传报道，展现了怀柔公司员工良好精神面貌。广泛开展劳动竞赛，积极谋划丰富多彩的文体活动，关注职工需求，为职工排忧解难。

■ 6 月 29 日，怀柔公司开展主题党日参观及宣誓活动。
（赵艳阳　摄）

（杨海霞）

国网北京密云供电公司

【概况】国网北京密云供电公司（简称密云公司）是国网北京市电力公司直属供电企业，负责密云地区 2229.45km²范围内的电网规划建设、运行管理、电力销售和 26.17 万客户的供电服务工作，肩负着为密云地区党政机关、重大政治活动和城市运行安全供电的光荣使命。

截至年底，共设置11个职能部门、2个业务支撑与实施机构，下设22个主业班组、8个业务委托班组、1个开发区电力服务中心、1个供电营业所、17个农村供电所、1个集体企业。

共负责110kV变电站12座，主变压器24台，容量980.5MVA；35kV变电站13座，主变压器26台，容量358.9MVA；110kV线路10条，长度121km；35kV线路30条，长度259km；10kV架空线路144条，长度2292km；10kV电缆线路72条，长度552km。

全年完成售电量20.29亿kWh，同比增长7%；实现营业收入12.8亿元；完成固定资产投资4.72亿元，资产总额达到33.6亿元，同比增长30.84%；新增接电容量44.33万kVA，完成年度指标的105.55%；累计线损率8.17%；电费回收率100%。供电可靠率达到99.899%，电压合格率为99.998%。最大负荷47.35万kW。

密云公司获得了年度全国文明单位、国网公司先进集体、北京市防汛抗旱先进集体、北京市交通安全先进单位、密云区防汛抗旱先进集体等荣誉称号，获得公司劳动竞赛流动红旗6面；8名人员获得劳动竞赛之星称号。

地址：北京市密云区新中街3号
邮编：101500
电话：010－69042580

【人力资源】截至年底，密云公司共有全民职工224人。其中研究生及以上学历24人，本科学历106人，专科学历70人，中等职业教育24人；高级职称37人，中级职称31人，初级职称111人；技师及以上职业资格102人，高级工68人，中级工8人。

■ 9月25日，在密云区防汛抗灾表彰大会上，密云公司被授予“防汛抗灾”先进集体。（林一轩　摄）

开展员工教育培训，协助相关部门有序开展培训工作。重视青年人才队伍建设，制定人才培训培养实施方案。开展师带徒、技能讲堂等相关活动；不定期举办青年员工与密云公司领导座谈会。选派优秀选手参加国网公司、公司竞赛调考。

【电网规划与建设】修编并完成密云电网2018～2035年规划，就2035年主网网架及“4+19”变电站指标达成了共识，并获得区政府常务会议审议通过。编制完成密云电网2018～2035年空间布局规划，并获得公司发展部、经研院评审通过，创新开展“互联网+电网规划”获得公司发展部肯定。取得河南寨110kV输变电工程可研批复、选址意见书、相关镇政府支持意见；取得西智35kV变电站升压工程可研评审意见、规划条件、相关镇政府支持意见；取得塘峪220kV输变电工程区、镇两级政府支持意见，协调区规土分局在规划手续方面给予公司大力支持。

商务区北110kV输变电工程、石城35kV输变电工程及10kV配套送出工程顺利竣工投产，满足了商务区经济发展的电力需求，满足了地区居民生产生活及周边旅游业快速发展的电力需求。大石岭、巨各庄、穆家峪变电站主变压器增容工程顺利投产，有效缓解了“煤改电”负荷集中增长对电网的压力。檀营、统军庄变电站10kV配套送出工程顺利竣工投产，解决了滨阳变电站的重载情况。巨各庄垃圾焚烧发电厂10kV配套送出工程顺利完成，保证了密云首座垃圾焚烧发电站设备调试及并网需求。完成云西、大城子输变电工程全部前期评估及赔偿工作。

■ 9月9日，在密云大石岭110kV变电站增容工程现场，密云公司员工正在进行变压器部件安装工作。（林一轩　摄）

【经营管理】完成集体企业关联交易、车辆、资金管理综合检查。按时完成“两金压降”，资产负债率 72.4%。全年完成工程转资 3.55 亿元，转资率达到 100%。完成 4 批废旧物资处置，回收金额 384.05 万元；2 批闲置物资跨省调配，涉及金额 217.84 万元。完成滨河路仓储点改造工程及“煤改电”工程物资临时仓储点建设工程，实现“煤改电”工程物资集中存放与周转。

“煤改电”跟踪审计，实现工程量 100%核查，过程纠偏 2030 万元，促进增收节支 188.8 万元，过程管控成效明显。历年遗留审计问题整改完成 95.7%。强化法律风险管控，多维度应对诉讼案件，应诉案件中密云公司胜诉及原告撤诉比率达到 91%。

高质量完成 10 项非生产性技改、大修项目，解决供电所供暖、供水、排涝等实际困难。完成 35 处非生产性用房房产确权资料的梳理核对，推进闲置资源集约创效。深化供电所“健康食堂”标准化建设，各级食堂实现 100%达标。

【安全生产】开展安全管理“三抓一促”（即抓日常管理、抓现场管控、抓机制建设，促安全管理精细化水平的提升。以“三抓一促”为重点，开展安全专项行动，加强管理、严控违章，提高安全管理水平，确保安全生产稳定局面）专项行动；出台加强安全管理“十条”措施。开展模拟考试、月度安规调考，针对“煤改电”等工程特点，强化“同进同出”管理，增强产业公司主导作用。细化现场检查，密云公司领导和管理人员深入现场开展飞行检查，保持对作业现场的有效监督。

圆满完成度夏防汛保障工作，经受了历史上最大累计降雨量达 611mm，最大小时雨强达 117mm 的暴雨山洪灾害。全体干部员工协同政府抢险救灾，最先打通电力生命线，得到地方党委政府和人民群众的高度评价，用责任担当彰显“北京电力”品牌形象。

实现全年故障管控目标，变电专业未发生故障，输电专业故障同比持平，配电专业故障同比下降 41.94%。完成 21 项度冬季临时工程，推进来年项目储备，完成“一线一案”88 个，“一村一案”205 个，“一图一表”88 个，确保 205 个“煤改电”村的供暖保障。PMS 系统规范图形及台账数据质量 4 项指标均达 100%，实现分线线损由年初的 50.84%提升至 90%以上，实现配电自动化覆盖率 100%。

开展电网“查漏补缺”专项行动；加快配电自动化图模管控和实用化推进，实现图模覆盖率 100%、通过率 100%。完成配电自动化终端调试工作，累计调试断路器（FTU）852 台，台区智能终端（TTU）739 台，终端在线率达到 96%以上。以电网方式分析为核心，指导度夏、度冬工程实施，成功应对度夏 44.1 万 kW 历史大负荷考验，稳妥有序完成了清水河等 9 座变电站的升级改造工作，完成主变压器更换 11 台（其中 110kV 主变压器 4 台、35kV 主变压器 7 台），110kV 新增容量 7.4 万 MVA，主网供电容量增加 8.5%，完成地调安评、备调演练、调度权下放等各项重点工作。

【营销与优质服务】完成 106 个村、4 万户居民“煤改电”改造任务，总量超过前 5 年总和，地区 35%主配网同步升级改造，实现平原和大部分山区“无煤化”。依托会战指挥部，创建“六位一体”工程精细化管理模式，农委、业主、设计、监理、施工、财务审计 6 方合署办公。创新度冬服务保障模式，政企联合，通过移动发电车进驻村级安置点、大数据分析指导抢修力量提前分布等多项措施，确保百姓温暖过冬。

开展电采暖用户峰谷时段调整和农村“煤改电”补贴直付工作，180 余名运维人员在夜间用电高峰时段开展不间断巡视，全力确保“煤改电”用户温暖度冬。开拓市场，探索“智慧能源管家”新思路。深化业扩“契约”服务，全年签订契约项目 24 项、容量 3.6 万 kVA。加强投诉管控，制定《公司压降投诉提升服务百日攻坚专项行动工作方案》，攻坚期间投诉同比下降 40%。深化“互联网+电力营销”服务，低压用户线上缴费率达到 62%，高压线上业扩报装率实现 100%。完成 2 项公共充电桩工程、1 项公交车外电源工程。

管控在途电费资金，根据目标到账时间逆推各种缴费方式的最迟缴费时限，明确抄收工作要求并对违规情况通报、考核。定期召开电费回收专题会，寻求地方政府的协调与支持，及时采取欠费停限电、律师函等有效催收措施，对欠费风险进行预警和管控。编制《密云地区电费缴费渠道宣传推广指导手册》，引导用户离柜缴费。线上缴费率由 2017 年的 40%提高到 62%。开展电价自查，对基本电费、行业电价分类以及变损、峰谷、功率因数执行异常等问题进行核查整改。

【农电工作】结合分公司和供电所实际情况，按照公开、公正、公平、实用的原则，制定完成了《食堂经费使用管理办法（暂行）》《厨师服务工作管理办法（暂行）》《安保服务工作管理办法（暂行）》等 6 项管理规定。配合营销部组织供电所70名员工参加全能型供电所相关岗位培训，组织完成12名供电所所长、11名副所长的培训工作。

■ 11月2日，密云公司组织开展新入企大学生职场教育活动。（王丽 摄）

【科技与信息化】参与并入国网络安全竞赛决赛，获得网络安全技能竞赛三等奖。历时半年开展光纤试点，打通光纤应用于配电自动化技术通道，稳步推进科技创新和管理创新工作。

【党的建设与精神文明建设】抓班子建设，班子成员深入一线开展调研，解决实际问题。抓党建主体责任落实，连续两年开展党组织书记抓党建述职评议。深化“党建+业务”，聚焦“煤改电”、电网建设等年度重点任务。结合机构调整，新成立2个党支部，配强配齐党务人员。抓党建基础管理，实施支部“4+*X*”（党支部“4+*X*”关键指标考核从加强党支部基础工作、特色工作、宣传推广和主体责任等方面入手设置，主要包括“4”即4项基础指标：党支部的“三会一课”、民主评议和组织生活会、发展党员、特色工作；“*X*”即加分项和扣分项指标：党支部的成果推广、主体责任落实）关键指标考核。抓党风廉政建设，修订完善党风廉政建设考核评价实施方案，细化党风廉政建设“两个责任”清单，以更高的标准规范日常工作。依托首善清风APP，促进干部员工常态化学习。积极践行“四进”（廉洁文化进班子、进部室、进班组、进家庭）要求，年度累计宣教130余次。认真落实民主权益，广泛征集意见建议。加强干部梯队建设，新提职班组长以上人员19人，安排10名青年员工到供电所工作。强化竞赛调考组织管理，其中参加财税专业调考获得国网公司第45名，参加公司配电不停电作业技能竞赛获得个人一等奖，参加公司网络安全技能竞赛、后勤专业知识竞赛均获得个人三等奖，获得年度后勤依法规范管理知识竞赛优秀组织奖。设立特约记者，开展宣传员轮训。畅通与行业和社会媒体的传播渠道，在中央及市属媒体刊发报道54篇，中央电视台、北京电视台等视频媒体播出时长41min，公司及以上行业媒体发稿81篇。

■ 5月27日，密云公司党员服务队积极宣传煤改电电价政策。（王丽 摄）

（孙佩佳）

国网北京顺义供电公司

【概况】国网北京顺义供电公司（简称顺义公司）成立于1957年，是国网北京市电力公司直属供电企业，负责顺义地区1020km^{2}范围内的电网规划建设、运行管理、电力销售和供电服务工作，肩负着为顺义区域内党政军机关、高科技园区及首都机场和全区90余万常住人口安全供电的光荣使命。

截至年底，顺义公司领导班子成员共有8人（其中1人援蒙），设置11个职能部门、3个业务机构，下设22个班组、19个乡镇供电所，1个集体企业，共有全口径用工925人。

顺义区域内目前共有500kV变电站1座（顺义站），容量390万kVA；220kV变电站6座，容量288万kVA；110kV变电站30座，容量284.95万kVA，35kV变电站9座，容量22.63万kVA。110kV架空线路398km；35kV架空线路183km；10kV架空线路266条，总长度2804km，10kV电缆线路311条，总长度2007km；10kV开闭站95座，电缆分界室209座，配电变压器6143台，容量189.5万kVA，其中柱上变压器5601台，容量155.8万kVA。

全年，顺义公司完成售电量75.78亿kWh，同比增长14.73%，固定资产投资完成48557万元，完成年度计划的100%。顺义公司实现累计安全长周期8024天，长约22年。

地址：北京市顺义区顺达路6号
邮编：101300
电话：010－81483347

【人力资源】截至年底，共有全口径用工927人。其中，长期职工321人，集体职工16人，华商电灯公司农电用工290人，华商电灯公司直签员工9人，集体企业直签员工284人，劳务派遣员工7人。长期职工中研究生及以上学历45人，本科学历188人，专科学历63人，中专学历25人；高级职称49人，中级职称64人，初级职称112人；技师及以上职业资格182人，高级工53人，中级工33人。

优化长期职工配置，注重绩效考核结果在岗位调整中的应用。年内实现技能岗位向一般管理岗位流动12人次，一般管理向职员流动2人次，技能岗位向职员流动2人次，管理岗位向中层干部流动2人次，由管理岗位、班组长向供电所“一长三员”岗位流动10人次，到供电所挂岗培养锻炼4人次，为顺义公司高质量发展提供人才支撑。统筹优化全能型供电所人员配置，华商电灯公司共计283人参加岗位竞聘，为实现“服务一次到位”的全能型供电所提供人才支撑。加强干部队伍建设，年内，12名中层领导人员进行了岗位调整，2名提任中层正职领导人员，1名提任中层副职领导人员。圆满完成尼木对口帮扶工作，邀请尼木公司到顺义公司实地交流学习。

■ 5月3日，对口帮扶单位国网西藏电力尼木县供电有限公司一行至顺义公司交流学习。（李超　摄）

建立健全人才培训培养工作组织体系，编制人才培训培养实施方案。加强人才队伍建设，分级分类制定培训计划，全年针对中层干部、管理人员、班组长和青年员工开展专项能力提升培训4次。对2016、2017届青年员工实施阶段期满考核，促进青年员工迅速成长成才。结合公司线损攻坚战任务以及配电自动化终端调试阶段性重点工作安排，组织本届21名青年员工进行分组跟班学习活动以及19名青年员工开展现场实训岗位练兵活动。稳步提升职工技术技能水平，年内，完成副高级专业技术资格评定16人次，中级专业技术资格评定15人次，职业技能鉴定申报125人次。加大专家人才使用考核力度，完成专家人才年度考核21人次。

【电网规划与建设】稳步做好顺义公司2035电网规划工作，将15座220kV变电站（其中9座新增）和60座110kV变电站（其中30座新增）的全部站点、线路通道纳入顺义区分区规划中。先后完成北务增容、长林增容、南法信扩建、丽南切改等4项立项核准。完成东府—平谷、牛栏山T接丽坡线、顺丰110kV输变电等工程3项可研编制、评审、批复工作。以220kV电源支撑为重点，开展英各庄220kV项目选址选线前期工作。启动顺义核心区架空入地总体规划编制，力争2020年实现核心区高端智能配电网全覆盖。

■ 1月26日，顺义板桥110kV变电站顺利投产发电。（侯占泉　摄）

电网建设完成北河、新城及板桥3座110kV变电站10kV送出工程，标志着顺义公司“1+4”座“煤改电”配套电网建设任务圆满收官；完成北务及郝家疃两座110kV变电站增扩容改造工程，完成牛长、牛水35kV线路迁改工程，地区累计新增变电容量30万kVA，新增35kV及以上电力线路2.4km（含电缆），为地区电网坚强奠定了坚实基础。加快全区智能配电网建设，完成 50 项智能配电网建设任务，进一步提高供电可靠性。

【经营管理】 全面启动部署“6+1”攻坚战工作，以攻坚方式促使安全生产、配电自动化、优质服务、优化营商环境、同期线损工作、综合能源服务 6 项重点工作在短时间内取得显著提升；1 个供电服务指挥中心建设初步成型，全面实现安全、质量、服务、效率和效益新提升。及时跟踪售电量、营业收入、线损率等关键指标变化趋势，加强对异常数据的管控，努力降本增效。稳步开展结余物资再利用工作，通过内部平衡利库及跨公司调拨的方式，全年累计完成结余物资再利用 2228 万元。持续实施“沃土工程”“种子工程”两项工程，努力实现人才培养在数量、质量和速度三方面突破。

领导干部带头深入一线，多领域开展“一线工作月”活动共计 168 次，解决一批突出问题，营造“干到最好、做到最优”的企业氛围。加快推进智慧食堂、职工小家建设，新开职工班车路线，切实做到关心关爱职工。

■ 8 月 16 日，顺义公司召开“6+1”攻坚战专题研讨会。

（李超　摄）

深入推进法律风险防范体系建设，积极做好应诉工作，全年共参与办理诉讼案件 6 起，涉案金额约 703.4 万元，挽回经济损失 438.57 万元。加强经法系统在线审核力度，实现各专业合同履约率 100%。高度重视巡视巡察工作，成立由党政主要负责人为组长的配合巡察工作小组，建立现场检查快速反应机制，发现问题立即整改。狠抓党风廉政建设，细化并落实责任制考核实施细则，推进各级领导干部履行 “一岗双责”。积极推广应用公司首善清风 APP 平台，实现“明规、话廉、警心、知止”的目标。根植廉洁文化，领导班子成员深入基层讲廉课 7 次，干事干净理念更加深入人心。

【安全生产】 开展安全生产攻坚，依托安全监控中心，从视频远程安全监控、移动作业管控流程执行和施工现场安全巡检等三个维度入手，实现全流程、全时段安全监管，违章问题同比下降 28.4%，输电线路外力故障、变电故障、配网故障分别同比下降 75%、100%、30%，安全生产管控水平大幅提升。落实安全教育培训工作，组织完成 541 名外协施工单位关键岗位人员考试。开展配电自动化攻坚，由建设阶段转入实用化阶段，实现终端平均在线率 94.5%，自动化功能投入率 100%，均达到较好水平。

精心编制调控业务优化调整方案，圆满完成顺义地区共 30 座 110kV 变电站、7 座用户变电站、76 条 110kV 线路的调控职责调整业务交接工作。参与修订《北京电网调控运行管理规范》，细化制定“调控职责移交核对内容及流程”。定期召开电网运行与管理领导小组季度会议，专题解决电网度夏度冬设备重过载、敏感客户单电源、重点地区负荷接入、老旧小区等问题 20 余项，发布电网风险预警 82 项。

有效处置“6·26”110kV 丽南双回线倒塌事故，开展全时间尺度、全电压等级、全专业范畴电网风险分析，编制各类型电网应急处置预案 156 项，重点完善变电站全停母线反带负荷的容量及负荷恢复方案 20 项。

■ 6 月 26 日，顺义公司员工全力进行 110kV 输电线路倒塔抢修。

（侯占泉　摄）

巩固党的十九大保障经验，坚持最高标准，圆满完成“两会”、中非合作论坛等重大供电保障任务。提前组织梳理度冬保障重点难点，强化保障措施，结合“一线工作月”活动，做到保障调研在一线，在度冬前各类遗留问题解决到位。以13万户居民采暖用电需求为导向，全面升级保障体系，启动供电服务指挥中心建设工作，多维度提升“煤改电”度冬保障能力，确保做好煤改电居民度冬保障工作。

【营销与优质服务】开展优质服务攻坚，建立“1+19+*N*”（依托“1个供电服务指挥中心+19个全能型供电所+*N*个村电工”供电服务指挥体系，建立生产业务+优质服务+应急工作机制，规范开展常态化工作，在应急情况下汇总客户停电信息、跟进抢修进度，完成汇报、预警、联系安抚客户工作，减少抢修人员压力，提升服务工作效率）管理体系。结合全能型供电所建设，设置客户经理、台区经理、线路管家，实行一人专责、贯通管理。强化属地协同发展，与顺义区19个乡镇签订电力合作协议，促进各镇政府与顺义公司协同做好主配网规划建设、树线矛盾治理、抢修及应急工作开展、供电服务窗口建设、优化营商环境、综合能源服务、“光伏扶贫”项目建设、充电设施建设等工作。发动各镇村电工队伍推动解决“煤改电”表下线用户产权设备隐患治理及运维保障工作，确保用户平稳度冬。实现投诉同比降低63.6%，95598业务量同比降低40.4%。

开展优化营商环境攻坚，积极推进低压客户接电，完成“三零”服务10588户，容量13.0093kVA。不断提升高压客户接电服务，推进在途及新增工程高效运转。完成接电容量66.88万kVA，接电完成率185.79%。

开展综合能源服务攻坚，加快市场拓展以及技术实用化转换。推动兆瓦级空气源热泵技术的研究及应用，完成项目研发相关招标工作。顺义公司“飞轮技术取代铅酸蓄电池”项目成功申报公司2019年科技项目。龙湾屯柳庄户等两村开展空气源热泵监测装置加装工作。6月获得电能替代流动红旗单位。

【农电工作】深化全能型乡镇供电所建设，编制顺义公司《全能型供电所机构及岗位职责设置方案》以及《全能型乡镇供电所定编明细表》。优化各乡镇供电所人力资源情况，开展19个乡镇供电所相关岗位竞聘上岗工作，共有283人参加此次竞聘工作。顺利完成楼台村“煤改电”工程，地区“煤改电”工作任务圆满收官。

■ 11月下旬，顺义公司开展“全能型乡镇供电所”典型岗位竞聘考评工作。（侯占泉　摄）

【科技与信息化】全年，顺义公司完成信息通信建设项目2项，即电力调度台更换项目及14个供电所通信光缆改造项目。深化信息安全技术管控工作，开展信息安全督察检查。编制顺义公司信息及通信专业年度运行方式报告。完成2015～2018年度信息系统运维后评估资料整理及评价工作。深入开展信息通信系统隐患排查与治理工作，全年共完成设备一级缺陷处理1项，三级缺陷处理8项，完成预警通知单整改任务14项，信息通信设备未发生重大停役和安全事件。

积极推进创新工作。“油丝缠放平台”项目获国网QC小组成果一等奖。“缩短10kV配电网调度图形日均维护时间”“新型柱上柔性电缆固定装置的研制”获北京市第七十三次QC小组成果发表会优秀奖。年内共完成专利申请5项，其中发明申请3项；获得专利授权6项，发明授权2项；开展当年群创项目1项，完成资金18万元；完成上一年度群创项目验收2项。

【党的建设与精神文明建设】强化党建引领，将制度标准建设落到实处。在推进“对标管理年”工作中，注重制度体系在顺义公司的落地落实。针对党委、党总支、党支部三个层级，做到“三个明确”。强化内嵌融入，进一步推进“党建+”模式，打造“6+1”（安全生产、配电自动化、优质服务、优化营商环境、同期线损、综合能源服务6项重点工作任务；1个供电服务指挥中心体系建设）攻坚模式。明确“以攻坚促生产、促安全、促管理、促效益、促发展”的思路，成立“6+1”攻坚战领导小组，通过周调度、月奖励等方式促进专业工作，在短时间内取得攻坚显著提升。加强企地联建，建立“三对接”

联合模式，强化地区电采暖用户的供电保障。探索实践总支层面的党组织决策前置。落实党组织决策前置要求，通过制定党总支议事规则，发挥党组织前置作用和基层党组织主体责任，填补制度空白。

加强共产党员服务队建设。结合电力技术援藏，开展持续3年的“电靓天路”用电关爱与定向扶贫项目。增强意识形态工作，关注职工思想动态，连续3年每季度利用手机问卷扩大思想调研参与率。打造丰富的职工文化生活，并在全国总工会时代文化论坛上进行经验交流。年内服务队获得北京市首都学雷锋示范站等荣誉称号，顺义公司通过全国文明单位复评。

■ 11月15日，顺义公司党员服务队同各供电所积极开展“情系万家，电暖京城”的服务活动。（李超 摄）

（蔡溪源 韩 冬）

国网北京延庆供电公司

【概况】国网北京延庆供电公司（简称延庆公司）成立于1962年，是国网北京市电力公司直属供电企业，负责延庆地区1993.75km²范围内的电网规划建设、运行管理、电力销售和供电服务工作，肩负着为延庆地区经济发展、政治供电和人民生活提供安全供电的重要责任。共设置8个职能部门、2个业务支撑与实施机构，下设12个班组、7个农村供电所。

营业区域内共有变电站17座，其中220kV八达岭变电站1座，容量540MVA；110kV变电站7座，其中含1座用户站，容量602MVA；35kV变电站9座，容量167.1MVA。110kV线路16条，长度146km；35kV线路14条，长度203km；10kV线路111条，长度1573.3671km，其中架空（混）线路89条，长度1524.6km，纯电缆线路22条，长度48.7671km。低压线路1775.503km，柱上变压器2108台，容量424.7MVA。开闭站9座、配电室22座、刀闸室17座、箱变349座、环网柜202台。

延庆公司全年售电量完成12.17亿kWh，其中第一产业占比2.74%，第二产业占比19.74%，第三产业占比53.39%，城乡居民生活占比24.12%；售电量同比增长22.25%，增速排名公司第1。完成售电收入8.56亿元，同比增长18.9%。线损率完成7.58%，优于年度指标0.41个百分点，同比上升0.22%。城网供电可靠性完成99.9521%，优于考核指标0.002个百分点，农村供电可靠性完成99.7162%，优于考核指标0.014个百分点。完成可控成本1.13亿元，利润优于年度指标768.54万元。完成固定资产投资（实物量）7.71亿元。全年累计安全生产长周期达到6539天，持续保持了安全生产、队伍稳定、形象优良的健康发展态势。

延庆公司蝉联“全国文明单位”荣誉称号，连续11年摘得“首都文明单位标兵”称号。荣获公司年度“煤改电”工程突出贡献单位、公司十九大供电保障贡献单位、延庆区交通安全先进单位荣誉称号，取得“海洋王”杯QC成果发布赛多个奖项。

地址：北京市延庆区庆园街53号
邮编：102100
电话：010－69101219

【人力资源】截至年底，延庆公司各类用工共计597人，其中全民职工194人，集体工6人，农电用工176人，集体企业派遣用工1人，集体企业自聘用工220人。

延庆公司主动开展人才队伍建设，将队伍建设与岗位管理、绩效管理、员工管理有机结合，通过做实人才培养、严控人才流失、畅通人才岗位晋升渠道、优化岗位职级体系等方式全面推进内部人才队伍建设，最大限度地提高人才培养效率和质量，盘活延庆公司内部人力资源市场。加大毕业生向一线核心业务岗位配置力度，引导青年员工扎根一线、夯实基础、成长成才。开展优质服务、供电保障、“强素质促高质量发展”等系列培训5次，参与人数260人次，夯实技术水平，提升管理技能，改善工作绩效。

【电网规划与建设】前期工作取得突破。依托“两件绿色发展大事”的有利契机，深化冬奥会延庆赛区配套电网规划，保证了赛区的供电可靠性。依据北京市新总规，统筹全区用电需求，完善地区“十三五”配套电网规划，修编2035年电网空间布局，形成一系列规划成果，取得了区政府的批复，纳入了延庆分区规划。全力推进“煤改电”配套工程前期工作进度，永东站取得立项核准和土地预审，耿家营站取得可研编制与批复，着力推进米家堡站各项前期手续。共取得地区重点项目可研批复、规划意见书、立项核准等前期手续18项，受到了公司领导的高度认可，为重点项目推进奠定了扎实基础。

电网建设持续推进。按照“东西南北中”首都电网规划建设战略部署，依托重大工程项目建设指挥部和主网基建工程专项指挥部两级指挥体系，逐项排定“年度重点工程建设任务”里程碑计划，建立日汇报、周调度工作机制，高效推进重点任务。与区政府建立定期沟通协调机制，成立“延庆重点工程联合指挥部”，促成与公司高层领导协调对接7次，形成会议纪要7件，有力推动工程建设进度。顺利协调推进500kV张昌三回输电线路工程、500kV换流站下送昌平输电线路工程前期协调，完成500kV柔直换流站“四通一平”工程，促成220kV西白庙输变电工程、110kV海坨、冬奥村（玉渡）输变电工程8月如期开工建设；世园会配套110kV大路变电站及供电保障中心完成土建交安，高效推进220kV西白庙配套110、10kV送出工程前期协调；圆满完成国家863科技项目智能电网示范工程的现场验收，完成京张高铁配套110kV康松一二线、35kV康西线、延崇高速迁改工程，有序推进世园会、兴延高速高压迁改工程。于8月获得电网建设流动红旗。

【经营管理】持续推进问题清单梳理。按照问题清单工作决策部署，持续推进梳理整改，已整改26项，剩余5项正在整改中。提升财务管理水平。在预算调控方面下大力气，以年度预算为基础，建立月分析、季报告、年总结的业务预算分析制度，实现预算执行平稳有序，

■ 6月29日，北京公司领导赴延庆调研世园冬奥电力工程。
（忻煜　摄）

实现工程预算执行率93%，成本预算执行率99%。细化工程转资流程、明确职责、规范资料、界定期限，确保竣工决算和工程转资运转流畅，工程竣工转资率实现100%。完善后勤服务保障职能。开展房产土地信息清查，补充和完善20处非生产性房屋资产台账和权证信息。推进冬奥分指挥中心小型基建手续办理，创新实施BIM工程管理模式（延庆公司创新实施建筑信息模型，简称“BIM”，为冬奥分指挥中心小型基建提供全程建筑信息模型管控，确保小型基建各个周期可视化、可调控、可预测），打造小型基建精品工程。规范车辆管理，严格执行车辆路单管控，形成“一车一案”台账。深化集体企业管理。全年，集体企业接受包括国网巡视审计在内的审计任务4次，累计发现问题13项，已完成整改12项，圆满完成各项迎检任务。进一步深化集体企业人财物规范管理，不断提升安全管理水平，稳步推进重点工程实施。统筹优化业务布局，实现平稳过渡和安全稳定，累计签订合同118份，签订金额3.68亿元。

【安全生产】积极筹备政治供电。延庆公司将各项重要保电工作作为筹备冬奥保障的重要练兵，全年完成全国“两会”、中非合作论坛北京峰会、高考等各类供电保障任务39项，其中特级保电任务2项，累计保电117天，同比增长11.43%。荣获中非合作论坛北京峰会供电保障贡献单位等荣誉称号。提前谋划世园会（冬奥会）供电保障筹备，成立世园会供电保障领导小组，建立专业联系人和工作例会制度。赴怀柔、丰台等公司学习供电保障先进经验，召开工作推进会11次，各类专业会议29次，发布保障筹备周报18期。举办2次供电保障专项培训，提前与区政府、世园局等相关部门对接，确保各项筹备工作稳步开展。设备运维精益可靠。地区用电负荷连续七次创历史新高，成功应对33.96万kW地区最大负荷考验，有效保障地区电

网安全稳定运行。合理安排停电计划，制定良好管控措施，保证设备有序运行。落实度夏、度冬解重载工程，全年完成变压器分换装 86 台，完成 16 条输电线路综合检修，5 座 110kV 变电站、1 座 35kV 变电站检修预试工作。发挥安全监控中心作用，使调控运行、生产指挥、客户服务等专业深度融合，实现对作业现场 24h 无死角视频监控。全面运用配网 APP，配网故障、异常台区比例同比下降 45%、25%。迎峰度冬扎实应对，针对不满足 $N-1$ 的重载输变电设备，逐站逐线制定差异化管控措施，及时消除隐患，确保主网设备安全可靠运行。制定“煤改电”度冬专项方案，组织对 32 路“煤改电”线路开展测温测负荷，发现并消除缺陷隐患 276 处。做好台区监测与治理，对异常台区每日测温测负荷。加强抢修管理，科学配置应急发电车、外协抢修队伍人员力量，优化物资领用、信息报送、客户安抚工作机制和流程，提升抢修效率。安全管控坚强有力。牢固树立“大安全”理念，深化本质安全建设，开展“履职尽责夯基础、勇于担当保安全”“横到边、纵到底、全覆盖安全大检查”等各类专项行动 46 次，累计发现并治理各类安全隐患 126 件，治理率实现 100%。严格落实到岗到位，结合延庆公司领导“一线工作月”，共开展各类现场到岗到位 438 人次，领导下现场检查 24 人次，对 596 个施工现场开展安全巡检、视频监控，共发现问题 148 件，下发违章通知书 5 份。严密组织开展年度生产技能安全评价和外协队伍安全双准入。深入落实应急管理。全面修订审核 24 个应急预案，28 个现场处置方案，积极组织应急培训演练 4 次，提高各级人员主动应急意识，提升预判和应急处置能力，进一步优化应急处置流程。

7 月 31 日，延庆公司党员服务队深入一线服务群众。

（张旭　摄）

【营销与优质服务】电能替代不断深化。自“煤改电”工程开展以来，延庆公司共完成 130 个村，4.22 万户“煤改电”任务。年内，完成 52 个村 1.53 万户“煤改电”工程任务，提前两年实现平原地区无煤化，同步实现冬奥、世园会场馆周边无煤化。年初高效完成首批山区“煤改电”示范展示区建设，选取延庆区 8 户 7 种电采暖设备开展技术路线探索，切实为实验提供有效数据支撑；第二批大路村“煤改电”实景示范基地建设的完成，直观展示了多种多样的电采暖、电能替代设备，获公司领导高度赞誉。科学布局充电设施，按期完成全年新建 6 站 56 台充电设施投运工作，建成了世园会周边 0.9km 半径密集型网格化充电服务网络，分别获得 5 月、8 月“电能替代”流动红旗。服务手段更加丰富。全年累计接电容量 23.15 万 kVA，完成年度接电指标的 154.33%，指标完成率位列公司第 4 位。共受理分布式电源新装 1166 户，总装机容量 21.45MW，全部完成送电。“三供一业”改造移交工作有序进行，顺利完成全部三家企业计量装置更换及资产移交工作，改造进度在公司排名前列。提前开展“煤改电”冬季供电保障演练及供暖客户测负荷，顺利完成冬季供暖任务。营商环境显著优化。积极贯彻国家“放管服”（简政放权、放管结合、优化服务）。改革精神，全面开展“三零”服务专项行动；创新 1+4+1 工作举措，全力压减客户报装接电时长，平均接电时间由原来 32 天缩短至 3.8 天，实现用电报装全业务“一网办理”。自“三零”服务开展以来累计完成送电 6728 户（其中居民 5801 户，非居民 927 户），接电容量 8.9 万 kW。百日攻坚取得实效，各部门、各专业结合工作实际，制定具体的工作提升措施。开展了“进世园、保供电”“争当服务标兵，争创先进集体”等主题特色活动。邀请国网客服北方中心、公司客服中心专家到延庆实地调研冬奥、世园筹备期间客户服务严峻形势，组织员工服务技能培训，全力压降客户投诉数量。借鉴先进经验，发挥“电力管家”作用，逐村发放供电服务联系卡共计 4.7 万张，话务压降效果显著。

【农电工作】以“全能型”乡镇供电所建设为契机，按照试点先行的原则，在大榆树和张山营供电所开展试点建设工作。已完成组织机构优化、班组岗位配置、业务流程再造，实现业务营配末端融合。持续开展“送温暖”活动，完成了四海供电所饮水系统改造，使供电所员工喝上了安全、优质的饮用水，提升了员工的生活品质。积极与华商电灯公司沟通，在延庆公司农电员工薪酬普调 8%的基础上，又争取 50 万元调增供电所员工薪酬，达到年度 11%的增长比率，进一步提高了农电队伍的凝聚力。

■ 10月11日，延庆公司供电抢修服务获得客户认可。
（张旭 摄）

【科技与信息化】提升管理创新和科技水平。实行典型经验和管理创新“三库管理”模式，以储备库、培育库和成果库的方式加强过程管控，全年完成4项管理创新示范项目课题、6项典型经验课题和6项卓越绩效改进提升项目。获得授权专利15项，管理创新成果“供电企业高效开展工程转资的管理实践”获得北京市企业管理现代化创新成果二等奖。QC成果“电气设备夜间测温装置研制”荣获国网QC成果发布赛三等奖、电力行业QC成果发布大会三等奖。

【党的建设与精神文明建设】党建引领内嵌融入。党委创新打造“一个机体，两只羽翼，六个阵地”（一个机体指坚强的党委领导；两只羽翼指党支部和临时党支部，两翼齐飞，同频共振。六个阵地指“一室、一课、一区、一队、一台、一报”。一室，即党员活动室；一课，即党课；一区，即党员的责任区；一队，即党员先锋队；一台，即微信平台；一报，即成果动态简报），实现了“五方面融合”（机制、平台、目标、考核与文化五方面融合）。精心布局5个楼层的支部阵地，集中展现各部门重点工作成果，营造干事创业氛围。把党组织建到前线，成立“冬奥（世园）电网建设”“煤改电”等5个临时党支部，组建共产党员先锋队3支，设立党员服务站46个，党员先锋岗51个，充分发挥支部战斗堡垒和党员先锋模范带头作用。党政工团齐上阵，学习贯彻“十九大精神”，常态化制度化开展“两学一做”学习教育，宣讲贯穿至一线、覆盖至全员、延伸至客户。结合“迎世界盛会我先行”等重点工作，以“党员服务队”的形式进驻世园村、平北抗日战争纪念馆，主动开展用电服务。组织非一线党支部与电网建设、“煤改电”等工作对接，全面融入新闻宣传工作。提升队伍素质能力，将队伍建设与岗位管理、绩效管理、员工管理有机结合。开展了“不忘初心跟党走、牢记使命勇担当”和“感恩、责任、奉献”两期“道德讲堂”活动，区里近百名副处级干部参与观摩，获得一致好评。弘扬先进事迹，组织召开年度表彰大会。依托八大文体社团，开展一系列特色活动，健全完善职工之家功能，一线员工幸福感、获得感不断提升。策划“煤改电”助力绿色冬奥、风雪降温保供电等重点选题，在《人民日报》《北京青年报》等重要媒体刊发。全年累计有9篇报道在中央媒体刊登，22篇文章在《国家电网报》《电网头条》等行业媒体刊登。2篇作品入选国网故事汇，1篇获评“月度优秀作品”,“三零”服务宣传入选公司社会责任精品案例。

■ 7月5日，延庆公司举办道德讲堂。（忻煜 摄）

业务支撑机构及其他单位

国网北京市电力公司经济技术研究院

【概况】北京电力经济技术研究院有限公司（子公司模式）成立于1955年，历经64年的发展演变，目前与国网北京市电力公司经济技术研究院（分公司模式，以下均简称经研院）“一套人马，两块牌子”，合署办公。经研院主要从事±1100kV及以下电压等级的规划设计和咨询、项目评审、质量监督、结算监督、定额管理、工程监理等业务，支撑国网公司PMS 2.0系统主数据运维和公司资产全寿命周期管理体系建设。

经研院目前已具备国家送变电工程设计甲级、工程勘察甲级、火电类咨询甲级、通信信息咨询甲级、工程监理甲级等资质。通过了质量、环境和职业健康安全管理体系认证，是国家高新技术企业、中国电力规划设计协会常务理事单位、中国水利电力质量管理协会电力分会理事单位；荣获首都文明单位标兵、全国电力行业用户满意企业、全国电力行业实施卓越绩效模式先进企业、全国电力勘测设计行业企业信用评价AAA级企业、全国电力行业质量奖、全国电力行业卓越绩效标杆AAAA级企业等荣誉。

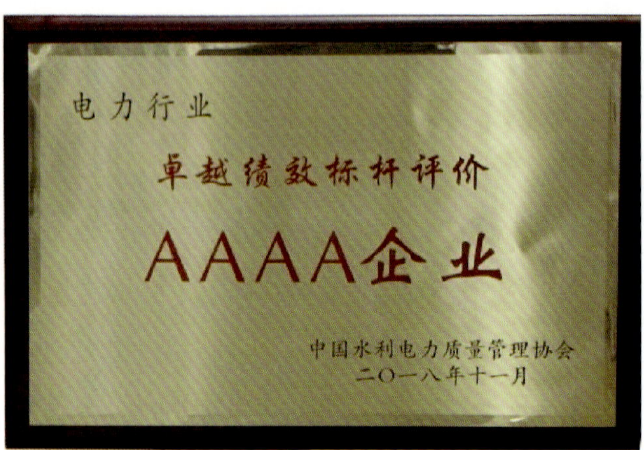

■ 12月17日，经研院获评全国电力行业卓越绩效标杆（AAAA）企业。（杨磊 摄）

经研院共设办公室（党委办公室）、党建工作部（监察部）、党委组织部（人力资源部）、财务资产部、计划经营部5个职能管理部门，规划评审中心、设计中心（中心设计院）、技术经济中心（定额站办公室、质监中心站办公室）、数据中心4个专业机构，代管集体企业北京金电联供用电咨询有限公司。

地址：北京市西城区广安门车站西街15号

邮编：100055

电话：010－63678988

【人力资源】截至年底，共有全民职工207人。其中，高级职称81人，中级职称69人，中级以上职称占比72.5%；博士16人，硕士131人（含硕士学位），本科46人，硕士及以上占比71%；注册执业人员112人次；人才当量密度1.2301。

经研院紧密围绕公司“煤改电”工程、冬奥会（世园会）建设、首都新机场建设、城市副中心建设、雄安新区配电网建设、怀柔科学城核心区建设、全国“两会”“中非合作论坛”保电、劳动竞赛、注册师奖励等，科学制定“攻坚创优”专项奖励实施方案。依托绩效管理信息系统平台，规范绩效管理流程，完善量化考核方法，优化综合评价方式、绩效等级比例和结果应用原则，进一步提升部门和员工绩效管理水平。成立人才培养工作领导小组，单位主要负责人担任组长，领导班子其他成员担任副组长，院所属各部门、各中心主要负责人担任成员，进一步促进经研院人才培训培养工作扎实有效开展。同时，根据经研院实际和青年员工发展特点，制定青年人才职业发展“第一个五年——‘菁英’养成计划”培养工作方案，力争通过5年时间，使优秀青年员工具备承担本专业业务管理工作的能力。全年共新增教授级高级工程师2人、高级工程师10人、高级经济师2人、经济师4人、助理工程师13人、助理会计师1人；新增公司基建专业卓越导师2人、基建专业卓越人才7人、基建专业卓越团队1人、注册咨询师19人。成立以院级“白小会创新工作室”领衔的12个专家及专业工作室，通过打造技术交流及科研攻关平台，充分发挥经研院优秀专家人才技术攻关、技术推广、技术传承的示范引领作用，切实带动全院职工创新创效。

【电网规划与建设】规划前期方面，完成《北京电网“十三五”220kV及以下电网滚动规划》《基于新总规的2035年电网中长期发展规划及空间布局规划》等规划任务77项，《京津冀协同发展对城市负荷特性影响研究》等专题研究86项；取得220kV及以上输变电工程规划意见书13项，批复变电站用地约19000m²，外电源路径约55km。工程设计方面，完成大兴新机场、冬奥会、新首钢等配套输变电工程可研、初设、施工图及竣工图 1188 项，同比增长 1.3%；完成“煤改电”、架空线入地、充电站、新能源发电并网、10kV 切改和其他各类配网工程可研、初设、施工图及竣工图 1441 项，同比增长 7.8%。

项目评审方面，全年召开评审会议 274 次，完成评审任务 4790 项。其中，发展部项目 1065 项，建设部项目 336 项，运检部项目 2460 项，后勤部项目 312 项，科信部项目 59 项，营销项目 558 项。

技术经济方面，开展国网公司及以上标准编制 7 项，课题研究 2 项；完成 500kV 输变电单项工程结算复核工作 2 项、220kV 13 项、110kV 41 项、35kV 3 项，全年共计完成 59 项；完成 500kV 输变电工程项目全口径结算监督工作 2 项、220kV 10 项、110kV 41 项、35kV 3 项，全年共计完成 56 项；开展 500kV 输变电工程质量监督检查 1 项、220kV 7 项、110kV 19 项，全年共计完成 27 项；完成施工图招标管理单项工程检查 115 项，完成风险防控工作执行情况检查 82 项，开展工程现场巡检 4 项。

建设管理方面，负责管理的 220kV 输变电工程 12 项，变电总容量 360 万 kVA，线路总长度 254.7km，电缆总长度 49.4km，竣工投产 4 项。承担各类工程监理任务 349 项，竣工投产 215 项。

深化应用北京电网建设智能管控平台，截至 12 月，平台共接入变电专业工程 103 项，送电工程 51 项，实现对工程建设关键节点的精细化管理，提升了电网建设安全、质量、进度管控水平。

全年，“冀北霸州—吴庄Ⅰ、Ⅱ回 π 入大城变电站 500kV 线路”荣获年度第一次输变电工程设计竞赛三等奖，“马坡 220kV 变电站”荣获年度输变电工程优秀设计一等奖；“利用盾构隧道本体钢筋替代人工接地体的实施方法研究”荣获经研体系科技进步一等奖；“潞城 220kV 输变电工程”荣获电力行业优秀工程咨询成果一等奖，“新航城 500kV 输变电工程”荣获电力行业优秀工程咨询成果二等奖，“新胡各庄 110kV 输变电工程”荣获电力行业优秀工程咨询成果三等奖；“酒泉—湖南±800kV 特高压直流输电线路工程”荣获电力行业优秀工程设计一等奖，“酒仙桥 220kV 输电工程（测量工程）”荣获电力行业优秀工程勘测三等奖，“龙潭湖 220kV 变电站”荣获电力行业优秀工程设计一等奖，“三星庄 10kV 送电工程”荣获电力行业优秀工程设计三等奖，“北京电力配电数据网建设”荣获电力行业优秀工程设计三等奖；“户内变电站设计技术研究及应用”荣获电力工程科学进步奖一等奖；“施工图预算编制提质增效‘竹蜻蜓’QC 小组”荣获年度电力勘测设计行业优秀 QC 小组活动成果三等奖；“龙潭湖 220kV 送电工程”荣获第三届中国电力数字工程（EIM）大赛送电工程第一名，“龙潭湖 220kV 变电站新建工程”荣获第三届中国电力数字工程（EIM）大赛变电工程第三名；“北安河 110kV 输变电工程”荣获公司第一次设计竞赛优胜奖，“霸州至吴庄 500kV 送电工程”荣获公司第一次设计竞赛三等奖，“汤河口—喇叭沟门 35kV 送电”荣获公司第二次设计竞赛优胜奖；“三维设计在输变电工程中的应用”“变电站全过程机械施工技术研究与应用”荣获公司科学技术进步三等奖。

■ 11 月 29 日，经研院在第三届中国电力数字工程（EIM）大赛上再创佳绩。（杨磊　摄）

【安全生产】常态化开展国网公司 PMS 2.0 标准数据运维工作，受理 26 家单位提报的设备型号和生产厂家数据变更申请 3014 份，审核设备型号数据 14953 条，审核生产厂家数据 1838 条。全力支撑公司“领先型”资产全寿命周期管理体系深化应用工作，完善公司资产管理工作手册，结合首都电网资产特点和政治供电保障实际，优化资产全寿命周期管理指标体系，定期开展指标监测、分析及评价工作。

智能安防系统深度融入运检专业常态化安全管控体系。建立变电站多防区非法入侵告警机制，采用智能轮巡加主动告警实现输电通道智能化巡检，平均每天发现并处置输电外力隐患 60 余处。系统已覆盖变电站 48 座、输电杆塔 4230 基，为顺利完成全国“两会”“中非合作论坛北京峰会”等供电保障提供技术支撑。智能安全可视化平台进一步支撑作业全流程管控，与公司安全规范化管控平台实现数据对接，将施工任务计划与移动视频设备绑定，实现基建、营销、运检等专业施工作业面安全质量情况实时监督；通过远程视频监督，为施工作业全流程安全管控提供可视化手段。

■ 9月5日，经研院圆满完成“中非”论坛供电保障工作。
（杨磊　摄）

常态化开展安全责任量化考核工作。成立安全监察质量室，支撑公司建设部开展建设项目安全监察工作。全面梳理基建安全管理相关规章制度，学习宣贯基建改革12项配套措施，编制《安全监察工作管理规范（试行）》，明确职责分工，理顺业务流程。全年共完成安全责任量化考核28次，检查在施工程68次，覆盖16家建设管理单位、8家监理单位、25家施工单位，共下发整改通知单68份；开展重大施工安全风险作业监督，对三级及以上风险作业许可备案，持续监督人员到岗到位、现场安全管控措施落实等情况，全年共完成四级风险监督管控74项、三级风险监督管控254项。

加强安全职能管理，落实安全主体责任。梳理并完善安全管理制度，发布《经研院业务机构安全生产规章制度清单》，制定《国网北京市电力公司经济技术研究院安全工作奖惩实施细则》；强化安全工作计划性，制定《北京电力经济技术研究院2018年安全工作重点任务及计划》并依计划开展安全重点工作；下发《国网北京市电力公司经济技术研究院关于下发2018年度安全生产费用计划的通知》，并依计划发生费用，购买安全工器具、宣传用品等。

加强安全意识培养。完成全员及新生安规培训并考试；开展7次安全日专题活动，组织全员对国网江西送变电公司“5·7”等事故进行专题学习；下发24份安全通报，落实安全文件要求。有序开展春季安全生产大检查、电气火灾综合治理活动安全生产“六查六防”专项行动、迎峰度夏专项隐患排查治理工作、基建安全事故反思教育活动、集体企业安全规范管理年活动。

【经营管理】业绩指标方面，子公司累计实现利润总额6954.03万元，完成考核指标（6842万元）的101%；累计发生可控管理费用184.92万元，完成考核指标的99.96%；经济增加值（EVA）2755万元，完成考核指标（2636万元）的105%；资产负债率完成考核指标的100%。分公司累计发生可控成本费用7544.54万元，完成考核指标的100%。集体企业累计签订合同612份，签订金额2.15亿元。累计实现营业收入20001.91万元，完成考核指标（20000万元）的100%；累计实现利润总额1363.88万元，完成考核指标（1360万元）的100%。截至12月底，经研院集体企业资产总额达到30211.8万元，其中，货币资金20733.74万元；净资产达到15445.63万元。

市场拓展方面，成功中标“国网河北省电力有限公司招标雄安项目”8项，其中中标总承包项目2项，中标金额2627万元，框架入围1项；成功中标“通州500kV扩建输变电工程”和“北京换流站—昌平500kV联络线两项500kV电压等级工程勘察设计”工程。全年新签订收费合同282个（含咨询），合同金额5.5亿元，创历史新高。通过强化质量关键点控制，提高企业产品质量，提升客户满意度，在国网公司年度输变电工程设计承包商资信评价中，经研院取得98.4分的好成绩。

依法治企方面，健全法律风险防控体系，对经营管理方面的重大事项进行合法性审核。积极配合完成国网公司巡视检查和资金安全专项检查、公司经济责任审计和巡察各项任务，针对巡视组和巡察组反馈的37项立行立改问题，制定了有效的防范措施，做到件件有落实、事事有回音。全年，各类审计共发现问题18项，其中17项问题已完成整改或建立了长效管控机制。加强全面预算管控，提升财务数据质量；积极落实高新技术企业所得税优惠政策，节税695万元。开展经济性与财务合规性可研评审工作4632项，审核金额217.72亿元。完成两地办公区装修改造工作，实现企业两地办公新格局；组织开展车辆安全行驶、提升服务质量专项活动；全面排查办公区电动汽车、电动自行车充电设备设施存在的电气火灾隐患，建设具备自动断电功能的充电自行车棚，从根源上杜绝电气火灾的发生。有序推进集体企业瘦身健体工作，截至年底已全部完成对华联监理公司和华德公司的吸收合并工作。深入推进北五区设计施工一体化战略合作机制，规范项目承接流程，定期开展业务回访，项目参与率93.65%；签订合同87项，承接率14.17%。

【科技进步】完成“能源互联网在怀柔科学城配套电网规划实施策略研究”“基于新总规的北京电网中长期发展研究”等落实新总规重点研究课题19项。牵头完成“电网规划业务在新总规下的深化应用”等管理创新2项，其中“电网规划业务在新总规下的深化应用”获得公司管理创新成果一等奖。牵头完成“储能技术在北京电网的适应性研究”“微电网典型运营模式与技术经济分析”等管理咨询项目22项。

参与承担国家级科技项目2项，其中国家“863”课题计划“交直流混合配电网关键技术”项目完成交直流混联物理试验平台和延庆10kV示范工程建设工作，国家重大专项“基于电力电子变压器的交直流混合可再生能源技术研究”已顺利通过国家科技部、国网公司督导会，高质量完成研究工作。

牵头完成的“户内变电站设计技术研究及应用”获得电力工程科技进步奖一等奖；“主动配电网关键技术研究及示范”获得国网公司科技进步三等奖；“利用盾构隧道本体钢筋替代人工接地体的实施方法研究”“超大城市降温负荷分析”获国网经研体系科学技术进步一等奖；“北京市中长期能源与电力发展研究”“大规模城市配电网供电可靠性模拟与预测及规划优化技术研究”获国网经研体系科学技术进步三等奖。同时，支撑公司完成的“输变电设备图像辨识预警关键技术及智能安防系统开发应用”等3个项目成果获得公司科技进步一等奖。

■ 11月14日，经研院参加国网公司第四届青年创新创意大赛决赛。（杨磊　摄）

全年共承担国家、行业、国网公司等各级标准编制任务25项，已经完成11项。其中，主编的企业标准《国家电网公司配电网工程初步设计内容深度规定　第2部分：配网电缆线路部分》、团体标准《电动汽车充换电设施网络规划导则》《配电网网格法规划技术规范》已正式发布实施；参编的行业标准《城市电力电缆线路初步设计内容深度规程》、企业标准《综合管廊电力舱设计技术导则》《国家电网公司配电网工程施工图设计内容深度规定　第2部分：配网电缆线路部分》、团体标准《配电网网格法规划设计技术规范》《电动汽车充换电设施网络规划导则》已正式发布实施；参编的国家标准《电动汽车分散充电设施技术规范》、行业标准《配电网规划设计规程》和企业标准《配电网发展规划评价技术规范》《户内变电站防汛防涝设计技术规程》已完成报批稿；团体标准《城市居住区电动汽车充电设施设计规范》《高速公路电动汽车充电设施设计规范》已完成大纲审查；编辑完成团体标准《35～110kV变电站计算机监控系统设计规范》《35～110kV电网继电保护配置技术规范》的初稿。

获得专利授权13项，包括“GIS备用间隔的检测系统及方法”“一种基于光伏发电与负荷高维关联性的规划方法”等发明类授权6项，“充电站的电力系统”“模块化快速充电站专用箱变”等实用新型类授权5项。职工撰写论文40篇，被SCI、EI和核心期刊收录25篇。

【优质服务】配合公司全面实施电能替代战略，在电动汽车充电设施建设、新能源业务开展方面提供技术支撑。

完成公交车充电站外电源、城市公共充电站、小区充电设施配电网建设改造及有序充电推广等工程可研设计89项、初步设计61项、施工图设计258项、竣工图编制260项。“煤改电”方面，完成延庆、昌平、密云、怀柔等地区可研设计78项、初步设计51项、施工图设计51项、竣工图编制51项。

拓展配网可视化监控项目。结合经研院智能安全可视化系统，提供配网可视化监控技术服务，实现施工作业面安全质量情况实时监督，保证施工安全质量。全年通过金电联公司发放移动布控球295台、单兵和执法记录仪33台，并提供相关技术服务，涉及金额835.9万元。通过公司安质部发放的设备666台，包括505台移动布控球和161台单兵。

【党的建设与精神文明建设】深入学习贯彻党的十九大精神和习近平总书记系列重要讲话精神，全面落实国网公司“旗帜领航·三年登高”计划，实施党委标准化建设，认真履行党员领导干部双重组织生活制度，带头讲党课；领导班子结合“一线工作月”“一线工作日”等活动，深入一线调查研究，解决实际问题；走进工地开展“做好先行官、架起连心桥”主题党日活动，强化党建引领，充分发挥党委领导核心和政治核心作用；每月组织召开党建工作领导小组办公室工作会议和政工例会，宣传贯彻落实党的路线、方针、政策和上级党组织、院党委的工作要求；组织开展党组织书记述职评议，落实党支部“五个标准化”（组织建设、组织生活、党员管理、信息台账、活动阵地标准化）建设工作；充分利用“三会一课”（党支部党员大会、党支部委员会、党小组会，党课），加强对党员的组织、宣传和教育工作，确保上级党委的决策部署不折不扣落实；围绕首都“煤改电”、城市副中心、新机场、冬奥会重点工程建设等急难险重任务，组建党员突击队7支、保障队1支、服务队2支，成立重大活动任务保障临时党支部，有效发挥党组织的战斗堡垒作用，实现党建与业务工作同部署、同落实；合理设置党员管理积分工程，设置计分标准，每月由支委会进行核定和公示，每季度积分靠前的党员授予“党员示范岗”，以看得见的措施推动党员责任落地。

贯彻落实国网公司强化文化驱动工作要求及企业文化建设“旗帜领航·文化登高”行动计划，打造“一廊、一厅、一馆、三家”系统化、立体式的文化宣传阵地，实现“党建+文化”互促共进；开展企业文化建设示范点“百千万”工程创建工作，设计中心获评公司级企业文化示范点；深入开展企业文化政研课题研究，党建示范成果“传承创新、匠心筑梦”获得中国规划协会企业文化课题一等奖；挖掘、选树先进典型，白小会同志获评电力行业首届“最美工程师”称号；建设职工创新工作室平台体系，成立10个专家工作室、2个专业工作室；重视青年创新工作，组织参加国网公司第四届青创赛，“电力冰箱”获得国网公司铜奖，“安全智慧眼”获得公司银奖；广泛开展志愿服务活动，组织党员社区双报道活动，组织春风送暖捐款及爱心衣物捐赠，持续帮扶“渐冻人”王甲，举办暑期托管班，“暖心伴考”志愿服务荣获北京市总工会职工服务中心组织有力、贡献突出奖；市总工会授予经研院电力知识讲解岗荣誉称号，5名同志被认定为骨干职工志愿者；发布企业社会责任沟通手册，积极履行社会责任。

■ 12月27日，经研院组织职工参观“砥砺奋进　电靓京华”改革开放40周年成果展。（杨磊　摄）

（耿　洋）

国网北京市电力公司电力科学研究院

【概况】国网北京市电力公司电力科学研究院（简称电科院）是国网北京市电力公司的直属单位，主要负责技术监督、技术研发、技术支持、技术服务工作；作为公司的电力科学试验研究基地和技术服务中心，负责开展计量器具检定配送等省级集中业务执行。

截至年底，共设置7个职能部门，分别为办公室（党委办公室）、党委组织部（人力资源部）、财务资产部、科技部（技术服务中心）、发展安监部、党建工作部（工会、团会）、监察部（纪委办公室），设置6个专业机构，分别为电网技术中心（信息通信技术中心）、设备状态评价中心（物资质量检测中心）、电源技术中心（照明技术研究中心）、计量中心、节能服务公司、培训中心。（张祎果）

先后获得“首都文明单位”“2018年中非合作论坛北京峰会贡献单位”“北京城市副中心配套电网建设与服务工作突出贡献单位”。

地址：北京市丰台区南三环中路30号
邮编：100075
电话：63677101

【人力资源】截至年底，电科院共有全民职工257人，具有博士学历23人，硕士学历156人；具有教授级高级工程师10人，高级工程师83人，工程师96人，新增优秀专家人才19名。

推荐1人参与享受政府特殊津贴人员选拔工作，1人到国网公司直属单位挂职锻炼，4人到公司本部培养锻炼。8名青年员工到中心、职能部门开展交流，建立横纵联合人才推送培养机制。绘制“高端人才建设”和“青年人才发展”两张蓝图。编制青年人才职业发展“第一个十年”培养规划。分解各部门岗位编制数，组织中心岗位竞聘，对职能部门空缺岗位进行补充。举办中层干部管理提升培训班，全面提升院内中层干部综合素质。开展领导人员在生产、经营等专业管理岗位与党务工作岗位之间的交流，构建领导人员成长和员工发展的双通道。

（郭韶杰）

【安全生产】完成全国“两会”和“中非合作论坛北京峰会”政治保电任务。完成作业现场反违章安全稽查、安全专项检查、隐患专项督查等13项安全支撑工作。完成各类物资检测18551件，发现不合格490件。进行现场安全检查1411次，发现问题627项，整改627项，下发违章通知单7张。修订、新编《国网北京电科院安全工作奖惩实施方案》、电科院部门和岗位安全责任清单等5项安全规章制度。建立招标院长办公会审议长效机制，不断完善招标计划审批流程。

（王　维）

【经营管理】围绕国网巡视检查，对各类经济业务及涉税事项开展全面自查，建立资金安全管理可控、在控、能控的长效机制。完成上年问题清单整改工作，同时对年度综合类问题清单进行梳理，共发现7方面8个问题，年内已完成5项问题的整改。进一步明确资金支付审批权限、总结发布报销齐备性管理办法等9项，深化内控应用力度。

明确党支部党风廉政建设工作绩效考核评价指标，形成并发布《电科院党风廉政建设责任制考核管理办法（试行）》。开展研究党风廉政建设和反腐败工作，组织专题调研3次，并对下级部门（单位）开展“两个责任”落实情况监督检查。总结提炼“电科院加强廉政建设，防控项目风险”，形成典型经验，并在国网报刊登。组织拍摄党风廉政建设和反腐败宣传片3部。完成2016年以来未销号审计问题整改工作26项，完成“煤改电配套工程及电科院院区改造工程”的跟踪审计和“上年充电桩移建”等6个项目的内部审计工作，合理提出整改意见。

（王馨缘　王　超）

【科技进步】全年专利申请145项，授权59项，较2017年提升146%，连续2年获得国家专利优秀奖。2个牵头项目获得国网公司科学技术进步奖一等奖。获得中国电力优秀青年科技人才奖。电科院下设38个专业实验室（在运29个，在建9个），包括2个国网公司联合实验室、1个国网公司技术标准验证实验室，涉及输变电设备运行及管理技术、用电与节能技术、配电网技术、电力信息技术、电网安全控制与保护技术及电测量技术六大研究领域，全面支撑科技创新工作。与北京交通大学联合建立“研究生工作站”，开展项目研究；与海淀公司达成科技共建协议，在新技术、新成果落地转化等方面开展合作。

（马慧远）

【技术支撑】电能替代支撑：国网电能替代技术联合实验室（北京）成功申报国网公司实验室并获得授牌。制定北京山区“煤改电”技术方案，编制“煤改电”停电不停暖技术方案，累计完成“煤改电”技术专题分析12项，撰写技术报告80余份。开展近两年批次充电设施的到货及现场检测工作，完成72台充电设施到货检测工作和2955台充电设施现场检测。开展电动汽车充电设施检测相关关键技术研究，成功研发第四代交直流现场智能检测仪。开展有序充电技术研究与工程实践，建成西八里庄小区54台充电桩有序充电示范站点，探索充电分享、光储综合服务等新型商业运营模式。开展大数据分析，建成电科院数据分析平台，实现电动汽车充电网络规划布局、用户异常分析、客户价值评估、95598工单文本挖掘、物资采购中标价预测以及同期售电量等十余个典型应用场景的大数据分析。

10月29日，电科院举行国家电网公司电能替代技术联合实验室揭牌仪式。（刘佳　摄）

电网技术支撑：成立二次设备评价室和二次设备技术监督室，全年现场监督检查400余次，完成专项报告49份。规划建设配网真型仿真平台，建成配电动模仿真实验室。完成配电终端自动测试平台、故障指示器自动测试平台、智能站二次故障反演平台搭建，提升继电保护及配电自动化专业技术支撑能力。完成理论线损分析，支持同期线损数据分析工作。开展“煤改电”台区线损影响专题分析，支撑公司线损管控指标。开展聂各庄、南苑220kV变电站加装调相机工程后相关参数调整对电网运行方式的影响分析工作。作为第一参编单位编制国家标准《架空绝缘配电线路设计标准》，参与编制各专业行标、企标18项。建成网络安全实验室，完成两次重大政治供电保障任务和公安部护网任务，开展现场安全检查、新建变电站、涉网电厂检查200余次，国网信通部认定首发漏洞139个，较2017年增加66个。承办公司网络安全大赛并取得优秀组织奖、个人技术能手二等奖。“智能门锁安全隐患”成果，在国网网络安全红蓝队建设交流会发布。

■ 6月6日，开展“护网2018”保障现场隐患排查工作。（李群 摄）

设备评价支撑：开展作业现场安全稽查500余处，发现安全违章行为160余项；完成政治供电重点站线评估3400余站/条次，累计发现设备缺陷和隐患6200余处；完成政治保电、通州副中心重要用户等60余座站室带电检测工作，发现设备隐患17处，停电处理设备隐患2处，为保障供电万无一失发挥了重要作用。参加国网公司组织的藏中联网500kV波密站带电检测帮扶工作。国内首个电力设备解体分析实验室投入运行，装备了自动升降台、无影灯、手持三维激光扫描仪等高效解体分析工具，完成输变电设备故障分析17起、配网设备故障分析86起，发现批次产品质量缺陷或疑似家族性缺陷6起；支撑国网公司开展运检环节设备供应商绩效评价，提出评价模型和算法，评价结果应用至国网物资统一招标，获得国网公司肯定和表扬；完成分布式光纤覆冰监测系统建设，实现500kV昌海等4条主要易覆冰线路的全线路覆冰监测；完成雷电监测系统中心站功能扩展建设，全年累计接入200余条线路，发现并准确定位故障7次；金属材料检测范围扩展至110kV及以上全部新/扩建输变电工程以及部分10kV配网工程，3人获超声波无损检测Ⅱ级资质；开展高压电缆和防火板强制检测工作，发现不合格电缆5批；开展冬奥会、新机场等重点工程设备的驻厂监造和见证。

营销服务支撑：全年累计完成检定电能表84.5万只，其他设备106万只，配送供应计量设备78.2万套（以电能表计），平均配送完成时间3.3天，保障了公司“三供一业”“获得电力”“三零”服务等重点工程，获得大兴、顺义等四家供电公司锦旗致谢。提升计量业务监控能力，在公司优质服务“百日攻坚”专项行动期间深入基层开展购电下发时长等问题分析指导，编报技术分析报告12篇，促进公司购电下发时长压减至3.81min。完成电能表状态更换试点工作，配合北京市市场监管局、计量院编制完成电能表检定周期调

■ 12月13日，电科院带电检测援藏帮扶团开展西藏500kV波密站带电检测工作。（何楠 摄）

整相关技术规范，正式出台后将有效解决表计到期轮换问题，产生显著的经济效益。研究高速电力线载波通信技术并取得突破，新技术在128个台区2.34万户试点成功，采集成功率、购电下发时长等指标显著提升，解决了台区户变关系识别，有力支撑公司线损管理工作。

（王伟贤 谷君 赵贺 王海云 李群 秦欢 柏卉）

【科技攻关】国家“863”课题“交直流混合配电网关键技术”顺利通过国家科技部验收。课题研究交直流混合配电网网络结构和规划方法、运行控制和调度策略、保护原理和控制策略等关键技术，实现面向城市不同供电区域之间柔性直流互联和交直流混合环网闭环运行控制，解决高密度可再生能源接入问题，保障交流配电网可靠性。开展北方地区大规模“煤改电”项目与配电网协同规划设计及评估技术研究，形成《清洁取暖电采暖设备标准化配置技术规范》初稿。研究高压交联聚乙烯绝缘电缆护层烧蚀特性，实现电缆护层烧蚀特征和状态的有效评估；研究10kV电力电缆中间接头施工质量缺陷智能识别技术及超低频试验检测技术，实现对施工缺陷智能诊断和预警，制定试验评价细则。研究基于LPWAN技术的电力无线物联专网技术，满足用电信息采集、配电自动化、电动汽车充电桩、光伏、风机、储能等领域的应用需求。

（马慧远）

【党的建设与精神文明建设】 建立党建工作领导小组办公室暨政工工作例会、党支部工作例会制度，制定基层党建工作绩效考核评价指标体系，推行党支部工作积分制量化管理，提升基层党建工作水平。落实“三走进、抓落实、促发展”党员先锋行动，党委班子深入基层扎实开展调研活动172次。完成“两家一阵地、两创一长廊”文化园区建设，形成了可协同宣传展示的两级活动阵地。推进“党建+”模式建设，开展与市质量技术监督局、供电公司“党建+业务”党支部结对共建，保障公司“获得电力”等重点工程任务。开展电科院党员（专家）“一带二、一带三”（一个党员带二个群众，一个党员带三个群众）工作，共签订协议114份。

■ 5月17日，电科院开展与丰台公司“党建+业务”党支部结对共建工作。（陈旭　摄）

成立“电能替代”实验室共产党员突击队，确保“电能替代”实验室按期、高质量完成建设。开展共产党员进社区服务活动，精准对接居民用电服务需求。以“建成国网公司电能替代技术联合实验室”为主题，组织大规模媒体见面会，接待来自20余家主流媒体的调研采访。推进“全国青年岗位能手”刘秀兰事迹宣传，在《电网头条》《中国电力报》等媒体广泛宣传。电源技术中心“智‘绘’充电——电动汽车公共充电设施智能规划平台”项目获得国家电网公司第四届青年创新创意大赛银奖，设备状态评价中心“六氟化硫绝缘设备气体泄漏应急处置系统及成套装置”项目获得铜奖。

（武　赫）

■ 11月14日，电科院参加国网第四届青创赛，斩获一银一铜两个奖项。（陈旭　摄）

（张祎果）

北京电力工程有限公司

【概况】 北京电力工程有限公司（简称工程公司）成立于1953年，是国网北京市电力公司全资子公司。工程公司下设安全监察部、施工管理部、工程技术部等9个职能部室，设输电、变电、电缆、土建等7个专业分公司，设应急抢修中心、综合服务中心及1家集体企业。主要从事电网建设、电网运维检修、应急抢修和主配网入网设备检测相关业务。

工程公司注册资金8800万元，具有国家电力工程施工总承包一级、市政公用工程施工总承包二级、建筑工程施工总承包三级、钢结构工程专业承包叁级、施工劳务不分等级资质；具有承装、承修、承试电力设施许可一级资质，电网工程类调试乙级资格，智能变电站调试A级资格；企业信用等级为AAA级。可以承揽各电压等级输变电工程、变电站建筑施工任务和市政工程施工任务，具备年施工架空线路工程1000km、主变压器安装容量700万kVA、年敷设电缆300km、变电站建筑5座、市政（电力）10km的施工能力。

经过60多年的发展和积淀，工程公司积累了丰富的施工经验。在城市电网建设及电网改造、多回同塔并架线路架设、长距离张力放线、户内型变电站组合电器安装、高压电力电缆垂直敷设、大截面高压电力电缆施工技术方面处于国内领先水平。

地址：北京市丰台区南四环西路188号8区14号楼
邮编：100070
电话：010－63678123

【人力资源】截至年底，工程公司共有全民职工 300 人，其中高级职称 44 人，中级职称 43 人。取得职业技能高级工及以上专业人员 197 人，其中高级技师 17 人，技师 35 人，高级工 145 人。现有注册一级建造师 27 人，注册二级建造师 16 人，注册安全工程师 6 人，注册造价工程师 1 人；1 人获得省公司级专家称号，1 人获得省公司级后备专家称号，4 人获得地市级专家称号，34 人获得公司评标专家资格。加强岗位技能培训，明确培训目标，定期跟踪培训效果，加强考核力度。截至年底完成各项培训班 76 项，培训 2301 人次，全员培训率达 100%。完善中层干部季度测评机制，细化测评维度由 5 个调整细化为 10 个，共完成中层干部测评 242 人次。深化结果分析运用，将测评结果与绩效考核结果挂钩，实现测评结果的动态运用。

加大力度开展建造师培训，制定培训考试方案，明确工作计划。组织二级建造师考试人员 56 人参加封闭培训和考试工作。最终通过 26 人，通过率 46.4%。积极筹备一级建造师考试工作，组织一级建造师考试人员 40 人参加培训考试工作，通过 9 人，通过率 22.5%。

完善绩效考核管理，增加党建工作、队伍建设、党风廉政、综合评价、干部民主测评等 5 项指标，使绩效考核指标实现了业务全覆盖。同时将部门综合评价和中层干部季度民主测评结果运用于绩效考核，直接与薪酬分配紧密挂钩。全年对 84 项绩效考核指标进行了修订，加强了考核的可实施性和公正性。

积极落实国网 12 项配套政策，梳理工程公司组织机构、劳务用工、薪酬分配等制度，补充完善配套制度，测算分析薪酬数据，圆满完成国网公司基建改革配套措施落实情况的验收工作。根据公司的批复，完成工程公司安全管理部门名称和职责的调整工作，组建作业层班组 24 个。

开展工程公司集体企业瘦身健体工作，组织开展集体企业人员岗位评价、岗位竞聘、人员转签及经济补偿工作，基本平稳完成直签员工转签的阶段性工作。

【安全生产】开展贯穿全年的安全专项活动。围绕“安全质量年”主题活动，分为四个阶段进行，“改革落地安全开局”安全活动，组织十二项配套措施宣贯培训，开展作业层班组及核心劳务分包队伍安全管理体系完善等工作；“迎峰度夏安全攻坚战”安全活动，重点开展“六查六防”检查、春季基建安全大检查、基建事故反思教育活动、“一线工作月”活动、安全生产月活动；“夯实安全基础”安全活动，重点开展安全专项治理，制定全员安全责任清单，实施安全责任量化考核；“强网度冬安全攻坚战”安全活动，重点开展十二项配套措施验收、秋冬季安全大检查、春冬季火灾防控、基建隐患排查、安全数据统计分析等工作，本年度主题活动营造了良好安全氛围。圆满完成“两会”和“中非论坛”供电保障的安保工作，完成 3 个安全 100 天，安全生产长周期累计 4383 天，实现了年度安全目标。

深化实施安全责任量化考核。全年开展巡检 481 次，工程公司领导带队的安全大检查（交叉互查）91 次，阶段性开展防感应电、有限空间、高空作业、冬季施工等 9 项专项整治行动。创新采用安全抵押金模式，应用各类检查结果，按照安全工作奖惩管理要求及安全责任等级，全年发布量化考核评分 4 次，实施安全量化责任奖惩 72 人次。

着力开展企业安全文化建设。按照安全生产月活动方案，实施立标杆、建阵地、树典型、“三进班组”活动，下发各类安全宣传材料 5116 套，建立安全宣传阵地 9 处，开展安全教育进班组活动 25 次，组织安全员宣讲员讲安全 37 次，通过 VR 体验设备进行安全意识、技能教育 211 人次，获得北京市安全生产月最佳实践活动奖荣誉。

重点落实“十二项措施”安全举措。抓实“一方案、一措施、一张票”管控，编制典型作业票示范手册，指导新版工作票实施。下发《口袋书》4600 余册并组织各级人员学习，确保所有人员熟悉现场施工风险点、安全措施。全方位开展人员安全教育培训，项目关键人员安全质量培训等内部培训 1524 人次，组织参与公司基建安质培训、公司安全技能等级考试等外部培训 3048 人次。相应岗位作业人员均通过培训考试，实现现有人员 100%持证上岗。

■ 4 月 17 日，架空线入地工程磁吸式吊装施工现场，为保护海运仓胡同与仓夹道路口的古树，工程公司施工时为古树根系留下了 3m 的安全距离。（秀景琪　摄）

【经营管理】全年中标 120 项，中标金额 22.76 亿元，中标金额创历年之最；全年完成施工产值 18.47 亿元，同样打破历史纪录。国网工程中标 7.12 亿元，创历史新高。首次中标 EPC 项目，成功入围雄安市场。首次中标±500kV 北京换流站 B 包工程，运维检修业务实现了通州、平谷、怀柔区域零的突破。

深化技经巡检制度，安排技经人员、工程管理人员深入施工一线开展巡检，对施工中发生的成本费用进行监督和管控，切实解决了一线疑难问题。依托造价咨询单位，介入造价重点疑难工程过程管控，强化工程项目经营审计，降本增效，有效规避了经营和法律风险。全年完成榆横—潍坊、蔚县—门头沟、安定增容等工程结算 169 项。全年完成单项工程成本核算 114 项。全年清理遗留工程 35 项，回收遗留资金 3108 万元。

【工程建设】全年集中施工资源和管理资源，按照“5+1”模式，分为东、西、南、北、中及雄安新区六个战区，突出重点项目，全面统筹施工资源。东部以城市副中心文化旅游区迁改工程为中心，西部以新首钢配套工程为中心，南部以新机场配套工程为中心，北部以冬奥会配套工程为中心，中部以首都核心区架空线入地为中心，雄安以雄奥线路迁改工程为中心。

在各个战区打造综合项目部，减少管理界面、明确专业界面，做到管理不分专业，专业相互支撑，项目部关键人员配置到位，保证工程组织工作顺畅开展。对应项目部同步成立临时党支部，坚持支部建在项目上，筑牢支部坚强堡垒，助力项目部级管理在工程建设组织中的提速提效能力，实现精准精益攻坚。

全年投运基建工程 46 项。其中 500kV 项目 6 项，220kV 项目 12 项，35～110kV 项目 28 项。共完成架空线路 720.37km，敷设电缆 455.67km，变电安装容量 400.15 万 kVA。完成西郊民巷等 22 条街区架空线入地建设任务，完成国管局配电改造等 27 项配网工程建设任务。还有山东环网、张北柔直、房山南蔡、石景山、西白庙等近 31 项主网输变电工程有序推进。

【工程创优】工程公司严格落实标准工艺应用，坚持三级质量检验，在输电、变电、电缆、土建工程中开展隐蔽工程质量追溯卡和影像资料拍摄现场应用，推广应用质量控制标准化作业卡，采用基础超声波检测、导线压接管“X 光”检测、组合电器安装环境净化系统、实测实量等技术手段提升施工及验收质量。开展创优示范工程建设，55 项输变电工程获得国网公司优质工程称号。

【科技进步】积极推进新技术、新设备应用，完成“220kV 通用套管应用方案”“组合电器防尘棚系统应用方案”“二氧化碳气体致裂技术在输电线路岩石基础应用方案”等 6 项新技术施工方案审批。创新成果成效显著，新申请发明专利 5 项、实用新型专利 5 项，发表论文 4 篇，取得发明型专利和实用新型专利各 1 项。“二氧化碳致裂技术及其在输电线路工程岩石基础中的应用”获得国网公司工人技术创新奖；“提高岩石基坑二氧化碳致裂一次成型合格率”等 QC 成果获得公司一等奖 1 项，三等奖 3 项。

■ 7 月 12 日，工程公司员工在烈日下为房蔡工程的第一段展放工作做准备。（贾金源　摄）

【技术装备】开展装备年度盘点工作，梳理、掌握装备情况，编制装备采购计划，更新老旧设备，不断提升工程公司装备水平。截至年底，各专业主要装备情况为：输电专业拥有牵引机 24 台套，张力机 43 台套；变电专业拥有真空滤油机 8 台，真空机组 8 台，SF_6 气体回收装置 8 台，气垫搬运系统 2 套；电缆专业拥有专用放缆、运输车 7 辆，电缆输送机 350 台；土建专业拥有外径 4m 土压平衡盾构设备一套。

■ 5 月 27 日，工程公司首都电力（工程）共产党员突击队开展“推广清洁能源　引领科技创新　构建柔直环网　服务低碳冬奥”宣传活动。（孔君成　摄）

【应急运维】按照“体系完备，装备精良，训练有素，科学高效”的应急工作指导思想。应急抢修中心健全应急组织体系，提升应急响应速度；研发改进相关应急装备，增强了应急装备的适用性，提升了科技技术支撑保障能力；加大应急培训和实战演练力度，提升了应急救援技能和应急任务处置能力。成功研发集成式应急电源子母方舱，获专利 2 项，获公司青创赛银奖。成功进行成果转化和生产销售，已销售母舱 30 余台、子舱 500 多台。组织开展国网应急技能培训、带电作业、无人机驾驶、野外生存、水面救援等 19 项培训；完成了北京市 5·12 主题纪念活动电力应急演练、防汛、大面积停电等 11 项应急演习；圆满完成年度全国安全宣传咨询日汇报演习和电力应急队伍装备展示，获国家领导和北京市领导好评。圆满完成城区、大兴、密云等地防汛应急和 6·26 顺义极端恶劣天气倒塔应急抢修等任务及全年重大政治活动和节假日应急值守工作。

加强运维管控，开展 500kV 通朝、安朝及 220kV 三北一、二线路巡视工作；在原有顺义、昌平、大兴三个地区线路检修工作的基础上，全年增揽了怀柔、平谷两个属地公司的检修业务；组织反外力专项活动，加强线路巡视，实施风险隐患 24h 监守，确保线路平稳运行；全年消除树线矛盾 2 万余棵，消除线路缺陷 367 件，消缺率 100%；完成春节、全国“两会”“一带一路峰会”政治供电保障任务，得到国网公司和公司的肯定。

10 月承接通州公司 83 条输电线路及 36 座变电站运维检修工作。其中通州输电运维人员 12 人，负责通州输电线路正常运维工作；变电专业运检人员 8 人，负责通州境内 36 座变电站计划检修任务，日常缺陷处理。输电专业完成 110kV 北府线、北府疃支、通武一二、通武一二甘支及 35kV 牛翟线 7 条线路的综合检修工作。变电专业完成市府东、市府西等变电站 10kV 断路器检修、试验、保护校验工作共计 34 路，停电处理永顺、疃里消弧线圈调档失败缺陷；停电处理甘棠，市府西合并单元家族性缺陷，并完成了望君疃、于家务两座 110kV 变电站的设备检修及保护校验工作。

【党的建设与精神文明建设】坚持支部建在项目上，先后成立了冬奥会配套工程、张北柔直工程、核心区架空线路入地工程等 6 个临时党支部，实现重点工程项目部临时党支部全覆盖。组织实施“党建+聚力攻坚”，7 月 1 日，围绕“东、西、南、北、中”等重点工程建设，组织会战誓师暨主题党日活动，授旗成立 6 支党员突击队，200 余名党员参与活动。结合建企 65 周年，党政工团联合开展“以拼搏为美”主题系列活动，先后组织了“向劳模致敬”“向青春致敬”“向行动致敬”等 5 项专题活动，累计参加 900 余人次。依托国网“青创赛”，带动青年创新创效，“电缆线路快速恢复技术”荣获国网公司第四届青创赛金奖，“子母应急充电方舱”和“输电线路立体安防技术”获得公司银奖。依托职工之家和文体协会，建立文体活动常态化管理机制，加强职工小家建设。定期开展文体活动及友谊赛，丰富职工业务文化生活。多次策划重点工程及应急专业设备新闻发布会，邀请中央、行业媒体记者走进施工现场，开展重点工程建设和典型先进人物的宣传报道。全年在《北京电视台》《人民日报》等社会媒体报道 40 余次，在公司媒介平台发稿 285 篇。

（秀景琪）

国网北京市电力公司检修分公司

【概况】国网北京市电力公司检修分公司（简称检修公司）成立于 2012 年 5 月 24 日，由原变电公司、输电公司、电缆公司和带电作业中心四个单位整合而成，所辖设备覆盖首都全部 16 个区县，是国网北京市电力公司规模最大的二级单位。检修公司下设 7 个职能部室、12 个专业生产中心、2 家集体企业，共管辖变电站 269 座、架空输电线路 577 条 5142km、电缆线路 964 条 2422km。固定资产总额 772 亿元。2018 年，检修公司获得年度国网公司安全生产先进单位、首次获得国网公司先进集体等称号，获得首都文明单位标兵、党的建设功勋单位等称号。

地址：丰台区万泉寺（菜户营南路）石门甲 1 号
邮编：100069
电话：010－63120400

【人力资源】截至年底，检修公司共有职工 2396 人。其中，长期职工 1183 人，主业劳务派遣职工 105 人，集体工 118 人，集体企业社会化用工 990 人。全民职工中本科及以上学历 672 人；高级职称 157 人，中级职称 203 人；技师及以上职业资格 804 人，高级工 163 人。

开展技术专家和创新成果走进中心组活动，领导带头学习，加快人才培养和创新步伐。始终坚持党管干部原则，印发《关于进一步提升广大干部新时代新担当新作为能力的意见》，加强干部队伍政治素质和能力建设。坚持在重点任务、重点工程、重大供电保障工作中培养锻炼干部，有效提升干部履职能力和业务素质。累计调整中层干部 70 人次，提拔任用 6 名科级、11 名副科级干部，16 名干部走上职员职级序列，检修公司中坚力量进一步加强。号召各级干部把人才建设当作第一要务，并积极探索纳入考核体系。选拔优秀青年担任战区管理排长，统筹负责本排、本站多项业务管理，为青年员工“压担子、铺路子”。创办“青年创新培养学校”，30 名青年员工圆满完成结业答辩。在公司工作票填写竞赛中斩获一等奖；配电不停电作业技能竞赛包揽团体及个人一、二等奖。检修公司涌现出大量先进集体和个人，13 个班组获得国网公司先进班组，王府井巾帼班荣获“北京市工人先锋号”，长椿街运维班荣获公司“企业文化建设示范点”，团委荣获北京市五四红旗团委。65 个团体、400 余名职工被评为各类先进。

■ 2 月 11 日，检修公司召开青年员工培养创新工程启动暨创新培养学校成立大会。（尹星　摄）

【安全管理】检修公司全年未发生人身伤亡事故、信息系统事件，未发生五级及以上电网、设备、火灾事故，未发生有管理责任的五级安全（质量）事件，未发生恶性误操作事件，未发生本企业有责任的特大交通事故，实现了 3 个百日安全长周期。

组织安全生产风险周审核，审核一级及以上风险 480 项。创建风险防控主题活动，发布分级分类风险预警提示 51 期。检修公司领导及管理人员现场把关 5955 次，反外力监控中心纠正自管通道护线人员不到位等行为 1.8 万次，确保了作业现场的安全。推进管控业务标准化、规范化开展，共执行二级及以上风险管控 1153 项、危急缺陷管控 2225 项、度夏度冬防汛管控 111 项，提升生产业务全过程精益化管理水平。加大安全生产奖励投入，发放奖励 359.32 万元，其中专项奖励 103.5 万元，考核奖励 32.88 万元。

【专业管理】全面护航政治保电。以战区管理为保障，突出党建引领和科技支撑，全体干部共同努力，夺取了全国“两会”“中非合作论坛北京峰会”、庆祝改革开放四十周年大会等供电保障的全面胜利。完成政治供电任务 151 项、322 天。累计运维巡视变电站 2.3 万次、输电线路 12.4 万 km，投入人员力量 10.97 万人次。获得“中非合作论坛北京峰会”突出贡献单位称号。

有效迎战春秋检和度夏度冬。面对夏季北京电网最大负荷 4 次创历史新高，强降雨等极端天气频发等挑战，检修公司上下提早部署、超前管控、行动迅速，成功应对夏季 2356 万 kW、冬季 2128 万 kW 历史最大负荷、“6·26”顺义倒塔等考验，确保了设备平稳运行。扎实开展春秋检、消缺检测等工作，APP 执行任务 4.2 万项，停电检修 4272 项，消除缺陷隐患 8100 件，存量缺陷首次下降 29.9%，奠定了首都电网安全稳定的根基。

■ 9 月 3 日，检修公司运维人员在王府井变电站开展保障工作。（尹星　摄）

全面夯实运检管理。完成全部变电站、输电和电缆线路自查，变电运维试点开展辅助业务外委，满足周期和差异化检测要求；变电检修专业将变电站视频监控业务、电量采集装置处缺及维护工作外委，处缺率同比提升 20%。输电检修专业建立业务核心支撑队伍，开展输电线路带电登检。电缆专业开展家族性电缆整治和老旧隧道综合治理，电缆精益化管控系统按期推进，灭火弹有效覆盖率 100%。不停电作业南、北中心正式投运，初步形成辐射全北京的带电作业格局。总体设备故障率持续保持下降，设备本质安全水平进一步提升。

【生产建设】全力担当主网工程建设任务。夯基础、重质量，圆满完成220kV韩村河站、荣华站、上庄站等变电站扩建工程，京秦高速、首都环线高速等迁改工程；以及主变压器更换、接地网大修等大修技改项目599项、资金7.85亿元，有力确保了主网平稳运转。线路和变电工程量分别是2017年的3.7倍和2.3倍。

全力保障公司重点项目实施。优化验收举措，缩短验收周期，确保了18座变电站、388km输电电缆线路全部按期投产。服务公司“东西南北中”重大项目，承揽了东部副中心、南部新机场、北部冬奥会（世园会）电力配套建设等工程137项。通州三联供、密云“煤改电”、京张高铁迁改等工程顺利竣工。获得北京城市副中心配套电网建设与服务工作突出贡献单位称号。

■ 9月3日，检修公司运维人员在苑桥线开展输电杆塔测温。
（尹星　摄）

全力协助打赢优质服务百日攻坚战。始终坚持“最大的优质服务就是保障主网安全”的服务理念，高效完成服务客户每一环节的工作。结合客户用电与客户需求，开通绿色通道，压缩办理时间，快速处置电缆通道断面审批337项；实施间隔修校试278个，有效提高线路切改时效；做好带电接火和发电车准备，执行带电作业任务2048项，出动发电车2817台班，助力公司营商环境优化等工作。

【改革创新】体制机制实现改革突破，平稳实施通州和电缆分公司业务及人员划转，成立柔直调相机运检中心，开辟发展新地标。领导带头提出19个创新项目，自上而下，将创新理念和创新意识层层传导。职能和基层单位开展“管理提升”，改进工作方法，自下而上提升工作管理水平。“安保防恐‘5+1’标准化建设”获得公司管理创新一等奖；“电气机柜防尘网研制”QC成果荣获国网公司二等奖及电力行业协会特等奖。8项管理创新、6项QC成果分别获得北京市、电力行业和公司奖项，成果数量和质量居公司基层单位之首。首次将移动变电站应用于110kV周易站度夏解重载工作。开发状态监测平台并在220kV草桥站完成试点应用。取得33个专利，完成数量是公司要求数量的2倍。“绝缘杆作业法带电接引新技术”夺得北京市青年源创新大赛金奖。

【经营管理】倡导“调研是引导、调研是发现”，常态推进“一线工作日暨周调研”，累计开展69期，收集、答复、反馈问题117个。首次开展全年总结和务虚“三上三下”，有效激发各层级对业务和管理工作的思考。通过“结对子”“面对面”等交流形式，常态化提升安全意识和安全能力。领导带头，主业产业协同配合，大力推进长期挂账项目遗留问题，清理长期挂账工程项目19项，涉及资金1.74亿元，完成进度85%，有力防范了隐患风险。克服房产数量多、遗留问题多等难题，顺利完成1438户“两供一业”移交工作。固化消防检查、隐患排查、风险管控等重点工作，确保生产有序，常态纠偏。高质量配合国网公司巡视，快速响应、高效联动，严谨规范完成任务。持续开展“每周一查”36期，结合巡视、废旧物资和工程建设等重点，开展专项检查7次。紧盯重要时间节点和关键岗位，加强廉洁风险提示，履责约谈100%覆盖。京电集团承揽工程468项，完成产值8.4亿元。

【党的建设与精神文明建设】健全完善党委议事规则，扎实开展党建工作考核评价，稳步推进党委、党支部的标准化建设。举办“牢记使命　主动担当　共筑安全”主题宣讲会，推动党建工作往“实里走、深里走、心里走”。成立10个责任战区、33支先锋队伍、43个临

■ 7月18日，检修公司召开管理党员充实一线共筑安全启动会。
（尹星　摄）

时党组织和209个党员责任区。10支管理党员应急保障预备队主动支援基层、冲锋一线。开展管理和基层“结对子”、安全意识“四提升”系列活动，80余名中层干部开设微党课。打造首都电力特色党建品牌，《北京日报》整版刊发王府井巾帼站相关内容。《功夫》《高压线下的你我他》荣获“中电传媒杯”行业优秀影视作品。团委荣获北京市五四红旗团委。选举成立新一届工会委员会、团委委员会。成功组织592人分6批次疗养，确保职工身心健康。积极组织足球联赛、书法、健身等文体活动，举办“我要上春晚”才艺大赛，营造良好文化氛围。

（刘　丛）

国网北京市电力公司信息通信分公司

【概况】国网北京市电力公司信息通信分公司（简称信通公司）是国网北京市电力公司信息和通信业务的专业支撑机构，负责公司信息与通信系统的建设、运行、维护工作。设置党委办公室、党建工作部（监察部）、财务资产部、党委组织部、安全监察质量部、技术发展部6个职能部门，信息通信调度监控中心、信息通信运检中心、信息通信工程中心3个专业机构。

地址：北京市大兴区地盛北街2号院
邮编：100176
电话：010－63123865

（赵欣阳）

【人力资源】截至年底，信通公司有全民职工211人，平均年龄38.6岁。其中研究生及以上学历80人（其中博士4人），占比37.9%；本科学历82人，占比38.9%；大专学历22人，占比10.9%；大专以下26人，占比12.3%。高级职称47人，占比22.3%；中级职称40人，占比19%；初级及以下职称124人，占比58.7%。高级技师54人，占比25.6%；技师32人，占比15.1%；高级工29人，占比13.7%；中级工及以下96人，占比45.6%。

信通公司推进专家人才队伍建设，强化专业技术人才培养，人才当量密度达1.2014。累计遴选国网公司级专家人才5人；省公司级专家人才2个、后备2人；市公司级专家人才4人、后备2人，初步建成分类分级优秀专家人才梯队。完成培训6660人次，人均学时736.48h，员工培训率达100%。组织员工参加专业技术资格评定以及相关行业的技能培训、鉴定工作，其中，4人评定为中级专业技术资格，6人评定为高级专业技术资格。7人通过高级技师、1人通过技师考试，并取得相应证书。

（赵欣阳）

【经营管理】完成财务专业全年绩效考核评价指标，其中可控费用完成37807.60万元，预算执行率达到100%；工程竣工转资金额17717.26万元，转资率达到100%。

截至年底，信通公司资产总额171777.95万元，同比下降3%。全年完成资金支付金额共计60909.02万元，同比增长15.51%。修编资金支付审批工作细则1项，报销管理细则1项，全年开展专题培训3次，各专业员工共31人次参加培训学习。

落实公司问题清单工作要求，完成“加快两供一业分离移交”和“进一步深化集体企业改革”2项整改决议的整改任务。完成年度资金安全专项自查、互查及跨省检查，检查共覆盖39个风险点，编制各类自查、互查、整改完善提升等工作报告4项。

完成管理创新课题研究，创新成果“集中支付环境下资金安全管理实践”荣获第三十三届北京市企业管理现代化创新成果二等奖。

（姬君婷）

【安全生产】全年完成3个百日安全长周期。未发生电力生产人身轻伤及以上事故，未发生统计和考核的一类障碍及以上事故，未发生信息安全事件，累计安全生产2491天。

完成“两会”、中非论坛等重大政治活动信息通信保障工作40项，保障51天，投入信息通信保障人员1014人，保障各类会议3079次14266h，修编各类筹备方案、专项预案、应急预案98项，组织培训演练80余次，圆满完成各项保障任务；编制信通公司岗位责任清单。

落实国网公司强化本质安全30条要求，监督各级安全责任落实，深入开展专业能力提升等主题活动。组建检修专区，强化三级（公司、工区、班组级）安全监督模式，增强安全监控中心远程监督作用，严格闭环问责，全年检查现场871个，共组织3次“一线工作月”活动，各级领导及管理人员426人次，实现安全监督全覆盖，全年查纠违章15项，下发违章通知单 8 张。实现作业现场安全监督全覆盖。继续推进量子保密应用落地，在重大政治保障工作中发挥重要作用。

■ 11 月 29 日，信通公司代表队参加首届网络安全攻防大赛。 （柳阳 摄）

全年开展专项安全培训 10 次，内外部员工近 3200 人次参加准入考试。结合专业特点策划安全活动，创新培训形式，举办信通安规、有限空间等培训，信通公司代表队获得了“北京市城市管理委员会第二届有限空间作业大比武——电力行业三等奖”。

（骆　娜）

【科技进步】信通公司加强原创性成果培育，优化科技创新体系，全面提升创新谋划能力和创新应用能力，加大成果转化和推广力度。完成专利申请 14 项，其中发明专利 11 项，实用新型专利 3 项。获得发明授权专利 5 项。“网络与信息安全风险监控预警领域的技术研发与试点应用”“面向电力生产的可穿戴智能设备的单兵系统技术研究与应用”“面向电力生产的 VR 虚拟实训系统及 MR 检修系统研究”等三个科技成果申报公司科技进步一等奖；“基于气象预测的精准防汛研究与应用”“北京电力移动办公研究与应用”“基于营销的一体化售电业务研究和应用”“百日攻坚优质服务购电下发提升研究应用”“水电气热四表合一抄收系统建设实践”“800 兆集群智能语音激励调度台”“基于 X86 平台的 SAP ERP 系统架构改造实践”“无线公网管理系统”等八个科技成果申报公司科技进步二等奖；“可实时更新拓扑的信息故障智能研判和可视化远程处置脚本编排工具”“基于机器数据引擎的营销售电业务购电数据积压监测和自动告警”“800 兆集群终端便携式电池”“公司软件定义网络（SDN）技术实践与应用”等四个科技成果申报国网公司群众性创新一等奖；“北京电力‘百日攻坚战’智慧电网移动应用实践”成果申报国网公司群众性创新二等奖。

■ 9 月，信通公司圆满完成中非论坛保障工作。 （柳阳 摄）

（王　未）

【优质服务】超前筹备保障任务，编制应急预案 200 余份，开展演练 86 次，开展指挥中心会商室建设，实现指挥系统 $N-1$ 热备运行，关键设备无损切换。周密安排会时保障，投入保障人员 505 人，对 115 座通信站、950km 通信光缆、30 个信息系统 24h 监控，确保了通信网坚强可靠、信息系统稳定运行、指挥装备体系高效顺畅、网络安全态势平稳，获得保障特殊贡献单位称号。

营销类系统全面支撑公司 823 万用户用电业务，日均售电 11.6 万笔 3127.14 万元，居民网络渠道交费占比 91%。全年完成 4435.3 万笔 117.28 亿元。“煤改电”用户电费补贴下发，实现下发零差错。当日错收电销账与日间核账业务连续 9 年无差错。“掌上电力”APP 最大日累计访问量 13.5 万次，日购电 8100 次，微信平台日均访问量 7 万次，日均点击次数 12 万次，各项数据均创历史新高。186 全年接听客户来电 86376 个，处理工单 56544 张。受理继电保护等各类通信业务通道申请 336 项，开通通道 1120 条。圆满完成一级会议保障 214 次。

（王　未）

【党的建设与精神文明建设】落实党建工作责任制，成立党建工作领导小组，完善党建联系点机制，健全党委议事规则和决策程序，全年召开党委会 35 次，研究议题 91 项。充分发挥三支队伍的先锋作用，融入重大政治保障最前沿。在重大政治保障期间，成立 5 个临时党支部，组建 2 支党员突击队、5 支保障队、1 支服务队。规范“三本六盒一证”，全面建成 6 个支部党员活动阵地。积极策划“党建+”模式建设，推荐《党建+安全管控》《党建+大数据应用》《党建+数字电力》三份成果报送公司。推进党员“一带二、一带三”活动，签订帮带协议 79 份。

■ 6月29日，信通公司组织开展主题党日活动（张家务授旗）。（柳阳 摄）

全面启动企业文化示范点“百千万”创建工作，完成信通公司级企业文化建设示范点1个，并被评为公司级企业文化示范点。积极参与社区活动，8月党员服务队与西长安街街道共建开展了“礼让斑马线”志愿倡导活动，引导广大市民树立文明交通意识。开展“青春光明行”志愿活动，广大团员青年奉献爱心，为新疆和田地区中小学生捐赠国语图书800余册。坚持以“价值传播”为引领，围绕“春检”“两会”“迎峰度夏”等专题开展主题传播。全年在国家电网等对外媒体发布稿件5篇，公司首页基层动态发布新闻219篇，视频新闻15篇，在信通公司网页发布公司新闻318篇、部门动态421篇。

（王　辉）

国网北京市电力公司培训中心

【概况】国网北京市电力公司培训中心（简称培训中心）是国网北京市电力公司职工教育、人才培养的基地，担负着公司党政领导干部、管理人员和技术技能人员培训、职业技能鉴定工作，承担各类会议的服务保障。培训中心现有模式口、亦庄2个校区，总部设在石景山模式口校区。共设置8个部门，职工总数129人。

年内荣获首都文明单位、北京市交通安全先进单位称号，获公司2018年配电不停电作业、配电自动化专业技能竞赛优秀组织奖及公司2018年网络安全技能竞赛优秀组织奖。2项QC成果获北京市第七十三次QC小组成果发表会三等奖，1项课题荣获国网公司系统党校党建研究实践最佳课题。

地址：北京市石景山区模式口三号院

邮编：100041

电话：010－63679500

【培训工作】完成公司领导干部培训、新入企员工培训、中非论坛供电保障培训、青年员工回炉培训等重点任务，全力保障公司工会换届选举顺利落幕。牵头筹划、深度参与11项竞赛调考集训组织工作，财务调考取得国网第三名，后勤知识竞赛取得国网第七名，调控知识竞赛及电缆技能竞赛均取得国网第十名。全年完成各类培训、会议、考试、鉴定、竞赛等共311期，培训量达到46228人次，培训任务完成率达到100%，重点班次综合培训满意率达97.6%。落实全年鉴定评价任务，完成29个工种1249人次鉴定考试工作。完成专业技术资格认定818人、评定743人。完成国网级专家人才业绩考核107人、省公司级和地市公司级专家人才考核466人。承接国网公司网络大学生产技能课件案例开发工作，完成5个岗位小类的资源梳理，开发案例129个、微课68门。结合营销、继电保护等专业的微课案例开发二类项目，完成课程体系搭建工作。整合内部精品课程资源，制定精品课程试讲计划。打造金牌课程，发挥专职培训师专业特长，开发《职业道德与礼仪》《结构性思维》《情绪管理》等课程和配套课件。组队参加电缆安装技能竞赛、后勤知识竞赛等6项国网公司竞赛；组织不停电作业、网络安全等5项公司级竞赛调考项目。加强网络培训计划编制与实施，完成2018年网络大学优秀培训资源评选工作。推进网络大学课程体系搭建，开发完成调控运行人员及PMS 2.0系统9000道试题，培训资源应用于各类培训测试工作中。完成“京电微课堂”APP发布，开发培训班管理模块，实现阶段性测试。推进“京电人资”微信公众号优质培训信息发布工作，“互联网＋”培训内容不断丰富。

【党校建设】服务公司核心业务，分析公司重点任务，实现与公司业务部门的有效联动和无缝衔接。把握自主课程开发、自主项目研究、自有师资授课的党校专业化发展方向，围绕“习近平新时代中国特色社会主义思想”，开展党员党性教育培训总体规划。开展党校自主实施培训班次的可行性研究与探索，先后开展培训 31 期，累计参训 4100 人次。落实公司党委“打造首都电力特色党建品牌 争创更具影响力成果”工作要求，设立“两个金牌”项目评选，全年共开发完成公司级培训项目 3 项，政策研究课题 5 项，国网课题 1 项。完成党校课程体系建设、17 门精品课程和 15 门微课开发工作，打造金牌项目。建成党性教育基地、廉洁教育基地、危机管理情景模拟实训室等系列实体化阵地，开拓一系列红色现场教学点，完善党校师资库、案例库、课程库及项目库。

■ 3 月 15 日，公司党委第三巡察组向培训中心反馈巡察情况。
（马建飞　摄）

【经营管理】高质量完成国网巡视接待保障任务，第一时间成立由中心党政主要领导挂帅的专门工作小组，做到“零缝隙衔接、零时间响应、零差错落实”；保障期间建立全天候值班值守和全过程管控工作机制，保障工作得到国网巡视组、公司领导及巡视配合人员的一致肯定。以巡视巡察整改工作为着力点，梳理中心劳动组织、用工配置、薪酬福利、绩效管理、培训开发等问题，明确整改要求，制定进度安排，查找管理中存在的薄弱环节。关注重点问题，深入剖析原因，以整改促提升。优化全员绩效考核体系，推进全员绩效考核管理工作，在广泛征求意见基础上，提出绩效工资二次分配方案。落实公司成本压降任务，从业务源头强化预算管控，提高成本精益化管理水平。细化现金流量预算管理，提升“横向融合、纵向延伸”的全方位管控能力。对接公司专业部门，牵头完成全年培训需求调研及公司级培训项目计划编制。利用现有资源，打造“两个金牌”，选育金牌讲师，打造专业化培训师队伍。建立中心“雏鹰”人才库，强化培训核心竞争力，挖掘各专业人才潜力，激发员工培训教学和项目研究动力，为专业领航工程提供人才保障。

【服务保障】开展场地布置、客房调整、设施更换等工作，提升公寓和餐厅硬件水平，营造温馨、舒适的工作环境。调整优化学员餐厅布局摆放，更换餐具桌布，美化就餐环境。加强对菜品质量的监督检查，将重点节日与重要餐食融合搭配，使学员在就餐中感受培训中心服务的贴心用心，获得参训学员和主办方肯定。校园环境整治成效明显，完成供水管线更新、地面夯实及柏油路面铺设工作。基本完成“两供一业”分离移交，家属区管理正式步入社会化、规范化的轨道。按期召开安委会会议，部署安全管理工作。组织全体员工开展交通安全、消防安全专题培训。

■ 12 月 17 日，培训中心举办“两个金牌”评比展示会。
（马建飞　摄）

【党的建设与精神文明建设】贯彻落实公司党建工作绩效考核，结合实际细化分解，制订《党支部工作绩效考核实施细则》，将党建工作纳入全员绩效管理体系。推进支部标准化建设，以“三本六盒一证”为抓手，推动支部工作系统化、规范化。组织党员群众参观公司改革开放四十周年成果展，感受公司的发展壮大。切实履行党建“一岗双责”，各级干部注重把党建融入业务工作。巩固“三带头、三强化”长效机制，班子成员开展“一线工作月”活动 140 余次，组织党员开展“一带二、一带三”活动，签订协议书 94 份，推进党员与职工群众帮带工作。深化共产党员服务队建设，开展电力爱心教室和志愿帮扶。围绕巡察和自查自纠发现问题，制定整改措施91项，明确时间节点，实现销号背书，按时完成全部整改工作。研究制定党风廉政建设“两个责任”清单35项，明确履责要点，细化分解任务，推动党风廉政建设和业务工作深度融合。结合业务实际，重点推进4个协同监督项目，聚焦培训项目劳务费支出等工作，通过监督检查发现问题和风险隐患，有针对性地制定解决防范措施。培训中心工会全面落实企业民主管理，圆满完成工会换届选举。依托中心微信公众号、部门工作群、周例会等传播渠道，开展形势任务宣传，推进“线上线下”双通道。举办端午节、中秋节特色手工活动，推动传统节日与职工文化的深度融合。发挥兴趣小组平台作用，组织开展文体活动。坚持党建带团建，开展“新时代、新青年、新作为”主题教育活动。积极参与公司第四届青创赛，1个项目荣获公司铜奖。

（卢　焰　娄　强）

国网北京市电力公司物资分公司

【概况】国网北京市电力公司物资分公司（简称物资公司）作为国网北京市电力公司直属二级单位，承担着公司大宗物资招标、采购和仓储配送以及非电力物资供应重任，主要负责公司各单位物资供应和物资仓库管理，物资计划收集、汇总和结算审核，招标和非招标物资采购、合同签订和结算，履约协调，产品质量，供应商关系管理，仓储配送，废旧物资处置及应急物资管理等工作，是公司物资保障机构。

物资公司领导班子成员5人，下设综合管理部、党建工作部（监察部）、财务部3个职能部门和招标工作部、物资采购部、物资计划部、合同管理部、质量监督部、物资供应部（含物资调配中心）和仓储配送部7个业务部门。

地址：北京市西城区樱桃二条七号
邮编：100054
电话：010－63679119

【人力资源】截至年底，共有全民职工140人。其中研究生及以上学历34人，本科学历76人，专科学历16人；高级职称16人，中级职称26人；技师及以上执业资格55人，高级工16人。

开展新入企员工岗前培训工作，召开新入企员工阶段性实习总结暨国网公司集中培训动员会，组织新入企员工到燕郊中心库参观学习，对新入企大学生及重点岗位员工进行廉洁从业宣教培训。组织员工参加劳动争议仲裁案件的庭审活动，加强员工对法律规章制度的学习。组织青年员工参加“青春雷锋行”主题活动，弘扬“五四”精神。开展工会干部、班组长和青年员工培训活动，落实公司加强工会标准化建设要求。开展专家人才申报专题培训，为物资公司发展提供人才保障。开展业务专题培训活动，分别就计划管理、协议库存、合同签订及结算管理、招标投标、供应履约、质量检测与监造和仓储配送等环节的业务流程进行讲解，并组织召开网络安全工作专题会和开展全员制度考试活动。

【安全生产】全年没有发生人身轻伤以上上报事故，没有发生设备、防火防盗事故和上级考核的指标，截至12月31日，实现了安全生产10900天，防火13841天，交通安全14042天。安全管理基础有效夯实。制订《国网北京物资公司安全工作奖惩实施细则》。编制部门及岗位安全生产责任清单330项，涉及部门安全职责95项，重点岗位51个。开展安全生产问题专项梳理、“六查六防”专项行动，迎接公司专项检查6次，开展内部安全检查12次，全面排查整治各类安全隐患32项。消防安全全面提升。制定物资公司消防隐患排查细则，排查和治理办公区和库房消防安全隐患，解决7项，其中3项威胁办公区多年的安全隐患得到彻底整治。开展仓库消防设备规范操作培训，编制印发设备安全操作手册。加大物资库房和办公用房安全投入，修复库区消防稳压系统，完善防火安全制度，加强消防器材配备。启用牛街办公楼消防泵房，完善办公楼消防设施。完成白浮仓库和大石河仓库移交，厘清仓库安全职责界面。度夏度冬安全平稳。健全物资应急保障体系，编制《2018年物资应急保障工作手册》。增加防汛物资储备，严格落实物资应急和防汛工作责任制，组织开展应急防汛演练。发布Ⅲ级及以上预警11次，应急人员140人次。成功应对“6•26”顺义恶劣天气倒塔事件，连夜启动物资应急响应，物资应急队员和后勤保障人员以最快速度到达现场参与应急处置。

【科技进步】选派优秀人才参加国网公司竞赛调考活动，其中后勤专业 1 人代表公司参加国网公司后勤专业知识竞赛，获团体第 7 名；另有物资专业 7 人、财务专业 1 人参与相关竞赛备赛工作。青年创新团队围绕物资公司发展改革难题开展项目研究，获公司管理创新二等奖、科技进步三等奖、QC 活动二等奖等 6 项奖励。在公司第四届青创赛中，斩获银奖 2 枚，铜奖 4 枚。

■ 6 月 27 日，物资公司针对顺义区突发短时极端冰雹天气导致的停电故障进行应急物资供应保障。 （尹方舒　摄）

【经营管理】把好计划提报质量关。开展综合计划业务。组织各部门进行储备项目填报，配合公司发展策划部完成固定资产零购项目的审核、评审及三上三下修改工作；组织本单位综合计划执行情况跟踪分析和预警提示，协调有关问题，提出调整建议。完成输变电设备、材料物资协议库存需求计划上报工作。根据国网公司进一步扩大输变电工程物资协议库存采购供应实施范围的工作要求，提前梳理近 3 年采购需求情况，结合工程实际进度对 2019 年实施项目、履约交货、审核要点进行预测。深化物资标准化工作。联合基建、运检等技术管理部门、运行单位及设计单位，开展公司常用物资且贴合实际情况的固化 ID 技术编制工作。深化物料精减工作，依据国网公司下发的标准物料 6263 条（优选 1792 条、可选 2853 条、限选 1618 条），压减后物料 5058 条（优选 1540 条、可选 2230 条、限选 1288 条），位居国网公司前三。

开展招标采购工作。首次应用 ECP 招标模块实现电子化开评标，首次开展远程异地评标，完成物资公司协议库存公开招标任务，承担国网公司 1760 个物资及非物资招标采购评审细则修订。适应国家招标法规调整，首次应用“中国招标投标公共服务平台”发布招标公告。编制物资公司《招标采购现场监督要点》和《招标采购工作重点环节及风险提示》，逐步建立招标关键环节备案及检查制。

组织合同集中签订与合同结算会。牵头进行物资超期合同全面清理，开展超期合同 1471 条订单梳理工作，核实订单金额 13.82 亿。以结算中心为主体，进行应付暂估清理工作。按照国网公司保证金清退专项整治活动要求，对系统中涉及的质保金 58100 条，33.57 亿元的订单进行梳理分析，提出解决措施。梳理供应商服务中心流程与职责，完成“一站式”供应商服务中心建设。学习贯彻《国家电网公司供应商服务中心管理细则》，完成“提升采购设备质量”各项宣传工作。

确保重点工程物资供应。主网全年完成物资履约供应 5608 条，涉及订单 2594 条，资金 20.95 亿元。保障电网建设物资到货，确保冬奥配套、新机场配套等重点工程物资的高效、高质量履约，全年开展 156 项基建工程物资供货，其中 45 项已投产，25 项物资已到齐，66 项正在物资图纸确认、生产及到货阶段，20 项工程物资跟踪中标情况。每月召开主网工程物资调度会，协调解决各类问题 107 项，发布主网工程物资履约月报（周报）8 期。发布预警 89 次，其中 17 项升级督办，共办结 45 项。

■ 8 月 12 日，物资公司组织针对通州副中心工程所需物资进行到货验收。 （尹方舒　摄）

推进物资仓储建设。对燕郊仓库库存待报废物资进行废旧物资报废处置，完成废旧物资处置相关手续、技术鉴定、资产评估、ERP 系统账务处理及废旧物资出库全流程的工作，处置废旧物资原值 1813.47 万元，包含多种型号废旧变压器共 25 台，电力电缆约

210.128t，各类金具约 3.138t，铜芯铝绞线约 167.839t，废旧电缆沟槽 1785 套等 115 条废旧物资，回收金额共计 750 万余元。以燕郊仓库为试点，开展物资仓储 PDA 咨询服务及实施推广项目建设工作。配网履约工作全年共组织开展专项督导 14 次，催交、催运 30 余次，供应商约谈、专项协调会 40 余次，被约谈问题供应 50 余家，收集各建设单位履约问题 60 余项，中心库项目物资在库周转累计已达 17.5 亿元。在仓库标准化建设工程方面，物资公司生产技改大修项目共 7 项，金额 1003 万元。项目全部竣工，完成项目结算转资工作。完成质量监督工作。开展专项抽检，对存在电缆保护管严重质量问题的供应商进行合同经济处罚。全年对质量问题供应商进行合同、不良行为双轨处罚。实施“质量换货单”制度，落实“提高物资质量”要求。整改验收分为文件、现场双验收，节省验收人员人力、时间和资金成本。对核实标准按照资格预审标准进行部分修改，并对新的核实标准组织集中学习和对口专家指导。

■ 9 月 17 日，物资公司组织针对煤改电工程所需物资进行到货验收。（尹方舒　摄）

【优质服务】重点工程物资保障有力。应对冬奥会配套工程、首都核心区架空线入地、北京城市副中心、“煤改电”、新机场建设等重点工程密集开展的严峻形势，克服物资供应周期集中、供应商产能紧张等困难，成立物资保障攻坚小组，全业务链条通力协作，建立与工程项目里程碑计划相匹配的物资供应进度表，实时对影响物资供应的关键环节进行全程管控，重点物资和紧缺物资组织赴厂催交 34 次，解决履约问题 79 项。物资公司被公司评为 2018 年“煤改电”工程突出贡献单位、北京城市副中心配套电网建设与服务工作突出贡献单位、2018 年中非合作论坛北京峰会供电保障先进单位；12 名同志被授予突出贡献个人和先进个人荣誉称号。

业务支撑能力持续提升。落实“三减一提升”工作要求，提前开展物资需求收集，灵活选用备品备件项目、物资统一入库等物资采购策略，提前储备项目所需物资，匹配物资金额 0.8 亿元。承担架空线入地工程、天安门地区等重点工程物资采购，提前对接工程建设物资需求，制定物资采购保障方案，优化采购批次安排，满足物资采购需求。优化合同签订流程，将按月集中签订变为随工程要求按批次集中签订。严控设备质量安全，扩大设备入网检测范围，对 35kV 及以上电压等级电力电缆开展强制检测，对到货后的高压电缆执行“站站检、盘盘检”，坚决杜绝设备带病入网。

优质服务水平明显改善。领导带队到建设单位开展“上门服务”，了解物资需求，现场解决物资供应问题。开展需求计划质量专项提升行动，组织物资专工进行业务培训，物资计划申报一次成功率提高 20%。完善供应商服务中心“一站式”服务功能，严格窗口服务标准，实行午休期间值班制，推出供应商服务定制方案，满足不同厂家的差异化服务需求。加强供应商关系管理，开展“供应商接待日”活动策划，向供应商开展政策宣贯、问题答疑、技术交流、质量提示。

■ 10 月 30 日，物资公司组织到大兴新机场开展检查工作。（尹方舒　摄）

【党的建设与精神文明建设】坚持党建领航，以“强基固本，内嵌融入，选优配强，挺纪在前，创先争优”为抓手，扎实推进党建各项工作。把支部建设作为基础，严格执行组织生活制度，推进“五个标准化”建设。组织各支部梳理近 3 年组织管理、党员管理、组织生活、集中教育、创先争优、群团文化等方面工作，规范“三本六盒一证”。加强支部书记抓党建述职评议长效机制，深化“三支队伍”建设，实施党建绩效考核，实现组织建设与业务延伸同步。把党组织建到前线，成立“中非合作论坛”临时党支部，围绕首都核心区架空线入地、冬奥会场馆建设等重点保障工程，完成党员先锋队伍的创建及挂牌，发挥党员“一带二”“一带三”作用。组织共产党员服务队开展帮扶活动11次，设立1个社区服务站，3个示范岗，2个服务站，3个责任区，通过参与扶弱助困、慈善捐赠等活动，架起党联系群众的连心桥。

加强宣传文化工作，全年在公司基层动态栏目上稿88篇，参与制作公司《新闻30秒》节目两期，选树的先进典型被公司《架空线入地》《煤改电》宣传画册采用，《铜头铁嘴飞毛腿——沈班长的先进事迹》入选国网故事汇。

■ 7月19日，物资公司组织员工开展主题教育活动。

（尹方舒　摄）

国网北京市电力公司综合服务中心

【概况】国网北京市电力公司综合服务中心（简称中心）成立于2012年4月，是国网北京市电力公司（简称公司）的直属二级单位，是“三集五大”体系业务支撑机构之一。负责中心人事（不含领导干部）、科技、基建、会计、文书、声像等档案管理工作；负责公司续志、年鉴资料搜集和编撰和发行工作；负责公司新闻采编及影像制作；负责公司层面临时机构专职人员、外借人员、本部司机等员工的人事关系管理。直接管理的部门有综合管理部、人力资源服务部和财务资产部。中心全口径用工177人。其中，长期职工116人，劳务派遣员工61人。

地址：北京市西城区前门西大街41号
邮编：100031
电话：010－63127197

【人力资源】加强精益化管理，做好薪酬、保险、福利等相关业务的服务工作。利用电子邮件、微信、短信多渠道加强相关业务的宣传解释，做到各项业务操作事前释疑，事中施行，事后存档。对退休职工提供优质化服务，做好职工退休前材料的收集整理，退休后待遇的服务保障。以“感谢有你”为题，开展“一封家书一席话，一份嘱托一份情”的人文关怀活动。强化人力资源管理，规范业务操作，制定巡视巡察整改工作落实计划，完成两项巡察问题整改；规范各类薪酬福利的系统操作；严格执行《国网北京市电力公司工资支付规定》，做好各种假期及特殊情况下工资的支付。把控福利项目的适用对象及支付标准，做好过程性文件的收集和留存。加强劳务派遣管理，做好劳务派遣用工的人工成本管控，完成劳务派遣用工的转签工作。

【财务管理】重新修订中心财务报销制度，修订完善各类费用报销规则及相关费用审批单，印发新版《综合服务中心费用报销手册》。作为公司资金日排程试点单位，以资金收支标准流程和现金流预算按日排程为主要内容进行试点，包括现金流预算提报，付款单提报和资金集中支付三大方面功能。配合上级部门安排，协调解决资金支付过程中的问题。为迎接国网公司巡视，开展财务专业自查自纠，主要针对2015～2017年中心“三公”经费、差旅费预算与执行情况、中心主要负责人职务消费情况，对自查发现的问题立查立改。落实以前年度未销号审计问题整改工作，中心未销号审计问题由年初19个下降到1个，中心审计整改完成率95%。代管交易中心财务管理工作，自2017年6月开始代管以来，从搭建财务账套，到梳理各类财务管理线下线上流程，配置相关业务财务权限，再到实现资金电子支付，从无到有，逐步完善，确保交易中心财务管理工作安全、稳健。

【档案管理】做好档案基础性工作。接收、审核公司收发文件5764件，接收工程竣工档案561卷、会计档案1096册。完成整理立卷工作，其中工程档案561卷、文书档案569卷。接收人事档案材料8657份，归档8657份，整理立卷档案512卷，出具档案材料摘抄251份，复印档案材料412份。全年提供档案利用2309卷。

强化档案资源建设，编制修订《工程档案借阅管理办法》《档案管理办法》。建立与公司改革发展相适应的档案资源形成机制，变“分散抓”为“全程控”，做到档案收集整理和业务活动同步开展。

严把人事档案入口关、专项审核关，对所属单位上交档案材料做到资料不全不接收，信息确认不准确不接收。完成科级干部和新提任的科级人员人事档案专项审核，加强干部档案审核，确保干部人事档案真实、准确、完整、规范。

工程档案管理坚持“送教上门”，深入项目部实际工作，对档案业务进行指导和服务；提出集中归档，确保归档质量和效率；开通并逐步推进使用外网工程项目档案管理系统，提高工程项目档案数字化率。开展档案服务方式创新。

对声像档案、会计档案、实物档案库存进行全面统计整理，做好库存档案信息的利用。充分发挥档案价值，在领导任期审计、工程审计等重大工作中提供支撑。全力配合国网公司巡视检查，坚持专业工作规范和标准要求，确保查询高效有序，提供信息精准及时。

10月23日，服务中心配合北京公司“砥砺奋进　电靓京华——北京公司庆祝改革开放40周年成果展”借出实物档案。

（吴国健　摄）

【志鉴管理】年中，完成《国网北京市电力公司年鉴2018》编纂和发行工作，推进《国网公司年鉴》北京公司内容及《北京市工业年鉴》《中国电力年鉴》《西城区年鉴》各项编纂任务。史志办与公司本部各部门和基层单位形成良好沟通机制，保证志鉴的资料收集和稿件按时撰写工作；同时不断加强扩充志鉴编辑专家队伍，加强指导审核工作，保证稿件的编辑质量。坚持做好“四个服务”（服务公司领导、服务公司各部门、服务基层单位、服务社会），为海淀、亦庄、门头沟、房山公司等单位提供历史影像和相关文献查询。在时间紧、任务重和人员变更的情况下，基本完成国网公司布置的《中国工业史·电力卷》资料收集和北京公司稿件编撰工作，同时参加了《中国工业史·电力卷》总编工作。

【党的建设与精神文明建设】以习近平新时代中国特色社会主义思想为指导，落实公司党的建设“旗帜领航·三年登高”计划，以“三本六盒一证”为抓手，推进党支部标准化建设。以“三会一课”为平台，规范党内组织生活，开展党员个人笔记日常检查和党小组间互查，督促党员做好学习笔记，提升学习效果。建立党员活动室，规范党支部日常管理，分类建立党支部工作台账，建立党支部工作微信群，强化支部自身建设。严肃组织生活纪律，认真开展民主评议党员工作，开好组织生活会。举办四期职工文化交流活动，从绘画、书法、文学等方面开展主题讲座，提高职工文化素养，提高团队凝聚力。

6月29日，服务中心党支部组织党员重温入党誓词。

（吴国健　摄）

（居　然）

国网北京市电力公司客户服务中心

【概况】国网北京市电力公司客户服务中心（简称“中心”）是国网北京市电力公司（简称公司）直属二级单位，作为公司营销专业业务支撑和实施机构，承担着重要客户服务、集团客户定向服务、业扩报装集约办理、95598服务、电费账务和交费渠道管理、营销稽查监控等专业管理职责，代管北京电力展示厅；受托管理北京京电电力工程设计有限公司惟明力通分公司。

中心共设置 4 个职能部门，分别为办公室（党委办公室）、党建工作部（监察部）、党委组织部（人力资源部）、财务资产部；设置 6 个业务机构，分别为重要客户服务部、大客户服务部、95598 客户服务部（95598 远程工作站）、95598 运营管理部、电费管理部、营销技术支持部。

中心被评为国网公司营销工作先进集体、公司优质服务功勋单位，继续保持首都文明单位称号。

地址：北京市东城区东打磨厂街 1 号
邮编：100062
电话：010－63122088

【人力资源】截至年底，中心共有全民职工 138 人，集体企业用工 203 人。中心在职全民职工具有博士学历 1 人，研究生学历 57 人，本科学历 75 人，专科学历 5 人；具有高级职称 43 人，中级职称 50 人，初级职称 35 人；技师及以上职业资格 21 人，高级工 51 人，中级工 10 人；现有国网公司级专业领军人才 2 人、地市级优秀专家人才 2 人、国网公司级优秀专家人才后备 1 人，省公司级专家人才后备 4 人、地市公司级优秀专家人才后备 1 人。

【经营管理】开展安全生产专项行动，建设智能消防监控中心，编制全员安全责任清单，全面应用安保防恐 APP，安全形势保持平稳。开展“一线工作日”活动 141 人次，营造“干部担当、党员示范、全员争先”创业氛围。成立中心法制企业建设领导小组，应用制度管理 APP 开展制度宣贯，推进法制工作融入中心业务。承接公司电费账务核算职责，建立财务侧、营销侧电费月结协同模式，促成公司建立工作情况通报机制。建立业绩指标、督办任务、党建评价绩效考核体系。完成综合类问题清单梳理，提升风险防控水平。梳理物资权限，规范招标三级审批机制。加强营销项目实施与培育，2019 年储备金额创历年新高。完成国网公司资金安全专项检查、2017 年政治供电专项经费自查、未销号问题审计整改等 6 项上级审计检查任务。完善中心费用报销手册，规范工会经费使用。向公司争取资金 210 万元，开展办公区域设施改造，解决一批历史安全隐患。集体企业改制后迅速走上正轨，超额完成各项经营指标。2018 年获得北京市企业管理现代化创新成果二等奖 1 项，公司级管理创新二、三等奖各 1 项，QC 活动二、三等奖各 1 项，获得公司“互联网+营销服务”创新创意技能竞赛一等奖 1 项，完成科技项目 3 项，专利申请 6 项、授权 1 项，签署创新项目孵化合同 3 项。

【重要客户服务】全年累计开展集团要客定向服务 314 户次，其中完成中央军委机关事务管理总局、北京市医管局 39 家下属单位安全用电服务，完成军委沙河基地保障任务。促成公司与北京市医管局、国管局、中宣部机关服务局签订战略合作协议，与中直管理局、最高人民法院等 7 户达成战略合作意向。设立 VIP 客户服务班，全流程负责政治供电常态化客户业扩工程项目，高效完成中宣部 21 临电项目、61172 部队、协和医院西院区等 5 项业扩工程接电任务。组织完成“中非合作论坛北京峰会”涉及 62 个客户隐患排查、安全评估。全年累计开展重要客户服务 807 户次，完成全国“两会”、纪念改革开放四十周年等重要活动供电保障 43 项，其中驻会保障 10 项，政治供电实现万万无一失。

【业扩报装】配合公司出台高压业扩改革配套服务举措和安全要求。以省力、省时、省钱为原则，推出临电报装“三省”服务。在中心内部构建“横纵两条线”的业扩办理模式，纵向组建 5 个“全能型”客户经理班，分区域、分层次为客户提供业扩报装全流程服务；横向设置专职人员强化供电方案、图纸审核、业扩工程的管控分析。优化用电报装系统功能，实现业扩项目安全、质量、进度线上管控。从流程、时限、标准入手内部挖潜，项目平均接电时长显著压降，全年接电容量 375.1 万 kVA。与公司冬奥办、怀柔科学城指挥部等机构建立协作机制，设置专职班组加强服务，中心被公司评为北京城市副中心配套电网建设与服务工作突出贡献单位。积极服务政府民生工程，轨道交通、排水集团等 10 个项目如期接电，中心被市住建委评为北京市保障性住房建设先进单位。

■ 10 月 19 日，客服中心在地铁 8 号线施工现场开展“一线工作日”活动。（杨永铃 摄）

【95598 服务】针对度夏期间多户报修、度冬期间煤改电客户业务加强分析，成功应对历史最大负荷考验。固化国网客服中心、公司营销部、95598 远程工作站、属地公司四级线上会商机制，高效完成政治供电、恶劣天气、突发事件、系统升级等服务保障工作。承接电力微信在线服务，建立“7×12”在线服务模式。审核申诉工单 655 件、停电信息 3890 条。组织向国网客服中心报送信息 796 件、修订知识条目 1334 条。开展 95598 工单信息大数据分析，筛查投诉典型案例 218 件、重复诉求工单 6.66 万件。全年累计督促各单位完成重大服务事件备案 192 件，核查工单质量 2.26 万件，发布“95598 业管提示单”19 次，公司营销服务规范率排名国网公司第五。95598 省远程工作站年度接派单 32.48 万件，年度派发及回单及时率 100.00%；自处理工单 9.29 万件，处理完成率 99.997%。

【电费管理】面向企业客户创新交费服务举措，推出“电 e 宝”企业客户网银购电服务，拓展线上电费托收、批扣范围，与中国联通移网、首发集团签订集团户缴费协议，在 14 家集团客户推广集团客户个性化电费账单。在中国银行、交通银行、北京银行、浦发银行新增 6 种购电方式，满足客户多渠道购电需求。加强客户购电服务全过程监控及大数据分析研究，开展交费网点监测检查 8074 次，解决客户购电诉求 404 件。投入专项资金 931.5 万元开展“互联网+”服务推广，公司线上服务渠道新增用户超过 100 万户。开展“煤改电”村售电服务“回头看”，增设 258 个代售电服务网点。配合公司明确电费一级账户职责界面、修订电费应收管理制度，平均对账成功率达到 99.89%。

■ 5 月 10 日，客服中心共产党员服务队走进社区开展便民用电宣传活动。

（杨永铃 摄）

【营销支撑】开展优质服务百日攻坚专项行动。活动开展以来北京 95598 客户投诉、话务量同比下降 29.03%、21.68%，313 项在途项目处置容量 428.3 万 kVA、处置率 96.8%，公司线上交费率达到 80.06%，中心被公司评为优质服务百日攻坚功勋单位。支撑公司制定“三零”服务举措并开展推广，建立业扩报装回访分析机制，助力“获得电力”指标大幅跃升，被公司评为优化电力营商环境突出贡献单位。针对集团要客定向服务、高压业扩办理规范等 17 项重点业务开展营销稽查，编制营销稽查典型问题案例库，全年发现、整改问题 6062 个。促成客户签订综合能源服务合同 414.32 万元，新增“多表合一”客户 1.98 万户。配合公司完成智能表售电业务并入国网营销系统。支撑公司开展“网上国网”建设、营业专项稽查等专项工作。

【党的建设与精神文明建设】将国网公司、北京公司政治巡察作为首要政治任务，坚持立查立改与标本兼治。践行“党建+引领”，深入学习贯彻十九大精神，完成“对标管理年”各项任务，建立“四有”党支部督导工作机制，开展“树品牌 争先锋”系列主题活动。践行“党建+服务”，纵向深化“1+*N*”党员带动机制和“焦点业务党员管”模式，横向以党组织活动为连心桥与外部单位广泛开展支部联建，构建“一横一纵”交互联动的党建内嵌融入机制。践行“党建+阵地”，加强实体阵地建设，采用 AR 技术建设场景化可移动党建虚拟阵地，完善微信群线上学习阵地。深化党风廉政建设绩效考核，立项开展优化营商环境、集体企业管理等协同监督 5 项，廉政约谈覆盖面达到 100%。组织开展职工疗养和文体兴趣小组活动，完成中心工会委员会换届选举，开展各类送温暖活动 30 余次。落实离退休职工“两项待遇”，中心获得公司离退休先进单位荣誉称号。推出电力展示厅自助导览服务，全年接待各类参观 78 批次、10257 人次。协助公司完成电力爱心教室高年级版教材、教案编写，首次策划流动展厅“主题日”系列活动，开展形式多样的科普宣传 13 次，其中受邀参加首届“电力之光”中国电力科普日大型展览。坚持党建带团建，顺利完成团委换届选举。

■ 11 月 1 日，客服中心电力展示厅承办重要客户特色党日活动。

（杨永铃 摄）

（胡晨同）

国网（北京）新能源汽车服务有限公司

【概况】国网（北京）新能源汽车服务有限公司（简称新能源汽车公司）为国网北京市电力公司与国网电动汽车服务有限公司的合资子公司，于2017年6月正式挂牌成立，注册资金3000万元。新能源汽车公司承担首都电动汽车充换电业务发展的主体责任，负责首都地区充换电设施建设运维工作的全过程专业管理，参与充电设施发展规划编制、关键技术研究、技术标准制定，积极推广电动汽车市场及拓展电动汽车增值业务。

新能源汽车公司下设4个职能部门和2个业务机构。全年承接运营首都地区充电站点1307处、充电桩15271台，服务电动汽车16.66万辆。完成电动汽车充电电量1.19万kWh，实现年度充电量破亿度；处理各类故障10.45万次，受理完成各类客服工单11.33万件，完成率100%。实现营收1.92亿元，利润228.85万元，超额完成经营指标。年内运营各站整体安全生产情况良好，未发生人员安全事故和重大设备异常及故障，未发生重大社会负面影响事件。

地址：北京市亦庄经济技术开发区地盛北街2号院13号楼

邮编：100176

电话：010－63230875

【人力资源】截至年底，新能源汽车公司共有全民职工20人，其中：硕士研究生及以上11人，本科8人，专科1人；中级及以上专业技术资格12人；通过职业技能鉴定人员4人；省部行业级专家人才1人。

■ 1月20日，新能源公司员工在四惠充换电站检测电池锁扣。
（瞿传贺 摄）

提升员工岗位实践能力和综合素质。制订人才队伍建设实施方案，开展电动汽车政策及充换电服务技术技能、安全、制度等培训；围绕人事管理、员工管理、绩效薪酬分配三方面编制公司“三项制度”改革实施方案；稳步完成员工岗位薪档调整，大力宣传社保政策；开展全员健康体检、职工慢性疾病补助申报、职工疗养等工作，强化人力资源基础管理。

【安全生产】做实现场保障体系建设，编制下发安全生产指导手册，加强人员对施工作业层的管理、作业层班组人员到岗到位的监督；巩固“勤排查、早发现、快治理”隐患排查工作机制，发挥专业部门作用，规范安全生产例会，严格管控生产秩序；滚动修订应急预案，常态开展应急演练。优化人员结构，加强队伍培养，逐步提高自有资质人员占比。推动线上线下协同联动，加强运行监控，完善抢修机制，严格落实限时抢修、周巡检等制度，成立现场巡视组，对公共、单位内部充电站定期运维检修，规范设备运行和缺陷管理。深化作业层面管理，开展“一线工作月”，领导班子带头，开展现场巡视68次。

■ 7月2日，新能源汽车公司党员动员大会上党员重温入党誓词。
（瞿传贺 摄）

优化生产工具，牵头汇总车联网改进需求，协助开展车联网平台迭代升级，配合新运行监控系统与e充电 APP 3.0 的研发建设。研发设计基于充电桩的智能电子锁系统，管理充电桩外力损坏问题。以信息化平台为抓手，开展故障、离线专项问题治理，建立运行数据日分析机制，提高运维质量。

开展“腾笼换鸟”重点工程，科学调配充电设施资源，将使用率低的远郊充电桩与核心区充电桩互换、老旧充电桩与新充电桩互换，涉及充电桩 423 台。落实年度公共充电站投运计划，大力保障通州副中心电力建设，投入运营 13 个站 1615 台充电桩，就近设立运维团队、备齐设备器件，提前制定巡检方案和应急预案。开展计划巡视 3 万余次，对发现问题派发现场任务单，对 95598、车联网等工单处理进度实时跟踪。建立车辆充电试验站点，组织大众、奥迪等车企开展新型车辆现场充电试验，解决车与桩“不兼容”“不互通”问题。

【经营管理】加强市场分析，制订应对措施，对于重要客户开展贴近服务，建立回访研究机制。坚持客户导向、坚持因地制宜、坚持创新驱动，加快推进市场化运作改革进程。

■ 7 月 8 日，新能源公司验收人员现场调试直流充电桩。
（瞿传贺　摄）

重视经营能力建设，年内进行高新技术企业认证，已取得中关村高新企业证书，完成国家级高新技术认证网上公示；开展售电业务资质申报，已取得冀北、北京地区售电资质，具备开展售电业务条件。组织推进 CNAS、ISO 9001 质量管理体系等其他资质的申请筹备。

推动车辆租售市场，推动“e 车城”团购活动。寻找潜在客户和商机，拓展公务出行客户群体，满足多元化客户用车需求。结合“e 约车”APP 新版本上线，持续开展西单、前门等 5 个分时租赁网点的运营，完成系统内外多家单位共 154 辆长租车辆的交付使用。参与并中标地上铁物流车项目、国网 2018 年车辆集采等项目，涉及对公销售车辆 650 辆，完成车辆零售 164 辆。

推进现金流预算管理提升，加强业务部门年度和月度现金流预算联动，清理往来账款，严控“两金”规模。推进应收账款催收，回笼有效资金，压降资金成本，提高效益效率。

【科技进步】认真做好科技创新项目，完成 TCU 联合研发与市场推广。全年组织完成专利申请 10 项，其中 8 项专利已取得专利授权。组织做好科技创新及 QC 成果申报，申报科技项目 3 项，已入选 2019 年科技项目储备库；申报 QC 成果 2 项、群众性创新项目 1 项。

【优质服务】制定验收管理规定和作业标准，修订《充换电站运行管理规范》；加强服务工作体系和服务监督体系建设，推动客户服务与安全生产、技术、检修等工作融合。推进组织优化、流程再造，强化工单处置过程管控，实现工单处置的规范管理。建立沟通长效机制，提升客服响应速度，做到故障 15min 接派，45min 到现场，2h 处置完成一般性故障。整治零电量、低电量问题，对偏远地区零电量、低电量的充电设施开展服务费打折优惠活动，涉及 84 个充电站，活动站点充电电量增长 49%，提高了充电桩使用效率。

■ 10 月 26 日，新能源公司运维队伍记录充电桩运行数据。
（张冰洁　摄）

【党的建设与精神文明建设】深入学习宣传贯彻党的十九大精神、习近平总书记系列重要讲话精神和治国理政新理念新思想新战略；严守党的政治纪律和政治规矩，坚决维护党中央权威，以实际行动践行“四个意识”，先后开展支委学习、党员集中学习、专题研讨、党课等共计 20 次，近 400 人次参加。把党风廉政建设责任制贯穿工作始终，开展廉政教育，强化约束机制，将责任层层传导，落实领导岗位“一岗双责”。

■ 10 月 29 日，新能源公司工会组织职工秋季健康长走活动。（张冰洁 摄）

夯实基础提升党建水平，完善领导机构，成立党建、党风廉政建设等工作领导小组；开展党组织和在职党员到社区“双报到”工作，实现在职党员100%“双报到”；推进支部标准化建设，严格“三本六盒一证”规范化使用，建立党员活动室、党务宣传栏、党支部工作群等；领导带头下基层，全年公司领导下基层 68 次，聆听一线声音，发现并解决基层问题 23 个。结合生产经营重点业务，开展“三亮三比”活动，制定党员卓越履责清单 16 份，以展板形式进行公示，接受监督，扎实推进承诺、亮诺、践诺。

强化品牌维护，打击充电窃电行为，对接“法治进行时”进行及时跟踪报道，配合司法机关对窃电人员进行司法审判。积极开展“职工之家”建设，组织开展摄影比赛、春、秋季长走等文体活动，增强职工获得感与归属感。

（张　鹏）

国网北京建设咨询公司

【概况】按照《国网人资部关于国网北京电力等单位基建相关机构及职责优化调整方案的批复》（人资组〔2018〕11 号）要求，5 月 25 日，国网北京建设咨询公司（简称建设咨询公司）正式成立（京电人资〔2018〕30 号）。全面承担 220kV 及以上新建（扩建）输变电工程、110kV 及以上电力线路迁改工程的项目管理职责，依托 220kV 亦庄西南等输变电工程开展全过程咨询试点。

设置 5 个职能部门，分别为综合管理部、党建工作部（监察审计部）、计划财务部、安全监察部、工程技术部。设置 3 个业务机构，分别为项目管理一部、项目管理二部、项目管理三部。其中，一部负责 500kV 及以上输变电工程管理，二部和三部以南、北分区的方式共同负责 220kV 输变电工程和 110kV 及以上迁改工程管理。形成了分层分区、高效运转的项目管理体系。按照《国网北京市电力公司关于进一步加强基建工程业主项目部管理的通知》（京电建设〔2018〕100 号）要求，组建 8 个班组式业主项目部（建设技术〔2018〕1 号），承担 172 项基建任务管理职责。通过固化项目管理团队，打造业务能力精、团队凝聚力强、特色鲜明的业主项目部，基建改革措施一贯到底，项目管理水平显著提升。以国网公司基建改革验收为契机，聚焦到岗到位等关键环节，集中力量开展自验收工作。组建 3 个专家组，开展 2 轮交叉互查，发现问题 108 项，形成典型问题清单，逐项销号整改，完成率 100%。深入总结提炼，形成 6 册 2000 余页实证材料，人员配备等特色亮点工作得到国网公司专家认可和好评。

■ 11 月 26 日，建设咨询公司召开安委会第一次会议暨 11 月安全月度例会。（阚宁 摄）

【人力资源】从零起步，外部、划转、招聘、选聘相结合，按照公司统一部署，经三轮人员补充，新增职工 102 人；强化技能培训，提升能力素质，充分发挥人力资源最大效能，全面满足关键岗位人员配置需要。70% 以上的人员直接从事项目管理工作，项目经理、安全专责、质量专责等关键岗位人员均具有 2 年以上相关工作经验。关键岗位人员上岗前全部参加公司组织的工程项目管理培训，取得了输变电工程业主项目经理等级证书及电力建设安全质量培训证书，满足持证上岗要求。开展“深化基建队伍改革、强化施工安全管理”12 项配套措施培训，全员参加，提升风险辨识、安全管控等各方面能力。建立“结对子”机制，由经验丰富的项目管理人员开展点对点辅导，通过相互学习，确保能力快速提升。印发《全员绩效管理实施方案》，将绩效考核升级为绩效管理，绩效体系更加全面、细致，更具可操作性。充分发挥职能部门作用，鼓励管理人员参加工程管理、安全质量培训，取得上岗资格证书。结合“一线工作月”等活动，组织管理人员深入一线，提升业务能力，强化业主项目部后备力量，提升项目管理人员储备深度，形成整体合力。

【电网建设】投产安定500kV站增容改造、蔚县电厂—门头沟500kV送出、梁各庄220kV输变电等18项工程，线路360.57km、变电容量1410万kVA。投产兴延高速等迁改工程35项，线路125.28km。开工新航程、西白庙等输变电工程19项，线路274.43km、变电容量818万kVA。完成电网基建投资30.18亿元。

开展遗留工程百日专项治理活动，责任落实到人，每周调度，逐项销号。完成治理超期、停滞工程21项，结算已投产未结算工程20项，支付挂账质保金126条、1.31亿元，民企质保金支付完成率100%。加大前期手续办理力度，完成220kV亦庄西等5项工程不动产权登记。取得架空线路规划许可证5项、沟道规划许可证4项、变电站规划许可证2项。

■ 12月6日，国网公司基建部到冬奥会配套电网工程现场进行调研。（阚宁　摄）

【安全与质量】印发《建设工程安全质量巡检工作实施方案》《安全工作奖惩实施方案》等17项安全制度文件，全面规范安全管控、监督检查等工作。每周发布三级及以上风险预警，制定把关计划。对到岗到位情况“日管控”，严格履行现场签字确认手续，每天通过微信群报送现场照片。落实高风险作业审核制度，审核专项施工方案和监理实施细则124项，确保关键作业点管控到位。领导干部和各级管理人员全年到岗到位630余人次，有效监督现场履责到位。结合“一线工作月”“六查六防”“安全生产月”等专项活动，领导班子深入现场120余次，开展自查自纠和督导检查，排查治理隐患450余处。组建联合巡检组，现场巡检与“智慧工地”远程监控相结合，实现每周所有风险作业现场监督检查全覆盖。全年巡检作业现场332个，下发违章通知单257张，红黄蓝票36张，经济处罚7万余元。

■ 7月12日，公司领导到建设咨询公司开展“一线工作日”活动。（阚宁　摄）

制定《安全责任量化考核实施工作方案》《安全质量信用评价工作实施方案》，量化考核与安全奖惩制度紧密结合，考核结果应用于人员绩效以及施工、监理单位的信用评价。成立安全责任量化考核监督检查小组，每月开展全覆盖检查，奖罚76人次、约谈85人次。参加公司安全教育培训，“电力建设安全培训证书”持证率100%。开展安规、作业票填写、关键作业点管控等专题培训10余项，900余人次。开展三轮专题考试，涵盖750余人次，人员整体安全技能水平大幅提升。强化工程质量通病防治，落实标准工艺要求，完成16项工程的国网公司创优检查工作。完成马坡220kV变电站、北京东500kV输电工程国网金奖申报准备工作。

【经营管理】印发、修订《党委议事规则》等制度，发挥领导核心作用，推进“三重一大”决策制度实施。制定《财务报销管理办法》，严格资金支付审批。修订《非物资类招投标管理办法》《非物资类服务业务采购管理指导意见》《设计变更与现场签证管理指导意见》等规章制度，规范管理流程。“协同攻坚，交互式项目数据治理成效显著”申报公司2018年管理创新奖。

【科技进步】推进三维设计试点工作，完成220kV姜庄湖、三营门工程三维初步设计评审，完成220kV三营门工程三维施工图设计评审。赴福建省电力有限公司、湖南省电力有限公司深入调研交流，找准改革方向。以亦庄西南220kV输变电工程为试点，整合业主、监理项目部资源，组建联合项目部，总结提炼典型经验，探索可复制模式。

【党的建设与精神文明建设】结合重点工程任务，组建“东西南北中”7个临时党支部，推进党建工作内嵌融入。建立“党建+安全生产”工作机制，在工程现场动态建立“党员安全责任区”，深入开展“一带二、一带三”活动，与党员签订安全生产承诺书，开展党员结对帮扶工作。优化党支部设置，建立“5个党支部+1个党总支”的基层党组织模式，与业务机构和一线项目部更加匹配。部署国网党建信息化综合管理系统和市国资委党建管理系统，实现党建基础信息同步上线。开展党委“六个标准化”、党支部“五个标准化”建设，实施量化计划管理，开展达标自评和逐级验收，推动党组织标准化工作不断完善。

完成纪委成立选举工作，完成干部任前及重点岗位人员廉政谈话。拍摄廉政动画片一部。配合公司完成冬奥项目全过程审计，完成审计系统部署工作。

参加公司劳动竞赛，9人获“电网建设劳动竞赛”月度竞赛之星。开展劳动竞赛，评选红旗项目部4个、月度之星20名。推选国网公司先进班组1个、国网公司重点工程立功竞赛劳模1名、公司先进集体1个、先进个人1名。主动对接公司建设部基建骨干人才储备工作，11人当选卓越人才种子选手，1人当选卓越导师，2支队伍当选卓越种子团队。推进青年创新创效，“智能监造移动作业平台”项目获国家电网公司第四届“青创赛”金奖。

取得公司年内职工足球联赛超越组第二名。组建职工足球队、篮球队和羽毛球队。开办职工子女足球训练营。

（刘　星）

北京市供用电建设承发包有限公司

【概况】北京市供用电建设承发包有限公司（简称承发包公司）成立于1985年11月，是国网北京市电力公司的全资子公司，致力服务于北京地区配电网建设。围绕配电网建设这一中心任务，夯实项目管理基础，提高客户服务水平，加强企业自身建设。下设9个部门，分别是综合管理部、财务资产部、监察审计部、投资经营部、客户服务部、安全质量部、工程管理部、合同预算部、规划设计部，北京京供民科技开发有限公司（简称京供民公司）为承发包公司下属集体企业。

地址：北京市东城区祈年大街8号
邮编：100062
电话：010－63123330

【人力资源】截至年底，承发包公司共有职工175人，其中全民职工56人，集体职工4人，直签职工115人。具有大学本科学历以上人员共132人，占总人数的75%。共有共产党员65人，占总人数的37%。

结合发展定位与管理实际，以项目管理信息平台建设为抓手，不断理顺职责划分，优化管理模式，持续提升组织运营效率。完成岗位薪点积分的动态调整，实现了分配机制的优化转型。

【经营管理】完成年度经营指标的100.18%；经济增加值（EVA）完成年度指标的102%；资产负债率79.05%，完成各项经营考核指标。年内累计完成施工招标237项，容量216.72万kVA；实现工程竣工送电297项，送电容量256.89万kVA；京供民公司完成30批次、2349个标包的招标任务，采购总金额81.82亿元。

结合优化营商环境战略部署，推进业务管控与财务管控相结合，施工和结算部门及时配合加快工程付款和项目结算。年内压降资金12亿元，资产负债率压降至79.05%。在投资收益大幅减少的情况下，承发包管理费结转3908万元，主营业务收入创近年新高。通过召开资金平衡会，财务与业务部门紧密配合，统筹协调当月客户工程资金收支及增值税情况，严控新增客户工程资金带来的增值税增量，合理进行税收筹划，全年应缴增值税618万元，同比下降2769万元。项目管理智能化辅助平台平稳运行，根据业务需求，动态调整系统功能，增加统计数据方式，有效提高数据准确性；新增平台扫码系统，开展资料全流程物联网管理试点，提高了客户工程全过程资料的精益化管理水平；招投标管理信息系统持续优化，服务类项目已实现招标文件编制、发布、自助购买、缴费、下载的全部线上操作功能，招标服务的标准化程度得到加强。

"设计 e 管控"项目，在团委和规划设计部通力合作及各部门的大力支持下，先后荣获公司"青创赛"金奖和国网公司"青创赛"金奖，"有限空间作业安全 e 管控"荣获公司"青创赛"银奖，创造了承发包公司管理创新领域的历史佳绩。加强车辆全寿命周期管理，按照"一车一档"标准完善车辆档案，将保险费、维修费等各项费用明晰化；完成部分车辆报废更新，应用国网车辆统一平台系统，车辆使用效率得到有效提升。持续深化"健康食堂"建设，从原料采购、加工制作等各个环节严控食品安全；针对不同时令、季节，定期推出不同风味的"美食节"活动，打造"高品质、有文化"的特色健康食堂，得到职工的广泛好评。

【优质服务】按照"一户一策"原则，针对 688 项在途工程，研究制定《打赢优质服务百日攻坚战工作方案》，成立百日攻坚专项行动领导小组，打破部门间人员限定，组建百日攻坚临时党支部和 5 支攻坚突击队，确保了年内有送电需求的项目 100%送电、年度送电容量同比增长 20%、力争 30%的攻坚目标。

优化内部管理流程，有效提升项目建设推进效率。将客户审核招标文件、发布招标公告两个环节由串行改并行，加快推进施工招标；将施工单位安全资质审核、安全协议签订两个环节由串行改并行，缩短开工准备时间；工程结算流程由竣工后开展结算，提前至工程组织阶段，实现与工程进度同步并行开展，同时提高进度款付款比例和次数，加快资金支付，压降资金结存，实现付款结算双提速。加强管理创新，提升服务手段。充分应用"设计 e 管控"，提列典型设计招标工作量表 133 项，容量 111.55 万 kVA，采用典型设计图纸开展招标，大幅压缩客户办理招标准备工作的时长。开展差异化服务，提升客户获得感。针对部分客户不了解供电专业知识，看不懂施工图纸无法准确挑选设备的问题，把专业性的图纸转化为清单列表，便于用户了解需要选择的设备型号，编制设备框选清单共涉及 375 个供电方案，涉及金额 14.65 亿元。加强与兄弟单位的协同配合，共同推动项目实施。加强与检修公司对接，为断面审批开辟绿色通道；加强与两级客服中心对接，对 688 项存量项目进行逐户梳理，排定里程碑计划，分类推进项目实施。加强党建融入，引领护航百日攻坚。组织开展"党员争先 全员攻坚"和"严控廉政风险 护航百日攻坚"主题活动，贯穿百日攻坚专项行动始终；成立临时党支部和攻坚突击队，发挥先锋模范作用和示范引领作用；围绕业务廉政风险制定防控措施，深入推进协同监督。

■ 5 月 25 日，承发包公司干部职工积极开展优化营商环境工作。（金建 摄）

进一步优化承发包项目管理协同推进机制，提升项目处置效率与客户满意度，688 项在途项目中，完成处置 348 项，容量 277.83 万 kVA，处置率 50.16%，年度送电容量同比增长 43.29%，超额完成既定任务，取得了优质服务百日攻坚战的全面胜利。

【安全管控】以落实安全生产责任为重点，夯实安全管理基础。坚持"安全第一、预防为主、综合治理"方针，深入开展全过程、全方位管理与监督。通过开展安全大检查、"六查六防"、一线工作月、安全生产月、秋冬季火灾防控、隐患排查、安全责任清单梳理等专项活动，常态化开展安全监督检查，强化各级人员履职尽责，规范执行安全管理制度，确保各级人员全面落实安全生产责任，全面夯实安全基础管理，形成自上而下抓安全和自下而上保安全的联动机制，稳步提升安全生产管理水平。

以提高实操技能为重点，强化安全教育培训。组织 139 家参建单位共 1657 人进行安全培训，聘请专家讲解和实操，对参建单位作业准备、作业过程规范性、仪器设备使用、个人防护用品佩戴、应急救援操作等内容进行培训，一线施工人员增强安全防护意识，熟悉作业安全操作流程，熟练掌握安全防护设备设施、个人防护用品及应急装备的操作，提高安全操作技能，有效保障施工作业安全。

以技能比武为抓手，提升有限空间作业管理水平。成功组织举办第三届"承发包杯"有限空间作业大比武活动，进一步提高参建单位和施工人员对有限空间作业的认识，公司所属 20 家施工单位及部分配合单位的有限空间作业安全技能得到有效提升。

■ 7 月 26 日，承发包公司安全巡检人员在施工现场检查安全生产情况。（金建 摄）

以信息化监控与现场巡检相结合，开展全方位安全监督检查。以强化安全准入为基础，以规范安全监督检查为载体，以确保安规制度执行为准则，以狠抓现场管控为重点，不断完善安全监控中心建设，依托移动作业 APP 管控平台和智慧工地视频监控平台等信息化监控手段，结合 7 个安全巡检组全年 3111 次现场检查，以及领导干部到岗到位飞行检查等多种方式，形成所有工程项目全覆盖、全部作业流程全覆盖的安全监督检查模式，督促参建各方全面落实安全生产责任，确保施工现场安全有序，为整体安全管理工作奠定基础。

【党的建设与精神文明建设】以“党建+”建设为重点，引领作用充分彰显。开展“不忘服务初心、加强规范管理”“争当遵章守纪的模范”等主题活动，发挥党员“一带二、一带三”作用，强化职工服务意识、遵守规章制度的良好氛围。成立工程安全党员保障队、重大项目党员突击队和青年党员服务队 3 支党员先锋队伍，设立 10 个党员责任区和 4 个党员示范岗，在推动重点工作任务时成立临时党支部和突击队，充分发挥战斗堡垒作用和先锋模范作用，营造了奋勇争先的浓厚氛围。

以对标促管理，标准化建设深入推进。贯彻党委“六个标准化”和支部“五个标准化”要求，完善党建工作领导小组制度，严格执行党委中心组学习和党支部“三会一课”制度，定期召开党群工作例会，创新开展季度党建工作自查。建立完善党员发展等 5 项党建工作管理办法，逐步建立健全党建管理体系。高质量落实国网党建信息化系统、国资委党员 E 先锋系统，实现党员资料的信息化管理。

突出主责担当，党风廉政建设不断加强。以政治纪律为核心，开展廉洁宣教。开展“话清风、挺纪律、控风险”廉政主题教育活动，领导走进各党支部，分专业讲廉，分析业务廉政风险，提高干部员工的廉洁认知。以“两个责任”为主线，强化履职担当。明确党风廉政责任分工，细化考核指标，逐级签订了党风廉政建设责任书。围绕长期挂账清理等重要廉政风险，开展协同监督项目。以巡视巡察为契机，严格监督执纪。落实自查自纠、立行立改整改工作，完善各类制度 30 个；加强“八项规定”执行监督，紧盯时间节点，坚持“逢节必查”，遏制“节日腐败”。

树形象亮品牌，企业文化建设取得新成效。深入落实国网公司“百千万”工程，承发包公司安全监控中心入选公司首批企业文化示范点。坚持党建带团建，与时代楷模——中国国际航空公司“金凤乘务组”联合举办“电力爱心教室”活动；参加国网“青创赛”获奖级别和数量均创历史最好成绩；获得 2018 年度公司红旗团委、青年文明号、青年突击队、创新工作站等多项荣誉称号，1 人荣获国网公司优秀共青团员。2018 年，围绕重点工作任务，承发包公司网站共发布新闻稿件 195 篇，向上级各类宣传媒体报送稿件并被刊登采用 99 篇，其中《施工现场的“第三只眼”》新闻专题报道成功入选《国网故事汇》，被评为当月国网公司“十佳”优秀新闻作品，先后被中国新闻网等多家社会媒体转载。企业文化建设从走出去到树形象亮品牌，良好地展现了公司勇于争先的精神风貌。

（金　建）

国网北京市电力公司物业管理公司

【概况】国网北京市电力公司物业管理公司（简称物业公司）是国网北京市电力公司直属二级单位，承担着公司办公场所、公寓、职工住宅小区的物业、餐饮、供暖服务、医疗保障及后勤保障基地运营等工作，是公司的后勤保障机构。

物业公司共设置 8 个职能部门、2 个支撑机构、5 个分公司及 1 个重点区域项目部，与北京谷新投资管理有限公司（简称谷新公司）按一套人马两块牌子并列运行。谷新公司成立于2006年，现为国网北京市电力公司层面集体企业，注册资金4610万元。

地址：北京市海淀区阜成路97号
邮编：100037
电话：010－63233080

【人力资源】年内，物业公司（谷新公司）共有职工201人，全民工39人，集体工20人，直签工142人。其中高级职称11人，中级职称12人，初级职称19人。技师8人，高级工32人，中级工14人，初级工15人。管理离退休职工502人。

围绕集体企业“瘦身健体”“两供一业”分离移交、办公物业品质提升等重点任务，核实涉及人员基本信息2000余条，办理246名人员的劳动关系变更工作，处理各类法律纠纷12人次，各类劳动用工问题25人次，保证了各项业务、各类人员安全平稳过渡。

创新人力资源管理模式，将平谷山场和蔬菜基地的人员进行集中管理，劳动生产率提高了58.41%。为确保各项重大后勤保障任务顺利完成，统一调配各类人员107人次。完成处理人资数据库业务1400余人次。为职工办理档案查询47人次，开具各类证明75人次，变更定点医院66人次，办理公积金支取36人次。

【安全生产】坚持安全第一，强化落实企业安全生产主体责任，制订安全生产责任清单，健全完善安全生产责任体系。大力推进安全生产全覆盖工作，不断夯实安全管理基础，新增、更新、修订管理制度规定11项，强化落实各项安全生产日常管理。

“两供一业”分离移交工作中，有效履行安全管控工作，对现辖170处独立管理物业项目部，采用专业安全巡检组检查方式强化隐患治理力度，固化每周安全巡检，治理、管控隐患问题278项。

狠抓安全教育、应急培训，推进两级安全生产“每周一讲”培训。开展新员工三级安全教育、消防应急、心肺复苏急救技能培训372人次。参加北京市城市管理委员会第二届有限空间作业大比武，荣获电力行业竞赛第一名。

【经营管理】年内，重组整合多家单位，瘦身健体成效显著，全面超额完成公司各项卓越经营指标及预算，为“两会”、中非论坛等重大政治供电提供了卓有成效的后勤保障服务。全年产值和利润均超额完成了年度指标，全年完成产值3.8964亿元，完成年度指标值（3.5亿元）的111%；全年实现利润374.95万元，完成年度指标值（350万元）的107%。

■ 10月18日，谷新公司代表队荣获北京市城市管理委员会第二届有限空间作业大比武电力行业竞赛第一名。（袁敬　摄）

【优质服务】调研走访京东、阿里、联通等十余家大型企业，引入社会明星物业的先进管理经验，以前门等项目为试点，抓管理、抓细节，推进服务品质升级，年内机关物业实施设备维修5000余次，提供会议服务6800余场次，高标准完成重大公务活动300余次，全年共收到业主表扬信13封，锦旗6面，以贴心暖心的服务赢得客户的高度认可。

后勤保障基地持续为公司职工提供绿色健康有机蔬菜，年内累计果蔬产量达200余万斤。结合系统职工需求，调整种植品类，满足职工差异化喜好。积极与地方政府沟通，借助北京市浅山造林项目，科学利用山场闲置土地资源，努力创收创效。销售覆盖公司系统33家单位、85个食堂、14家线下超市。借助多种渠道，在系统内各单位广泛开展基地绿色产品推介活动，传播绿色谷新理念，保障职工餐桌上的绿色安全，持续深化“健康食堂”创建。精心做好餐饮服务保障，及时分析一线职工就餐需求，精选菜品、精心搭配、精准送达，提供早、中、晚及夜宵送餐服务，

■ 12月20日，谷新公司后勤保障基地有机蔬菜种植园。（董瑞　摄）

将健康食堂延伸到电网建设工程现场。圆满完成“中非论坛”、迎峰度夏、架空入地工程项目等重要供电餐饮保障工作。

■ 9月10日，谷新公司移动全电餐车为架空入地工程现场提供餐饮服务。（杨彦平　摄）

扎实开展“两供一业”分离移交工作，完成辖区57万m²、40余处职工家属区物业服务。调动各方资源，完成7000余户房屋信息数据采集、住户统计及公共设备设施梳理，逐户逐点摸排权属不清房屋。稳妥解除134名社会化用工劳动关系。

积极推进公司非生产性房屋受托管理，规范和集约公司系统资产租赁、使用及维护行为，整合企业房产资源，促进规范管理和规模运作。深化青年公寓品牌创建，拓展洗衣、理发、业主食堂、生活超市等业务服务项目；开展猜灯谜、月饼DIY等丰富的业主活动，增强青年员工归属感和获得感。

【党的建设与精神文明建设】坚持融入中心，发挥党建引领作用。认真落实“三会一课”制度，严格中心组、党支部、党员三级学习标准，累计学习88次。

■ 9月28日，物业公司召开“两供一业”分离移交人员安置会。（崔扬　摄）

加强党组织建设，按程序调整成立3个党支部，组建8个党小组。创新开展融合式“党建+”模式建设，结合“两供一业”分离移交、顺义电塔抢修后勤保障、架空线入地餐饮保障等重点工作，组建三支队伍，创新开展“走出教室 拥抱自然”“果蔬代言”等9次“红马甲”在行动活动。

做好纪检工作，年内迎接巡视检查1次，集体企业综合检查2次，“两金压降”审计1次，离任审计未销号整改2次。建立问题整改协同联动机制，针对关联交易、资金管理等方面存在的问题，梳理问题114项，立查立改109项。完善履责约谈机制，全年约谈77人次，讲授专题廉政课9次，制作廉政宣传片6个，领导班子带队深入一线开展慰问调研212次，研究决策“三重一大”议题290余项。

完成工会换届工作，创建2个示范班组，2个文化示范点，在八里庄社区建设职工之家。成立摄影、篮球、瑜伽等文体俱乐部，开展春、秋季长走、工间操等文体活动。坚持党建带团建，参加公司青创赛，开展果蔬代言、品鉴交流、团队拓展等青年实践活动。

（董　凤）

北京市城市照明管理中心

【概况】北京市城市照明管理中心（简称照明中心）是由国网北京市电力公司（简称公司）举办，同时隶属于北京市城市管理委员会（简称市城管委）管理的城市公用财政全额拨款事业单位。照明中心作为公司长期派驻在北京市政基础设施运维一线的服务队伍，负责北京市城六区市政道路照明设施的运行维护管理工作，为郊区县道路照明提供技术指导和业务支持，参加本市道路照明规划、工程设计和施工，参加市属景观照明项目的组织、运行维护以及重点地区景观照明设施运行监督管理工作。

截至年底，照明中心管辖路灯光源30.26万盏、灯杆23.67万基、工井23.83万个、变压器3035台、配电室68座、供电线路11064km；负责4处市属景观照明设施（雍和宫桥、农展桥、鼓楼、射击场路）的运行维护工作；负责市属景观照明设施运行情况的监测管理；负责97户市属桥区和155家业主单位夜景照明电费管理工作。全年照明中心缴纳路灯电费共计 1.71 亿元。

照明中心坚决贯彻公司和市城管委决策部署，以争当新时代先锋为目标，攻坚克难、顽强拼搏，干部职工队伍呈现昂扬向上的精神风貌，取得了显著成效。年内，照明中心被评定为北京市安全文化建设示范企业，连续 12 年荣获首都文明单位标兵称号；照明中心华灯班获得全国工人先锋号荣誉称号，荣获国家电网公司企业文化建设“百千万”工程首批示范点称号，华灯班共产党员服务队获国网公司优秀共产党员服务队。

地址：北京市丰台区方庄路 2 号
邮编：100078
电话：010－67618030

【人力资源】截至年底，照明中心共有全民职工 126 人，其中，研究生学历 33 人，大学本科学历 57 人，大学专科学历 12 人，高级职称 25 人、中级职称 14 人，高级技师 3 人、技师 18 人，人才当量密度 1.0659。严格执行干部选拔任用程序，中层干部提任 1 人次，干部个别谈话考察 15 人次。完成华灯班组织机构调整工作，在中心范围首次开展生产岗位竞聘工作，针对 30 名竞聘员工分别开展了竞聘答辩及技能实操的考评工作，最终选拔出 12 名高素质、高技能人才。持续加强业绩考核管理，编制中心 2018 年业绩考核指标责任分解表。全员绩效管理逐步落地，编制《中心全员绩效管理实施方案》和《中心深化全员绩效管理实施方案》，结合照明中心实际，相继修订印发了《月度绩效考核管理实施方案》以及《绩效奖金部门内二次分配实施细则》，为进一步强化员工劳动纪律、提高员工工作效率奠定了坚实的基础。加强人才培训培养，将以华灯班作为人才培训培养的重要基地，制定并落实青年员工现场实练培训方案，取得良好成效。

【安全生产】全年安全监控中心共完成对 1604 个现场的安全监管，照明中心巡检组共完成巡检 1136 次，领导飞行检查 142 次。重新梳理各岗位人员安全职责，印发照明中心《安全生产职责规定》。结合“一岗一清单”的原则，编制照明中心安全责任清单，确保安全职责落实到位，做到“尽职免责、失职追责”。同时组织制定《中心危险点分析与控制工作实施细则及清册（试行）》《安全技术劳动保护措施管理办法》等多项制度。组织开展 18001、防汛、18002、迎峰度夏、迎峰度冬等各类隐患排查工作，共计排查隐患 98 项，已全部治理完毕。组织 1689 人次参加安全技能考试，实现关键岗位全覆盖。截至 12 月 31 日，照明中心已实现连续 6087 天安全生产无事故的长周期。

【工程管理】着力改善首都城市建设风貌，圆满完成核心区路灯架空线入地任务 311 项，道路总里程 166km，基建工作量是 2017 年的 3 倍，中心总计投入施工力量 2654 人、机械 612 台，工程提前于 11 月 26 日全面竣工并送电亮灯。架空线入地任务完成后，道路平均照度从原来的不足 5lx 提高到 20lx，均匀度从原来的不足 0.1 提高到 0.4，同时针对现存的历史遗留缺项，对 218 处无灯路段补装路灯 5314 盏，保障了胡同内的分支、夹道、公共卫生间的照明需求。累计拆除老旧灯具 3076 套、架空线 322km、柱上变压器 45 台；新建灯杆灯具 6936 套、管线 420km、箱式变压器 41 台。项目管理体系日趋完善。完成财政资金预算申报工作，共计申报 58 个项目。完成路灯设计工作 498 项，设计里程达 455km。顺利完成 2018 架空入地、长安街步道灯及工井改造等 28 项路灯重点工程的物资供应工作。组织完成路灯工程验收 242 项，其中验收工程 180 项，接收工程 62 项。

11 月 26 日，市城管委党组书记、主任孙新军，公司董事长李同智到照明中心路灯架空线入地现场调研指导工作。（张超　摄）

【经营管理】资金支付和预算管理全面强化，提前完成资金支付进度。依法治企持续加强，落实协同监督项目制，确立“严格落实环保要求 强化架空入地施工管理”“加强全过程管理 提升运维管理水平”2 个 A 类重点监督项目。出色完成清算关闭集体企业及人员遣散工作，重组整合企业瘦身健体工作名列公司三甲，共计减少中心集体企业 3 家，处理资产 1.6 亿元，过户车辆 7 台，转签职工 57 人，平稳遣散职工 63 人，交出了零投诉、零仲裁、零舆情的满意答卷。巩固现有路灯工程市场占有率，超额完成经营任务，实现营业收入 2.49 亿元，完成全年考核指标的 102%。

【设备管理】完成全年设备运维巡视任务，总计巡视电源 19396 组（次），线缆 59125km，灯杆 151.97 万基（次），工井 137.38 万个（次），发现和处置各类缺陷 2416 个，处置率 100%。针对非法占用路灯设备的突出问题进行专项整治，累计拆除山寨指路牌 1263 块，拆除无备案道旗数百面。加大权属设施非法占用及外力破坏维权力度，出台照明设施保护管理办法，明确设施追偿追责具体职责，全年共计开展外力事故追责 21 件，追责约谈 79 次。完成 137 台高损耗路灯箱变、523 台柱变高压设备改造以及 412 台变压器控制终端升级，有效提升路灯电源供电可靠性。完成 7605 处低压电缆接头消隐改造、29178 基路灯杆防腐大修以及 11601 套低效老旧灯具改造，灯具效率从 49%提高到 75%，线路设备安全性及照明质量显著提升。

圆满完成中非合作论坛北京峰会等重大政治活动及节假日城市照明保障任务 31 项，累计保障天数达 285 天。全年平均亮灯率 98.81%、设备完好率 95.83%。

【科技进步】开展直流道路照明系统、路灯漏电监测保护装置、NB-IoT 钠灯单灯单控、反射性 LED 路灯等各类新型科技试点实验共计 7 项。申报专利成果 6 项，获得专利授权 5 项。申请各类科技成果奖励 7 项。“紧凑型城市照明综合保障专用车的研制”和“基于 NB-IoT 智慧互联的城市道路照明运行平台及终端设备的研发与应用”项目获公司科学技术进步奖二等奖，“路灯变压器智能管控 APP 的研发与应用”项目获公司科学技术进步奖三等奖，“圆筒型路灯灯杆门防盗设计与应用”项目获公司群众性创新成果奖三等奖，“路灯管家——道路照明综合应用平台”与“基于大数据分析的首都城市智慧亮灯方案”项目分别获得公司第四届青创赛银奖、铜奖。

■ 12 月 14 日，中华全国总工会书记处书记曲昭伟到照明中心创博会展台听取四代华灯车介绍。（魏晓彬　摄）

【优质服务】强化优质服务全过程管控，以流程节点为主线、以综合协调为保障、以服务品质为核心，有效加强 95598 工单的全过程管控，实现了全年 1226 件 95598 工单零超时、零退单和零责任性投诉。建立生产值班日报机制，全年共发送生产值班日报 365 期，大幅提高工单的办结效率。发挥信息系统业务支撑作用，强化系统集中亮灭灯报警等功能的使用，全年发现并现场确认四级以上集中灭灯故障 412 起，下派各类工单 15009 个。人性化开关灯工作持续深入，全年提前开灯 231 次，延迟关灯 326 次，累计延长路灯运行时间 7974min（约 133h）。

【党的建设与精神文明建设】以“首善标准”打造“首善支部”，成立华灯班党支部，战斗堡垒沉到“第一线”。建立华灯班天安门办公区，零距离保障中央核心区。在中非合作论坛保障中，党建工作全面嵌入，党支部工作标准、党员公开承诺融入口袋书，实现“一岗一册”；巡查每条道路对应巡查标准，实现“一路一标”；成立党员检查组，实现保障工作万无一失。政务工程高质量完成，全面推进路灯架空线入地工程，成立临时党支部，每条街巷党员督导，三年任务两年完成，北京市委书记蔡奇批示“架空线入地工作成效显著，有效解决有路无灯”，为公司赢得口碑。压实党建责任，成立党建领导小组，健全党委议事规则，主体责任有效落实。建立党员“一带二、一带三”长效机制，党员冲锋在前。依托“双百”创建，发挥先锋示范。推动价值创造，深入学习十九大报告，通过党课、主题党日等，由自己学到共同学，先后与国家行政学院等 7 家单位开展党建交流 9 次。组织参观改革开放四十周年成就展，回顾改革开放伟大成就。华灯班共产党员服务队连续 13 年抚慰助困牛街春风社区，照亮百姓出行“最后一公里”，点亮民族团结之灯。华灯班党支部与牛街春风社区正式签署共建协议，固化共建形式，变“双报到”为“常报到”，照明中心获西城区资源共享先进单位。华灯班党支部党建成果先后在人民日报、北京电视台《党建进行时》《特别关注》专题报道，中宣部《党建》杂志国庆特刊专题报道，全年《人民日报》发稿 12 篇，CCTV 播放时长 15 分 13 秒，彰显公司首善形象。积极组织职工参加公司羽毛球、足球比赛，6 个兴趣小组定期展开活动，受邀参加“6·16”全国安全宣传咨询日活动。积极组织参加公司举办的离退休职工歌唱、模特表演等文艺演出，活跃了退休职工的业余生活。召开团员大会，开展照明中心团委换届选举工作。结合组织机构和团员实际分布，重组调整团支部为管理团支部、运营团支部，规范团支部委员会建设。

■ 11 月 26 日，市城管委主任孙新军、公司董事长李同智到照明中心华灯班参观调研。（魏晓彬　摄）

（贯忱然）

产 业 管 理

【综述】全年深入落实公司党委决策部署，积极发挥“第二梯队”作用，围绕“以高质量管理促高质量发展”总基调，突出“一力四率”，扎实推进瘦身健体、转型发展和规范管理工作，实现营业收入137亿元、利润4.5亿元，累计完成20户企业处置，运营效益和管理效率稳步提升，安全生产平稳有序，支撑保障坚强有力，营造了稳健的经营发展局面。

年内，公司集体企业合计34户，其中，公司层面集体企业11户，地市层面集体企业23户。全口径资产总额231亿元，权益总额69亿元，集体企业用工人员总量15 359人。

坚持“更安全、更集约、更高效”发展方向，健全安全管理制度体系，建立两级巡检队伍，全面推广智慧工地视频监控。组织“六查六防”专项活动，开展施工集体企业安全专项治理。优化用工管控和典型岗位体系建设，引导管理向一线、冗员向缺员流动。规范会计核算体系，统一会计科目和核算方法。深化资金集中统一管理，大力开展“两金”压降。推进集体企业信息化建设，工程、物资模块试点上线。推广智慧能源管家，深化设计施工联合运作。完成国家审计署专项审计，迎接国网公司巡视和综合检查，做好问题整改。开展“匠心领航 荣耀华商”系列活动，组织技能人才展示，全面展现集体企业在服务公司和电网高质量发展中的重要作用。

■ 12月27日，在怀柔大雁楼举办“匠心领航 荣耀华商”2018年集体企业技能星光大道。（孙钢荣 摄）

（李 伟）

【深化重组整合】落实国网公司瘦身健体决策部署，优化公司顶层设计方案路径，突出核心业务。整合同类企业，退出弱关联行业。年内累计实现20户企业和2项参股股权处置，实现“压减数量与提升质量并重”的目标，超额完成年度目标计划。实施跨层级、跨专业、跨单位、跨部门的分工合作，组织集中调度例会12次、专题协调37次、现场办公6次和编发信息通报13期。开展瘦身健体全年攻坚和第四季度百日攻坚行动，组织各单位签订瘦身健体任务责任状，明确每户企业奖励、完成、考核三个时间节点，将5%的工资总额用于业绩考评。结合地方政策实际，多次与北京两级政府沟通交流，打通政策障碍，规范业务程序，降低改革成本，再次促成市交通委特批车辆统一过户政策，完成249部车辆过户。优化调整9户企业的方式路径，其中2户由主业收购，支撑综合能源和培训业务。开展“日督导、周协调、月通报”，推动进度滞后的6户企业实现赶超。抓住重点环节和关键要素，督导24户企业完成财务清查和审计评估，严格决策程序，开展全过程法律鉴证，规范工商税务手续，建立专项档案，确保经得起历史检验。

（刘兆阳）

【安全生产管理】贯彻《中共中央国务院关于推进安全生产领域改革发展的意见》，落实公司《意见》实施方案。坚持“管业务必须管安全”原则，明确各部门安全管理定位，落实安全管理职责。推进安全清单式管理，完善安全生产责任制，建立覆盖各单位、部门、岗位的安全责任清单。建立健全安全激励约束机制，细化安全奖惩制度。培养选拔优秀专业人才，举办培训考试，29家单位117名安全管理人员参与。开展安全专项行动，治理安全生产问题，排查整治安全风险隐患，防范安全事故，共查改问题140项。落实“同进同出”，执行“双准入”制度，明确分包安全责任，防范施工分包安全事故。增强现场安全巡检力量，应用可视化安全管控平台，对施工现场开展安全监控全覆盖。完善消防安全制度，强化火灾防控措施，开展消防应急演练，提升防火自救能力。

■ 7月25、26日，组织集体企业安监管理人员培训。（焦经纬 摄）

（焦经纬）

【企业风险防范】组织做好迎接巡视和整改工作。完成

2729份迎检资料电子及实物档案准备汇总工作，落实巡视期间28项任务共计85份资料准备报送工作。根据巡视反馈意见组织制定13项共性问题整改措施，印发《集体企业巡视反馈意见落实整改专项工作方案》，举一反三、彻底整改巡视中发现的问题。健全“大监督”体系提升保障效能，通过建立《华商伟业公司党风廉政建设全面自查自纠、强化政治履责工作方案》《巡察工作87项重点关注问题负面清单自查表》《党风廉政建设领导干部、职能部门48项履责清单》，以部门履责和党支部履责为重点，将党风廉政责任制考评嵌入党支部考评工作，强化党委全面监督、纪检监察部门专责监督、党的工作部门职能监督、基层党组织日常监督和党员民主监督。累计各类谈话60余人次，实现约谈工作覆盖面“三个100%”。自查“三公消费”32笔、公务车辆使用89辆次、大额资金4笔。贯穿全年组织开展集体企业关联交易、车辆、资金管理综合检查工作，降低经营风险。组织“三查三改”及全面整改工作，共发现问题615项，完成问题整改558项。开展“两金压降”专项审计工作，运用NC平台开展审前调查及非现场审计，形成审计底稿199份、审计记录163份，发现问题200项。

■ 4月26日，华商伟业公司召开党建暨党风廉政建设和反腐败工作会议。（孙钢荣　摄）

（张　曦）

【企业运营管理】市场拓展取得突破。充分发挥专业优势，大力抢占内外市场，积极拓展业务领域，全年实现产值137.22亿元、利润4.53亿元。指标完成率分别为101.5%、110.0%。持续开展设计施工联合运作，组建项目部16个、派驻设计人员106名，对接项目总数3249项。全面推动“智慧能源管家”业务，18家企业开展代维业务，客户总数达5316户，累计新签代维合同3.71亿元，同比增长了113.4%，实现代维收入2.31亿元，云平台上线153户、206个配电室，客户总容量

荣誉证书

集体办：

《基于物联网云平台系统的“智慧能源管家”业务服务实践》获国网北京市电力公司2018年度管理创新成果一等奖

主要创作人：张铁恒　李殿军

参与创作人：屈宪军　邱明泉　白　晶　彭　勇　杨　洋　庄苗苗　刘东海　郝佳恺　呼万冬　王旭玮

国网北京市电力公司

二〇一八年十二月

■ 12月，“基于物联网云平台系统的‘智慧能源管家’业务服务实践”项目荣获公司年度管理创新成果评比一等奖。（呼万东　摄）

达到41.18万kVA。“基于物联网云平台系统的‘智慧能源管家’业务服务实践”项目荣获公司2018年度管理创新成果评比一等奖。全面推进电商化采购，完成工器具类商品的上线部署，并在第一批6个城近郊集体企业正式启动工器具电商化采购工作。建立月度简报、季度报告和半年度经营分析会相结合的经营活动分析模式，为领导决策提供有力支撑。开展同业对标管理，将重点管控事项纳入对标体系，促进了各项重点管控指标和重大工作事项的顺利完成。完善法人治理结构，督导企业落实和加强党建工作，确保党建工作有效融入公司各项工作之中。编制华商伟业“三会一层”议事规则，将公司法人治理要求与企业行政管控要求有机结合。全面开展平台企业实体化运营自评价工作，形成管理实体化、业务实体化两大体系涉及的法人治理、人力资源、财务管理、物资管理、瘦身健体、市场拓展六大专业相关57份档案资料，加强集约管控、优化资产结构及资源布局，有效提升集体企业持续发展能力。完成集体企业业务应用平台三期的试点建设工作。

（戴　帆）

【人力资源管理】持续优化用工管控模式，严控入口，优化存量，实现用工总量负增长，年内，集体企业全口径用工15 359人。优化岗位机构管理，选取五家试点单位，启动施工、设计、监理类集体企业典型岗位设计工作。加强用工管控力度，编制完成《关于提升集体企业用工效能质量的行动计划》，提出员工常态化补员和一次性补员计划安排，摸底集体企业用工需求。组织编制银杰公司劳务派遣工安置方案，妥善完成520名人员安置。根据瘦身健体工作

安排，完成7家单位429名人员安置工作。完善激励约束机制，编制完成《关于全面加强集体企业薪酬管理的指导意见》和《关于进一步加强和规范集体企业福利管理的指导意见》，深化工资总额“双控”管理，优化管控模式及流程，规范福利管理。编制印发集体企业《2018年度集体企业提质增效专项奖励指导意见》，确定6项专项工作奖励资金安排和评价方式。编制集体工补充医疗保险承接工作方案，完成补充医疗保险承接工作。强化人才培训培养，编制印发19项集体企业重点培训及调考工作计划，涵盖集体企业经营管理、持证等人员，参培人数达到2490余人次。完成528名职工职称认定和确认，220余名职工后续学历认定。

■ 7月9～17日，在培训中心组织集体企业建造专业人员素质提升培训。（王好萌　摄）

（刘　明）

【财务资产管理】公司集体企业全口径完成营业收入137.22亿元，利润总额4.53亿元，资产负债率69.92%，全面完成国网公司下达的各项指标。实现集体企业资金全面归集。年内，公司集体企业归集资金96.2亿元，按照国网公司集体企业资金管理办法第十三条规定，除保函保证金等无法归集资金外，资金归集率100%，银行账户监控率100%；运作资金78.11亿元，年度资金运作收益2.24亿元。部署开展集体企业“两金”压降专项行动，结合年度财务决算预先安排摸清存量“两金”和往来账款底数，依据会计准则和结算流程科学组织下达年度压降指标；年中通过在月报中增加相应的报表，开展月通报、季考核等方式，树立“清收清欠就是营销、清收清欠就是创效、清收清欠就是规范”的工作理念，着力推进压降清理工作；全年压降存量预收账款91亿元、应收账款清理回收17亿元、存货压降37亿元，超额完成年度指标，有力控制坏账风险、税收风险和经营风险。

（冯　雪）

【后勤资源管理】制定车辆管理制度，建立健全车辆管理体系。年内，对公司集体企业车辆现状进行了系统分析，查找管理漏洞，及时整改巡查巡视中发现的问题。印发《国网北京市电力公司车辆管理十条规范》《关于规范集体企业车辆燃油管理工作的通知》（集体办〔2018〕63号）等制度。逐步完善公司集体企业车辆管理体系，规范集体企业车辆租赁流程，建立审批制度。为全面支撑城市副中心建设、2022年冬奥会场馆建设、大兴国际机场建设等重大工程，通过与国网公司协调，争取了519辆车辆更新指标。目前，公司集体企业共有车辆3549辆。清查房屋、土地，建立集体企业房屋、土地台账信息。目前，公司集体企业共有产权房屋686套（栋），总面积约26万m^2，共有权证土地95万m^2。

（周　冰）

【党群组织建设】深入学习贯彻习近平新时代中国特色社会主义思想和党的十九大精神，进一步强化党组织管党治党政治责任，落实巡视巡察的整改和成果运用。制定理论中心组年度学习计划，开展中心组学习13次。严格执行民主集中制，召开45次党委会，研究决定“三重一大”等重要事项。依托集体企业网站和“华商微党课”开展常态化学习，创新开展“聚力华商　清风护航”，结合“一线工作月”“一线工作日”“领导接待日”开展深入调研，领导班子精品党课廉课6次。与房山公司、密云公司党组织联建，开展主题党日活动，以党建助推业务融合。充分发挥党员引领示范作用，落实党员“一带二、一带三”工作，实施党员“1+1”共进行动。全面对标党建工作要求，编制党建工作标准化手册，制定党支部考评细则，开展对标考评。配合完成公司工会换届改选，承办第十九届“电友杯”六城市足球邀请赛，承办并参加公司第九届羽毛球比赛，率队参加2018年职工足球联赛并荣获卓越组冠军。推进职工之家实体化建设，增强企业文化的渗透力和感染力，丰富职工文化生活。充分利用集体企业网站和“华商一家人”公众号媒体平台，推送稿件179期，开展主题策划15次。举办“改革开放40周年集体企业发展成果展”，大力宣传集体企业从起步形成、成长壮大、战略发展到规范管理四个阶段的发展经验。成功举办公司集体企业工作负责人大赛和“匠

心领航　荣耀华商”技能人才大型展示活动，集中展示基层一线员工在管理创新、技能提升、服务发展等方面取得的进步，体现集体企业对电网的高品质支撑和保障。

■ 10月18日，在白乙化烈士纪念馆联合开展了“不忘初心　守卫蓝天”主题党日活动。（孙钢荣　摄）

（张　茜）

公司荣誉

2018年国网北京市电力公司荣获国家、国网、市级先进荣誉称号

全国文明单位
全国“安康杯”竞赛优胜单位
全国“安康杯”竞赛安全文化宣传活动优秀组织单位
全国电力行业思想政治工作优秀单位
中国城市能源变革十大杰出贡献企业
中国电力行业企业公众透明度责任沟通创新责任企业奖
北京市企业管理现代化创新成果优秀组织单位
北京市安全生产月优秀组织奖
首都文明单位标兵
西城区诚信统计单位
国家电网有限公司审计工作先进单位
国家电网有限公司纪检监察工作先进单位
国家电网有限公司第四届青年创新创意大赛优秀组织奖
国家电网有限公司后勤依法规范管理知识竞赛优秀组织奖

2018年国网北京市电力公司先进单位、先进集体和先进个人

公司先进单位（8个）

城区供电公司　通州供电公司
朝阳供电公司　海淀供电公司
大兴供电公司　信息通信分公司
电力科学研究院　城市照明管理中心

公司安全稳定功勋单位（5个）

城区供电公司　通州供电公司
朝阳供电公司　海淀供电公司
丰台供电公司

公司电网建设功勋单位（5个）

城区供电公司　通州供电公司
大兴供电公司　建设咨询公司
经济技术研究院

公司优质服务功勋单位（5个）

城区供电公司　通州供电公司
朝阳供电公司　房山供电公司
客户服务中心

公司经营管理功勋单位（5个）

海淀供电公司　亦庄供电公司
昌平供电公司　华商三优公司
谷新投资公司

公司党的建设功勋单位（5个）

城区供电公司　通州供电公司
丰台供电公司　密云供电公司
检修分公司

公司依法治企功勋单位（5个）

门头沟供电公司　房山供电公司
密云供电公司　工程公司
华商伟业公司

公司故障管控劳动竞赛红旗单位（3个）

海淀供电公司　怀柔供电公司
顺义供电公司

公司电网建设（架空入地）劳动竞赛红旗单位（5个）

石景山供电公司　延庆供电公司
城市照明管理中心　华商远大公司
京电设计公司

公司优质服务劳动竞赛红旗单位（3个）

石景山供电公司　亦庄供电公司
怀柔供电公司

公司电能替代劳动竞赛红旗单位（3个）

门头沟供电公司　平谷供电公司
密云供电公司

公司降损增效劳动竞赛红旗单位（3个）

海淀供电公司　门头沟供电公司
房山供电公司

公司智能配网劳动竞赛红旗单位（3个）

通州供电公司　朝阳供电公司
丰台供电公司

公司先进集体（60个）

公司本部
办公室（党委办公室）督察处
发展策划部综合计划处
党委组织部（人事董事部）干部一处
安全监察部（保卫部）电网安全督察处
建设部建设管理处
对外联络部（品牌建设中心）信息管理处

城区供电公司
运维检修部（检修分公司）
营销部（客户服务中心）
通州供电公司
运维检修部（检修分公司）
建设部（项目管理中心）
朝阳供电公司
营销部（客户服务中心）
供电服务指挥中心（配网调控中心）
海淀供电公司
电力调度控制中心（配电运营指挥中心）
营销部（客户服务中心）
丰台供电公司
党建工作部（工会、团委）
办公室（党委办公室）
石景山供电公司
财务资产部
营销部（客户服务中心）
亦庄供电公司
运维检修部（检修分公司）
党建工作部（工会、团委）
昌平供电公司
办公室（党委办公室）
党建工作部（工会、团委）
门头沟供电公司
发展策划部
营销部
房山供电公司
发展策划部
运维检修部（检修分公司）
大兴供电公司
办公室（党委办公室）
建设部
平谷供电公司
办公室（党委办公室）
运维检修部（检修分公司）
怀柔供电公司
建设部（物资中心、项目管理中心）
营销部（客户服务中心）
密云供电公司
建设部（物资中心、项目管理中心）
营销部（客户服务中心）
顺义供电公司
办公室（党委办公室）
运维检修部（检修分公司）
延庆供电公司
建设部（物资中心、项目管理中心）
营销部（客户服务中心）
经济技术研究院
设计中心
计划经营部
电力科学研究院
办公室（党委办公室）
电源技术中心（照明技术研究中心）
工程公司
施工管理部
输电施工分公司（作业型）
检修分公司
运维检修部
变电运维西北中心
二次检修中心
办公室（党委办公室）
信息通信分公司
党委办公室
运检中心
培训中心
技术技能培训部
物资分公司
物资供应部
综合服务中心
媒体业务部（报社）
客户服务中心
大客户服务部
新能源汽车服务有限公司
技术服务部
供用电建设承发包有限公司
监察审计部
物业管理公司
办公室
城市照明管理中心
党委组织部
发展建设部
电力建设工程咨询分公司
项目管理二部

公司工人先锋号（33个）

公司本部

北京电网调控运行班
城区供电公司
电力调度控制中心（配电运营指挥中心）配电运营指挥室
通州供电公司
营销部（客户服务中心）客户经理班
朝阳供电公司
电力调度控制中心调控监控班
海淀供电公司
配电站室运维室
丰台供电公司
电力调度控制中心配电运营指挥室
石景山供电公司
综合服务班
亦庄供电公司
仓储配送班
昌平供电公司
建设部（项目管理中心）项目组
门头沟供电公司
自动化信息通信运维室
房山供电公司
窦店供电所
大兴供电公司
榆垡供电所
平谷供电公司
营销部电费室
怀柔供电公司
配电运营指挥室
密云供电公司
电力调度控制中心自动化信息通信运维室
顺义供电公司
客户经理室
延庆供电公司
配电运营指挥室（地区调度监控班）
经济技术研究院
规划评审中心主网规划室
电力科学研究院
设备评价中心（物资质量检测中心）技术监督室
工程公司
变电施工分公司变电项目三部
检修分公司
变电运维西南中心长椿街运维班
信息通信分公司
调控中心检修一班
培训中心
管理培训部党建教研室
物资分公司
仓储配送部综合班
综合服务中心
综合管理部档案馆
客户服务中心
95598运营管理部服务监督班
新能源汽车服务有限公司
监控班
供用电建设承发包有限公司
工程管理部工程管理处
物业管理公司
通州物业部
城市照明管理中心
监控中心系统运行班

根据《评比办法》第四章八条规定，海淀公司配电运营指挥室、检修公司王府井巾帼站、照明管理中心华灯班直接评为公司工人先锋号。

公司劳动模范（10名）

公司本部	李　萍
海淀供电公司	祁　宏
石景山供电公司	杨涛举
大兴供电公司	范亚南
延庆供电公司	王云飞
工程公司	张　磊
信息通信分公司	尹　康
物业管理公司	曲璐萍
城市照明管理中心	陈春光
直属产业	周　丹

公司先进工作者（108名）

公司本部
崔　征　李　蓉　马晓艳　赵永强
林　华　申　博　李建成　董　楠
史　强
城区供电公司
张　平　王　军　余森林　李　森
张　雪　张振芳
通州供电公司
张　松　王显锋　吴　涛　张童飞
胡宝玉
朝阳供电公司
应立军　陈　淼　谢　鹏　刘　佳
张晓晨　韩保廷
海淀供电公司

魏建云　朱萍萍　李林松　乔　飞

丰台供电公司

李　斌　马小亮　孙　爽　杨国亮

石景山供电公司

石　琳

亦庄供电公司

竺　林　逯　畅

昌平供电公司

刘　申　刘东海　李世婧　韩晓冬

门头沟供电公司

王　滨　刘翠艳

房山供电公司

云文奇　上官甲天　赵　迪

大兴供电公司

秦　帅　刘文辉　邢　磊

平谷供电公司

张　健　郭梦龙

怀柔供电公司

汪　洋　曹晓钢

密云供电公司

彭新立　刘卫东

顺义供电公司

彭　宇　张　磊　赵鹏跃

延庆供电公司

忻　煜

经济技术研究院

王恩德　王浩楠

电力科学研究院

陈　平　冯　义　蔡宏伟　任志刚

工程公司

边　洋　尉迟亚丽　杨子锋

检修分公司

王　彬　尹克伸　范璐思　刘守全　谢景林
李　兰　郑　娜　何　璇　刘　锦　满建柱
范金龙　梁德欣

信息通信分公司

孙　兵　刘　涛

培训中心

卢　焰　李鸿雁

物资分公司

任博翰　鲁　敬

综合服务中心

李咏新　关首峰　李　颖

客户服务中心

周　章　魏加项

新能源汽车服务有限公司

张国强

供用电建设承发包有限公司

邵　阳

城市照明管理中心

李晓辉　阎　欣

电力建设工程咨询分公司

杨　华

直属产业

李　伟　黎世伟　李　琳　欧方浩　段峥辉
郭　莉　刘　岩　薛志强　李林琳

根据《评比办法》第四章第九条规定，昌平公司陈龙、房山公司王豪、平谷公司冯炯天直接认定为公司先进工作者。

公司安全稳定功勋个人（10 名）

凡广宽　戴春雷　郭佳斯　吕　陆　徐鹤立
徐　震　杨宝琳　张　雷　官　丽　尹喜超

公司电网建设功勋个人（10 名）

纪　斌　王小峰　高彦龙　张志强　韩　巍
杨国亮　马永青　秦　彧　丁　迪　李　辉

公司优质服务功勋个人（10 名）

李立刚　魏妍萍　应立军　邢　凯　贺子琦
王　滨　姚俊峰　丁岩松　刘海龙　张　宬

公司经营管理功勋个人（10 名）

郭建府　王桂哲　杨艳玲　南　慧　张小研
杨　莉　祁　宏　刘　洋　蔡伯华　杨　光

公司党的建设功勋个人（10 名）

蔡红军　周　游　曹增新　李　伟　宋　鹏
黄　锦　李之彧　杜长军　石　琳　王　婧

公司依法治企功勋个人（10 名）

李　放　王　欣　左若冲　王进朔　徐光兵
吴婷婷　李　利　杨　卫　戴富华　盛　军

公司故障管控竞赛之星（5 名）

凡广宽　高　骞　张　健　马李锋　冯　浩

公司电网建设（架空入地）竞赛之星（8 名）

张　佳　张浩然　陈登明　郭君宜　董光哲
徐赛宗　安　明　刘智勇

公司优质服务竞赛之星（5 名）

杨　芳　刘紫凝　上官甲天　张秋义　应　媛

公司电能替代竞赛之星（5 名）

张伊美　赵文平　张　蕾　刘　川　刘　楠

公司降损增效竞赛之星（5 名）

王立永　李　冀　于克飞　戴罕奇　孙　超

公司智能配网竞赛之星（5 名）

赵　宇　王　立　赵　虎　于　乐　祁　波

2018年国网工匠、国网劳模、国网优秀班组长先进事迹

国网工匠——王月鹏

王月鹏，男，汉族，中共党员，1979年11月15日出生，1998年6月参加工作，2005年7月加入中国共产党，本科毕业，高级工程师、高级技师，2003年3月起担任国网北京昌平供电公司运检部配电带电作业班班长。

18年坚守基层，王月鹏带领班组共开展带电作业15634次，累计多供电量9800万kWh，成为当之无愧的电力工匠。2017年，王月鹏荣获北京市总工会组织的首届“北京大工匠”荣誉称号。昌平公司成立了以他为带头人的大工匠创新工作室，研制出“新型地电位用绝缘横担和配电线路带电作业绝缘引流线支架”“抱立杆型边相导线固定装置”，填补了带电作业的空白。王月鹏多次参与国网公司和北京市电力公司组织的带电作业操作规程、作业指导书、培训题库等编写工作，并作为第二作者编写出版了《10kV配电线路带电作业实操技术》，获得了7项国家级专利成果，这些成果成为带电作业理论实践的重要指导和宝贵财富。

在王月鹏身上有着电力人对“工匠精神”的传承和发扬，徒弟杨鑫在北京市第三届职业技能大赛中取得了配电线路专业第一名，并荣获首都劳动奖章；杜炳超晋级国家电网公司带电作业决赛。

国网劳模——刘动

刘动，男，汉族，1990年10月31日出生，2015年8月参加工作，2015年3月加入中国共产党，硕士研究生学历，工程师、高级工，现在担任国网北京通州供电公司运维检修部配电工程班技术员岗位。

刘动2016年9月参与到城市副中心电网建设中，是通州公司最早踏上副中心配电网建设现场的员工之一。从最初在满是脚手架的开关站里钻进钻出，到如今操作机器人开展运维检修，刘动一直扎根在副中心高端智能配电网的相关工作中。刘动主要负责综合可视化平台的开发建设，从顶层设计、框架结构、数据接入到界面布置，他带领团队在摸索中前进，反复修改形成设计图纸30余版，接入实时数据100余项，建成通州公司第一个可视化系统，将高端智能配电网建设与运维的先进技术推广；他勇于探索实践，参与设计并建成了“双花瓣”网架结构，为目前世界上供电可靠性最高的配网网架结构；他秉承创新理念，参与设计并建成了开关站及综合管廊电力舱智能监测系统，在国内首次构建了集设备状态监测、环境安防监测与机器人巡检于一体的开关站综合运维系统，在综合管廊电力舱内首次应用地磁轨导航巡检车，全面推行无人化巡检与精益运维，提升电气智能化水平。

刘动一边工作，一边总结，形成多项市级、国网公司级、省公司级的成果。由他编写的企业管理现代化创新成果“深化运维管理体系建设的创新与实践”获得北京市二等奖，管理创新“高端智能配电网高质高效建设的实践”获得国网公司三等奖，项目“高端智能配电网关键技术及实践”获得北京公司科技进步一等奖等。另外，他还编写了《高端智能配电网建设手册》《北京城市副中心行政办公区世界一流高端智能配电网示范区总结》等成果，将先进配电网建设与运维经验推广应用。

作为一名90后的青年员工，刘动不怕困难，充满活力，敢于拼搏，勇于创新。他最大的愿望就是能够将所学技能和所思所想用于工作、实践出来。他组建青年团队，完成项目“最强大脑——配电网综合可视化管控平台”，获得国网公司第四届青年创新创意大赛铜奖。他还开展青年培训，完成项目《高端智能配电网培训课程》获国网公司网络大学“双优”评选二等奖。

国网劳模——侯伟

侯伟，女，汉族，1983年10月24日出生，2007年8月参加工作，2005年4月加入中国共产党，硕士学历，高级工程师，现在担任城区供电公司建设部工程管理高级岗。

侯伟，城区公司建设部架空入地工程项目部高级项目经理，是核心区架空线入地工程大会战的唯一女指挥官。她以负责的工作态度，实干的工作作风，圆满完成了2017、2018年首都核心区架空线入地工作，总计完成入地道路11条，28.6km，新装设10kV开闭器、箱式变电站144台，拔出电杆700余基。整体工作量达到“十二五”期间北京市全市5年架空线入地工作量总和的5倍，是架空入地工程当之无愧的“铁娘子”。

为了保障好这项民生工程顺利完工，侯伟创下了每天工作12h以上的记录，白天在办公室核对工程施工图纸，制定工作计划，晚上赶赴现场指挥到后半夜，

成了她的工作常态。在建设阶段，她的工作尽职尽责，细致入微，停电、施工噪声等与周边居民的生活息息相关的问题她都会统筹考虑；她要求胡同施工时尽量将电缆沟挖的窄一些，减少居民出行不便；在交通流量大的街道施工时则严格执行晚10时至早5时的施工时间，减少对道路交通的影响。送电密集、施工现场最多的时候，侯伟针对每个存在施工困难的点位进行方案制定，对于周边沿线个别商户因不理解造成的阻挠和滋扰，侯伟凌晨 2 点从其他现场赶赴当地，在面对几十人的围攻下不卑不亢，向对方讲解架空线入地的重要性和道理，最终顺利安抚商户情绪，让工程得以顺利进行并如期投产。

披星戴月的工作让侯伟鲜有照顾家人的机会，女儿支原体肺炎发高烧住院，侯伟也没能陪伴在身边，对此她对家人有着深深的愧疚。由于工作繁忙工作中没时间回复家人发来的微信语音，只在夜深人静的时候，她才有空打开微信，看看丈夫发来女儿的小视频，边看边笑，笑着笑着却又泪流满面。

截至目前，架空线入地工程宣告竣工，完成北京市委、市政府交办的整体任务，彻底赢得了首都核心区架空线入地大会战。首都核心区道路上空的蜘蛛网被全面清除，主次干道重见久违的蓝天，架空线入地后，供电可靠性也大大提升，首都的老百姓们除了可以享受到更优质的城市景观，更清新的街道环境，还得到了更加坚强、可靠的供电保障。

国网劳模——邱明泉

邱明泉，男，汉族，1974 年 7 月 7 日出生，1997 年 7 月参加工作，2002 年 11 月加入中国共产党，大学学历，硕士学位，高级工程师，现在担任国网北京市电力公司营销部（农电工作部）主任。

邱明泉同志在思想上时刻与党中央保持一致，始终以一名共产党员的标准严格要求自己，对党忠诚，亲切待人，公平做事。工作上，他兢兢业业，刻苦钻研，是大家公认的“排头兵”。生活上，他关心身边每一位同志，是个热心肠，无论在哪个岗位都受到干部群众广泛好评，具有良好的群众基础。

自 1997 年参加工作起，邱明泉同志秉持“想干事、能干事、干成事”的工作态度，忘我工作，逐步从一名普通员工走上领导岗位。在担任朝阳供电公司副经理期间，正值 2008 年北京奥运电力保障，他带领营销团队艰苦奋战，众志成城，圆满完成奥运场馆电力建设和保障任务，获得了奥运保电功臣的光荣称号。2013 年任职华商电灯公司总经理后，面对新成立的单位、全新工作环境，他又积极整合农村供电所人、财、物资源，完成农村供电所人财物的统一划转和管理，有效解决了农电工用工混乱等历史难题，使农电资产物尽其用。在昌平供电公司工作期间，他坚决贯彻落实公司总体决策部署，创先争优，各项工作均走在公司前列。

任职公司营销部主任以来，“电能替代”和“优化营商环境”两个重量级的工作任务全部落在他的肩上，他以强烈的政治意识和大局意识，发扬部门敢打硬仗、能打胜仗的优良传统，主动带头放弃休息，加班加点，高质量完成工作任务。2018 年，完成 12.5 万户农村居民分散电采暖的改造任务，北京平原地区基本实现“无煤化”。“煤改电”工程实施后，北京将减少散烧燃煤 475 万 t。在推动充电设施建设方面，他励精图治，攻坚克难，在全国网率先开展电动汽车充换电设施建设运营工作，为首都电动汽车客户提供优质、便捷的充电服务，为国家的电动汽车及相关产业快速发展做出积极贡献。面对2018年全面优化电力营商环境的挑战，他带领自己的团队，认真分析世行评价体系，创新推出电力低压接电“三零”服务产品。截至 2018 年 10 月底，公司已为 1.4 万家小微企业提供“三零”服务，接电环节由 6 个压缩至 2 个，接电时长由 141 天降至 4.63 天，接电容量 28 万 kW。在世界银行发布的最新报告中，北京“获得电力”排名大幅跃升至全球第 14 位，得到国务院、世界银行、北京市政府的高度评价。“三零”服务成为优化营商环境“北京方案”，被国网公司在全系统推广。

国网劳模——周云浩

周云浩，男，汉族，1974 年 4 月 19 日出生，1995 年 7 月参加工作，2000 年 11 月加入中国共产党，大学本科学历，高级工程师，现在担任国网北京市电力公司电力建设工程咨询分公司副经理岗位。

周云浩同志始终将“学习”作为加强和提高自己的第一要务，把政治理论学习、业务知识学习和推动实际工作紧密结合，从不认输、不惧困难的韧劲和钻劲让他成为基建领域的优秀管理者。该同志曾发表了《耐热导线在实际工程中的应用》等多篇实用性技术论文，并参与了公司基建领域多项技术创新的研究，多次获得公司科技进步奖。

周云浩先后参与了大大小小上百余项工程的施工组织及管理工作，涵盖 110～1000kV 各电压等级。他经历过从施工项目部到业主项目部的各种角色转变，见证了一个项目从立项前期、现场实施到竣工投产的各个环节，从事过项目安全、质量、技术、造价等各个维度的管理工作，成为基建领域全业务、全流程、全方位的全能专家。这样丰富的阅历和经历让他带领着项目团队打造了一个又一个的精品工程。在堰上220kV输变电工程中，制定了国内首次跨越高铁的方案并顺利实施；在特高压工程中，制定了轻型落地式双平臂回转抱杆组塔施工方案。在安定增容、昌平增容、蔚县电厂送出、张昌三回等500kV工程中，面对停电次数多、风险等级高等困难，他通过科学的管理和精心的管控，确保了每一项建设任务均安全如期投产。

周云浩同志性格开朗、为人谦逊、待人真诚并且韧劲十足，有较强的组织协调和沟通能力。基建每一项任务的完成，都离不开其他专业的支持，尤其是北京地区的500kV建设项目，大多涉及与兄弟单位的交叉管理，在张北柔直工程的前期建场及征拆补偿工作中，周云浩同志充分发挥自身优势、不厌其烦多次组织相关方开会协调，提前完成前期工作，为后期施工争取了时间，得到兄弟单位同事的广泛赞誉，在系统内展示了北京电力良好形象。

国网优秀班组长——陈己宸

陈己宸，女，汉族，1989年5月23日出生，2011年8月参加工作，2009年10月加入中国共产党，大学本科学历（硕士学位），工程师，现在担任国网北京朝阳供电公司营销部指标及综合管理中级岗。

陈己宸作为营销专业尖刀班的班长，带领着市场室全员承担了朝阳公司业扩专业计划排定、图纸审核及综合业务管理的日常工作，始终代表着公司营销改革最前沿的开拓者、践行者。

从客服大厅受理客户报装到完成送电，如何更好地为客户提供优质的服务，如何响应国家号召提高小微企业营商环境，是公司任务的重中之重，也是摆在市场室面前的难点。陈己宸带领班组成员开拓思维，打破原有壁垒，创造性地提出新的服务模式。2019年，陈己宸作为朝阳公司“优化电力营商环境”团队的引领者，带领班组成员率先推行“1+1”团队（1个客户经理+1个项目经理）服务模式，确保现场勘查、工程实施、计划排定不出团队，极大提高了客户办电感知。

多年来，陈己宸不仅在管理流程上积极推进改革、提高办事效率，在科技引领上更是不断探索。在低压“一站式”报装服务中率先应用“方案设计一体化移动作业终端”，实现智能化、无纸化作业的同时，完成内部流程“串行改并行”，最终被北京市电力公司全面推广应用，成为北京“三零”服务举措的核心亮点。

“三减一提升”“电能替代”“综合能源服务”这些营销改革最前沿的攻坚任务涉及方方面面，为了更好地优化地区电力营商环境提供专业技术支撑。陈己宸多次奔走政府部门，促成区政府出台《关于电接入营商环境适用于小型维修类掘路审批的实施意见》，在北京市“9+*N*”政策的基础上进一步优化了低压电力接入工程“占据路”审批手续。只要能为客户提供更加省心的服务，便是她孜孜不倦奋斗前行的不竭动力与源泉。

拼搏路上到处体现着她的创新与思考，而取得成绩更是离不开她的尽职尽责。她带领全体员工率先开展“三零”服务试点，并完成首例送电和首例涉及市政道路占掘路审批，打造“和颐酒店”“福寿苑”等项目为公司乃至国网公司提供宝贵的示范经验。凭借过硬的专业能力和出色的综合素质，在公司推进“高压业扩改革”“迎接国务院督导检查”“迎接世行调研获得电力指标”等重要工作中均发挥骨干力量，最终获得2018年北京市电力公司优化电力营商环境突出贡献个人和先进个人荣誉称号。

近年来，陈己宸带领班组成员出色完成了“煤改电”“五新”服务、“老旧小区改造”等重点工作，助力朝阳公司多次获得公司劳动竞赛流动红旗，在国网“青创赛”“QC”小组等活动中均有优异的表现；在工作中爱岗敬业、精益求精，获得“北京市电力公司劳动模范”“北京市电力公司优秀工作者”、国网公司“十佳服务之星”等荣誉称号。

国网优秀班组长——丁屹峰

丁屹峰，男，汉族，1971年5月8日出生，1994年7月参加工作，2003年7月加入中国共产党，研究生学历，高级工程师，现在担任电科院电源技术中心副主任。

2013年起，丁屹峰开始带领新能源技术室班组成员研究电能替代技术，在5年时间里，他走在“煤改电”科研的最前线，一心扑在工作上，扎扎实实钻研，勤勤恳恳实践，从科技创新攻关到技术服务支撑、从产品孵化到宣传推广，带领班组攻克一个个科技难关，为公司“煤改电”事业献出自己的一份力。

2016年10月，丁屹峰带领班组仅用了26天，就将房屋破败、杂草丛生的农家院落建成了通州崔家楼“煤改电”实景示范展示区，集中对外宣传展示先进电采暖技术和装备。由于该示范区属国内首创，可供参考借鉴的经验非常少，丁屹峰全力查阅资料，不断与厂家沟通施工建设方案、开展设备调试、修正实物模型，近一个月里他几乎没合过眼，更没回过家，长期驻扎在示范区现场，事无巨细地把控进度，最终实景示范展示区如期完工，受到了各级领导高度重视，被国内各大媒体采访报道，为我国推进电能替代技术提供了全面借鉴和示范。

丁屹峰没有满足取得的成绩，而是沉下心思考。2016年11月～2018年7月，丁屹峰又带领班组成员全力投身到电能替代实验室的建设中。两年间，他带领班组成员多次前往西安、河南开展气候仿真方面的调研，学习先进经验，并且邀请王浚院士等国内人工环境模拟等方面的专家对实验室建设过程进行督导。实验室建设工期紧、任务重，受春节、“两会”等原因影响，建设工期缩短，为保证施工进度和质量，丁屹峰亲自协调各个部门和建设厂家一起加班加点进行建设工作，不断修正实验室的建设方案，自己也投身实验室各项设备及机组调试及试验中，在有限的工期内，攻坚克难、多措并举，保障了实验室基础建设、设备安装的顺利完成。最终电能替代实验室高标准建成，并成功获得国网公司授牌，有效支撑用户设备选型及配网电源容量设计等需求。

随着“煤改电”工程范围的扩大，2018年10月，深山区延庆大路村示范展示区建设工作又落在了新能源技术室班组，从施工设计到建设完工一共工期2个月，时间紧，任务重。丁屹峰再次扛起大旗，带领班组成员迅速制定工作方案，多次深入延庆深山区调研“煤改电”适用情况，不惧严寒，在零下25℃的天气里调试设备，实地征集深山区“煤改电”试点农户的使用体验，为深山区“煤改电”技术方案制定收集最前线的素材，最终高效率完工。

丁屹峰专业知识过硬，“煤改电”工作经验丰富，为带领班组成员共同进步，他打破专业壁垒，在班组内部开展 “一带二、一带三”帮带共建工作，促进专业融合，建立“互帮、互助、互带、互学”的双向互动关系，为班组出现一个又一个专家而贡献自己的力量。

丁屹峰一心扑在工作上，无暇照顾家庭，对家庭充满了愧疚。然而面对工作中出现的一个又一个新挑战，丁屹峰总是选择义无反顾的全力以赴，坚守对用电客户的点滴责任，继续以铿锵的脚步在服务首都电网、保障电网安全的路上前行不止！

国网优秀班组长——陈丹

陈丹，女，汉族，1981年10月7日出生，2007年8月参加工作，2002年3月加入中国共产党，研究生学历，高级工程师，现在担任运检部数据中心负责人（五级职员）。

10年前，陈丹怀揣着对电网建设的满腔热忱，从西南家乡来到北京，投身于首都电网建设事业中，在丰台公司扬起了逐梦风帆。

进入工作岗位后，她主动要求进变电检修一线工区。为了让自己能够快速适应工作，她向书本学习，向老师傅学习，不达目的誓不罢休。由于她学习能力强和工作表现出色，丰台公司很多较为艰巨的工作逐渐的交她来承担，从变电检修到调度监控，从自动化到数据中心，她在电网多个专业岗位历练。主创国家发明专利《数据库文件的备份方法、装置及系统》，主笔撰写的《全业务“一体化”配电运营指挥中心建设》获得国网北京市电力公司管理创新三等奖。

2017年9月，在丰台公司领导统一指挥下，丰台公司成立了数据中心，由陈丹担任数据中心负责人。治理之初，没有现成经验，陈丹利用一本《同期线损管理系统建设培训指导书》，每天加班研读至深夜。随着治理深入，成功“破译”出各套源系统是如何导致线路线损不合格的。在攻坚治理阶段，她带领线损工作组的同志不断创新，一年多以来完成“电缆开闭站分析法”“架空线路配电自动化平均电流区间定位分析法”等多种创新方法，并使用先进仪器仪表，进一步现场核查，解决隐藏的表计接线错误、相序问题，误差问题以及窃电用户。这解决了长期以来困扰线损治理的疑难问题，同期分线线损治理速度大大提升。

在陈丹的带领下，数据中心自成立以来一年多时间内获得公司“降损增效”劳动竞赛红旗5面。她本人也获得公司降损增效劳动竞赛之星光荣称号。在同期线损治理方面，她具有丰富的工作经验和突出工作成绩，并作为主讲人在公司10kV分线分压线损集中治理培训会上向各属地单位介绍线损治理方法和经验。为了更好地协助公司其他属地单位治理同期线损，陈丹连续加班两周编写完成《国网北京丰台供电公司分线线损管理手册及典型案例汇编》一书，供其他属地单位相关人员参考学习。

由于线损治理工作的特殊性，自从担任数据中心负责人以来，每年元旦、五一和十一假，她从来没有休息过。每月一号，不管什么日子，她不是在办公室就是现场处理每月表计采集相关问题。

在陈丹的带领下，数据中心这个年轻的班组正以精雕细琢、精益求精的理念，一步一个脚印向前走。他们用心创造，不断创新，用专注和热情诠释了自己的人生。

国网优秀班组长——王家蓬

王家蓬，男，汉族，1990年1月1日出生，2012年8月参加工作，2018年11月加入中国共产党，本科学历，助理工程师，现在担任配电工程班班长岗位。

王家蓬2016年9月开始参与北京城市副中心高端智能配电网技术方案编制到方案落地建设实施，是通州公司最早参与副中心电网建设任务的人员之一，作为一名“90”后，将这2年有余的青春无怨无悔的全部奉献给了副中心。他主要负责副中心行政办公区配套电力工程建设组织与协调，推动建成“两横三纵”12km智慧型综合管廊。王家蓬始终甘于扎根在副中心高端智能配电网建设现场工作中，撑起高端智能配电网建设的钢铁脊梁。

为保证“高端智能配电网建设”机器的正常运转，他就像是这个机器的润滑剂，专为减少摩擦、提升效率。作为副中心建设的排头兵，他带领团队成员代表通州供电公司积极联合14家参建单位、16支施工队伍，主动担当起所有涉及供电工程的现场建设调度与协调工作，先后组织召开100余次技术对接与建设协调会，深入现场踏勘200余次，以时不我待、认真负责的态度与精神攻克各工程建设过程中的协调难点，赢得各个对接单位的信赖与支持，确保工程保质保量、超前推进，为北京市级机关的搬迁入驻提供安全可靠的供电保障。

在做好“润滑剂”的同时，他更是勇挑重担，推动建成“两横三纵”12km智慧型综合管廊。无论是寒风凛冽还是烈日酷暑，他常常奔波在综合管廊建设的各个现场，反复对现场的建设进度与技术方案进行对接和核查，想要在办公室找到他需要“碰运气”，因为他不是在建设现场就是在去现场的路上。在如此高强度的工作负荷下，他不负众望，推动建成国内首个拥有独立电力舱机构、长达12km的综合管廊，满足行政办公区内主配网中远期电缆敷设需求。同时，为提升管廊内状态监测和运维水平，推动落实8项可靠性提升工程建设落地，首次成功在电力舱中部署2辆地磁轨导航巡航车，规模化配置6台巡检机器人，创新应用7台消防机器人，全部数据投入综合可视化系统，实现综合管廊内电力设施运维“状态管控全要素、智能巡检全覆盖、应急响应分钟级”。

作为一个“90后”，他满腔热忱，活力四射，作为一个牵头人，他统筹大局，以身作则。他的脚印将继续印刻在副中心的工程现场，他将继续带领工程班的全体成员砥砺前行。

国网优秀班组长——郑伟

郑伟，男，汉族，1978年1月11日出生，1996年1月参加工作，2005年11月加入中国共产党，大学本科学历，职称：助理工程师，现在担任亦庄供电公司运维检修部（检修分公司）五级职员（技能服务类）兼配网运维一体化室班长。

郑伟扎根配电运检一线18年，作为国网北京市亦庄供电公司配电运维一体化班班长，他刻苦钻研业务技术，对工作兢兢业业，精益求精，带领运维一体化班组守护着亦庄所辖区域内电缆、线路和配电设备。作为一名共产党员先锋队代表，他在日常工作中身先士卒，率先垂范，建立了良好的群众基础。

郑伟始终把运行维护作业安全挂在嘴边，在班组安全日上，他根据各类事故情况，举一反三，详细讲解事故的原因，并结合自己的经历，指导大家如何避免同一类型事故的发生。同时，在施工作业现场，对于安全交底、安全措施严格要求，一丝不苟，他常说“干咱们这行，没有能够犯错的机会”。

健康水平提升工程改造过程中，郑伟早出晚归，不计报酬，严格执行停电计划操作，仔细审核新设备投运及隐蔽工程验收。他主动带头学习新业务，带领班组成员学习运行规范，并应用于实际。由于时间紧及设备突发不可控原因，经常要等到深夜才能完工，他带头坚守在现场把关，丝毫没有怨言，特别是在事故抢修时，他总是第一个赶到现场，带领班组成员细致摸排，带头坚守在本职岗位。

在配网故障管控方面，郑伟带头开展电网设备隐患“大扫雷”，实现配网故障次数同比下降40%。对架空线路通道中危害线路运行的树木和鸟窝开展去除工作，累计修剪去树2000余棵，清除鸟窝1300个。在反外力施工中，他建立了反外力盯防微信群，每天由巡视、看护人员报送巡视看护状态，发现隐患后及时与相关单位沟通并处理，同时与区内施工单位建立联系机制，随时掌握现场施工情况。

在2018年全国“两会”、中非合作论坛、机器人大会、国网青创赛等10项保电任务中，郑伟带领班组对区域内设备进行巡检、问题消缺，仔细检查设备运行情况，不放过一个死角。保电期间，他坚守在每一个需要他的现场，指挥每一项保电工作的进行，保障了重要活动供电万万无一失。

为将亦庄全域内所有配电自动化终端由原主站系统向“一体双核”主站系统迁移，结合公司运检部统筹安排，郑伟制定每日终端迁移计划，合理安排每个工作组的工作时间，周末更是放弃休息时间主动坚守在迁移现场，最终圆满完成了“一体双核”终端迁移任务。

“光荣在于平淡，艰巨在于漫长”，郑伟凭着一份强烈的责任心，把个人的人生价值融入于守护亦庄电网的安全稳定运行中，在生产一线默默奉献着自己的光和热。

国网优秀班组长——付冠男

付冠男，男，汉族，1988年2月29日出生，2010年8月参加工作，2014年9月加入中国共产党，大学本科学历，工程师，现担任北京大兴国际机场供电服务中心筹备组组长。

付冠男作为北京大兴国际机场供电服务中心的班组长，不仅承担着整个中心前期建设、中期协调、后期管理工作的重任，也跟班组成员一起日夜奋战在北京大兴国际机场配套电网建设的最前线。

2018年初，付冠男带领筹备组成员完成《大兴机场供电服务中心筹备方案》《大兴机场供电服务中心人员选拔计划方案》《国网北京大兴供电公司国门供电运维特战队培训方案》《国网北京大兴供电公司国门供电服务队培训方案》《国网北京大兴供电公司机场西变电站办公点进驻筹备方案》《大兴机场变电运维保障方案》等6项方案、计划编制工作，奠定了前期工作的主旋律及重心，为后续更好地开展中心筹备、人才选拔及培训等工作打下了坚实的基础。

针对北京大兴国际机场区域重要用户众多、供电可靠性要求高、区域协同机制复杂的特点，以“贴近客户、主动服务客户”为原则，付冠男与新机场客户进行深度对接，积极探索新机场区域客户用电需求，开展定制化优质服务。经过反复调研与思考，付冠男提出“三个高标准、一个协同”策略：一是高标准优化管理体系；二是高标准运用技术手段；三是高标准做到“服务、告知、报告、督导”四个到位；四是协同机场运行控制中心开展政治供电保障工作，确保政治供电保障万万无一失。

为不断激励中心成员全身心投入到新机场区域供电运维保障工作中，加强中心的凝聚力、战斗力，付冠男主动与中心成员谈心，多方面了解每位成员的工作、思想动态，倾听员工的心声，尽可能帮助成员解决实际问题。他把对员工的关爱当作自己分内的事，采取多种举措激发大家的工作热情、帮助成员快速成长，目的就是将供电服务中心打造成一支可信赖、可以靠、洋溢着正能量的新时代电力产业工人队伍。

作为北京大兴国际机场供电服务中心班组的领军人，付冠男深知自己任重而道远，但他将力排万难，带领中心成员全力打赢新机场区域电网供电运维保障攻坚战。

大 事 记

1月

1月8日，国家能源局副局长刘宝华一行到北京城市副中心，现场调研配套电网规划建设情况及公司“煤改电”工作。

1月10日，公司集体企业现场工作负责人技能竞赛在培训中心圆满落下帷幕。

1月11日，北京市副市长隋振江，国家电网公司副总经理张智刚出席公司召开的核心区架空线入地工程总结表彰大会。

1月12日，北京市重大项目办副主任丁建明一行到公司就冬奥会配套电网工程、兴延及延崇高速涉及电力设施迁改有关工作情况交流座谈。

1月15日，北京市副市长卢彦、国家电网公司副总经理韩君出席公司2017年“煤改电”工程总结表彰大会。

1月19日，公司董事长、党委书记李同智，总经理万志军到国网管理学院现场检查国家电网公司第三届职工代表大会第三次会议暨2018年工作会议供电保障工作。

1月20日，国家能源局电力安全监管司司长童光毅、副司长李泽、张扬民一行到公司海淀500kV变电站调研。

1月24日，天津公司副总经理万长江一行到公司调研电网规划建设工作。

1月25日20时23分，北京电网冬季最大供电负荷突破历史极值，达到1959.5万kW。

1月25～27日，公司召开第三届职工代表大会第三次会议暨2018年工作会。

1月29日，中国能源化学地质工会主席张波一行到照明中心调研，同一线职工座谈，交流党的十九大精神学习体会。巡视员王新纯、副主席陈志标等一同调研。国家电网公司工会副主席王海啸出席。

2月

2月1日，国家能源局总经济师、华北能监局局长郭智，副局长郝瑞锋一行到公司督导春节及全国两会供电保障工作，检查保电任务推进情况。

2月2日，工信部无线电管理局局长谢远生到公司调研无线电频率使用及业务应用情况。无线电管理局巡视员阚润田、副局长谢存、祁锋一同参加。国网信通部主任王继业、副主任陈春霖陪同。

2月6日，北京城市管理委员会副主任张春贵、副巡视员孟献军带领检查组到公司开展节前能源保障安全检查。

2月7日，国务院国资委党委书记郝鹏一行赴国家电力调度控制中心、公司调研检查春节保电工作，看望慰问国家电网公司一线员工。国家电网公司董事长、党组书记舒印彪，总经理、党组副书记寇伟，党组副书记、副总经理辛保安，副总经理张智刚陪同调研。

2月8日，公司召开助力小微企业获得电力“零上门 零审批 零投资”专项服务行动新闻发布会，面向社会发布重点服务举措。

2月8日，国网信通部副主任魏晓菁带领国网信通部督察组一行，检查公司春节及全国两会信息通信保障工作。

2月9日，中国能源化学地质工会主席张波一行到公司看望慰问一线职工。

2月9日，国家电网公司董事长、党组书记舒印彪，总经理、党组副书记寇伟一行来到公司，检查春节保电工作，亲切看望和慰问坚守在一线的员工。

2月11日，国家电网公司党组副书记、总经理寇伟出席公司领导班子2017年度民主生活会并讲话。

2月12日，共青团中央青年发展部副部长赵宝东一行到公司慰问青年员工。

2月24日，国家能源局副局长刘宝华一行到公司督导检查2018年全国“两会”保电工作。国家电网公司副总经理张智刚出席活动。

2月26日，市城管委副主任张春贵带领检查组一行到公司某220kV重点变电站检查全国“两会”保电工作筹备情况。

2月27日，市城管委网络安全巡视员贾明雁一行到公司检查全国两会网络安全工作。

2月28日，张北可再生能源柔性直流电网试验示范工程（以下简称张北柔直工程）正式开工。

3月

3月1日，公司董事长、党委书记李同智，总经理万志军分别带队深入多个全国“两会”重要保障场所，现场督导检查保电工作。

3月5日，北京市副市长隋振江到公司检查全国“两会”供电保障工作。

3月5日，国网信通部副主任陈春霖一行到公司检查全国“两会”网络安全保障工作。

3月15日，北京城市副中心行政办公区A、B地块内“四大四小”主体建筑的22座配电室全部实现投产送电。

3月23日，公司邀请四大国际会计师事务所、律师事务所、咨询机构等多位专家，举办优化营商环境提升获得电力服务研讨会，共同围绕不断提升北京地区电力服务，进一步优化营商环境等内容进行了交流与探讨。

3月27日，国家电网公司党组第七巡视组巡视国网北京市电力公司党委工作动员会召开。

3月26日，在市政府与世界银行政策咨询团举行高级别会晤中，公司代表汇报了关于进一步优化营商环境推进获得电力改革情况的说明，得到世界银行政策咨询团专家赞赏。中央纪委驻国家电网公司纪检组长、国家电网公司党组成员黄德安出席会议并讲话。中央纪委驻国家电网公司纪检组副组长、国家电网公司监察局局长、巡视办公室主任刘克俭出席会议。

3月28日，公司举办发布会，公开发布《国网北京市电力公司服务营商环境白皮书(2017—2018版)》，这是公司第一本以营商环境为主题的白皮书。

4月

4月4日，北京突降大雪，公司第一时间启动预警Ⅲ级应急响应，通过“双保险”高质量应对雨雪天气，确保了京城电网供电安全。

4月10日，公司召开北京电网运行与管理领导小组2018年度夏重点工程推进会。

4月13日，公司召开2018年党建暨干部工作会议。

4月16～17日，国务院督查调研组获得电力专题组到公司，现场督导调研优化电力营商环境工作。

4月17日，国网华北分部副主任王利群带领督查组到公司开展春季安全生产督查。

4月18日，国家电网公司副总经理刘泽洪到通州调研变电站模块化建设工作。

4月26日，公司总经理万志军在北京冬奥组委首钢办公区与北京冬奥组委规划建设和可持续发展部常务副部长刘玉民举行会谈，就秉承“绿色冬奥”理念，保障各赛区场馆安全可靠供电，加快配套电网建设等方面达成共识。

4月27日，北京市副市长隋振江到公司架空线入地工程现场指挥部，组织市有关部门和单位召开调度会，协调推进架空线入地工程进展。

4月27日，公司取得张北柔直北京换流站至昌平500kV送出工程项目核准批复，这标志着冬奥会配套4项500kV电网建设项目立项核准工作全部完成。

在“五一”国际劳动节来临之际，公司多个集体和个人受到中华全国总工会和北京市总工会表彰。海淀供电公司配电运维指挥室、北京市城市照明管理中心华灯班获得全国工人先锋号，检修公司王府井巾帼班获得北京市工人先锋号，顺义供电公司董浩同志获得首都劳动奖章。

5月

5月7日，中国华能集团公司副总经理兼华能国际电力股份有限公司总经理刘国跃一行到公司座谈，双方就华能北京热电厂燃煤机组应急备用、三期燃气机组并网等展开交流。

5月8日，公司董事长、党委书记李同智与到访的北京市基础设施投资有限公司（以下称京投公司）党委书记、董事长张燕友，党委副书记、总经理郝伟亚一行座谈，双方深入交流了多个国家级重点项目配套电力迁改、工程建设工作。

5月9日，北京市副市长王红对全市优化营商环境工作进行实地检查，通过到城区、海淀查看走访，全面考察了公司“三零”专项服务行动，调研指导公司高质量优化电力营商环境工作。

5月11日，首都文明办主任滕盛萍一行到海淀公司实地调研精神文明创建工作。

5月15日，公司董事长、党委书记李同智，总经理万志军与延庆区委副书记、区长穆鹏一行在公司座谈交流，双方着重就2022年冬奥会、2019年世园会重点工程配套电网建设推进等工作交换意见，并就建立定期沟通的长效机制达成一致。

5月15日，公司董事长、党委书记李同智，总经理万志军与延庆区委副书记、区长穆鹏一行在公司座谈交流，双方着重就2022年冬奥会、2019年世园会重点工程配套电网建设推进等工作交换意见，并就建立定期沟通的长效机制达成一致。

5月16日，公司董事长、党委书记李同智，总经理万志军与到访的市轨道交通建设管理公司党委书记、董事长吴宏建，党委副书记、总经理丁树奎一行交流座谈，现场推进重点轨道交通配套电力建设工作。

5月16日，已经运行33年的老站南各庄变电站退役，为新机场跑道让路。

5月17日，公司董事长、党委书记李同智，总经理万志军与怀柔区委书记常卫，区委副书记、区长卢宇国，围绕怀柔科学城配套电力规划建设交流座谈。

5月17日，北京市国资委召开国资委系统精神文明建设工作大会，对2015～2017年全国文明单位、首都文明单位进行表彰。北京公司（本部）经中央精神文明建设指导委员会复查合格，继续保持“全国文明单位”荣誉称号；同时，公司本部、各供电公司、经研院、电科院、工程公司、检修公司、信通公司、培训中心、客服中心、物业（谷新）公司、照明中心，及通州公司西集供电所、门头沟公司龙泉供电所等28家单位和集体被评为2015～2017年度首都文明单位（标兵）。

5月17日，公司副总经理、工会主席王西胜带队到新华社北京分社与新华社北京分社领导座谈交流。

5月18日，公司总工程师陈守军一行专程到北京市城管委开展“现场办公”，针对年内首都核心区电力、路灯架空线入地工作需要政企合力协调解决的问题，与市城管委副主任谢国民开展座谈交流。

5月22日，国网河北省电力公司副总经理苑立国一行来到我公司，就重大活动供电保障等方面工作与公司副总经理刘润生进行交流座谈。

5月23日，北京城市副中心行政办公区最后一基高压铁塔拆除，标志着北京城市副中心行政办公核心区配套电力工程提前全面完工，使该区域智能配电网成为世界一流的示范。

5月23日，国家电网公司在四川成都召开深化共产党员服务队建设推进会，公司城区公司共产党员服务队作为国家电网金牌共产党员服务队代表上台领奖，朝阳公司、大兴公司、照明中心华灯班3支共产党员服务队荣获国家电网优秀共产党员服务队，城区公司李芸菲、朝阳公司王小宁、海淀公司冯丽利、丰台公司李明辉4名同志被评为国家电网优秀共产党员服务队队长。公司共产党员服务队建设成果在会场进行了展示。

5月24日，北京市规划和国土委副主任周楠森率队到公司就北京新总规落实和重点工程项目配套电网规划建设进行调研。

5月24日，公司在朝阳公司召开“一核一主一副”片区电网规划座谈会，对接北京城市总体规划，高标准高质量规划首都电网。

5月25日，公司在检修公司召开2018年北京电网迎峰度夏暨度夏电网风险预警现场会，深入分析全年北京电网迎峰度夏形势，部署电网迎峰度夏工作措施。

5月29日，北京市住房与城乡建设委员会副主任王承军一行到公司交流座谈，深入沟通京张高铁、京沈客专、京雄铁路配套电力迁改工程需要协调的事项，合力推进工程建设进展。

5月30日，继“一核一主一副”片区电网规划座谈会后，公司在顺义公司召开“两轴多点一区”片区电网规划座谈会。

5月30日夜，公司总经理万志军与北京市城市管理委员会委员、市架空线入地办常务副主任谢国民一行来到首都核心区电力架空线入地工作现场调研。

5月30日晚9时30分，随着最后一台送电设备顺利合闸发电，五老胡同内完成了电力架空线入地改造，这是今年核心区（东、西城区）首条完成架空线入地改造的道路。

6月

6月6日，公司召开“首都集团要客定向服务”工作启动会，安排和部署2018年首都集团要客定向服务工作。

6月6日，220kV石景山输变电工程开始进行基槽开挖及底板施工，这是新首钢高端产业综合服务区配套的“2+2”座输变电工程中首个开工的工程。

6月6日，公司董事长、党委书记李同智先后到北京科技大学附属中学高考点、北京教育考试院、中关村110kV变电站，现场检查高考保电工作。

6月11日，公司召开年度全面风险管理委员会第一次会议，贯彻国家电网公司风委会工作要求，研究部署公司全年全面风险管理以及内部控制重点工作。

6月13日，国网电动汽车服务有限公司董事长、党委书记江冰，总经理沈建新，副总经理牛进苍一行到公司，双方就推进新能源建设、强化绿色充电出行等方面展开交流。

6月20日，公司总工程师陈守军与延庆区副区长谢文征在延庆公司交流座谈，双方着重就2022年冬奥会、2019年世园会重点工程配套电网建设等工作交换意见，协调推进重点工程建设进展。

6月21日，北京新机场配套电网工程增添35kV移动变电站，这是机场内的首座移动变电站，承担着以充沛电能保障新机场顺利调试的工作。

6月21日，首钢集团有限公司副总经理王世忠到公司赠送印有“责任担当 共筑冬奥使命 鼎力相助 尽显服务初心”的锦旗，对公司服务平昌冬奥会和冬残奥会总结会保电及新首钢高端产业园区转型升级做出的努力表示诚挚的感谢。

6月26日14时29分，顺义区突发短时极端冰雹大风天气，造成顺义地区2基110kV输电铁塔倒伏，顺义地区部分居民及用电客户停电。22时30分，顺义区受故障影响的用电负荷全部恢复供电。

6月29日，公司总经理万志军赴武警天安门警卫支队及国家博物馆，参加照明中心与武警天安门警卫支队共同开展的“不忘初心庆七一，携手共筑中国梦”主题党日活动。

6月29日，公司董事长、党委书记李同智到延庆多个电网工程建设现场，督导重点工程建设，并与延庆区委、区政府领导座谈交流。

6月30日，国家电网公司党组书记、董事长舒印彪到公司督导检查迎峰度夏安全生产工作并参加“做好先行官、架起连心桥”安全主题党日活动。

7月

7月2日23时05分，随着110kV温榆河变电站恢复正常运行方式倒闸操作结束，自6月26日遭遇极端天气灾害受损的杆塔及导线全部恢复完毕。

7月3日，中华全国总工会中国能源化学地质工会组织《人民日报》、新华社、中央电视台、《光明日报》《工人日报》及新华网、光明网、中工网等共计12家中央媒体组成的媒体采访团，对“高温下的劳动者”——照明中心华灯班进行了集中采访，宣传公司一线班组事迹。中国能源化学地质工会主席张波、副主席郭振友，中华全国总工会宣教部副部长万珍丽出席采访活动。

7月6日，众多摄影专家、摄影爱好者齐聚首都核心区架空线入地工程指挥部，参加“发现北京 城市之美”摄影比赛颁奖盛典。

7月9日，110kV广厦变电站如期发电，顺利投产。至此，北京新机场配套电网工程中机场红线外的榆垡北、礼贤北2座220kV变电站和张华、广厦2座110kV变电站已全部投产。

7月13日，共青团中央、人力资源社会保障部联合印发文件，对一批全国青年岗位能手（标兵）进行了表彰，电科院刘秀兰被授予2016～2017年度“全国青年岗位能手”称号。

7月13～14日，国务院国资委党建局局长姚焕、副局长徐宇栋带领该局全体党员，到公司雁栖湖供电服务中心调研，与国网公司联合开展“不忘初心 红色追寻”主题党日活动。

7月15日，分布于机关本部、石景山公司、大兴公司、经研院、工程公司的6个子女暑期托管班陆续开班，主要面向6～12岁职工子女，共惠及150余户家庭。

7月16日，北京出现突发性局地强降雨，怀柔、密云个别地区暴雨引发洪水，导致部分10kV电力设施受损，公司及相关单位及时启动汛情预警Ⅲ级应急响应，组织20支抢修队伍，1100余人、车辆120余辆全力开展抢修工作。

7月17日，国家电网公司副总经理、党组成员杨晋柏带队到公司调研指导信息化企业建设工作。

7月31日，北京市副市长隋振江一行到公司检查度夏防汛工作。

7月31日，朝阳区常务副区长马继业一行到公司就加快推动朝阳地区电网规划建设、更好地服务朝阳地区经济社会发展交流座谈。

8月

8月1日，北京市委副书记、市长陈吉宁，副市长隋振江来到公司调控中心，听取电网度夏保障情况汇报，慰问一线电力员工。

8月3日，北京电网供电负荷突破纪录达到2356万kW。

8月3日，国务院发展研究中心企业研究所副所长兼研究员袁东明，博士兼副研究员马晓白到海淀公司调研交流优化营商环境工作。

8月8日，公司召开8月份月度例会暨中非论坛保障动员大会，再动员再部署再落实，确保圆满完成供电保障和8月份重点任务。

8月10日，公司总工程师陈守军一行主动到延庆区开展“现场办公”，与延庆区副区长谢文征联合调度，进行奥运工程开展深入研讨，并就合力推进电网建设达成一致意见。

8月12日，公司2018鲁能乒乓夏令营开营仪式在世界风筝之都潍坊举行。

8月中旬开始，为落实北京市党组织党员“双报到”活动期间，公司6067名在职党员到所在社区（村）报到，报到率达到了100%。

8月16日，中国人民解放军陆军后勤部（简称陆军后勤部）副部长吕张喜一行专程到公司赠送锦旗，感谢公司及时满足中国人民解放军训练基地用电需求。

8月16日，华北能监局局长戴俊良，副局长郝瑞锋、程裕东一行到公司调研迎峰度夏工作。

8月20日，公司董事长、党委书记李同智，总经理万志军一行来到城区公司天安门广场重要场所改造工程现场，督导检查施工进展。

8月21日，北京首个电动汽车有序充电试点项目已在八里庄小区建成投运。

8月24日下午，公司董事长、党委书记李同智，总经理万志军先后走进18002保电重要客户和天安门地区重要保电场所，督导检查供电保障各项准备工作，调研首都核心区供电可靠性提升工程进展，并现场向北京市副市长杨斌汇报相关工作开展情况。

8月27日，全国营商环境评价现场会暨优化营商环境工作推进会期间，由国家发改委牵头组织的全国营商环境评价考察团180位地市级领导到海淀公司客服中心营业厅，实地调研了公司助力小微企业获得电力报装接电“三零”专项服务行动，充分肯定了公司优化营商环境工作。

8月28日，为热烈庆祝中国共产党成立97周年，公司首个党员红色教育基地，在房山区“没有共产党就没有新中国”纪念馆揭牌成立。

8月29日，国家电网有限公司2018年度科学技术奖获奖项目公布。公司13项成果获奖，其中公司牵头申报的“京津冀地区煤改电关键技术、核心装备及规模化应用”和“面向能源计量物联网的微功率无线关键技术与应用”等2个项目获得一等奖。公司是唯一牵头申报并获得一等奖数量达到2项的省公司，牵头申报的科技成果100%获得奖励。

9月

9月4日，“中非合作论坛北京峰会”进入第二日，公司董事长、党委书记李同智，总经理万志军分别率队在天安门政治供电服务中心和人民大会堂现场指挥部坐镇指挥。

9月5日，公司董事长、党委书记李同智，总经理万志军，副总经理周建方带队与国家机关事务管理局副局长赵峰涛座谈。

9月6日，公司董事长、党委书记李同智，总经理万志军与到访的国网通用航空有限公司董事长、党委书记邬捷龙，总经理杜贵和一行座谈，交流重大活动供电保障、电网应急等合作事宜。

9月7日，在丰台区一个居民小区里，公司计量人员利用专业仪器，开展了在运智能电表运行质量监督评价试点现场校验工作，这是在国家电网系统内，首次提出采用现场校验数据与首检等数据比对分析的方式，评价电能表的运行质量，建立智能电表质量管控新模式。

9月10日，公司召开国家审计署冬奥电力工程跟踪审计进点会。国家审计署固定资产投资司司长许亚出席会议并讲话。国家电网公司审计部主任丁勇出席会议。

9月12日，延庆区常委副区长谢文征一行来到公司，重点就延庆地区2022年冬奥会、2019年世园会、“煤改电”等配套输变电及迁改工程的建设推进工作深入交换意见。

9月19日，国网产业部副主任唐如海一行到集体办调研集体企业综合检查交叉互查开展情况及经营管理工作，并到施工类企业示范标杆评选工作现场实地考察。

9月20日，在第二届中国能源产业发展年会暨2018中国城市能源变革峰会上，公司被授予中国城市能源变革十大“杰出贡献企业”荣誉称号。

9月29日，中华全国总工会于国庆节前到公司调研慰问，分别走进大兴公司新机场东侧110kV变电站和石景山公司冬奥会新首钢园区电力建设工地调研工作，并以精彩纷呈的慰问演出，与首都电网建设者共庆新中国成立69周年。

10月

10月9日夜～10日凌晨，公司董事长、党委书记李同智，总经理万志军一行来到首都核心区架空线入地工作现场调研，督导检查施工情况和工程进展，开展“一线工作月”活动。

10月10日，公司董事长、党委书记李同智到城市副中心行政办公区，督查供电保障和服务工作，并与市政府副秘书长兼市机关事务管理局局长赵根武、行政办公区工程建设办主任王承军一起现场办公，研究解决相关问题。

10月10日，公司董事长、党委书记李同智到昌平回龙观、天通苑等地区，以“三督三查”为重点，督查老旧小区电力设施改造、地方调控村配电运行管理等工作，并现场办公。

10月12日，由公司主办的第十九届六城市“电友杯”足球邀请赛暨文化交流活动在雁栖湖畔圆满落幕。在为期5天的活动中，北京、广州、上海、厦门、成都、武汉六座城市电力人以球会友，全方位开展文化交流学习，携手推进职工文化建设工作高质量发展。

10月12日，公司总经理万志军来到京西山区某500kV输电线路，现场调研检查线路运维保障情况。

10月13日，日本化学能源工会协议会代表团团长松浦昭彦一行到通州地区参观访问，调研公司供电服务保障、电能替代、职工队伍建设、劳动安全卫生等工作。

10 月 21 日，公司首届“工信杯”职工网球比赛在北京网球中心圆满落幕。

10 月 24 日，公司董事长、党委书记李同智来到延庆地区开展“一线工作月”活动，调研世园会、冬奥会工程建设、供电服务等各项保障工作。

10 月 25 日上午，公司董事长、党委书记李同智到承发包公司、客服中心现场办公，督查优质服务百日攻坚专项行动推进工作，研讨优质服务提升新思路、新方法。

10 月 26 日，公司董事长、党委书记李同智，副总经理刘润生到海淀 500kV 变电站和电缆隧道调研，检查设备运行和消防工作。

10 月 30 日，石景山区委书记于长辉，区委副书记、代区长陈之常到公司交流座谈，对公司服务石景山地区电网规划建设、积极支援非公司产权小区供电恢复工作表示感谢。公司董事长、党委书记李同智出席座谈会。公司总经理万志军出席并接受陈之常赠送的印有“应急保障展示国企精神 勇于担当体现为民情怀”字样的锦旗。

10 月 31 日 21 时，世界银行发布《2019 年全球营商环境报告》，我国营商环境整体排名第 46 位，较 2017 年 78 位提升 32 个位次。其中，“获得电力”指标排名第 14 位，较 2017 年 98 位提升 84 个位次，在 10 项二级指标中，“获得电力”指标提升幅度最大、成效显著，达到国际一流水平。

截至 10 月，北京地区电采暖用户超过 120 万户，全市平原地区基本实现“无煤化”，提前两年完成国务院《打赢蓝天保卫战三年行动计划》中北京承担清洁取暖任务和北京“十三五”期间“煤改电”任务，标志着全国规模最大、技术最先进、成效最好的“煤改电”示范区在北京率先建成。

11月

11 月 1 日，公司董事长、党委书记李同智到朝阳公司调研高压业扩改革工作，现场考察高压业扩辅助移动终端（PDA）模块功能应用。

11 月 1 日，公司董事长、党委书记李同智，总经理万志军带队走访北京控股集团有限公司（以下简称北控集团），与北控集团党委书记、董事长田振清，总经理侯子波座谈交流，协同推进冬奥会配套电网工程建设和 2019 年“一带一路”国际合作高峰论坛供电保障筹备等工作。

11 月 2 日，公司在电科院举办新闻媒体通气会，发布国内首家功能最全电能替代技术联合实验室落成情况，介绍公司近期重点工作。

11 月 5 日，公司召开 11 月例会暨“煤改电”工程建设表彰大会，公司董事长、党委书记李同智作重要讲话。

11 月 6 日，北京新机场建设指挥部指挥长助理刘京艳一行专程到公司，赠送印有“责任央企指挥有方 通力协作保障有力”的锦旗，对公司服务北京新机场提供坚强可靠电力保障表示感谢。

11 月 8～10 日，公司第一期学习贯彻习近平新时代中国特色社会主义思想专题培训班圆满举行，本次培训学员是公司处级干部。

11 月 9 日，国家电网公司外部董事丁中智、王丽丽、陈津恩、黄德林，副总经理、党组成员刘国跃到公司调研指导工作，充分肯定了公司在服务党和国家工作大局中取得的显著成效。华北分部主任、党委书记余卫国，公司董事长、党委书记李同智，总经理万志军，国网办公厅副主任孙盛鹏陪同调研。

11 月 14 日，国网冀北电力有限公司董事长、党委书记田博，总经理郑林，副总经理张晓华、于德明到北京城市副中心调研高端智能配电网建设及冬奥会供电保障工作。

11 月 14 日，华北能监局局长戴俊良一行到北京大兴国际机场开展用电安全监管专题调研，先后察看多个机场配套电力建设、保障现场，对公司高标准建设首都电网，高水平开展用电服务表示肯定。

11 月 17 日，国家电网公司第四届青年创新创意大赛成果发布会在京举行。公司“电缆‘999’——电缆线路故障快速恢复技术”“设计 e 管控——基于人工智能的图纸自动审核系统”和“‘e 缆无余’——智能电缆监造作业移动平台”三项创新成果荣获金奖，创下历届之最。

11 月 17 日，公司处级领导干部学习习近平新时代中国特色社会主义思想专题培训班圆满结业，两期共 320 名参培干部接受党性教育和党性锻炼。

11 月 20 日，国务院国资委党委召开落实全国组织工作会议精神推进中央企业基层党建座谈会。会上，国网北京城区供电公司崇文供电服务中心党支部被授予第一批“中央企业基层示范党支部”，并作为电力系统唯一一家基层党支部，代表国家电网公司在会上做交流发言。

11 月 21 日，公司总经理万志军，副总经理周建方与中共中央直属机关管理局（以下简称中直管理局）

副局长王正军一行座谈，双方围绕集团要客定向服务等工作进行了交流。

11月21日，大兴区委书记周立云，区委副书记、区长王有国，区委常委、副区长王荣武一行到公司交流座谈。双方围绕加强地区电网规划建设、着力改善民生、强化应急用电保障能力等方面交换意见。

11月21日晚7时许，随着北礼士路架空线入地工程的顺利送电，标志着公司承担的全年首都核心区79条、78.73km道路的电力架空线入地工程全面竣工投产。

11月23日，公司“互联网+营销服务”创新创意技能竞赛决赛在城区公司落幕。

11月23日，公司第一届配电自动化专业技能竞赛实操竞赛在华商三优交直流混合配电网实验室成功落幕。

11月27日，门头沟区委副书记、区长付兆庚一行专程到公司，赠送印有“人民电业为人民 服务民生见真情”的锦旗，感谢公司在促进地区经济社会发展、服务重大民生项目等方面的大力支持和坚强供电保障。

11月29日，公司召开全面深化改革第一次工作例会，重点研究近期电力体制改革、国企国资改革及企业内部管理变革工作。

12月

12月3日，在第五个“国家宪法日”和首个“宪法宣传周”来临之际，公司举行主题宣传活动暨法治成果发布会，进一步强化全员法治意识，加快推进法治企业建设。

12月5日，中华全国总工会副主席、书记处书记阎京华一行赴城市副中心调研首都产业工人队伍建设情况，了解公司服务保障国家重大项目、推进重点工程建设等方面的工作。

12月6日，公司召开专题工作布置会，推进全国两会、“一带一路”、世园会供电保障工作，并全面启动国庆70周年供电保障工作。

12月6～7日，在国家电网公司纪念质量管理（QC）小组活动开展40周年大会上，检修公司肖永立、海淀公司“增辉”QC小组分别被评为国家电网公司质量管理（QC）小组活动40周年“先进人物”和“优秀小组”。年内，公司共有72项QC小组活动成果获得省部级以上奖项，再创佳绩！

12月7日，公司董事长、党委书记李同智到华商伟业公司调研集体企业重点工作开展情况，要求加强研究，解放思想，谋划好未来发展。

12月7日，公司召开全年优化电力营商环境总结表彰暨动员部署大会，北京市副市长王红，国家电网有限公司副总经理、党组成员韩君出席大会并作重要讲话。

12月10日，北京市副市长张家明到公司调研北京电网整体运行和迎峰度冬保障等情况，对2019年首都电网发展建设提出工作要求。

12月19日，“砥砺奋进　电靓京华——公司庆祝改革开放40周年成果展览”在大兴磁各庄生产基地举办。

12月19日，北京电力交易中心主任史连军一行到公司调研，实地了解“以电代油”“煤改电”、清洁能源消纳及绿色电力进京等情况。

12月21日，正值习近平总书记在中央财经领导小组第十四次会议上提出北方地区清洁取暖重要指示2周年之际，公司把这一天设立为“首都卫蓝暖心服务日”，在全市范围内开展系列主题活动。

12月26日，公司与国家机关事务管理局交流座谈并签署战略合作框架协议。

12月27日，平原地区日最低气温低于－10℃。当天20时30分，北京电网负荷持续攀升，创下入冬以来第四次新高，达2127.8万kW，突破冬季历史最大负荷2029.7万kW，增长率为4.83%。

12月28日，公司与怀柔科学城建设发展有限公司签订高可靠智能电网规划建设合作协议。怀柔区区委副书记兼怀柔科学城工作委员会副书记姜泽廷，怀柔区区委常委、副区长于海波，密云区副区长方建卿，公司总工程师陈守军出席签字活动。

12月28日，公司在朝阳公司召开10kV临时用电“三省”（省力、省时、省钱）服务现场培训会。

重要文献

公司领导重要讲话

坚持守正创新　确保安全稳定
以优异成绩迎接新中国成立70周年

——国网公司副总工程师兼北京公司董事长、党委书记李同智在国网北京市电力公司三届职工代表大会第四次会议暨2019年工作会议上的报告（摘要）

（2019年1月24日）

一、2018年工作回顾

2018年是贯彻党的十九大精神的开局之年，也是公司改革发展历程中极不平凡的一年。面对光荣使命、艰巨任务和严峻挑战，公司上下坚决贯彻国家电网有限公司和北京市委、市政府决策部署，顽强拼搏、攻坚克难，“三个争当”取得重大成果，高质量发展迈出重大步伐，在新时代实现了新作为、展现了新担当。公司业绩考核连续三年蝉联A段。全年完成售电量1037.04亿kWh，同比增长7.13%；营业收入682.23亿元，同比增长5.63%；完成固定资产投资206.54亿元；利润-10.17亿元；资产总额1133.59亿元；资产负债率64.92%。

坚持强履责、严管控，首都供电始终安全可靠。政治供电万无一失。中非合作论坛北京峰会是我国2018年最重要的主场外交活动，也是近年来规模最大、出席外国元首最多的外交盛会。公司坚持最高标准，全体干部职工放弃休假和周末休息，夺取了峰会保电的全面胜利。全年圆满完成全国两会、庆祝改革开放四十周年大会等重大政治保电任务182项、345天，保电天数再创历史新高。抢抓天安门地区市容环境景观提升机遇，苦干加巧干，提前完成广场开闭站升级改造任务，极大提升了广场地区供电保障能力。安全生产严抓严管。面对施工现场点多面广、安全风险持续增加等诸多挑战，扎实开展安全生产问题清单专项梳理、“六查六防”专项行动，及时消除风险隐患1316项。加强安全力量配备，在公司和18家单位设立安全总监，在31家单位成立安全监督机构。将双准入管理延伸至集体企业和监理单位，实现全员持证上岗。依托两级安全监控中心，狠抓责任落实和现场监控，安全事件、违章行为分别同比下降32.3%、25.8%。成功承办全国安全宣传咨询日活动，公司应急体系建设得到王勇国务委员充分肯定。顺利通过公安部“护网2018”网络安全专项演习，成功拦截网络攻击394次。度夏度冬平稳有序。加强电网特性分析，科学安排运行方式，稳妥应对2356万kW历史最大负荷和2128万kW冬季最大负荷考验。创新研发气象灾害精准预报预警系统，实现精准到每个变电站、每基杆塔的气象分析，提前部署抢修人员和物资，高效应对密云、怀柔持续强降雨天气。主动支援石景山永乐、朝阳雅筑等非公司产权小区停电应急抢修，以最快速度恢复供电，得到地方党委政府和人民群众的高度评价。装备水平国内领先。深化配电自动化应用，实现线路覆盖率、功能投入率两个100%，成为全国首家全覆盖的省级公司。大力实施设备升级改造，加大先进技术应用力度，输电、变电、配电故障分别同比降低29.5%、28.6%、34.3%，实现连续三年的大幅下降。特别是配电故障，由2015年的3355次降至2018年的395次，压降近90%。以打造升级版“首都标准”为主线，制定电气设备消防提升三年行动计划。

坚持抓重点、重统筹，首都电网建设全线告捷。规划前期成效突出。主动对接北京城市新总规，编制完成北京电网中长期发展规划和空间布局规划，成功将城市副中心电网规划纳入控制性详规。推动各区“网格化”规划获得政府文件支持，超前落实273座变电站站址和1500km电力廊道资源。利用“一会三函”等有利政策，推进“多规合一”平台试点，全年取得冬奥会配套项目等66项立项核准。500kV CBD、110kV首体等重点工程前期工作取得重大突破。国家项目保障勇当先锋。主动对接京津冀协同发展等国家战略，发挥电力先行官作用，“东南西北中”“天上、地下”等国家项目取得一系列标志性成果。经过2017、2018年两年的昼夜奋战，首都核心区137条129.33km电力架空线和375条225km路灯架空线入地任务全部完成，工程量是全市自开展该项工作以来到 2016 年总和的 2.8 倍，实现了核心区主次干路架空线入地目标。城市副中心行政办公区配套电力工程提前投运，高质量建成世界一流配电网先行示范区，有力保障了市级机关搬迁入驻。新机场 6 项配套工程提前半年投运，为今年 9 月正式通航提供坚强保障；同时创新应用移动式智能变电站，及时满足联调联试工作用电需求。在全公司范围抽调精兵强将，成立冬奥会（世园会）电力保障组织机构，12 项配套工程已开工建设 11 项。电网建设再创新高。500kV 蔚县—门头沟等 57 项工程顺利投产，500kV 新航城等 66 项工程开工建设。全年投产 35kV 及以上线路 661.56km、变电容量 1793 万 kVA，完成 35kV 及以上迁改工程 53 项、213.48km，开工 35kV 及以上线路 724.99km、变电容量 1232.2 万 kVA，投产、开工规模均创历史新高。工程管理不断加强。扎实落实基建领域专项改革配套措施，高质量通过国网公司验收。狠抓项目管理关键人员配备、作业层班组建设和核心分包队伍培育，完善提速增效 10 项机制、40 项措施，工程达标率实现 100%。紧盯招标采购、合同履约等关键环节，重点工程物资供应及时高效。

坚持惠民生、暖民心，首都电力服务水平跨越提升。首都电力营商环境达到世界前沿水平。创新推出小微企业“三零”服务，推动我国“获得电力”由第 98 名大幅跃升至第 14 名，为中国整体排名由第 78 名提升至第 46 名贡献了“国网力量”。自“三零”服务推出以来，已惠及 1.76 万户小微企业，接电环节由 6 个压缩至 2 个，接电时长由 141 天压降至 4.44 天，为客户节约投资 7.5 亿元。公司优化营商环境工作在不断增强客户获得感的同时，也得到了各界的高度评价。世界银行行长金墉盛赞“三零”服务达到国际先进水平，国务院将“三零”服务列为典型经验并向全国推介，市委、市政府主要领导肯定公司为全国营商环境整体优化提供了“北京方案”。同时，公司积极将优质服务从低压向高压拓展，推出临电报装“三省”服务新举措。电能替代成为全国示范。坚决贯彻习近平总书记推进北方地区清洁取暖指示精神，2016 年以来连续三年超额完成上级下达任务，累计完成 1908 个村、89.92 万户“煤改电”工程，基本实现全市平原地区“无煤化”，标志着国务院《打赢蓝天保卫战三年行动计划》中北京承担的清洁取暖任务提前两年完成。截至目前，全市电采暖用户已达 128 万户，采暖季贡献电量 80 亿 kWh、减少燃煤 452 万 t。建成了国内首家电能替代实验室，在动模实验等方面达到国际领先水平。深化与公交集团合作，建成 40 座电动公交车充电站，全市范围已达 143 座，充分满足 7000 余辆电动公交车充电需求。深挖内外部市场，全年实现综合能源服务收入超 1 亿元。“百日攻坚”成效显著。深入开展优质服务百日攻坚专项行动，4 方面 58 项重点任务全部完成，客户投诉、95598 话务量同比下降 29.03%、21.68%，新增接电容量完成 1177.36 万 kVA。创新推出重要客户 20 项定向服务举措，惠及国管局等 10 家客户。全方位做好“煤改电”度冬保障，逐村、逐线制定差异化管控方案，全面落实发电车应急等保障措施，确保了百姓度冬无忧。建立计量全业务两级监控体系，购电下发时长由 5.77min 降至 3.81min。

坚持激活力、增动力，改革创新不断突破。深化改革纵深推进。落实国家一般工商业电价降价措施，降低客户用电成本 10.39 亿元。适应改革监管新形势，制定实施 27 项优化经营管理策略。全年实现市场化交易 61.5 亿 kWh，释放改革红利 1.16 亿元。完成 261 个小区、29.77 万户“三供一业”接收和 196 处、9030 户职工家属区“两供一业”移交任务。持续完善体制机制，成立供电服务指挥中心，优化 110kV 输变电运检和调控业务管控模式，权责更对等、管理更高效。挂牌成立建设咨询公司、能源公司和电缆公司。科技创新成果丰硕。“交直流混合配电网”和“主动配电网”两项 863 课题顺利通过国家科技部验收。在国网系统率先研发使用智能移动应用系统，创新实现生产经营全信息展示、移动办公全功能覆盖。全年获得省部级以上科技奖 22 项、创新成果 138 项，荣获首届央企 QC 成果一等奖 1 项、全国管理创新成果二等奖 1 项、国网公司管理创新成果特等奖 1 项、国网公司软科学成果一、二等奖各 1 项，全年获奖数量和含金量均为历史之最。集体企业价值提升。稳步推进瘦身健体，完成 20 户企业和 2 项股权处置，压减用工 1500 余人。推广智慧能源管家，完成代维合同金额 3.7 亿元，同比增长 113%。深化设计施工联合运作，参与 2200 余个项目。开展往来账款专项清理，应收、预收账款分别压降 65%、50%。加强关联交易、资金、车辆综合检查，发现整改问题千余项。集体企业全年实现产值 137 亿元，对电网和公司发展的支撑作用不断增强。

坚持深挖潜、提质效，经营管理攻坚克难。经营创效保持平稳。主动应对非首都功能疏解等影响，大力增供扩销、挖潜增效，较好地完成了各项经营指标。争取外部支持资金到账 56.9 亿元，再创历史新高。深化同期线损精益管理，综合线损率下降 0.3 个百分点，创造效益 2.42 亿元。优化年度发电计划，压减燃气发电 28.9 亿 kWh，节约购电成本 2.47 亿元。用足用好税收优惠政策，节约税金 4952 万元。开展长期挂账工程专项清理，完成工程转资 162.43 亿元。加强房屋土地规范化管理，处理房产 9400 余处，实现经济效益 1.5 亿元。深化运监大数据平台应用，常态开展 52 项重点指标监测分析。依法治企显著加强。完成国网公司资金安全专项检查迎检，及时整改 52 项问题。发挥“一体化”审计优势，聚焦业扩报装、工程建设等重点领域开展 96 项审计，发现整改 1443 项问题。积极配合国家审计署冬奥会、资产负债损益、重大政策落实三项审计工作。深化“三全五依”法治企业建设，超前防控法律风险，将合法性审核内嵌到重大事项决策程序。健全依法主动维权机制，应诉案件同比下降 33.33%，避免和挽回经济损失 9800 余万元。

坚持强引领、重融入，首都特色党建品牌更加彰显。党建引领作用充分发挥。深入开展习近平新时代中国特色社会主义思想和党的十九大精神学习，组织两级中心组学习 334 次，创新实施“六进”宣讲 438 次。扎实推进“旗帜领航·三年登高”计划，突出党建引领、强化内嵌融入，开展“争当新时代先锋”系列主题活动，党组织战斗堡垒和党员先锋模范作用充分发挥。圆满完成国务院国资委党建责任制延伸考评迎检，实现零扣分，为国网公司获得中央企业、中管企业“双第一”贡献了力量。公司党建工作特色做法得到中组部、国资委等上级领导高度评价，党建成果在《人民日报》《党建》等高端媒体进行了广泛报道。巡视巡察成效显现。将国网公司巡视作为压实管党治党责任的有利契机，全方位做好各项配合工作，坚决整改 6 类 81 项发现问题，同步完善 32 项规章制度。坚持巡视巡察一盘棋，完成 15 家单位巡察工作，狠抓问题整改落实，营造了良好政治生态。完善纪委书记定期报告机制，两级约谈达 2455 人次。队伍面貌昂扬向上。创新开展“一线工作日”“一线工作月”，两级领导班子走进 6000 余个工作现场，进一步汇聚了干事创业的正能量。围绕两个“双百”先锋群体，通过互学互鉴等形式宣传先进经验，发挥示范带动作用。深入开展全员劳动竞赛和技能比武，每月亮成绩、评红旗、推明星，有力促进了重点任务完成。招聘 494 名优秀毕业生，创新供电所定向招聘、急需人才社会化招聘等招工方式，实施公司青年人才职业发展“第一个十年”培养工作，人才培养力度不断加大。内质外形全面提升。聚焦优化营商环境等重点任务开展高端宣传，公司责任央企形象在首都充分彰显。举办公司庆祝改革开放 40 周年成果展，全方位展现公司服务首都的责任担当。落实离退休人员“两项待遇”，精心组织乒乓球夏令营、暑期子女托管等关爱活动，受到职工一致好评。公司产业工人队伍建设得到全总领导高度评价，21 个职工之家和暖心驿站获得市总授牌。公司连续 11 年蝉联“全国文明单位”称号；通州公司荣获“中央企业先进集体”；城区公司崇文供电服务中心党支部荣获“中央企业基层示范党支部”；海淀公司配电运营指挥室、照明中心华灯班荣获“全国工人先锋号”；房山公司长阳供电所、平谷公司金海湖供电所荣获“全国青年安全生产示范岗”；公司获得国网公司第四届青创赛 3 项金奖，创历届之最。

回首 2018 年，困难比预料的多，挑战比预期的大，成果比预想的好。我们因势而谋、顺势而动、乘势而上，重大任务样样出色、重点工程全线突破、重要成果不断涌现，获得了市委市政府高度肯定、国网公司充分认可、社会各界广泛赞誉，创造了一个亮点纷呈的超越发展之年，收获了一个成果丰硕的形象提升之年。总结一年来的成功实践，我们深刻体会到：必须提高政治站位。一年来，我们坚定践行“三个争当”，在融入大局中谋求发展、在服务大局中主动履责，落实中央部署走在前列、服务人民需求争做示范，打开了新空间，展现了新作为，彰显了新价值。必须坚持争先发展。一年来，我们牢牢把握战略机遇期，出实招、出硬招、出快招，在优化营商环境、实施电能替代等重点领域，创新提升、率先突破，在国网系统不断创造新经验，持续输出新价值。必须注重精准攻坚。一年来，我们坚持目标导向和问题导向相结合，聚焦关键环节和重点问题，明晰目标思路、明确提升举措，心往一处想，智往一处谋，劲往一处使，一天一天实干、一周一周通报、一月一月督办，推动高质量发展不断迈上新台阶。必须发扬奋斗精神。一年来，我们咬定目标不放松、撸起袖子加油干，作风上无私、无畏、无惧，工作上尽心、尽力、尽责，以全体干部职工的“辛勤指数”，提升了首都各界的“幸福指数”“满意指数”。

二、坚持守正创新，确保安全稳定，奋力推进世界一流能源互联网企业建设

从现在起到 2021 年，是我国全面建成小康社会、实现第一个百年目标的决战决胜期，是国家电网有限公司建设世界一流能源互联网企业的战略突破期。在国网公司三届四次职代会暨 2019 年工作会议上，新一届领导班子守正创新、担当作为，积极顺应当代世界经济发展大潮流大趋势，创造性提出了“三型两网、世界一流”的战略目标和“一个引领、三个变革”的战略路径。寇伟董事长强调，要牢牢把握今后三年战略突破期，咬定青山不放松、阔步迈向新征程，到 2021 年初步建成具有全球竞争力的世界一流能源互联网企业。

国网公司新的战略蓝图为我们谋划长远发展提供

了遵循、指明了方向。作为国网公司服务首都的示范窗口和首都最大的公用事业单位，近年来公司抢抓机遇、创新突破，始终走在争先发展的最前列。站在新起点、踏上新征程，要发扬首都电力优良传统，以永不懈怠的精神状态和一往无前的奋斗姿态，追求更高目标、实现更大担当。要提高政治站位，以首都标准落实国家电网有限公司战略部署，以首都安全稳定体系建设为主线，以高质量发展为方向，力争经过三年的不懈努力，到2021年初步建成世界一流能源互联网企业，以优异成绩向建党100周年献礼。这是服务党和国家工作大局的必然要求，是支撑首都新时代发展的必然要求，也是发挥国网公司示范窗口作用的必然要求。

实现宏伟目标，使命光荣、任务艰巨，还有很多的关口需要跨越。特别是当前外部环境复杂多变，内部问题逐步凸显，挑战风险明显增多，亟需我们把首都安全稳定体系建设作为实现战略目标的根本保障和工作主线，牢固树立“大安全”理念，突出风险意识和问题导向，守正创新、久久为功，全面筑牢“稳”的基础，奋力推进世界一流能源互联网企业建设。重点把握四个方面。

（一）唯有加强风险防控，才能把握安全稳定的先机主动

党的十九大报告将防范化解重大风险摆在打好三大攻坚战的首位。在近期召开的省部级主要领导干部坚持底线思维着力防范化解重大风险专题研讨班开班式上，习近平总书记站在新时代党和国家事业发展全局高度，对贯彻总体国家安全观、防范化解各个领域风险提出了明确要求。公司上下要坚决落实重要指示精神，把风险防控贯穿各项工作始终，真查真找、真防真改，既要有防范风险的先手，也要有应对和化解风险挑战的高招，确保公司发展步伐更稳、底气更足、后劲更大。

在风险认识上必须坚持底线思维、树立忧患意识。当前，世界面临着百年未有之大变局，我国“三期”叠加特征更加明显，公司发展内外部形势不确定因素增多。从外部看，今后几年国家大事多、喜事多、要事多，重大政治、外交活动贯穿始终，同时冬奥会日益迫近，做好各项服务保障工作事关党和国家工作大局。中美经贸摩擦不断演化，我国经济运行稳中有变、变中有忧，北京市减量发展不断深化，公司“量价双降”压力日益凸显。同时，随着中央全面依法治国、全面从严治党纵深推进，巡视审计日趋常态化，政府监管、社会监督要求越来越严。标准高、挑战多、监管严成为公司面临外部环境的新常态。从内部看，公司近年来的快速发展也积聚了一些风险和问题。集中体现在短板依然突出，电网“两头薄弱”虽然有所缓解，但外受电能力不足已经严重影响到大电网安全；基础还不牢固，保障政治供电万万无一失的物质基础不够坚强，消防设施配备不足和专业管理欠缺的问题并存，安全责任虚化、管控弱化的情况普遍存在；管理亟需提升，体制机制和管控模式不适应改革发展新形势，以客户为中心的现代服务体系还不健全，集体企业距离同质化管理要求仍有差距，同时一些违规违纪问题屡禁不绝。任务重、责任大、风险多成为公司阶段性发展的新特征。对于这些变化和挑战，公司上下必须深刻认识、准确把握、积极应对。

在风险防控上必须下先手棋、打主动仗。风险防控事关落实中央部署、事关首都发展大局、事关企业长治久安。公司上下必须把防好风险摆在更重要的位置，从最坏处着眼，做最充分的准备，争取最好的结果，坚决做到“敏锐、敏感、敏捷”。敏锐，就是要强化政治意识，深刻认识“首都无小事、事事连政治”，坚持从讲政治的高度去落实部署、防范风险，坚决做到滴水不漏、万无一失，在成事的同时做到不犯错、不出事、不冒泡。敏感，就是要强化责任意识，对风险明察秋毫、处处留心，既不忽视隐蔽性强的“黑天鹅”，更不能对“灰犀牛”视而不见，始终把风险隐患化解在萌芽阶段。敏捷，就是要强化危机意识，时刻绷紧一根弦，发现问题及时应对，出现纰漏快速弥补，打好化险为夷、转危为机的战略主动战，将各类突发情况影响控制到最小。

（二）唯有推动能源互联网高质量发展，才能夯实安全稳定的物质基础

能源互联网由承载电力流的坚强智能电网和承载数据流的泛在电力物联网共同构成。打造世界一流的能源互联网既是企业安身立命之本，也是确保安全稳定的基础所在。要以“两网”融合并进为关键，以补齐短板为重点，以提升质量为方向，不断增强安全保障、资源配置、价值创造能力和智能化水平。

更加注重“两网”融合并进。这是建设世界一流能源互联网企业的核心任务。一方面，要始终把坚强智能电网建设摆在突出位置，坚持规划引领，注重远近结合、适度超前、精准投资，统筹推进各级电网协调发展，加快建成网架坚强、广泛互联、高度智能、开放互动的首都电网。另一方面，要充分应用移动互联、人工智能等现代信息技术和先进通信技术，实现电力系统各个环节万物互联、人机交互，打造状态全面感知、信息高速处理、应用便捷灵活的泛在电力物联网。同时，要加强“两网”建设的统筹协调，实现

相辅相成、融合发展，形成强大的价值创造平台。

更加注重补齐短板。强弱项、补短板既是推动电网发展的重要任务，也是确保安全稳定的必然要求。要立足更大范围优化配置资源，加快构建京津冀协同发展的特高压骨干网架和北京500kV独立双环网，补齐外受电能力不足的短板。要紧密跟踪北京城市新总规落地，在负荷中心增加500kV变电站布点，提高电源支撑能力，补齐部分供电分区主变压器容量不足的短板。要以解决“卡脖子”“低电压”等问题为重点，有序实施山区“煤改电”配套电网工程，有力支撑北京乡村振兴战略，补齐山区配网薄弱的短板。

更加注重质量强网。质量是安全的前提。要大力实施质量强网战略，将高质量要求贯穿电网规划设计、设备选用、工程建设、运行维护全过程，打造全方位的首都标准。要结合首都高可靠性供电特点，全面提升设备技术标准，严把选型、采购、入网“三道关”，差异化选用少维护、免维护、多在线的设备，夯实本质安全基础。要深化基建管理改革，加强施工能力和队伍建设，强化工艺管控和工程达标创优，提升工程整体质量水平。要坚持建管并重，深入构建“全网感知、状态监测、预警预判、集约管控”的智能运检体系，实现重要设备状态、输电通道环境、配网运行状态三个监测全覆盖。同时聚焦老旧隧道等隐患突出的重点领域，坚决做到风险不消除不放过、隐患不治理不放过，确保电网安全稳定运行。

（三）唯有推动公司高质量发展，才能筑牢安全稳定的管理保障

管理是企业发展永恒的主题。无论是适应“三型”企业的高标准，还是满足首都安全稳定的高要求，都需要我们以管理提升为关键，突出精准、精细、精益，实施质量变革、效率变革、动力变革，推动发展方式由规模扩张型向质量效益型转变。

在精准投入上下功夫。公司即将迎接第二轮输配电价成本监审，核价水平事关电网和公司长远发展。同时，“量价双降”压力不断加大，资产折旧、生产运维等刚性成本持续攀升，企业保持稳健经营面临多重挑战，亟需升级发展理念，优化发展方式，不断提高投入产出水平。要加强精准投资，优化投资规模、重点、时序，将资金投向负荷增长快、经济效益好、社会关注度高的地区和项目，保障全口径电网投资纳入有效资产。要加强成本精准管控，既要落实标准成本，坚决压降低效无效的成本费用，又要优化成本结构，增强成本支出与输配电业务的一致性、合法性、相关性和合理性，确保全部成本核得进、守得住。

在精细管控上下功夫。风险隐患的出现乃至积累，往往是管理粗心大意、粗枝大叶造成的。实现首都安全稳定目标，必须把严谨细致的理念和作风贯穿到生产、建设、运行、营销等各个环节，在苦练基本功、严格规章制度、提升执行力上下足功夫。要提高重点工作的管控力，拉出“任务书”“时间表”“路线图”，建立高效的事中监管、激励考核和问责机制，明方向、强监管、守底线，压紧压实各级责任。要强化问题导向，深入分析各专业管理短板，逐项实施提升计划，在解决一个个问题中夯实基础、化解风险。要强化各层级、各专业的精细协同，纵向上要注重贯通，坚持本部服务基层、管理服务一线，为基层集中精力干工作、出实效做好支撑；横向上要注重协同，破除专业壁垒、形成工作合力，减少管理断档、空档和盲区。

在精益管理上下功夫。“两网”，特别是泛在电力物联网的建设，为全面提升管理水平提供了难得契机。要应用“大云物移智”等先进技术，打造全业务统一数据中心，筑牢骨干通信网和终端接入网“两个网络”，推动信息化与企业管理、电网生产、营销服务“三个融合”，加快向“三型”现代企业迈进。要以数字化驱动量化管理，提高对企业整体生产运营情况的感知、分析和管控能力，全面实现用数据说话、凭数据决策、靠数据管理，提高资产管理效率和劳动生产率。要依托技术、管理、人才优势，大力培育综合能源服务、智慧车联网等能源新业态，推进技术和商业模式创新，积极打造示范项目，提升核心竞争力和盈利能力。

（四）唯有强化党建引领，才能凝聚安全稳定的磅礴力量

将战略蓝图变成现实，确保首都安全稳定，任务异常艰巨。必须强化党建引领，打造首都电力先锋队伍，把国有企业党建优势转化为凝心聚力、攻坚克难的强大力量。

着力提升政治引领力。看北京首先从政治上看，公司在旗帜鲜明讲政治上必须有更高标准、更严要求。要切实增强“四个意识”，坚定“四个自信”，坚决维护习近平总书记在党中央和全党的核心地位，坚决维护党中央权威和集中统一领导。要坚持不懈学习习近平新时代中国特色社会主义思想，推动学习教育往深里走、往实里走、往心里走。要自觉把公司工作放到党和国家工作大局中去认识、思考和谋划，切实把对党忠诚、为党分忧、为党尽责体现在实际行动中，坚决履行好政治责任、经济责任和社会责任。

着力锻造卓越组织力。党的力量来自组织。提升组织力，关键就是要围绕首都安全稳定体系建设等中心工作，持续在内嵌上做文章、在融入上下功夫。要强化党委决策前置程序，坚持议大事、抓重点，加强

集体领导、推进科学决策，充分发挥好党委把方向、管大局、保落实的领导作用。要强化党的一切工作到支部的鲜明导向，聚焦生产建设主战场、为民服务第一线、急难险重最前沿，开展创先争优，保障任务落实，发挥党支部的战斗堡垒作用。要引导广大党员在确保安全稳定中担关键任务、做突出贡献，敢于站出来、冲上去，发挥好“一带二、一带三”的先锋模范作用。

着力强化干部带动力。将公司战略部署变成现实，领导干部责任尤其重大。要贯彻新时代党的组织路线，把干部干了什么事、干了多少事、干的事组织和群众认不认可作为选拔干部的根本依据，一切看表现、听口碑、凭实绩，打造一支忠诚干净担当的高素质专业化干部队伍。各级干部要勤学深学，始终保持能力不足、“本领恐慌”的忧患意识，不断掌握新知识、熟悉新领域、开拓新视野，弥补知识弱项、能力短板、经验盲区，提高应对复杂局面、解决复杂问题的能力。要担当担责，善于攻坚突破，敢于啃硬骨头，落实公司部署行动迅速、措施有力，坚决做到守土有责、守土尽责。对于工作中的困难和问题，要敏锐思考，果断出招，创造性解决，决不能视而不见、听之任之。要苦干实干，把更多的时间和精力放在基层一线，聚焦突出问题、紧扣关键环节，深入一线调研，站在一线督导，带领广大职工共同抓安全、保稳定、促发展。

着力增强队伍战斗力。新时代是奋斗者的时代。公司广阔的发展前景为广大职工建功立业、成长成才提供了平台和舞台。公司全体职工要有精益精湛的本领，弘扬工匠精神，立足岗位勤学习、多思考，掌握真本事、练就硬功夫，争做专业领军人才和技术能手。要有专业执着的态度，干一行、爱一行、钻一行，心无旁骛、尽善尽美，力争把每一项工作都做到最好，在平凡的岗位上创造不平凡的业绩。要有敬业奉献的品质，增强主人翁意识，爱企如家、忠于职守，甘于吃苦、乐于付出，与企业共同发展、共同成长。

三、2019年重点任务

2019年是新中国成立70周年，是首都安全稳定体系建设的启动之年，也是任务异常繁重、困难交织叠加的一年。当前，我国经济面临下行压力，国家“减税降费”力度明显加大，北京市要求在疏解非首都功能上保持战略定力，公司经营形势可能是历年来最严峻的一年。建国70周年大庆等重大活动将陆续在北京举行，每项都具有重要政治意义和国际影响，政治保电贯穿全年，必须确保万万无一失。受重大活动举办等因素影响，有效工作时间受到挤压，完成“首都安全稳定年”各项任务需要付出艰苦努力。同时，北京市近期对落实城市新总规、持续优化营商环境、筹办好北京冬奥会等做出新部署，对公司继续发挥好“六个力量”重要作用寄予厚望。我们既要清醒认识到严峻复杂的内外部形势，做好应对各种困难挑战的准备；又要坚定发展的信心和决心，变压力为动力、化挑战为机遇，更加奋发有为地做好各项工作。

2019年工作总的要求是：坚持以习近平新时代中国特色社会主义思想为指导，坚决落实国家电网有限公司和北京市委、市政府决策部署，牢牢把握稳中求进总基调和高质量发展要求，以深入实施“首都安全稳定年”为主线，以党的建设为引领，以队伍建设为保障，以改革创新为动力，确保实现“八稳”目标，全面提升安全、质量、效率、效益和服务水平，为建设世界一流能源互联网企业、服务首都新时代发展做出新贡献，以优异成绩迎接新中国成立70周年。

2019年公司主要工作目标：杜绝大面积停电事故、人身死亡事故、重特大设备事故，严格防范重大网络安全事件、重特大火灾、恶性误操作，实现政治供电“零闪动”。不发生损害公司形象和稳定的重大事件。完成售电量1078亿kWh。实现利润总额-14.57亿元。营业收入691.68亿元。资产负债率66.6%。完成固定资产投资（全口径）182.30亿元。投产35kV及以上线路848.58km、变电容量824.7万kVA，开工线路472.24km、变电容量698.25万kVA。完成全员劳动生产率191.71万元/（人·年）。力争业绩考核保持A段行列。

（一）全力确保首都供电安全稳定

确保政治供电万无一失。将建国70周年庆祝活动保电作为重中之重的政治任务，坚持最坚决的态度、最周密的筹划和最高的标准，9月底前陆续完成隐患排查治理、临时工程建设、保电团队组建、应急演练等所有筹备工作。活动期间，对重点设备24小时不间断看护，为重要用户提供“一户一车一团队”服务保障，全力确保供电保障万万无一失。同时，紧扣重大活动特点和时间节点，注重早安排、早部署、早落实，确保圆满完成3月全国两会、4月“一带一路”国际合作高峰论坛、5月亚洲文明对话大会以及持续半年的世园会等供电保障任务。5月底前完成广场重点区域配网升级改造，全面提升保障能力。根据党政军首脑机关的需求，组织实施供电可靠性提升工程。确保人身安全。3月底前发布全员安全责任清单，10月底前完成18家单位安全巡查，压紧压实责任。3月底前修订公司安全工作奖惩实施方案，加大重奖重罚力度。开展各级领导班子安全述职、管理人员安全履职评价、基层人员安全等级评定。强化各类生产作业管控，严格执行安规和“十不干”，重点抓好标准化作业和反违章。严格安全双准入管理，对施工企业实施动态安全评价，严格清退列入“黑名单”的企业。一季度建成公司安全管控中心，实现输电反外力、配电运营指挥监控等业务的集约管理。确保电网安全。高质量完成 524 项春检、641 项秋检工作，确保“应修必修、修必修好”。有序推进海淀—宝山 500kV 下送通道等互联互通工程，积极解决电网结构性风险。提前发布电网风险预警，度夏前投产 220kV 草桥扩建等重点工程，全方位做好应对大负荷准备。开展张北柔性直流运行特性研究，科学制定控制措施和应急处置预案。全年完成 137 座变电站二次安全防护系统部署调试。9 月底前完成网络安全智能防御体系建设，12 月底前建成北京市公共服务领域首家工控系统网络安全实验室。确保设备安全。年内完成 23 处输电线路“三跨”治理和 9 座老旧变电站改造。加强电缆网精益化管理，12 月底前加装 212 套在线监测装置，实现五环内 110kV 及以上电缆线路全覆盖。提升配网运维质量，全年计划、故障停电时间分别降低 20%、30%。11 月底前建成带电作业朝东中心，确保带电作业化率超过 95%。充分发挥电缆公司作用，加快构建“技术先进、管理精益、国内领先、国际一流”的管理和科研体系。确保消防安全。扎实推进电气设备消防提升三年行动计划，4 月底前成立公司两级消防安保指挥中心，年底前组建公司级消防灭火专业队伍。10 月底前建设智能化消防监控平台，实现城市区域 309 座变电站消防信号接入。升级电气设备消防设施，完成 50 座变电站固定灭火装置、383 座变配电站室气体灭火装置、205km 电缆隧道测温系统、220km 电缆隧道防火槽盒的安装工作。

（二）全力确保电网建设安全稳定

加强规划和前期工作。促请政府批复北京电网中长期发展规划和空间布局规划，推动规划成果纳入控制性详规。深化“两个前期一体化”机制，新增储备项目 19 项。抢抓北京市审批制度改革契机，将 12 项重点工程纳入“多规合一”平台，确保全年取得规划意见 60 项、立项核准 58 项。加大 500kV CBD、220kV 丽泽等重点工程推进力度。全面做好冬奥会（世园会）服务保障。3 月底前投产世园会配套的 110kV 大路工程和移动式变电站。11 月底前陆续投产冬奥会配套工程，全面满足 2020 年冬奥测试赛需求。年内投产京张高铁 2 座牵引站外电源工程。充分发挥冬奥会（世园会）电力保障领导小组作用，建立场馆电力建设与服务保障一体化模式，及时满足 17 个场馆用电需求。高质量建设重点工程。城市副中心方面，密切跟踪行政办公区二期、城市绿心、环球影城等进展，统筹推进重点工程建设，9 月底前投产 220kV 运河等 3 项工程，全力推进 220kV 潞城站和供电保障中心建设。新机场方面，上半年投产 500kV 新航城、房山—南蔡工程。新首钢方面，11 月底前陆续投产 220kV 石景山等 3 项工程，确保 110kV 炼钢工程年内具备投产条件。怀柔科学城方面，10 月底前投产 110kV 云西、科学城西 2 项工程。生产基地方面，7 月建成中心库二期，年底前确保应急防恐基地、亦庄备调中心主体完工。全年开工 35kV 及以上输变电工程 46 项，投产 55 项。提升工程管控水平。持续深化基建改革，做实业主和施工单位“两级管控”，推行里程碑“二级网络计划”，深化“智慧工地”应用，实现对现场作业、安全风险的精准管控。加快现代（智慧）供应链体系建设，推进重点工程差异化采购，选好选优先进设备。

（三）全力确保优质服务安全稳定

持续优化电力营商环境。完善小微企业服务举措，加大电费透明度等关键环节工作力度，确保世界银行“获得电力”排名持续提升。推广 10kV 临时用电“三省”服务，畅通线上线下办电渠道，优化业扩工程实施模式，将平均接电时长压减至 20 个工作日以内，实现客户平均办电成本明显下降。创新“一管到底”服务模式，加强 712 个在途项目全过程管控，确保全年完成接电容量 700 万 kVA。不断拓展电能替代范围。全年完成 139 个村、4.7 万户“煤改电”工程，4 月开工建设，9 月底前全部完工。按照北京市 700 辆电动公交车更换计划，年底前完成 30 项外电源工程建设。优化 10min 智能充电网络布局，在新机场等区域打造示范星级充电站，全年建成 2574 个公共充电桩。加强充电桩运维质量管控，确保设备稳定运行率保持在 99.9% 以上。拓展综合能源服务市场，推广医院、高校等能源托管业务，力争全年实现营业收入 1.7 亿元。丰富优质服务举措。推广电力管家、客户经理服务模式，实现故障抢修、报装接电等现场服务快速响应。推动“三型一化”营业厅建设，实现线上线下服务无缝衔接。加强“全能型”供电服务机构建设，推进业务集约融合，提升服务能力和水平。深化集团要客定向服务，完善常态化沟通机制，丰富安全用电、综合协调、绿色智能、合作交流四个方面服务举措。完成 200 万户掌上电力注册和客户基础信息采集。推出“六个精准”服务举措，确保客户投诉、95598 话务量均下降 10% 以上。创新技术手段，将购电下发时长降至 3min 以内。

（四）全力确保经营管理安全稳定

确保企业稳健经营。争取并落实外部资金 30 亿元，促进政府支持转化为效益增长。大力压降非生产性支出，全面推广国网商旅应用，“三公经费”同比压降5%。深化同期线损应用，加大精准降损力度，将综合线损率降至6.15%。盘活闲置房屋土地资源，规范非生产性房产管理，力争实现增收10%。保障安全稳定资金投入，实施项目管理，确保专款专用。提升精益化管理水平。落实优化经营管理27条策略，构建以有效资产为核心的投入产出考评机制。多维精益管理年内要实现业财链路贯通融合，确保每一笔收支都扎实有据。4月底前制定业务外包管理办法。推广应用资金日排程系统，6月底前完成资金安全自查。主动研判国网公司业绩考核和对标体系规则调整，提前制定应对策略。优化所属单位考核指标和评价标准，逐项逐级落实管理责任。全面防范经营和法治风险。健全法律风险防控体系，3月底前建成两级重大决策合法性审核机制。加强诉讼案件管控，严控有责被诉案件数量和赔偿金额。强化投资全过程、全要素监督，做真用实统计数据，降低投资风险。开展工程剩余物资专项治理，2月底前完成底数梳理，统筹开展再利用；加快退役资产的报废审批流程，提高处置效率和规范性。做好国家审计署迎审配合和问题整改，确保外部审计整体平稳。加强对工程建设、优化营商环境等重点领域跟踪审计，按月开展问题销号验收，确保年度整改率超过90%。

（五）全力确保改革创新安全稳定

稳妥推进电力体制改革。全面配合做好新一轮输配电价成本监审，加强汇报沟通，积极反映首都高可靠性供电和减量发展等特点，全力争取合理电价水平。进一步规范首都电力交易机构，11月底前完成增资扩股、股权转让、变更备案等工作。推进大用户直接交易，全年完成市场化交易电量100亿kWh。稳妥推进平谷马坊、延庆智能电网等增量配电试点。建设泛在电力物联网。加强多媒体、移动化等新业务应用，推动通信技术与电网应用深度融合，构建高速、安全、泛在的通信网络骨干架构。建设全业务统一数据中心，12月底前应用一体化“国网云”平台。探索利用变电站资源建设运营充换电（储能）站和数据中心站新模式。全面推广“网上国网”，实现全业务网上办理。完善北京电力移动应用“首都安全稳定年”等模块功能，整合各专业移动作业终端功能。加大科技创新力度。发挥北京科技创新中心优势，加强内外部科研资源协同，健全重大项目联合攻关机制。深化电能替代实验室建设，努力创建北京市和全国重点实验室。加强科技领军人才培养，打造高素质创新团队，提升自主创新能力。围绕确保安全稳定需求，加快电网运行控制等关键技术研究。

（六）全力确保集体企业安全稳定

深化同质化管理。完善安全管理体系，压紧压实法人企业主体责任和管理部门监督责任。建立可进可出的市场化用工机制，按需引进高素质人才。完善统一的会计核算体系，确保全年应收、预收账款分别压降10%、20%。4月底前制定集体企业物资采购和工程分包指导意见，规范业务外包管理和废旧物资处置，加大重点领域管控力度。常态化实施集体企业审计监督，坚决防范经营和法治风险。做强做优核心业务。持续推进瘦身健体，4月底前完成剩余4户企业和2项股权处置任务，稳妥推进人员安置、业务划转和企业处置，确保程序依法合规。深化作业能力建设，提升施工业务承载力。做优内部委托业务，拓展外部优质市场，确保客户代维合同金额超5亿元，力争集体企业全年营业收入达到125亿元以上。提升服务保障能力。发挥集体企业人员和装备优势，组建专业应急和消防队伍，支撑重大保电、消防能力提升等重点工作。优化设计施工、物资供应、运维管理等全流程服务模式，支撑“三省”服务举措落地。盘活集体企业沉淀资金和低效资产，合理购置移动式变电站、大型消防设施等先进装备和施工机械，投资优质房屋土地，通过租赁等方式为主业提供服务支撑，同步提升自身可持续发展能力。

（七）全力确保从严治党安全稳定

提升党建工作质量。按照中央统一部署，高质量开展“不忘初心、牢记使命”主题教育，坚定信仰信念、提高党性修养、坚守政治品德。逐级制定党建工作责任清单，将确保安全稳定纳入绩效考核和各级党组织书记抓党建述职评议。扎实推进“旗帜领航·三年登高”创先争优年任务，总结三年登高经验成果，推出一批国网级示范标杆。实施“党建+”工程，健全“强化党建引领、突出内嵌融入”长效机制，深化两个“双百”创建，充分发挥党组织战斗堡垒和党员先锋模范作用。落实意识形态工作责任制，加强形势任务教育和宣传引导。全面加强党风廉政建设。贯彻十九届中央纪委三次全会部署，坚持不懈推进全面从严治党。严格执行中央八项规定和公司实施细则，坚决破除“四风”，持续整治群众身边的腐败和作风问题。上半年完成剩余16家单位巡察，实现基层单位全覆盖。建立“巡察后评估”制度，扎实做好“后半篇文章”，持续解决顽症痼疾。开展领导干部和重点岗位人员约谈警示。深化“首善清风”APP应用，组织“廉洁宣教周”专项行动，营造干事干净浓厚氛围。

（八）全力确保队伍建设安全稳定

加强干部队伍建设。树立重担当、重实干、重实绩的鲜明用人导向，选优配强各级领导班子。坚持严管厚爱，完善干部日常考核、谈心谈话等制度。巩固“一线工作日”机制，在4月、9月围绕重点工作开展“一线工作月”。激发职工内生动力。持续补充增量，引进500名优秀毕业生、120名供电所用工。盘活内部存量，引导人才向核心业务、技术技能岗位流动，大力补强一线作业力量。实行用工契约化管理，明确岗位职责、安全责任和退出条件。优化职员职级序列管理，畅通职工职业发展通道，推行终身职业技能培训。实施“首都安全稳定年”专项奖励，加大激励和问责力度。营造和谐稳定氛围。开展“文化+安全”主题宣教，推进企业文化示范点“百千万”工程。围绕安全稳定主题，开展“当好主人翁、建功新时代”劳动竞赛。借助权威媒体，加强系统策划，开展庆祝新中国成立70周年系列活动主题传播，推出一批有深度、有影响的重点报道。严格落实舆情风险预警和工作机制。利用三年时间，改造119个供电所、158个班组用房。关心关爱职工，在一线班组建设60个“职工小家”，继续落实暑期托管等惠民措施，举办职工运动会等丰富文体活动。开展“安全稳定 建功有我”青年行动，创建“全国安全生产示范岗”。落实离退休人员“两项待遇”，充分发挥“京采夕阳”养老品牌作用。深化信访维稳、保密管理，确保企业和谐稳定。

国网公司副总工程师兼北京公司董事长、党委书记李同智在公司2019“首都安全稳定年”动员部署大会上的讲话（摘要）

（2019年1月8日）

一、再次强调首都安全稳定工作的极端重要性

首都安全稳定事关党和国家工作大局。习近平总书记多次指出，“统筹发展和安全，增强忧患意识，做到居安思危，是我们党治国理政的一个重大原则。”同时强调，要牢固树立总体国家安全观，全面抓好政治安全、网络安全等各方面安全工作，为我们提供了遵循。公司地处首都，要时刻牢记习近平总书记重要指示，深刻认识到无论是政治保电还是优质服务、无论是“东西南北中”国家项目保障还是优化营商环境，都与服务党和国家工作大局密切相关。公司任何工作，都具有重要的政治意义，都出不起问题和纰漏。因此，开展首都安全稳定体系建设，就显得尤为重要。

首都安全稳定事关首都新时代发展。首都作为国家政治中心和形象窗口，今后几年将承办一系列重大政治外交活动，每项活动都具有重要政治意义和国际影响。2019年将先后举办全国两会、“一带一路”国际合作高峰论坛、世界园艺博览会、亚洲文明对话大会、建国70周年大庆等重要活动。公司作为国网公司服务首都的窗口，就要时刻牢记“首都无小事”，首都安全稳定更是重中之重的政治任务，是开展一切工作的硬约束、硬条件；就要以永不懈怠的精神、精益求精的态度做好各项安全稳定工作，为首都发展大局做出贡献。

首都安全稳定事关国网形象。国网公司作为关系国家安全和国民经济命脉的“国家队”、党和人民信赖依靠的“大国重器”，确保安全稳定使命更为神圣、责任更为重大，是践行国有企业“六个力量”的重要体现。在今年安全生产电视电话会议上，寇伟董事长就安全工作提出重要要求，强调国家电网公司的安全是政治问题，要求全体干部职工知深浅、懂利害、明轻重，提高政治站位，强化责任担当，守住安全底线。公司开展安全稳定体系建设，就是要把寇伟董事长的要求部署落到实处、深入人心，营造人人有责、人人负责、人人担责的浓厚安全氛围。

二、把握“三个突出”，确保“首都安全稳定年”目标务期必成

（一）突出风险意识和问题导向

近年来，公司抢抓机遇、创新突破，发展水平和综合实力都迈上了新台阶。同时，我们也要看到，无论外部还是内部，风险不断积累、问题依然存在。开展“首都安全稳定年”，就是要牢固树立风险意识，坚持问题导向，以实打实的举措和工作，既有防范风险的先手，也有应对风险的高招，在化解一个个风险、破解一个个问题中推动电网和公司高质量发展。

安全生产风险。施工现场点多面广，而且高风险作业多，确保人身安全面临更大挑战。保障128万户“煤改电”居民温暖度冬任务艰巨，特别是山区“煤改电”保障难度大。消防事关公共安全，出不起半点问题，但公司消防安全整体薄弱，消防设施配备不足、专业管理能力欠缺等问题还比较突出。同时，公司安

全基础还不牢固，有的单位安全工作存在“中梗阻”，安全责任虚化、管控能力弱化等情况不同程度存在；少数领导干部没有真正树立底线思维、红线意识，安全工作抓得不牢、抓得不实；部分一线职工安全意识淡薄，习惯性违章屡禁不止。

电网风险。从外受电通道看，随着首都能源结构调整和本地不再新建大型电厂，对京外清洁电力需求更加迫切，北京电网外受电通道能力不足问题已经严重制约电网安全发展。从主网看，北京电网虽然容载比总体适中，但已有10年未新建500kV变电站，东部、西北等局部电网薄弱，预计今年度夏大负荷期间，36%的500kV主变压器、39%的220kV主变压器将存在不满足$N-1$运行的风险。同时，全市还有大量老旧小区存在供电能力不足、设备老化、管理缺失等现象。

服务风险。在党政军首脑机关服务方面，超过50%的用户配电室运行时间超过20年，有的关键器件已无备品，安全隐患逐渐显现；同时常态化保障机制还不健全，不能完全满足万无一失保障目标。在百姓服务方面，北京地区去年话务量超600万通，人均话务量居全国首位，暴露出在及时满足客户诉求、提升客户体验、增强一线人员服务意识等方面依然存在短板。同时，要实现“获得电力”排名再进一步，难度极大。

经营风险。今年公司经营形势可能是历年来最严峻的一年。中央经济工作会议明确提出要加大减税降费力度，电价面临进一步下调压力；随着北京减量发展不断深入，电量增长乏力，公司“量价双降”风险持续增加，政策性亏损幅度有可能进一步扩大。亏损极可能引发电网投资受限、企业融资困难、资产负债率攀升等系列风险，直接影响首都电网可持续发展和企业稳健经营。同时，依法治企风险依然突出，从巡视巡察和内外部审计结果来看，公司系统违纪、违规、违章现象不断发生，在招投标、前期赔偿款管理、剩余物资管控、工程项目虚计多结、电费回收等领域表现得尤为突出。上述问题的暴露，反映出有的单位法治意识、规矩意识不强，依法决策、依法经营、依法管理、依法办事没有落到实处；有的单位有章不循、有禁不止，对重点领域和关键环节把控不严，历史遗留问题整改不彻底。

改革风险。社会各界对释放改革红利期望高、诉求多，改革局面错综复杂。今年，公司将迎接输配电价改革第二监管期成本监审，在上个监审周期，公司成为全国唯一电价上调的省（市），此次要保持现有电价水平难度极大。同时，随着售电侧改革和增量配电业务放开不断深化，市场竞争日趋激烈，公司优质市场流失风险持续加大。

集体企业风险。在关联交易方面，集体企业为了支撑主业，承担了大量委托业务，但业务越集中，内外部审计关注度越高，关联交易的风险就越大。在分包管理方面，有的单位以劳务分包为名，实际为主体工程违规分包；有的单位工程分包比例过高，形成事实的违规分包；有的单位转分包痕迹明显。在承揽业扩工程管理方面，有的单位“两商”招选机制未能有效发挥作用，存在直接指定情况；有的单位只是形式上履行招选程序，过程管控不规范。在安全同质化管理方面，集体企业骨干力量流失严重，现有人员安全素质和技能水平参差不齐，安全管理相对薄弱，距离服务支撑主业的要求还有差距。

从严治党风险。管党治党还有薄弱环节，部分单位党委“把方向、管大局、保落实”作用未能有效落实，具体表现在党内重要事项议事不规范、党建工作联系点制度落实不到位、党建考核未完全纳入总体绩效考核等方面。党风廉政建设还需加强，少数同志在党内监督上存在“老好人”思想，不敢“红脸”、不愿“扯袖”，执纪问责失之于宽、失之于软；供电所等“神经末梢”廉政风险较为突出，吃拿卡要现象依然存在。

队伍建设风险。公司近年来取得的成绩让部分干部职工产生了歇歇脚、喘口气的想法。有的领导干部工作谋划不足，习惯被动接受任务，对上级政策和形势变化不够敏锐、敏感、敏捷，缺乏深入研究和前瞻思考。有的领导干部精神状态不佳，对公司决策和要求“推一下动一下”，甚至是“你说你的、我做我的”，工作缺乏主动性，口头上执行、纸面上落实。有的职工工作标准不高，技能水平和岗位要求不适应。

对于上述风险和问题，公司上下必须高度重视、坚决防范，以更大的决心和勇气抓关键、补短板，筑牢企业发展的根基。

（二）突出“大安全”理念和全员参与

“首都安全稳定年”建设突破了传统安全生产的范围，拓展到电网建设、优质服务等八个方面，就是要将安全第一、稳定至上的理念和措施，贯穿到方方面面，形成全面、全员、全时抓安全、保安全的良好局面。

坚持专业、单位全覆盖。前期，公司制定了“首都安全稳定年”实施意见，明确了“八稳”的任务书和计划表。各单位都要尽快制定实施意见。同时，要在抓落实上下功夫，一个一个节点推进、一个一个难题攻克，保质保量完成既定任务。

坚持人员全参与。确保安全稳定，人人都有责任。领导干部要把安全稳定工作摆在首位，下沉一线、靠前指挥，重大问题亲自研究、重大事项亲自协调，始终把责任牢牢抓在手中。管理人员要发扬“钉钉子”精神，紧盯每项任务、每个节点，不上交问题、不下派困难。广大职工要全身心投入工作，不折不扣落实，做到尽心尽责、善作善成。

坚持全局一盘棋。“首都安全稳定年”涉及方方面面，必须整体联动、协调推进，合心、合力、合拍推动工作。牵头部门要切实发挥好统筹协调作用，做好方案统筹、力量统筹、进度统筹；配合部门要态度靠前、工作靠前、措施靠前，努力实现各项工作的同频共振。两级机关要强化对基层的服务保障，真正做到急基层之所急，想基层之所想，主动深入一线，对基层反映的困难和问题想办法、出实招，做到件件有着落，事事有回音。

（三）突出持续发力和久久为功

开展首都安全稳定体系建设是公司党委经过充分调研、慎重研究后作出的重大决策，是管长远、管根本的系统工程、长期工作。今年是启动之年，力度要更大，以后每年都有主题、有重点，持续发力、久久为功，力争一年全面起势，两年初见成效，三年基础夯实。

注重力量投入。为了开展好首都安全稳定体系建设，公司层面成立了领导小组，并下设领导小组办公室，以专人专班形式开展工作。采取这样形式，就是要集中人员和资源，以更大的力度推动工作。各单位也要参照公司做法，成立相应工作机构，建立周例会、调度会等常态化机制，高效推进各项工作。

注重守正创新。确保首都安全稳定，既要巩固好的经验和做法，固化“一线工作日”“一线工作月”等机制，充分发挥两级安全监控中心作用，抓牢抓实责任；又要加强先进手段和技术的使用，应用好“大云物移智”，在安全管控、智能运检、优质服务、移动办公等方面发挥更大作用。

注重长期规划。未来三年，是实现中华民族第一个百年梦想的决胜期、是国网公司建设世界一流能源互联网企业的转型突破期。在做好今年“首都安全稳定年”工作的同时，要更加注重顶层设计和长远规划，借鉴电气设备火灾防控三年实施计划等做法，以安全稳定为主题，制定好各专业、各单位三年行动计划，在达成一个个目标中实现高质量发展。

国网公司副总工程师兼北京公司董事长、党委书记李同智在公司2019年安全生产工作会议上的讲话（摘要）

（2019年1月28日）

安全责任必须压得实之又实，才能真正做到守土有责、寸土不失。责任是安全生产的灵魂，确保安全是硬道理，落实责任是硬要求。落实好领导责任。各级领导处于决策的核心地位，只有领导责任到位，安全工作才有保障。党政主要负责同志要切实担负起安全第一责任人的职责，以如临深渊、如履薄冰的意识狠抓安全工作，对涉及安全的机构设置、力量投入、规章制度、技术创新等重大事项要亲自研究、亲自部署，对本单位重大风险做到心中有数、整治有方。各级分管领导要按照“谁主管谁负责、管业务必须管安全”的原则，抓好分管范围的安全工作，与业务工作同安排、同推进、同落实、同检查。落实好管理责任。各级管理人员处于承上启下的枢纽位置，是确保安全的重要环节。要切实做好负责专业的安全保障，科学安排工作计划，精心制定安全措施。要发挥好两级安全巡检作用，加强规章制度执行情况的监督检查，严肃查处各类违章行为，确保良好的安全生产秩序。落实好全员责任。广大员工身处安全生产第一线，是确保安全的根本基础。要牢固树立安全意识，严格遵守制度规程特别是《安规》，集中精力、专心专注做好安全工作。要落实“三不伤害”要求，在做好自我保护的同时，互相监督、各尽其责，主动制止他人违章，自觉帮助他人规范安全行为。

安全风险必须防得严之又严，才能做到密不透风、滴水不漏。没有事故并不代表安全，没有风险才是真正的安全。要以打好风险防控攻坚战为抓手，全面筑牢安全生产的根基。风险排查要全面细致。要对重要客户、重点区域、重点设备进行“地毯式”的排查，对安全风险做到心中有数。要建立风险排查的精细化、动态化、台账式管理机制，完善排查标准、明晰排查计划，确保每个风险“过程可追溯、结果可核查、责任可追究”。风险管控要严格到位。风险排查不是目的，解决问题才是关键。对发现的风险要采取“零容忍”的态度，实施挂牌督办，坚决销号处理。安质部要做好牵头工作，严格监督考核；各部门要履行好专业责任，逐项制定治理方案和计划，坚决消除各类风险隐患；对不能及时治理的重大风险，要提请公司进行研究解决。

重点环节必须抓得细之又细，才能做到万万无一失。安全工作涉及方方面面，必须突出重点、加快推进。全力抓好政治供电。今年重大活动保电贯穿全年。要突出一个“早”字，以建国70周年庆祝活动保电为主线，早启动、早部署、早落实，将最坚决的态度、最周密的筹划和最高的标准贯穿始终，全力确保全年政治供电万万无一失。全力抓好人身安全。关键就是盯紧盯住所有作业现场。要突出一个“细”字，一方面，各级领导干部要利用“一线工作日”“一线工作月”，深入安全生产重点部位、关键环节、重点人群，查实情、做实功，发现解决苗头性、倾向性、习惯性问题；另一方面，要利用好两级安全监控中心、移动作业等先进手段，实现对所有作业现场和工作人员的无死角监控。特别是公司安全管控中心正在紧张筹备，要按照“望远镜”“显微镜”的定位，尽快发挥作用。全力抓好消防安全。关键就是落实好首都电气设备消防提升三年行动计划。要突出一个“快”字，定下的计划、做好的方案，拉出“任务单”“时间表”，对每月、每周要完成的任务、达到的目标做到一清二楚，实现硬件配置和管理水平的双提升，真正形成消防安全的“首都标准”。

国网公司副总工程师兼北京公司董事长、党委书记李同智在公司2019年党风廉政建设和反腐败工作会议上的讲话（摘要）

（2019年2月28日）

一、提高政治站位，深刻认识推进全面从严治党的重要性

党的十九大以来，以习近平总书记为核心的党中央深入推进全面从严治党，以刀刃向内的勇气向顽疾开刀，以雷霆万钧的气势向腐败说不，全面从严治党取得重大成果，反腐败斗争取得压倒性胜利，反腐败工作已从量的积累迈向质的转变的新阶段。

近年来，公司党委树牢“四个意识”，坚定“四个自信”，一以贯之从严治党，持续构建“三不腐”机制，公司党风政风行风焕然一新，确保了安全稳定和谐发展局面。一是政治领航作用突出。坚持以政治建设统领全局，主动对接和服务党和国家工作大局，党的建设有效加强，政治保电万无一失，电网建设全线告捷，多项重点工作实现历史性突破。二是履责担当氛围浓厚。坚持忠诚干净担当，各级党委主动牵好“牛鼻子”，各级领导干部积极发挥头雁效应，走基层、下一线成为常态、成为习惯，上级和公司重要决策部署落实更加到位。三是监督管控效能彰显。坚持“防、控”两手抓、两手硬，廉洁宣教有声有色，政治整改高质高效，制度笼子越扎越密，人员从业更加安全。这些为我们坚定不移反腐败，持之以恒挺纪律，全力保障安全稳定，奋力推动高质量发展奠定了坚实基础。

改革再出发，挺纪再向前。面对新形势、新任务，我们明显感到深化全面从严治党的标准更高、责任更重。一是坚持稳中求进对推进全面从严治党提出新要求。习近平总书记指出，要坚持稳中求进的工作总基调，纵深推进全面从严治党，巩固发展反腐败斗争压倒性胜利。赵乐际书记强调，反腐败斗争形势依然严峻复杂，必须从“三个一以贯之”的高度（一以贯之用习近平新时代中国特色社会主义思想武装头脑，一以贯之践行“两个维护”，一以贯之落实全面从严治党），坚定不移把全面从严治党坚持下去，绝不能有松口气、歇歇脚的想法。这对我们强化守正创新意识，把握“稳”的内涵，强化“进”的措施，纵深推进全面从严治党，坚决做到“两个维护”具有重大意义。二是强化政治建设对监督在前提出新标准。中纪委三次全会指出，加强党的政治建设，必须把监督挺在前面，全面从严、一严到底，坚决查处政治上离心离德、思想上蜕化变质、组织上拉帮结派、行动上阳奉阴违等问题。国网公司强调，形势越复杂，越要听从党中央的号令，坚决纠正上有政策、下有对策，有令不行、有禁不止的行为。这对我们聚焦政治建设，前移监督关口，确保上级重要决策部署落地见效提出了更高要求。三是深化监察体制改革对执纪执法能力提出新挑战。党中央加快构建纪律监督、监察监督、派驻监督、巡视监督“四位一体”的监督体系，近期又出台中管企业派驻机构改革意见，旨在强化中央纪委国家监委对中管企业纪检监察工作的领导，拓展监察权，深化转职能、转方式、转作风工作。这将给公司的监督理念、保障模式、运作机制等带来深刻变化，对纪检系统的履职能力和监督水平提出现实考验。

站在公司安全发展、创新发展的新起点，比照深化全面从严治党的新要求，我们的基础还不够牢靠，从巡视巡察等情况看，薄弱环节不少，有的方面还很突出。在从严治党上，有的重业务、轻党建，管党治

党主体责任落而不实、层层衰减；有的担当不够，履行“一岗双责”不到位；有的纪委主动监督不够，执纪问责宽松软。在政治生活上，有的班子党内生活不严肃、走形式，批评与自我批评难见“红脸出汗”；有的班子成员没有正常参加双重组织生活，“三会一课”不规范。在作风形象上，违反八项规定问题禁而未绝，在公车使用、福利发放、业务招待等方面打擦边球；有的对形式主义官僚主义不敏感，重视不够，整治不力。在从严治理上，重点领域依然有痛点，工程建设、招标采购、营销服务等领域信访举报相对集中，尤其是集体企业转分包问题突出，风险较大。在廉洁自律上，有的重点岗位人员廉洁意识淡薄，对基本红线、底线认识含糊，违规吃拿卡要、谋取私利、收受礼品礼金等屡禁不止，近期公司就严肃处理了有关干部员工，教训深刻。

公司作为服务国网公司的形象窗口，作为保障首都的能源支柱企业，越是在保持安全稳定、实现高质量发展的关键时期，越要深化全面从严治党，充分发挥廉政建设的保健卫士作用。廉洁安全与生产安全同等重要，都是一票否决，特别是对干部个人而言，廉洁问题考量的是党性品格，关乎的是政治生命，影响尤为突出。公司上下必须不忘初心守正道，坚定“四个自信”，树牢“三敏”意识，一以贯之、持之以恒推动全面从严治党，步步为营、久久为功，切实做到稳中求进。必须忠诚履责讲担当，坚持秉公用权、勤政廉政，以坚如磐石的决心深化政治建设，以顽强硬朗的作风扛起政治责任，切实做到忠诚干净担当。必须保障安全控风险，践行“大安全”理念，坚持将政治纪律安全、人员廉洁安全纳入公司安全保障体系，一体推进、协同管控，全力保障安全稳定大局。必须创新监管挺纪律，坚持把监督挺在前面，创新监督方式，锤炼监督能力，“治未病”“祛病灶”，切实提升企业治理能力，促进高质高效发展、实现长治久安。

二、聚焦政治建设，以守正创新精神纵深推进全面从严治党

（一）强化政治意识，坚决做到“两个维护”

政治建设成效的大小，根本在于政治意识的高低。聚焦政治建设，深化从严治党，必须切实强化守正意识，做“两个维护”的捍卫者。要强化政治定力，准确把握“两个维护”的政治内涵，讲核心，只有党中央的核心、只有总书记是核心；讲看齐，只能向党中央看齐、向总书记看齐，决不能层层讲“核心”、讲“看齐”，在这上不能有丝毫含糊，否则就是严重不合格。要践行“国企姓党”理念，认真开展“不忘初心、牢记使命”主题教育，推动习近平新时代中国特色社会主义思想往深里走、往心里走、往实里走，自觉做政治上的明白人，学用贯通，知行合一，坚决做到“两个维护”。必须切实强化纪律意识，做决策落地的压舱石。挺起政治纪律，落实决策部署，是公司实施“首都安全稳定年”的基本要求和重要途径。如果没有安全稳定这个基石，干得再多、成效再好都可能被一笔勾销。纪律安全既是“大安全”的重要内涵，更是决策落地的有效保障。要落实“看北京首先从政治上看”的要求，围绕公司安全稳定中心工作，坚持从讲政治的高度谋篇布局，从顾大局的维度细化责任，从守纪律的角度狠抓执行，做到落实决策部署不讲条件、不打折扣。必须切实强化“三敏”意识，做化解风险的快刀手。去年，国网公司信访举报数量仍高位运行，在央企中排名靠前。公司纪检系统共处置问题线索 136 件，同比增长了 3 倍。这一方面说明，公司全面加强了管党治党力度；另一方面也说明，有的单位基础还很薄弱，有的人员还很麻木。公司上下要深刻认识到首都地位的敏感性和特殊性，特别是在当前改革再出发、转型再升级的大环境下，任何工作纰漏，都可能被放大，造成颠覆性后果。要居安思危，主动出击，尤其是在八项规定等敏感环节和“四资一工”等关键领域，对明显的“灰犀牛”问题，必须亮剑清除；对潜在的“黑天鹅”风险，必须掐苗剪芽，决不能让小事拖大、大事拖炸。

（二）深化政治体检，切实做到强身健体

关于上级巡视工作。去年中央开展了两轮巡视。从巡视内容看，在常规巡视基础上，第二轮开展了脱贫攻坚专项巡视。这是中央首次围绕一个主题、集中在一个领域开展巡视，释放了精准监督的鲜明信号。从发现问题看，通报一针见血指出了 8 家央企存在的“五大通病”，集中在政治学习、党建基础、选人用人、八项规定、巡视整改等方面，值得我们对照反思。目前中央第三轮巡视尚未明确，国网公司已提前按照迎接中央巡视标准，组织各单位梳理近年来的巡视巡察情况，并计划对已巡视单位开展“回头看”。下阶段，公司巡察办要密切关注巡视动向，把握政策，全面盘点。各单位要扎实深入做好整改问题的再梳理、再落实工作，果断消隐，坚决清雷。

关于推进内部巡察。公司巡察组已完成对 21 家单位的巡察工作。下阶段，在节奏上要加快，确保上半年实现全覆盖，率先完成十九届巡察既定目标。在力度上要加码，统筹开展常规巡察、专项巡察等工作，把巡察与政治生态相结合，与整治群众反映强烈的问题相结合，与解决日常监督发现的突出问题相结合，

提升监督效能。在深度上要加强，落实“六围绕一加强”和“五个持续”要求，坚持“以下看上”，着力发现和推动解决政治建设软弱乏力、政治生活不严肃等问题；聚焦“关键少数”，比照领导干部不适宜担任现职的25种情形，严查不作为、慢作为、乱作为问题。同时健全报告约谈机制，有效破解“熟人社会”监督难题。

关于做好“后半篇”文章。目前，各单位巡视巡察整改已基本完成。但质量如何，关键是看有没有建好制度、控好流程，否则问题发现了，也整改了，但不能保证不复发，更不能保证在其他单位不再发生。针对巡视巡察中发现的普遍性、倾向性问题，尤其是屡查屡犯问题，各部门、各单位要把握上级全面清理党内法规制度契机，坚持目标导向和问题导向相统一、治标与治本相结合，抓好制度的立改废工作。各巡察组要将有关制度清理情况纳入专项监督重点，促进根除病灶、强基固本，进而推动改革发展、促进长治久安。

（三）持续正风肃纪，有力做到风清气正

十九大以来，全国查处违反八项规定精神问题数以万计，国网公司去年处分96人，是同期的4倍多，公司也处理了相关人员。公司上下要清醒认识到，八项规定不是只管5年、10年的规定，而是铁规定、硬杠杠，要严防“疲劳综合征”，坚决杜绝死灰复燃。

坚决打赢正风肃纪持久战，一要狠抓形式主义官僚主义集中整治。形式主义的背后是功利主义、实用主义；官僚主义的背后是官本位思想。公司党委高度重视作风建设，去年开展了“四风”专项整治，启动了形式主义官僚主义集中整治，效果较好。公司上下要深刻认识“四风”的极端危害性，在落实国网“三型两网”发展战略、推进公司“首都安全稳定年”重要举措中，更要把形式主义官僚主义作为关键问题抓起来、抓到位，决不允许落实上级决策部署不敬畏、不务实，口号喊得震天响，行动起来轻飘飘；决不允许落实公司“首都安全稳定年”不尽职、不尽力，甚至弄虚作假，把“痕迹”当“政绩”；决不允许面对问题不坚持原则、不动真碰硬，对遗留问题“击鼓传花”；决不允许在政企关系、客户服务中拖沓敷衍、推诿扯皮。各级党员干部要树立正确的政绩观，摒弃杂念、求真务实、秉公用权，要以身作则、率先垂范，充分发挥“头雁效应”。

二要狠抓中央八项规定精神执行落地。公司党委坚决向特权思想和特权现象说不，针对公务用车、办公用房、业务招待等敏感事项，标本兼治地出台了一系列管控措施。对领导干部而言，如果继续麻痹大意，不收敛、不收手，迟早要栽跟头。要坚决杜绝侥幸观望心理和试图“打擦边球”的苗头倾向，坚决杜绝对制度规定搞选择性理解和执行的错误行为。要紧扣职务消费行为，继续在常和长、严和实、深和细上下功夫，一锤子一锤子敲，尤其是对违规宴请、公车私用、礼金收受等问题要闻风而动、露头就打，切实管出习惯、化风成俗。

三要狠抓重点领域关键环节管控。权力是最大的腐蚀剂，在国网公司去年的违规违纪案件中，70%集中在财务资产、工程建设、招标采购、营销服务等领域；17%集中在集体企业违法转包、违规分包环节，值得我们高度警觉。要坚持靶向治疗、精准用力，在防控决策风险上，各单位班子要严格落实“三重一大”制度，该上会的上会，该酝酿的酝酿，该背书的背书，决不允许出现“短路”“绕路”情况，尤其是集体企业要按照主业进行同质化管理。在防控业务风险上，各级干部要按照“抓管理必须抓监督”的原则，前移监督关口，压缩操控空间，严把业务风险防控的第一道防线。纪检系统要紧盯“习惯性违章”，着力在日常监督、专项监督、协同监督、长期监督上下功夫，提高监督的精准性和有效性；要严查与客户直接接触的基层站所等重点岗位的“蝇贪”“蚁腐”，惩治报装、缴费、送电中的靠电吃电行为，做到凡是群众反映强烈的问题都严肃对待，凡是损害群众利益的行为都坚决纠正。

三、压实政治责任，以忠诚干净担当保障公司高质量发展

（一）知行合一，在扛好主体责任上体现新担当

主体责任既是政治责任，也是全面责任和领导责任，必须知行合一，看行动、见实效。在落实政治责任上，要把增强“四个意识”，做到“两个维护”作为全面从严治党的首要任务，发挥主心骨作用。要把贯彻党内政治生活准则，与执行廉洁准则、处分条例等法规贯通起来，持续纠偏改进。要深化党员干部的日常监管，持续净化政治生态。在落实全面责任上，要把深化全面从严治党与企业发展、电网发展等重点工作同研究、同部署、同检查、同考核。要加强对权力运行的制约和监督，保证党的工作职责延伸到哪里，从严治党的要求就落实到哪里。在落实领导责任上，党委书记要担起第一责任，当好“施工队长”，做到重要工作亲自部署、重大问题亲自过问、重点环节亲自协调、重要案件亲自督办，并全力支持纪委书记工作。班子成员要严格落实“一岗双责”，切实防控好本业务领域的廉洁风险。在工作实践中，可从“五个有没有”

来考量，即在落实上有没有一抓到底，在宣教上有没有常态开展，在监管上有没有盯住“关键少数”，在制度上有没有持续改进，在问责上有没有宽松软。总之，主体责任不是抽象的、虚空的，而是实打实，可检测、可衡量的。

（二）主动监督，在练好纪法衔接本领上展现新作为

中纪委三次全会对全面完善国家监督体系，加快打造“忠诚坚定、担当尽责、遵纪守法、清正廉洁”的纪检监察铁军作出重要部署。一要领会好改革精神。国网公司监察体制改革方案即将全面实施，主要变化有三点。在领导体制上，调整纪检监察机构，落实双重领导体制，强化中央纪委国家监委对企业纪检监察工作自上而下的领导。在监督职责上，赋予监察权，并依托各分部设置调查组，拿起纪法“两把尺子”。在管理机制上，强化“两为主”，即信访案件查办以上级纪委为主，纪委书记、副书记提名考察以上级为主。下阶段，公司将按照稳中求进原则，结合“放管服”等改革工作，协同推进执行落地。公司上下要转变监督理念，切实做好相关机构、人员优化配置，并建立健全工作机制，全面提升“大监督”保障效能。二要锤炼好战斗本领。寇伟同志对新时期加强纪检监察队伍建设提出明确要求。各级党委要高度重视纪检队伍建设，按照政治过硬、本领高强要求，拓宽交流任职、上挂下派等渠道，配齐配强、优进优出，持续提升纪检干部业务素质和履职能力。纪检干部要以时不我待的精神主动学习，尤其要加强对职务犯罪行为的把握界定，把纪法衔接贯通起来。三要提升好保障能力。公司纪检系统要瞪大眼睛、拉长耳朵，发现本级班子“两个维护”不到位问题，及时提醒，重大问题及时报告；要严肃查纠工程建设、招标采购、营商环境、集体企业等重点领域的腐败问题，秉公执纪，较真碰硬，顶得住压力、打得了胜仗。要严防“被围猎”和“灯下黑”，做到打铁必须自身硬。

（三）一体推进，在建好“三不腐”机制上彰显新形象

“不敢腐、不能腐、不想腐”是一个有机整体，不是三个阶段的划分，不是三个环节的割裂。一体推进“三不腐”，关键在人，核心在干部，要坚持惩治和预防相结合。保持高压态势，紧盯重点人、重点事和重点线索，严肃惩处违规违纪行为。对于屡查屡犯的，要依法依规从严从快处理，提高震慑力。要推进协同作战和信息共享，把惩治少数与警示多数放入一案办，把处分执行与思想转化捆在一起抓，把纠治问题与完善制度融为一体做。坚持治标与治本同推进。针对信访案件、巡视巡察等暴露出的突出问题，要在立行立改的同时，着眼于从公司层面、职能角度剖析漏洞，补齐短板，通过制度建设，持续压缩操控空间，减少自由裁量权，清除腐败的滋生条件，不断提升预防腐败的科学化、制度化水平。坚持自律与他律相统一。要坚持将廉洁安全作为对干部员工的首善关怀，创新渠道、拓展方式，文化引领和警示教育并举，充分发挥廉洁文化在精神引领、价值取向、行为规范上的独特作用，以文化自信保障忠诚履责、干净担当。

国网公司副总工程师兼北京公司董事长、党委书记李同智在国网北京市电力公司 2019 年党建工作会议上的讲话（摘要）

（2019 年 3 月 7 日）

一、公司 2018 年党建工作成绩突出、成果卓著

过去一年，是贯彻党的十九大精神开局之年，也是公司党建工作求实创新、全面突破的重要一年。公司上下深入学习贯彻习近平新时代中国特色社会主义思想，认真落实国网公司党组和市委市政府决策部署，以首都标准抓党建、强党建，充分发挥党组织和党员示范带动作用，对内引领保障高质量发展，对外担当国网示范窗口，很多工作都取得了开创性成果，实现了全局性进步，形成了抓党建促发展的首都电力特色实践。归结起来，主要有三方面标志性成效：

一是坚持正确方向，抓党建促发展的站位更高、格局更大、合力更强。全国国有企业党的建设工作会议以来，公司党委深入落实国网党的建设“旗帜领航·三年登高”计划，立足首都窗口的地位和优势，公司党的建设一系列重大工作得到系统谋划和推动。引领发展的站位更高。以“国企姓党”为根本遵循，公司上下牢固树立“四个意识”，坚定“四个自信”，坚决做到“两个维护”，将旗帜鲜明讲政治融入了各项工作。坚持首都标准，确立“三个争当”，公司发展始终保持正确方向。大党建格局的作用更强。落实中央两个“一以贯之”要求，公司党委完成了党的建设领

导体制和组织机构的重大调整，构建了以党建工作领导小组为主体的责任体系，确立了“党建引领、内嵌融入”的工作思路。通过立梁架柱、强基固本，形成了“站位高、机制优、融合深、载体实、作用强”的大党建格局。去年以来，各级党建工作领导小组及办公室定期研究党建重要事项，大党建的运行机制更加完善，统筹职能更加突出，引领作用更加明显。抓党建的合力更强。随着各项部署的全面落地，公司上下对国企党建的认识更加深刻，对管党治党的责任也更加明确，两级党委上下联动，大党建部门协同配合，党政工团齐抓共管，形成了齐心协力抓党建的强大推动力。特别是面对各项政治体检和党建考核任务，各专业、各层级都自觉落实党建责任，出色完成了各项任务，切实担当了国网党建的示范窗口。

二是抓住制胜法宝，党建“内嵌融入”覆盖更广、结合更紧、成效更实。“中国特色现代国有企业制度，‘特’就特在把党的领导融入公司治理各环节，把企业党组织内嵌到公司治理结构之中。”这是习近平总书记对国企党建的重要论断，也是公司“内嵌融入”具体实践的理论根基。几年来，我们坚持服务生产经营不偏离，在思考中探索、在实践中创新，不断改进提升。2018年，进一步深延了“内嵌”的要求，抓实了“融入”的举措，党建“内嵌融入”的做法更加系统成熟，实现了从探索实践到体系机制的成果转化。优化党组织设置，班组级支部比例达到 32.8%，大力推进党支部标准化建设，一线支部工作水平持续提升；临时党支部的建设标准、职责任务更加明确，成为组织建设的重要创新；党员先锋队伍覆盖各重点业务领域，干部“一线工作日”“一线工作月”、党员“一带二、一带三”、全员劳动竞赛实现常态化开展，逐步形成了横向覆盖、纵向贯通、全面系统的“党建引领、内嵌融入”工作体系。在实践探索的同时，公司 2 篇党建经验在国务院国资委中央企业党建工作简报刊登，2 项成果分别获得国网公司管理创新论文一等奖、精神文明创新成果一等奖， 将实践经验转化为理论成果，实现了示范推广。基层创新活力得到充分激发，实现了从简单结合到深度融合的全面提升。在重大保电、重大工程、优质服务等专业领域，各职能部门主动研究党建举措，先后形成了“一座杆塔一名党员”“一个项目部一个党支部”“一个煤改电村一名党员电管家”以及党员身边无投诉等一大批专业实践。各单位无论体量大小，都能结合实际创造党建价值，涌现出“煤改电联合党支部”“党员服务队社区经理制”“项目化党建+”等一大批典型案例。公司党建“内嵌融入”实践经验，得到了中组部组织二局、国务院国资委党建局高度评价，成为公司党建品牌的最鲜明特点。

三是倡导全面争先，队伍干事创业的精气神更足、战斗力更强。习总书记强调，没有精神，没有领导力，没有队伍，任何国有企业都是办不好的。国企党的领导、党的建设，恰恰能在这方面发挥作用。我们始终围绕抓班子、带队伍，发挥党建优势，强化“干部担当、党员示范、全员争先”，着力打造首都电力先锋群体。过去一年，面对艰巨任务和巨大挑战，公司广大干部职工牢记职责使命，将习总书记“看北京首先从政治上看”的指示精神内化于心、外化于行，以强烈的使命感、紧迫感、荣誉感，服务党和国家工作大局，体现了首都电力人的政治担当；勇于攻坚克难，面对“东西南北中”等重大工程建设，中非论坛等重大保电任务，优化营商环境的重要政治责任，始终做到行动迅速、措施有力、执行坚决，充分彰显了国企“六个力量”；善于争先奋斗，将首都标准落实到行动中，人人比学赶超、创新创造，使“争先锋、当标兵、作排头”成为习惯，很多工作都提供了“国网方案”“北京方案”。

二、强化党建引领，为确保首都安全稳定提供坚强保障

2019年是新中国成立70周年，也是国网公司实施新时代战略的起步之年。公司立足安全稳定大局，全面启动首都安全稳定体系建设，责任异常重大、任务异常艰巨、环境异常复杂，更加需要强化党建引领、深化内嵌融入，切实把国企党建优势转化为凝心聚力、攻坚克难的强大力量。做好新时期党建工作，要更好地把握三方面关键。

一是更加强化党建引领，要坚持高站位、高标准。国网公司党组提出“三型两网、世界一流”的新时代战略目标和“一个引领、三个变革”的战略路径，将“党建引领”放在首要突出位置。作为国网公司服务首都的示范窗口，公司做好党建引领，关键是要旗帜鲜明讲政治。要突出政治建设。认真贯彻《中共中央关于加强党的政治建设的意见》要求，进一步突出政治建设的统领地位，坚决在“两个维护”上做表率。要自觉把公司工作放到党和国家工作大局中去认识、思考、谋划、落实，以确保首都安全稳定为首要政治任务，切实履行好国企政治责任。要突出首都标准。充分发挥党委领导作用、支部战斗堡垒作用和党员先锋模范作用，党的领导要成为旗帜方向，党的组织要建在一线，党员干部要冲在前沿，带动全体员工在落实国网新时代战略、服务首都发展中奋勇争先。要瞄准排头兵目标，持续推动公司党建工作再登高，围绕“创先争优年”任务，争标杆、树典型，在主业和集体企业，落实国网公司党建专业化、标准化、规范化、项目化、信息化建设要求，着力推出一批过得硬、叫得响的先进典型和党建成果，着力打造更具影响力的首都党建品牌。

二是更加深化内嵌融入，要做到“深”和“实”。“党建引领、内嵌融入”“干部担当、党员示范、全员争先”“党员一带二、一带三”这三项长效机制，是公司几年来抓实党建探索出的非常宝贵的经验，公司上下要继续创新实践、巩固提升。着力在“组织如何嵌得更深”上下功夫。坚持大抓基层鲜明导向，在前年试点、去年全覆盖基础上，纵深推进“组织建到现场、支部建到班组、阵地建到前端”的工作模式，将临时党支部、联合党支部建设得更加科学，将党务共建和主题党日活动开展得更加务实。着力在“工作如何融得更实”上下功夫。完善领导机制，深化载体建设，加强考核评价，推动内嵌融入项目化、规范化、常态化。要结合今年重大政治保电、重大工程建设等重点任务，进一步提升党建质量，确保每一个攻坚现场都有党的组织，每一项重点任务都有配套党建举措，每一名党员都能发挥示范带动作用。

三是落实党建责任要成为政治自觉。抓党建、促发展，不仅是全体党员干部的应尽职责，更是检验党性的基本要求。广大党员干部要强化管党治党的责任意识，守正创新抓好党建工作。要抓牢党组织书记党建第一责任。各级党组织书记要时刻牢记第一身份是书记，第一职责是管党治党，坚持把抓好党建作为最大的政绩。要切实增强“打铁先要自身硬”的思想自觉和行动自觉，在保障首都安全稳定中，向前站、做示范、领着干，真正发挥好“领头雁”作用。要带领班子压实党建主体责任，层层传导压力，推动党建责任延伸到基层末梢，确保重点任务有效落实、党建优势充分发挥。要落实领导干部党建“一岗双责”。各级领导干部要自觉把党的要求融入岗位职责，将发挥党组织和党员作用与专业管理有机统一起来，确保党建与业务两手抓、两手硬、两促进。要建强党务干部专业队伍。党务工作岗位，是培养历练复合型人才的重要平台。各单位要大力选拔优秀年轻人才从事党务工作，继续加大领导干部在生产、经营等专业管理岗位与党务工作岗位之间的轮岗交流，为公司高质量发展培养更多高素质专业化的干部和人才。

国网公司副总工程师兼北京公司董事长、党委书记李同智在公司2019年集体企业工作会议上的讲话（摘要）

（2019年3月5日）

一、集体企业经营发展成效显著

一是在服务公司和电网大局中履责担当，彰显了价值。近年来，集体企业积极践行“第二梯队”战略定位，在电网建设、运维抢修、营销服务和后勤保障中，全面融入公司生产经营大局，发挥了不可替代的生力军作用。在重大项目中冲锋在前。“东西南北中”，是公司近年来电网建设的重中之重，是关乎国计民生和首都形象的重大工程。集体企业全面对接、主动作为，以高度的使命感和责任感，融入设计施工监理业务，提供人员、资金、装备等全方位支撑。华商远大、京电设计、吉北咨询以及各单位集体企业，领导干部深入到一线，员工队伍冲锋在一线，为公司重大任务的顺利完成，发挥了至关重要的作用。在优化营商环境中大局担当。公司相继推出“三零”“三省”重大管理创新举措，打造了“获得电力”的“北京方案”，取得了显著成效，这同样离不开集体企业的全力支撑。城区公司、朝阳公司、海淀公司、丰台公司等单位集体企业，顾全大局、不唯利润，全方位对接、全流程服务，在现场踏勘、工程施工、资金物资等方面给予最大支持，为营商环境指标的提升做出了巨大贡献。在重大政治保电中恪尽职守。首都重大活动多，公司政治保电任务重，集体企业站在讲政治的高度，投入最好的骨干力量和技术队伍，不讲条件、不求回报、不辞辛苦，坚守在十九大、中非合作论坛等保电现场，谷新公司、中电联公司提供温暖便捷的后勤保障，营造了“各尽其责、协同合作”的良好氛围，确保了各项保电任务万无一失。所有这些都说明，集体企业在公司发展中不可或缺、功不可没。

二是改革发展工作在国网系统成效突显，树立了标杆。集体企业持续深化改革、创新发展，不断强化自身建设，始终处于国网系统前列。瘦身健体取得了阶段成效。2017年以来，我们积极落实国网公司党组决策部署，早研究、早启动，第一时间推动瘦身健体。顶层设计和基层实操相结合，各部门协同配合、强化指导，各单位履责担当、高效推进，超额完成国网公司年度改革任务。减少户数与提升质量并重，精心设计重组路径，优化企业布局，基本保持了“一家主业单位管理一户集体企业”的格局，为公司稳步发展提供了坚强支撑。经营发展开创了稳健局面。随着宏观经济增速放缓，以及非首都功能疏解，市场环境变得异常复杂，集体企业直面挑战，巩固传统建安领域，做实主业委托业务，积极拓展电动汽车、智慧能源服务等新兴市场，近三年来的整体产值利润一直处于稳定合理的水平。同时，我们的资金规模超过百亿，率先在国网系统完成归集，运作率和收益水平排在前列，往来账款压降成效非常突出，这些都为持续发展奠定了良好基础。规范管理取得了长足进步。近年来，我们不断加强集体企业管理，集体办与平台公司合署模式得到了国网公司的认可，管理工作也取得了很好成效。特别是2018年，集体企业主动接受国网巡视检查，认真组织重点领域自查和问题整改，消除了资产管理、关联交易等方面诸多风险隐患，解决了很多遗留问题，弥补了短板，健全了机制，为规范发展打好了基础。

三是干部员工队伍主动作为忠诚可靠，凝聚了力量。集体企业的同志们，拼搏在艰难困苦第一线，不怕临危受命，甘于担当奉献，坚定不移地发挥着“第二梯队”作用。我们有一批兢兢业业的老同志，在接近二线的年龄上，依然辛勤耕耘在一线，无私奉献着热情、智慧和经验，为我们的事业保驾护航。我们有一批年富力强的中流砥柱，历经多岗位锻炼后精心挑选，尤其是各单位集体企业的负责同志，大多都担任安全总监，他们都在当打之年，不遗余力地奔走在市场拓展的路上，坚守在工程施工的现场，勤勉于经营发展的思考，为我们的事业贡献着青春和力量。我们有一批素质过硬的专家骨干，这些同志平日里埋头苦干、默默无声，但是他们干一行、爱一行、钻一行，善于攻坚突破，敢于啃硬骨头，在创新创效上勇作表率，在行为作风上敢于带头，弘扬着工匠精神，在平凡的岗位上创造不平凡的业绩，为我们的事业绽放着光和热。我们有一批专业专注的技能人才，通过近几年有计划、分批次的培训培养，集体企业一大批高素质人才，已经在公司生产经营各个岗位上尽显才华，还有在幕后默默奉献的后勤保障师傅们，他们同样值得我们尊重和爱护。去年12月公司组织了集体企业技能人才星光大道展示活动，很成功、很振奋，彰显了“第二梯队”力量，彰显了公司形象。

二、全面推进首都安全稳定体系建设

今年，公司把首都安全稳定体系建设定为全年工作主线，在年初我们召开了部署启动大会，各项工作正在有力有序推进。这是一项长期系统的工程，是我们今年乃至未来几年，推动公司高质量发展的根本基础和重大举措。集体企业是安全生产的第一线，是优质服务的最前沿，也是风险防范的关键点，抓好集体企业工作是公司各项工作的重中之重，是建成首都安全稳定体系的关键一环。因此，各级党委、各级领导干部要高度重视、关心支持、全力做好集体企业各项工作，围绕首都安全稳定体系建设，持续发力、久久为功，与公司主业一道，共同履行好保障首都安全稳定的责任担当。重点突出以下四个方面。

第一，聚焦安全稳定，把全部工作统筹到首都安全稳定体系建设主线上来。“首都安全稳定体系”建设突破了传统生产安全的范畴，拓展到了企业改革发展和经营管理的方方面面，就是要形成全员抓安全、保稳定的良好局面。要坚持全局一盘棋，集体企业要与主业同频共振，树立“大安全”理念，超前谋划、靠前推动，在安全稳定体系建设中做好方案统筹、力量统筹和进度统筹，做到所有企业、所有专业全面覆盖，把人员、思想和业务都统一到安全稳定主线上来。要细化建设任务，集体企业既是公司重要组成部分，又有其自身特性，各单位要结合公司重点任务推进手册和作战图，针对企业实际情况，逐户制定实施方案，细化任务节点，逐级落实责任，加强过程督导，建立专报和督办机制，切实把安全稳定各项任务落到实处。要加强战略规划，在国网公司倡导“放管服”的环境下，压实了省公司主体责任，更要求我们在集体企业业务布局、经营发展、资源配置、规范管理和支撑保障等方面做好统筹规划，推动长远可持续发展。

第二，坚持首都标准，以同质化要求管好、用好、发展好集体企业。首都无小事，事事连政治。新时代发展的形势，更要求我们必须深化“三敏”意识，各项重点工作都要建立首都标准，集体企业也要与主业坚持同一标准。安全上坚持同一标准。集体企业承揽了大部分主业工程，一旦在安全上出了问题，不仅自身会受到影响，还将使公司受到牵连，所以就应该用主业标准来监督和衡量集体企业安全工作。要统一监督和奖惩体系，将集体企业施工现场纳入统一监控平台，把主业安全严细实的管法全面延伸至集体企业。集体企业更要完善自身安全生产管理体系，真抓真管、严抓严管，确保安全上不出事，守好这个底线。业务上坚持同一标准。公司的营业窗口、施工现场、运维抢修、政治保电等具体业务，大都是集体企业人员直接参与，可以说是公司各项制度、标准、流程最终落地的核心终端。各级职能部门要区别于其他社会企业，更加严肃严格对待集体企业。订立制度时，要充分听取集体企业意见；组织业务培训、劳动竞赛、专业调考时，要把集体企业人员统筹进来，确保对公司制度标准认识到位、执行一致。监督上坚持同一标准。集体企业历来是审计检查关注的重点，我们确实在关联交易、工程分包等方面还存在这样那样的问题，要求我们把集体企业纳入公司大局中来统筹审视。各职能部门都要参与到集体企业管理中来，加强专业指导和业务监督，从源头上把好关。各单位要将集体企业纳入一体化监督体系，开展协同监督，切实把问题和风险消除在萌芽状态。

第三，突出重点领域，健全管控机制，有效防范经营管理风险。近些年，我们在集体企业规范管理上取得了较好成效，但在一些重点领域、敏感领域还有管理不到位、风险防控不及时的地方，还需要进一步夯实安全稳定根基。强化现场安全管理。正视集体企业安全基础薄弱的现状，加大人力、资金和技术投入，要把每个现场都接入安全监控平台，要确保每个现场都有自己的人员，对每名人员做到心中有底，对每个现场做到心中有数。对每一个环节、每一道工序都必须严肃对待、严格执行，杜绝习惯性违章，真正把最末端的安全管理抓实抓牢。强化“两商”规范管理。国网公司在 2019 年党风廉政建设与反腐败工作会议上，要求将集体企业列为重点监督对象。集体企业物资采购和工程分包规模都很大，风险也很多，我们要加强供应商和分包商的管理，落实各单位党委责任，规范遴选决策流程，健全服务质量监督与评价机制，规范引进和退出程序，坚决防范个体决策代替集体决策的现象。会议印发了几项重点领域管理制度的征求意见稿，各单位要认真研究，实际工作中既要保障效率效益，又要防范经营和廉政风险。强化消防安全管控。集体企业要全方位对接公司消防提升三年行动计划，既要完善自身的消防安全体系，更要全力支撑公司整体消防工作，发挥资金优势投建消防基础设施，发挥人员优势组建专业消防队伍，发挥专业优势承揽消防运维业务，助力公司切实提升消防安全水平。

第四，坚持党建引领，不断深化党对集体企业工作的领导。我们电力工人的队伍，必须“听党的话跟党走”，要进一步健全集体企业党组织建设，规范议事程序，强化党对集体企业的领导实效。切实发挥各级党委领导作用。把党委讨论作为决策的前置程序，提升决策的科学性与合规性。各单位党委要把集体企业列为重点领导对象，在重大决策、人事任免等方面发挥主体作用，在生产经营活动中发挥监督指导作用。尤其是各单位党政主要负责同志，要亲自过问、亲自监督和亲自指导集体企业工作，坚决做到守土有责、守土尽责。切实发挥基层党组织先锋作用。围绕“首都安全稳定年”建设重点任务，把基层党组织建立在业务一线，充分发挥党员突击队、临时党支部的战斗堡垒作用，以及党员同志们的先锋模范作用。打造推广示范企业，开展劳动竞赛、技能比武，选树标杆、宣传典型，以点带面打造一支既能做好常态业务，又能攻坚克难的干部员工队伍，确保首都电网安全稳定。

公司董事、总经理、党委副书记万志军在公司第三届职工代表大会第四次会议暨2019年工作会议上的总结讲话（摘要）

（2019 年 1 月 25 日）

一、会议基本情况

这次会议是深入贯彻习近平新时代中国特色社会主义思想，认真落实国家电网有限公司三届四次职代会暨 2019 年工作会议精神，扎实贯彻北京市委、市政府重大决策部署，奋力推进世界一流能源互联网企业建设、全力确保首都安全稳定的一次重要会议。公司党委对这次会议高度重视，作了充分准备。会前，坚持目标和问题导向，分层级、分专业开展了专题调研和集中研讨，组织召开了务虚会、党委会，广泛听取了意见和建议，集中了全公司的智慧和力量，为开好这次会议奠定了坚实基础。会上，公司董事长、党委书记李同智同志做了题为《坚持守正创新 确保安全稳定 以优异成绩迎接新中国成立 70 周年》的工作报告，系统总结了公司 2018 年工作和经验，深入分析了公司发展面临的新形势、新任务，明确了未来三年的战略目标、工作主线和实施路径，部署了今年八个方面重点工作。报告政治站位高、行动举措实，主题鲜明、立意深远、内涵丰富，是公司当前和今后一个时期工作的行动指南。

二、全面贯彻会议精神

（一）坚定不移筑牢安全稳定基础

今年是新中国成立70周年，是全面建成小康社会的关键之年，做好全年工作至关重要。要坚决落实公司党委各项决策部署，以“首都安全稳定年”建设为主线，强化安全责任落实，切实防控好各类风险隐患，确保实现“八稳”目标。

一要把握安全稳定主线。牢固树立“大安全”理念，将安全第一、稳定至上的思想和措施，贯穿到公司各层级、各专业，形成全面、全员、全天候抓安全、保安全的良好局面。深入推进首都安全稳定体系建设，健全工作机制、严格督导考核、营造浓厚氛围，为高质量发展营造坚如磐石的安全稳定环境。

二要加强风险隐患防控。突出风险意识，坚持眼睛向内、脚步向下，多层次、多方位、多渠道地调查了解情况，全面排查风险隐患，做到心中有数。突出问题导向，聚焦工作的焦点、痛点、难点，深入分析风险、找到症结所在，真正把工作落到推动具体问题解决上，着力控风险、补短板、促提升。

三要落实全员安全责任。公司安全稳定领导小组办公室和各专业工作组要加强统筹协调，健全“日统计、周调度、月协调、季总结、年统筹”推进机制，常态化通报工作进展情况，强化全过程管控，确保各项任务务期必成。各单位主要负责同志要认真履行好第一责任，班子其他成员要切实抓好分管领域安全稳定工作，广大干部职工要践承诺、比贡献、做表率，凝聚全员参与、全员推动的攻坚合力。

（二）坚定不移建设运营好“两网”

承载电力流的坚强智能电网和承载信息流的泛在电力物联网，共同构成了能源互联网的网络基础。建设世界一流能源互联网企业，必须提高质量效率，集中力量建设和运营好“两网”，更好地发挥能源互联网的价值和潜力。

一要突出电网规划引领。转变过去以规模扩张为主的做法，牢固树立精准投资理念，聚焦优化网架结构、提高供电可靠性等关键领域，科学安排投资方向、规模和时序。超前谋划“十四五”电网规划，深入研究环京特高压环网电源方案，优化北京电网分区运行模式，增强主网互联互通能力。紧密跟踪各区控规编制进度，主动对接规模指标等核心要素，推动电网规划与控制性详规同步研究、同步审批、同步落地。

二要推进重点工程建设。今年，冬奥会（世园会）、新首钢、怀柔科学城等重大项目全面进入建设攻坚阶段，一批重点工程要求年内竣工投产。同时，建国70周年大庆等重大政治活动保电贯穿全年，有效施工期受到挤压，完成全年建设任务时间紧、压力大。要统筹好安全、质量和进度，做到早启动、早部署、早开工。同时，要积极应用标准化设计、工厂化加工、模块化施工等技术，有效降低施工安全风险。

三要建设泛在电力物联网。泛在电力物联网是一个全新的大课题，没有成熟经验可以借鉴。要按照与电网融合发展、协同推进的原则，统筹考虑数据共享、业务创新等需求，探索推进泛在电力物联网建设。优化通信网络骨干架构，拓展无线专网应用范围，满足泛在物联接入需求。充分应用“大云物移智”和现代通信技术，深化全业务统一数据中心建设，深入挖掘智能电表、设备运维、95598等业务大数据价值，实现电网智慧管理、企业智慧运营、客户智慧服务。积极拓展功能应用，探索利用变电站资源建设运营充换电（储能）站新模式。

（三）坚定不移提升优质服务水平

首都人民对美好生活的需求日益增长，呈现出个性化、多元化、互动化特征，对电力服务的深度、广度都提出了新要求、新期望。要坚守“人民电业为人民”初心，努力提高为民服务质量和水平，以服务践行使命，以服务赢得发展。

一要优化营商环境。国网公司明确提出，要持续提升我国在世行“获得电力”指标排名。我们要对标国际最高标准，全力补短板、强服务、促提升，对内巩固小微企业“三零”服务举措，进一步提高办电水平和效率，让客户办电“多动手少跑腿”；对外加强与政府沟通汇报，促请政府提前发布电价调整政策，提升电费透明度。今年5月世行将完成数据校验工作，我们要以时不我待、只争朝夕的紧迫感，争分夺秒、加快推进各项工作，确保实现排名目标。

二要强化服务能力。坚持以客户为中心，把客户需求贯穿于公司全领域、各专业，不断增强服务便捷性、精准性和实效性，实现“始于客户需求、终于客户满意”。主动对接客户需求，完善客户经理服务机制，加快客户基础信息采集，精准推送计划停电、余额不足等服务信息。深化“互联网+电力营销”，优化线上服务功能，全面推广“网上国网”，实现业务“一网通办”、资源“一网融合”。

三要创新服务模式。深化资源整合、组织优化、流程再造，打造统一的服务标准、服务平台，构建“强前端、大后台”的现代服务新体系。在“强前端”方面，要推进营配调业务深度集约融合，深化低压网格化现场服务，全面推广“全能型”园区、城市、乡镇供电服务机构。在“大后台”方面，要深化供电服务指挥中心建设运营，充分发挥对外服务、对内指挥的作用，实现信息融合、专业协同，全面提高营销服务、配网抢修等业务水平。

（四）坚定不移保持稳健经营

当前，公司效益增长乏力与投资需求增加、成本刚性增长的矛盾突出。公司上下要坚持质量第一、效率优先，大力开拓市场，深入挖潜增效，推动效益稳步提升，确保实现全年经营目标。

一要增供扩销。坚持市场化方向、树立竞争意识，以灵活有效的营销策略积极抢占新兴市场，持续增强盈利能力。纵深推进电能替代，主动研究市场发展趋势、商业运营模式和先进技术，加快建设城市副中心、大兴国际机场等综合能源示范项目，着力提升电能在终端能源市场占比。加强业绩考核管理，层层传导经营压力，激发基层挖潜创效主动性。

二要降本增效。经营形势越严峻，越要牢固树立过紧日子的理念，捂紧“钱袋子”，把该花的钱花到位、出成效，不该花的钱控到位、不浪费。要严格综合计划和预算管控，做到无预算不开支、有预算不超支。完善标准成本体系，优化运维费、折旧费、财务费等成本结构，提高全要素生产率。深化同期线损应用，挖掘大数据价值，推动业务管理升级。

三要依法治企。近年来，公司外部监管日趋严格，国家审计监督、国网巡视检查已经成为新常态。从去年巡视审计情况看，公司在工程建设、物资采购、营销服务和集体企业等方面依然存在“出血点”“发热点”。要推动法治工作与企业中心工作深度融合，确保依法决策、依法经营、依法管理、依法办事。发挥审计、法律、财务、监察等协同监督作用，加强重点领域管控，全面规范经营行为。坚持问题导向，以零容忍态度抓好问题整改，建立长效机制，堵塞管理漏洞。

（五）坚定不移深化改革创新

改革创新是高质量发展的力量源泉。建设世界一流能源互联网企业，必须坚持以改革为抓手、以创新为动力，全面实施质量变革、效率变革和动力变革，打造驱动发展的强大引擎。

一要深化电力改革。今年，我们将迎来新一轮输配电成本监审与核价工作，保持现有电价水平面临较大压力。要认真做好成本监审工作，夯实有效资产基础，主动做好沟通汇报，全力争取最优结果。同时，要积极应对增量配电业务放开，主动配合政府完成试点改革任务，以灵活的投资策略参与试点项目竞争。加快交易中心股份制改造，进一步规范电力市场建设，有效防范各类市场风险。发挥公司专业和组织优势，积极推动大用户直接交易，释放改革红利。

二要优化体制机制。国网公司深化“放管服”改革，将总部职责分权授权于各网省公司。我们要主动适应、积极落实，推进体制机制创新，确保接得住、托得稳、落得下。本部部门要强化事中、事后监管，从提供资源支持、搭建交流平台、协调解决问题等方面为各单位做好服务。各专项工作领导小组办公室要充分发挥专人专班优势，深入研究、科学谋划、协调推进各项重点工作。

三要坚持创新驱动。大力实施科技强企战略，健全创新体系，倡导创新文化，培育创新团队，引领电网和公司创新发展。聚焦能源互联网、综合能源服务等重点领域，强化关键技术攻关，力争取得一批全国领先的自主创新成果。深化全员创新，加强劳模创新工作室建设，搭建职工创新创效平台，营造大众创业、万众创新的浓厚氛围。

（六）坚定不移加强队伍建设

事业发展关键在人。建设世界一流能源互联网企业，必须坚持人才强企战略，持续深化人力资源管理，充分发挥正向激励作用，努力提升干部员工能力素质，打造一支素质优良、能力突出、善打硬仗的先锋队伍。

一要深化人力资源管理。盘活内部人才市场，通过组织调配、借用帮扶、挂职锻炼等方式，促进优秀人才向核心业务、一线岗位流动。依托技术进步、管理创新、组织调整和流程优化等途径，提高用工效率，压减用工需求，缓解缺员压力。规范劳动用工管理，建立契约化用工机制，加强员工履责过程管控，坚决杜绝消极怠工、纪律涣散等行为。

二要健全激励约束机制。完善全员绩效管理体系，加大绩效工资与考核结果挂钩力度，合理拉开收入差距，实现考核更精准、激励见成效。完善人才培养机制，畅通职务、职员、专家人才发展通道，加快建设高水平的管理、技术和技能人才队伍。加强青年员工职业生涯规划，让每一个员工都有成长成才的舞台，都有施展才干、实现价值的机会。

三要加强能力素质建设。当前，公司改革发展任务重、节奏快，老问题、新挑战相互交织，工作的整体性、协同性和复杂性日益凸显。公司上下要切实增强本领恐慌的危机感、紧迫感，认真学习掌握履行职责必需的各项技能，突出加强学习物联网、区块链、5G网络等新领域知识，提高处理复杂问题、驾驭复杂局面的能力，着力弥补知识弱项、能力短板、经验盲区，努力成为做好工作的行家里手。

三、扎实抓好工作落实

一分部署，九分落实。公司的发展蓝图已经绘就，目标能否实现，根本靠实干，关键在落实。公司上下要以真抓的实劲、敢抓的狠劲、善抓的巧劲、常抓的韧劲，一步一个脚印把战略部署落到实处。要拿出“真抓”的作风。抓工作，决不能表态多调门高、行动少落实差，必须要脚踏实地、苦干实干，讲实情、出实招、办实事、求实效，聚焦、聚神、聚力抓好落实，做到紧之又紧、细之又细、实之又实。要坚定“敢抓”的决心。各级领导干部要勇于担当、敢于作为，面对矛盾敢于迎难而上、面对危机敢于挺身而出、面对失误敢于承担责任，在涉险滩、破坚冰、攻堡垒中推动公司决策部署落地。要锤炼“善抓”的本领。要善于抓住事物的主要矛盾和矛盾的主要方面，把工作重心放到重要领域、关键环节和要害部位上，集中力量、精准攻坚，以改革创新破解难题、激发活力、驱动发展。要坚持“常抓”的态度。各部门、各单位要树立不达目标绝不罢休的信念，发扬钉钉子精神，排出任务书、时间表、路线图，一锤接着一锤敲，一个节点、一个节点往前推进，一步步、一项项地把各项任务落实好。

岁末年初，是新的一年开好头、起好步、打好基础的关键时段，头绪多、任务重。公司上下要加强统筹、突出重点、抓好落实，确保各项工作有序平稳推进。一要抓好学习贯彻。会后，各部门要安排专门时间，组织全体干部员工传达学习；各单位要召开党委会议集体学习，组织开好本单位的职代会和工作会议，把这次会议的部署要求贯彻到本单位的工作报告和会议文件中。各部门、各单位要在2月20日前，将贯彻落实本次会议精神情况及本单位工作报告报送公司办公室。二要确保安全生产。密切关注天气状况，防范雨雪冰冻等恶劣气候影响，确保大电网安全运行。重点做好车站、机场、医院、景区、大型商场及“煤改电”用户供电保障，随时做好应急发电和故障抢修准备，确保百姓过上亮堂、温暖的舒心年。节后不久即将召开全国两会，要扎实做好隐患排查等各项筹备工作，确保按期高质量完成。三要强化作风建设。认真落实党风廉政建设责任制，坚决制止各种不正之风和奢侈浪费行为，做到廉洁过节、安全过节、文明过节。严格执行值班制度，发生突发事件要及时报告、妥善处置，坚决杜绝各类不稳定事件。四要做好走访慰问。积极向各级党委政府汇报工作，主动走访客户，营造良好发展环境。高度重视和关心职工生活，认真组织开展春节走访慰问离退休老同志、向困难职工送温暖活动。

公司董事、总经理、党委副书记万志军在公司2019“首都安全稳定年”动员部署大会上的讲话（摘要）

（2019年1月8日）

一、2018年工作成效

2018年，面对复杂形势和艰巨任务，公司上下牢记使命、锐意进取，出色完成了各项工作任务。

安全生产保持稳定。圆满完成全国两会、中非合作论坛北京峰会、庆祝改革开放四十周年大会等重大保电任务182项，保电天数345天。科学安排电网运行方式，加强重点设备差异化管控，全方位做好应急工作，平稳应对夏季2356万kW、冬季2128万kW历史最大负荷考验。综合运用人防、技防、物防措施，全年输电、变电、配电故障同比降低29.5%、28.6%和34.3%。狠抓责任落实和现场管控，安全事件、违章率分别下降32.3%、25.8%。深化配电自动化建设应用，实现自动化覆盖率、功能投入率双100%。

首都电网快速发展。首都核心区79条、78.73km架空线入地工程全部投产，实现东、西城区主次干路架空线基本入地。城市副中心行政办公区配套电力工程提前投运，建成国际一流高端智能配电网示范区。新机场6项配套电力工程全部提前投运，为2019年9月正式通航提供坚强电力保障。冬奥会（世园会）13项配套工程已开工12项，全面进入建设阶段。全年开工35kV及以上输变电工程66项，变电容量1232.2万kVA、线路724.99km；投产35kV及以上输变电工程57项，变电容量1793万kVA、线路661.56km，开工和投产规模均为历史之最。

优质服务水平提升。创新推出低压接电“三零”服务举措，惠及1.76万户小微企业，接电环节由6个压缩至2个，接电时长由141天压降至4.44天，节约客户投资7.5亿元，有力推动我国“获得电力”从第98名大幅跃升至第14名。深入开展优质服务百日攻坚专项行动，客户投诉、话务量同比下降29.03%、21.68%，业扩结存容量压降828.5万kVA。完成285个村、12.49万户“煤改电”工程，全市电采暖用户达到128万户，基本实现全市平原地区“无煤化”目标。建成国内首家电能替代实验室。全市累计建成1442座充换电站、16 146个充电桩，建设规模和服务水平均位居全国首位。拓展综合能源服务市场，营业收入达1亿元，超额完成年度任务。

经营管理攻坚克难、稳中有进。主动应对北京非首都功能疏解和国家一般工商业电价下调带来的不利影响，全力增供扩销、挖潜增效，较好地完成了各项经营指标。实现售电量 1037.04 亿 kWh，同比增长 7.13%；营业收入 682.23 亿元，同比增长 5.63%；全年新增接电容量 1177.36 万 kVA，超额完成年度目标；完成固定资产投资 198.89 亿元；资产负债率 64.92%；实现利润 –10.65 亿元。积极争取外部支持资金 69.6 亿元，再创历史新高。深化同期线损精益管理，分线分台区合格率提升 40 个百分点以上，综合线损率下降 0.3 个百分点。强化激励导向、凝聚工作合力，实施高质量发展专项奖励 1.3 亿元。超前防控法律风险，将合法性审核内嵌到重大事项决策程序。发挥“一体化”审计优势，开展“上审下”项目 96 项，发现整改 1443 项突出问题。稳步推进集体企业瘦身健体，累计完成 20 户企业处置。与 344 个小区、31.62 万户签订“三供一业”移交实施协议，完成 196 处、9030 户职工家属区“两供一业”移交任务。

党建引领价值彰显。紧扣中心工作、强化内嵌融入，开展“争当新时代先锋”系列主题活动，党组织战斗堡垒和党员先锋模范作用充分发挥。积极配合国网公司巡视工作，坚决整改 6 类 81 项问题，同步完善 32 项规章制度。坚持巡视巡察一盘棋，完成 15 家基层单位巡察工作。引进优秀毕业生 494 人，为高质量发展做好人才储备。深入开展劳动竞赛和全员大比武，使“撸起袖子加油干”蔚然成风。举办公司庆祝改革开放 40 周年成果展，全方位展现新时代先锋形象。

二、近期重点工作安排

一要抓安全。保迎峰度冬安全，当前正处于冬季负荷高峰期，日最大负荷均在 2000 万 kW 左右，重载线路和设备较多。要密切关注天气变化，做好负荷预测，科学安排电网运行方式，落实防雨雪、冰冻、大风等自然灾害部署，确保电网安全运行。针对冬季电网运行的薄弱环节，全面加强重载设备、异常台区等问题排查治理，确保不留任何隐患。保人身和现场安全，冬季雨雪等恶劣天气频发，施工环境恶劣、安全风险较大。要层层压紧压实安全责任，严格落实风险防控措施，加大现场巡查和视频监控力度，确保安全风险可控、能控、在控。要加强施工安全、质量和进度管控，有序推进延庆冬奥会等重点工程建设，确保务期必成。保应急安全，要安排好运行抢修人员，合理部署应急队伍，备足各类应急物资和抢修装备，开展应急演练工作，确保一旦发生突发情况，能够做到响应快、处置快、恢复快。

二要抓服务。提升为民服务能力，持续增强服务意识，强化主动服务、精准服务、便捷服务，不断提升公司服务品质和客户满意度。优化线上购电、报修等业务功能，完善应急供电等便民举措，使百姓足不出户即可享受到便捷高效的供电服务。对客户反映的敏感性问题，要及时妥善协调解决，防范舆情风险。持续优化营商环境，总结优质服务百日攻坚专项行动成效，形成典型经验，进一步巩固和扩大工作成果。落实临时接电“三省”服务举措，压缩接电时长，降低接电成本，提升客户用电体验，展现公司积极履责、服务民生的良好形象。做好“煤改电”服务保障，认真落实电力管家驻村全覆盖等保障措施，充分运用发电车等保障手段，全力确保百姓度冬无忧。

三要抓氛围。营造政企合作氛围，加强与地方党委、政府、人大、政协及相关委办局沟通汇报，广泛争取理解和支持，为公司和电网高质量发展创造良好的外部环境。营造良好舆论氛围，与中央、市属、行业主流媒体做好对接沟通，加强高端宣传策划，提供新闻宣传素材，深度报道公司政治供电、优质服务等工作成效，展现公司责任央企形象。营造和谐企业氛围，统筹组织好年底走访离退休老同志，慰问一线员工、劳动模范，向困难职工送温暖等活动，加强员工人文关怀，切实解决实际困难。

公司董事、总经理、党委副书记万志军在公司 2019 年人力资源保障工作会暨人才培养工作会上的讲话（摘要）

（2019 年 3 月 8 日）

一、2018 年工作回顾

一年来，在公司党委坚强领导下，人力资源工作紧紧围绕公司新时代战略部署，服务电网和公司高质量发展，不断夯实基础管理，创新管理机制，在完善组织体系、优化员工配置、提升队伍素质、强化激励保障等方面取得了显著成效。主要指标持续向好，全口径劳产率 167.6 万元/（人・年），位列国网第二；业绩考核连续四年获评 A 段；蝉联国网公司人力资源先进单位荣誉称号。

（一）组织保障坚强有力

初步形成首都特色“1+3”现代供电服务体系。适应客户需求，提升响应速度，全面开展公司两级供电服务指挥平台建设，深入推进园区、城市化和乡镇区域网格化综合服务试点。朝阳公司、海淀公司分别被评为国网公司供电服务指挥中心建设“标杆单位”和优秀单位；城区公司实现供电服务中心全覆盖；通州西集全能供电所建设成效显著。服务业务发展优化组织体系。调整 110kV 输变电运检和调控运行业务模式，实现设备资产、运维检修、电网运行责任主体一致。成立建设咨询公司，夯实基建安全管理。收购资质健全集体企业，组建具有竞争力的综合能源公司。立足电缆网发展需要，组建电缆公司。供电公司新设物资中心，提升物资体系协同和支撑保障能力。强化对柔性直流、调相机等新业务管理，在公司本部设置直流处、检修公司设置柔直调相机运检中心。成立冬奥办等机构，全力支撑公司重点任务开展。

（二）用工配置不断优化

用工储备更加充足。引进优秀高校毕业生 494 人，较 2017 年增加 17.3%。为工程公司社会招聘急需人才 14 人，招聘供电服务职工 113 人，用工数量稳步提升，队伍素质显著优化。创新开展校企合作联合招生培养 25 人，为乡镇供电所做好人才储备。用工配置更加精准。开展跨单位人员交流配置 166 人，核心岗位长期职工配置率增长 3.6%，队伍结构进一步优化。积极响应国家政策，遴选 8 名优秀专业人才开展对藏帮扶。用工管理更加高效。持续开展信息系统数据规范治理与实用化评价，规范长期不在岗人员 46 人，主动解除劳动合同 4 人，用工效率明显提升。

（三）激励约束机制不断完善

业绩考核持续深化。主动汇报公司在履行央企责任、重大政治保电、优化营商环境等方面的突出贡献，业绩考核连续四年获评 A 段。薪酬激励导向作用突显。积极争取工资总额，在经营形势非常严峻的情况下，实现员工收入持续增长。设立 3000 万元安全生产奖励基金；围绕政治保电、优化营商环境、劳动竞赛等，实施 1.8 亿元专项奖励。精准奖励，对突出贡献单位的奖励提高到平均水平 1.16 倍，突出贡献个人奖励达 1.4 倍；A 级员工比一般人员多奖 3.53 万元。

（四）人才培养全面加速

落实培养责任，强调用人单位主体作用和专业部门主导作用的有效发挥，出台政策、搭建平台、统筹资源，在青年人才职业发展、生产技能人员培养、现场培训等方面，各单位积极作为、多措并举，人才培养工作成效初显。丰富培养手段，与国网技术学院深度合作，针对入职 5 年内的青年员工，实施继电保护、调控运行、配电自动化等专业“回炉”培训；各单位通过师带徒、现场实练、班组讲堂等举措，创新实施人才培养；建立交流共享机制，推广典型经验，初步形成重视人才、培养人才的良好氛围。发挥专家作用，培训授课 1.2 万学时，获得科技、管理创新成果奖 392 项，授权专利 266 项，研究课题 202 项；严格专家考核，优秀占比 19%、不合格 13.2%，兑现履职津贴 381 万元。高端人才不断涌现，电科院刘秀兰同志获全国青年岗位能手称号，昌平公司王月鹏同志获北京大工匠和国网工匠称号。竞赛比武锻炼队伍，举办配电自动化、电力调控运行、“互联网+营销服务”创新创意等技术技能竞赛；积极参加国网公司竞赛，后勤专业团体第 7，电缆、调控专业团体第 10。

（五）福利保障稳步提升

福利待遇持续优厚。主动争取政策，福利费总额增长 4.8%，食堂经费增加 1000 万，职工享受疗养不再占用带薪年假，女职工增设专项体检。养老、医疗、住房等保障水平持续提高，退休人员月均养老金 8968 元，是北京市的 2.24 倍；企业年金收益人均增加 1 万元；医疗费用人均 1.49 万元，个人仅负担 835 元；慢性病防治补贴人均 7000 元；职工年均提取住房公积金 9.21 万元，员工获得感得到全方位充实。

二、遵循“一个长期坚持”，抓好“三个必须到位”，以坚强队伍全面支撑保障首都安全稳定

成绩属于过去，把握当前和未来更加关键。2019 年至 2021 年，是我国全面建成小康社会、实现第一个百年目标的决战决胜期，是国网公司建设世界一流能源互联网企业的战略突破期。

在国网公司 2019 年“两会”上，新一届领导班子积极顺应当代世界经济发展大潮流大趋势，创造性提出了“三型两网、世界一流”的战略目标体系和“一个引领、三个变革”的战略路径，寇伟董事长强调，要牢牢把握今后三年战略突破期，咬定青山不放松、阔步迈向新征程，到 2021 年初步建成具有全球竞争力的世界一流能源互联网企业。

在国网公司 2019 年人力资源工作会上，辛保安总经理明确指出，要聚焦“三型两网”建设，以推进“放管服”改革为抓手，以实施三个升级（组织体系、人才结构、动力系统）为重点，以加强人力资源队伍建设为保障，初步建成世界一流企业人力资源管理体系。

在公司“两会”上，李同智董事长提出，我们要

提高政治站位，以首都标准落实国网公司战略部署，以首都安全稳定体系建设为主线，以高质量发展为方向，力争经过三年的不懈努力，到 2021 年初步建成世界一流能源互联网企业，以优异成绩向建党 100 周年献礼。

作为公司发展第一核心要素，人力资源该如何支撑保障战略蓝图有效落地，如何助力“建成世界一流能源互联网企业”目标早日实现，是摆在我们面前的重大课题。

在 2018 年人资专业工作会上，我们根据新时代、新形势、新要求，结合电网和公司发展实际需要，提出了要遵循“一个宗旨”，抓住“两条主线”，创新优化“五项机制”，加快建设新时代首都电力特色人力资源管理体系。经过一年的探索实践，我们在提高组织运行效率、促进员工职业发展、优化人力资本投入产出等方面都取得了显著成效，对公司安全生产管控、重大项目建设、营商环境优化、电能替代实施等中心工作的支撑保障坚实有力。事实证明我们“服务新时代电网和公司高质量发展”的“宗旨”是正确的，“推动企业组织提效、促进员工职业成长”的“两条主线”是对路的，创新优化“五项机制”（“五项机制”：效能导向、融合协同的组织运行机制；质量导向、精准有序的用工配置机制；目标导向、闭环精益的绩效管理机制；贡献导向、科学合理的薪酬分配机制；能力导向、传承共创的人才开发机制。）的措施是有力的。我们必须要瞄准这个方向，长期坚持。

未来三年，公司将通过安全稳定体系建设这一主线，紧密对接国网公司战略，实现初步建成世界一流能源互联网企业的发展目标。我们必须要全面加强公司队伍建设，为确保首都安全稳定、推动电网和企业高质量发展、助力建成世界一流能源互联网，提供坚强组织保障和人才支撑，这是未来三年我们人力资源工作的出发点和落脚点。

对照标准、审视现状，我们应当清醒认识到，当前公司队伍建设还存在一些不可忽视的问题，有的是固有顽疾，有的是潜在风险，突出体现在以下四点。

一是队伍意识有待提升。面对“标准高、挑战多、监管严”的外部环境和“任务重、责任大、风险多”的内部压力，我们的员工队伍从整体上来看，还没有完全做好思想准备。很多人过惯了“靠天吃饭、得过且过”的日子，习惯于“上级怎么说就怎么做”，与“放管服”改革要求相比，政治站位不够高，承担责任的意识和能力不够强，对形势变化缺乏必要的感知和应变，发现问题、处理问题时“敏锐、敏感、敏捷”程度不够；缺乏“干一行、爱一行、钻一行”的专业执着态度和敬业奉献的精神品质，责任意识、担当意识需进一步强化。

二是队伍结构亟待优化。有些单位经常抱怨“缺人”。诚然，近年来公司发展规模持续扩大，资产总量、业务量不断增加，而由于入口政策偏紧、人员退休集中等原因，公司员工数量增长并不明显。但是大家必须认识到，我们的技术装备在不断升级、体制机制在持续优化、人力资源效率在飞速提升，业务量增加，用工需求可能不变甚至减少，这才是大趋势。那么，抱怨“缺人”的单位，问题出在哪里？主要是用工结构问题，换言之就是员工配置较为随意，只简单重视增量，不能有力盘活存量，造成了“有的人没事干、有的事没人干”的怪象。有的单位不仅不重视老员工的充分挖潜，也不太重视新进毕业生的培养、配置和使用，与“人岗匹配”“人事相宜”的要求还有不小差距。

三是队伍战斗力存在短板。表现出“缺人”，还有一个重要原因是各单位员工队伍能力不足、战斗力不强，名为“缺人数”，实为“缺人才”，存在用“数量”补“质量”的错误认识。当前，公司要加快推进“三型两网”建设，全力确保首都安全稳定，不仅需要传统电网运行、规划建设、运维检修、营销服务的专业人才，还需要智能电网、物联网、大数据、新能源等新兴业务人才；不仅需要管理经验丰富、职业化素养高的管理精英，也需要技术高超、专业专注的技术专家，更需要技艺精湛、爱岗敬业的蓝领工匠。对照“世界一流”的标准，公司员工队伍能力提升必将任重而道远。

四是队伍活力显现不足。组织与个人缺乏活力，既是传统国有企业体制造成的“通病”，也是电网企业长期垄断经营、管理相对封闭形成的短板。“能上不能下、能进不能出、能增不能减”的现象普遍，突出表现在管理人员解聘难、基层一线留人难、绩差员工退出难、薪酬公平分配难。上升到组织层面，甚至存在政策落地难、专业沟通难、部门协同难、信息共享难。这众多的“难”，已成为制约电网和公司高质量发展的瓶颈，归根到底还是因为企业市场化程度不高，激励约束机制不够完善。

我们要从以下三个方面作为突破口，认真研究思考，切实整改提高。

第一，职责必须到位，这是抓队伍保安全稳定的基础所在。一方面要明晰各级组织的责任。按照“三型”企业要求，针对目前组织形式单一、信息共享不足、专业协同不畅等问题，坚持以市场化为导向、以客户为中心、以互联信息平台为载体，逐步推行开放共享的平台化组织方式。落实国网公司“二级做实、三级强基”要求做好“放管服”工作，按照责权利对等原则下移管理重心，实现各级组织职责定位更加合理，横向与纵向职责边界更加清晰，同时为基层一线适度“赋能”，提升竞争力和活力。另一方面要使每名员工人尽其责。重点在聘期管理、人岗匹配、一线留人、员工退出等方面出实招。要结合岗位特性和员工特质，将“有能力、肯干事”的人才，精准配置到能够发挥其积极性和专业优势的岗位。按照“三项制度”改革要求，进一步强化契约管理，切实加强员工岗位履责过程管控，强化遵章守纪意识，严守劳动纪律、值班纪律，实现每名员工“知晓职责、尽职尽责”。

第二，能力必须到位，这是抓队伍保安全稳定的根本所在。首先要持续提升员工队伍基本专业能力。聚焦核心业务，进一步完善组织、健全机制、搭建平台，有效整合培训资源，构建覆盖全员全职业生涯的人才培训培养体系，加强专业人才培养、储备、使用、激励，持续提升一线员工专业技术水平。其次要大力提升员工队伍创新实践能力。要围绕“三型两网”建设要求，在综合能源、应用移动互联、人工智能等新兴领域，加大管理经营人才和技术技能人才的创新实践能力培养，为世界一流能源互联网企业建设注入不竭动力。同时要全面提升员工队伍防范和抵御风险的能力。按照首都安全稳定体系建设要求，加强安全生产教育培训，全面提升各级员工特别是“三种人”等关键岗位人员的安全素养，提高员工安全能力。要深刻认识“首都无小事、事事连政治”，坚决克服粗心大意、粗枝大叶的工作陋习，将“三敏”意识、“三精”标准，传递到整支队伍、贯穿至每个环节。

第三，激励必须到位，这是抓队伍保安全稳定的动力所在。一方面要重视严格管理。站在保障企业和员工根本利益的高度，以全员绩效管理为主要抓手，积极推进“三项制度”改革，有效促进“六能”落地，充分释放员工队伍活力。强化各级组织主体责任，处理好价值创造、价值分享之间的关系，持续优化激励有效的薪酬分配机制，精准精细精益实施奖惩，为企业发展和员工成长提供持久动力。另一方面要重视培养发展。持续抓好岗位任职资格标准体系、职称和技能等级体系建设，为员工职业成长和企业选人用人提供重要基础依据。持续优化岗位体系、职员职级、专家人才等多元化成长通道，推行重点岗位周期聘任制，形成纵向发展、横向贯通、多元并行的网络化职业发展路径和人才交流机制，让真正德优绩佳的员工获得更多施展才华的机会和空间。

三、全面做好2019年各项工作

今年是新中国成立70周年，公司面临的安全稳定保障任务异常繁重，我们做好人力资源支撑责任重大、意义非凡。2019年公司人力资源工作的总体思路：全面贯彻公司“两会”精神，高效落实国网公司2019年人力资源工作部署，遵循“一个长期坚持”，抓好“三个必须到位”，以优化组织模式、加强人才培养、强化绩效管理为主要发力点，优化结构、提升素质、增强活力，为全面确保首都安全稳定提供坚强人力资源保障。力争全口径劳产率达到172.2万元/（人•年），全面完成“首都安全稳定年”人力资源重点任务，公司业绩考核保持A段，着力抓好以下几方面工作。

（一）优化创新，提升组织体系效能

建设与“三型两网”相适应的组织架构。科信部、设备部、营销部等部门要围绕“三型两网”建设要求，挖掘“两网”价值；电科院、客服中心等单位要深度参与，深化大数据分析应用，推进业务创新、业态创新；人资部开展组织体系适应性研究，做好职责、业务衔接。积极参与国网公司试点，探索建设能源互联网示范企业，为新战略实施提供全方位组织保障。

深化“强前端、大后台”建设。后台进一步深化供电服务指挥中心建设，强化大数据挖掘应用，提升专业化机构实施集约化业务能力；前端推进园区、城市、乡镇三类供电服务机构建设。打造“以市场为导向、以客户为中心、前端营配深度融合、后台支撑保障有力、队伍全能专业高效”的现代供电服务体系。

落实“放管服”要求，优化机构编制管理。遵循业务驱动、效率优先，制定公司所属单位内设机构设置标准，报国网公司审批。各单位按照批复标准，结合实际优化组织体系。“控总量、明边界”，下放各单位内设机构职责调整、班组设置权限，压实基层责任，激发一线动力。鼓励有条件的单位实施大部制，设立融合型业务部门和综合性职能部门，精简内部工作界面。综合能源公司、建设咨询公司等单位，要积极引入平台型组织方式，由职能驱动向业务驱动转变，压缩层级、简化流程、开放共享，更加贴近客户、贴近现场。同时，各单位要开展组织机构效能评估，对于职责交叉重复、不适应业务、效益效率低的，进行调整撤并。

充分发掘岗位管理基础作用。探索构建多维发展的新型岗位体系，为适应高素质青年人才占比不断增加的形势，满足新生代员工自我价值实现和发展诉求，基于“价值链”和“职位族”现代岗位设计理念，研究“职务”“业务”双通道岗位序列，探索建立具有市场竞争力和发展空间感的岗位体系。构建涵盖岗位、能力的员工职业发展“多维模型”，畅通职业发展通道，实现企业与员工同频共振、发展共赢。丰富现有岗位设置，进一步完善服务指挥、台区经理、客户经理等复合型岗位。加大基层单位技术岗位比例，调整技术岗位上岗条件。优化职员职级序列管理，统筹职级序列、岗位序列，满足员工职业发展需求。

规范业务外包管理。综合长期职工承载力、供电保障重要性、流程关键环节、地域特点等因素，制定外包辅助性项目清单和限制性业务清单；制定外包管理办法，进一步理清职责、规范流程，强化专业部门主导责任和各单位主体责任，确保外包业务安全质量可控在控；各单位要依据清单，确定核心业务定员及必须使用长期职工的岗位名录；建立综合计划、全面预算、用工计划联动机制，压降全口径用工总量，提高运营效率。

（二）精益求精，强化员工选、用、管

用心人才引进。以“核心业务用工结构优化、员工队伍素质有效提升”为目标，科学制定补员计划。瞄准“三型两网”建设需要和安全稳定体系建设需求，聚焦核心业务，重点补充一线主干专业及智能电网、物联网、大数据、新能源等新兴专业人才，适量补充消防工程等紧缺专业人才。针对市场化程度高、资质管理要求高的单位，积极争取专项社会招聘计划，适量引进专业急需、经验丰富、具备特需职业资格的人才。适量补充供电服务职工，持续开展华商电灯与山东电专校企联合招生培养。

精准用工配置。有的放矢、用好增量，毕业生配置坚持向设备资产多、重点任务多的单位倾斜，向柔性直流、泛在物联网等新业务倾斜，向电网建设、调控运行、运维检修、客户服务等核心一线岗位倾斜。突出重点、盘活存量，加大在薪酬待遇、培训培养、职业发展等方面的政策引导，持续提升核心岗位长期职工配置率，进一步优化人才分布结构。通过组织调配、借用帮扶等方式，全面保障国庆70周年庆典、世园会等重大政治保电，冬奥会、新首钢等重点工程，以及优化营商环境等重点工作的用人需求，全面助力安全稳定体系建设。

提高契约化管理水平。出台劳动合同管理办法，配套制定岗位协议、特别权利义务协议、合同续订等20项补充文本，明晰岗位职责、明确退出条件，建立员工全职业生涯契约化管理体系，不能“一签定终身”；增加竞业限制、专项培训、落户人员服务期等特殊限制政策，构建规范高效劳动关系。各单位要狠抓落实，推动“能进能出”有效落地，以深化全员绩效考核、严肃员工奖惩为主要抓手，切实加强员工岗位履责的过程管控，坚决杜绝消极怠工、劳动纪律涣散等行为；严格执行降岗、转岗、待岗规定，持续加强长期不在岗人员规范清理，依法解除触碰红线人员劳动合同。

（三）久久为功，抓紧抓实人才培养

压实人才培养责任。各部门要充分认识“管好专业首先要建好队伍”，切实发挥主导作用，担当作为，主动研究本专业发展所需的能力目标，按梯队分别找准短板，制定精准实用的能力建设方案，统筹安排、因材施教、闭环管控、持续深化；按照专业培训大纲结合公司实际优化系列课件，发挥专工（专家）作用，编写典型案例集，滚动丰富完善，为各级岗位培训和人才培养提供“教科书”。各单位要发挥用人主体作用，坚持党政工团齐抓共管，一手带思想、一手带能力，建立丰富激励措施，交流分享经验，营造浓厚氛围，充分激发部门、工区和一线班组人才培养的责任意识与担当精神。培训中心要增强主动服务意识，强化培训支撑能力建设，苦练内功、完善设施、丰富资源，为各类岗位培训和人才培养提供有力支撑。两级人力资源部门要加强政策研究、机制建设，搭好平台、保障经费，指导监督、做好统筹，形成公司人才培养落地生根、百花齐放的新局面。

落实人才培养举措。积极推行终身职业技能培训，大力弘扬“干到老、学到老”。在大学生入门入行阶段，借鉴“九年制义务教育”理念，各单位要发挥好专业部门和工区班组作用，将专业工作与岗位培训一体化实施，通过师带徒、现场实练、班组讲堂等举措，切实加强新员工基础性、系统性培训，将其快速培养成高素质“标准国网人”。以赛促训、以赛促学，首先，各单位要组织工区（班组）围绕年度能力提升目标，整体设计，结合每月工作内容，通过系列小竞赛、小比武等手段促员工能力全方位持续提升，务求实用实效、贴近实际；在此基础上，组织全公司范围的竞赛比武，努力发现人才、锤炼队伍。在员工成长成才阶段，坚持“谁使用、谁选拔、谁培养、谁考核”，实行专业主导，专业部门建立标准，具体组织实施选拔考核，将人才培养使用与专业工作实施紧密融合，实现以用为本、学用相长；下放地市公司级优秀人才选拔、考核与激励，充分发挥基层单位积极性。

增强人才培养动力。适应国家职业资格改革要求，在生产岗位全面推行企业内部技能等级评价。公司正在制定激励政策，加大能力等级与薪酬待遇挂钩力度，大力调动一线员工持续提升岗位技能的积极性。培训中心、各单位要按照公司授权，分层分级开展首轮评价，确保评价质量。研究实施青年员工职业生涯履职积分管理，引导青年员工补强短板、提升能力、建功立业。各单位要探索实施人才培养激励机制，将人才培养纳入干部履职述职范围，与专业工作同部署、同考核、同奖励；设立人才培养专项奖励，表彰先进集体和个人；在大学生分配时，向人才培养成效突出的地方倾斜。

（四）激发活力，全方位做实绩效考核

力争业绩考核保持A段。国网公司2019年业绩考核办法，精简了考核指标和考核要素，更加突出“考重点”“考短板”，增设输配电价和获得电力考核指标，建立财务数据和客观贡献“两本帐”。各部门一方面要摸清吃透评价标准，对本部门负责指标的当前水平、争创目标、面临困难及提升措施进行重点研究，自上而下分解考核要素，科学设置基层单位业绩评价规则，将工作重点聚焦到公司总体目标上；另一方面要积极争取政策支持，主动汇报公司亮点工作、政治贡献和社会贡献等加分因素；财务部要统筹剔除电价调整等减利影响，最大限度还原相关经营数据。

完善基层单位业绩考核。加大安全稳定考核力度。建立安全事项考核降级制度，压紧压实各单位安全责任，安全生产红线指标扣分达到3分，考核结果定为D级，并扣减负责人绩效年薪、核减单位工资总额。精准设计业绩考核指标体系。关键业绩指标要少而精，压减过程性、管理性考核内容。聚焦重点，供电公司增设获得电力、多维体系实施考核指标；业务支撑机构采取“支撑保障能效”考核方式，鼓励其立足自身功能定位支撑公司关键业绩指标，实现“目标同向、责任共担、上下共赢”。

抓绩效管理促三项制度改革。做实全员绩效管理。各单位要层层落实绩效闭环管理，重点抓对工区（班组）的考核，以及班组对员工的考核，使考核指标分解到班组（个人），实现评价规则导向鲜明，员工深度参与考核过程，考核结果公开公示，让大家心服口服。要充分赋予各级绩效经理人考核权、奖金分配权，促进部门（工区）主任、班组长履职尽责，在明确目标、找准短板、落实措施、持续改进等重点环节，对员工加强沟通指导，带领其绩效提升。分级开展绩效经理人履职评价，结果为“不称职”的，年度绩效等级不得为B级及以上。强化考核结果在三项改革中的指挥棒作用。公司明确C、D等级评价标准，实现“精准画像”，不再强制C、D级占比。各单位要严格按照标准，确定C、D具体数量。深化考核结果应用，将其作为奖金分配、岗级下调、转岗待岗，以及多方式人员退出的重要依据，力争在“管理人员能上能下、员工能进能出、收入能增能减”等方面取得实质性突破。

（五）精耕细作，丰厚薪酬福利保障

合力做大“蛋糕”。一方面，人资部、设备部、营销部、财务部等部门要形成工作合力，抓紧、抓牢国网公司十三项工资单列政策，突出北京公司履行重大政治责任和社会责任的首都特性，从全力投入确保重要保电万万无一失、优化营商环境彰显国网品牌形象等方面，积极汇报沟通，争取工资增量。另一方面，财务部等部门要群策群力、多措并举、精准分析、主动汇报，促请国网公司财务部等部门，最大限度剔除电价下调等因素对公司经营考核指标的影响，还原公司真实经营业绩。同时，在国网公司强化工资总额与利润等效益指标联动的形势下，各单位要充分认清形势，降低工资增幅预期。

用好分好“蛋糕”。坚持“业绩是干出来的，工资是挣出来的”理念。优化各类单位工资总额分配规则，增量工资分配重点向“用人少、效益优、业绩好、贡献大”的单位倾斜；加大供电公司工资总额分配与企业安全生产、经营效益、劳动效率、投入产出等的挂钩力度；增大工程公司、综合能源公司等市场化单位施工产值、营业收入、利润总额、外部市场占有率等关键经营指标在工资总额核定中的权重。聚焦“一带一路”、七十年大庆等重大保电、安全稳定八项劳动竞赛，加大专项奖励，突出激励导向、凝聚工作合力。

做好精准分配。持续优化内部分配关系，完善运转三年的岗位绩效工资制度，做好加减法，增设“一线年功工资”，设立技能等级提升专项津贴，引导优秀员工扎根一线、建功立业；突出关键，借鉴大多数省公司做法经验，弱化论文、专利等事项薪档积分；注重实效，一般级别成果视其转化应用后产生的经济效益情况给予奖励。各单位要制订针对性强、时效性强、激励效果明显的专项奖励实施方案，加大对绩效突出人员、“双百”员工等先进团队的激励力度。在月奖和年终奖分配时，精细区别员工具体贡献，科学设定收入差距，优化不同层级分配关系，破除同层级“大锅饭”，最大限度调动大多数员工积极性。市场化单位要突出业绩导向，社招人员实行协议工资，避免走高水平大锅饭的老路。积极探索中长期激励，经研院要研究核心科研人员岗位分红机制；电科院要研究与科技成果转化成为效益相联动的分红机制。

供电服务职工薪酬与社平保持同步；要尽快优化工资总额分配办法，理清公司、华商电灯与各供电公司的职责界面与管理关系；工资总额分配要与关键业绩科学挂钩，更加注重安全生产、优质服务等核心业绩贡献；个人收入要与绩效考核、技能提升等因素挂钩，充分激发员工活力。

持续加强福利规范管理。努力拓展福利项目空间，实现福利费的稳步增长。加大食堂经费、疗养费、体检费等集体性福利投入，重点向保电任务多、安全责任大、业绩贡献好的单位进行倾斜。各福利项目实施部门要完善配套管理制度，进一步理顺食堂经费、体检费、供暖费、困难职工补助、离退休活动经费等管理职责界面，细化业务流程，加强过程管控，既要将好事办好，也要经得起内外部审计检查。

多维度优化保障管理。发挥系统内资源优势，推进补充医疗、金融平台、健康服务一体化协同机制。探索企业补充医疗保险向高端人才倾斜，向疾病预防、健康服务等领域扩展，有效提高职工健康水平。按照国资委、国网公司要求，在基本养老金和企业年金之外，不得为新增退休人员再列支补充养老性质福利；以建立更加公平可持续的养老保障制度为原则，按照“老人”保待遇，“中人”给补偿、“新人”累年金的方式，合理确定在职年金和退休统筹外待遇过渡方案，稳妥解决退休人员待遇平稳衔接问题。

（六）强基固本，提升人资队伍战斗力

加强政治建设。认真贯彻党的十九大精神，坚持党建引领，打造一支忠诚干净担当的高素质人力资源专业队伍。人资专业人员要牢固树立“四个意识”，坚定“四个自信”，带头守正创新、担当作为，带头廉洁自律、干事干净。要提高政治站位，跳出惯性思维、条条框框，把人资工作放在服务“三型两网、世界一流”的全局高度去谋划，充分聚焦重点难点，创造性开展工作。

强化能力建设。“打铁还需自身硬”，打造高素质人才队伍首先要提升自身能力。人资专业人员要有“本领恐慌”的危机意识，不断提升理论功力和工作能力，在适应岗位需求方面做表率。要进一步强化作风建设，注重管理与实际高度融合，充分发挥企业与员工的桥梁纽带作用，问策一线、服务一线。

构建“大人资”格局。人资工作涉及企业每个领域、每个专业、每个员工，需要公司上下齐心协力、齐抓共管。各级专业部门要充分履行本专业队伍建设的主体责任，积极配合、相互通气、步调一致。各单位负责人要对政策多了解、多研究，主动调动各方资源，为人资工作搭好平台。鼓励广大员工多理解、多参与人资工作，多渠道、多方式献智献力。

公司董事、总经理、党委副书记万志军在公司2019年审计工作会议上的讲话（摘要）

（2019年3月6日）

一、认真履职尽责，审计工作取得显著成效

2018年，在公司党委正确领导下，审计工作主动适应党中央国务院加强审计工作系列新政策、新要求，自觉融入公司新时代发展大局，提高站位、找准定位，履责担当、不辱使命，圆满完成了各项审计任务，审计创新创效取得新突破，外部迎审保持总体平稳，为推动公司高质量发展贡献了“审计力量”。回顾过去一年不平凡的历程，总结经验、把握规律，我们深刻地认识到，成绩的取得来之不易。

得益于公司党委的坚强领导。准确理解和把握中央审计委员会第一次会议习近平总书记重要讲话的精神实质和深刻内涵，加强党对审计工作的领导，保障审计在公司监督体系中发挥应有作用。成立公司党委审计工作领导小组。公司董事长、党委书记李同智同志亲任组长，建立了领导小组议事规则，确立了公司党委对审计工作的领导职责。建立审计机构向公司党委负责和定期报告工作机制。提出制度性工作要求，审计计划确定、审计报告情况、审计要情及违规违纪事项处理等重要事项都要向公司党委履行报告程序，这既是内部审计坚持党的集中统一领导的具体体现，也是内部审计工作行稳致远的关键所在。在国网系统内率先配备总审计师。落实加快建立总审计师制度文件要求，建立健全总审计师日常工作机制，进一步强化内部审计的独立性，更好地发挥审计监督在完善企业法人治理中的作用。

得益于提高站位服务大局。始终将全力服务公司中心工作、确保公司党委决策部署有效落实作为内部审计的首要职责，在重大保电任务、重大工程建设现场、重大资金使用上都体现出审计服务保障的价值。突出重点领域风险防控。围绕优化营商环境、“煤改电”、充电设施建设运营等关乎经济发展和民生长远的重点任务，针对突出问题，打好重点战役，全力攻坚。保障重大投资精准有效。护航电网高质量发展，全面复核决算转资工程建设实效，首次系统核查论证政治供电专项资金投入使用成

效，跟踪核查架空线入地、行政副中心配套电网建设等重点工程建设规范性，助力公司经济决策科学、高效。促进权力规范运行和领导干部履职担当。主动运用“三个区分开来”标准，既聚焦领导干部经济责任履行情况，又摸清家底、发现问题，推动经济责任审计的责任、家底、发展“三兼得”，让审计评价标准更客观，责任认定更令人信服。

得益于坚持审计创新创效。主动适应审计全覆盖要求，通过审计思路创新、组织创新、技术创新，前移审计关口，推进审计监督从事后查错纠弊转向事中、事前风险防控。推进审计思路转型。把审计重点事项置于社会经济运行大背景下分析，把审计发现的具体问题放在公司改革大局下审视，着力揭示“存货压降”不实、制度流程“卡脖子”，以及改革改制过程中的苗头性、倾向性问题。推进管理机制创新。加强审计工作统筹协调，按照“五统一”原则，积极探索“1+*N*”审计组织方式，努力做到“一审多项”“一审多果”“一果多用”，最大限度扩展覆盖面。推进审计手段创新。坚持科技强审，积极推动数字化生态建设。组建数字化审计工作室，研究开发跨系统、跨专业的审计模型，运用大数据开展全量审计和持续审计，提升查核问题和宏观分析的能力，努力实现审计监督全覆盖。

得益于攥指成拳形成合力。充分发挥横向协同、纵向一体的审计合力，不断推进资源整合、信息互通。“一体化”运作激发内生动力。建立审计部、审计中心一体化运作机制，发挥“上审下”权威性和独立性优势，为公司经营诊断和风险防范提供有总体、有分析、有典型、有建议的高质量审计成果，审计服务公司经营管理的建设性作用得到充分显现。横向协同合力攻坚。在推动审计问题整改、重大迎审迎检任务中，公司各职能部门既守土负责、守土尽责，又紧密配合、加强联络，特别是在去年国家审计署多项审计任务中，公司办公室、发展部、人资部、财务部、建设部、营销部、物资部、后勤部、集体办等部门积极对接审计组需求，针对审计组关切事项，部门主要负责同志不仅在资料提供、需求对接上亲力亲为、审核把关，同时主动汇报公司在打赢“蓝天保卫战”、优化营商环境等国家重大政策部署落实中的举措和成效，取得审计组的理解和认同。审计上下“一盘棋”。两级审计统筹管理、集约调度，公司审计部把方向、控大局，二级审计结合管理实际、聚焦特色业务，开展了富有成效的同级审计。在重大审计项目和国网公司外派审计任务中，同心协力、攻坚克难，审计任务优质高效。

城区公司围绕核心区架空线入地工程开展过程跟踪审计，既控造价又控风险，既查问题又提建议；通州公司及时把握经营管理关键风险，利用跟踪审计成果，在推动剩余物资消纳等方面积极作为；丰台、门头沟公司积极参与数字化创新实践，上报案例被国网公司纳入优秀案例库；房山公司将审计实践和理论研究相结合，总结经验成效，理论成果在核心期刊《中国内部审计》刊登；华商伟业公司开展“两金”压降专项审计，促进集体企业增收创效，防控高杠杆运营风险。顺义、检修、信通公司等 13 家单位遴选 16 名业务骨干参与了国网公司外派审计任务，派出人员担当作为、敬业奉献，充分展现了公司过硬业务素质和良好精神风貌。

得益于始终坚持以队伍建设为本。打造政治过硬、作风过硬、能力过硬的审计队伍，将队伍建设作为推动审计事业长远发展的必由之路。坚持党建引领不动摇。将党建工作与审计业务深度融合，推行“支部建在审计点”党建工作新模式，与被审计单位开展支部联学联建活动，发挥审计党组织战斗堡垒和党员先锋模范作用，促进党组织建设和审计项目同步推进。坚持审计作风建设不松懈。以审计精神立身、以创新规范立业、以自身建设立信，严格落实中央八项规定及其实施细则，以身边的劳模、工匠为榜样，锻造审计人员守得住原则、把得住底线、受得了委屈、经得起诱惑的意志品质。坚持审计能力建设不停步。始终保持“本领恐慌”忧患意识，以提升审计人员“四项”能力为核心，通过“师带徒”“微课堂”“APP 在线考试”等多种方式提升审计履职能力。发挥审计专家团队引领作用，在重大问题研究、关键技术方法攻关上发挥支撑作用。

二、全面提升认识，强化风险防范的行动自觉

（一）准确把握国家审计监督新形势

构建国家审计管理新体制。党的十九大部署推进审计管理体制改革，新组建了习近平总书记担任主任的中央审计委员会。习近平总书记在中央审计委员会第一次会议上强调：加强全国审计工作统筹，优化审计资源配置，做到应审尽审、凡审必严、严肃问责，努力构建集中统一、全面覆盖、权威高效的审计监督体系，更好发挥审计在党和国家监督体系中的重要作用，史无前例地把审计提升到党和国家监督体系的高度。2018 年 8 月，根据国务院机构改革方案，国家发改委、财政部、国资委部分职能划转至审计署，340 名工作人员完成转隶。审计署新成立八个企业派出局，对重要国资国企开展审计监督，其中企业审计一局专职负责国网公司，并已于 2018 年 12 月驻点国网公司开展 2019 年的跟踪审计工作。国家审计管理体制的变

革，是新时代具有鲜明政治属性的制度安排，统筹审计资源、增强监督合力，本质是通过审计监督进一步加强对公共权利的制约和监督，国家审计聚焦权力运行和反腐倡廉，聚焦国有资金、资产、资源分配处置，聚焦国资国企改革的广度和深度都将进一步加大。

健全国家审计工作新机制。为推动全面覆盖、权威高效的审计监督体系构建，审计署按照全覆盖要求建立了经常性审计制度：对中央企业贯彻落实中央重大政策措施情况持续开展跟踪审计，按季度向中央审计委员会、国务院报告审计情况，并依法向社会公告；对中央企业的财务情况以及有关经济活动、管理使用的重点民生资金，5 年内至少审计 1 次；对中央企业主要领导人员，一般 5 年轮审一遍；对以国有企业以及其他公共资金投资为主，纳入国家或地区经济和社会发展规划、行业系统重要规划的重大公共工程项目的预算执行、决算和建设运营情况，在建设周期内至少审计 1 次等。2018 年，审计署向中央审计委员会报送相关请示、审计报告、审计信息等 100 多篇，审计结果通过新闻联播等主流媒体、审计署网站等网络媒体向全社会公告。同时，审计委员会领导对重要内审要情报告作出了“整改、问责”的批示。

确立内部审计工作新规范。2018 年 9 月，审计署组织召开了我国内部审计制度建立35年来首次全国性内部审计工作座谈会，时隔 15 年重新修订颁布《审计署关于内部审计工作的规定》（审计署令第 11 号），将内部审计作为国家实现审计监督全覆盖的重要补充，拓展了内部审计职责范围，明确了内部审计发现且已纠正的问题不在国家审计机关审计报告中重复披露的有关规定。新规的出台，是我们提升内部审计质效的压力和动力，也是我们完善公司治理，健全自我容错纠错机制的重要机遇。新规释放的信号，不仅要求我们内部审计在推进公司决策科学化、内部管理规范化、风险防控常态化上，不断提升监督能力和水平，也要求公司各部门、各单位，作为审计监督的对象，要以开放的心态迎接和拥抱内部审计，将内部审计视为查病、治病、防病的重要抓手，问题和风险暴露越早、越充分，整改越有效，才能在外部审计中赢得先机，赢得主动。

（二）深刻认识公司发展面临的风险和挑战

近年来，公司抢抓机遇、创新突破，发展水平和综合实力都迈上了新台阶。但是，我们要清醒认识到，无论外部还是内部，公司面临的风险不断积累、问题依然存在。电网建设和运行的安全风险。重点工程建设任务工期紧、压力大，施工现场点多面广且高风险作业多，确保人身安全面临更大挑战。北京电网结构局部薄弱，用电负荷高峰期间安全运行风险大。经济新常态下的经营风险。以深化供给侧改革为主线，持续推进减税降费等宏观政策相继落地，北京市减量发展不断深化，公司“量价双降”的经营压力日益增加。改革日趋深化的体制风险。电力市场化改革加力提速，增量配电业务放开不断深化，优质市场流失风险持续加大。输配电价改革对电网精准投资、精益管控提出极大挑战。国有企业“处僵治困”，重组、并购、破产、清算，可能导致一些深层次矛盾和风险爆发。公司重点管理领域的合规风险。近几年，公司经营管理总体规范有序，但是从巡视巡察和内外部审计结果来看，依法治企风险依然突出，在招投标、前期赔偿、工程项目虚计多结、剩余物资管控、集体企业管理等方面仍然暴露出很多风险，个别关键环节和敏感领域违法违纪现象仍然存在。

在刚刚结束的国网公司“两会”上，寇伟董事长深刻分析了我国处在经济转型升级关键期，国网公司面临能源消费领域深刻变革、商业模式创新持续活跃、信息技术快速发展的机遇与挑战。既充满“居安思危、未雨绸缪”的忧患意识，又客观看待危中有机、危中求机的辩证关系，提出实施质量变革、效率变革、动力变革，实现转危为机的战略路径。公司党委审时度势，深刻审视内外部环境变化，也将全面风险防控，确保安全稳定作为公司全年工作主线。内部审计作为风险防范的重要防线，不仅需要审计战线的干部员工进一步把握大局、提高站位、找准路子、扎实工作，也需要各级党委主要领导高度重视审计，在人员、资金等方面大力支持审计，利用好审计触角广泛、反应快速的优势，通过审计及时反映各种风险隐患，促进问题早发现、早治理。

（三）自觉增强风险防控的紧迫感和责任感

2019 年公司确定了“八稳”工作目标，我们要在问题整改和风险防控上下先手棋、打主动仗。对已知风险认识不足，是最大的风险；对已查问题整改不力，是最大的失职。2018 年年底，公司首次利用 1 个月时间，按照“一把尺子量到底”的原则，对所属 36 家主业及公司层面集体企业整改效果开展现场复核，就是要在整改这个领域摸底数、探实情。从审计结果整体看，大部分单位能够充分认识到问题整改的重要性，积极发挥主观能动性，审计整改取得成效。但公司系统内仍遗留一年以上未整改问题 124 项，有的遗留时间很长，有的前改后犯、屡查屡犯，有的应退物资、资金该退不退、久拖不决。这些问题迟迟未得到有效整改，究其原因，一是重视程度不够。有的领导干部对审计整改重视不够，重审计、轻整改的观念根深蒂固，甚至有所抵触。督促整改工作习惯于审计一家挑大梁，其他部门更多的处于观望或被动协助的状态，未能全程有效参与。二是存在畏难情绪。问题整改等待观望，避重就轻、敷衍了事，有的“选择性整改”，对于简单、容易改的问题，尚能乐观推进。对于难啃的“硬骨头”，畏首畏尾、左顾右盼，顾及自身眼前利益，顾及人情世故。三是缺少统筹研究。对普遍性、系统性问题，公司各部门缺少统一研究；对涉及跨专业问题，没有形成联合协商机制和可操作性的整改路径，缺乏对基层单位的有效指导，导致问题整改以点代面、屡查屡犯。

审计年年审、问题年年有，审计整改流于形式，无论审计人员花费多少心血、精力，都会导致审计成效大打折扣。今年我们可能还要迎接若干外部审计检查，对于审计发现的已知风险，必须以时不我待、夙兴夜寐的紧迫感，下大决心、花大力气，真抓真改，改出成效。敏锐捕捉风险。要把企业发展置于国家经济发展新形势的大局中，增强政治的敏锐性和洞察力，把握好国有企业监管环境的新变化，预判好公司经营管理中可能面临的新问题。敏感研判风险。要强化危机意识，加强对国家新规新政的学习研究，对风险明察秋毫、处处留心，做到信息动态早搜集、整改落实早行动、重大风险早识别。敏捷化解风险。要强化责任意识，时刻绷紧一根弦，发现问题及时应对，出现纰漏快速弥补，打好化险为夷、转危为机的战略主动战，努力把风险隐患消灭在萌芽阶段，将各类突发情况影响控制到最小。

三、勇于担当作为，服务公司安全稳定大局

2019年是新中国成立70周年，是决胜全面建成小康社会第一个百年奋斗目标的关键之年。我们要坚持党对审计工作的领导、高标站位，再学习再贯彻；要勇担新时代审计工作使命任务，再部署再推进；要积极谋划公司审计监督新局面，再提升再登高，围绕五个“担当作为”，为推进世界一流能源互联网企业建设，为服务首都新时代发展贡献力量。

（一）在坚决落实上级部署上担当作为

强化党对审计工作领导。坚决落实公司党委各项决策部署，在公司党委审计工作领导小组的坚强领导下，充分发挥审计在公司“首都安全稳定年”建设中发现、整改、预防的职责。严格落实向党组织负责和定期报告工作机制，做到重大事项件件有落实、事事有回音。各单位党委要加强对审计工作的领导，强化对审计工作把方向、管大局、保落实的职责，定期听取本单位内部审计工作汇报，为审计工作提供有力支撑及指导。

固化迎审配合常态机制。国家审计监督常态化、纵深化是不可逆转的大趋势，要充分认识、积极适应新形势下国资国企监管新要求。做好国家审计署各项审计、国网公司审计检查及内部巡视等配合工作，各单位、各部门要统一步调，协同配合，做好风险预判、沟通汇报、核实反馈以及问题整改。审计部要敏锐捕捉国家监督风向标，研读审计政策及监管重点新变化，确保迎审工作顺利平稳。

发挥“上审下”新体制优势。公司审计中心成立一年来，通过“一体化”运作，增强了审计的独立性和权威性。各单位也要落实强化审计监督新要求，配齐配优审计专业人员，提供资金保障，发挥好基层同级审计贴近业务源头、响应及时有效等优势，实现审计效能合力提升。公司审计部要强化对各单位审计业务集中管控，“下好一盘棋，织好一张网”，与“上审下”新体制形成有机结合、优势互补。

（二）在坚决服务中心工作上担当作为

强化对重大部署落实的精准支撑。要在推动各项决策部署有效落实方面精准发力。围绕优化营商环境、服务污染防治，对“三省”和“三零”服务措施、“煤改电”和充电设施等项目落地见效情况进行跟踪，深入研究政策落地中出现的新情况、新问题，提出前瞻性、建设性管理建议。关注冬奥会、新机场等国家重点投资项目推进落实情况，聚焦国有资产保值、项目管理过程合规、资金安全高效等内容开展风险排查，确保重大项目建设经得起考验。

深化对安全稳定任务的持续保障。围绕公司安全稳定年中心工作，聚焦重点领域、关键环节和高风险事项，综合诊断影响公司经营效益提升的潜在风险因素，开展“保稳定、防风险、促增收”专项审计。服务安全生产，对公司生产性技改大修项目流程风险开展审计调查，确保运维检修资金落实到位。对重大风险隐患进行排查治理，梳理前期征拆、招投标、剩余及废旧物资等方面存量风险。

落实对领导干部履职的监督评价。突出对责任履行和权力运行的审计监督，坚持离任必审，加强任中审计，既要重点关注公司党委各项决策部署落实、关键领域的合规经营，又要把握运用好“三个区分开来”标准，保护好领导干部主动作为、动真碰硬的积极性，给干事者鼓劲，为担当者撑腰，对公司党委负责、对领导干部个人负责。

（三）在坚决狠抓整改成效上担当作为

逐级压实审计整改责任。审计部门要担负起牵头组织、督导评价职责，提出明确的整改目标、时限及验收标准，对整改过程中的现实困难，组织各部门共商对策、共谋高招。职能部门要切实履行整改专业主导责任，对于个性问题指导把关、对共性问题统筹研

究。被审计单位要承担整改主体责任，明确问题整改“一把手”负责制，对整改难度大的问题亲抓亲管，确保全面、有效、彻底整改审计发现问题。

狠抓重点问题整改成效。要“敢于向顽瘴痼疾开刀”，对关系到公司安全稳定的高风险事项，建立问题清单、任务清单、责任清单，定期组织整改落实推进会，执行“双验收”机制，拿出行得通的办法，落实责任，倒排进度，压力传导，扎实行动。抓牢每次整改契机，作为发展变革的突破口，突出专项治理和根源治理，做到根源未查清不放过，资金未追回不放过、责任未落实不放过，确保全年不出现因整改不到位引发的重大经营风险事件。

严肃整改问责溯责机制。坚决落实国网公司以“零容忍”态度抓好审计发现问题整改指示精神，将审计问题整改效果列入年终领导班子测评述职内容，作为评价班子履职尽责情况的依据。坚决摒弃“新官不理旧事”的思想，对历史问题现任领导仍要承担整改责任。各单位要如实、及时上报整改完成情况，对有问题不整改、慢整改的进行通报批评；对外部审计披露及重大问题整改不力、弄虚作假的，追究领导及相关人员责任。

（四）在坚决推动创新发展上担当作为

始终保持与时俱进的创新意识。创新是民族振兴的灵魂，是国家兴旺发达的不竭动力。在新时期做好审计工作、破解审计难题，要在审计理念、审计内容、审计方法、审计成果方面持续推进审计创新。要以政治眼光看待审计，把握新变化、新趋势，以全局性、前瞻性角度看待和分析审计中发现的各种问题，从微观领域入手，宏观方面着眼，既及时客观揭示问题风险，又要善于发现公司改革发展中的关键问题和突出矛盾，为公司新时期战略目标实现保驾护航。

不断推进审计智能化发展。人工智能技术飞速发展，正在悄然催生传统行业的深刻变革。大数据时代下“风险融入业务，风险融入信息化”的特征愈发明显。公司审计要坚持走数据驱动的“科技强审”之路，抢抓国网公司大数据发展的战略机遇；公司科信部和相关职能部门，要积极支持公司内部审计数字化建设，做好数据接入和资金、资源上的保障，助力大数据审计模式构建，促进审计质量、效率不断提升。

积极融入泛在电力物联网建设。自觉做泛在电力物联网建设发展的参与者，抓好数字化平台部署，步子再大一点，眼光放远一点，统筹兼顾做好顶层设计，完善数字化模型搭建，培育数字化审计人才。依托全业务数据中心资源，初步建立数字化作业管控平台，实现工作全流程管理、质量全过程管控、业务在线持续监督、审计场景模型化生成，形成泛在电力物联网建设与审计专业的有效融合。

（五）在坚决筑牢审计根基上担当作为

要坚持党建引领。牢固树立“四个意识”，坚定“四个自信”，时刻站稳政治立场、坚定政治方向、提高政治站位。把落实公司党委对审计工作的部署要求作为重要政治责任，推动公司党委重大决策和措施要求落地见效。总结“支部建在审计点”工作经验，发挥支部战斗堡垒作用，推进党建工作与审计业务的紧密融合。

要打造优良作风。公司审计战线全体干部职工要胸怀全局，登高望远，从整体和全局利益出发。弘扬奉献精神，在新时代下更加勤勉敬业、恪尽职守、廉洁自律。培育匠人气质，执着专注、精益求精、推陈出新，以铸造精品的态度对待审计任务。培养坚韧品格，经得起磨砺、顶得住压力、打得了硬仗，始终保持守正担当、锐意进取的精神风貌，有信心又有激情地投入到审计事业中。

要锻造精湛本领。大数据时代，机遇与挑战并存，动力和压力同在。全体审计人员要苦练内功，兼收并蓄、博采众长，做到“敢为、能为、有为”，让不断增长的精湛技艺成为赶超搏击的不竭能量。人须在事上磨，我们的骨干力量要与时俱进、补课补脑，和高水平看齐，勇于赶超。我们审计专业要发挥自身特色，在国网系统内站得住脚、立得住身，稳得住心，争当排头兵。

公司董事、总经理、党委副书记万志军在公司2019年发展、经法工作会上的讲话（摘要）

（2019年3月12日）

一、2018年发展、改革和法治工作成效显著

2018年，面对复杂多变的发展形势、艰巨繁重的改革任务和日益深化的法治环境，公司发展、体改和经法系统坚决贯彻公司党委决策部署，以“三个争当”为引领，深入实施高质量发展理念，抢抓机遇、创新突破、

主动作为，取得了令人鼓舞的优异成绩。公司发展、体改和经法专业业绩考核综合排名，分别位列国网系统第一名、第二名和第五名，公司获得了国网公司“发展专业管理先进单位”和“法律工作先进单位”等荣誉称号。

一是突出规划引领，电网发展实现跨越提升。科学规划成果丰硕。超前启动北京电网中长期发展规划和2035年电网空间布局规划，全面完成16区“网格化”规划，273座变电站站址、1500km电力廊道落入地区控规，海淀、丰台、房山、密云、经研院、京电设计等单位创新开展规划落地工作。核心区结合架空线入地打造高端配电网，10kV线路“手拉手”率达到100%、电缆化率达到93.7%；城市副中心以北京市级机关搬迁为契机，建设高标准智能配电网，供电可靠率实现99.9999%，达到国际领先水平。前期突破成效显著。深化应用“一会三函”、绿色通道等有利政策，成功将树村等6项电网工程纳入“多规合一”试点平台。冬奥会配套12项工程完成全部关键节点审批，CBD站、首体站等前期工作取得重大突破。积极争取电缆入廊有利政策，预留电力舱约156km。借助冬奥（世园）工程，落实应急抢修附属设施8000m^2。延庆、石景山、朝阳、通州等单位在重点工程方面，经研院、房山等单位在专业管理方面，主动作为，实现前期工作重大突破，全年取得重大项目核准66项。超前谋划冬奥保障。坚持高起点谋划、高标准推进，形成对外月度调度、对内三级协调的工作机制，建成“1+6”冬奥标准体系。创新建设与服务保障一体化的工作模式，延庆高山滑雪中心等4座场馆已进入实质性流程，17座场馆中已有11座正式开展报装。

二是突出计划管控，公司发展实现提质增效。降损增效亮点突出。通过加装10kV联络开关计量，加大高损线损台区治理力度，连续两年开展“降损增效”劳动竞赛，房山、丰台、海淀、通州等4家公司和海淀航天桥、通州西集、房山长阳、怀柔雁栖、门头沟永定等5家供电所孵化为线损示范单位。国网发展部先后七次到公司调研指导线损工作，为我们做好试验示范工作指明了方向。分线分台区线损合格率达到90%以上，综合线损率下降0.3个百分点、贡献利润2.42亿元。同期线损精益管理“北京方案”，获得国家级管理创新二等奖和北京市一等奖。计划管控精益求精。围绕经营效益主线，27项计划指标实现可控在控，完成固定资产投资206.5亿元。城区、海淀、怀柔、房山、昌平、大兴、石景山等单位，充分发挥属地优势加快政府补贴资金到位，全年取得电网建设外部资金56.9亿元（含三供一业、迁改移等将达到88.25亿元），再创历史新高。优化营商环境投资模式，争取国网3亿元专项资金。科学安排华能三期并网和煤机应急备用电量计划，压减燃气电量28.9亿kWh、节约购电成本2.47亿元。

三是突出开拓创新，发展根基实现稳固牢固。统计分析稳步提升。昌平、大兴、平谷、亦庄等单位，试点开展“三率合一”监测分析体系建设，提升投资统计精度。开展大数据价值挖掘，发布生产经营数据服务简报；完善信息系统功能，实现报表100%自动生成、数据100%自动校验，蝉联北京市“诚信统计单位”荣誉称号。创新驱动精益管理。作为国网公司唯一一家线损助手APP试点单位，顺义、通州、海淀、房山等单位，试点成效超出预期，得到国网公司高度认可和充分肯定；开发应用前期管理APP，实现全流程业务在线跟踪管控，前期效率提升30%以上。

四是突出主动作为，多项改革实现重大突破。加强沟通汇报，电改达成多项共识。继全国首轮核价实现不降反涨后，去年又争取到一般工商业只降价7.3%，是全国唯一没有达到10%的省份。配合政府制定售电市场放开配套细则，市场交易达61.5亿kWh，释放红利1.16亿元。达成不上报第二、三、四批增量配电试点的一致意见。平谷、延庆公司坚持政策立场，首批增量试点没有偏离改革方向。亦庄、朝阳、海淀、昌平等单位主动工作，优质市场没有流失。石景山首钢、大兴新机场投资共建新模式取得实效。强化责任落实，国企改革进展顺利。完成公司及子公司章程修订，工程公司、经研院、承发包公司3家改制单位实现执行董事、党委书记一肩挑。提前完成“三供一业”改革任务；城区、丰台、房山等单位克服移交用户量大、级别高等实际困难。稳步推进集体企业瘦身健体，完成20户企业和2项股权处置，压减用工1500余人。加大改革力度，内部变革成效显著。创新推出“三零”服务，推动“获得电力”指标大幅提升。组建建设咨询公司、电缆公司和综合能源公司，优化110kV输变电运检和调控业务管控模式，综合能源服务收入超过亿元大关。

五是突出深度融合，法治水平实现明显提升。聚焦领导干部“关键少数”，落实法治企业建设第一责任人职责，开展领导干部集中学法107次。朝阳、顺义等单位班子成员亲自出庭代理应诉案件。聚焦重大决策法律审核，探索研究将合法性审核内嵌到决策程序。门头沟、工程公司等单位法律顾问参与重大决策法律论证。聚焦诉讼案件精确管控，开展触电人身伤害案件压降专项整治，案件数量同比下降50%。检修公司首次实现了全年零被诉。健全依法主动维权机制，避免或挽回经济损失9800余万元。海淀、房山、大兴等单位，运用“法治电网”APP在线证据留存助力案件胜诉。聚焦法治成果落地应用，结合“12·4”宪法宣传日活动，创新发布企业法治建设成果，建设合同履约在线管控系统，建成“互联网+”法治服务保障平台，推动法治工作智能化、集约化、互动化。城区试点推进项目法务经理、通州试点合规体系建设取得显著成效。丰台、物资等单位合同履约管控实现了新提升。

二、准确把握形势，深度谋划推进专业工作

当前，我国正处在发展转型关键阶段，经济下行压力加大，中央坚持稳中求进工作总基调，要求加快构建清洁低碳安全高效的能源体系，积极培育一批具有全球竞争力的世界一流企业。在正在召开的全国“两会”上，李克强总理明确提出要深化电力市场化改革，降低制造业用电成本，一般工商业平均电价再降低 10%。加快国企国资改革，自然垄断行业实现网运分开，将竞争性业务全面推向市场。国家电网有限公司根据自身历史方位和担当使命，开创性提出“三型两网、世界一流”战略目标，明确“一个引领、三个变革”战略路径，大力推进“放管服”改革，加快进军世界一流能源互联网企业，对改革发展和法治建设提出更高要求。

纵观企业发展历史，目前公司改革发展任务之重前所未有、矛盾风险挑战之多前所未有。从改革政策来看，当前宏观经济下行压力较大，政府和社会降费减负要求迫切，公司政策性亏损扩大风险明显加大。深化电改，放开增量配电和售电市场、开展第二轮输配电价核定，企业后续发展空间将会受到进一步挤压。同时，优化营商环境、提升获得电力指标，要求公司延伸投资界面，加快接网工程建设，公司投资刚性成本明显加大。从区域环境来看，北京坚持深化减量发展，积极建设和谐宜居之都，工商业电量增长乏力，低价居民电量占比提高，公司面临“量价双降”压力日益增加。同时，建国 70 周年、“一带一路”等重大政治活动保电标准高，投资支出、成本投入刚性增加。从公司发展来看，相对“三型两网”战略要求，公司主网还不够坚强智能，配网信息化程度与泛在物联网还不相适应。同时，受长期处于计划管制环境影响，公司对社会关联企业引领性带动性不强，与枢纽型、平台型和共享型要求还有很大差距。

面对如此严峻的改革发展形势，公司领导坚持创新守正、担当作为，李同智董事长在公司“两会”上，强调要提高政治站位，以首都标准落实国家电网有限公司战略部署，以首都安全稳定体系建设为主线，以高质量发展为方向，力争经过三年的不懈努力，到 2021 年初步建成世界一流能源互联网企业。要实现这一宏伟目标，必须要紧紧围绕“三型两网”世界一流能源互联网企业战略要求，以规划目标为导向，以改革创新为抓手，以法治建设为保障，推进高质量发展，促进泛在电力物联网建设应用，提高电网安全水平，提升投资效率效益，推动企业和电网转型升级。

发展是企业生存的永恒主题。准确领会国网公司最新战略要求，结合首都安全稳定体系建设，以“三型”建设为重点，以“两网”融合并进为关键，更新发展理念，抢抓发展机遇，补齐发展短板，集聚高质量发展新动能。一是要持之以恒地将构建坚强智能电网作为重中之重。加强 500kV 电网规划研究，加快构建京津冀协同发展的特高压骨干网架和北京 500kV 独立双环网，在负荷中心增加 500kV 变电站布点，有效提升电网安全可靠性和抵御风险能力，提供安全、优质、可持续的能源电力供应。首都核心区、城市副中心，全力打造“安全可靠、灵活互动、绿色低碳、环境友好”的国际高端智能配电网示范区，达到国际领先水平；其他区域，以坚强智能为核心，着力打造管理高效灵活、标准科学合理、规划精益可行、技术先进适用的世界一流现代配电网。二是要持之以恒地将打造泛在电力物联网作为当务之急。完善智能终端覆盖，充分应用移动互联、人工智能等现代信息技术，全面加快骨干通信网和终端接入网建设，实现电网信息全采集、拓扑全识别、状态全感知，建立在线发展诊断、规划设计、项目管控、决策分析和协同服务的作业模式，全面提高对生产经营情况的感知、分析和管控能力。三是要持之以恒地将提升专业精益管理作为长远之道。坚持以现代管理理念和技术创新手段带动管理水平提升，完善规划设计工作体系，加强规划技术支撑力量，平稳开展“放管服”改革，全面建设“网上电网”，以数字化驱动量化管理，提升科学精准规划水平，提高电网投资效率效益，精细挖掘促进开源节流，有力支撑“三型两网”融合发展。

改革是企业发展的活力源泉。要立足企业发展战略全局，紧密围绕发展总体目标和阶段特征，在更高起点、更高层次、更高目标上，高质量谋划推进改革，力争在一流能源互联网企业建设重点领域取得重大突破。一是要准确把握企业改革的责任使命。坚持问题导向，保持战略定力，以首都安全稳定体系建设为主线，有效应对各种风险挑战，大胆破除一切不合时宜的思想观念和体制机制弊端，让治理更有水平、发展更有质量。二是要准确把握深化改革的重点任务。对标“三型两网、世界一流”战略部署，坚持发展新的理念，坚定不移推进电力体制改革、国企国资改革和企业内部变革。认真落实“放管服”改革新要求，加快全面深化改革“再出发”步伐。三是要准确把握主动改革的基本原则。综合考虑企业发展现状与长远目

标、内部问题与外部要求、专业工作与总体规划关系，突出研究、超前谋划、统筹推进，分阶段、有步骤的主动引领改革，持续在改革痛点、难点、堵点集中发力，确保各项决策部署落到实处、见到实效。

法治是改革发展的根本保障。习近平总书记指出，做好改革发展稳定各项工作离不开法治，改革开放越深入越要强调法治。一是要强化保障发展的核心价值。围绕“三型两网、世界一流”战略定位，深度研究新出现的涉法问题，为首都安全稳定体系建设提供综合性法律服务。结合通用制度制定权限下放，加快健全务实管用的制度体系，夯实企业良法善治根基。健全两级重大决策法律论证机制，提升源头保障能力。二是要强化促进改革的重要作用。着眼用法治眼光审视改革问题，用法治思维谋划改革路径，用法治手段破解改革难题，依法推进电力市场建设、增量配电放开和混合所有制改革。全方位、全过程参与公司体制机制改革，确保改革要求、方案和进程于法有据。三是要强化防范风险的职能定位。积极应对政府监管、社会监督和舆论监控， 构建合规管理体系，完善风险防范机制，以风险整改倒逼管理提升，为改革发展和安全稳定提供法治保障。

三、着眼安全稳定，全面完成2019年度重点任务

2019年是新中国成立70周年，是首都安全稳定体系建设的启动之年，也是推进“三型两网、世界一流”能源互联网企业的开局之年。面对新起点、新任务和新征程，公司发展、体改和经法系统，要切实把思想和行动统一到公司党委决策部署上来，全力以赴完成好年度各项工作任务。

（一）坚持精心落实，着力推行规划机制建设

加强规划设计体制机制建设。成立电网规划管理委员会，统筹规划、建设、运行等各专业协同，加强区域电网规划，研究电网发展重大问题和重大工程建设方案，审核电网规划报告，协调解决专业之间重大分歧。完善市、区两级管理支撑体系，授权全能型供电所参与规划设计，强化各级电网规划培训，确保规划理念、标准、要求落地。

平稳开展发展专业“放管服”改革。针对国网公司发展业务“放管服”方案，公司要结合自身实际，充分听取基层公司意见，认真研究管理权限承接落实的实施细则，确保下放的权限有效落地。下放涉及的公司相关专业，一定要横向协同，统一步调，同步下放；对于由基层公司承担的业务管理权限，要纵向落地，逐级下放到位，明确工作流程和标准，确保执行规范，压紧压实管理责任，激发基层单位动力和活力。

（二）坚持精准攻坚，全力推进规划项目落地

大力推进“两网”融合共生。将智能终端、配电通信网纳入电网规划体系，明确发展思路、规划目标、技术原则和建设内容。创新变电站“一站多能”设计，发挥传统一、二次系统与泛在电力物联网的融合作用，统筹部署智能感知终端。试点开展泛在电力物联网建设，形成多项能源互联网领域创新成果，建设城市综合能源智能服务体系，打造“两网”融合范本。

科学编制首都电网规划。持续完善电网中长期发展规划和空间布局规划，促请市政府批复并纳入城市发展总体规划；加强站址和走廊资源的前瞻性落地，实现一张蓝图绘到底。全面参与各区控规编制，推动分区规划成果由总规向控规深化。遵循首都电网发展规律，适时启动“十四五”规划，坚持规划引领、高点定位、首善标准，明确功能定位、发展目标、实施路径等重大原则，推动京津冀地区能源电力高质量发展。

统筹主配电网协调发展。补强挖潜电网资源，进一步优化电网结构和布局，加强无功电压支撑，加快形成“500kV 双环网、220kV 分区运行、110kV 链式接线”的坚强主网。服务大兴新机场等国家重点项目，如期建成配套输变电工程，提供清洁、可靠的电力供应。深入开展变电站、充换电（储能）站、数据中心站“三站合一”融合技术研究，探索电网侧储能系统在首都电网应用模式，加强储能和电网统筹规划，引导储能合理布局，有序建设。持续推进“网格化”配网规划，科学规划目标网架；加强配电网规划引领，围绕目标网架统筹开展工作；积极推进增量配电业务，公平提供优质并网服务，推动试点取得新突破。

全力推进重点项目前期。抢抓政策机遇，建立常态化的重点项目联动机制。探索建立与新审批制度相契合的前期工作模式，用好“一会三函”、绿色通道等有利政策，并行加快项目前期办理。完善前期工作管理机制，重点围绕国家、北京市和电网安全稳定急需工程，及时有序开展前期工作。充分发挥属地优势，尽早实现重点难点工程前期突破。深化前期管理 APP 推广应用，推动前期工作全流程线上管控，提升前期工作效率质量。依托重大重点工程，提前预留附属设施资源，为公司和电网发展赢得空间。

高品质推进冬奥保障工作。站在讲政治的高度抓好冬奥配套电网建设，年底前投产除 110kV 首体站外的全部 11 项配套工程。从冬奥会供电保障风险防控大局出发，加快推进延庆赛区场馆电力建设，全面满足 2020 年冬奥测试赛需求。贯彻“绿色冬奥”发展理念，

应用“大云物移智”和现代通信技术，实现奥运电网智慧管理与运营服务，开展储能、光伏等应用示范，推进新能源与综合能源服务深度融合。

（三）坚持精益挖潜，大力提升发展效率效益

高度重视线损管理。深刻认识线损管理对公司经营稳定的重要意义，借助劳动竞赛、业绩考核等手段，持之以恒地开展线损管理工作。丰富完善“四个保障三个强化”线损管理体系，加强专业协同，形成线损管理合力。全面开展关口普查，加快10kV联络和分界开关计量点建设；开展线损示范区特色亮点应用，推广线损助手APP，研究推动三相不平衡治理等技术降损。各单位要谨防线损指标滑坡，深化线损承包责任制，及时发现整改跑冒滴漏，结合线损指标完善工程投运验收标准，实现存量不合格线路台区有序削减，确保增量工程投运一项、线损率达标一项。

全面开展精准投资。树立精益发展、精准投资理念，科学安排投入节奏，全力争取外部资金支持，以投资计划管理和可研管理为抓手，加强项目必要性、可行性、经济性论证，提高投资效率效益，推动投资由高速增长阶段进入高质量发展阶段，做好与输配电价核定有效衔接，确保投资纳入有效资产。强化投资稽查和后评价，加强投资“事前”量化分析、“事中”跟踪优化和“事后”评价考核，形成常态化监督检查机制。完善“三率合一”监测分析，开展项目多环节信息联动校验，推进问题数据实时治理，实现投资项目从计划下达到统计分析的闭环管理。

深化综合计划管控。针对公司经营面临的“量价双降”严峻形势，以提升经济效益为目标，以开源节流为根本途径，竭力扭转公司经营不利局面。结合国网新版综合计划指标体系，统筹平衡做好指标科学分解，细化执行节点，落实管理职责，确保执行的均衡性和严肃性。加强指标和项目执行全过程管控，及时对接关键经营指标执行情况和交互影响，协同制定指标波动应对措施，实施月度跟踪发布机制，防范经营风险。挖掘综合计划全业务链条数据价值，动态监控异动指标，确保全年计划指标可控在控。科学编制电量计划，优化购电结构，减少购电成本。

（四）坚持精细管控，聚力夯实发展专业基础

提升统计分析质量。落实中央提高统计数据真实性要求，强化统计工作纪律性，建立健全数据质量责任制，依法独立开展统计工作。整合数据资源，推进海量信息汇集融合，打造不同层面、不同维度的分析成果，统一归口统计发布，树立统计工作权威。深入梳理主要统计指标定义和数据来源，加强各专业信息系统数据融合，切实解决数出多门问题。深化应用“两个100%”建设成效，提高数据精准度，形成完善的统计分析体系。

加快“网上电网”建设。“网上电网”是国网公司泛在电力物联网在发展专业的全面应用实践，公司作为8家试点单位之一，要借鉴同期线损系统建设应用经验，强化人员支撑，加快推进平台部署、集成接入、数据治理与功能验证工作，全力保障平台功能稳定运行，同步开展网上业务模式实践，先行先试，积累经验；公司各部门、各单位要紧密配合，充分开放共享专业数据，协同开展数据贯通治理与业务融合，率先实现全业务上网作业，力争早出成效，切实发挥示范引领作用。

（五）坚持精确掌控，主动深化重点领域改革

坚定不移地深化电力体制改革工作。认真筹备第二轮输配电价迎审工作，客观反馈北京减量集约发展和首都政治供电特点，争取输配电监审组对现有成本结构和规模的理解认可。积极参与首都电力市场管理委员会组建，加快推进交易机构股份制改革。积极争取区外清洁电力进京，推进大用户直接交易，做好“疆电入京”“电力援藏”市场化交易。主动配合增量配电改革，协助试点区域界定和资产认定，提供便捷及时高效的并网服务。

坚定不移地完成国资国企改革任务。认真落实公司制改制要求，规范母子公司、总分公司运行模式。充分发挥公司章程作用，强化董事会、监事会依法监督的约束职能。全面完成子公司改制遗留问题，进一步完善执行董事、党委书记与经理层的职责权限。持续强化集体企业瘦身健体，大力解决历史遗留问题，提升核心业务市场竞争能力。有针对性地开展混合所有制改革课题研究。做好“三供一业”收尾工作，确保内外交接过渡平稳。

坚定不移地深化企业内部体制变革。深入研究适应监管新形势的工作机制，推动将企业管理重心与政府监管重点相匹配。密切跟进总部“放管服”改革，动态优化业务职责和管理流程，确保接得上、放得下、管得好、有实效。落实10kV临时用电“三省”服务，持续提升我国获得电力指标排名提升。以创建一流示范企业为引领，动态优化机构设置和人员配置，保障新改革改制单位高效运营。大力推广首钢、新机场开发新模式，加快推进亦庄路南、海淀北部和怀柔科学城等重点区域电网建设，有效运用市场化方式抢占优质市场资源。

（六）坚持精密防范，提升法治服务保障水平

着力提升服务战略决策能力。将法治建设纳入公司整体战略，实现法治建设与改革发展任务同时谋划、同向推进、同步考核。压紧压实法治建设第一责任人职责，形成主要负责人负总责、分管领导具体负责、法律部门牵头实施、各部门共同推进的工作机制。突出领导干部“关键少数”，引领自觉以法治思维谋划工作，以法治方式处理问题的管理习惯。加快组建法律服务中心，统筹用好内外部法律资源，推进重大决策论证，提升重大涉法事件妥善处理和重大涉法问题集中攻关能力。

着力提升化解管理风险水平。聚焦企业改革重点、发展难点和矛盾焦点，持续完善法律风险防范体系。建立合规管理工作机制，高效完成党委规范性文件清理工作。运用现代信息技术手段，提升规章制度、授权委托和经济合同法律审核质量效率。加强法律纠纷案件处理和主动维权力度，积极运用法律手段减少和避免企业经济损失。组织开展公司系统法治工作调研评估，对重大法律风险实现挂牌督办整改，提升法律风险防范实效。

着力提升企业法治建设氛围。全面加强法治文化建设，培育“制度立本、契约立信、合规立身”精神，为企业发展凝聚法治共识、汇聚法治力量、贡献法治智慧。落实“七五”普法规划，结合宪法日等特色主题活动，展示法治创新成果成效，引导全员严格遵纪守法、按制度履责、按规矩办事。加强法治体系建设，把法治要求嵌入到业务运转各环节，管好管住重点领域、关键环节和重点人员，以法治力推进企业治理体系和治理能力现代化。

（七）坚持精严管理，发挥党建引领带动作用

强化党的统一领导。要突出政治建设，坚持用习近平新时代中国特色社会主义思想武装头脑、指导实践。充分发挥党委领导作用，把方向、管大局、保落实。坚持从讲政治的高度来落实部署改革任务、推进创新发展和加强法治建设，把党建优势转化为公司改革发展优势。各级领导干部要主动担责，对重要发展规划、重大改革方案和重点法治举措，要亲自谋划、亲自部署、亲自推动、亲自检查，保障各项任务高质高效推进。

强化专业队伍建设。以党的建设为统领，进一步提高政治站位，把旗帜鲜明讲政治、突出责任重担当融入专业队伍骨髓。突出发展、改革和法律专业骨干人才扶持和培养，加大人才引导和激励力度，积极搭建人才交流、展示、提升和成长平台，加强党风廉政建设，打造敢担当、懂专业、会管理的优秀专业人才队伍。发展、体改和法治战线全体干部员工，要立足于服务“三型两网、世界一流”战略目标，始终保持奋发有为、昂扬向上的精神状态，在贯彻执行党委决策和推进工作中当排头、做表率。

公司党委副书记、副总经理李百顺
在公司2019年党建工作会议上的报告（摘要）

（2019年3月7日）

一、认真贯彻国网公司2019年党建工作会议精神

这次会议是国网公司党组确立新时代发展战略、全面强化党建引领的一次重要会议。会上，寇伟同志做了题为《强化党建引领　积极担当作为　为建设世界一流能源互联网企业提供坚强保证》的工作报告；辛保安同志主持大会并作总结讲话。会上表彰了国网公司精神文明建设创新奖获奖单位，公司党委书记、董事长同智同志代表公司党委上台领奖。此次会议的主要精神集中体现在寇伟同志的工作报告和辛保安同志的总结讲话上。

寇伟同志的报告，突出政治站位，紧扣习近平总书记重要指示批示和党中央重大决策部署，全面总结了2018年国网公司党建工作。过去一年，国网公司党组以坚决的政治态度坚持和加强党的全面领导，以高度的政治自觉从严管党治党，推动党的建设迈出新步伐。报告总结了2018年九个方面的成效：一是坚持政治统领，党的全面领导在公司系统有力加强。二是高扬思想旗帜，推动党的创新理论大学习大落实。三是聚焦重点难点，党建工作体系格局取得重要突破。四是创新党建管理，党组织标准化规范化建设成果丰硕。五是狠抓关键少数，干部和人才队伍素质能力持续提高。六是强化正风肃纪，党风廉政建设和反腐败工作不断深入。七是夯实基层基础，党员队伍先锋模范作用更加彰显。八是鼓舞干劲斗志，职工队伍精神状态焕然一新。九是发挥统战群团优势，改革发展力量不断汇聚。

报告以担当国企“六个力量”的高度自觉，深刻阐释了新时代战略目标下，“强化党建引领、发挥独特优势”的基本内涵、方法路径和目标要求。报告用“三个体现”“三个着力”做了概括：各级党组织和全体党员干部必须把坚持党的领导、加强党的建设成效体现在不忘初心、牢记使命的坚定信念上，体现在贯彻落实党中央决策部署的实际行动上，体现在建设世界一流企业的矢志追求上，着力强根固魂，着力提升党组织组织力，着力提高党的建设质量，以一流党建引领保障一流企业建设。

报告提出，要坚持不懈强根固魂：坚决做到“两个维护”，忠诚践行“六个力量”，矢志不移建设“三型两网”世界一流能源互联网企业，引领公司改革发展的正确方向。明确要以提升组织力为重点：着力提升政治领导力、思想引领力、队伍战斗力、发展推动力、作风保障力、文化驱动力，迸发党建引领强大势能。强调要高标准高质量推进党建工作：强化质量强党意识，对标最高标准、最好水平，巩固现有成果，推进改革创新，进一步提高谋划工作的质量、研究具体举措的质量、推进工作落实的质量。报告确立了国网公司2019～2021年三年党的建设总体目标是：公司在践行“两个维护”上走在前作表率，党的全面领导在各级单位坚如磐石，基层党组织体系织密建强，党员干部思想认识、能力素质、精神风貌显著提升，党委领导作用、党支部战斗堡垒作用和党员先锋模范作用充分彰显，优秀的企业文化成为职工行动自觉，风清气正的党内政治生态巩固发展，先进典型竞相涌现，形成一批央企领先、影响全国的党建创新成果，引领公司初步建成世界一流能源互联网企业。报告提出，实现这一目标，需要在价值思维、工作理念、体制机制、方法手段和责任落实五个方面进行全面升级。强调要坚持党建和生产经营“一盘棋”“两手抓”，坚持实践实干实效，推动党建工作从“做没做”“有没有”全面转向“好不好”“优不优”。明确要求各级党组织要将抓好党建作为最大的政绩，把公司党建工作抓具体、抓深入、抓到位。

报告立足服务党和国家工作大局，紧密结合国网公司实际，全面部署了2019年党建工作任务。概述为“一个统领”“一条主线”“三个着力”“八项重点”。以党的政治建设为统领，以提高党的建设质量为主线，着力深化基层党组织标准化建设，着力打造政治过硬、本领高强、担当作为的干部队伍，着力调动全体职工干事创业的积极性、主动性、创造性。重点做好八个方面工作：一是筑牢共同奋斗的思想根基。开展“不忘初心、牢记使命”主题教育，严肃党内政治生活，推动习近平新时代中国特色社会主义思想往深里走。二是凝聚守正创新的磅礴力量。强化形势任务教育，加强和改进思想政治工作，发挥先进典型示范引领作用。三是建设坚强有力的基层组织。健全基层党的组织体系，落实创先争优年任务，发挥党支部战斗堡垒作用。四是打造担当作为的干部队伍。树立担当作为的鲜明导向，严格干部选拔任用管理，培养选拔优秀年轻干部。五是锻造善作善成的基本队伍。提升党员队伍质量，发挥基层书记头雁作用，建好建强党务干部队伍。六是涵养风清气正的政治生态。严明作风纪律，严肃监督执纪问责，深化政治巡视巡察。七是建设新时代优秀企业文化。坚持党内政治文化引领，以文化激发内生动力，提高精神文明建设水平。八是增强统战群团的活力实效。发挥统战工作优势，关心关爱职工，激发青年热情活力。

辛保安同志在总结讲话时指出：寇伟同志的报告站位高、思考深、作风实，体现了强烈的政治意识和坚定的政治担当，既是认识论，也是方法论，对于抓好当前和今后一段时期公司党建工作，具有重要指导意义。为全面落实2019年党建重点工作，辛保安同志强调要做到“六抓”：一要抓学习，统一全员思想认识。二要抓结合，注重工作内嵌融入。三要抓关键，研究解决突出问题。四要抓队伍，凝聚守正创新合力。五要抓典型，以点带面整体提升。六要抓总结，形成理论制度成果。会议要求各部门、各单位要专题学习传达，切实做到“三个深入”：一是深入把握党的建设三年总体目标，推进党建工作稳步前进、全面升级；二是深入贯彻以一流党建引领保障一流企业建设要求，着力提升党组织组织力和政治功能，进一步提高党建工作质量；三是深入落实党建重点工作部署，以钉钉子精神真抓实干、务期必成。

二、总结回顾公司2018年党建工作

2018年是贯彻党的十九大精神的开局之年，也是公司高质量发展成绩斐然、硕果累累的一年。公司党委坚决贯彻国网公司党组和北京市委市政府决策部署，扎实推进党的建设“旗帜领航·三年登高”计划，紧密围绕“三个争当”目标要求，着力构建“党建引领、内嵌融入”长效机制，抓党建、带队伍、促发展，为公司高质量发展注入新动力、厚植新优势，在担当作为中彰显了党建力量、实现了党建价值。

（一）突出立根铸魂，政治思想根基更加牢固

牢记习近平总书记“看北京首先从政治上看”的指示精神，全体干部职工提高政治站位、担当政治使命、履行政治责任，确保公司改革发展始终保持正确

方向。持续强化政治建设。始终强调作为首都电力的党员干部，在牢固树立“四个意识”、坚定“四个自信”、坚决做到“两个维护”上，必须有更高标准、更严要求。严肃党内政治生活，高质量开好民主生活会、组织生活会，两级领导班子严格落实双重组织生活制度，带头参加主题党日活动。充分发挥党委领导作用。坚持把党委研究讨论作为公司决策重大问题的前置程序，修订完善党委议事规则，规范执行民主集中制，全年累计召开党委会23次，审议“三重一大”事项128项，实现决策内容更加科学、议事程序更加规范。持续深化理论武装。深入学习贯彻习近平新时代中国特色社会主义思想，开展两级中心组学习334次，创新实施“六进”宣讲438场次，分层、分类组织领导干部脱产培训班4期，累计培训618人次。检修公司组织“青年专家走进党委中心组”，促进相互学习、共同提升。丰台公司构建网上论坛、微党课、知识竞赛、文化长廊“四维”宣教体系，推动党性教育融入日常、抓在经常。

（二）突出内嵌融入，党建优势充分彰显

坚持服务生产经营不偏离，加强顶层设计，创新机制载体，强化责任考核，实现党建工作与生产经营深度融合。落实主责创新机制。充分发挥党建工作领导小组及其办公室统筹作用，建立党组织书记例会机制，每月召开专题例会，聚焦会议主题，研究工作方案，重点工作双周调度，实现大党建部门议事常态化。聚焦中心工作关键节点，党建部门与业务部门共同研究配套党建举措，实现专业联动常态化。党的组织全面覆盖。建立“组织建到现场、支部建到班组、阵地建到前端”工作模式，一线班组支部比例达到32.8%，临时党支部实现220kV及以上输变电工程全覆盖。城区公司把临时党支部建在架空线入地每条街道；房山公司以党建为纽带，与区委办局成立“煤改电”用户保障联合党支部；工程公司、建设咨询公司与设计、施工、监理等相关方推进项目部、党支部“两个标准化”建设；大兴公司成立新国门特战队，攻坚克难、提前完成新机场配套工程；石景山公司服务新首钢、亦庄公司服务国际化企业、延庆公司服务世园会，创新党员服务队建设，广泛开展党务共建，促进重点任务高效推进。内嵌融入形成特色实践。大力实施“党建+”工程，开展“争当新时代先锋”系列活动，深化党员保障队、突击队、服务队建设，连续三年开展“卫蓝暖心”党员服务队专项行动。公司党员先锋队伍建设经验得到广泛认同，并在国网系统交流推广。4支党员服务队、4名党员服务队队长受到国网公司党组表彰。朝阳公司建立首个党员先锋队伍实体化办公室，昌平公司实施“党建+”项目化党员攻坚竞赛，物资公司实施“党建+物资保障”行动，客服中心、承发包公司发挥党员示范作用，助力优质服务百日攻坚圆满完成。在各级党组织带领下，公司广大党员干部在中非论坛保电一线忠于职守，在“东西南北中”重大工程中日夜奋战，在优化营商环境和优质服务百日攻坚中“三亮三比”，在“煤改电”工程建设和冬季供暖保障中冲在最前线，党建价值得到了充分彰显。

（三）突出强基固本，基层党建工作全面进步

坚持“党的一切工作到支部”的鲜明导向，强化责任落实，狠抓基本组织、基本队伍、基本制度，基层党组织组织力不断提升。党建责任层层压实。组织各级党组织制定党建责任清单，细化抓党建党委主体责任、党组织书记第一责任和班子成员“一岗双责”，形成主体清晰、责任明确、有机衔接的党建工作责任体系。开展基层党组织书记抓党建述职评议考核，实现3年全覆盖考核目标。实施党建绩效综合考评，有效发挥“指挥棒”作用。通州公司建立述职评议反馈一对一谈话机制，海淀公司建立支部考核量化评价体系，促进支部管理全面加强。党建质量持续提升。作为国网公司主创单位，完成国务院国资委《中央企业党委（党组）发挥领导作用研究》项目。两篇党建经验在国务院国资委中央企业党建工作简报和“两学一做”简报上刊登。加强党建课题研究，公司党建成果荣获国网公司管理创新论文大赛一等奖。扎实开展党委“六个标准化”、党支部“五个标准化”建设，实现百分百达标。实施量化计划管理，制定26项量化计划看板，高质量完成党建信息系统试点应用。分类开展党务干部培训7期，累计培训1100人次。经研院开展业务骨干与党员双向培养，提升党员发展质量。信通公司推进党建信息化，工作线上线下同步落实。

（四）突出作风建设，队伍精神风貌昂扬向上

坚持率先垂范、创先争优，干部职工队伍昂扬向上、锐意进取，在首都展现了电力铁军风采。党员干部带头示范。坚持服务基层、服务一线，创新建立“一线工作日”“一线工作月”制度，两级领导班子每周五下一线，点对点督查工作、实打实掌握情况、面对面解决问题，全年累计下现场6000余次。围绕中心工作实施党员“一带二、一带三”，在优质服务“百日攻坚”中，党员群众结对2284个，覆盖6388人，党员带头做到了无投诉。顺义公司在“6·26”极端天气抢险，密云公司、怀柔公司在“7·16”防汛抗灾中，党员干部临危不惧、冲锋在前，谷新公司党员带头，用心做好后勤保障，将温暖送到攻坚现场。创先争优深入人心。深化两个“双百”联合创建，加强宣传推广，先

进典型的示范带动效应不断增强。深入开展全员劳动竞赛，每月亮指标、评红旗、推明星，形成了百舸争流的争先氛围。门头沟公司每月评选星级集体、星级员工，培训中心打造金牌讲师、金牌研究项目，华商伟业公司举办“匠心领航 荣耀华商”技能人才展示活动，三优公司大力实施青年科技创新，有效激励员工争先创先。正风肃纪从严有力。落实全面从严治党要求，强化风险意识和底线思维，细化界定“两个责任”清单，推动主责延伸到基层最末端。狠抓“政治体检”，高标准完成巡视整改和内部巡察。严格执行中央八项规定，严查“四风”问题，有力保障了企业规范健康发展。

（五）突出群团合力，共促发展氛围更加浓厚

坚持以人为本，充分发挥党政工团合力，弘扬卓越文化，打造特色品牌，凝聚共促发展的强大正能量。文化建设扎实推进。实施“旗帜领航・文化登高”行动计划，创建国网公司级企业文化示范点3个、北京公司级示范点27个。首次承接国网公司企业文化重大示范项目，重点打造北京城市副中心重大企业文化示范点。公司实践成果《“五维嵌入”构建党建引领高质量发展长效机制》，荣获国网公司精神文明建设创新一等奖。品牌形象持续提升。聚焦重点任务，开展高端传播，举办公司庆祝改革开放40周年成果展，全方位展现公司服务首都的责任央企形象。持续培育党建品牌，打造特色阵地，形成百花齐放的良好态势。公司多项党建成果被《人民日报》《党建》等高端媒体报道传播。城区公司崇文党支部获评“中央企业示范党支部”，并代表电力系统唯一的基层支部在中央企业基层党建推进会上做交流发言。通州公司荣获“中央企业先进集体”称号。照明中心打造华灯班示范阵地，有效提升了党建品牌影响力。群团优势充分发挥。真心实意关心职工，精心组织丰富多彩的关爱活动，获得广大职工一致好评。落实离退休人员“两项待遇”，持续发挥“京采夕阳”正向引领作用。深化“号手岗队站”创建，激励团员青年立足岗位、创新创效，公司在国网第四届青年创新创意大赛上获得3金2银4铜，创历史最好成绩。房山公司长阳供电所、平谷公司金海湖供电所荣获“全国青年安全生产示范岗”，电科院刘秀兰同志荣获“全国青年岗位能手”。

回顾过去一年，我们始终坚持党建引领，抓实内嵌融入，建强基层堡垒，党旗飘扬在一线，党员建功在一线，公司各项工作样样出色。公司连续两年党建工作绩效综合考评成绩位列国网公司A段。圆满完成国务院国资委党建责任制延伸考核任务，实现零扣分，为国网公司获得党建责任制考核中央企业、中管企业“双第一”贡献了力量。中央组织部组织二局、国资委党建局到公司开展国企党建专项调研，并联合开展主题党日活动，对公司党建内嵌融入等做法给予充分肯定。公司连续11年蝉联“全国文明单位”称号，14家基层单位荣获“全国文明单位”。成绩的取得，是公司各级党组织和广大党员干部担当作为、示范引领的结果，是全体职工拼搏奉献、苦干实干的结果。

肯定成绩的同时，必须清醒认识到：对照中央精神、国网要求和保障首都安全稳定的职责使命，公司党建工作仍存在一些差距和问题：从巡视巡察和党建考核情况看，各单位抓党建存在不平衡不充分的问题，部分支撑机构、集体企业与供电公司之间还有较大差距；有的单位党建工作重形式轻内容、重成绩轻基础；有的单位党建责任落实不到位，责任传导层层衰减；有的单位内嵌融入结合不紧、融合不深，“两张皮”问题不同程度存在；有的单位党建引领在一线的作用发挥不够突出；有的党务干部能力素质不能完全适应新时代要求。聚焦短板，我们必须坚持问题导向，守正创新、久久为功，持续提升党建工作水平。

三、强化党建引领、勇于担当作为，为确保首都安全稳定提供坚强保障

2019年，首都大事多、要事多、喜事多，对公司强化党建引领提出更高要求。新时代赋予新使命，新战略需要新作为。这将是我们践行宗旨、强根固魂的登高之年。中央启动“不忘初心、牢记使命”主题教育，需要我们坚持质量强党，对标最高标准、最好水平，创新开展大学习、大实践，使党建工作更好地增强政治性、体现时代性、把握规律性、富于创新性。这将是我们守正创新、引领发展的追梦之年。国网公司党组确立“三型两网、世界一流”的战略目标和“一个引领、三个变革”的战略路径，强调要把“强化党建引领、发挥独特优势”放在首要突出的位置。需要我们深刻领会新时代战略精髓，准确把握未来三年国网公司党建工作的目标要求，扛起责任、破题创新、打造品牌，以一流党建引领保障一流企业建设。这将是我们检验党性、忠诚事业的担当之年。公司党委深入研判形势、直面风险挑战，全面启动首都安全稳定体系建设，以强烈的责任担当规划部署了今后一段时期的目标和方向，强调唯有强化党建引领，才能凝聚安全稳定的强大力量。作为国网公司窗口，近年来，公司党委以党的建设引领高质量发展，以高质量发展检验党建成效，形成特色实践。站在新起点，踏上新征程，越是面对复杂多变的形势，越是面对艰巨繁重的任务，越要强化党建引领，越要把党的旗帜树起来、

把党的堡垒建起来、把党员作用发挥出来，激励各级党组织和广大党员担当作为，全力确保首都安全稳定，奋力推进“三型两网”世界一流能源互联网企业建设。要把握好三方面重点：

必须旗帜鲜明讲政治。加强党的建设，首要任务是政治建设。做到“两个维护”，不是空洞的口号，必须发自内心，落实到本职岗位、体现在一言一行，自觉在心灵上向习近平总书记看齐，发自内心地维护习近平总书记党中央的核心、全党的核心地位，维护党中央权威和集中统一领导。要突出政治站位。时刻牢记“国企姓党”，自觉把公司工作放到服务党和国家工作大局中去认识、思考和谋划，使公司始终成为党和国家最可信赖的“六个力量”。要强化政治担当。紧密围绕“首都安全稳定年”工作主线，充分发挥党委把方向、管大局、保落实的领导作用，在建国70周年政治保电、重点工程建设等重大任务中勇挑重担，确保国网公司新时代发展战略在公司落实落地。要永葆政治本色。时刻牢记第一身份是党员，第一职责是为党工作，始终做到听党话、跟党走。各级党组织书记要扛起第一责任，树牢“抓好党建是本职、不抓党建是失职、抓不好党建是不称职”的意识，做到理直气壮抓党建、一心一意谋发展。

必须担当作为强引领。落实国网公司新时代战略，以党建引领质量变革、效率变革、动力变革，需要我们深刻领会、找准方向，结合公司实际，从五个方面引领变革。强化思想引领，坚持把习近平新时代中国特色社会主义思想作为做好一切工作的根本指针，把理论武装与落实国网公司新时代发展战略结合起来，加强学习教育，确保公司上下意志统一、目标同向、行动同步。强化组织引领，牢固树立大抓基层的鲜明导向，充分发挥党组织书记头雁作用和党支部主体作用，突出政治功能，提升组织力，持续打造教育党员的学校、团结群众的核心、攻坚克难的堡垒。强化队伍引领，抓住关键骨干力量，深化“干部担当、党员示范、全员争先”长效机制，充分调动党员群众干事创业的积极性、主动性和创造性，持续打造首都电力先锋群体。强化作风引领，坚持作风建设永远在路上，深入调查研究，密切联系群众，大力增强服务意识，持之以恒正风肃纪，持续营造风清气正的良好氛围。强化文化引领，坚持以党内政治文化引领企业文化，大力加强宣传思想工作，发挥群团统战工作优势，成风化人、凝心聚力，为公司改革发展注入强大动力。

必须创造价值深融入。做好新时期党建工作，必须坚持服务生产经营不偏离，着力打破党务、业务分割的惯常思维，持续深化内嵌融入，把党建优势转化为高质量发展优势。要确保每一个攻坚现场都有党的组织。围绕重要保电、重大工程建设，因地制宜同步组建临时党组织，推广联合党支部经验，实体化、标准化、全覆盖建设支部阵地。要确保每一项重点任务都有配套党建举措。各职能部门要扛起本专业领域的党建责任，在布置工作时，要出台相应党建举措，明确党员发挥哪些作用。要确保每一名党员都能发挥示范带动作用。聚焦急难险重任务，健全党员作用发挥机制，让党员平常时刻看得出来、关键时刻站得出来、危急时刻豁得出来，努力成为公司各项事业的中流砥柱。

分析形势、明确方向，2019年公司党建工作思路是：以习近平新时代中国特色社会主义思想为指导，深入贯彻党的十九大和十九届二中、三中全会精神，认真落实国网公司“旗帜领航·三年登高”计划，扎实推进创先争优年工作，突出政治站位，坚持首都标准，紧密围绕“首都安全稳定年”工作主线，以政治建设树旗帜，以坚强组织聚合力，以一流队伍做示范，以强化监管正风气，以宣传文化促和谐，着力提高党的建设质量，为确保首都安全稳定、建设“三型两网”世界一流能源互联网企业提供坚强保障。

重点要做好五方面工作：

（一）加强思想建设，凝聚确保首都安全稳定的思想共识

高质量开展党内集中教育。坚持用习近平新时代中国特色社会主义思想武装头脑，开展“不忘初心、牢记使命”主题教育，引导广大党员悟初心、守初心、践初心。创新学习教育形式，用好革命纪念馆、革命旧址等红色教育基地，发挥重温誓词、政治生日等政治仪式的浸润作用，增强理想信念教育的穿透力、感染力。各级党组织要将主题教育作为一项重大政治任务，精心组织、压实责任，确保取得实实在在的成效。

强化党员日常教育。发挥两级党委中心组理论学习示范作用，严格落实“三会一课”等组织生活制度，定期编制《支部学习交流》，常态化、规范化开展党内生活。制定党员教育培训三年规划，发挥党校作用，开展全体党员回党校系列培训。用好中宣部“学习强国”学习平台，广泛开展“微学习”“微党课”“微宣讲”。按照国网部署，开展“守正创新、担当作为，奋勇争先、创造一流”主题党日活动，激励党员干部忠诚履职、岗位建功。

抓实全员形势任务教育。落实中央部署，隆重开展“新中国成立70周年”系列庆祝活动，开展“弘扬爱国奋斗精神、建功立业新时代”“大国顶梁柱”等宣传教育，激发干部职工爱党爱国爱企热情。依托机关

大讲堂等载体，大力宣贯国网公司新时代战略和公司重要部署。聚焦员工关注热点、难点，按季度开展职工思想分析，加强研判预警和正面引导，确保队伍安全稳定。

（二）深化机制建设，汇聚确保首都安全稳定的先锋力量

持续深化“党建引领、内嵌融入”长效机制。完善领导工作机制，推进内嵌融入项目化、规范化、常态化。发挥两级党委领导作用，党建工作领导小组及其办公室牵头抓总，定期研究推进重点工作；发挥大党建部门龙头作用，加强思想教育、建实载体阵地，协调落实工作部署；发挥职能部门专业作用，牵头实施本专业“党建+”工程。深化载体建设，完善“组织建到现场、支部建到班组、阵地建到前端”模式，建强一线班组党支部，全覆盖推广重点任务临时党组织建设经验，探索党员信息在各类业务管控平台的深度应用。健全考评机制，加大对党建引领、内嵌融入工作的考核力度，确保实现闭环管理。

持续深化“干部担当、党员示范、全员争先”长效机制。强化干部担当，树立担当作为的鲜明导向，巩固“一线工作日”机制，在4月、9月围绕重点工作开展“一线工作月”。强化党员示范，围绕重点工程和重要任务，持续开展“争当新时代先锋”系列活动，组织“党员无违章”“党员无投诉”履责践诺；深化党员保障队、突击队、服务队建设，对内比武交流、建强队伍，对外创新服务、扩大影响。强化全员争先，持续开展劳动竞赛，使“干到最好、做到最优”成为全员行动自觉。

持续深化党员“一带二、一带三”长效机制。坚持“一个党员一面旗”，发挥党员示范作用，在急难险重任务中担当攻坚先锋，在日常工作中带动群众共同进步，在密切联系群众中践行宗旨。每名党员与2～3名职工群众结对，分别制定党员领导干部、管理岗位党员、生产一线党员“一带二、一带三”任务，细化量化帮带内容，通过“带思想、带作风、带安全、带技能、带创新、带业绩”，形成共保安全稳定的强大凝聚力和战斗力。

（三）强化管党治党责任，筑牢确保首都安全稳定的政治保障

落实落细党建责任。健全两级党委和班子成员党建责任清单，完善基层党支部的党建责任体系，明确履责方式，提升履责效能。充分发挥两级党建工作领导小组及其办公室作用，定期督导推进党建重点工作。建立党组织书记逐级述职约谈机制，落实基层党建联系点和党建工作年度报告制度，确保各级党建责任有效落实。创新党建工作绩效考核评价方式，优化指标体系，提高考评实效。

夯实党建基层基础。认真落实《中国共产党支部工作条例（试行）》，制定党支部工作任务清单，推动党组织标准化向党总支、党小组、临时党支部延伸，不断提升基层党建质量。落实国网党建专业化、标准化、规范化、项目化、信息化建设要求，聚焦党建重点任务，深化“量化计划管理”，实现全系统、全过程、全周期管理。开展专兼职党支部书记、党务工作者全员轮训，按季度、分专业组织经验交流。组建党建专家团、巡回宣讲团和“初心·首善”学研社，通过开展党建课题研究、定期学习研讨等形式，提升党务干部的专业素质和业务能力。

持续强化正风肃纪。深入贯彻十九届中央纪委三次全会部署，扎实推进全面从严治党。严格执行中央八项规定和公司实施细则，深化形式主义、官僚主义集中整治，严防“四风”反弹。推进“首善清风”APP平台应用，持续开展警示教育，使铁的纪律转化为党员干部的日常习惯和自觉遵循。持续开展政治巡察，强化监督执纪问责，营造良好政治生态。

（四）持续打造党建品牌，激发确保首都安全稳定的内生动力

加强思想政治工作。贯彻中央即将出台的加强新时代基层思想政治工作的指导意见，实施凝心聚力工程，不断提高思想政治工作的针对性、时代性和感召性。强化意识形态管理，细化任务清单、责任清单，多角度、多层级压实意识形态工作责任制，充分展现公司保障首都安全稳定的国企担当。

弘扬优秀企业文化。坚持党内政治文化引领企业文化，围绕“首都安全稳定年”工作主线，深入开展“文化+”实践，汇聚守正创新、担当作为的精神力量。扎实推进“旗帜领航·文化登高”行动计划，全面完成“百千万”工程，力争将北京城市副中心供电服务中心打造成为国网一流企业文化示范基地，在此基础上，再创建3个国网公司级、20个北京公司级、150个地市公司级示范点，全面提升企业文化建设水平。

持续打造党建品牌。加大先进典型选树培育力度，积极参加“国网楷模”评选，开展第二届两个“双百”创建评选，建立“首善先锋榜”，充分发挥榜样带动作用。总结公司党建实践创新成果，积极争取国网党建示范标杆，建立典型经验库，激励各级党组织比学赶超。按照国企领先、国网窗口的标准，升级天安门政治供电服务中心、华灯班等示范阵地，重点打造冬奥会、新首钢、新机场等一批品牌阵地，培育更具影响

力、号召力的首都电力特色党建品牌。

（五）加强群团统战工作，营造确保首都安全稳定的和谐氛围

关心关爱职工，持续开展暑期托管、职工文体活动等服务举措，多为职工做好事、办实事。坚持党建带团建，深化“号手岗队站”创建评选，实施“安全稳定 建功有我”青年大行动。举办第五届青年创新创意大赛，持续巩固“青创先锋”团建品牌。围绕北京市“1+3”重点任务、冬奥会等重大活动保障，开展青年志愿者服务，打造“志愿者行动计划”品牌。落实离退休老同志“两项待遇”。做好统战工作，鼓励支持统战人士施展才华、创造价值。

公司总会计师李路在公司2019年财务工作会议上的讲话（摘要）

（2019年1月31日）

一、2018年财务工作回顾

2018年是公司发展历程中极不平凡的一年，经营形势严峻复杂，改革任务异常繁重，财务战线全体职工认真贯彻公司党委决策部署，紧密围绕公司发展大局和重点任务，主动适应改革要求，优化经营策略，坚持提质增效，积极争取政策和资金支持，经营管理稳中向好，全面完成了各项经营指标。公司全年完成营业收入682.23亿元，同比增长5.63%；实现利润总额-10.17亿元；资产负债率完成64.92%；资产总额1133.59亿元，同比增长2.57个百分点。

稳妥推进电价工作。落实国家降价减负政策。切实降低社会用能成本，一般工商业用户平均降价6.55分/kWh、降幅7.3%、年减负31亿元；配合清理规范转供电环节加价，力争打通降价“最后一公里”，顺利通过工信部组织的第三方评估，降价效果获得认可。主动汇报争取支持。在落实降价工作中，财务人员主动作为、提高站位、积极思考、超前研判，既算好了账，又准确把握时机，及时向公司主要领导汇报，为公司决策提供了有力支撑。公司得以抢抓先机，赢得主动，在国网系统内首家反映政策性亏损问题，第一时间向北京市委、市政府及国网公司进行专题汇报，获得了市政府的高度重视，赢得了国网公司的认可和支持。

确保公司经营稳健。内部挖潜增效。主动应对首都减量发展影响，通过提高售电量、压降线损、优化购电结构等方式挖潜增效，创造效益约5亿元。争取政策支持。争取到北京市压减高价燃气机组发电小时数、以及政府补助资金，产生效益贡献约5亿元。争取到国网公司注资10亿元和特高压资产租赁收益政策，增加效益约5亿元。合理安排成本。在标准成本基础上，争取到国网公司追加可控费用10亿元。结合公司夯实安全生产和提升优质服务两年计划，重点加大对政治供电、安全生产、优化营商环境等方面的投入。

创新推动管理提升。试点优化经营管理策略。积极适应输配电价改革和监管要求，在投资、资产、成本、收入、价格和运营六个方面制定了44项工作任务清单、27项改革落地措施，推动在经营管理中实施，取得初步成效。试点多维精益管理体系变革。主动承担综合试点任务，以“会计科目+管理维度”实施会计管理化改造，初步实现了运检及营销业务按业务活动、资产类型、电压等级和用户类别反映信息，自动出具多维成本报表，完成了执行财政部成本核算制度的法定任务。试点推行资金“按日排程”。积极参与国网公司“1233”新型资金管理体系建设，优化资金支付流程，完成资金应收池、应付池建设，实现资金支付“按日排程”，提高资金管控精准度。

着力夯实基础管理。夯实有效资产基础。实现电网基建、技改和小型基建项目预算管控全覆盖；清理333项、48亿元长期挂账在建工程，规范工程暂估增资行为，全年转资162.43亿元；开展资产卡片专项治理，提升卡片信息质量，核价资产得到夯实。优化财务职能管理界面。将公司220kV及以上电网基建工程财务管理下放至建设咨询公司，电费财务核算业务下放至客户服务中心，更好地实现业财职能匹配，发挥财务对业务的支撑服务作用。

有效防范经营风险。加强重点领域风险防控。落实国网公司部署，严肃开展资金安全大检查，发现问题52项，100%整改到位。在线监控大额资金收支，筑牢资金收支安全防线。针对工程建设、物资管理、运维成本等重点领域开展内控评价与现场稽核，开展输配电成本预稽核，推动稽核监督工作围绕公司重点任务转型发展。严控负债水平。科学确定资产负债率、应付账款、“两金”占用等关键指标管控边界，将指标嵌入预算，强化过程管控，对接考核，年末资产负债率控制在65%以内。有序推进问题整改。将国网公司

巡视、审计，公司内部巡察、审计和财务实时监督等暴露的问题纳入综合问题清单，建立销号制度，明确整改责任，落实整改措施，确保各类问题整改到位。

回首 2018 年，形势严峻复杂多变，政策调整力度空前，效益实现压力繁重，但我们通过超前预判、顺势而为、精准施策，取得了较好工作成效。这一年，公司经历了四次大规模调价，几十次效益测算，四次利润水平的重大调整，我们群策群力破解难题，大力提质增效、积极争取政策，全面完成了各项经营指标。这一年，我们始终保持敏锐、敏感、敏捷，把握大局、掌握时机、迅速行动，化被动为主动，争取到政府和上级支持，化危为安。这一年，我们开拓创新，主动承担改革试点任务，在变革中抢占先机和话语权。创新管理结下累累硕果，公司电价、预算、资金、财税等八个专业，全部被评为国网公司区域级提升型典型经验；“电网企业成本多维度展示模式构建与应用实践”管理创新成果荣获北京市管理创新成果一等奖，3 项分别获得公司管理创新一、二、三等奖。这一年，我们克服财务缺员困难，始终保持昂扬向上、主动担当、拼搏奉献的精神，形成了推进工作的强大合力。公司取得国网公司财务调考第三名的优异成绩，资金专业以全部满分成绩并列第一，参加调考的 10 名同志中，杨莉、李靖等 8 名同志被评为国网公司财务调考优秀个人。公司被评为国网公司财务工作先进单位，通州公司被评为国网公司财务工作先进集体，郭捷、陈晓燕两位同志被评为国网公司财务先进个人。

二、认清形势，落实部署，为建设世界一流能源互联网企业提供坚强财务支撑

（一）准确把握公司发展新要求

国网公司明确了“三型两网、世界一流”的战略目标和“一个引领、三个变革”的实施路径。公司遵循国网公司新的战略蓝图，提出“要提高政治站位，以首都标准落实国家电网有限公司战略部署，以首都安全稳定体系建设为主线，以高质量发展为方向，力争经过三年的不懈努力，到 2021 年初步建成世界一流能源互联网企业，以优异成绩向建党 100 周年献礼”的奋斗目标。支撑公司战略目标实现，需要我们紧紧围绕首都安全稳定工作主线，结合财务工作实际，把握准公司发展要求，做实做好财务支撑、服务和保障。

要以更大的力度加强风险防控和边界管控。唯有加强风险防控，才能把握安全稳定的先机主动。要加强全面风险管理，强化对资产负债率、投资总额、“两金”占用、带息负债等重要指标的边界管控，加强对利润、EVA 等核心指标的联动管理，努力实现在安全边界内的高效运营；积极处理历史遗留问题，排除各类风险隐患，确保公司经营安全稳定。要以更有效的手段保障资金流和信息流。建设运营好“两网”的重要基础在于全要素高效流转，离不开资金流、信息流的强力支撑。这就要求我们合理筹措资金，提高资金集约运转效率，为建设坚强智能电网提供安全充沛的资金流；借助现代信息技术手段，积极打造多维精益的信息反映体系，推进价值管理细化到每一个员工、每一台设备、每一类用户、每一项工作，为建设好运营好泛在电力物联网提供丰富精准的信息流。要以更有力的措施实现经营稳健和管理精益。推动公司高质量发展是筑牢安全稳定的管理保障。公司高质量发展需要稳健优秀的经营业绩和精益高效的管理做支撑。在电网监管业务盈利空间收窄的背景下，要深入研究监管业务和非监管业务的协同运作机理，依靠业务协同促进价值创造，释放增量效益。要全面加强信息精细反映、资源精益配置、绩效精准考核，积极培育新动能，挖掘新潜力，确保公司经营效益稳健、管理质量提升。

（二）积极应对电价改革新挑战

在当前宏观经济下行压力较大，政府和社会降税减负要求迫切的背景下，我们迎来了第二个监管周期的成本监审与核价。中央对成本监审与核价有明确要求。价格主管部门贯彻习近平总书记对垄断行业“准确核定成本、科学确定利润、严格进行监管”的监管要求，落实中央经济工作会议“核减电网企业不合理成本费用，降低用电成本”的要求，对电网企业成本做到“应审尽审、从严从细、依法依规”。现行定价机制面临重大调整。价格主管部门提出将“深化输配电价改革”作为“更加有效地降成本”的重要举措，拟通过调整折旧率、运维费率、财务费用等核价参数，在机制层面减少输配电准许总收入。成本监审审核重点突出。重点审核业务相关性，将与输配电业务“不相关”和“部分相关”的成本审下去；重点审核标准合理性，关注电网企业与国网金融产业单位、所属集体企业的关联交易，对关联交易合同订立依据、收费标准进行合理性审核；重点审核投资规模和电量，作为核价的核心要素，电网企业提供的本监管周期投资规模和电量增速需要取得政府主管部门的认可，同时要对上一监管周期核价投资和电量增速的实际执行差异提供解释口径。电价关乎公司的核心利益，怎么重视都不过分。输配电价改革事关公司和电网长远发展，我们一定要高度重视、深入研究、主动作为、有效应对，切实增强对电价改革的适应能力，并不断提高对改革走势的认知和把握能力。一要持续优化经营策略。

准确把握监管要求，全面整改不合规事项，对暂时无法整改到位的要采取有效措施，确保顺利完成成本监审。二要积极应对成本监审与核价。科学的输配电价机制是电网可持续发展和公司履行社会责任的制度保障。我们一定要牢固树立底线思维，主动向北京市政府和价格主管部门汇报沟通，在涉及机制调整的重大问题上要坚持国网公司主张，配合价格主管部门在现行机制框架内优化完善。在巩固机制的基础上，积极配合完成成本监审工作，保持输配电准许收入和价格水平总体稳定。

（三）深刻认识当前经营新形势

2019 年，公司面临的内外部经营形势更加严峻复杂。经营压力持续增加。一方面，北京市减量发展不断深化，工商业电量增长乏力，低价居民电量占比提高；受 2018 年一般工商业降价翘尾因素影响，售电业务减收规模将进一步加大，"量价双降"压力日益增加。另一方面，建国 70 周年、"一带一路"等重大政治活动保电任务重、标准高，确保首都供电安全稳定，投资支出、成本投入刚性增加。公司亏损幅度扩大，自有资金不足，资金保障压力增加，资产负债率突破 65% 警戒线，首都电网可持续发展和企业稳健经营受到直接影响。国网实施"放管服"改革。国网公司决定分类推进"放管服"改革，国网公司总会计师罗乾宜同志在财务金融工作会上明确要求，要通过流程再造、机制改革，合理配置经营主体的责权利，推动各级单位在既定的战略方向上和安全边界内，实现有效率、有活力的发展。外部监管环境日趋严格。国资国企监管、行业监管、审计巡视形成监管合力。国资委、发改委、财政部、能源局等监管机构对国有资产增值保值、完善输配电成本监审和定价办法、披露电网监管信息、评价电网运行效率等提出了明确要求。审计署驻企审计常态化，成立"审计署——企业派出局"专职负责对国网公司开展常态审计监督，重点关注重大政策落实、主业与集体企业关联交易、人为调整考核指标等热点问题。

面对这些新形势，一要提升精益管理水平。针对经营压力，多措并举，协同、服务各业务部门进一步挖潜增效。结合"放管服"责权匹配的原则，超前研究如何在授权范围内，实施更加精细、精准的管理，确保能"接得住、管得好"。二要严格遵守监管要求。在规范经营、依法合规管理基础上，配合国网公司研究构建适应监管新形势的工作机制，规范信息披露的内容和程序，将监管要求转化为开展各项业务的前置条件。

（四）努力培育财会队伍新本领

公司改革发展正处在攻坚克难、闯关夺隘的重要阶段，迫切需要高素质、专业化、敢担当、善作为的干部员工队伍。我们要以永不懈怠、一往无前的精神状态，努力推动公司向世界一流目标迈进。要加强理论武装，深入学习领会习近平新时代中国特色社会主义思想，树牢"四个意识"、坚定"四个自信"，坚决做到"两个维护"，以坚定理想信念筑牢精神之基，把政治优势转化为创先争优、蓬勃向上的发展动力。要提升履职能力，学习掌握建设"三型两网"世界一流能源互联网企业所需要的各方面知识，提高专业技能和专业素养；主动站在用户、业务、基层等角度换位思考，积极开展调查研究，增强创造性开展工作的本领。要增强实干精神，始终保持干事创业的激情和锐气，对经营发展中的热点、难点问题，要敏锐感知、深入思考、认真研究，对于符合公司改革发展总体方向的事，要大胆闯大胆试。特别是面对复杂严峻的电价改革形势，要坚持原则，主动向地方政府和主管部门汇报沟通，严格遵循中发 9 号文件精神，全力巩固科学的电价机制，争取合理的电价水平，维护公司核心利益。

三、2019年重点工作

2019 年是新中国成立 70 周年，是公司建设首都安全稳定体系的启动之年，也是各种矛盾挑战凸显、叠加、碰撞的一年。面对复杂严峻的经济形势，我们要认真落实公司"两会"部署，坚决贯彻国网公司财务金融工作会议要求，构筑安全稳定防线，大力推进提质增效，积极应对成本监审，深化业财融合，创新管理方式，提升风险防控能力，为公司高质量发展提供坚强支撑。重点做好以下工作：

（一）全力构筑经营安全稳定防线

一是保障公司经营状况稳健。严格按照公司"两会"要求，大力增供扩销，降损降本增效，积极争取政府政策和资金支持，确保完成年度经营目标，以稳健的经营状况保障电网建设和公司发展。二是保障安全稳定资金投入。科学制定融资方案，多渠道筹措资金，保障安全稳定资金需求；统筹资源配置，优先用于保障安全生产、政治供电、优化营商环境、科技投入等需求，确保专款专用，支撑公司安全稳定重点任务落实到位。三是做好资金安全和财务信息安全。依靠严格的制度、流程、授权来规范资金管理；通过常态化的安全检查、后评估机制和在线监控手段来监督资金管理，确保资金本质安全。纵深推进多维精益管理体系变革，实现业财数据标准统一、管理规范、流程贯通，确保财务信息安全。

（二）积极应对输配电成本监审

一要高度重视，精心组织。落实国网公司要求，成立以主要领导任组长的迎审工作领导小组，设置专项工作组、抽调专业骨干，加强组织保障。统一思想、坚定信心，强化责任担当，制定具体工作方案，细化目标、任务，层层压实责任；建立日协调、周通报工作机制，紧张有序推进迎审工作。对所有重大事项要及时和国网公司对口沟通汇报，严把数据质量关，在目标、方案、数据、解释口径等方面保持衔接一致。二要提前部署，防范风险。梳理分析上一轮监管核价的执行情况，对差异事项提前做好应对预案，统一解释口径。全面开展自查，重点检查电网资产和成本与输配电业务的一致性、合规性、合理性和相关性；对存在核减风险的事项，要从管理实质出发，从工作的必要性、特殊性、真实性、相关性等方面做好解释准备。提前与政府部门进行沟通，争取未来三年投资规模和电量增速全部被认可。三要积极配合，务期必成。及时、规范提供监审资料和佐证材料，客观反映电网实际。结合首都电网和供电特点，认真研究公司资产、成本、收入、价格等特殊情况，主动向监审组、价管部门、市政府沟通汇报，努力取得理解与支持，最大程度降低核减率，争取合理电价水平。

（三）深入加强成本预算管控

一是强化预算“硬约束”。坚持无预算不开支、有预算不超支，坚决做到公司年度成本预算总量不突破、各专业预算总额不突破；加强预算全过程管控，严格执行预算调整流程，确保预算执行到位，成本支出安全规范。二是强化项目预算管理。做实项目储备，健全全口径项目储备机制，加强项目的必要性、真实性、合规性审核，提高储备项目精准度，降低决策风险。三是优化成本投入。统筹考虑核价成本、标准成本、实际成本之间的关系，把有限的资源投入到政治供电保障、电网安全生产、优化营商环境等与输配电业务密切相关的业务上，对于超核价的成本费用分项重点管控，成本安排有理有据，降低核减风险。

（四）着力推进管理创新变革

一是持续优化经营管理策略。积极推动 27 项优化经营管理策略执行落地。评估策略实施效果，确保各项措施与政府监管要求一致。针对电价改革中出现的新情况，动态优化策略措施，重点关注成本费用的合规和合理，电网投资的有效和转资，折旧政策的稳定和趋同，关联交易的公开和公允等内容，促进公司经营和与监管要求进一步衔接。二是稳步构建多维精益管理体系建设。多维精益管理体系建设是一项体系化、全局性的管理工程，是国网公司主动适应外部监管新形势和“三型两网”建设新要求的必要行动。体系变革的核心是通过建立财务系统与各业务系统的强联系，实现业务信息和财务信息完全融合，将价值信息赋予到每一个员工、每一台设备、每一个客户、每一项工作，实现信息采集和加工自动化、智能化，全面支撑公司战略决策。关键把握好两个方面：一是要做好系统建设。在国网公司下发的管理规范基础上，公司各部门要通力合作，加快推进公司主数据平台规范化建设和统一管理，优化功能设计，确保公司全业务、全流程融合贯通。二是要做好数据运用。根据国网公司业财主数据管理规范，公司各业务条线、各业务层级要强化数据信息标准的统一应用，确保公司业财系统实时联动，做到“数据同源、规范共享、应用统一、服务集中”。三是深化新型资金管理体系建设。全面推广现金流“按日排程”，固化资金收支标准流程，将现金流量预算和资金收支细化安排到日，实现收入精准预测、支出统筹调控、融资精益安排，最大限度减少资金沉淀。结合国网公司收付款“省级集中”试点经验，研究公司进一步优化电费收款和资金付款省级集中处理模式。

（五）持续提升风险防控能力

一是强化全面风险管理。坚持风委会常态化运行，将全面风险管理融入首都安全稳定体系建设、融入日常管理，坚持真查真找、真改真防，确保不发生重大风险纰漏。聚焦输配电成本监审与核价工作，开展重要事项现场稽核。严抓内外部监督检查问题整改落实。二是高度重视民企账款清欠。按照国网公司要求，不折不扣落实中央关于清理拖欠民营企业账款和农民工工资工作部署，确保无分歧逾期账款于 1 月底前全部支付，6 月底前全面完成清欠，严禁前清后欠。三是妥善处理历史遗留问题。要高度重视财务基础工作，定期组织研究有效措施，持续提升基础工作质量；对历史遗留问题和各类风险隐患要主动作为，积极处理，不能隐瞒掩盖，要促进问题资产和业务及时出清，持续改善资产质量。

（六）加强党的建设和队伍建设

一是注重强化党建引领。以党的建设为统领，进一步提高政治站位，以更大的政治责任感抓好习近平新时代中国特色社会主义思想的学思践悟，进一步树牢“四个意识”、坚定“四个自信”，坚定不移践行“两个维护”，把旗帜鲜明讲政治、突出责任重担当融入首都安全稳定体系建设中。二是着力打造财会队伍。多措并举加强高素质员工队伍建设。以考促学，选拔优秀青年员工，精心组织培训，努力备战国网公司竞赛，力争取得优异成绩，在备考、竞赛中培养优秀心理素质和专业素养。以事炼人，通过挂职锻炼、加入专业工作组、柔性团队课题组等多种方式，参与综合性、创新性工作，在工作中培养服务大局、主动担当、攻坚克难的工作态度和精于筹划、善于协调、重在落实的工作能力。三是持续强化党风廉政建设。在财务工作中，我们要始终心怀如履薄冰的敬畏，既严于律己、恪守底线，又扎实做事、坚守红线，加强对各类业务的实质性审核，确保经营信息客观真实，资金资产安全完整。

公司总会计师李路在公司2019年集体企业工作会议上的总结讲话（摘要）

（2019年3月5日）

一、以“半壁江山”格局助力首都安全稳定

今年，公司党委研判形势任务，创新性地做出了建设首都安全稳定体系的重大部署，强调安全稳定是公司一切工作的硬约束。各单位一要提高政治站位，充分认识首都安全稳定的极端重要性，准确把握内涵实质，始终保持“三敏”的精神状态，突出风险和问题导向，落实“八稳”要求，统筹谋划推动各项工作，形成全面、全员、全时、全要素抓安全、保稳定的浓厚氛围和工作局面。二要加强能力建设。全面落实“六条措施”，将安全年活动融入首都安全稳定体系，实施推进“建体系、强管理、防事故”30条任务，深化互联网技术和先进装备应用，改进管理模式和作业方式，充实技术骨干，配强一线力量，加快创建国网公司标杆示范企业。三要服务稳定大局。突出重大政治保电、营商环境优化、消防能力提升、后勤服务保障等核心业务，以最坚决的态度和最严格的标准，抓安全质量、抓进度成效，全流程做专做精每项业务和每个环节，确保“干成事、不惹事”，在服务公司发展中体现价值。

二、以“全面同质化”管理促进规范有序发展

公司主业与集体企业同在一个党委领导下，人员业务深度融合、任务目标高度一致，需要加强资源统筹和业务协同，保持同一方向和同一节奏。一要健全管理体系。落实同质化管理要求，从“搭平台、建机制、理流程”入手，提升集体办与平台公司合署成效，增强职能管控力度。强化受托单位监管责任，发挥专业部门业务优势，健全制度管控体系和监督考核体系，实现专业化指导和常态化监督。二要提升管控水平。集体企业是内外部巡视巡察的重点，管理要求和检查要点也参照国有企业标准。因此，我们必须借鉴主业的管理理念和方法手段，夯实管理基础，完善内控体系，健全经营诊断、监督检查和问题整改机制，防止决策失误、管理失范和行为失当。三要增强协同能力。主动融入公司大局，规范工作标准和业务流程，促进管理制度衔接、业务系统互通和信息数据共享。加大关键环节集中管控和重要资产捆绑运作，努力实现在一个业务平台上管控，在一个流程体系下运转，达到“一加一大于二”的效果。

三、以“第二梯队”定位提升支撑保障成效

作为公司和电网发展的“第二梯队”，集体企业要积极投身新机场、冬奥会等重大项目，全面参与供电保障，在急难险重任务面前冲得上、靠得住。一要加强支撑统筹。集体办加强与本部职能部门对接，盘活集体企业整体资源，集中力量办大事，服务公司重大项目。各单位发挥属地化和受托管理优势，实现“一对一服务、点对点支撑”，服务好基层个性化需求。要制定支撑保障行动方案，定期开展滚动修编，确保有计划、能落实。二要突出支撑重点。围绕建国70周年庆典等重大活动，提前开展人员培训和装备体检；在工程建设、后勤服务等方面主动参与；在值班值守、应急抢修等方面配合响应。深入参与“三零”“三省”，全流程提供快捷高效服务，争做电网建设先锋队和安全稳定生力军。三要提升支撑成效。坚持市场化方式，深化必要性、可行性、经济性和合规性论证，合理选择投资主体和范围，科学确定投资规模和运营机制，严格履行决策程序和法定手续，把握好与主业需求的结合点，找准投入产出平衡点，坚决防范关联交易风险点。

四、以务实高效举措确保目标任务务期必成

今年公司发展形势和责任使命都很重，各部门、各单位都卯足了劲，集体企业更要真抓实干，在服务公司发展中争当先锋。一要确保经营目标。今年集体企业计划实现收入125亿元、利润4.1亿元，这是国网公司的要求，也是公司考虑非首都功能疏解，兼顾首都安全稳定和企业承载力等因素，科学测算的结果。大家要在安全稳定的前提下，积极开拓市场，稳妥组织实施，规范项目结算，确保企业经营稳健、发展有

序。二要做好统筹兼顾。时间过得很快，已经进入3月份，各项工作已经全面铺开。当前正处在“两会”保电关键期，接下来任务更重、压力更大。各集体企业要落实好责任、管控好过程、兼顾好改革，确保各项任务按计划高质量推进。三要加大激励约束。各单位要以管理对标、业绩考核为抓手，完善薪酬管控和经营分析等联动机制，健全目标分解、分级考核的绩效体系，开展劳动竞赛、技术比武，鼓励员工在推动改革发展和维护安全稳定中当先锋、做表率，努力实现更加卓越的业绩。

下面，就贯彻本次会议精神再提两点要求。一要高度重视、有效落实。各部门、各单位要迅速组织传达会议精神，学习讨论会议文件，尤其是同智董事长的重要讲话，进一步统一思想、认清形势，有序推进全年各项指标任务。二要统筹兼顾、持续提升。要站在全局高度，结合会议确定的目标方向，系统谋划集体企业改革发展、规范管理和支撑保障工作，进一步创新方法、落实行动，提升企业核心竞争力和健康发展水平。

公司副总经理刘润生在公司2019年安全生产工作会上的报告（摘要）

（2019年1月28日）

一、2018年安全生产工作回顾

2018年是公司贯彻落实党的十九大精神的开局之年，是深化改革的关键之年。公司生产系统深入贯彻国家电网公司有关安全生产工作各项部署，全面落实公司三届三次职代会暨2018年工作会议重要精神，以优异成绩完成了安全、运检、调控等各专业任务，平稳应对迎峰度夏（冬）和防汛考验，圆满完成全国“两会”、中非合作论坛峰会、改革开放40周年等重大保电任务，实现了全年安全生产目标，为公司和电网高质量发展提供了有力保障。

（一）安全管控扎实有力

面对安全风险持续增加等诸多挑战，狠抓责任落实和安全管控。贯彻落实国网公司工作部署，深入推进安全生产领域改革，制定从主要负责人到基层一线的全员安全责任清单，实现“一岗一清单”全覆盖。健全安全监督机构，在公司和18家基层单位设置安全总监，在31家单位成立安全监督机构，持续加强对集体企业安全工作同质化管理。深化安全准入管理，首次将准入范围扩大至监理单位及一般工作人员，实现所有人员持证上岗。扎实开展安全生产问题清单专项梳理、“六查六防”专项行动、电气火灾综合治理等活动，消除各类安全隐患1316项，公司违章率下降25.8%。组织承办以电力为主题的全国安全宣传咨询日活动，充分彰显公司应急能力建设成果，得到国务院、北京市领导高度评价。

（二）设备管理精益精细

依托智能化、信息化手段，创建指挥中心、管控平台、移动作业加专业工作的集中管控模式，并在配网运维、输电反外力等方面深化应用，实现扁平化、透明化的全过程管控，有效缓解一线工作质量不高、管理要求落实不到位的难题。扎实开展输变电运检质量提升百日专项行动、压降配网故障专项行动，综合应用人防、物防、技防措施，输电、变电、配电故障同比下降29.5%、28.6%、34.3%，输电架空线路外力故障同比下降39.5%。强化设备隐患治理，完成14座35kV老旧变电站改造，四环内45km电缆隧道防火整治及79处输配电“三跨”线路隐患治理，实现设备健康水平的显著提升。持续推进配电自动化建设应用，实现配电自动化覆盖率100%、自愈功能投入率90%。在全部供电公司组建完成配电自动化数据中心和运维中心，常态化开展配电自动化遥控操作，打造功能完善、运转高效的配电自动化管控体系。

（三）电网运行平稳有序

精心组织实施110kV调控业务移交，平稳完成通州及9个远郊单位调控业务下放工作，实现调控业务管理模式的进一步优化。深化风险预警管控，全年发布电网风险预警586项，督促制定落实响应措施，电网风险得到有效控制。加强配电自动化调控应用，在计划检修、方式调整、故障异常处置等工作中全面采用远方遥控，全年累计执行12793次。持续推进配电网图模建设，实现配电网图模覆盖率100%。加强二次系统管理，深入开展北京电网“三道防线”专项核查，排查并整改问题32项。推动上庄解重载等102项度夏工程按期投产，实施方式调整措施157项，编制严重故障预案1053份，开展反事故演练11次，平稳应对2356万kW历史最大负荷考验，并成功处置顺义地区倒塔、西北热电中心全停等重大突发事件，确保电网度夏防汛平稳运行。

二、深刻认识安全生产面临的形势

近年来，国家对安全生产工作的重视程度越来越高，习近平总书记在党的十九大报告中首次提出了“弘扬生命至上、安全第一的思想”。去年是全面贯彻落实党的十九大精神的开局之年，继党中央、国务院下发《关于推进安全生产领域改革发展的意见》后，北京市、国家能源局、国家电网公司相继出台落实意见的实施方案，对安全生产工作提出了更高的要求。因此，我们要清醒地认识到“安全永远在路上”，绝不能因为收获了一点的成绩，而抱有丝毫的麻痹大意思想，要认清公司安全生产工作面临的严峻形势和存在的问题。2018 年，国网公司系统内相继发生了特高压设备烧损事故、线路参数测试人身触电死亡事故、基建分包人身事故，以及多起恶性误操作、继电保护“三误”事故，影响恶劣、教训惨痛、损失严重，给我们敲响了警钟。虽然公司全年安全生产形势整体平稳，但也发生了一些违章行为和安全事件，暴露出公司安全生产管理方面仍存在安全意识不高、安全责任未落实、作业现场安全管控不到位等问题，需要公司各部门、各单位高度重视，充分认识自身肩负的政治责任，下大力气去解决，严控小违章、小隐患引发重大安全生产事故的风险。

2019 年是新中国成立 70 周年，也是决胜全面建成小康社会第一个百年奋斗目标的关键之年，具有重大的历史意义。公司在服务党和国家大局、服务首都新时代发展、服务国家电网公司新时代战略上将承担更加重要的责任和使命，公司内部外部环境将迎来重大的变化。从外部看，全年政治、外交等重大活动密集，全国“两会”“一带一路”国际合作高峰论坛、世园会、亚洲文明对话大会、国庆 70 周年，以及冬奥会测试赛等贯穿全年，北京作为首都将是全世界瞩目的焦点。因此，公司不仅仅要完成重大活动的保电任务，更要做到不发生任何影响社会稳定、造成重大舆论的安全事件。从内部看，国网公司层面，寇伟董事长指出要打造“三型两网”企业，企业和电网特性的革命性变革以及现代信息、通信技术的广泛应用既给安全生产工作的高质量发展提供了技术保障，又对安全生产工作提出了更高的要求。国网公司出台的安全生产三年行动计划，又是贯彻落实党中央、国务院关于安全生产工作部署的一项新举措，我们要认真学习，深刻领会，严格落实到实际工作中。公司层面，为确保首都安全稳定，公司将 2019 年明确为“首都安全稳定年”，全面启动了安全稳定体系建设。生产专业的安全稳定直接决定了公司安全稳定体系建设的成败。因此，2019 年公司安全生产工作将面临更大的挑战和更复杂的形势。

（一）人身安全风险持续加大

今年，冬奥会、怀柔科学城、四环内架空入地等国家、首都重大战略项目的配套电力工程进入冲刺阶段，优化营商环境的“三零”“三省”服务全面启动，度夏工程、政治保电修校试工作务期必成，因此电网建设、运维检修、业扩报装等任务异常繁重，再加上重大政治保电活动频繁，生产施工作业窗口期短，给施工作业安排，尤其是重大风险的工作安排，带来较大压力，易出现超人员承载力抢工期、现场安全风险管控措施执行不到位等问题。集体企业及其外协外包队伍作为公司生产建设任务的主要承接方，安全管理制度落实不到位、以包代管等问题突出，再加上其一线人员流动性大、安全意识薄弱、技能水平不高，造成习惯性违章现象频发。另外，由于监管手段有限，部分配电及低压业扩非停电施工、集体企业作为专业分包承接外部施工还存在不申报计划私自作业，未纳入公司统一安全管理的问题。上述种种情况，都给人身安全带来更大风险。

（二）设备运行风险依然较高

去年，国网公司系统内相继发生了特高压换流站、电缆沟道着火等事故，设备遭受重大损失，部分事故还造成了城市局部地区长时间停电。北京地区电缆隧道长度居全国第一，市区约 23%的变电站为地下或半地下变电站，且原有消防设施配置不满足目前变配电站室及沟道无人值守的需求，消防安全风险日益突出。若一旦电缆或充油设备着火，难以及时发现并自动消除火情，极易造成重大的财产损失，且短时间难以恢复。另外，老旧砖混隧道、“三跨”线路等设备运行隐患还未彻底治理，若发生隧道坍塌、线路掉线等，可能会造成城市大面积停电，达到政府部门介入调查的安全事件等级，甚至引发重大交通安全和人身伤亡事故，后果不堪想象。配电设备方面，“三供一业”用户资产移交的配电设备老旧且隐患较多。公司接收后，由于设备无自动化功能，若改为无人值班模式，大负荷期间长期重过载运行且发现处置不及时，极易发生设备故障造成用户停电或引发火灾等严重后果。

（三）电网安全稳定形势愈发严峻

一是电网结构性问题突出。随着特高压的接入及网架结构的完善，220kV 及以上层面短路电流持续攀升。受制于短路电流超标问题，北京电网将进一步分区或断开部分环网线运行，分区电网结构被迫弱化。局部地区电网结构不合理，110kV 变电站串带过多，在 220kV 变电站设备检修方式下，一旦再发生 N–1 故障，存在多个 110kV 变电站全停风险。二是配网负荷互倒互带能力不足。城市区域配电电缆网主要以单射、双射结构为主，运行方式不灵活，负荷互倒互带能力不足。若发生 110kV 变电站全停或单一母线停电，负荷无法倒出、重要客户全停的风险较大。三是电网度夏形势严峻。度夏负荷高峰期间，预计朝顺通、通安兴等分区存在 500kV 主变不满足 N–1 问题，220kV 1 站 1 台、110kV 10 站 14 台主变将过载或满载运行。采取方式调整措施后，仍有 120 站主变、41 回线不满足 N-1 运行。若相关解重载工程无法按期投产，仅通过方式调整的手段难以解决上述问题，存在拉路限电的风险。

（四）生产管理机制有待完善

一方面，随着电网规模不断增大，电网一、二次设备运维检修的任务量逐年增长，而由于原有运检人员流失、老化，新进人员补充不足等现状，公司生产一线员工数量不增反减，人均运维变电站升至 1.1 站/人，运维线路升至 254km/人，人员承载力明显不足，设备增长与缺员的矛盾日益凸显；另一方面，生产班组一线作业人员大部分为直签工或外协外包人员，存在工作责任意识不强、专业技能水平有限、工作标准执行不到位等问题，公司运维检修质量存在下滑趋势，难以满足公司高质量发展的要求。上述难题，迫切需要通过管理模式优化完善以及新技术、新设备创新应用等举措去破解。

（五）政治保电任务更加艰巨

2019 年，公司所承担的重大活动供电保障任务数量之多、级别之高前所未有。全国“两会”“一带一路”国际合作高峰论坛、世园会、亚洲文明对话大会、国庆 70 周年等重大政治、外交活动将陆续召开。尤其是国庆 70 周年活动，关系到党和国家的政治形象，受到党中央、国务院、北京市委市政府的高度重视，北京市四套班子主要领导亲自挂帅领导小组督导指挥服务保障工作。因此，我们绝不能有丝毫的懈怠，务必保证各项重大活动供电保障万万无一失。另外，中南海、人民大会堂等重要区域常年承担党和国家的重大活动和重要会议，仍存在网架结构薄弱、内部设备老旧且不间断供电装置配置不完善等问题，供电保障能力有待进一步提升，常态化保电压力大。

三、2019 年安全生产工作主要思路和重点工作

2019 年公司安全生产工作的总体思路是：

深入贯彻国家电网公司安全生产电视电话会、安全生产工作会和北京公司三届四次职代会暨 2019 年工作会议精神，以公司“首都安全稳定年”建设为工作主线，打造 1 个中心（安全管控中心），实现 2 个提升（安全保障能力提升、设备管理质量提升），完善 3+N 管理机制，严控 4 大安全风险（人身风险、电网风险、设备风险、消防风险），确保圆满完成 5 项重大保电任务（全国“两会”“一带一路”高峰论坛、世园会、亚洲文明对话大会、国庆 70 周年）。通过机制创新、管理创新、技术创新等手段的应用，推动公司安全生产工作高质量发展，全力确保首都供电安全稳定。

2019 年公司安全生产工作的主要目标是：

在“三杜绝三防范”的基础上，做到“五个不发生”，即不发生电力生产人身重伤和死亡事故；不发生人员“三误”事故；不发生五级及以上电网、设备和网络安全事件；不发生本企业负主要及同等责任的重大及以上交通、消防事故；不发生对公司和社会造成重大影响的事故（事件）。

重点做好以下八个方面工作：

（一）强化组织保障，确保首都供电安全稳定

《全力确保首都供电安全稳定推进方案》（以下简称《方案》）作为公司 2019“首都安全稳定年”建设实施意见的子方案，是落实公司党委决策部署，确保首都安全稳定，加强公司安全生产工作建设的指导性方案。公司相关部门及单位要严格贯彻落实，以《方案》为准则指导开展今年的安全生产工作，《方案》中所列重点任务要全部纳入安全生产年度督办任务进行管理。专业工作组各成员要充分发挥统筹协调作用，按照“日安排、周调度、月协调”的工作机制，将任务细化到周、到基层单位，高效推进，确保所有任务务期必成。各单位要根据自身的子任务制定本单位的实施细则，明确计划安排和责任人员。每周要对照既定的任务和时间节点对各项任务完成情况进行考核评价，对于未按计划完成或执行打折扣的单位和人员要严肃考核。

（二）强化保障能力建设，确保人身安全

严抓安全生产责任落实。一是落实安全责任清单制度，进一步明晰领导干部、管理人员和一线员工责任，3 月底之前公示、执行，并组织培训。二是开展领导干部和管理人员安全履责信用评价，建立领导干部及管理人员安全履责信用负面清单；实行领导班子年度安全述职、主管领导季度述职、安全总监月度述职和集体企业负责人月度报告制度。三是开展安全能力定级，依托公司安全考试系统，对基层单位领导班子成员、管理人员和一线人员进行安全评级考试，提高各级人员学习安全生产规章制度的自觉性。四是通过公司两级安全管控中心（安管中心）和安全管控平台，对述职、评价、定级进行全过程、可视化监督。将安全履责评价和安全等级考试不合格人员纳入安全履责

负面清单，向公司组织部门及人资部门提出不适宜在相关岗位任职建议，并按照公司安全生产奖惩实施方案进行考核。五是结合公司首都安全稳定年重点工作及安全履责信用评价结果，有针对性开展安全生产巡查，督促各单位明晰责任、履责到位，压紧压实各级安全责任。

严抓安全监督管控。强化源头管控，严格停电、非停电等工程计划刚性管控。在基层单位设备、建设、营销等部门和集体企业设置专兼职安全作业计划员，实行作业计划审查制度。通过公司两级安管中心监督，建立逃避计划管控和安全监督行为倒追机制，依据追溯结果对关联集体企业、主办单位及相关计划管理人员连带考核，增加违章成本。按照“宽进严出”原则加强人员、队伍安全双准入考核，对无计划作业、不使用APP逃避监督的队伍坚决清除，加强施工企业特种设备以及有限空间作业工器具备案、审查。拓展安全监控范围，将调度自动化、小型基建、集体企业承接外部施工等工程均纳入安全规范化管控。加大视频监控设备配置密度，完善可视化智能管控系统智能识别违章行为、自动告警等功能，提高在线监督效率。

完善评价考核机制。深化安全质量信用评价机制管理，依据施工企业承揽业务量、安全记录等信息综合评价，对安全等级差的单位建立退出机制，对安全等级高的单位推荐优先选用。修订完善公司安全奖惩实施方案，加大“两票”执行无差错、施工作业无违章等奖励力度，营造主动不违章的良好氛围；落实国网公司关于性质严重、影响恶劣责任事故相关单位领导干部处置要求，在加大经济处罚的基础上，还要依据相关规定给予相关人员行政和纪律处分。

严抓重点领域安全管理。加强集体企业安全管理，压紧各级主业单位安全责任，持续推进集体企业与主业单位安全同质化管理，开展集体企业承接基建施工、架空入地、业扩工程等承载力分析，严禁超承载力承接工程。所有集体企业承分包的施工作业必须满足安全三项基本条件要求。加强基改建现场安全管理，按照做实现场施工、业主“两级管控”的总体要求，将施工、业主负责人均纳入安全规范化管控体系，加大基改建作业现场移动视频设备配置密度。加强“三零”“三省”服务等小型、分散工程安全管理，明确建设、施工单位及相关方安全责任，落实作业现场安全管控措施。

加强安全队伍建设。强化党建引领作用，开展作业现场“党员亮身份”活动，突出党员落实安全责任、加强安全管控的榜样作用，做到“党员带头不违章、身边人员无违章”。加强安全生产法规培训，开展六本安规培训及调考，强化规章制度的约束作用。完善行为准则，严肃工作纪律，开展能力建设和资格认证，打造廉洁自律的高素质安全监督队伍，确保安全监督和稽查处罚权威性和公平性。

（三）强化风险管控，确保电网安全稳定

提升电网本质安全水平。积极主动采取有效措施严控电网结构性风险，夯实电网本质安全基础。规划、调度等部门要加强协同配合，开展串联电抗器加装方案研究，抑制系统短路水平，避免分区电网进一步弱化；专题研究局部地区电网优化方案，解决220kV台湖、青云店站“孤岛”、110kV变电站串带过多及负荷转移能力不足的问题。

强化电网风险管控。深化风险预警管控平台建设应用，实现风险发布、措施制定、落实跟踪、监督检查等重点环节规范化闭环管控。针对存在重大电网风险的工程，要认真审核停电施工方案，刚性执行停电计划，严格落实电网风险管控措施，完善调度应急处置预案，认真执行领导干部到岗到位要求，严控电网检修风险。提前开展张北四端柔性直流、调相机工程投运安全稳定分析，研究制定运行控制策略及应急处置预案。

确保电网平稳度夏。充分发挥电网风险预警管理机制，定期召开电网风险运行与管理领导小组会议，努力克服重大活动保电造成的计划停电窗口期短的问题，确保301项度夏重点工程务期必成。开展最大负荷水平下电网运行方式分析，针对薄弱环节，协同各专业逐项制定预控调整措施、差异化运维管控措施、需求侧响应方案及拉路限电序位。完善严重故障应急处置预案，并利用调度自动化手段制定“一键操作”方案，确保快速处置，最大限度降低电网运行风险。

严抓二次专业安全管理。加强工控系统安全管理，定期开展电力监控系统等保测评、安全评估及攻防实战演练，年底前完成137座变电站二次安全防护系统部署。加大发电企业涉网安全的专项检查力度，督促整改各类涉网系统安全隐患，提升系统边界安全防御能力。持续开展110kV及以上二次作业现场安全检查全覆盖，提高现场作业安全水平。

（四）强化精益管理，确保设备可靠运行

夯实设备本质安全基础。从源头上抓好质量管控，加大新设备入网检测、试验和抽查覆盖范围，对电缆头制作等隐蔽施工过程做到监督全覆盖。常态化开展技术监督考核评价和负面清单执行，对于不合格的施工企业和物资供应商列入负面清单，确保施工和设备质量。开展输配电线路“三跨”隐患治理，年底前完成23条具有“重要交跨”风险线路的治理。推进老旧输变电设备及电缆隧道改造，年底前完成31条灰杆线路、9座老旧变电站及23km老旧隧道治理和加固工作。

加强设备运维管理。依托运检管控平台、移动作业应用，规范输变电生产业务流程，深化设备运行状态分析，实现输变电业务的透明管控和作业质量的显著提升。开展文明生产达标创建活动，对输变配电站线进行标准化整治，强化运维管理和反措落实，9月底前完成重大活动供电保障及政治供电常态化重点站线标准化整治和验收。开展变电站防误装置专项排查治理，严防恶性误操作事件。积极推广智能机器人巡检系统，与智能安防、火灾报警系统实现联动，在今年保电重点厂站及隧道试点应用，有效解决人员及运维水平不足的问题。完善智能安防系统功能，推广应用输电立体安防系统，实现施工隐患点全覆盖。

提升电缆精益化管理水平。建立符合首都定位电缆网技术标准体系，提升规划设计、建设施工、运维检修等技术标准。结合电缆公司成立，完善电缆管理机制，建立电缆管控中心、电缆精益化管理平台及移动作业终端为支撑的“3+*N*”电缆管理新模式。开展隧道数据建模和配网电缆基础数据核查，强化电缆通道资源路径优化管理，年底前完成五环内110kV及以上电缆光纤测温和接地电流检测系统加装，提升电缆运行状态自动感知能力。

提高配电网供电保障能力。完善配电网架结构，开展10kV电缆网双射网成环和站间联络线建设，提升配网互倒互带能力。深化供电服务指挥中心建设应用，将配电指挥、应急抢修、运维检修、不停电作业、工程管理等业务纳入供电服务平台统一管控，提升配网全设备、全过程业务管控能力，实现计划停电时间、故障停电时间分别同比降低20%、30%。提升配电自动化实用化水平，强化终端缺陷处置和断路器定值管理，10月底前完成所有“一线一案”优化方案改造，实现终端严重缺陷治理及时率100%、故障自动处置正确率达到90%以上。

（五）强化体系完善，严防重特大火灾

加强火灾防控机制建设。在公司本部、检修公司、电缆公司和16个供电公司成立“1+18”的两级消防安保指挥中心，实现消防安全集中管理。建立电力消防专业技术服务与支撑机构，组建专业消防队伍，强化防火灭火等技术装备研究应用，配置先进消防装备，建成具有首都特色的电气设备火灾防控体系。

提升火灾监控处置能力。建设应用消防监控管理平台，优先完成保电重点站线消防设施改造及灭火装置升级等工作，并接入消防监控管理平台，实现与智能安防系统、智能巡检系统、站端辅助设施联动，提升火灾预警和自动处置能力。提高火灾防控配置标准，完成50座变电站固定灭火装置、383座变配电站室气体灭火装置、205km电缆隧道测温系统、220km电缆隧道防火槽盒的安装，实现防火隔离、主动灭火能力全面提升。

推进消防隐患治理。加快推进电气设备火灾防控三年计划实施，年底前完成90%消防隐患治理，确保满足国家法律法规及国网公司管理规定。推进变电站建设历史遗留消防隐患治理，年底前解决75座变电站消防验收意见书和28座变电站无消防水源问题，未通过消防检查验收的新建变配电站室一律不得投运。度夏前完成“三供一业”移交配电室消防隐患治理及火情报警、气体灭火装置加装。

（六）强化机制创新，实现生产管理模式优化升级

深化两级运检管控体系建设。进一步整合变电、输电、电缆专业管理资源，成立两级运检管控中心，深化“3+*N*”专业管理模式应用。完成运检管控平台建设和移动作业终端功能升级，固化作业标准流程，强化监督考核机制，实现运检业务“计划全管理、过程全管控、现场全覆盖”。

创新建立安全管控中心。2月底建设完成公司安全管控中心，通过实体化运作将安全监管、设备运维、营销服务、消防安保等业务统一管理，形成多专业联合监控、一体化管控的安全生产管理新模式。各供电公司要依托供电服务指挥中心，成立本单位安全管控中心，形成省、地两级集约化管控体系。

大力推广不停电作业模式。11月底前，建成投运朝东不停电分中心。积极引导集体企业参与不停电作业，形成检修公司和供电公司集体企业、集中管控和分散管理、带电作业和发电车接入相结合的不停电作业方式。加强不停电作业技能培训，开展专业资质认定，打造高素质的不停电作业专业队伍。将所有停电计划全部纳入不停电作业审核，满足条件的必须采取不停电作业方式，年度不停电作业化率提升至95%以上。

深化配电网项目管理中心建设。建设配网项目管理平台，依托公司安管中心和供电服务指挥中心强化对业主、监理、施工三个项目部监督评价，完善配网工程质量管控体系。

（七）强化技术支撑，提升公司安保应急能力

提升应急处置能力。修订完善公司突发事件处置管理规定，进一步明确信息报送、到岗到位、应急装备调用等要求，对处置过程进行评价，对工作不到位的单位和人员按照公司安全生产奖惩实施方案进行处罚。建立应急管控中心，开发应用应急管控平台及

APP，实现应急处置过程、人员队伍安排、物资装备配置等实时管理。开展应急抢修单元和驻点建设，提升应急保障能力。年底前完成 110kV 变电站全停预案编制审核，并组织演练。

深化安保防恐体系建设。以保障全年重大保电活动为目标，结合应急防恐基地建设，完善安保防恐管理体系、队伍体系和技术支撑体系。开发应用安保防恐信息化管理平台及移动作业 APP，做到人员部署动态管理、巡视质量实时掌控，实现安保防恐精益化管理。建立安保单位、人员准入机制，应用移动考场开展安保人员技能考试。推进安保队伍准军事化和标准化管理，提升安保人员专业素质及技能水平。

（八）强化活动保障，实现政治保电工作再上新台阶

圆满完成各项重大活动供电保障任务。将国庆 70 周年等重大活动供电保障作为全年工作的重中之重，健全组织体系，明确职责分工，加快制定完成“三案一表”。严格按照计划时间节点，高质量完成设备隐患排查治理、客户用电安全评估、保障技术支撑系统完善、外电源可靠性提升工程改造、重要用户内部不间断供电装置加装等工作。3 月底前完成世园会相关场馆外电源建设任务，4 月 1 日确保园区试运行保障队伍就位，5 月底前完成广场核心区建设改造任务。活动期间要高标准落实运维值守、客户服务、安保防恐等保障措施，确保各项保电任务万万无一失。

提升政治保电管理水平。9 月底前修订完成重大活动及常态化保电管理制度，优化调整任务分级，细化保障标准及保电要求。加快推进政治供电管理系统建设，完善与各生产管控系统信息交互功能，实现保障任务的过程管控及人员设备信息的全面监视，提升保电工作标准化、智能化水平。组织开展客户走访，积极沟通供电需求，加快推进党和国家重要区域配电网改造工程，提升常态化供电保障能力。

公司副总经理周建方在公司 2019 年营销工作会议上的讲话（摘要）

（2019 年 2 月 1 日）

一、2018年工作回顾

2018 年是公司优质服务高质量发展、实现跨越式提升的一年，营销战线全体干部职工面对前所未有的艰巨任务，凝心聚力、众志成城，经过一年的艰苦奋斗，取得了超越想象的辉煌成绩。2018 年我们主动担当、迎难而上。提高政治站位，积极改革创新，超额实现“获得电力”指标进入前 60 名的既定目标，圆满完成了优化电力营商环境的重大政治任务。“煤改电”高效推进，连续三年超额完成北京市“煤改电”任务，提前两年完成国务院《打赢蓝天保卫战三年行动计划》和北京“十三五”期间“煤改电”任务。2018 年我们攻坚克难、砥砺奋进。在北京市深入推进疏解整治工作的背景下，面对经济下行压力，公司全年新增用电客户 27.71 万户，新增接电容量 1177.36 万 kVA，拉动电量增长 4.39 个百分点。完成售电量 1037.04 亿 kWh，同比增长 7.13%。累计完成替代电量 28.5 亿 kWh，提前超额完成国网公司下达任务。实现当年电费回收率 100%。2018 年我们厚积薄发、成果丰硕。企业负责人营销业绩指标位居国网公司首位，获评“营销工作先进集体”；优化营商环境、计量智能配送、智能化营业厅、“煤改电”等一系列创新实践成果全面涌现，累计获得省部级奖励 8 项，其中国网公司管理创新特等奖 1 项、一等奖 1 项、软科学成果一等奖 1 项，科学进步一等奖 2 项，信通新技术成果二等奖 1 项，获得北京市企业管理创新成果一等奖 1 项、二等奖 1 项。

（一）高质量优化电力营商环境，圆满完成重大政治任务

电力营商环境实现历史突破。坚决落实党中央、国务院和国家电网公司决策部署，强化政治担当，突出四个创新，为 1.76 万户小微企业提供“三零”服务，接电环节由 6 个压缩至 2 个，平均接电时长由 141 天压减至 4.44 天，力促北京“获得电力”指标排名由 2017 年的 105 名跃升至 14 名，成为全市营商环境提升幅度最大的指标，也为我国整体排名由第 78 名提升至第 46 名贡献了“北京力量”。公司“三零”服务举措受到国务院、北京市和国网公司各级领导多次表扬肯定，并作为“北京方案”向全国推介。朝阳公司创新移动作业终端 PDA，城区公司打造云能投明星案例，为公司做出重要贡献。

高压业扩改革取得实效。落实国务院和国网公司优化营商环境要求，建立适应市场、贴近客户的服务体系。调整业务范围，“一户一策”充分调度基层单位积极性。报装周期压缩 30%，报装主要节点由 26 个减至 16 个，取消承发包代建环节，实现高压客户报装接电平均时长降至 80 天，接电效率显著提升。超额完成

年度1000万kVA的接电目标。

“三省”服务全面启动。创新推出10kV临时用电省力、省时、省钱“三省”服务产品，将临时用电客户从外电源工程组织中彻底解放出来，接电时间压缩至20个工作日以内。1月1日，服务举措已通过公司营业厅、掌上电力（企业版）APP、95598网站、社会媒体等多个渠道宣传推广。截至1月底，公司已受理“三省”服务26项，已完成送电13项。其中，朝阳、通州、亦庄公司靠前服务，“三省”服务举措落地较快。

（二）高质量提升优质服务水平，百日攻坚成效显著

重要客户服务全面保障。深化要客定向服务20项举措，与北京市医管局、国家机关事务管理局等4家首都集团重要客户签订战略合作协议，与中直管理局、国家大剧院等达成战略合作意向。累计开展首都集团要客定向服务365户次，涉及中央军委等重要集团客户及所属53户高压客户，服务内容涵盖政治供电保障、安全评估、状态检测、业扩工程协调、设备校验等，全面满足客户的用电需求，得到客户高度评价。

居民客户服务惠民暖心。推进低压网格客户经理制，以公变台区为单元设立客户经理，集约融合末端业务，提供主动上门服务，打通客户服务“最后一公里”。在亦庄地区试点开展主动服务，完善10万客户基础信息，通过掌上电力、电话短信等渠道，实现停电信息主动告知。采暖季期间，开展“首都卫蓝暖心服务日”主题活动，广泛宣传“日常购电不出村”等五项服务举措，全力保障“煤改电”客户温暖度冬。

客户满意度显著提升。开展优质服务“百日攻坚”专项行动，压投诉、压话务、压结存、提升客户满意度。推广掌上电力等线上服务渠道，发放便民服务卡109.14万张，建立电力管家微信群4153个，累计新增线上客户107.45万户。客服中心开通“电力微信”公众号实时互动服务。全年客户投诉量、95598话务量同比下降29.03%、21.68%。全面梳理高压业扩在途项目1523项，累计压降结存828.5万kVA，承发包公司处置得当、压降效果显著。压降购电下发时长，制定10项措施，治理集中器2万台，升级4G信号3.5万台，下发时长由年初的5.77min下降至3.81min，丰台、亦庄、平谷公司达到3分钟以内。

“三供一业”移交任务顺利完成。提高政治站位、主动担当作为，克服改造资金短缺、移交设施资料缺失、用电隐患繁杂等种种困难，8月底完成344个项目实施协议签订，年底前完成国资委管理的在京央企261个项目、29.77万户的资产移交协议或补充协议签订工作，全面完成实施协议签订、供电职能移交和实物资产移交三个100%的工作目标。通州、怀柔、延庆、大兴公司完成全部表计换装任务。

（三）高质量实施电能替代战略，电力市场高效开拓

“煤改电”工程超额完成。2018年完成285个村、12.49万户“煤改电”工程，服务128万户“煤改电”客户，基本实现全市平原地区 “无煤化”，提前两年完成国务院和北京市“煤改电”任务，采暖季贡献电量80亿kWh，减少燃煤452万t，积极助力首都大气污染防治。密云、房山、延庆公司“煤改电”建设成效突出。电科院建成国内首家气候仿真实验室，具备不同气候环境模拟功能，完成山区“煤改电”技术方案综合验证。

充电网络布局日趋完善。深化与公交集团合作，2018年建成40座电动公交车充电站，累计建成143座，满足全市7000辆电动公交车充电需求，全年拉动售电量2亿kWh。建成物流车示范充电站，海淀公司和电科院完成国网智慧能源试点项目建设。新建充电桩1231个，总量达到1.6万个，率先建成国内一流智能充电网络，充电设施服务能力显著提升。开展两次充电服务促销主题活动，电动车公司加强充电桩设备质量管控，全年累计充电量突破1亿kWh。

综合能源服务快速发展。收购华商能源公司，组建国网（北京）综合能源服务公司，新公司全年业务收入突破1亿元，连续四年实现收入翻番。与海底捞集团签订战略合作协议，完成方庄旗舰店“气改电”示范工程建设。完成“多表合一”抄收系统上线，在通州副中心、大兴新机场等示范区域全面实现水表采集，全年完成9万户“多表合一”采集接入。

（四）高质量夯实营销基础，精益化水平进一步提升

量价费管理更加精益。落实国务院下调一般工商业电价10%的要求，完成四次调价工作。配合开展转供电加价清理工作，清理规范2418家企业的转供电行为，涉及34万终端用户。持续开展电费业务质量监控与核查，完成3.65万户次稽查工作。首次开展市场化交易，145家大工业企业累计实施交易电量15.57亿kWh。完成电子发票服务上线推广。开展打击窃电专项行动，全年累计追补电量1014.82万kWh，补收电费及违约金4170.56万元。

台区线损管理大幅提升。优化台区线损系统功能，编制台区线损治理标准化工作手册，建立“日统计、周调度、月通报”机制，组建线损治理专家团队，全面提升台区线损治理的支撑能力。应用载波台区识别技术和停电事件记录分析，排查台区户变关系，台区线损合格率从年初的58%提升至90%，大幅提升32个百分点，海淀、昌平、石景山等6家单位达到95%以上。

计量基础进一步夯实。全年累计换装卡表 1.1 万具、智能表 46.7 万具，升级采集 4G 信号 3.48 万台，分换装集中器 3642 台，采集覆盖率达到 99.85%。试点开展智能表状态更换，推动市市场监管局正式出台《智能电能表检定周期调整实施规范》，完成智能表从到期更换向状态更换的全面转型。构建计量全业务监控体系，深化全量采集数据应用，实现"一体化平台、两级监控、三类主题"，全年处理督办工单 25.4 万件，采集抄通率由年初的 98.81%提升至 99.52%。

信息化水平不断提升。全力支撑优化电力营商环境，完善"掌上电力"报装功能。预付费售电系统顺利并入营销系统，实现收费业务集中管控。推广线上交费渠道，低压客户线上交费率达 80.06%，较年初提高 8.8 个百分点。信通公司组织完成 7 套信息系统脱敏改造。全年累计发现并处置营销网络安全告警 429 条，常态化排查整改安全隐患 56 项，信息安全基础进一步夯实。

"全能型"乡镇供电所全覆盖。按照"四个全能"要求，健全网格化供电服务模式，强化专业协同机制，深入推进营配业务融合。持续改善生产营业条件，完成台区经理、综合柜员岗位技能轮训，有效提升服务前端响应能力和工作质效。公司 141 个乡镇供电所全部达到"全能型"供电所建设标准，门头沟龙泉、顺义仁和供电所获得国网公司五星级供电所称号。

供电服务指挥体系基本建成。依托公司供电服务指挥系统，开发服务指挥功能，非抢修工单派发、计量工单督办、重要事项报备等 6 类营销服务指挥业务划转至供电服务指挥中心，并通过国网公司阶段验收。

二、面临的形式与任务

2019 年是新中国成立 70 周年，是"十三五"临近收官攻坚之年，更是我国全面建成小康社会的关键之年，北京将举行"一带一路"高峰论坛、世园会、70 周年国庆等一系列大型重要国事活动。公司党委在新年伊始就明确提出"首都安全稳定年"的工作要求，就是要我们进一步统一思想、提高认识，明确以首都安全稳定体系建设为主线，以高质量发展为方向，突出风险意识和问题导向，认真分析当前形势，细致梳理潜在风险，全面加强风险防控。

一是优化营商环境重大政治任务面临新挑战。2018 年公司优化营商环境攻坚战取得了优异成绩，下一步北京市提出了力争进入世界前十的更高目标。一方面，公司在接电环节、时长和可靠性指标管理方面有进一步提升空间；另一方面，电价调整提前发布、财务遏制等指标受政府政策影响大，对"获得电力"指标排名提升形成较大制约。同时，国内营商环境对标即将同步开展，评价范围拓展至高压用电报装，评价对象涉及更多城市，在国内竞争中公司将面临新的激烈挑战。

二是电力客户对公司保障服务能力提出新需求。首都地区党政军重要客户多、政治供电责任大，受客户产权设施改造投资模式及运维界面限制，部分重要客户内部隐患长期无法有效整改，制约了供电服务保障能力的进一步提升。今年重大政治活动多，公司面临巨大的重要活动和重要客户服务保障压力。随着互联网技术日新月异的发展，居民客户对服务便捷化、精准化、个性化的需求越来越迫切，无法及时满足客户诉求，公司随时面临舆情风险。

三是公司经营压力加大需要进一步增供扩销。随着北京非首都功能的持续疏解，售电侧改革，增量配网放开，2018 年公司大工业及一般工商业客户销户达到 7000 户，存量市场售电增长日渐乏力，优质客户存在流失风险。加之一般工商业电价下调，公司利润出现负增长，电量、电价双双下降给公司经营带来空前压力，公司或将进入历史上最困难的时期。营销专业作为市场开拓的排头兵，承担着为公司开源节流、增加收入的重要责任，进一步实现市场突破迫在眉睫。

四是营销工程和作业现场安全管控面临新要求。近几年，公司主动适应新时代改革潮流，全力推动首都大气环境治理、民生工程建设等重点工作，营销专业承担的各类工程明显增多，"煤改电"工程、充电设施建设、"三供一业"移交、老旧小区改造等作业现场点多面广，今年还计划推广 300 万户 HPLC。当前，营销安全管理方面仍缺少全环节、全业务、实时化的立体管控手段和管控机制，工程建设和小型作业现场安全风险依然存在。

当前，国家电网公司正处于关键性的战略突破期，公司时刻面对标准高、挑战多、监管严的外部环境，营销专业要坚决做到"敏锐、敏感、敏捷"，从四个方面抓好优质服务工作。

一是提高政治站位，服务党和国家工作大局。深刻认识"首都无小事、事事连政治"，从讲政治的高度落实部署、防范风险，完善保障机制，创新服务模式，做好党政军重要客户和重大活动服务保障，坚决做到滴水不漏、万万无一失。坚决贯彻国网公司和北京市委市政府决策部署，进一步深化高压业扩改革，补齐短板、扩大优势，持续打赢优化营商环境攻坚战。

二是强化风险意识，确保营销安全。严格落实人员责任，完善激励考核和问责机制。以问题为导向，从营销工程、作业现场、电费资金、舆情投诉等各个角度，全方位查找风险点和发热点，深入分析管理短板，制定实施提升计划。积极应用新技术、新装备，提升事前预警、事中监管能力，将风险化解在萌芽状态。

三是转变服务理念，提升客户感知。坚持以客户为中心，主动适应“三型”企业标准，加快推进“两网”融合，充分应用移动互联、人工智能等现代信息技术和先进通信技术，以泛在电力物联网建设为契机，以 HPLC 高速载波技术为载体，深化“互联网+电力营销”服务，实现线上线下无缝衔接，为客户提供主动精准、响应快速的服务体验。

四是拓展能源服务，推动转型升级。充分发挥能源企业优势，以促进能源绿色发展、提高用能效率、提升设施利用率为目标，着力强化能源互联网服务能力，拓展综合能效、供冷供热供电利用、分布式能源、电动汽车等新兴能源服务市场，构建以电为核心、以公司为主体、共建共治的能源服务生态圈，实现产业链价值共创、成果共享。

三、2019年重点工作

2019 年公司营销工作整体思路是：全面贯彻国网和公司“两会”工作部署，坚决落实北京市委市政府工作要求，围绕“首都安全稳定年”工作主线，以安全为基础，以稳定为前提，以客户为中心，以服务为根本，坚持守正创新，深化“互联网+电力营销”服务，稳步提升客户获得感和幸福感；严控风险，稳健经营，夯实管理基础，全力确保公司优质服务安全稳定。

2019 年公司营销工作主要目标是：

1. 确保“获得电力”指标排名持续提升。

2. 不发生重大服务事件，确保全年重大活动和重要客户服务保障“万万无一失”。

3. 不发生五级及以上安全事故。

4. 全年完成业扩报装接电 700 万 kVA。

5. 当年和陈欠电费回收率 99.95%。

6. 全年投诉和话务量分别同比下降 10%以上。

7. 购电下发平均时长降低至 3min 以内，其中 80% 在 1min 内。

8. 完成 1.7 亿元以上的综合能源服务业务收入。

重点做好以下五个方面的工作。

（一）持续优化营商环境，确保“获得电力”排名提升

巩固小微企业“三零”服务成果。一是力促国家发改委和市政府，提前 1 个结算周期发布电价调整政策，争取电价透明度要素得分。二是对标世行“每年停电不超过 1 次，每次不超过 1 小时”的评价标准，进一步提升供电可靠性，确保供电可靠性要素不失分。三是加大“三零”服务时限管控，争取市政府掘路审批“一串四并”改为并行审批，确保接电时间由目前世行认可的 34 天压缩到平均 15 天以内（含掘路审批项目）。四是持续优化办电流程，在前置合同签订环节，各单位要严格落实对客户的“一次性告知”要求，确保“营商环境”接电环节由目前世行认可的 3 个压缩到 2 个。五是精准对接国内营商环境评价工作，与世行评价有效衔接，实现相互促进、同步提升，保持国内外领先行列。

提升高压接电服务能力。一是加快 712 个在途项目处置，各办理单位要逐项对接客户接电需求，落实“一户一策”制度，限时办理，确保按客户需求时间接电。二是加强增量项目管控，开发项目储备功能，削减项日前期占用时间。三是创新“1+2”（1 个客户经理+方案前期和验收送电 2 个工作组）服务模式，实现客户经理“一口对外”“一管到底”；加强业扩全流程线上管控，提高管理透明度和协同效率。确保平均接电时长压减至 70 天以内，全年新增接电容量 700 万 kVA。

推广临时用电“三省”服务。“三省”服务是今年电力营商环境改善的重要举措，要主动向国家发改委等评价主管部门沟通汇报改革成果。各单位要落实“客户不再往返营业厅”“平均送电周期压至 20 个工作日以内”等服务举措，综合能源公司要主动靠前服务，收费透明、标准统一，确保不发生服务及舆情事件；加强项目实施安全质量管控，不发生安全事件；加大宣传引导力度，积极打造典型服务案例，总结服务成效。

（二）全面推进精准服务，严控服务舆情风险

打造重要客户“首善”服务品牌。一是保障重大活动供电安全。以专职客户经理为纽带，发挥“1+N”服务团队协同优势，确保“一带一路”高峰论坛、建国 70 周年等供电服务保障“万万无一失”。二是延伸服务界面。试点探索重要客户电力设施投资范围延伸到红线以内的新型投资模式，化解保障责任与设备产权不一致所产生的服务风险。三是加强互信合作。与中直机关等 5 家集团要客签订战略合作协议，从保障团队、管理部门和公司三个层面，建立分级沟通联系机制，以月、季、年为周期开展客户座谈走访。客服中心要发挥重要客户服务协同作用，深入全面了解客户诉求，各供电公司制定具体实施方案，提供精准化定向服务。

推出“六个精准”普遍服务举措。细分客户群体，制定三年服务提升计划，实现规划精准。建立统一的客户关系管理平台，各供电公司要积极推广线上服务渠道，客户经理等前端团队全面收集客户基础信息，全年完成 200 万户掌上电力注册、客户基础信息采集，城区、亦庄公司实现精准服务全覆盖，其他供电公司选取 1～2 个供电所进行试点，实现对象精准。开展热

点诉求专项治理，推出居民客户签约账号自动充值服务，降低停电风险，实现策略精准。完成“网上国网”APP 试点上线，各供电公司要全面深化“网格化”服务，继续推广社区、乡村用电微信群，客户经理应约上门，一对一沟通解决问题，实现渠道精准。要充分利用收集的客户信息，通过多种线上服务渠道，提供停电计划、服务进度等信息推送服务，实现信息精准。推广 300 万户 HPLC 高速载波通信设备，换装采集设备 4.3 万台、改造智能电表 30 万具，购电分布式“云并发”，平均下发时长降至 3min 以内，实现手段精准。

强化客户诉求管控。一是各供电公司要加强电网停送电计划刚性管理，坚决按照对外公告的停送电时间开展工作；严格停电计划管控，减少电网停电次数。二是加快推进供电服务指挥体系建设，完善推广移动作业终端，落实客户诉求跟踪工作要求，监督业务处理进度，减少违诺问题发生。做好换表告知和表计换装监督管理，避免发生表计错接线等服务投诉。三是加强 95598 回访，强化“三零”“三省”等服务举措监督，以接电超时、体外循环、违规收费等问题作为管理“红线”，防范服务及舆情风险。

有序开展老旧小区改造。落实北京市发改委工作要求，有序开展老旧居民小区配网五年改造工作。2018 年度夏期间发生停电事故的 10 个小区，通州、朝阳、丰台、昌平、顺义、密云公司 6 家单位在 2 月底前进场施工，6 月底前完成全部改造工作。各供电公司要会同区主管部门，进一步落实改造方案和资金，力争今年上半年完成全部 126 个老旧小区改造项目立项核准工作，形成 2020 年项目储备。

完成三供一业移交收尾工作。一是加强向国网公司和国资委汇报，加大与移交企业沟通力度，督促企业在国资委补助资金到位后尽快拨付，确保所有改造资金全额到账。二是针对仍未完成资金支付和楼内线改造的项目，协同移交企业共同制定后续表计换装计划，强化安全和服务管控，有序做好表计收尾工作。三是配合运检专业开展移交小区的改造工作，按照国网要求完成 2019 年改造计划。

加快营业厅“三型一化”转型升级。一是探索开发适应全业务的智能自助终端，城区公司试点打造 1 家“无人”营业厅。二是大兴公司完成新机场旗舰营业厅建设，实现从硬件到“软件”的全面升级。三是通州、延庆公司要推动新建营业厅“市场化”转型，与国网电商公司及国网电动车公司紧密对接，优化产品推广及销售方式，实现服务模式由被动向主动转变。

（三）深化实施电能替代，严控安全生产风险

有序推进山区“煤改电”工作。一是房山、门头沟、怀柔、密云、延庆公司要加强山区施工的风险隐患排查及预案制定，综合运用第三方安全巡检和可视化安全监管平台强化现场安全管控，确保 139 个村、4.7 万户“煤改电”工程 9 月底前全面完成。二是深化电能替代技术联合实验室应用，电科院在 2 月底前完成延庆大路村“煤改电”示范基地建设，年底前完成北方地区 2+26 个城市电采暖典型方案研究。三是完善“煤改电”大数据智能分析平台，采暖季前实现用户行为分析及智能服务，有效提升服务保障能力。

持续提升充电服务水平。一是配合公交集团更换 700 辆电动公交车，建设外电源工程 30 项；进一步优化 10min 智能充电网络，在新机场等区域打造示范星级充电站，完成 2574 个充电桩建设。二是新能源汽车公司要认真排查自有场站及设备消防隐患，检修人员安全规程考试合格后方可上岗工作。依托车联网平台及巡检 APP，加强充电桩运维质量管控，实现设备稳定运行率 99.9%。三是定期推出充电服务费优惠活动，提升充电服务水平，增加公司充电收入。

加快向综合能源服务商转型。重点开展“三省”服务、配网节能等项目，在怀柔科学城、冬奥场馆等重点区域，推广综合能源示范项目。各单位要抓住能耗强度高的商业综合体、政府机关、企业集团等客户，积极开展市场调研，推广能效监测、节能改造、能源托管等项目；同时要细致梳理项目的风险点，做好安全防范措施。综合能源服务公司要抓住转型机遇，完善服务产品体系，加快潜力项目实施，实现综合能源营业收入超过 1.7 亿元。

强化小型作业安全风险管控。编制计量装换表、用电检查、业扩发电、电费抄收、充电设施运维等 12 类小型作业安全风险管控手册，2 月开展标准宣贯及培训，3 月开展常态现场安全巡检，6 月组织开展安全互查。各单位要确实做好危险点分析和现场安全措施，规范现场作业行为，确保不发生安全事故。

（四）夯实营销管理基础，严控公司经营风险

加强电价电费管理。一是优化市场化电费核算模块自动化作业能力，构建电量、电费异常审核规则库，实施 140 亿 kWh 市场化售电业务。二是构建立体多维电量与电费异常诊断规则，开展智能诊断，有效降低电费差错发生。完善电价异常校验规则，建立动态专家库，提升在线稽查准确性与时效性。三是全面推广电子发票、电子账单服务，实现客户交费、取单、取票零上门。四是回收风险在线控制，实施大户“一户一策”、小户“一类一策”措施，对在途资金等关键环节重点监控，将欠费、窃电等违约行为纳入信用评价。

五是各单位要加强欠费停限电风险管控，重点供电保障期间严禁采取欠费停限电措施，其他时间按规定审批权限履行逐级审批手续，并及时上报。

加强计量采集建设和台区线损治理。一是推广HPLC高速载波技术，各单位要科学制定推广计划，规范现场作业标准，强化安全质量管控，全年换装300万具采集设备，其中城区和通州城市副中心要实现全覆盖，其他供电公司实现一至两个供电所全覆盖。二是构建采集系统分布式架构，优化主站系统功能，实现购电下发平均时长降至3min以内，HPLC覆盖区域降至1min以内。三是全面推广台区识别技术，实现户变关系自动识别和主动监控，各供电公司要加快台区线损治理，深化台区线损责任制，制定全年降损计划，年底前实现台区平均线损降至4%以下。四是全面开展电能表状态更换，结合已出台的政策规范，针对2011年、2012年安装的智能表，开展现场校验、形成分析结论，并做好后续表计更换。

加强营销信息化建设。全面梳理信息化建设需求，制定3年建设规划。一是完成北京“网上国网”APP试点上线，开发临电快装“三省”服务、应急送电、可视化报装等特色功能。二是建立统一客户关系管理平台，贯通全渠道客户基础信息。三是整合移动作业终端及功能，实现工单派发、信息采录、业务办理等功能，提升一线工作效率，加强现场服务质量管控。四是启动营销和采集系统完善提升工程，利用2～3年时间完成分布式双活改造，确保业务稳定运行。五是完成17套营销信息系统脱敏改造，持续提升网络与信息安全水平。

加快泛在电力物联网建设。充分应用高速采集、移动互联、人工智能等现代信息技术和先进通信技术，结合HPLC推广、计量智能仓储配送、“网上国网”APP建设，整合优化移动作业应用，提升终端信息采集通信能力，全面快速感知客户及现场状态；深化客户关系、计量监控等大数据分析平台建设，高效处理服务信息；完善现场勘察、数据查改等应用功能，终端操作便捷灵活，提升业务办理与信息交互效率。

（五）优化现代服务体系，持续提升服务能力

深化“全能型”供电所建设。适应业务融合需求，全面梳理细化台区经理现场作业标准；推广移动作业终端应用，实现台区经理现场业务有效归集、过程管控。集中资源加快供电所房屋维修、车辆更新、生产及安全工器具换代升级，积极推动农村地区营业厅“三型一化”转型升级，提升前端服务能力。华商电灯公司要加强业务委托管理，统筹做好定向培养及用工补员，有效应用绩效激励机制，合理提高供电服务员工收入水平。各单位要进一步健全安全风险管控机制，落实营销工作安全要求，强化“理论+实操”的跨专业安全技能培训，加强小型作业现场安全管控，有效防范安全风险。

完善两级供电服务指挥体系。依托公司安全管控中心和供电服务指挥中心建设，应用可视化业务监控，健全两级营销服务指挥管控平台。各供电公司要发挥平台作用，开展95598工单、“三零”服务、故障报修等重点业务实时监督指挥，购电渠道和计量设备运行情况集中监控展示，客户热点诉求实时跟踪，服务全景展示、业务全面监控，有效防范服务风险。

（六）严格党风廉政要求，加强营销队伍建设

进一步强化作风建设。贯彻十九届中央纪委三次全会部署，落实“巡查巡视后评估”要求，围绕营销领域廉洁风险点，深入开展教育实践活动。严格落实中央“八项规定”，坚决抵制“四风”问题，强化法制观念和廉洁从业意识，筑牢思想道德防线，努力营造风清气正的良好氛围，有效防范营销领域违法违纪现象。切实增强营销员工责任意识、担当意识和服务意识，弘扬优良作风，倡导干事、干净的工作氛围，杜绝影响公司形象的行风事件。

加强人才队伍培养。加强新理念、新要求宣贯，深入落实安全稳定体系建设目标。加强业务技能培训，重点针对泛在电力物联网建设、“三省”服务等新型业务，提高队伍业务水平。以国网公司服务之星大赛、劳动竞赛等为契机，选树一批技术骨干和业务专家，激励广大员工比学赶超，奋勇争先；通过课题研究、讲座、选送培养、实践操作等方式，发挥专家示范引领作用。

公司副总经理、工会主席王西胜在公司2019年后勤工作会议上的讲话（摘要）

（2019年3月14日）

一、2018年取得的主要成绩

一是安全基础坚实稳固。后勤综合巡检组全范围、全口径、全专业开展后勤隐患排查，在非生房产、工程现场、消防、食品卫生、车辆交通、特种设备等方面进行巡查巡视，公司后勤安全管理水平持续提升。

各单位积极配合，因地制宜，自查自纠。朝阳公司提前对配电室附属用房开展自查；丰台公司成立房屋检查工作组，配合公司房产检查；昌平公司开展“消防宣传月”活动，延庆公司与属地消防部门建立联动机制，以学促管严防消防隐患；中电联公司发挥专业优势，为公司车辆保驾护航。后勤安全隐患得到有效防治。

二是“两供一业”按期完成。公司后勤系统坚决贯彻国网公司深化改革统一部署，讲政治、顾大局，全面完成“两供一业”分离移交任务。后勤部积极协调政府相关部门和物业接收单位，争取政策支持，细致梳理了 68 万 m^2 家属区台账，建立 1.5 万余份档案资料。各单位主动作为，深入家属区现场勘查；谷新公司克服家属区历史遗留问题多、过程资料缺失、台账数据庞杂等诸多困难，开展大面积入户调查，为圆满完成移交任务提供了坚实保障。

三是依法治企扎实有效。结合巡视审计反馈的典型问题，通过多轮次督导检查，工程项目、办公用房、周转住房、公务用车等管理不规范现象得到有效整改。制定《后勤项目技经管理指导意见》《后勤专项计划管理工作手册》等规范文件，新建车辆购置更新、租赁、单车核算、维修保养、调度监控等 7 项管理办法，治理完成各单位充电桩充电不规范现象，实现了后勤重点业务全过程规范管理。大兴公司逐个测量办公用房，杜绝超标使用；门头沟公司规范应用线上平台，核算单车成本，管理效能明显提升。

四是资源管控成效显著。优化整合办公用房，推进方庄办公区建设和华远街办公区改造，有效缓解办公用房紧张问题。严细管理自用和出租行为，推进房屋资源合理创效，实现合同收入 1.5 亿元。严格计划投向，重点安排基层单位综合楼及供电所建设，优先满足生产办公用房需求。全年车辆投入 1.67 亿元，更新生产用车 504 部、特种车辆 63 部，研发一线工程抢险车 54 辆，完成全部国Ⅰ国Ⅱ车辆置换，车辆装备水平大幅提升。城区公司服务大局，积极配合公司房屋资源调配；房山公司统筹后勤资源运维抢修，提高了服务质效。

五是保障能力明显提升。发挥后勤系统“一盘棋”机制优势，在全国“两会”、中非合作论坛等保电任务中，投入保障人员 3500 余人次、车辆 2300 余辆次，配送保障餐饮 64000 余份，安排医疗巡诊 7 轮次，近万件后勤物资提前到位，解除了保电一线的后顾之忧。能源公司提供全电餐车，谷新公司发挥餐饮服务优势，为架空线入地、“煤改电”等重点工程现场制送夜宵近 2 万份，让一线员工热在嘴里、暖在心上。

六是健康服务广受欢迎。在“个性化”“差异化”的体检基础上，率先在央企系统实施女职工专项体检，覆盖女职工 1678 人，通过体检数据统一管理和分析，专家面诊、报告解读和健康讲座等特色服务举措更有针对性，精准健康服务得到职工的广泛欢迎。开办亦庄办公区医务室，开展基层班组健康咨询，成熟优质的医疗服务延伸至一线职工。

七是党的建设和队伍建设更有实效。以“一线工作日”“健康服务送基层”、现场办公的方式，解决基层难题，服务一线职工，机关和基层的联系更加紧密。突出队伍建设，在国网公司首届后勤竞赛中，通州、朝阳、海淀、亦庄、密云、顺义、工程公司、物资公司、谷新公司密切配合，11 名同志积极备赛，取得了团体第 7 名的好成绩，发现和培养了一批基层业务骨干。

二、守正创新，促进后勤管理再上新水平

（一）准确把握新时代后勤工作面临的形势

经营压力持续增加。2019 年，公司面临的内外部经营形势更加严峻复杂，国网公司提出了电网小型基建项目投资压降 30%、生产辅助技改项目投资压降 35%的成本管控目标。成本压降为后勤工作带来了新的挑战。外部监管日趋严格。近年来，外部监管日趋严格，从历次巡视检查情况看，后勤系统承担的工程项目、办公用房、周转用房、公务用车等管理工作是政府监管、审计检查和舆论监督的重点领域，有效管控和规范运作的要求必将越来越高。国网实施“放管服”改革。进一步优化后勤管理流程，合理放权授权，精准有效管控，推动各级单位实现后勤资源和业务有序管控，增强发展后劲。如何适应改革要求，更加精准高效地提升管理效能，是需要后勤上下仔细研究推进的重要课题。

后勤管理作为重要专业，在公司高质量发展过程中发挥着重要的支撑作用。经过多年的努力，公司后勤保障能力、服务质量、专业水平在不断提高，但与新形势新任务新要求相比还有一定差距。后勤基础设施还不能完全满足公司高质量发展需要。后勤基础设施与主营业务需求之间还存在一定的不适应、不匹配，对应于“首都标准”的专业基地建设还需要加快推进。基层一线保障能力还不充分。供电所、一线班组办公用房存在老旧分散的现象，办公条件参差不齐，资源匹配不平衡，优化不充分的矛盾依然存在。后勤服务质量还需提升。后勤服务质量和效率还不能完全满足广大干部职工对品质的要求；服务职工手段和内容还不丰富，信息化手段应用水平不高；后勤队伍业务能力、专业水平有待进一步提升。

面对新形势、新变化、新要求，后勤上下要主动

适应监管要求。进一步增强规范意识，在依法合规的框架内，合理实施各项业务，把规范化水平提上来。要提升精益运作水平。针对经营压力，多措并举，盘活存量，做精增量，实现投入产出效益的最大化。深入研究“放管服”改革政策，掌握新思路，研判新举措，理清职能管理和业务实施的关系，贴近基层需求，解决重点难点问题，提升服务基层的质效。

（二）把握核心任务，着力打造新时代“五个后勤”

建设“三型两网”世界一流能源互联网企业，是践行习近平新时代中国特色社会主义思想的担当之举，是主动适应能源革命和数字革命融合发展的必由之路。面对公司和电网向更高层次突破的战略机遇期，后勤工作作为支撑公司运营的重要专业力量，必须提高站位、守正创新、担当作为，加快建设具有安全、法治、共享、智能、人文等新时代特征的新后勤。

安全后勤。坚持安全发展理念，切实做到“管业务必须管安全、管项目必须保安全”，牢固树立“大安全”理念，突出风险意识和问题导向，强化红线意识和底线思维，全面筑牢“稳”的基础。把安全要求贯穿后勤工作全过程，切实做到安全工作与业务工作同安排、同推进、同落实、同监督，确保后勤领域不发生安全责任事故。

法治后勤。要强化规矩意识，对突出问题要强化监督检查，严肃考核问责，力争把风险隐患化解在萌芽阶段。要增强底线思维，坚持从讲政治的高度落实部署、防范风险，依规矩办事、按标准服务。要强化责任意识，发现问题及时应对，迅速行动，持续强化制度约束，建立健全长效机制，确保企业长治久安。

共享后勤。进一步深化后勤“一盘棋”机制，公司层面深化后勤集约化统筹，建立后勤联合保障体系，各单位充分发挥自身优势，构建共建、共享、共赢的新时代新后勤。加强后勤资源集约统筹规划，合理调配房屋、土地、车辆等后勤资源，充分对接内外部优势资源和成熟经验，实现后勤服务质量、效率、效果的全面提升。

智能后勤。在后勤领域广泛运用“大云物移智”提升装备水平，改进工作方式，打造智能后勤。利用大数据、云计算、物联网、移动互联、人工智能等新技术，更好地实现后勤保障、工程管控、健康管理、物业服务、资源调配等业务的智慧化、自动化。要紧紧抓住关键环节，整体设计、重点突破，逐步推进后勤工作由传统模式向智能化转型升级。

人文后勤。始终坚持以人为本，紧紧围绕职工所需，以服务更贴心、保障更高效为目标，做有温度的好事实事、抓有质效的后勤保障。把更多的资源和精力放在基层一线，尤其是保障任务重的基层单位，聚焦突出问题，紧扣关键环节，深入一线调研，站在一线督导，以精心的后勤服务“滋养企业、温馨员工”，不断提升后勤工作的人文价值。

三、确保完成2019年各项重点任务

2019年后勤工作总的要求是，贯彻公司三届四次职代会暨2019年工作会议精神，围绕公司发展战略，以安全为基础，以服务为根本，以智能为支撑，进一步提升服务质量和保障能力，为世界一流能源互联网企业建设提供坚强保障。重点做好以下七个方面工作。

（一）全面筑牢后勤安全基础

构建安全体系。扎实推进制度建设，注重风险防范，构建全业务、全链条、全周期的安全管理体系，确保管理内容全覆盖，管理手段有效果。压实安全责任。建立全业务岗位责任清单，严抓责任落实。各单位后勤分管领导和工作负责人要切实担负起安全职责，把安全抓牢抓实。深化隐患排查。持续开展后勤巡查巡检，进一步完善检查标准，以综合巡检、交叉互查、自查自纠等形式，排查治理安全隐患。做好“两供一业”分离移交收尾工作，确保企业和谐稳定。严肃考核和追责问责。充分认识安全的极端重要性，对于重大安全责任事故，采取一票否决制；对于制度执行不到位、风险防范意识不强、安全管理松懈的单位，严格通报约谈、考核问责；对于屡犯不改的单位，压减项目计划，做到有奖有罚。

（二）全面做好重大活动保障

今年是政治保电任务非常密集的一年，要以高于十九大保障的标准，确保万万无一失。提早做好保障准备。要突出一个“早”字，紧扣各项活动特点和时间计划，早准备、早部署、早落实，确保高质量完成4月“一带一路”高峰论坛、5月亚洲文明对话大会、世园会、建国70周年庆祝活动等一系列重大活动保障任务。要坚持服务大局、贴近需求，做到靠前服务、主动服务、精准服务。要关口前移、服务前置，变被动为主动、变难点为亮点。要充分发挥后勤集约化统筹、市场化供给、属地化保障的优势，形成横向协同、纵向贯通的保障平台。精准对接保电需求。要实现一个“精”字，加强与生产部门的有效对接，扎实做好两级后勤保障方案，形成统一指挥、统一标准、协调一致的最优运行模式。各单位要积极总结十九大后勤保障工作经验，领导干部要靠前指挥、全程参与，带领全体干部职工，以最佳状态投入保障工作，在重大活动保电中彰显后勤价值。

（三）全面强化依法规范管理

加强制度建设。严格落实“三全五依”法治企业建设要求，突出问题导向，强化整改落实，严格监督考核，建立长效机制，实现制度体系健全完善、服务保障依法规范、风险管控扎实有效。加强制度执行。抓好规章制度落实，制定行之有效的措施，压实责任，形成自上而下、统一规范的管控体系。在工程项目、“两房一车”、资金管控上，深化制度应用，培养规范管理的好习惯。加强业务学习。充分吸纳各兄弟网省和各主营专业的管理经验、优秀做法，补齐短板，形成适合公司实际的业务管理和实施模式，持续提升后勤规范管理水平。

（四）全面提升后勤专业水平

强化精准投入。要加强精准投资，优化投资规模、重点、时序，合理调配后勤资源，重点安排生产经营亟需的项目，集中力量办大事，做到有的放矢。强化精细管控。找准职能定位，突出职能作用，坚持本部服务基层、管理服务一线，为基层集中精力干工作、出实效做好支撑。各单位要进一步优化后勤管理机制，压紧压实管理责任，做到“花钱必问效、低效必问责”。强化精益管理。试点推行智能化后勤服务，深化“大云物移智”在后勤领域的应用，借助“互联网+服务”、移动作业终端和APP等手段，进一步丰富服务举措，着力满足职工自助服务需要，提升职工“获得感”。

（五）全面推进资源集约创效

提高创效能力。进一步加大公司非生房产规范管理力度，及时开展公司增量房产综合分析，优化用房布局，推进降本增效，在满足使用需求的基础上逐年减少对外承租用房，在房产出租上力争实现合同收入增加10%。深化后勤专项计划管理，坚持“集中投入、滚动消除”，建立线上台账和管控平台，发挥专项计划最大效益。提升车辆装备水平。提前谋划、应对北京市限行政策，更新国Ⅲ车辆，缓解限行压力。服务供电保障、带电作业、应急防恐等主营专业需要，研究配备针对性强的特种车辆，为公司发展提供专业保障。

（六）全面提升职工服务质效

精准支撑公司主营业务。按期推进备调中心、延庆冬奥会应急指挥分中心等重点项目建设，以“首都标准”为公司主营业务发展建好硬件、打好基础。精心服务职工生产生活。着力提供有温度、有价值、体验式的后勤服务。深入调研、克服困难，重点推进一线班组、供电服务中心、供电所办公环境改善。强化生产一线职工生活保障，贯彻落实公司党委关心关爱职工，为职工办实事的工作部署，加大各层级职工食堂、医疗服务、物业服务等保障力度，为干部职工营造良好工作环境。

（七）全面加强党的建设和队伍建设

加强党的建设。突出党建引领，开展服务型先锋党支部、后勤保障共产党员服务队建设，增强使命感和荣誉感，发挥好各级党组织的战斗堡垒作用和共产党员的先锋模范作用，确保公司党委各项决策部署落实到位。加强队伍建设。大力弘扬劳模精神、劳动精神、工匠精神，充分利用公司培训交流平台，钻研业务，拓宽视野，努力学本领、强技能，争做保障服务先锋。各单位要进一步优化后勤人员结构，吸引优秀人才加入后勤工作队伍。加大宣传展示力度。结合公司供电保障、工程建设等重点任务，加强后勤保障亮点宣传，讲好后勤故事。各单位要注重宣传引导，对于在重点工作任务中涌现的先进典型和优秀事迹，要充分展示，发挥示范引领作用，营造人人关注后勤、人人支持后勤的良好氛围。

公司纪委书记闫承山在公司2019年党风廉政建设和反腐败工作会上的报告（摘要）

（2019年2月28日）

一、2018年工作回顾

2018年，公司纪检系统坚决贯彻上级党组、纪检组和公司党委反腐倡廉决策部署，紧紧围绕公司改革创新发展和“三个争当”中心工作，提高政治站位，践行首善标准，履责创新担当，监督执纪问责整体效能持续提升，“不敢腐、不能腐、不想腐”保障机制更加健全有力，有效维护了公司安全健康和谐发展大局。

一是政治体检扎实有效。坚持发挥巡视巡察的“显微镜”“探照灯”作用，将巡视作为推进全面从严治党的重要政治任务。高站位开展迎检配合，高质量抓好整改落实，全部81项整改任务217项措施有效实施，一些“习惯性违章”风险得到化解。同时，完善制度32项，标本兼治作用充分发挥。坚持巡察与巡视同频共振，制定巡察“一规定四规则”，细化界定巡察各相关主体职责，为依规依纪开展巡察提供了制度保障。围绕坚持党的全面领导、加强党的建设和全面从严治党，高质量完成三轮15家单位巡察工作，开展谈话363人次，“下沉一级”调查走访65次，立行立改问题整改368项，发现问题线索161个，处理50名相关责任人，以严明的政治纪律营造了良好政治生态。

二是“两个责任”更加到位。坚持落严落细“两个责任”，修订责任制细则，盘点年度防控重点，拉列责任清单39项，明晰了领导干部和业务部门的履责要点，促进工作到位。完善纪委书记月报制度，聚焦八项规定、工程建设等关键领域，开展常态监督、专项监督，监督实效性进一步增强。完善干部任前廉政谈话和履责约谈机制，并以信息化手段提升效能。公司纪委对全部52名提职干部进行了任前廉政谈话，两级共约谈下级负责人2455人次。坚持以人为本控风险，深化干部“七廉”活动，推进重点岗位交流累计2795人，业务廉洁风险防线更加牢固。城区、朝阳等单位着力管控业扩报装关键流程，促进营商环境优化。通州、丰台、华商远大等单位梳理廉洁风险点，编制防控手册，加强关键节点管控。海淀、照明、顺义、昌平、客服、平谷、京电设计等单位大力开展“七廉”活动，促进“一岗双责”落实。房山等单位完善风险分级预警机制，及时防控风险。培训中心、石景山等单位开展廉洁课题研究，提高监督质量。物资、中电联等单位组织供应商签订双向互保廉洁承诺书，加强廉洁风险防范。电科院、密云、怀柔、亦庄、延庆等单位深化履责约谈，促进主责落地。

三是监督效能有效提升。坚持发挥协同监督的管控平台作用，完善立项协同监督机制。针对营商环境、工程建设等重点领域风险，两级班子成员实施立项协同监督190项（A类65项，B类125项），促进了一些跨专业风险的解决。针对营商环境优化，结合“三减一提升”“百日攻坚”等工作，配套开展了专项监督和廉洁宣教行动，突出工程承揽、造价等环节，严查靠电吃电等违规违纪行为。同时，还对595家供应商、设计、施工等单位进行了调查回访，有力推动了行风建设。大兴、工程公司、承发包等单位针对性开展立项协同监督，促进了业务风险化解。信通等单位定期对集体企业开展专业联合监督，促进规范管理。

四是作风建设持续深化。集中整治形式主义官僚主义，聚焦决策落实、文风会风等12个方面，深化监督，严格管控，“四风”问题得到有效遏制。狠抓八项规定落地，紧盯敏感时段和关键环节，逢节必查、逢查必报、快查快办，并完善“零报告”常态机制，八项规定执行更加到位。谷新、电动车、华商三优、能源、华商电灯等单位加强节假日敏感时期监督，营造了风清气正氛围。

五是廉洁防线更加牢固。以提升廉洁认知为核心，以深化运用“首善清风”APP为抓手，从制度解读、培训考试等方面，全员全时、点对点宣教传播。拓展基层宣教阵地，每周制作宣教短片，一年52期在各单位轮播，干事干净理念更加入心入脑。全年，公司开展廉洁教育457场次，受教育9万人次；两级班子成员讲专题廉课175次，各专业开展“业务风险我来讲”226次，不想腐的自觉性进一步增强。检修、建设咨询、经研院、门头沟、华商伟业等单位积极开展APP廉洁培训和考试，做到以培促学、以考促廉。

六是执纪问责更加严格。坚持无禁区、全覆盖、零容忍，对基层信访举报、依法治企等各类线索，加强集中管理、动态研判和执纪审查。合理运用“四种形态”，认真落实“三个区分开来”，震慑警示作用更加突出。全年，公司纪检系统共收到并核查各类信访举报136件，初步核实129件，谈话函询6件，共处分处理人员64人。其中，巡视期间全部查结巡视组转办移交问题线索97件，共处分处理人员51人。对所有人员均进行面对面核实，体现了严管厚爱。

一年来，公司纪检系统牢固树立“四个意识”，在服务大局中讲政治、讲担当，协助党委扎实推进全面从严治党，构建“不敢腐、不能腐、不想腐”长效保障机制，为公司安全健康发展提供了坚强保障。全年，未发生处级及以上领导干部和本部员工腐败违法案件或严重违纪问题，未发生影响和损害公司形象的重大行风事件。创新打造廉洁文化宣教模式、巡察助力营商环境优化、巡察信息系统应用等经验做法在国网公司《纪检监察工作交流》《巡视巡察工作交流》上刊载，“廉洁文化宣教系列剧”获全国电力行业最佳编剧奖，监督价值形象更加彰显。

总结回顾工作，我们深刻体会到：一是必须坚持强化政治引领。始终践行“国企姓党”理念，坚持把反腐倡廉工作放在全面从严治党的时代背景中谋划，放在公司改革发展的工作大局中实践，营造良好政治生态，切实做到“两个维护”。二是必须坚持强化主责主抓。树牢“党风廉政责任既是主责、更是全责”意识，紧扣“两个责任”，持续落严落细，使有权必有责、有责要担当、失责必追究成为常态。三是必须坚持强化监督在前。立足监督的服务保障定位，重心向监督倾斜，从流程上抓监督，从风险上抓管控，从制度上抓落实，防患未然。四是必须坚持强化执纪问责。牢固树立“人民电业为人民”的理念，凡是群众反映强烈的问题都要严肃认真对待，凡是损害群众利益的行为都要坚决纠正，不断提升执纪效能。

二、2019年主要任务

在十九届中纪委三次全会上，习近平总书记对坚定不移推进全面从严治党，巩固发展反腐败斗争压倒性胜利，为决胜全面建成小康社会提供坚强保障做出重要指示。赵乐际书记指出，反腐败斗争形势依然严峻复杂，必须一以贯之、坚定不移，把全面从严治党长期坚持下去，任何时候都放松不得。国网公司 2019 年党风廉政建设和反腐败工作会对深化全面从严治党、落实纪检监察体制改革，一体推进“不敢腐、不能腐、不想腐”等作出新部署。公司“两会”对提高政治站位，坚持守正创新，挺起纪律规矩，全力确保安全稳定大局提出新要求。这些指示精神对我们在新时代纵深推进全面从严治党，强化监督执纪问责，全面提升服务保障效能具有重大指导意义。

近年来，公司标本兼治地采取一系列管控措施，确保了安全健康和谐发展局面。但与新形势、新要求相比，我们的工作还存在一些不足，亟待改进。一是对政治纪律和政治监督，部分干部员工认知存在偏差。把监督挺在前面，压实主责担当，促进“六大纪律”严格执行落地还需进一步加强；二是在形式主义官僚主义等敏感环节，以及“四资一工”关键领域，“习惯性违章”尚未根除，监督方式还需进一步拓展。三是部分干部员工的廉洁意识还不强，干事干净理念尚未真正入心入脑，廉洁宣教力度还需进一步加强。四是在充分运用“四种形态”的同时，如何准确把握纪法“两把尺子”，提升衔接贯通能力，需要进一步探索实践。

2019 年是国网公司转型再升级的起步之年，是公司确保首都安全稳定的关键之年。越是在改革发展的关键时期，越是要加强纪检工作，切实把纪律规矩挺起来、立起来、严起来，全面提升“大监督”效能，坚决维护公司安全稳定发展大局。

一是保持政治定力，做到稳中求进。树牢“四个意识”，探索更加生动形象的宣教方式，引导干部员工坚持高线，严守底线，廉洁从业。深化政治巡察，落实“六围绕一加强”和“五个持续”要求，发现问题和整改问题并重，发挥标本兼治作用。坚决破除形式主义官僚主义，遏制“文山会海”，清理“过度留痕”，整治表态多落实差等行为。二是压实政治责任，强化担当作为。党风廉政建设既是主责、更是全责。各级党组织和党员干部要将党风廉政建设与各项业务工作并重，以“四个亲自”的实际行动，把责任扛在肩上。纪检系统要践行政治监督职责，以上级监察体制改革为契机，完善机制，锤炼队伍，提升纪法衔接能力，促进企业规范运营。三是突出监督管控，实现关口前移。落实“大安全”理念，把监督挺在前面，着力在日常监督、长期监督上创新突破，让干部员工习惯在受监督的环境中工作，让业务部门切实把好风险第一道防线。坚持标本兼治，针对“习惯性违章”问题，促进业务部门从制度上消除短板，从流程上压减空间，强基固本。四是坚持严管厚爱，体现力度温度。秉承惩前毖后、治病救人方针，坚持靶向治疗、精准执纪，严肃查处违规违纪问题。坚持用好“四种形态”，落实“三个区分开来”，为敢于担当者担当，让踏实干事者踏实，营造干事干净浓厚氛围。

2019 年工作思路：坚决贯彻国家电网有限公司党组、纪检监察组和公司党委反腐倡廉建设决策部署，坚持稳中求进工作总基调，紧紧围绕“首都安全稳定年”中心工作，以政治监督为核心，以“两个责任”为抓手，做实做细日常监督和长期监督，一体推进“不敢腐、不能腐、不想腐”，全面营造良好政治生态，为公司确保安全稳定和谐发展大局，在更高层次上实现高质量发展提供坚强政治保障。

主要目标：不发生被上级纪委或地方纪委监察委直接查处的干部违法违纪案件、违反中央八项规定精神事件、典型性或造成严重影响的行风责任事件。

（一）聚焦政治建设，挺起纪律规矩

一是强化政治意识。落实“看北京首先从政治上看”的要求，认真践行“不忘初心、牢记使命”主题教育，切实强化“四个意识”。紧扣政治纪律核心，深入学习贯彻《监督执纪规则》等党内法规，践行首善标准，以实际行动坚决做到“两个维护”。

二是压实主责担当。强化“抓党风廉政建设是本职，不抓是失职”意识，结合大党建体系建设，细化“两个责任”清单，进一步明晰履责“边界线”和权力“警戒线”。落实上级要求，综合应用调研督促、约谈报告、考核问责等手段，促进各级干部严格落实“一岗双责”，做到抓管理就要同步抓监督。

三是深化形式主义官僚主义集中整治。从政治建设的高度上，紧盯对上级决策部署不敬畏、不在乎、喊口号、装样子的错误表现，严查贯彻上级部署、服务群众、履职尽责、文风会风等 4 方面 12 种现象。同时，要以调研排查开道，以纠正整改推进，以监督问责攻坚，确保实效。

四是持续抓好八项规定常态监督。严格落实公司八项规定实施细则，全面应用《监督检查指导书》，从公务接待、公务用车等方面，持之以恒抓苗头、抓节点、抓预控。坚持“逢节必查、逢查必报、快查快

办”，强化纪委书记月度报告，推进“化风成俗”的自觉自律。

五是加大廉洁宣教力度。以纪律规矩为核心，全面深化首善清风APP平台应用，大力开展“廉洁安全周”活动，通过干部讲廉、业务说廉、全员考廉、文化促廉、案例警廉等方式，提升认知，根植文化，营造风清气正浓厚氛围。

（二）做实做细监督，提升保障效能

一是强化日常监督。把日常监督做到位，推动各级党组织、党员干部主动履行常态监督职责，使监督与接受监督成为习惯。强化“三重一大”制度规范执行，严防班子决策风险。以讲廉、促廉为重点，全面深化干部“七廉”活动，促其把好业务风险防线。持续推进重点岗位交流，促进廉洁从业安全。同时，综合运用信访受理、线索处置、谈话函询等多种形式，用好第一种形态，及时“点刹”、提醒，防止“小问题”酿成“大错误”。

二是开展专项监督。落实公司安全稳定工作部署，针对业扩报装、工程转分包等领域的屡查屡犯问题，实施专项查纠，坚决防止以权谋私导致设备带病入网等行为。针对安全责任事故中的违规违纪问题，协同开展涉及人员的调查工作。落实上级要求，集中整治党员领导干部及其亲属违规经商办企业行为，通过自查、监督检查等方式，及时纠正存在的问题。

三是深化协同监督。完善协同监督工作机制，聚焦“四资一工”等重点领域的突出廉洁风险，以项目制为抓手，推进各级班子成员立项纠偏、业务部门协同管控，有效化解“习惯性违章”问题，提高监督内控的有效性。

四是夯实监督基础。落实“两为主”要求，重点强化上级对下级的监督，强化上级纪委对下级纪委信访案件查办的领导。深化信息化应用，持续提升工作质效。落实上级要求，开展基层纪委书记专项考核，细化纪检委员履责规范，促进责任逐级落地。

（三）纵深推进巡察，持续净化政治生态

一是突出政治纪律监督。坚持把“两个维护”作为巡察首要任务，着力查纠落实上级和公司重要决策部署不到位的问题，提高政治保障力，力争上半年实现全覆盖。统筹安排专项巡察等工作，把巡察与净化政治生态相结合，与上级党内法规制度清理、公司“首都安全稳定年”等重点工作相结合，增强监督实效。

二是持续提升巡察质量。坚持有形覆盖和有效覆盖相统一，推进巡察工作。针对供电公司、业务支撑单位特点，探索不同性质单位的巡察方法；创新组织形式，引进审计、安监等专业力量，提升业务监督的针对性和有效性。深化巡察业务应用系统建设，增强大数据分析功能，进一步提升巡察质效。

三是做好整改“后半篇文章”。被巡察单位党组织要切实担起整改主体责任，剖析根源，完善制度，标本兼治做好整改。按照上级要求，开展“回头看”工作，加强整改台账动态管控，同步采取巡察整改约谈、组织整改述责等方式，督导整改落实，促进企业健康发展。

（四）严把执纪关口，坚定不移严惩腐败

一是保持高压态势。坚持重遏制、强高压、长震慑，坚决查处“三类人”，坚决查处靠电吃电、吃拿卡要、“三指定”、违规转分包、损公肥私等群众身边的腐败问题，促进营商环境优化，提升行风形象。落实上级要求，对十八大以来办结案件的党纪政纪处分决定执行情况，开展一次“拉网式”查纠，坚决纠正和防止纪律处分决定执行不到位问题。

二是坚持严管厚爱。严格按照纪律处分条例，对违纪行为按“六大纪律”考量，准确运用“四种形态”。落实公司激励担当作为、推动安全发展的要求，用好“三个区分开来”，既体现问责的“力度”，也彰显救人的“温度”，激发干事创业的积极性。

三是注重源头治本。对信访案件和举报线索，加强集中管理、动态研判和预警预控。对案件加大总结警示力度，并探索从制度上遏制“习惯性违章”的有效途径，持续扎紧制度笼子，规范权力运行，一体推进“不敢腐、不能腐、不想腐”，促进长治久安。

（五）加强队伍建设，打造纪检铁军

一是强化政治担当。牢记初心使命，突出政治纪律的严肃性和权威性，围绕上级和公司决策部署落实不力、群众身边腐败和作风等问题，主动监督，敢抓敢管，秉公执纪，用履责担当诠释对党的忠诚。

二是提升纪法衔接能力。落实上级监察体制改革的新要求，有针对性开展党规党纪、法律法规专题培训，切实提高纪法贯通能力。探索用好“两把尺子”的实践方式，提升纪律部队的战斗力和保障力。

三是加强自我监督约束。打铁必须自身硬。坚持依规依纪依法履行职责，严格自律自控，在行使权力上慎之又慎，在自我约束上严之又严。坚决防止“灯下黑”，自觉接受各方监督，严格约束家属、子女和身边工作人员，切实做到忠诚干净担当。

公司总工程师陈守军在公司2019年建设物资科技信通工作会议上的报告（摘要）

（2019年2月20日）

一、2018年重点工作回顾

2018年，是公司实施“十三五”电网规划建设的关键一年。面对繁重的工作任务，建设、物资和科技信通战线的同志们坚决贯彻公司党委的决策部署，以昂扬的斗志、坚定的信心、稳健的步伐，积极助力世界一流能源互联网企业建设，圆满完成全年的目标任务，各方面工作取得了显著成绩。

（一）电网建设管理成果丰硕

一是一大批国家级和北京市重大项目配套工程如期建成。按时完成79项，78.73km首都核心区电力架空线入地及104.15km，3584基撤线拔杆任务，完成311条166km路灯架空线入地任务，核心区主次干路架空线入地目标基本实现。全面完成副中心行政办公区配套电力工程建设，为市级机关入驻提供保障。提前半年投产直接服务新机场的6项输变电工程，创新应用2座35kV智能移动变电站，满足新机场调试运营用电需求。完成新机场高速、新机场北线高速、兴延高速等涉及的高压线路迁改工程。推动4项新首钢配套工程、8项冬奥会（世园会）配套工程全部开工建设。稳妥推进因民扰停滞两年半的岳各庄变电站工程开工并有序建设。

二是开工、投产规模均创历史新高。完成电网基建投资172亿元。开工35kV及以上输变电工程66项、线路长度724.99km、变电容量1232.2万kVA，开工总规模分别是去年和前年的1.14倍和1.66倍。投产35kV及以上输变电工程57项、线路长度661.56km、变电容量1793万kVA，投产总规模分别是去年和前年的1.58倍和2.68倍。特别是投产的变电容量连续3年实现翻倍增长。投产35kV及以上迁改工程53项、线路长度213.48km，无论数量还是规模都是去年的5倍以上，并且超过过去3年以来的总和，圆满完成全年电网建设的目标任务。

三是基建改革工作高标准通过国网公司验收。优化调整建设部、经研院、工程公司、16个供电公司的职责机构和人员设置，组建建设咨询公司，实现分电压等级和分区域管理的组织模式，进一步夯实安全管理和项目管理，推动流程体系更加顺畅高效。做实现场管理和现场作业，“三个项目部”及作业层骨干作为项目管理关键人员全部配置到位，把关键人员持证上岗作为施工监理招标硬约束。全面采用线路工程“作业层班组骨干+核心劳务分包队伍”的施工组织模式，通过明确作业层班组的人员配置原则，推动施工单位强化人才补充培养，通过明确劳务核心分包队伍准入条件、培育支持政策，推动优秀劳务分包队伍成长。加强施工现场安全风险管控，建立安全责任督查及量化考核常态机制，将安全责任具体落实到单位和个人，与施工监理单位招投标、个人上岗、薪酬绩效等挂钩。建立风险作业报备及值班机制，落实到岗到位要求。加大对施工监理企业的政策支持及资源投入，深化施工监理企业社会化用工机制，优化招聘毕业生的学历及专业结构，满足施工监理业务发展需求。健全完善施工监理企业考核分配机制，加大一线岗位薪酬激励力度，与项目安全、质量等目标量化考核挂钩。加大施工单位技术装备投入，加强基建施工企业装备管理和施工能力。以220kV亦庄西南工程为依托，开展全过程工程咨询的项目试点，将工程监理和项目管理职能合二为一，让项目管理部成为建管单位管理职能的延伸。

四是基建专业管理提质增效。面对处于历史峰值的建设任务，实施基建重点项目“10+40”管理措施，推动工程高效率推进和规范化管理。建立“两个前期”协调机制和内部启动计划，提前办理行政许可手续。推行二级网络计划，以行政许可手续、资金、进度三条主线对里程碑节点细化分解，以过程管控保证关键节点的刚性执行，以精心调度、精准管控促“三率合一”。积极争取市、区两级政府支持政策，提前完成78项变电站土地手续年度治理任务。将基建工程风险作业纳入安全规范化管控平台，深化实施安全责任量化考核，及时发现并整改问题1960项。深化应用预制技术和标准工艺，在国网公司第一批达标投产项目督查中得分率位居前列。推行电缆、线路、变电等专业全过程机械化施工，提升现场标准化建设水平。35kV及以上新建工程全面实行施工图预算，预算较概算下降6.7%。强化结算过程精益化管控，各单位按时结算完成率实现100%。

五是三维设计应用能力初步形成。从技术标准、工程试点、专项研究等方面协同推进，初步构建三维设计技术管理体系，搭建三维设计软、硬件平台，实现专业配套和全过程覆盖。选取三营门、姜庄湖等34项不同类型的试点工程，涵盖35kV及以上电压等级，在国网公司率先完成户内变电站的三维设计。完成通用设计方案三维建模，初步建立公司常用模型库。依托220kV龙潭湖工程深化三维设计成果应用，送电工程、变电工程分获中国电力数字工程大赛一等奖、三等奖。

（二）物资管控能力成效显著

一是人员机构补充到位。完成机构优化调整，明晰物资管理职能，在各供电公司增设物资中心，业务人员由原有34人充实到112人。全面开展新增人员业务培训，积极参加国网公司物力竞赛和青创赛，“以赛促学、以赛代培”提升人员专业素质，古北公司“电缆监造移动作业平台”项目荣获国网公司青创赛金奖。

二是标准物料种类大幅精简。落实国网公司进一步压减物料工作要求，精简采购物资品类，将35～750kV电网标准物料由6263个压减至1473个，压降率77%，10kV电网标准物料由296个压减至98个，压降率67%；超额完成压减目标，位列国网公司第二名。高效开展技术规范修编，国网批次固化ID应用率从82%提高到96%，省公司批次固化ID应用率达到100%。

三是差异化采购规范高效。主动对接，积极服务，利用“班车制”加“专车制”相结合的采购模式，节省采购时间。常规采购“班车制”运行，保证高效有序。针对北京大兴国际机场、冬奥会（世园会）配套等重点工程，提前对接工程需求，合理设定技术参数，积极争取政策支持，借助“专车”服务实施差异化采购，有效满足核心区域高可靠性电网建设和运行质量要求。全年完成集中采购131.99亿元，采购总体规模保持平稳。

四是物资供应保障有力。主动适应电网建设新形势，密切跟踪工程进展，加强专业协同，推动物资供应由“被动响应”向“主动服务”转变。提前制定供应计划，供应计划完成率100%，供应周期整体缩短45天。充实现场物资管理人员，完善资源储备和履约配送机制，及时掌握物资供应进度，圆满完成首都核心区架空线入地、“煤改电”配套等重点工程的物资供应任务。

五是废旧物资处置力度进一步加大。充分调动各单位积极性，有效利用闲置、废旧物资，突破性实现闲置物资跨省调拨1358万元，实现公司内部调拨转储1.69亿元，全年完成废旧物资处置6899.75万元，大幅提升30.26%。盘活利用积压物资举措初见成效。

（三）科技信通工作成绩斐然

一是科技领域攻关取得突破。完成“主动配电网关键技术研究及示范”和“交直流混合配电网关键技术”2项国家863课题项目，并顺利通过国家科技部验收，研究成果得到业内专家高度评价，部分核心技术达到国际领先，为解决城市电网的瓶颈问题提供了新的途径。牵头完成“面向能源互联网的多源协调优化运行应用”等4项国网公司科技项目并通过验收。荣获国网公司科技成果奖励13项，其中作为牵头单位获得一等奖2项；荣获科学技术进步奖5项、北京市科技进步奖4项，获奖数量和等级均为历史最好成绩。

二是试验研究能力稳步提升。建成我国首家“电能替代技术联合实验室”和“交直流混合配电网实验室”，“电能替代技术联合实验室”获国网公司联合实验室命名，为电网优质、绿色、协调发展及政府出台电能替代产业政策提供数据支持。高标准推动智能配电网实验室和工控系统网络安全实验室建设。累计拥有国网公司实验室3个、北京市实验室3个、国家能源局实验室1个。各级实验室各司其责、协同互补，对公司科技研发、技术攻关、“双创”工作起到了重要支撑作用。

三是信息通信与网络安全保障能力持续增强。成功举办公司首届网络安全技能竞赛，完成公司系统等级保护定级备案调整、系统测评。综合运用4G单兵、800M集群等信息通信技术，完成国家专项网络攻防演习，完成全国“两会”“中非论坛”等重大活动信息通信与网络安全保障任务，全年未发生信息通信安全事件。

四是移动应用和无线通信业务管控实现降本增效。按照统一管理和集约管控原则，对移动应用和无线公网实现“五个一”统一管理。加强无线公网业务通信费用、SIM卡台账、异常流量SIM卡监测分析。采用多家通信公司竞争性谈判方式获得比国网框架协议更大的优惠力度，年度无线通信租用费用节省3577万元，成本节约45.7%。

五是领导决策移动应用顺利上线。新增“获得电力”“多户报修”等18个新场景，增加协同办公、即时通信、地图导航等辅助功能，公司中层管理人员应用率达到100%。覆盖电网运行、安全稳定、电网建设和优质服务等九大专业，实现对电网负荷、故障管控、投诉工单、经营绩效等指标数据实时接入、在线监测和深度挖掘，提升公司智能化决策水平，推动企业经营管理提质增效。

二、强基础、补短板、防风险，奋力推动新时代首都能源互联网高质量建设

从现在起到2021年，是我国全面建成小康社会、

实现第一个百年奋斗目标的关键期，也是国网公司坚持高质量发展、问鼎世界一流的战略突破期。在国网公司三届四次职代会上，新一届领导班子守正创新、担当作为，对建设世界一流能源互联网企业赋予全新内涵，对目标要求、战略路径、重点任务做出全面部署，开启了新时代战略实施新征程。寇伟董事长提出：建设世界一流能源互联网企业，必须瞄准世界一流目标，聚焦“两张网”建设，通过实施“一个引领、三个变革”，加快建设枢纽型、平台型、共享型现代企业。要牢牢抓住未来三年的升级跨越期，坚定做强做优做大国网公司的信心和决心，力争到2021年建党一百周年时，初步建成具有全球竞争力的世界一流能源互联网企业。

在国网公司2019年基建、物资、科技和信息通信工作会议上，正是基于对“三型两网”、世界一流目标的深刻理解，总部领导在专业会上科学分析了当前基建、物资、科技和信息通信工作面临的新形势、新任务和新挑战，深刻阐述了电网建设、物资管理、科技和信息通信工作高质量发展的目标方向、原则要求和支撑能力，并就突出安全、质量、效率、效益，全面完成年度工作任务，推动能源互联网高质量发展提出了明确要求，为我们全年工作指明了前进方向、提供了根本遵循。

2019年，是新中国成立70周年和决胜全面建成小康社会的关键一年，全国两会、“一带一路”国际合作高峰论坛、世界园艺博览会、亚洲文明对话大会、建国70周年大庆等一系列重大活动都将在北京举行，确保首都安全稳定意义重大。公司作为国网公司服务首都的示范窗口和首都最大的公用事业单位，更是承担着为中央党政军机关安全可靠供电的重大政治责任，各项工作都处在聚光灯和放大镜下。在公司三届四次职代会暨2019年工作会上，李同智董事长强调：要以首都标准落实国网公司建设“三型两网”企业的战略部署，以深入实施“首都安全稳定年”为主线，以党的建设为引领，以队伍建设为保障，以改革创新为动力，确保实现“八稳”目标，全面提升安全、质量、效率、效益和服务水平，为建设世界一流能源互联网企业、服务首都新时代发展作出新贡献，并要求全员签署安全责任承诺书，让“大安全”的理念深入人心。由此可见，“防范化解风险、确保安全稳定”这项工作在当前乃至今后一个时期被摆到了更加突出的位置。这充分表明了公司对于牢固树立安全发展理念和安全红线意识、压紧压实各级安全责任的极端重视，以及下更大力气建立与高质量发展要求相适应的安全稳定体系、推动世界一流能源互联网企业建设行稳致远的坚定决心。

同时，李同智董事长明确指出，唯有推动能源互联网高质量发展，才能夯实安全稳定的物质基础，唯有推动公司高质量发展，才能筑牢安全稳定的管理保障。建设、物资、科技信通专业肩负着推动能源互联网高质量发展、助力电网和电力物联网融合并进、不断增强安全保障、资源配置和价值创造能力的光荣使命。并且经过多年来的不懈努力，各专业推动实施了一系列打基础、利长远的工作，管理水平不断提升、技术优势逐渐显现，在推动公司高质量发展的新征程中正逢其时、未来可期。推动能源互联网高质量发展要求我们从设计、建设、物资等源头入手，增强电网内在预防和抵御事故风险的能力，打造本质安全、协调发展的坚强智能电网；应用移动互联、人工智能等现代信息技术和先进通信技术，打造状态全面感知、信息高效处理、应用便捷灵活的泛在电力物联网。协同推进“两张网”建设、加快构建联接生产和消费、实现多能转换利用的能源互联网，实现能源流、数据流、业务流融合贯通。推动公司高质量发展要求我们以高质量发展为主线，突出安全质量、效率效益，眼睛向内、苦练内功，优化管理流程、细化管理标准、强化管理协同，消除管理薄弱环节和专业壁垒，提高管理的规范性和精益化水平，实现公司经营管理的深度变化与转型升级。

对标高质量发展要求，我们要树立风险意识和问题导向，清醒地认识到推动电网和电力物联网高质量建设还面临着一些风险和挑战，推动专业管理高质量提升还存在一些短板和弱项。我们必须把好专业发展的“脉络”，找准问题存在的“病因”，开好管理提升的“良方”。

一是基建工程建设任务依然艰巨。2019年计划开工线路长度472.24km，变电容量698.25万kVA；投产线路长度848.58km，变电容量824.7万kV，虽然比2018年略有下降，但无论投资额度、建设规模，还是项目数量，总体上都仍然持续保持高位。冬奥会（世园会）、新首钢、怀柔科学城等国家重大项目配套工程要求务期必成，时间要求极为刚性。受全年多项重大政治保电活动以及冬季雾霾天气预警管控等诸多因素影响，进度计划管理难度较大，有效施工时间十分紧张。同时，绿色施工、环境保护的要求愈发严格，对建设管理能力和安全文明施工提出了更高要求。此外，项目选址选线不深入、前期主体责任落实不到位、征地、拆迁、赔偿等协调效率不高等管理薄弱环节，也成为制约工程建设进度的瓶颈问题。

二是安全质量管控面临巨大压力。预计2019年施工高峰时段，在施项目将达百余项、参建人数将突破万人。临近电作业、深基坑、隧道开挖、重大穿（跨）越等高风险作业普遍存在，参建队伍能力素质参差不齐，施工、电网、人身风险管控压力巨大。作为公司“安全稳定年”的核心任务和重要内容，确保电网建设安全稳定责任重大。另外从去年基建工程达标投产考核发现的问题看，设备基础预埋件不符合要求、保护帽麻面、磕碰等共性问题仍然存在，厂房墙体裂纹、基础回填土沉降等质量通病屡见不鲜，反映出工艺质量要求落实不够、质量过程控制不严、质量验收把关不到位等诸多管理短板，在强化项目安全质量管理和工作责任落实方面还需要持续发力。

三是规范建设要求尚未完全落实。近年来，政府对于各类电网建设项目的监管持续深入，土地手续、施工许可、消防验收、环评水保等环节要求越发严格。巡视检查和内外部审计覆盖范围和检查力度明显加大并逐步成为常态，从去年国网公司对公司开展的巡视和审计检查来看，前期手续办理不及时、施工图审核不规范、施工图预算管理不精细、部分长期工程项目挂账、未批先建、未验先投等问题依然存在。集中反映出人员责任不落实、工程建设程序不熟悉、关键节点把控不到位等突出问题，迁就于不合理现状、“只重进度、不重程序”的认识依然存在。

四是物资供应保障能力还不到位。公司各级电网建设物资需求量大、时间紧、任务重，供应保障要求高。各类重点工程生产供货高峰仍在高位运行，集中交付情况突出，统筹协调难度不断加大。重大工程里程碑计划调整等情况时有发生，全面及时保障各类工程物资供应压力仍然很大。同时在集中建设、集中投产的情况下，物资还不能做到普遍优质，质量管理水平与建设坚强智能电网的标准和要求还有一定差距。

五是物资基础管理工作亟待加强。与公司建设现代化智慧物流体系的要求相比，物资管理在基层基础方面还需下大力气建设完善。仓储物流方面，普遍存在仓库老旧、布局不合理、信息化水平低、软硬件设施配置不到位等问题，历史的“欠账”较多，基层基础建设较为薄弱。质量监督方面，监督手段还需提升，由于场地分散、设施老旧，质量检测能力明显不足。规范管理方面，招标领域廉洁风险始终存在，在招标采购、合同履约、专家管理等方面仍存在薄弱环节。

六是结余和报废物资问题仍未根治。近年来，公司配网改造及“煤改电”项目实施数量多、时间紧、任务重，且由于物资需求提报不准确，项目取消、搁置等因素，造成大量结余物资，虽然公司一直坚持清理长期搁置项目的工程物资，但在清理存量的同时，新搁置和取消项目的物资又不断产生，公司有限的仓储资源极度饱和。同时由于电网改造产生大量难以及时报废的拆旧退役资产，导致废旧物资积压严重，严重挤占各单位有限的仓储资源，有些单位还产生了额外场地租用费用，资源浪费十分严重。

七是泛在电力物联网建设任重道远。随着国网公司加快建设“三型两网”企业，建设和运营好泛在电力物联网已成为能源互联网建设的重要业务。与此要求相比，公司虽然已经着手开展物联网领域技术研究及项目储备，但在通信网络应用、业务数据贯通方面仍有较大欠缺，表现为智能化水平不足、业务融合度不高、共享应用不充分和创新驱动能力不强。此外随着物联网技术的深入应用，网络安全涉及范围更广、边界更多、技术更新、对手更强。针对电力信息基础设施的安全威胁和攻击日益增多，网络安全及信息通信保障工作面临更加严峻的考验。

八是人才队伍建设还需久久为功。在国网公司实施“质量变革、效率变革和动力变革”过程中，面对公司和电网发展方式从规模扩张向质量效益转变的更高要求，人才队伍支撑能力不足与高质量发展需求间的矛盾逐步凸显，不少同志更是出现了“本领恐慌”和“能力危机”。部分管理人员在加强知识储备、提高专业素养方面还有不足，只知怎么看，不知怎么办。三个项目部及作业层骨干在内的一线人员在技术支撑、项目管理、施工管理等方面的能力还需提升。三维设计应用、现代（智慧）供应链建设、泛在电力物联网建设等专业人才队伍的储备和培养刻不容缓。

面对高压监管态势下依法合规建设的外部形势、艰巨繁重任务下安全稳定发展的内部环境，我们要发扬斗争精神、树立底线思维，强基础、补短板、防风险，牢牢把握工作主动权。一方面高度警惕“黑天鹅事件”，对一些不可预见的风险因素和各类苗头性问题不能掉以轻心、置若罔闻，要防患于未然，提前做好应急预案，把风险防控贯穿建设、物资、科技信通专业工作的始终，坚决筑牢防范和抵御风险的安全基础。另一方面主动防范“灰犀牛事件”，对一些“习惯性违章”和历史遗留问题不能习以为常、避重就轻，要以“猛药去疴、重典治乱”的决心和勇气解决问题，整改落实，强化督查督办，从严从重考核，在解决一个个问题中补齐短板、化险为夷。

三、2019年重点工作

2019年，是新中国成立70周年，也是决胜全面建成小康社会的关键之年，还是实现“十三五”电网建设目标胜利收官的攻坚之年，这是承上启下的时间节点，也是继往开来的前行坐标。立足新起点、展现新作为，在推动新时代首都能源互联网高质量建设的新征程中，我们要切实把思想和行动统一到公司党委决策部署上来，守正创新、担当作为，更加卓有成效地做好明年各项工作。2019年建设、物资、科技信通工作的总体要求是：坚持以习近平新时代中国特色社会主义思想为指导，树牢“四个意识”，践行“两个维护”，把握稳中求进总基调和高质量的发展要求，以党的建设为引领，以安全稳定为主线，以依法合规为约束，以效率效益为动力，以科技创新为支撑，以廉洁规范为保障，推动坚强智能电网和泛在电力物联网建设融合并进，推动国家重大项目配套电力工程顺利完成，推动建设、物资、科技信通工作提质增效，更加奋发有为地助力公司和能源互联网高质量发展，以优异的成绩庆祝新中国成立70周年。

为此，重点做好以下几方面工作。

（一）压紧压实安全责任，确保基建安全稳定

一是严格执行安全责任清单，严抓安全责任落实。夯实安全管理基础，关键在于落实责任。要严格执行安全生产全员责任清单，全面落实业主、设计、施工、监理等各类人员安全责任，对照清单履职尽责，各负其责、齐抓共管，尽职免责、失职追责。对于业主和建管单位，要重点落实队伍招标把关、合理工期及合理造价保障、施工单位资源投入监管、现场风险作业监管等责任。对于设计单位，要重点落实设计标准、反措执行、风险提示等责任。对于监理单位，要重点落实方案审查、隐患排查、现场监管等责任。对于施工单位，要重点落实资源投入、施工组织、措施落实、分包管理等责任。做到“前期有策划、现场有措施、作业有安排、过程有管控、结果有考核”。

二是持续抓好基建改革配套措施落地，严抓基建现场安全。各建管单位和参建单位要对照基建改革配套措施验收标准开展常态化自查，建设部要定期督查并对措施落实情况开展评分排序，纳入同业对标和企业负责人业绩指标。严抓招标硬约束，严把进场核实关，严格执行关键人员培训及持证上岗，确保现场关键人员配置到位。全面推行工程现场参建人员实名制信息化管控，强化应用“一人一卡”“一点一机”、现场视频等手段，实时掌握现场人员情况、作业关键信息，实现远程督查，切实做到对现场安全情况“心中有数”。严抓施工方案编制、审批和执行管理，加强高危、重大、重要作业专项施工方案的评审力度，确保施工方案合理、安全措施有效。严抓设计安全交底和施工风险初勘、识别、复测，强化施工风险“一本帐”管理，强化风险作业值班管控机制，建立重大安全隐患举报奖励机制，切实杜绝安全管控盲区。

三是深化作业层班组建设和核心分包队伍管控，严抓分包管理。要深刻认识到，近年来国网公司系统超过80%的人身事故和近90%的死亡人数，均来源于施工分包领域，要突出重点，集中整治，坚守底线，切实扛起“零死亡”的担当。工程公司、京电集团要按计划配置作业层班组骨干人员，固化班组建制。选树优秀作业层班组，培养具备“领着干”能力的班组，固化部分核心劳务分包人员，实现作业层班组对分包人员的直接管控。严格对分包商资质进行把关，严格筛选核心劳务分包队伍和核心分包人员，确保核心劳务分包人员100%持证。做实总包对分包人员的“四统一”管理，开展分包专项检查，将管理能力差、人员不满足要求的分包商，纳入负面清单。

四是提升基建信息化应用水平，实现精准管控。信息化是实现管理创新的重要手段，各单位要以视频、移动应用、“智慧工地”、数字认证等手段提高管理效能。今后一段时间重点是拓展完善“智慧工地”在基建安全专业的功能，优化施工现场数码影像采集、安全质量责任量化考核模块，开发典型违章自动识别等新模块，并在移动终端中集成完善，便于人员随时掌握现场施工安全情况。提升视频监控和人员管理系统的应用效果，重点开展现场违章和项目关键人员到岗到位检查，并定期开展考评通报，实现信息化手段对工程现场安全的有效支撑和精准管控。

五是加大考核力度，形成有效震慑。动员千遍不如问责一次。坚持严字当头、严抓严管、严格考核，对责任不落实、措施不到位、失职失察的，要以铁的纪律，依法依规严肃问责。要加大安全质量责任量化考核频次和通报考核力度，严格将考核结果纳入招标评分、安全专项奖励、评优选拔及对标考核。要严肃执纪，对于严重违章行为，无论是否产生后果，一律参照“醉驾入刑”规则，坚决处理责任单位和责任人员。国网公司对出现安全事故处理的相关制度进行了较大幅度的修改，北京公司也会对相应的制度和规定进行调整，我们基建系统要严格落实、刚性执行。

（二）规范基本建设程序，确保依法合规建设

一是培养依法合规工作习惯。全面落实依法治国、依法治企要求，让敬畏法律、崇尚法治蔚然成风，把依法合规的要求贯穿公司电网建设各环节。要把“程序合规”放到突出位置，坚决抓好落实。要严格执行“七不审、十不开、六不投”要求，从设计评审、开工投产方面加强合法建设管控，将行政许可手续作为工程建设、验收移交的前提条件。各建管单位要设定专人负责行政许可手续办理工作，建设部要将“依法建

设”纳入同业对标和企业负责人业绩指标减分项，月度评价，从重考核。若确需并行办理行政许可手续的紧急项目，各建管单位必须报建设部审批，并承诺办理完成时间，建设部将遗留手续办理工作纳入督办考核事项，限期销项。

二是推行“两个前期一体化”机制。发展部、建设部要固化项目前期和工程前期深度融合机制，将储备工程纳入里程碑计划统筹管理，为有序衔接预安排计划、年度综合计划做好深度储备。两级建设部门要主动参与项目前期工作，超前掌握工程建设特点、难点，会同发展部门定期召开“两个前期一体化”调度会，合力解决投资划分协议签订、选址选线、可行性研究、行政许可手续办理、前期征拆等工作中可能遇到的问题。

三是压实属地协调主体责任。在工程前期拆迁赔偿方面，各供电公司要充分发挥属地优势，积极与区政府沟通汇报，争取电网建设支持政策，营造良好外部建设环境。要全面推广采用委托工程所在地乡镇及以上政府赔偿模式，与政府签订赔偿协议并据实开展结算。原则上不能直接通过拆迁赔偿服务单位实施，降低资金管控风险，提高工程前期效率。在行政许可手续办理及220kV及以上工程建设方面，各供电公司要承担变电站红线外消防水源等市政设施接口建设任务，承担区级层面内国土、规划、施工、园林绿化、河湖、道路、交通、消防等行政许可手续办理任务，与建设咨询公司各司其职、互为支撑，合力推动手续办理提速提效。今年重点加强消防手续管理，工程前期抓好消防设计审核，竣工后及时完成消防“双验收”，确保建设程序依法合规。

（三）强化进度计划管理，确保完成建设任务

一是强化进度计划过程管控。综合考虑项目前期、采购批次、停电窗口等因素，结合工程特点与建设需求，科学制定进度计划。加强计划执行跟踪，开工项目，要紧盯招标采购、评审批复，加快用地、林业、环评、水保等手续办理。续建及投产项目，要紧盯现场资源投入、本体进展，抓好外部协调、物资供应、停电安排、跨越手续办理等环节，推动工程按计划实施。

二是深化“二级网络计划”管控。各建管单位要以进度、手续、资金三条主线对里程碑关键节点细化分解，滚动编制“二级网络计划”，实施项目全过程精准管控，做到月度目标节点细化到天、季度目标节点细化到旬、远期目标节点细化到月。运用“智慧工地”平台自动跟踪、预警，以过程管控保证关键节点刚性执行。建设部要对完成情况进行通报。

三是完成冬奥会（世园会）配套工程建设。延庆公司要在3月底前投产世园会配套的110kV大路工程和移动式变电站。海淀公司要力争在6月底前开工110kV首体工程，建设咨询公司、延庆、朝阳、石景山公司要在11月底前投产500kV北京换流站—昌平、220kV西白庙、110kV海坨等“2+2+5”共9项工程，全面满足2020年冬奥测试赛需求。建设咨询公司要在年底前投产京张高铁牵引站2项配套外电源工程，年内完成京张高铁线路迁改。

四是推动国家重大项目配套工程建设。城市副中心方面，3月开工500kV通州北工程，9月底前投产220kV运河、110kV北神树、驸马庄3项工程，力争年底前建成220kV潞城站和供电保障中心。北京大兴国际机场方面，上半年投产500kV新航城、房山—南蔡工程。新首钢方面，11月底前投产220kV石景山、石龙、110kV群明3项工程，确保110kV炼钢工程年内具备投产条件。怀柔科学城方面，10月底前投产110kV云西、科学城西2项工程。

（四）严格标准工艺应用，全面提升基建质量

一是树立高质量建设目标。贯彻落实国网公司“八个抓实”重点举措，坚持公司所有工程争创国网公司“优质工程金银奖”的质量目标，高标准开展工程创优策划。开展公司金银奖评比，强化精品工程示范带动作用，组织优秀项目现场观摩、交流，以点带面、促进工程建设工艺质量水平均衡提升。

二是压实各级质量管理责任。对于业主和建管单位，要重点落实质量管理体系建立、建设程序执行、甲供物资质量标准、重要环节质量监管等责任。对于设计单位，要重点落实设计深度、方案质量、现场服务等责任。对于监理单位，要重点落实到货查验、旁站见证、验收把关等责任。对于施工单位，要重点落实按图施工、过程管控、措施落实等责任。对于质监单位，要重点落实质量监督检查与质量隐患治理等责任。要全面实施关键人员实名制管控，开工前要履行备案程序，投产后要在建筑物明显位置设置实名永久性标牌。对于存在功能性缺陷或影响安全运行的质量问题，要倒查追究责任。

三是严格过程质量管控。深化资产全寿命周期管理，强化设计、设备、施工、调试、验收等全过程管控。要加强设计质量管控。强化可研初设一体化管理，做深可研，做优初设，做精施工图设计，将技术原则和设计方案在各阶段一以贯之，避免发生重大变更。强化勘测深度到位，建管单位要参与重要工程、重点部位的勘测过程，勘测深度必须达到设计要求深度，确保勘测质量。深化完善通用设计，明确工厂化加工、模块化建设、机械化施工应用要求，保障工程质量。

适当提高设计标准，针对生产运维环节反馈问题较多的地方，加强差异化设计，补强质量“短板”。要加强设备质量管控。按照全生命周期最优理念，强化通用设备应用，设计阶段合理选择设备型式，科学提高关键设备技术参数，采购技术性能优越、通用互换性强的优质设备。要加强施工质量管控。积极推行工厂化加工、模块化建设、机械化施工，大幅减少现场湿作业。深化标准工艺，组织标准工艺应用竞赛，提高标准工艺应用效果。狠抓安装工艺关键环节管控，依托“智慧工地”等信息化手段强化安装记录管理。完善设备无尘化安装技术措施，将 GIS、电缆终端安装环境控制要求纳入工程施工招标要求，确保空气净化装置全面应用。建立健全以实测实量为核心的质量管理模式，推行验收人员实名制，加强隐蔽工程检查验收，加强过程质量检查、成品质量检查，强化质量溯源。开展质量通病防治专项行动，补充完善质量通病防治清单，各建管单位要严格按照防治清单和标准工艺验评规范要求进行现场质量检查、验收。

（五）推广三维设计应用，提升技术技经水平

一是深化三维设计在基建管理全过程中的应用。所有 35kV 及以上新建工程全面应用三维设计，并延伸至设计招标、初设评审、建设管理等后续环节。建设部要建立月度会商机制，对各工程三维设计进度和设计质量进行指导调度。深化三维设计成果应用，依托三营门、姜庄湖变电站 2 项试点工程，探索基于三维设计成果的移动终端应用、4D 施工模拟等数字化管控，力争尽快实现三维设计在建设管理、施工组织、档案移交、运维检修等环节的单轨制应用。

二是提升设计和技术精益化管理水平。做深可研设计，落实可研和设计一体化管理要求，加强站址、路径、环评水保等前期工作深度，实现可研与初步设计切实衔接。做优初步设计，结合工程运行、施工条件，在推广应用通用设计、模块化建设、机械化施工的基础上，推广成熟适用新技术。依托工程推进电缆通用套管、二氧化碳致裂技术试点应用。全面实现变电站、电缆安装、架空线路机械化施工 100%。强化设计方案技术经济比选，筛选出既满足技术要求又经济合理的设计方案。做实施工图设计，注重与施工有效衔接。

三是从严管控工程造价。落实国网公司“四个必须、八个转变”要求。要做深做细施工图预算管理，各建管单位必须严守“四条红线”，未经施工图预算审核的项目，不得开展施工招标。施工图审定后的设计变化要严格履行设计变更审批手续，对重大设计变更要现场核实。施工图设计深度和质量要满足施工图预算编制要求。施工图预算原则上控制在概算以内。各建管单位要认真执行现场过程造价管理，及时开展工程结算复核。

（六）突出选好选优设备，严把物资质量关口

一是因地制宜开展差异化采购。合理优化招标采购策略，科学提高关键设备技术参数，对于国家重大项目、优化营商环境、建国 70 周年大庆等配套重点工程持续开展差异化采购，选用技术性能优越、通用互换性强的优质设备，提升采购质效。充分利用技术规范审核专家库，着力提高技术规范书编审质量。

二是不断提升采购供应时效性。主动适应物资协议库存采购策略变化，加强计划、采购关键节点管控，满足计划申报至中标结果预公示不超过40天的时间要求。加强与建设部门的协同配合，依据工程里程碑计划和采购供应周期，主动对接工程建设计划和物资需求，采用“常态化审查”和“集中审查”相结合、“班车制”和“专车制”相结合的采购策略，注重规模效率的同时，有效满足重点工程和紧急物资的保障需求。

三是坚决把住入网设备质量关。强化通用设备应用，精简通用设备种类，提升设备通用性。加强设备监造，将质量监督工作覆盖 220kV 及以上新建工程。继续完善电缆监造移动作业平台功能，严把电缆入网第一关，并将该移动作业平台在其他主设备监造中推广应用。优化升级试验设备和试验项目，提升检测能力、扩大检测范围。加强合同签订、技术联络、到货验收等关键环节管控，对供货质量不符合要求的，严格按合同条款限期整改、更换或进行索赔，并将供应商不良行为纳入诚信记录，进行处理。

（七）规范招标采购工作，加强薄弱环节治理

一是加强技术规范书编审质量管理。编制公司服务类技术规范书范本，形成公司服务类固化技术规范书，提高技术规范书编审质量。建立招标文件模板动态更新机制，重点改进工程及服务类招标文件编制水平。强化工程及服务类技术规范书专家审核，确保技术规范书内容深度及准确性满足招标采购要求。设置技术规范书准确性指标，对项目单位提交的技术规范书内容深度及准确性、修改完善及时性等进行严格把关和考核。

二是深入开展服务类采购定价机制研究。对于有定额参考的技改、大修类服务，参考定额标准研究确定定价规则及投标报价要求。对于无定额等定价参考的后勤、科技开发、咨询等服务类项目，按人材机等投入资源单价，合理确定定价规则，按类别设计投标报价标准表格或报价要求，规范投标人报价行为，下大力气解决部分服务类采购定价依据不充分、投标商

报价不合理的难题。

三是重点防范围串标及虚假投标风险。约束和规范代理机构从业人员工作行为，采取培训、约谈、通报处罚等方式，提高公司系统内外投标人对招投标工作严肃性的认识，减少围串标及虚假投标的发生。编制围串标及虚假投标辨识作业指导书，作为专家初审阶段重点审阅内容。项目经理及法律人员在评审过程中介入异常报价筛选、投标资料真实性复核、股权关系梳理、不良行为调查等评审辅助工作，协助专家准确识别围串标、虚假投标等行为。

（八）完成现代供应链建设，推动“储检一体”建设

一是完成现代（智慧）供应链建设任务。针对公司承担的69个场景、90项任务，按照“覆盖所有场景，突出北京特色”原则，高质量编制现代（智慧）供应链体系实施方案，选取通州、丰台、昌平公司3家试点单位，推广4个国网公司统一部署系统，改造1个ERP系统，新建1个智慧供应链管控系统。与财务、科信等部门沟通，落实信息化项目和资金来源，力争通过两年建设，打造大数据支撑、网络化共享、智能化协作的“411北京现代（智慧）供应链体系”。

二是重点打造仓储管理和物资供应功能应用。以“仓储作业智能化、供应流程可视化”为重点，依托“大云物移智”新技术，升级改造ECP、ERP、智慧物流仓储配送管理系统和供应链协同管理系统。统筹实物储备、项目库存、协议库存等物资资源，通过相关系统获取库存台账、出入库凭证、库存分布等信息，实现资源的有效整合和数据的动态更新。强化供需协同，构建智能化匹配体系，实现供需计划精准匹配。建设数字物流业务链，全程实现数字化供应、可视化展示。动态监控履约节点，实时调度履约进度，实现物资仓储运转效率和物资供应时效的整体提升。

三是推进智能“储检一体”建设。以“自动化、智慧化、实用化”为原则，依托智能化信息管控平台，深度融合仓储配送和质量检测业务，年底前全面建成具有国网领先水平的磁各庄中心库，实现3个周转库的高效运转，完成包括丰台、通州2个示范点创建在内的14个仓储点标准化建设，力争两年内建成“1+3+17”智能仓储网络体系。严格执行采购入库、结余退库要求，实现库存物资账实相符、账物一致。推广“集中入库，统一检测”方式，将集中入库物资范围由17个品类扩展至21个，实现库内物资随到随检，主要物资随用随领。配套调整公司物资调配中心机构功能及人员配置，全力做好“储检一体”中心库的业务支撑。

（九）优先利用结余物资，稳妥处理报废物资

一是认真梳理结余物资和报废物资。准确掌握结余物资和报废物资存量，协同财务部门、运检、建设等项目管理部门分别开展未退库的结余物资和报废物资存量摸底工作，形成结余物资和待报废物资清单。依托现代智慧供应链建设中全量库存资源统筹调配模块，开展对存量清单数据的精细化管理。

二是做好结余物资退库和利用工作。物资部门要协同财务部门，优化涉及结余物资退库的考核指标，协同项目管理部门和建管单位，规范结余物资退库手续，有序开展退库工作。实施城区、怀柔公司等8个仓储库房改造，稳定增加库容。加大两级“平衡利库”力度，从计划申报源头落实“先利用，后采购”模式，各单位要实行内部强制利库，限时完成工程间物资调拨转储，物资部要组织开展库间调配、跨单位调配以及跨省调配，有效降低积压结余库存。

三是提升报废物资处置的规范性。物资部门要协同实物资产、财务部门和项目管理部门，开展退役资产报废手续办理相关工作，依法合规开展报废物资处置。对未到报废年限但无法再利用、历史遗留确实无法做到账物对应的实物资产，开辟资产报废“特殊通道”。合理安排废旧物资处置计划，稳妥有序推动处置进度。试点开展废旧物资统一退库、集中存放、库内移交工作机制，有效提升处置效率。

（十）加强科研能力建设，发挥引领支撑作用

一是加强内外部科研协同。协同公司内部科研资源力量，借助外部科研资源优势，形成以内部资源为支撑、外部资源为协同，内外部资源统筹利用、产学研用紧密结合的科研协同机制。围绕公司重点业务和共性技术需求，以科技项目为载体，打造集需求、研究、试点、应用、推广于一体的跨单位、高素质科技攻关团队。

二是加强核心技术攻关。顺应能源革命和技术革命发展趋势，瞄准“三型两网” 世界一流能源互联网企业战略目标，围绕首都安全稳定体系建设需求，加强优势核心技术和生产实用技术攻关。推进公司智能配电网实验室建设，加强公司实验室运行管理，进一步提升实验室软实力，在技术支持、监督、服务等方面发挥重要作用。

三是加强科技成果推广应用。加强科技奖励的培育申报，超前谋划一批具备冲击省部级科技进步一等奖的成果。加强专利保护布局，提升核心专利质量。建立科技成果推广应用机制，推动国网公司新技术推广应用计划应用落实。加强大众创业万众创新机制建设，进一步凝聚“双创”共识，推动公司大众创业万

众创新迈上新台阶。

（十一）筑牢网络安全防线，强化信息通信保障

一是强化网络安全管理。严格执行《网络安全法》，开展网络安全等级保护 2.0 建设，确保关键信息基础设施安全。深化网络安全技能体系建设，加强培训交流、认证评价，提高网络安全红蓝队伍技术能力。初步建成国内首家警企共建网络安全实验室，开展工控系统安全仿真培训、入网设备人员资格认证、安全技术标准研究。

二是完成信息通信政治供电保障任务。加强重要数据管理，保障数据安全。对重点站线开展多轮次隐患排查治理，完善专业预案及应急处置预案，开展多专业联合应急演练，开展网络安全和信息通信系统专项建设，夯实基础装备配置，提高智能防御水平，完成 2019 年全国“两会”“一带一路”、世园会、建国 70 周年供电保障任务。确保不发生七级及以上信息通信系统安全事件。

三是夯实信息通信运行基础。强化信息通信调度运行管理，开展营销类等重要信息系统可靠性提升和性能优化工作。深化应用统一权限管理平台，实现线上业务授权。有序推进 IToM 3.0 二期应用，深化信息通信系统运行方式编制。重点推进通信机房及管隧道光缆消防、OPGW 三点接地、变电站光缆双路径等专项改造，确保新建工程隐患零增量，存量隐患逐年按计划整改。

（十二）建设泛在电力物联网，加快信息通信建设

一是开展泛在电力物联网建设。按照公司“第二张网”的定义，开展泛在电力物联网顶层设计和专项课题研究。强化基础支撑，优化通信网络骨干网架，加快无线专网推广建设，增强通信网络覆盖，满足泛在物联接入需求。建设全业务统一数据中心，强化数据共建共享，提升全网运行状态感知能力和供电保障智慧指挥水平。深化领导决策移动应用，研发“首都安全稳定年”等模块，整合各专业移动作业终端功能，提升企业智慧化运营能力。开展综合试点示范工作，初步建成“智能感知、广泛互联、高效共享、应用灵活”的泛在电力物联网。

二是完成信息化建设任务。进一步深化信息平台建设，年底前全面建成“国网云”平台并推广应用，完成业务应用系统“国网云”纳管率 100%。统一数据标准，深化全业务统一数据中心建设，推进全域数据模型落地应用。落实好信息化项目建设工作，完成“网上国网”、规划计划 2.0、多维精益管理等建设任务，支撑公司发展、促进业务协同。推进北京数据中心二期主体工程和信息化项目有序建设。

三是加快重点通信网项目建设。开展骨干传输网双平面、通州传输网第二平面及数据通信骨干网等 4 个项目初步设计和招标工作，完成朝阳、亦庄、通州公司本部通信系统建设。推进国网公司重点任务 ADSS 光缆“三跨”隐患治理项目，完成大兴应急反恐基地配套信息通信项目招标工作，推进冬奥会配套传输网建设、首都功能核心区传输网提升等 8 个项目立项。

（十三）加强党风廉政建设，打造一流人才队伍

一是推进党建引领与融入。党员干部要自觉履行管党治党责任，抓紧抓实分管领域党建工作。自觉做到“专业工作战线延伸到哪里，党组织就跟进到哪里，党员的作用就发挥在哪里”，保障公司党委各项部署在电网建设主战场、物资供应第一线、科技信息最前沿的全面落实。持续深化党建引领和内嵌融入专业工作要求，将支部党员会议和专业管理工作相贯通，将党小组会议与项目例会相结合，将党课教育与学习培训相融合，在认真执行“三会一课”的同时，有效提高专业素养和管理水平。通过建立党员安全责任区、成立党员突击队、设置临时党支部等工作机制，激励、引导广大党员在完成急难险重任务中体现价值、展树形象，充分发挥党员干部在内部管理和外部协调方面的先锋模范作用。

二是加强纪律和作风建设。严格执行中央“八项规定”和公司党风廉政各项要求，强化法治意识、规则意识，自觉按流程办事、按规矩办事。聚焦近年来国网公司巡视审计发现的问题，认真制定针对性、具体化、可操作的整改措施和实施方案，通过一个问题整改，推动一类问题解决。重点抓好工程建设项目分包、物资招标采购等关键环节和科研经费、技术服务、示范工程建设等重点领域，始终保持人员队伍积极、健康、向上的良好风貌。

三是突出专业骨干人才培养。树立“管专业就要管队伍、干成事就要培养人”的理念，推动各专业队伍建设和人才培养。深化人才挖掘和储备，力争在国网领军、国网级专家、劳模工匠、技术能手等复合型、前沿型、基础型骨干人才数量上实现新突破。通过承担科技攻关、重大项目研究、管理创新等工作任务，打造业务能力强、管理水平高、团队凝聚力强的专业队伍。强化公司两级培训，围绕专业工作重点和管理短板，开展有针对性和精准性的培训活动。组织竞赛调考和技能比武，以赛促培提升人才队伍素质。强化正向激励、通过同业对标、业绩考核指标加分项设置，确保人才队伍建设工作得到重视、取得实效。

重 要 文 件

上级单位重要文件索引（摘要）

文　号	文 件 标 题
办公通报〔2018〕1 号	寇伟总经理主持召开公司深化改革工作领导小组办公室 2018 年第一次（总第十次）会议
办文档〔2018〕28 号	国网办公厅关于印发《国家电网有限公司、总部各部门、各分部、各单位、各驻外机构在公文中的规范化简称及统称》的通知
电管办〔2018〕15 号	北京市城市管理委员会关于国网北京市电力公司 2018 年度电网迎峰度夏有序用电方案的批复
电管办〔2018〕71 号	北京市城市管理委员会关于国网北京市电力公司 2018 年度电网迎峰度冬有序用电方案的批复
电机学〔2018〕225 号	中国电机工程学会关于农村电气化专业委员会主任委员调整的批复
电力应急办〔2018〕1 号	北京市电力事故应急指挥部办公室关于印发《北京市电力行业大面积停电事件应急预案管理办法（试行）》的通知
国家电网安质〔2018〕22 号	国家电网公司关于规范领导干部和管理人员生产现场到岗到位工作的指导意见
国家电网安质〔2018〕119 号	国家电网公司关于表彰 2018 年初抗冰抢险保供电工作先进的通报
国家电网安质〔2018〕161 号	国家电网公司关于表扬 2017 年度实现安全目标的单位和安全生产先进个人的通报
国家电网办〔2018〕1 号	国家电网公司关于坚持以客户为中心进一步提升优质服务水平的意见
国家电网办〔2018〕153 号	国家电网公司关于印发《文书档案整理规范》等九项档案业务规范的通知
国家电网办〔2018〕1072 号	国家电网有限公司关于印发《规范供电企业业务外包管理的指导意见（暂行）》的通知
国家电网财〔2018〕691 号	国家电网有限公司关于落实清理规范电网和转供电环节收费有关要求的通知
国家电网财〔2018〕909 号	国家电网有限公司关于 2017 年度财务决算的批复
国家电网财〔2018〕1110 号	国家电网有限公司关于印发《多维精益管理体系变革工作推进管控规范》的通知
国家电网财〔2018〕1122 号	国家电网有限公司关于加快清理规范转供电环节加价工作的通知
国家电网产业〔2018〕114 号	国家电网公司关于印发《国家电网公司集体企业安全生产管理工作规范》的通知
国家电网党〔2018〕1 号	中共国家电网公司党组关于以习近平新时代中国特色社会主义思想为指导全面推进党建工作高质量发展的意见
国家电网党〔2018〕18 号	中共国家电网公司党组关于表彰国家电网公司纪检监察工作先进单位先进集体先进个人和公司巡视工作先进个人的通知
国家电网党〔2018〕31 号	中共国家电网公司党组关于印发《加强和规范公司各级党组织巡察工作意见》的通知
国家电网党〔2018〕95 号	中共国家电网有限公司党组关于表彰“热爱国网”先进离退休党支部和“新时代国网老年之星”的决定
国家电网发展〔2018〕281 号	国家电网公司关于张北柔直北京换流站至昌平送出等 8 项 500kV 输变电工程可行性研究报告的批复

续表

文号	文件标题
国家电网发展〔2018〕285号	国家电网公司关于北京电网石龙等220、110kV输变电工程可行性研究报告的批复
国家电网发展〔2018〕316号	国家电网公司关于北京电网电力监控系统网络安全管理平台建设等24项工程可行性研究报告的批复
国家电网发展〔2018〕469号	国家电网有限公司关于北京电网延庆海坨等2项110kV输变电工程可行性研究报告的批复
国家电网发展〔2018〕700号	国家电网有限公司关于北京电网丽泽220kV输变电工程可行性研究报告的批复
国家电网发展〔2018〕968号	国家电网有限公司关于北京电网通州～运河等220、110kV输变电工程可行性研究报告的批复
国家电网发展〔2018〕985号	国家电网有限公司关于北京石景山地区电网调度控制系统建设等工程可行性研究报告的批复
国家电网后勤〔2018〕418号	国家电网有限公司关于开展2018年后勤依法规范管理知识竞赛的通知
国家电网基建〔2018〕64号	国家电网公司关于进一步规范输变电工程前期工作的意见
国家电网基建〔2018〕381号	国家电网公司关于进一步规范全过程工程咨询试点基建专业管理的通知
国家电网基建〔2018〕671号	国家电网有限公司关于北京新航城500kV输变电工程初步设计的批复
国家电网基建〔2018〕958号	国家电网有限公司关于北京通州北500kV输变电工程初步设计的批复
国家电网基建〔2018〕1002号	国家电网有限公司关于北京东～通州500kV输变电工程（北京段）初步设计的批复
国家电网基建〔2018〕1026号	国家电网有限公司关于张北柔性直流电网试验示范工程初步设计的批复
国家电网基建〔2018〕1030号	国家电网有限公司关于张北柔直北京换流站至昌平500kV送出工程初步设计的批复
国家电网监察〔2018〕495号	国家电网有限公司关于规范配合巡视工作直接费用支出管理的通知
国家电网科〔2018〕5号	国家电网公司关于进一步规范电网建设项目水土保持设施验收管理的通知
国家电网科〔2018〕1179号	国家电网有限公司关于开展2017～2018年度科技工作先进评选推荐工作的通知
国家电网企管〔2018〕8号	国家电网公司关于印发《智能电能表软件可靠性技术规范》等6项技术标准的通知
国家电网企管〔2018〕124号	国家电网公司关于印发《抽水蓄能电站工程施工监理规范》等7项技术标准的通知
国家电网企管〔2018〕128号	国家电网公司关于印发《输变电工程地基基础检测规范》等8项技术标准的通知
国家电网企管〔2018〕170号	国家电网公司关于印发《信息系统用户体验设计规范》等6项技术标准的通知
国家电网企管〔2018〕182号	国家电网公司关于印发《电能服务管理平台信息交互技术规范》等7项技术标准的通知
国家电网企管〔2018〕301号	国家电网公司关于印发《72.5kV及以上集成式智能隔离断路器检测技术规范》等8项技术标准的通知
国家电网企管〔2018〕417号	国家电网有限公司关于印发《配电网发展规划评价技术规范》等13项技术标准的通知
国家电网企管〔2018〕456号	国家电网有限公司关于加强和规范失信联合惩戒工作的通知
国家电网企管〔2018〕565号	国家电网有限公司关于印发《国家电网有限公司作业安全体感实训室功能及建设规范》的通知
国家电网企管〔2018〕607号	国家电网有限公司关于印发《电网投资项目协同管理数据维护规范》等3项技术标准的通知
国家电网企管〔2018〕608号	国家电网有限公司关于印发《电网一次设备电子标签技术规范》的通知
国家电网企管〔2018〕727号	国家电网有限公司关于印发《计量现场作业终端技术规范》等23项技术标准的通知
国家电网企管〔2018〕788号	国家电网有限公司关于印发《智能电网调度控制系统负荷批量控制功能规范》等19项技术标准的通知

续表

文　　号	文件标题
国家电网企管〔2018〕789号	国家电网有限公司关于印发《电容型设备绝缘在线监测装置技术规范》等18项技术标准的通知
国家电网企管〔2018〕999号	国家电网有限公司关于印发《预制舱式二次组合设备技术规范》等3项技术标准的通知
国家电网企管〔2018〕1019号	国家电网有限公司关于发布质量管理（QC）小组活动40周年“先进QC人物”和“优秀QC小组”的通报
国家电网企管〔2017〕1068号	国家电网公司关于印发《变电站设备验收规范　第1部分：油浸式变压器（电抗器）》等18项技术标准的通知
国家电网人资〔2018〕12号	国家电网公司关于表彰体制改革工作先进集体、先进个人的通报
国家电网人资〔2018〕66号	国家电网公司关于表彰基建管理先进单位和先进个人的通报
国家电网人资〔2018〕67号	国家电网公司关于表彰安全生产工作先进单位、先进集体和先进个人的通报
国家电网人资〔2018〕68号	国家电网公司关于表彰锡盟—胜利、榆横—潍坊、青州换—潍坊变、临沂换—临沂变特高压交流工程先进集体和先进个人的通报
国家电网人资〔2018〕69号	国家电网公司关于表彰首批“容量提升、分层接入”特高压直流输电工程先进单位（集体）和先进个人的通报
国家电网人资〔2018〕103号	国家电网公司关于表彰2017年度集体企业管理工作先进单位、先进集体和先进个人的通知
国家电网人资〔2018〕111号	国家电网公司关于表彰发展工作先进单位和先进个人的通知
国家电网人资〔2018〕155号	国家电网公司关于表彰审计工作先进单位、先进集体和先进个人的通报
国家电网人资〔2018〕156号	国家电网公司关于表彰电力交易工作先进集体和先进个人的通报
国家电网人资〔2018〕177号	国家电网公司关于表彰企协工作先进单位、先进集体、先进个人的通报
国家电网人资〔2018〕188号	国家电网公司关于表彰工会工作先进单位、先进集体和先进个人的通报
国家电网人资〔2018〕197号	国家电网公司关于表彰2016～2017年度战略管理和智库建设先进单位、先进个人的通报
国家电网人资〔2018〕228号	国家电网公司关于表彰运营监测（控）工作先进单位、先进集体和先进个人的通报
国家电网人资〔2018〕559号	国家电网有限公司关于表彰离退休工作先进集体和先进个人的通报
国家电网人资〔2018〕750号	国家电网有限公司关于表彰办公室工作先进集体和先进个人的通报
国家电网人资〔2018〕753号	国家电网有限公司关于国网北京市电力公司等27家单位公司章程的批复
国家电网人资〔2018〕778号	国家电网有限公司关于表彰国际标准化工作先进单位、先进个人的通报
国家电网人资〔2017〕1078号	国家电网公司关于表彰运维检修工作先进单位、先进集体和先进个人的通报
国家电网人资〔2018〕1160号	国家电网有限公司关于表彰东西人才帮扶工作先进单位、先进集体和先进个人的通报
国家电网外联〔2018〕357号	国家电网公司关于进一步推进公司公益工作规范化管理、品牌化发展的意见
国家电网物资〔2018〕830号	国家电网有限公司关于进一步规范代理商招投标管理活动的通知
国家电网信通〔2018〕65号	国家电网公司关于人资管理业务—2018年网络大学—设计开发实施等22个信息化项目可行性研究报告的批复
国家电网信通〔2018〕97号	国家电网公司关于基础设施—2018年北京数据中心软硬件购置等20个信息化项目可行性研究报告的批复

续表

文　号	文 件 标 题
国家电网信通〔2018〕175 号	国家电网公司关于基础设施—2018 年云基础设施—设计开发实施等 18 个信息化项目可行性研究报告的批复
国家电网信通〔2018〕184 号	国家电网公司关于基础设施—2018 年云服务中心—设计开发实施等 21 个信息化项目可行性研究报告的批复
国家电网信通〔2018〕213 号	国家电网公司关于电力营销业务—2018 年全国统一电力市场技术支撑子系统—设计开发实施等 2 个信息化项目可行性研究报告的批复
国家电网信通〔2018〕230 号	国家电网公司关于规划计划业务—2018 年 PIS 系统—设计开发实施等 10 个信息化项目可行性研究报告的批复
国家电网信通〔2018〕245 号	国家电网公司关于智能分析决策—2018 年运营监测（控）业务支撑—实施项目可行性研究报告的批复
国家电网信通〔2018〕529 号	国家电网有限公司关于印发《移动作业应用安全防护方案和移动作业终端分类配置规范》的通知
国家电网信通〔2018〕988 号	国家电网有限公司关于基础设施—2018 年 IPv6 改造—软硬件购置等 9 个信息化项目可行性研究报告的批复
国家电网信通〔2018〕989 号	国家电网有限公司关于信息集成—2018 年电网云 GIS 平台—设计开发实施等 3 个信息化项目可行性研究报告的批复
国家电网信通〔2018〕990 号	国家电网有限公司关于顶层设计—2018 年全业务泛在电力物联网—设计等 11 个信息化项目可行性研究报告的批复
国家电网信通〔2018〕991 号	国家电网有限公司关于基础设施—2019 年一体化“国网云”平台 2.0—设计开发实施等 4 个信息化项目可行性研究报告的批复
国家电网信通〔2018〕1016 号	国家电网有限公司关于财务管理业务—2018 年财务管埋子系统—设计开发实施等 10 个信息化项目可行性研究报告的批复
国家电网运监〔2018〕711 号	国家电网有限公司关于加强对外提供数据规范管理的指导意见
国家电网运监〔2018〕1145 号	国家电网有限公司关于印发《国家电网有限公司运营数据资产管理项目规范（暂行）》和《国家电网有限公司运营数据资产管理项目费用估算规范（暂行）》的通知
华北监能市场〔2018〕571 号	华北能源监管局关于征求规范风电和光伏发电项目并网启动试运行期限意见的函
架空线联席会议〔2018〕5 号	关于补充增加 2018 年支路胡同路灯架空线入地及规范梳理任务的通知
京安办发〔2018〕11 号	北京市安全生产委员会办公室北京市人力资源和社会保障局关于表彰北京市安全生产先进单位和先进个人的决定
京办发〔2018〕24 号	中共北京市委办公厅北京市人民政府办公厅关于印发《北京市基层社会治理规范化建设行动计划（2018—2020 年）》的通知
京办发〔2018〕26 号	中共北京市委办公厅印发《关于统筹规范督查检查考核工作的若干措施》的通知
京发〔2018〕1 号	中共北京市委北京市人民政府印发《关于深化投融资体制改革的实施意见》的通知
京发改〔2018〕1787 号	北京市发展和改革委员会关于做好清理规范转供电环节不合理收费有关工作的函
京发改（核）〔2018〕277 号	北京市发展和改革委员会关于富力城 220kV 变电站扩建工程项目核准的批复
京发改（核）〔2018〕312 号	北京市发展和改革委员会关于北京市石景山区中关村科技园区石景山园北 I 区 1605—651 地块 B23 研发设计用地项目核准的批复
京发改（核）〔2018〕380 号	北京市发展和改革委员会关于北京市石景山区中关村科技园区石景山园北 I 区 1605—636 地块 B23 研发设计用地项目核准的批复
京发改（审）〔2018〕369 号	北京市发展和改革委员会关于 2018 年第一批“煤改电”项目资金申请报告的批复
京发改（审）〔2018〕501 号	北京市发展和改革委员会关于 2017 年“煤改电”项目补助资金调整申请报告的批复
京管函〔2018〕260 号	北京市城市管理委员会关于参与跨区域省间富余可再生能源电力现货交易的批复

续表

文 号	文件标题
京管函〔2018〕281 号	北京市城市管理委员会关于北京电网 2018 年拉路限电序位的批复
京国保发〔2018〕2 号	北京市国家保密局、北京市人力资源和社会保障局关于表彰北京市保密工作系统先进集体和先进个人的决定
京机场办〔2018〕1 号	关于北京市 2018 年协调推进新机场建设重点工作安排意见征求意见的函
京机场指〔2018〕1 号	北京市新机场建设总指挥部关于印发《北京市 2018 年协调推进北京新机场建设重点工作安排意见》的通知
京审投一通〔2018〕1 号	北京市审计局对北京市发展和改革委员会 2017 年度市级基本建设预算资金管理和分配审计的通知
京压煤办〔2018〕1 号	北京市压减燃煤工作领导小组办公室关于印发《北京市 2018 年压减燃煤和清洁能源建设工作计划》的通知
京政汛〔2018〕13 号	北京市人民政府防汛抗旱指挥部、北京市人力资源和社会保障局关于开展北京市防汛抗旱先进集体和先进个人评选表彰工作的通知
京政汛〔2018〕14 号	北京市人民政府防汛抗旱指挥部、北京市人力资源和社会保障局关于表彰北京市防汛抗旱先进集体和先进个人的决定
内通〔2018〕69 号	罗乾宜总会计师在多维精益管理体系变革暨规范财务基础管理视频推进会上的讲话
人资绩〔2018〕43 号	国网人资部关于各单位负责人 2017 年度薪酬兑现方案及 2018 年度基本年薪方案的批复
人资计〔2018〕5 号	国网人资部关于规范开展供电服务公司招聘补员工作的通知
人资计〔2018〕97 号	国网人资部关于评选 2017～2018 年度东西人才帮扶工作先进单位、先进集体和先进个人的通知
人资组〔2018〕11 号	国网人资部关于国网北京电力等单位基建相关机构及职责优化调整方案的批复
人资组〔2018〕31 号	国网人资部关于各省成立综合能源服务公司的批复
人资组〔2018〕38 号	国网人资部关于征求《规范供电企业业务外包管理指导意见》修改建议的通知
人资组〔2018〕58 号	国网人资部关于调整国网北京电力 110kV 输变电运检及调控业务相关机构职责的批复
人资组〔2018〕66 号	国网人资部关于国网北京电力成立电缆分公司的批复
市城市运行和环境保障组〔2018〕1 号	关于印发《2018 年中非合作论坛北京峰会环境保障和城市运行工作方案》的通知
市规划国土函〔2018〕1842 号	北京市规划和国土资源管理委员会关于北京市地方标准《有轨电车工程设计规范》（征求意见稿）的征求意见函
市规划国土函〔2018〕2060 号	北京市规划和国土资源管理委员会关于 2022 年冬奥会延庆赛区配套冬奥村（玉渡）海沱 110kV 电力外线规划方案的批复
市规划国土函〔2017〕3330 号	北京市规划和国土资源管理委员会关于延庆区西白庙 220kV 输变电工程选址选线方案的批复
首绿办字〔2018〕21 号	关于开展 2018 年度首都绿化美化先进集体和先进个人评选表彰工作的通知
厅字〔2018〕1 号	中共北京市委办公厅关于印发《市委常委、市政府党员副市长指导督促分管联系部门单位党委（党组）抓党建工作制度》的通知
厅字〔2018〕3 号	中共北京市委办公厅、北京市人民政府办公厅关于印发《市属机关事业单位所办企业清理规范工作实施意见》的通知
厅字〔2018〕8 号	中共北京市委办公厅关于做好 2019 年度《人民日报》《求是》杂志和《北京日报》《前线》杂志发行工作严格规范报刊发行秩序的通知
中电联行环〔2018〕67 号	中电联关于公布 2017 年度全国电力行业统计工作先进单位和先进个人名单的通知
组干一〔2018〕1 号	中共国家电网公司党组组织部关于印发《中共国家电网公司党组 2018 年组织工作要点》的通知
组综合〔2018〕6 号	国网组织部关于印发《国网组织部课题研究工作管理规范》的通知

公司重要文件索引（摘要）

文　　号	文 件 标 题
京电安〔2018〕1号	国网北京市电力公司关于印发《国网北京市电力公司安全工作奖惩实施方案》（试行）的通知
京电财〔2018〕1号	国网北京市电力公司关于印发《2018年财务工作要点》的通知
京电党〔2018〕1号	国网北京市电力公司党委关于加强党的建设　全面打造新时代首都电力先锋队伍的意见
京电党〔2018〕5号	中共国网北京市电力公司委员会关于同意召开中国共产党北京华商电灯有限公司党员大会的批复
京电党〔2018〕6号	中共国网北京市电力公司委员会关于同意召开中国共产党吉北电力工程咨询有限公司党员大会的批复
京电党〔2018〕7号	中共国网北京市电力公司委员会关于同意召开中国共产党北京华商三优新能源科技有限公司党员大会的批复
京电党〔2018〕8号	中共国网北京市电力公司委员会关于同意召开中国共产党国网北京节能服务有限公司党员大会的批复
京电党〔2018〕9号	关于中共北京京电电力工程设计有限公司总支部委员会组成人员候选人预备人选的批复
京电党〔2018〕19号	关于同意中共北京华商三优新能源科技有限公司总支部委员会组成人员选举结果的批复
京电党〔2018〕20号	关于同意中共北京吉北电力工程咨询有限公司总支部委员会组成人员选举结果的批复
京电党〔2018〕21号	关于同意中共北京华商电灯有限公司委员会组成人员选举结果的批复
京电党〔2018〕22号	关于同意中共中电联汽车服务公司总支部委员会组成人员选举结果的批复
京电党〔2018〕23号	关于同意中共北京华商伟业资产管理有限公司委员会和纪律检查委员会组成人员选举结果的批复
京电党〔2018〕24号	关于同意中共北京京电电力工程设计有限公司总支部委员会组成人员选举结果的批复
京电党〔2018〕26号	关于同意中共国网北京节能服务有限公司总支部委员会组成人员选举结果的批复
京电党〔2018〕27号	关于同意中共北京华商远大电力建设有限公司委员会和纪律检查委员会组成人员选举结果的批复
京电党〔2018〕78号	国网北京市电力公司党委关于国网北京城区供电公司申请调整共产党员服务队设置的批复
京电党〔2018〕105号	中共国网北京市电力公司委员会关于同意国网北京电力建设工程咨询分公司党委召开党员大会的批复
京电定〔2018〕1号	国网北京电力建设定额站转发定额总站《电力工程造价与定额管理总站关于表彰2017年电力行业工程造价优秀成果的通知》等4个文件的通知
京电发展〔2018〕2号	国网北京市电力公司关于北京华能电厂三期并网220kV送出工程可行性研究报告的批复
京电发展〔2018〕3号	国网北京市电力公司关于北京华能电厂三期并网配套架空线入地220kV送出工程可行性研究报告的批复
京电发展〔2018〕4号	国网北京市供电公司关于2018年密云供电公司10kV白溪一路等设备健康水平提升工程等10项工程可行性研究报告的批复
京电发展〔2018〕9号	国网北京市电力公司关于国网北京城区供电公司东城区安定门东大街10kV架空线路入地等28项工程可行性研究报告的批复
京电发展〔2018〕10号	国网北京市电力公司关于北京电力科学研究院10kV电源改造工程可行性研究报告的批复
京电发展〔2018〕16号	国网北京市电力公司关于国网北京怀柔供电公司科学城西110kV输变电工程可行性研究报告的批复
京电发展〔2018〕26号	国网北京市电力公司关于国网北京延庆供电公司康庄110kV变电站改造工程可行性研究报告的批复

续表

文号	文件标题
京电发展〔2018〕33号	国网北京市电力公司关于亦庄供电公司瑞新110kV输变电工程可行性研究报告的批复
京电发展〔2018〕43号	国网北京市电力公司关于岭康一、二110kV线路迁改（兴延高速）等5项工程咨询报告的批复
京电发展〔2018〕44号	国网北京市电力公司关于国网北京海淀供电公司2017年第二批10kV业扩项目配套工程（自用充电设施外电源延伸项目）等7项工程可行性研究报告的批复
京电发展〔2018〕53号	国网北京市电力公司关于国网北京怀柔供电公司南华110kV变电站扩建工程可行性研究报告的批复
京电发展〔2018〕54号	国网北京市电力公司关于新航城500kV变电站220kV配套送出工程可行性研究报告的批复
京电发展〔2018〕61号	国网北京市电力公司关于国网北京城区供电公司2018年营销关键基础设施信息安全改造（无安全芯片采集终端改造）等21项工程可行性研究报告的批复
京电发展〔2018〕72号	国网北京市电力公司关于康松一、二110kV架空线路入地（中关村延庆园）工程咨询报告的批复
京电发展〔2018〕73号	国网北京市电力公司关于房山供电公司35kV于庄站配电线路切改等5项工程可行性研究报告的批复
京电发展〔2018〕74号	国网北京市电力公司关于国网北京大兴供电公司清源110kV输变电工程可行性研究报告的批复
京电发展〔2018〕75号	国网北京市电力公司关于国网北京大兴供电公司110kV大塑变电站解重载等16项工程可行性研究报告的批复
京电发展〔2018〕76号	国网北京市电力公司关于国网北京门头沟供电公司门头沟区城子石担路充电站外电源新建等17项工程可行性研究报告的批复
京电发展〔2018〕77号	国网北京市电力公司关于国网北京石景山供电公司金顶街110kV主变扩建工程可行性研究报告的批复
京电发展〔2018〕78号	国网北京市电力公司关于2018年国网北京丰台供电公司10kV五里店公交车外电源新建等10项工程可行性研究报告的批复
京电发展〔2018〕80号	国网北京市电力公司关于国网北京丰台供电公司海底捞火锅方庄店“气改电”示范工程可行性研究报告的批复
京电发展〔2018〕87号	国网北京市电力公司关于石化110kV输变电工程可行性研究报告的批复
京电发展〔2018〕88号	国网北京市电力公司关于2018年国网北京延庆供电公司姜家台等10个村农村煤改电追加等8项工程可行性研究报告的批复
京电发展〔2018〕89号	国网北京市电力公司关于2018年国网北京密云供电公司太师屯镇等地区农村煤改电追加等2项工程可行性研究报告的批复
京电发展〔2018〕90号	国网北京市电力公司关于2018年国网北京昌平供电公司泰陵园等3个村农村煤改电等11项工程可行性研究报告的批复
京电发展〔2018〕91号	国网北京市电力公司关于延崇高速涉及湖张一、二35kV架空线迁改等2项工程咨询报告的批复
京电发展〔2018〕92号	国网北京市电力公司关于2018年国网北京平谷供电公司金海湖等地区农村煤改电等2项工程可行性研究报告的批复
京电发展〔2018〕93号	国网北京市电力公司关于2018年国网北京房山供电公司青龙湖镇北车营村等5个村煤改电工程可行性研究报告的批复
京电发展〔2018〕109号	国网北京市电力公司关于2018年国网北京怀柔供电公司汤河口等地区追加农村煤改电等4项工程可行性研究报告的批复
京电发展〔2018〕115号	国网北京市电力公司关于2018年国网北京顺义供电公司农村煤改电工程可行性研究报告的批复
京电发展〔2018〕131号	国网北京市电力公司关于玉泉营220kV变电站扩建1、2号主变工程可行性研究报告的批复
京电发展〔2018〕132号	国网北京市电力公司关于通州北500kV变电站220kV配套送出工程可行性研究报告的批复
京电发展〔2018〕135号	国网北京市电力公司关于2018年国网北京朝阳供电公司10kV新增公交车外电源新建等5项工程可行性研究报告的批复

续表

文号	文件标题
京电发展〔2018〕137 号	国网北京市电力公司关于 2018 年国网北京门头沟供电公司农村煤改电等 5 项工程可行性研究报告的批复
京电发展〔2018〕139 号	国网北京市电力公司关于朝阳供电公司 10kV 亮马河一二路、亮马河大厦一二路电缆网架结构优化等 2 项工程可行性研究报告的批复
京电发展〔2018〕140 号	国网北京市电力公司关于丰台供电公司 10kV 右外路电缆网架结构优化等 6 项工程可行性研究报告的批复
京电发展〔2018〕141 号	国网北京市电力公司关于亦庄供电公司 10kV 大族环球联一二路分倒路改造等 5 项工程可行性研究报告的批复
京电发展〔2018〕143 号	国网北京市电力公司关于国网北京房山供电公司饶乐府站 35kV 解重载工程可行性研究报告的批复
京电发展〔2018〕144 号	国网北京市电力公司关于顺义供电公司 10kV 天柱东路分倒路等 5 项工程可行性研究报告的批复
京电发展〔2018〕145 号	国网北京市电力公司关于平谷供电公司 10kV 重载变压器分换装等 3 项工程可行性研究报告的批复
京电发展〔2018〕146 号	国网北京市电力公司关于海淀供电公司西区商业一二路外电源改造等 6 项工程可行性研究报告的批复
京电发展〔2018〕191 号	国网北京市电力公司关于国网北京城区供电公司东城区北京站西街 10kV 架空线路入地等 16 项工程可行性研究报告的批复
京电发展〔2018〕193 号	国网北京市电力公司关于富力城 220kV 变电站扩建工程可行性研究报告的批复
京电发展〔2018〕194 号	国网北京市电力公司关于通州供电公司通州站 10kV 重载线路切改等 8 项工程可行性研究报告的批复
京电发展〔2018〕230 号	国网北京市电力公司关于京霸铁路涉及陈房一、二 220kV 架空线迁改等 8 项工程咨询报告的批复
京电发展〔2018〕242 号	国网北京市电力公司关于申请张华 110kV 输变电工程项目核准批复延期的请示
京电发展〔2018〕246 号	国网北京市电力公司关于康延杏西支、岭杏西支 110kV 线路入地（延庆世园会）等 2 项工程咨询报告的批复
京电发展〔2018〕251 号	国网北京市电力公司关于 2018 年国网北京怀柔供电公司重载配电变压器分装等 9 项工程可行性研究报告的批复
京电发展〔2018〕253 号	国网北京市电力公司关于南五线 35kV 线路迁改（房山区长沟镇）工程咨询报告的批复
京电发展〔2018〕254 号	国网北京市电力公司关于亦庄西南 220kV 变电站 110kV 送出工程可行性研究报告的批复
京电发展〔2018〕255 号	国网北京市电力公司关于 2018 年国网北京城区供电公司 10kV 北京站东街公交车外电源新建等 3 项工程可行性研究报告的批复
京电发展〔2018〕261 号	国网北京市电力公司关于 2018 年延庆供电公司 10kV 重载变压器分换装等 4 项工程可行性研究报告的批复
京电发展〔2018〕265 号	国网北京市电力公司关于南瀛一、二 110kV 架空线迁改（新机场高速）工程咨询报告的批复
京电发展〔2018〕266 号	国网北京市电力公司关于丰台供电公司 2018 年云宫路解重载等 29 工程可行性研究报告的批复
京电发展〔2018〕276 号	国网北京市电力公司关于城区供电公司 10kV 对外经贸一、二路扩大线径等 6 项工程可行性研究报告的批复
京电发展〔2018〕277 号	国网北京市电力公司关于 2018 年国网北京通州供电公司 10kV 永顺镇刘庄村公交车外电源新建等 6 项工程可行性研究报告的批复
京电发展〔2018〕283 号	国网北京市电力公司关于朝阳供电公司 10kV 单东路分倒路等 12 项工程可行性研究报告的批复
京电发展〔2018〕290 号	国网北京市电力公司关于 2018 年国网北京昌平供电公司瓦窑等 3 个村农村煤改电追加等 2 项工程可行性研究报告的批复
京电发展〔2018〕292 号	国网北京市电力公司关于未来城—央企园 110kV 线路工程可行性研究报告的批复

续表

文　　号	文件标题
京电发展〔2018〕293号	国网北京市电力公司关于2018年国网北京密云供电公司大城子、石城等地区农村煤改电追加工程可行性研究报告的批复
京电发展〔2018〕294号	国网北京市电力公司关于2018年国网北京怀柔供电公司赵各庄等地区追加农村煤改电等2项工程可行性研究报告的批复
京电发展〔2018〕298号	国网北京市电力公司关于阎村北220kV变电站110kV送出工程可行性研究报告的批复
京电发展〔2018〕300号	国网北京市电力公司关于2018年国网北京房山供电公司10kV重载变压器分换装工程可行性研究报告的批复
京电发展〔2018〕301号	国网北京市电力公司关于2018年丰台供电公司10kV重载变压器分换装工程可行性研究报告的批复
京电发展〔2018〕304号	国网北京市电力公司关于2018年石景山供电公司10kV重载变压器分换装工程可行性研究报告的批复
京电发展〔2018〕305号	国网北京市电力公司关于门头沟供电公司10kV水库路与马栏路联络等4项工程可行性研究报告的批复
京电发展〔2018〕309号	国网北京市电力公司关于大兴供电公司10kV团河站新出路网架结构优化等两项工程可行性研究报告的批复
京电发展〔2018〕313号	国网北京市电力公司关于东升220kV变电站扩建1、2号主变工程可行性研究报告的批复
京电发展〔2018〕317号	国网北京市电力公司关于怀牛110kV线路迁改（京沈北京段）等7项工程咨询报告的批复
京电发展〔2018〕321号	国网北京市电力公司关于密云供电公司10kV穆庄路解重载等12项工程可行性研究报告的批复
京电发展〔2018〕324号	国网北京市电力公司关于京张高铁涉及岭康110kV双回架空线路迁改等3项工程咨询报告的批复
京电发展〔2018〕325号	国网北京市电力公司关于大路110kV变电站附属供电保障中心工程可行性研究报告的批复
京电发展〔2018〕334号	国网北京市电力公司关于国网北京城区供电公司东城区柏树胡同10kV架空线路入地等21项工程可行性研究报告的批复
京电发展〔2018〕335号	国网北京市电力公司关于大高力110kV输变电工程可行性研究报告的批复
京电发展〔2018〕341号	国网北京市电力公司关于申请广厦110kV输变电工程项目核准批复延期的请示
京电发展〔2018〕344号	国网北京市电力公司关于君黄、湖黄110kV双回线路入地（豆各庄定向安置房）工程咨询报告的批复
京电发展〔2018〕346号	国网北京市电力公司关于申请东苇110kV输变电工程项目核准批复延期的请示
京电发展〔2018〕348号	国网北京市电力公司关于亦庄供电公司标厂110kV输变电工程可行性研究报告的批复
京电发展〔2018〕349号	国网北京市电力公司关于国网北京延庆供电公司耿家营110kV输变电工程可行性研究报告的批复
京电发展〔2018〕350号	国网北京市电力公司关于昌平供电公司10kV采河路解重载程等6项工程可行性研究报告的批复
京电发展〔2018〕351号	国网北京市电力公司关于申请辛营110kV输变电工程项目核准批复延期的请示
京电发展〔2018〕353号	国网北京市电力公司关于喇叭沟门35kV输变电工程可行性研究报告的批复
京电发展〔2018〕356号	国网北京市电力公司关于昌平供电公司回龙观南部地区12个台区及低压线路改造等8项工程可行性研究报告的批复
京电发展〔2018〕358号	国网北京市电力公司关于城区供电公司10kV广场开闭站改造等2项工程可行性研究报告的批复
京电发展〔2018〕359号	国网北京市电力公司关于2018年国网北京昌平供电公司龙潭等2个村农村煤改电追加工程可行性研究报告的批复
京电发展〔2018〕360号	国网北京市电力公司关于国网北京门头沟供电公司潭柘寺35kV变电站主变增容业扩受限工程可行性研究报告的批复

续表

文　号	文 件 标 题
京电发展〔2018〕361 号	国网北京市电力公司关于石景山供电公司和平街及特钢北二路电力隧道工程可行性研究报告的批复
京电发展〔2018〕362 号	国网北京市电力公司关于通州供电公司次台湖地区 10kV 重载线路切改等 6 项工程可行性研究报告的批复
京电发展〔2018〕364 号	国网北京市电力公司关于房山供电公司 10kV 北街路解重载等三项工程可行性研究报告的批复
京电发展〔2018〕378 号	国网北京市电力公司关于西回二中段、西回一 110kV 双回架空线路迁改（京张客专）工程咨询报告的批复
京电发展〔2018〕381 号	国网北京市电力公司关于平谷供电公司 10kV 水峪路卡脖子线路改造等两项工程可行性研究报告的批复
京电发展〔2018〕382 号	国网北京市电力公司关于国网北京丰台供电公司云岗 110kV 主变扩建工程可行性研究报告的批复
京电发展〔2018〕390 号	国网北京市电力公司关于 2018 年国网北京密云供电公司西田各庄、太师屯等地区农村煤改电追加工程可行性研究报告的批复
京电发展〔2018〕391 号	国网北京市电力公司关于 2018 年国网北京延庆供电公司大路村农村煤改电追加等 3 项工程可行性研究报告的批复
京电发展〔2018〕427 号	国网北京市电力公司关于亦庄供电公司 10kV 六环路等 5 路网架改造工程可行性研究报告的批复
京电发展〔2018〕428 号	国网北京市电力公司关于国网北京怀柔供电公司黄坎 110kV 输变电工程可行性研究报告的批复
京电发展〔2018〕429 号	国网北京市电力公司关于房山供电公司 10kV 南关路等 24 路网架改造等 9 项工程可行性研究报告的批复
京电发展〔2018〕430 号	国网北京市电力公司关于申请张镇 110kV 输变电工程项目核准批复延期的请示
京电发展〔2018〕431 号	国网北京市电力公司关于高门一 220kV 架空线路迁改（永定镇南区棚户区改造项目）工程咨询报告的批复
京电发展〔2018〕432 号	国网北京市电力公司关于申请东府 220kV 输变电工程项目核准批复延期的请示
京电发展〔2018〕433 号	国网北京市电力公司关于申请东营 110kV 输变电工程项目核准批复延期的请示
京电发展〔2018〕443 号	国网北京市电力公司关于孙未 220kV 线路迁改（京沈北京段）等 3 项工程咨询报告的批复
京电发展〔2018〕444 号	国网北京市电力公司关于陈留庄 220kV 变电站扩建 3、4 号主变工程可行性研究报告的批复
京电发展〔2018〕447 号	国网北京市电力公司关于申请王平 110kV 输变电工程项目核准批复延期的请示
京电发展〔2018〕449 号	国网北京市电力公司关于京张高铁大浮坨（八达岭西）牵引站 220kV 外部供电工程可行性研究报告的批复
京电发展〔2018〕450 号	国网北京市电力公司关于延庆西白庙 220kV 变电站 110kV 送出工程可行性研究报告的批复
京电发展〔2018〕453 号	国网北京市电力公司关于通州供电公司田府 110kV 输变电工程可行性研究报告的批复
京电发展〔2018〕454 号	国网北京市电力公司关于通州供电公司 10kV 里二泗路等 22 路网架改造等 7 项工程可行性研究报告的批复
京电发展〔2018〕455 号	国网北京市电力公司关于密云供电公司 10kV 高庙路等网架结构改造等五项工程可行性研究报告的批复
京电发展〔2018〕457 号	国网北京市电力公司关于石景山供电公司 10kV 梧桐园南开闭站可靠性提升等 4 项工程可行性研究报告的批复
京电发展〔2018〕461 号	国网北京市电力公司关于顺义供电公司 10kV 北石槽镇赵全营镇网架结构调整等 8 项工程可行性研究报告的批复
京电发展〔2018〕462 号	国网北京市电力公司关于延庆供电公司 10kV 延镇路等 15 路网架改造等 4 项工程可行性研究报告的批复

续表

文　号	文件标题
京电发展〔2018〕463 号	国网北京市电力公司关于怀柔供电公司 10kV 汤喇路等 27 路网架改造等 2 项工程可行性研究报告的批复
京电发展〔2018〕464 号	国网北京市电力公司关于海淀供电公司 10kV 西二旗路等 17 路网架改造等 7 项工程可行性研究报告的批复
京电发展〔2018〕465 号	国网北京市电力公司关于大兴供电公司 10kV 西杭路等 21 路网架改造等 9 项工程可行性研究报告的批复
京电发展〔2018〕466 号	国网北京市电力公司关于昌平供电公司 10kV 八家路等 14 路网架改造等 15 项工程可行性研究报告的批复
京电发展〔2018〕468 号	国网北京市电力公司关于平谷供电公司 10kV 白云寺路等 19 路网架改造等 3 项工程可行性研究报告的批复
京电发展〔2018〕469 号	国网北京市电力公司关于门头沟供电公司 10kV 宾馆路等 16 路柱上断路器安装等 3 项工程可行性研究报告的批复
京电发展〔2018〕470 号	国网北京市电力公司关于丰台供电公司 10kV 成方路等 34 路网架改造等 5 项工程可行性研究报告的批复
京电发展〔2018〕475 号	国网北京市电力公司关于申请石城 35kV 输变电工程项目核准批复延期的请示
京电发展〔2018〕480 号	国网北京市电力公司关于 2018 顺义供电公司 10kV 重载变压器分换装工程可行性研究报告的批复
京电发展〔2018〕481 号	国网北京市电力公司关于亦庄供电公司亦庄西南 220kV 变电站输变电工程 10kV 配套切改工程可行性研究报告评的批复
京电发展〔2018〕487 号	国网北京市电力公司关于申请清源 110kV 输变电工程项目核准批复延期的请示
京电发展〔2018〕488 号	国网北京市电力公司关于申请高米店 110kV 输变电工程项目核准批复延期的请示
京电发展〔2018〕489 号	国网北京市电力公司关于昌平供电公司南燕路解重载等 20 项工程可行性研究报告的批复
京电发展〔2018〕490 号	国网北京市电力公司关于怀柔供电公司汤河口 110kV 变电站 10kV 配套送出等两项工程可行性研究报告的批复
京电发展〔2018〕491 号	国网北京市电力公司关于京霸铁路涉及天塑 110kV 架空线迁改等两项工程咨询报告的批复
京电发展〔2018〕492 号	国网北京市电力公司关于南铁 35kV 双回架空线路迁改（京张客专）工程咨询报告的批复
京电发展〔2018〕494 号	国网北京市电力公司关于申请金沟河 110kV 输变电工程项目核准批复延期的请示
京电发展〔2018〕496 号	国网北京市电力公司关于密云供电公司云西 110kV 变电站 10kV 配套送出等两项工程可行性研究报告的批复
京电发展〔2018〕507 号	国网北京市电力公司关于牛栏山 T 接马坡—高丽营 110kV 第二回线路工程可行性研究报告的批复
京电发展〔2018〕508 号	国网北京市电力公司关于大兴供电公司诸葛营 110kV 输变电工程可行性研究报告的批复
京电发展〔2018〕510 号	国网北京市电力公司关于延庆供电公司西白庙变电站 10kV 配套送出工程可行性研究报告的批复
京电发展〔2018〕511 号	国网北京市电力公司关于申请丰益 110kV 输变电工程项目核准批复延期的请示
京电发展〔2018〕517 号	国网北京市电力公司关于 2017 年海淀区老旧小区电力改造工程（水清木华园）等 6 项工程可行性研究报告的批复
京电发展〔2018〕518 号	国网北京市电力公司关于 2019 年国网北京门头沟供电公司白虎头等村农村煤改电工程等 2 项工程可行性研究报告的批复
京电发展〔2018〕520 号	国网北京市电力公司关于 2019 年国网北京房山供电公司十渡、史家营地区煤改电工程等三项工程可行性研究报告的批复
京电发展〔2018〕521 号	国网北京市电力公司关于 2019 年国网北京密云供电公司十里堡镇等地区农村煤改电工程等三项工程可行性研究报告的批复

续表

文　　号	文 件 标 题
京电发展〔2018〕539 号	国网北京市电力公司关于康西、杏西 35kV 双回架空线路迁改（京张客专）工程咨询报告的批复
京电发展〔2018〕540 号	国网北京市电力公司关于国网北京海淀供电公司西北地埋变改造工程可行性研究报告的批复
京电发展〔2018〕541 号	国网北京市电力公司关于密云 220kV 变电站扩建 3 号主变工程可行性研究报告的批复
京电发展〔2018〕543 号	国网北京市电力公司关于 2019 年国网北京延庆供电公司吴坊营等 2 个村农村煤改电工程等 13 项工程可行性研究报告的批复
京电发展〔2018〕552 号	国网北京市电力公司关于申请三营门 220kV 输变电工程项目核准批复延期的请示
京电发展〔2018〕554 号	国网北京市电力公司关于国网北京密云供电公司大城子镇等地区农村煤改电工程可行性研究报告的批复
京电发展〔2018〕562 号	国网北京市电力公司关于国网北京房山供电公司长沟北 110kV 输变电工程可行性研究报告的批复
京电发展〔2018〕564 号	国网北京市电力公司关于国网北京昌平供电公司南口面粉厂宿舍老旧小区电网配电设施改造等两项工程可行性研究报告的批复
京电发展〔2018〕573 号	国网北京市电力公司关于海淀山后柳林村、前沙涧村等 18 个村配网提升等两项工程可行性研究报告的批复
京电发展〔2018〕574 号	国网北京市电力公司关于 2018 年国网北京石景山供电公司 10kV 首钢开闭站可靠性提升工程可行性研究报告的批复
京电发展〔2018〕575 号	国网北京市电力公司关于 2019 年国网北京怀柔供电公司怀柔镇等地区农村煤改电工程等八项工程可行性研究报告的批复
京电发展〔2018〕576 号	国网北京市电力公司关于国网北京通州供电公司龙旺庄小区东区老旧小区配电设施改造等两项工程可行性研究报告的批复
京电发展〔2018〕577 号	国网北京市电力公司关于国网北京顺义供电公司 10kV 老旧小区配电设施改造工程（石门苑）可行性研究报告的批复
京电发展〔2018〕578 号	国网北京市电力公司关于国网北京丰台供电公司青塔蔚园老旧小区电网配电设施改造工程可行性研究报告的批复
京电发展〔2018〕579 号	国网北京市电力公司关于国网北京朝阳供电公司时代庄园老旧小区配电设施改造等四项工程可行性研究报告的批复
京电发展〔2018〕580 号	国网北京市电力公司关于国网北京密云供电公司万利花园老旧小区配电设施改造工程可行性研究报告的批复
京电发展〔2018〕583 号	国网北京市电力公司关于申请阿苏卫垃圾焚烧发电 110kV 送出工程项目核准批复延期的请示
京电发展〔2018〕587 号	国网北京市电力公司关于国网北京亦庄供电公司瑞新 110kV 输变电工程 10kV 配套切改等 3 项工程可行性研究报告的批复
京电发展〔2018〕588 号	国网北京市电力公司关于国网城区供电公司 10kV 大都市南网架优化等 4 项工程可行性研究报告的批复
京电发展〔2018〕589 号	国网北京市电力公司关于国网北京朝阳供电公司八里庄地区 11 个台区及低压线路改造等 6 项工程可行性研究报告的批复
京电发展〔2018〕590 号	国网北京市电力公司关于树村 220kV 输变电工程可行性研究报告的批复
京电发展〔2018〕597 号	国网北京市电力公司关于国网城区供电公司 10kV 八面槽开路等 29 路网架改造等 3 项工程可行性研究报告的批复
京电发展〔2018〕598 号	国网北京市电力公司关于申请聂各庄变电站加装调相机工程项目核准批复延期的请示
京电发展〔2018〕599 号	国网北京市电力公司关于申请南苑变电站加装调相机工程项目核准批复延期的请示
京电工〔2018〕1 号	国网北京市电力公司关于表彰 2017 年度重点工作功勋单位、功勋个人、劳动竞赛红旗单位、竞赛之星的决定
京电函〔2018〕22 号	国网北京市电力公司关于商请加快 2018 年架空线入地工程大修不满三年道路占掘路施工批复及工程前期手续办理的函

续表

文　号	文件标题
京电函〔2018〕26号	国网北京市电力公司关于申请办理中门寺110kV变电站土地划拨批复的函
京电函〔2018〕72号	国网北京市电力公司关于办理高米店110kV输变电工程项目国有土地使用权划拨批复的函
京电函〔2018〕82号	国网北京市电力公司关于办理庞各庄110kV输变电工程项目土地划拨批复的函
京电函〔2018〕83号	国网北京市电力公司关于办理同心庄110kV输变电工程项目土地划拨批复的函
京电函〔2018〕85号	国网北京市电力公司关于办理旧宫110kV输变电工程项目土地划拨批复的函
京电函〔2018〕86号	国网北京市电力公司关于办理堡上110kV输变电工程项目土地划拨批复的函
京电函〔2018〕100号	国网北京市电力公司关于申请办理奥体110kV输变电工程项目土地划拨批复手续的函
京电函〔2018〕104号	国网北京市电力公司关于办理后屯110kV输变电工程项目土地划拨批复的函
京电函〔2018〕113号	国网北京市电力公司关于办理速滑110kV输变电工程项目土地划拨批复的函
京电函〔2018〕146号	国网北京市电力公司关于办理石景山220kV输变电工程项目土地划拨批复的函
京电函〔2018〕159号	国网北京市电力公司关于办理辛营110kV输变电工程项目土地划拨批复的函
京电函〔2018〕160号	国网北京市电力公司关于办理科学城西110kV输变电工程项目土地划拨批复的函
京电函〔2018〕223号	国网北京市电力公司关于办理群明110kV输变电工程项目土地划拨批复的函
京电函〔2018〕229号	国网北京市电力公司关于申请办理土井110kV输变电工程项目土地划拨批复的函
京电函〔2018〕235号	国网北京市电力公司关于加快推进顺义500kV变电站主变增容工程可研批复相关工作的函
京电后勤〔2018〕30号	国网北京市电力公司关于国网北京城区供电公司本部立体车库项目可行性研究报告的批复
京电后勤〔2018〕31号	国网北京市电力公司关于国网北京石景山供电公司五里坨供电所项目可行性研究报告的批复
京电后勤〔2018〕32号	国网北京市电力公司关于国网北京大兴供电公司埝坛物资周转库项目可行性研究报告的批复
京电后勤〔2018〕35号	国网北京市电力公司关于国网北京检修公司洋桥立体车库项目可行性研究报告的批复
京电后勤〔2018〕73号	国网北京市电力公司公司关于国网北京城区供电公司本部立体车库电网小型基建项目初步设计的批复
京电后勤〔2018〕82号	国网北京市电力公司关于国网北京通州供电公司永顺供电服务中心开办费用的批复
京电后勤〔2018〕109号	国网北京市电力公司关于国网北京平谷供电公司城区供电服务中心开办费用的批复
京电后勤〔2018〕115号	国网北京市电力公司关于妙峰山供电所开办费用的批复
京电后勤〔2018〕116号	国网北京市电力公司关于2019年车辆固定资产零购项目（第二批）项目方案的批复
京电后勤〔2018〕117号	国网北京市电力公司关于国网北京通州供电公司宋庄供电服务中心开办费用的批复
京电集体〔2018〕4号	国网北京市电力公司关于北京华商利通汽车服务有限公司改制重组工作的批复
京电纪〔2018〕1号	中共国网北京市电力公司纪委关于2017年度党风廉政建设监督责任落实情况的报告
京电建设〔2018〕1号	国网北京市电力公司关于坚持高质量发展、高品质建设、高水平管理奋力开启新时代电网建设新征程的指导意见
京电建设〔2018〕3号	国网北京市电力公司关于文化园110kV变电站扩建10kV配套切改工程初步设计的批复
京电建设〔2018〕8号	国网北京市电力公司关于科创街110kV变电站扩建10kV配套切改工程初步设计的批复
京电建设〔2018〕9号	国网北京市电力公司关于牛水、牛长35kV线路迁改（龙湖地产）工程初步设计的批复
京电建设〔2018〕10号	国网北京市电力公司关于通州永乐店西乘用车充电站扩建工程（外电源）初步设计的批复
京电建设〔2018〕11号	国网北京市电力公司关于通州永乐店东乘用车充电站扩建工程（外电源）初步设计的批复
京电建设〔2018〕14号	国网北京市电力公司关于北怀一、二110kV线路迁改（怀柔北大街东延）等2项工程初步设计的批复

续表

文　　号	文 件 标 题
京电建设〔2018〕15 号	国网北京市电力公司关于新机场高速涉及架空线迁改工程初步设计的批复
京电建设〔2018〕16 号	国网北京市电力公司关于新机场西（1 号）、新机场东（2 号）110kV 变电工程及附属设施（供电保障中心）初步设计的批复
京电建设〔2018〕17 号	国网北京市电力公司关于安都 500kV 架空线迁改（新机场高速）工程初步设计的批复
京电建设〔2018〕30 号	国网北京市电力公司关于泰河 110kV 变电站扩建 10kV 配套切改工程初步设计的批复
京电建设〔2018〕31 号	国网北京市电力公司关于厂乐 110kV 线路迁改（首都环线）等 4 项工程初步设计的批复
京电建设〔2018〕35 号	国网北京市电力公司关于徐辛庄 110kV 变电站 10kV 配套送出工程初步设计的批复
京电建设〔2018〕38 号	国网北京市电力公司关于丽泽金融商务区北区管道新建（三路居路）等 2 项工程初步设计的批复
京电建设〔2018〕40 号	国网北京市电力公司关于于庄 110kV 输变电工程初步设计的批复
京电建设〔2018〕42 号	国网北京市电力公司关于常营 110kV 变电站主变扩建工程初步设计的批复
京电建设〔2018〕43 号	国网北京市电力公司关于景泰路 10kV 架空线路入地等 25 项工程初步设计的批复
京电建设〔2018〕44 号	国网北京市电力公司关于北州 220kV 线路迁改（通州文化旅游区）工程初步设计的批复
京电建设〔2018〕47 号	国网北京市电力公司关于驸马庄 110kV 输变电工程初步设计的批复
京电建设〔2018〕48 号	国网北京市电力公司关于北州 220kV 线路迁改（通州文化旅游区）工程初步设计的批复
京电建设〔2018〕53 号	国网北京市电力公司关于云西 110kV 输变电工程初步设计的批复
京电建设〔2018〕55 号	国网北京市电力公司关于石景山 220kV 输变电工程初步设计的批复
京电建设〔2018〕56 号	国网北京市电力公司关于大城子 35kV 输变电工程初步设计的批复
京电建设〔2018〕57 号	国网北京市电力公司关于桃洼 110kV 变电站主变扩建工程初步设计的批复
京电建设〔2018〕60 号	国网北京市电力公司关于康延杏西支、岭杏西支 110kV 线路入地（延庆世园会）等 2 项工程初步设计的批复
京电建设〔2018〕62 号	国网北京市电力公司关于巨各庄垃圾焚烧发电厂 10kV 送出工程初步设计的批复
京电建设〔2018〕67 号	国网北京市电力公司关于瀛邢 35kV 架空线迁改（新机场高速）工程初步设计的批复
京电建设〔2018〕68 号	国网北京市电力公司关于安团一 220kV 架空线迁改（新机场高速）工程初步设计的批复
京电建设〔2018〕69 号	国网北京市电力公司关于河旧一二 110kV 架空线迁改（新机场高速）工程初步设计的批复
京电建设〔2018〕72 号	国网北京市电力公司关于大路（世园会）110kV 输变电工程初步设计的批复
京电建设〔2018〕75 号	国网北京市电力公司关于湖门 110kV 线路迁改（通州文化旅游区）工程初步设计的批复
京电建设〔2018〕76 号	国网北京市电力公司关于灰峪 110kV 站 35kV 切改工程初步设计的批复
京电建设〔2018〕77 号	国网北京市电力公司关于东城区东交民巷（西段）10kV 架空线路入地等 25 项工程初步设计的批复
京电建设〔2018〕78 号	国网北京市电力公司关于 110kV 陆港变电站 10kV 配套送出工程初步设计的批复
京电建设〔2018〕80 号	国网北京市电力公司关于批复新航城 500kV 输变电工程初步设计的请示
京电建设〔2018〕81 号	国网北京市电力公司关于湖张西支一、二 35kV 线路迁改（延崇高速）工程初步设计的批复
京电建设〔2018〕82 号	国网北京市电力公司关于 110kV 东营变电站 10kV 煤改电配套送出等 2 项工程初步设计的批复
京电建设〔2018〕83 号	国网北京市电力公司关于湖张一、二 35kV 线路迁改（延崇高速）工程初步设计的批复
京电建设〔2018〕85 号	国网北京市电力公司关于张郭庄 110kV 输变电等 4 项工程初步设计的批复
京电建设〔2018〕87 号	国网北京市电力公司关于丽泽商务区配套电力隧道建设（南区）金中都南路等 3 项工程初步设计的批复

续表

文号	文件标题
京电建设〔2018〕90号	国网北京市电力公司关于河魏110kV架空线迁改（新机场高速）工程初步设计的批复
京电建设〔2018〕91号	国网北京市电力公司关于科学城西110kV输变电工程初步设计的批复
京电建设〔2018〕92号	国网北京市电力公司关于团牵220kV架空线迁改（新机场高速）工程初步设计的批复
京电建设〔2018〕97号	国网北京市电力公司关于聂康一、二110kV线路迁改（兴延高速昌平段）等5项工程初步设计的批复
京电建设〔2018〕98号	国网北京市电力公司关于安团二220kV架空线迁改（新机场高速）工程初步设计的批复
京电建设〔2018〕101号	国网北京市电力公司关于批复北京东—通州500kV送出工程（北京段）初步设计的请示
京电建设〔2018〕102号	国网北京市电力公司关于110kV东小井变电站10kV煤改电配套送出工程初步设计的批复
京电建设〔2018〕103号	国网北京市电力公司关于110kV观音寺变电站10kV配套送出等3项工程初步设计的批复
京电建设〔2018〕104号	国网北京市电力公司关于北京未来城电厂—未来城π入七家庄220kV线路工程初步设计的批复
京电建设〔2018〕105号	国网北京市电力公司关于北京团结湖—朝阳门220kV线路工程初步设计的批复
京电建设〔2018〕106号	国网北京市电力公司关于沙河北220kV变电站配套110kV送出工程初步设计的批复
京电建设〔2018〕107号	国网北京市电力公司关于T老北220kV线路迁改（通州文化旅游区）工程初步设计的批复
京电建设〔2018〕109号	国网北京市电力公司关于五路居110kV变电站扩建工程初步设计的批复
京电建设〔2018〕110号	国网北京市电力公司关于海坨110kV变电站工程初步设计的批复
京电建设〔2018〕112号	国网北京市电力公司关于西城区白纸坊西街10kV架空线路入地等10项工程初步设计的批复
京电建设〔2018〕113号	国网北京市电力公司关于南华110kV变电站扩建工程初步设计的批复
京电建设〔2018〕114号	国网北京市电力公司关于黄寺220kV变电站主变扩建工程初步设计的批复
京电建设〔2018〕115号	国网北京市电力公司关于草桥220kV变电站主变扩建工程初步设计的批复
京电建设〔2018〕116号	国网北京市电力公司关于永定220kV变电站主变扩建工程初步设计的批复
京电建设〔2018〕117号	国网北京市电力公司关于阎村北220kV站配套110kV送出工程初步设计的批复
京电建设〔2018〕121号	国网北京市电力公司关于房山区循环经济产业园可再生能源电厂110kV送出工程初步设计的批复
京电建设〔2018〕122号	国网北京市电力公司关于玉泉营220kV变电站主变扩建工程初步设计的批复
京电建设〔2018〕123号	国网北京市电力公司关于炼钢110kV输变电工程初步设计的批复
京电建设〔2018〕124号	国网北京市电力公司关于金顶街110kV变电站主变扩建工程初步设计的批复
京电建设〔2018〕126号	国网北京市电力公司关于220kV鱼子山变电站10kV配套送出工程初步设计的批复
京电建设〔2018〕127号	国网北京市电力公司关于张家务220kV变电站110kV送出工程初步设计的批复
京电建设〔2018〕128号	国网北京市电力公司关于新机场西（1号）110kV送电工程初步设计的批复
京电建设〔2018〕129号	国网北京市电力公司关于群明110kV输变电工程初步设计的批复
京电建设〔2018〕130号	国网北京市电力公司关于速滑110kV输变电工程初步设计的批复
京电建设〔2018〕131号	国网北京市电力公司关于石化110kV输变电工程初步设计的批复
京电建设〔2018〕141号	国网北京市电力公司关于岳庄110kV变电站10kV送出工程初步设计的批复
京电建设〔2018〕144号	国网北京市电力公司关于西白庙220kV输变电工程初步设计的批复
京电建设〔2018〕145号	国网北京市电力公司关于三营门220kV输变电工程初步设计的批复
京电建设〔2018〕146号	国网北京市电力公司关于石龙220kV输变电工程初步设计的批复
京电建设〔2018〕154号	国网北京市电力公司关于徐辛庄110kV变电站扩建工程初步设计概算调整的批复

续表

文　号	文件标题
京电建设〔2018〕155 号	国网北京市电力公司关于陈房一、二 220kV 架空线路迁改（京霸铁路）等 8 项工程初步设计的批复
京电建设〔2018〕160 号	国网北京市电力公司关于永东 110kV 输变电工程初步设计的批复
京电建设〔2018〕163 号	国网北京市电力公司关于大路 110kV 变电站附属供电保障中心工程初步设计的批复
京电建设〔2018〕164 号	国网北京市电力公司关于大高力 110kV 输变电工程初步设计的批复
京电建设〔2018〕165 号	国网北京市电力公司关于大唐昌平青灰岭风光发电示范项目 110kV 送出工程初步设计的批复
京电建设〔2018〕166 号	国网北京市电力公司关于南瀛一、二 110kV 架空线迁改（新机场高速）工程初步设计的批复
京电建设〔2018〕167 号	国网北京市电力公司关于未来城～央企园 110kV 线路工程初步设计的批复
京电建设〔2018〕168 号	国网北京市电力公司关于东城区柏树胡同 10kV 架空线路入地等 21 项工程初步设计的批复
京电建设〔2018〕171 号	国网北京市电力公司关于王平 110kV 站 35kV 配套切改工程初步设计的批复
京电建设〔2018〕173 号	国网北京市电力公司关于菜市口—宣武门 110kV 送电工程初步设计的批复
京电建设〔2018〕174 号	国网北京市电力公司关于草头 110kV 电缆线路改造（丽泽路综合管廊）工程初步设计的批复
京电建设〔2018〕175 号	国网北京市电力公司关于桃园—北新桥 110kV 送电工程初步设计的批复
京电建设〔2018〕176 号	国网北京市电力公司关于草沙 110kV 电缆线路迁改（丽泽路综合管廊）工程初步设计的批复
京电建设〔2018〕177 号	国网北京市电力公司关于玉渊潭 220kV 变电站 110kV 配套送出工程初步设计的批复
京电建设〔2018〕178 号	国网北京市电力公司关于梨西、梨麦 35kV 线路迁改（通州文化旅游区）工程初步设计的批复
京电建设〔2018〕179 号	国网北京市电力公司关于湖张 110kV 线路迁改二期（通州文化旅游区）工程初步设计的批复
京电建设〔2018〕180 号	国网北京市电力公司关于湖黄 110kV 线路迁改（通州文化旅游区）工程初步设计的批复
京电建设〔2018〕181 号	国网北京市电力公司关于石景山 220kV 变电站 110kV 配套送出工程初步设计的批复
京电建设〔2018〕186 号	国网北京市电力公司关于北京通州 500kV 变电站扩建工程初步设计的批复
京电建设〔2018〕187 号	国网北京市电力公司关于海坨 110kV 送电工程初步设计的批复
京电建设〔2018〕188 号	国网北京市电力公司关于玉渡 110kV 输变电工程初步设计的批复
京电建设〔2018〕189 号	国网北京市电力公司关于肖家河 110kV 变电站 10kV 配套送出工程初步设计的批复
京电建设〔2018〕190 号	国网北京市电力公司关于瑞新 110kV 变电站工程初步设计的批复
京电建设〔2018〕192 号	国网北京市电力公司关于郎家园 110kV 变电站工程初步设计的批复
京电建设〔2018〕206 号	国网北京市电力公司关于姜庄湖 220kV 输变电工程初步设计的批复
京电建设〔2018〕214 号	国网北京市电力公司关于半壁店新村电力隧道新建工程初步设计的批复
京电建设〔2018〕225 号	国网北京市电力公司关于新航城 500kV 变电站 220kV 配套送出工程初步设计的批复
京电建设〔2018〕226 号	国网北京市电力公司关于怀牛 110kV 线路迁改（京沈北京段）等 7 项工程初步设计的批复
京电建设〔2018〕229 号	国网北京市电力公司关于上清 220kV 双回架空线路迁改（京张客专）等 3 项工程初步设计的批复
京电建设〔2018〕230 号	国网北京市电力公司关于康延线—官聂延支 110kV 线路迁改（兴延高速延庆段）等 5 项工程初步设计的批复
京电建设〔2018〕235 号	国网北京市电力公司关于北京华能电厂三期并网配套架空线入地 220kV 送出工程初步设计的批复
京电建设〔2018〕239 号	国网北京市电力公司关于 110kV 东苇变电站 10kV 煤改电配套送出工程初步设计的批复
京电建设〔2018〕240 号	国网北京市电力公司关于西白庙 220kV 变电站 110kV 送出工程初步设计的批复
京电建设〔2018〕242 号	国网北京市电力公司关于 110kV 东郊农场变电站 10kV 煤改电配套送出工程初步设计的批复

续表

文　号	文件标题
京电建设〔2018〕244号	国网北京市电力公司关于瑞新110kV送电工程初步设计的批复
京电建设〔2018〕245号	国网北京市电力公司关于王双110kV线路入地（半壁店新村）工程初步设计的批复
京电建设〔2018〕246号	国网北京市电力公司关于王君110kV线路入地（半壁店新村）工程初步设计的批复
京电经法〔2018〕1号	国网北京市电力公司关于印发《2018年全面深化改革工作要点》的通知
京电科信〔2018〕3号	国网北京市电力公司关于白家庄110kV变电站第三电源工程等6项电网建设项目竣工环境保护验收的批复
京电科信〔2018〕5号	国网北京市电力公司关于顺义新城（空港）220kV输变电工程等6项工程竣工环保验收的批复
京电科信〔2018〕7号	国网北京市电力公司关于东庄110kV输变电工程等6项工程竣工环保验收的批复
京电科信〔2018〕9号	国网北京市电力公司关于国网北京电力—2017年调增软硬件—软硬件购置项目可研的批复
京电科信〔2018〕29号	国网北京市电力公司关于国网北京电力—信通新技术创新应用　设计开发实施项目可行性研究报告的批复
京电科信〔2018〕31号	国网北京市电力公司关于2019年第一批信息化储备项目可行性研究报告的批复
京电科信〔2018〕34号	国网北京市电力公司关于2019年第二批信息化储备项目可行性研究报告的批复
京电人资〔2018〕1号	国网北京市电力公司关于以服务电网和公司高质量发展为宗旨加快建设新时代首都电力特色人力资源管理体系的意见
京电人资〔2018〕8号	国网北京市电力公司关于国网北京亦庄供电公司成立南部新区供电服务中心的批复
京电人资〔2018〕11号	国网北京市电力公司关于表彰2017年度先进单位、先进集体、先进班组（工人先锋号）、劳动模范、先进工作者的决定
京电人资〔2018〕43号	国网北京市电力公司关于国网北京大兴供电公司成立北京新机场供电服务中心的批复
京电人资〔2018〕60号	国网北京市电力公司关于表彰北京城市副中心配套电网建设与服务工作突出贡献单位、部门和个人的决定
京电人资〔2018〕70号	国网北京市电力公司关于公司2019年教育培训专项计划项目储备库的批复
京电人资〔2018〕71号	国网北京市电力公司关于国网北京房山供电公司增设燕山供电所的批复
京电团〔2018〕1号	国网北京市电力公司关于表彰第三届青年创新创意大赛优秀项目成果的通报
京电团〔2018〕2号	国网北京市电力公司团委关于同意共青团国网北京市电力公司通州供电公司团员大会和团的委员会第一次全体会议选举结果的批复
京电团〔2018〕9号	国网北京市电力公司团委关于同意召开北京电力经济技术研究院有限公司团员大会的批复
京电团〔2018〕10号	国网北京市电力公司团委关于同意北京电力经济技术研究院有限公司团委委员、书记、副书记候选人预备人选的批复
京电团〔2018〕12号	国网北京市电力公司团委关于同意召开国网北京亦庄供电公司团员大会的批复
京电团〔2018〕14号	国网北京市电力公司团委关于同意召开北京中电联汽车服务有限责任公司团员大会的批复
京电团〔2018〕15号	国网北京市电力公司团委关于同意北京中电联汽车服务有限责任公司团委委员、书记候选人预备人选的批复
京电团〔2018〕17号	国网北京市电力公司团委关于同意召开共青团国网北京市电力公司检修分公司第二次代表大会的批复
京电团〔2018〕18号	国网北京市电力公司团委关于同意国网北京检修公司团委委员、书记、副书记候选人预备人选的批复
京电团〔2018〕19号	国网北京市电力公司团委关于同意召开北京京电电力工程设计有限公司团员大会的批复
京电团〔2018〕21号	国网北京市电力公司团委关于同意召开北京华商远大电力建设有限公司团员大会的批复
京电团〔2018〕23号	国网北京市电力公司团委关于同意北京华商远大电力建设有限公司团委委员、书记候选人预备人选的批复
京电团〔2018〕24号	国网北京市电力公司团委关于同意召开北京吉北电力工程咨询有限公司团员大会的批复

续表

文　　号	文　件　标　题
京电团〔2018〕25号	国网北京市电力公司团委关于同意共青团国网北京市电力公司检修分公司第二次代表大会和团的委员会第一次全体会议选举结果的批复
京电团〔2018〕26号	国网北京市电力公司团委关于同意召开北京华商伟业资产管理有限公司团员大会的批复
京电团〔2018〕27号	国网北京市电力公司团委关于同意北京京电电力工程设计有限公司团委委员、书记候选人预备人选的批复
京电团〔2018〕29号	国网北京市电力公司团委关于同意国网北京市电力公司物业管理公司团委延期换届的批复
京电团〔2018〕30号	国网北京市电力公司团委关于同意北京华商伟业资产管理有限公司团总支委员、书记候选人预备人选的批复
京电团〔2018〕31号	国网北京市电力公司团委关于同意召开北京市城市照明管理中心团员大会的批复
京电团〔2018〕33号	国网北京市电力公司团委关于同意北京吉北电力工程咨询有限公司团委委员、书记、副书记候选人预备人选的批复
京电团〔2018〕34号	国网北京市电力公司团委关于同意北京市城市照明管理中心团委委员、书记候选人预备人选的批复
京电团〔2018〕35号	关于北京华商三优新能源科技有限公司团委召开团员大会请示的批复
京电团〔2018〕36号	关于国网北京朝阳供电公司团委召开团员大会请示的批复
京电团〔2018〕37号	关于共青团北京华商三优新能源科技有限公司委员会委员、书记、副书记候选人预备人选的批复
京电团〔2018〕38号	国网北京市电力公司团委关于同意召开国网北京节能服务有限公司团员大会的批复
京电团〔2018〕39号	国网北京市电力公司团委关于同意共青团北京华商远大电力建设有限公司团员大会和团的委员会第一次全体会议选举结果的批复
京电团〔2018〕40号	国网北京市电力公司团委关于同意共青团北京华商伟业资产管理有限公司团员大会和团的总支部委员会第一次全体会议选举结果的批复
京电团〔2018〕41号	国网北京市电力公司团委关于同意共青团北京京电电力工程设计有限公司团员大会和团的委员会第一次全体会议选举结果的批复
京电团〔2018〕42号	国网北京市电力公司团委关于同意共青团北京市城市照明管理中心团员大会和团的委员会第一次全体会议选举结果的批复
京电团〔2018〕43号	国网北京市电力公司团委关于同意共青团北京吉北电力工程咨询有限公司团员大会和团的委员会第一次全体会议选举结果的批复
京电团〔2018〕44号	国网北京市电力公司团委关于同意共青团北京中电联汽车服务有限责任公司团员大会和团的委员会第一次全体会议选举结果的批复
京电团〔2018〕45号	国网北京市电力公司团委关于同意共青团北京华商三优新能源科技有限公司团员大会和团的委员会第一次全体会议选举结果的批复
京电团〔2018〕46号	国网北京市电力公司团委关于同意国网北京节能服务有限公司团总支委员、书记候选人预备人选的批复
京电营〔2018〕1号	国网北京市电力公司关于2018年“煤改电”工作的指导意见
京电营〔2018〕12号	国网北京市电力公司关于2018年营销计量专业项目可行性研究报告的批复
京电营〔2018〕13号	国网北京市电力公司关于下达2018年国网北京延庆供电公司农村煤改电等30项工程初步设计和概算的批复
京电营〔2018〕21号	国网北京市电力公司关于2017年国网北京海淀供电公司10kV 1号公共充电站外电源新建等工程初步设计的批复
京电营〔2018〕22号	国网北京市电力公司关于国网北京信通公司2018年采集主站信息安全防护改造等两个项目可行性研究报告的批复
京电营〔2018〕25号	国网北京市电力公司关于下达国网北京电科院“煤改电”智能服务示范项目初步设计和概算的批复

续表

文号	文件标题
京电营〔2018〕26号	国网北京市电力公司关于下达2018年国网北京昌平供电公司北邵洼等3个村农村煤改电等34项工程初步设计和概算的批复
京电营〔2018〕27号	国网北京市电力公司关于国网北京丰台供电公司海底捞火锅方庄店“气改电”示范工程初步设计和概算的批复
京电营〔2018〕29号	国网北京市电力公司关于国网北京城区供电公司东城区机关单位等充电站新建等三十四项工程初步设计的批复
京电营〔2018〕41号	国网北京市电力公司关于2018年国网北京城区供电公司10kV北京站东街公交车外电源新建工程等二十七项工程初步设计的批复
京电营〔2018〕42号	国网北京市电力公司关于下达国网北京城区供电公司2018年营销关键基础设施信息安全改造（无安全芯片采集终端改造）工程等21项工程初步设计概算批复的通知
京电营〔2018〕43号	国网北京市电力公司关于国网北京城区供电公司2017年10kV业扩项目配套工程（自用充电设施外电源延伸项目）初步设计的批复
京电营〔2018〕46号	国网北京市电力公司关于磁各庄园区、顺义28街区综合能源服务项目可行性研究报告的批复
京电营〔2018〕51号	国网北京市电力公司关于2019年营销储备电能计量项目可行性研究报告的批复
京电营〔2018〕52号	国网北京市电力公司关于2019年营配调贯通和数据梳理工程可行性研究报告的批复
京电营〔2018〕53号	国网北京市电力公司关于国网北京城区供电公司西城区右安门小区新建充电桩等15项2019年营销储备智能用电类项目可行性研究报告的批复
京电营〔2018〕54号	国网北京市电力公司关于客服中心坐席功能完善和2019年用电检查及反窃电管理提升工程可行性研究报告的批复
京电营〔2018〕55号	国网北京市电力公司关于国网北京信通公司2019年“网上国网”服务提升工程（营销历史数据迁移）等9个储备项目可行性研究报告的批复
京电营〔2018〕56号	国网北京市电力公司关于国网北京信通公司营销关键基础设施信息安全改造等7项2019年营销储备项目可行性研究报告的批复
京电营〔2018〕57号	国网北京市电力公司关于2019年营销储备“三型一化”营业厅服务提升工程可行性研究报告的批复
京电营〔2018〕58号	国网北京市电力公司关于2019年营销储备市场与能效类项目可行性研究报告的批复
京电营〔2018〕62号	国网北京市电力公司关于亦庄贵园南里丁区、瀛景园小区等八个老旧小区改造工程初步设计的批复
京电营〔2018〕63号	国网北京市电力公司关于朝阳恋日绿岛、白家庄小区等八个老旧小区改造工程初步设计的批复
京电营〔2018〕64号	国网北京市电力公司关于2018年“三供一业”户表改造项目可行性研究报告的批复
京电营〔2018〕71号	国网北京市电力公司关于北京电力医院供配电工程（居民楼箱变及10kV外电源）初步设计及概算的批复
京电营〔2018〕73号	国网北京市电力公司关于下达2018年国网北京昌平供电公司龙潭等2个村农村煤改电追加等8项工程初步设计和概算的批复
京电营〔2018〕76号	国网北京市电力公司关于国网北京大兴供电公司大兴区首都新机场停车场等充电站新建等四项工程初步设计的批复
京电营〔2018〕77号	国网北京市电力公司关于2019年第二批营销投入项目可行性研究报告的批复意见
京电运检〔2018〕6号	国网北京市电力公司关于国网北京朝阳供电公司马家湾路架空线路供电可靠性提升等三十项工程初步设计的批复
京电运检〔2018〕10号	国网北京市电力公司对国网北京门头沟供电公司35kV灵山变电站和韭园变电站主变增容改造工程初步设计的批复
京电运检〔2018〕18号	国网北京市电力公司关于国网北京顺义供电公司线损治理改造工程（线路分册）初步设计的批复

续表

文　　号	文 件 标 题
京电运检〔2018〕19 号	国网北京市电力公司关于国网北京石景山供电公司 10kV 冬奥和冬训开闭站可靠性提升两项工程初步设计的批复
京电运检〔2018〕41 号	国网北京市电力公司关于国网北京顺义供电公司长林 110kV 变电站主变增容改造等三项工程初步设计的批复
京电运检〔2018〕49 号	国网北京市电力公司关于国网北京城区供电公司 10kV 对外经贸一二路网架结构优化等六项工程初步设计的批复
京电运检〔2018〕50 号	国网北京市电力公司关于国网北京房山供电公司片上路网架结构优化等四项工程初步设计的批复
京电运检〔2018〕51 号	国网北京市电力公司关于国网北京通州供电公司于家务变电站煤改电配套 10kV 间隔扩建工程初步设计的批复
京电运检〔2018〕55 号	国网北京市电力公司关于国网北京朝阳供电公司东北郊 220kV 变电站 10kV 切改工程初步设计的批复
京电运检〔2018〕56 号	国网北京市电力公司关于国网北京密云供电公司大石岭 110kV 变电站主变增容等四项工程初步设计的批复
京电运检〔2018〕82 号	国网北京市电力公司关于国网北京亦庄供电公司 10kV 新华印刷联一二路分倒路改造等四项工程初步设计的批复
京电运检〔2018〕83 号	国网北京市电力公司关于 2018 年国网北京石景山供电公司 10kV 重载变压器分换装工程初步设计的批复
京电运检〔2018〕84 号	国网北京市电力公司关于国网北京海淀供电公司西区商业一二路外电源改造等四项工程初步设计的批复
京电运检〔2018〕85 号	国网北京市电力公司关于国网北京大兴供电公司 110kV 大塑变电站解重载等十六项工程初步设计的批复
京电运检〔2018〕90 号	国网北京市电力公司关于国网北京电科院 10kV 电源改造工程初步设计的批复
京电运检〔2018〕94 号	国网北京市电力公司关于国网北京延庆供电公司康庄 110kV 变电站改造工程初步设计的批复
京电运检〔2018〕99 号	国网北京市电力公司关于国网北京延庆供电公司 10kV 重载变压器分换装和延镇路等三条线路解重载两项工程初步设计的批复
京电运检〔2018〕101 号	国网北京市电力公司关于 2018 年国网北京平谷供电公司 10kV 重载变压器分换装等两项工程初步设计的批复
京电运检〔2018〕106 号	国网北京市电力公司关于国网北京城区供电公司线损治理改造工程（线路分册）初步设计的批复
京电运检〔2018〕107 号	国网北京市电力公司关于国网北京昌平供电公司兴寿 110kV 变电站主变改造工程初步设计的批复
京电运检〔2018〕110 号	国网北京市电力公司关于 2018 年国网北京房山供电公司 10kV 重载变压器分换装等两项工程初步设计的批复
京电运检〔2018〕115 号	国网北京市电力公司关于国网北京顺义供电公司 10kV 天柱东路分倒路等五项工程初步设计的批复
京电运检〔2018〕118 号	国网北京市电力公司关于国网北京丰台供电公司马家堡地区 10kV 架空台区及 0.4kV 低压线路改造等二十项工程初步设计的批复
京电运检〔2018〕119 号	国网北京市电力公司关于国网北京通州供电公司通州站 10kV 重载线路切改等八项工程初步设计的批复
京电运检〔2018〕120 号	国网北京市电力公司关于国网北京通州供电公司行政办公区核心区市人大开关站外电源可靠性提升等九项工程初步设计的批复
京电政供办〔2018〕1 号	国网北京市电力公司关于印发十九届二中全会供电保障工作方案的通知

统 计 资 料

北京市全社会用电量及分类指标

指标名称	本年累计用电量（亿 kWh）	增长率（%）	所占比例（%）
全社会用电量	1142.38	7.08	100.00
一、全行业用电量	886.02	4.38	77.56
第一产业	10.64	-46.67	1.20
第二产业	331.60	-0.19	37.43
第三产业	543.78	9.49	61.37
二、居民生活用电量	256.36	17.57	22.44
全行业用电量	886.02	4.38	100.00
一、农林牧渔业	18.84	-91.31	2.13
二、工业	307.32	-1.04	34.69
三、建筑业	25.30	15.91	2.86
四、交通运输、仓储和邮政业	54.37	3.56	6.14
五、信息传输、软件和信息技术服务业	46.78	23.91	5.28
六、批发和零售业	67.18	14.14	7.58
七、住宿和餐饮业	32.65	1.59	3.69
八、金融业	13.04	-43.73	1.47
九、房地产业	125.06	8.33	14.11
十、租赁和商务服务业	24.24	82.47	2.74
十一、公共服务及管理组织	171.24	3.44	19.33

北京地区变电站分布情况

所属地区	变电站座数（座）					主变容量（万 kVA）				
	合计	500kV	220kV	110kV	35kV	合计	500kV	220kV	110kV	35kV
公司合计	540	4	91	374	71	10 190.82	960.00	4490.00	4564.25	176.57
东西城区	36	0	5	31	0	860.20	0	330.00	530.20	0
朝阳地区	72	2	19	49	2	2196.95	480.00	981.00	727.95	8.00
海淀地区	52	1	12	39	0	1575.30	240.00	696.00	639.30	0
丰台地区	45	0	9	36	0	850.00	0	435.00	415.00	0
石景山地区	8	0	1	7	0	124.00	0	36.00	88.00	0
亦庄地区	3	0	3	0	0	180.00	0	180.00	0	0
通州地区	43	0	7	28	8	695.72	0	360.00	315.20	20.52
昌平地区	49	0	10	33	6	752.01	0	392.00	340.75	19.26
门头沟地区	13	0	1	7	5	116.30	0	36.00	66.30	14.00
房山地区	39	0	4	25	10	472.02	0	180.00	268.00	24.02
大兴地区	57	1	8	46	2	1078.80	240.00	306.00	528.80	4.00
平谷地区	16	0	2	11	3	183.80	0	90.00	85.80	8.00

续表

所属地区	变电站座数（座）					主变容量（万 kVA）				
	合计	500kV	220kV	110kV	35kV	合计	500kV	220kV	110kV	35kV
怀柔地区	20	0	2	14	4	226.12	0	90.00	127.60	8.52
密云地区	26	0	1	12	13	164.96	0	36.00	98.05	30.91
顺义地区	45	0	6	30	9	595.58	0	288.00	284.95	22.63
延庆地区	16	0	1	6	9	119.06	0	54.00	48.35	16.71
检修公司	269	4	91	172	2	8014.05	960.00	4490.00	2556.05	8.00

注　检修公司的统计范围是以检修公司为运维主体的设备。

各供电公司售电量情况

单　位	售电量（万 kWh）	同比（%）
城区公司	104.21	2.10
朝阳公司	186.21	5.12
海淀公司	145.73	5.10
丰台公司	85.36	5.70
石景山公司	19.11	4.09
亦庄公司	63.23	14.58
通州公司	66.92	10.39
昌平公司	75.55	8.18
门头沟公司	11.86	10.87
房山公司	49.29	15.10
大兴公司	57.70	0.96
平谷公司	17.37	12.02
怀柔公司	20.23	6.41
密云公司	20.29	7.00
顺义公司	75.78	14.73
延庆公司	12.17	22.25

国网北京市电力公司营业窗口统计表

序号	供电公司	供电营业窗口名称	地　址	电　话	营业时间
1	城区供电公司	城区客户服务中心营业厅	北京市西城区西直门南小街 174 号	63660839	8:30-17:30 法定节假日休息
2	城区供电公司	东城供电服务中心营业厅	东城区朝阳门内大街 298 号	65133025	8:30-17:30 法定节假日休息
3	城区供电公司	崇文供电服务中心营业厅	珠市口东大街 4-19 号	67071747	8:30-17:30 法定节假日休息
4	城区供电公司	西城供电服务中心营业厅	西城区西直门内大街 147 号西侧	66012677	8:30-17:30 法定节假日休息

续表

序号	供电公司	供电营业窗口名称	地　址	电　话	营业时间
5	城区供电公司	宣武供电服务中心营业厅	西城区南横东街四平园一号楼一层	63514105	8:30-17:30 法定节假日休息
6	城区供电公司	黄寺供电服务中心营业厅	西城区黄寺大街23号阳光丽景小区北门	62026127	8:30-17:30 周六日、法定节假日休息
7	朝阳供电公司	安华营业所	朝阳区安贞西里三区七号楼	64435032	8:30-17:30 周六日、法定节假日休息
8	朝阳供电公司	CBD中央商务区	朝阳区关东店24号	63661807	8:30-17:30 周六日、法定节假日休息
9	朝阳供电公司	华威营业所	朝阳区华威西里甲18号	87717289	8:30-17:30 周六日、法定节假日休息
10	朝阳供电公司	望京营业所	朝阳区望京广顺南大街（眉州东坡酒楼旁）	64740901	8:30-17:30 周六日、法定节假日休息
11	朝阳供电公司	奥运中心区	朝阳区北辰东路凯迪克酒店北侧	63661308	8:30-17:30 周六日、法定节假日休息
12	朝阳供电公司	十里居营业所	朝阳区南十里居东风家园42号	84569273	8:30-17:30 周六日、法定节假日休息
13	朝阳供电公司	翠城营业所	朝阳区翠城馨园405甲楼国家电网	67299380	8:30-17:30 周六日、法定节假日休息
14	朝阳供电公司	客户服务中心	朝阳区百子湾西里300号（朝阳区交通支队）北侧	85963167	8:30-17:30 法定节假日休息
15	海淀供电公司	客服中心营业厅	海淀区常青路6号院	63232574（前台） 63232547（收费）	工作日：8:30-17:30 周休日：8:30-17:30 法定节假日：休息 注：周休日和法定节假日不办理增值税发票和业务费用收取
16	海淀供电公司	双榆树供电所营业厅	海淀区双榆树南里二区8号	63129796	工作日：8:30-17:30 周休日、法定节假日：休息
17	海淀供电公司	航天桥供电所营业厅	北京市海淀区玲珑路9号院琨御府东区5号楼西侧国家电网	63231666	工作日：8:30-17:30 周休日、法定节假日：休息
18	海淀供电公司	海淀供电所营业厅	海淀区树村万树园小区30号楼	82794973	工作日：8:30-17:30 周休日、法定节假日：休息
19	海淀供电公司	西北旺供电所营业厅	海淀区西北旺镇皇后店村西	62473639	工作日：8:30-17:30 周休日、法定节假日：休息
20	海淀供电公司	苏家坨供电所营业厅	海淀区苏家坨镇苏一路凤仪佳苑小区二里北门	59848472	工作日：8:30-17:30 周休日、法定节假日：休息
21	丰台供电公司	客服中心	丰台区丰北路117号	63663108	工作日、周休日：8:30-17:30 法定节假日：休息
22	丰台供电公司	云岗供电营业所	北京市丰台区云岗镇南里2号院（北京淮阳村商务酒店路北）	83319742	工作日：8:30-17:30 周休日：休息 法定节假日：休息
23	丰台供电公司	和义供电营业所	丰台区三营门南苑北里三区6号楼西侧	67961801	工作日：8:30-17:30 周休日：休息 法定节假日：休息
24	丰台供电公司	方庄供电营业所	丰台区方庄环岛北芳古园二区甲10号楼	67680359	工作日：8:30-17:30 周休日：休息 法定节假日：休息
25	丰台供电公司	马家堡供电营业所	丰台区玺萌鹏苑小区南门东侧	67564412	工作日：8:30-17:30 周休日：休息 法定节假日：休息
26	石景山供电公司	客户服务中心营业厅	石景山区鲁谷路59号	68653081	8:30-17:30 法定节假日休息

续表

序号	供电公司	供电营业窗口名称	地　址	电　话	营业时间
27	亦庄供电公司	亦庄客户服务中心	北京市亦庄经济技术开发区北环东路 11 号	24 小时报修：63665090 收费：63665633 报装：63665016	8:30-17:30 法定节假日休息
28	通州供电公司	宋庄供电所营业厅	通州区宋庄镇京榆旧路与宋梁路交叉口西南（谷德玛特购物广场对面）	89579882	工作日：8:00-17:00 周休日、法定节假日：休息
29	通州供电公司	梨园供电所营业厅	北京市通州区梨园地区日新路、万盛南街交叉口东南侧（音乐学院向南 1400 米）	81519058	工作日：8:00-17:00 周休日、法定节假日：休息
30	通州供电公司	永顺供电所营业厅	通州区永顺镇陈列馆路焦王庄村南（焦王庄派出所对面）	89593825	工作日：8:00-17:00 周休日、法定节假日：休息
31	通州供电公司	马驹桥供电所营业厅	通州区马驹桥镇政府东侧（六环路马驹桥3 号桥下能源站北）	60592005	工作日：8:00-17:00 周休日、法定节假日：休息
32	通州供电公司	台湖供电所营业厅	通州区台湖镇次渠大街次渠中学东侧	81509678	工作日：8:30-17:30 周休日、法定节假日：休息
33	通州供电公司	潞城供电所营业厅	通州区潞城镇武兴路 32 号（甘棠中学东侧 150 米）	89589359	工作日：8:00-17:00 周休日、法定节假日：休息
34	通州供电公司	西集供电所营业厅	通州区西集镇西集环岛往南 500 米	61518924	工作日：8:00-17:00 周休日、法定节假日：休息
35	通州供电公司	张家湾供电所营业厅	通州区张家湾镇光华路西侧（张家湾镇政府向南 500 米）	69572302	工作日：8:00-17:00 周休日、法定节假日：休息
36	通州供电公司	漷县供电所营业厅	通州区漷县镇漷兴二街与京津公路交叉口西侧 100 米	80586718	工作日：8:00-17:00 周休日、法定节假日：休息
37	通州供电公司	永乐店供电所营业厅	通州区于家务乡渠头大街 51 号（于家务回族乡渠头路口中石化加油站北 100 米）	80521054	工作日：8:00-17:00 周休日、法定节假日：休息
38	通州供电公司	客户服务中心营业厅（新）	通州区滨河中路甲 10 号（通州区滨河中路与梨园南街交叉口东侧，健龙森体育健身俱乐部南侧 300 米）	63666139	工作日、周休日：8:30-17:30 法定节假日：休息
39	昌平供电公司	国网北京昌平客户服务中心供电营业厅	北京市昌平区永安路 33 号	卡表售电：63667703 扩咨询：63667156；63667130；63667178	工作日、周休日：8:30-17:30 法定节假日：休息
40	昌平供电公司	国网北京昌平流村供电所营业厅	昌平区流村镇北流村商业街	89771015	工作日：8:00-17:00 周休日、法定节假日：休息
41	昌平供电公司	国网北京昌平东小口供电所营业厅	昌平区东小口镇中滩村北	84816897	工作日：8:30-17:30 周休日、法定节假日：休息
42	昌平供电公司	国网北京昌平百善供电所营业厅	北京市昌平区百善镇百善村西北	61739297	工作日：8:30-17:30 周休日、法定节假日：休息
43	昌平供电公司	国网北京昌平马池口供电所营业厅	昌平区马池口镇上念头村北	60700030	工作日：8:30-17:30 周休日、法定节假日：休息
44	昌平供电公司	国网北京昌平小汤山供电所营业厅	北京市昌平区小汤山邮局东 80 米	61785374	工作日：8:30-17:30 周休日、法定节假日：休息
45	昌平供电公司	国网北京昌平阳坊供电所营业厅	北京市昌平区阳坊镇阳坊村北	69760519	工作日：8:30-17:30 周休日、法定节假日：休息
46	昌平供电公司	国网北京昌平回龙观供电所营业厅	北京市昌平区霍营派出所北 150 米	营业厅电话 81706488 报修电话 69791352	工作日：8:30-17:30 周休日、法定节假日：休息
47	昌平供电公司	国网北京昌平沙河供电所营业厅	北京市昌平区沙河镇松兰堡村北侧	69731903	工作日：8:30-17:30 周休日、法定节假日：休息
48	昌平供电公司	国网北京昌平南口供电所营业厅	北京市昌平区南口镇马坊村南	营业厅电话 80191220 报修电话 69779743	工作日：8:30-17:30 周休日、法定节假日：休息

续表

序号	供电公司	供电营业窗口名称	地　址	电　话	营业时间
49	昌平供电公司	国网北京昌平南邵供电所营业厅	北京市昌平区南邵地铁站西出口西侧500米	60732144-8101	工作日：8:30-17:30 周休日、法定节假日：休息
50	昌平供电公司	国网北京昌平北七家供电所营业厅	北京市昌平区北七家镇燕丹村东	81752266	工作日：8:30-17:30 周休日、法定节假日：休息
51	昌平供电公司	国网北京昌平崔村供电所营业厅	北京市昌平区崔村镇西崔村北	60721395	工作日：8:30-17:30 周休日、法定节假日：休息
52	昌平供电公司	国网北京昌平十三陵供电所营业厅	北京市昌平区十三陵镇定陵路口西侧200米	60761874	工作日：8:30-17:30 周休日、法定节假日：休息
53	昌平供电公司	国网北京昌平兴寿供电所营业厅	兴寿邮局向北200米路西（门口国家电网标牌）	61726146	工作日：8:00-17:00 周休日、法定节假日：休息
54	门头沟供电公司	客户服务中心	门头沟区滨河路66号	63668556	工作日：8:30-17:30（对公业务11:30-13:30休息） 周休日：8:30-17:30（只有售电业务） 法定节假日：休息
55	门头沟供电公司	龙泉供电所	门头沟区城子大街3号	69864656	工作日：8:30-17:30 周休日、法定节假日：休息
56	门头沟供电公司	永定供电所	门头沟区永定镇石门营环岛东路1号	69804934	工作日：8:30-17:30 周休日、法定节假日：休息
57	门头沟供电公司	潭柘寺供电所 2018年11月1日—2019年4月30日停业装修	门头沟区鲁家滩大街4号	60861465	工作日：8:30-17:30 周休日、法定节假日：休息
58	门头沟供电公司	妙峰山供电所	门头沟区陇家庄村坟上妙峰山供电所	61881412	工作日：8:30-17:30 周休日、法定节假日：休息
59	门头沟供电公司	雁翅供电所	北京市门头沟区雁翅镇芹峪口下马岭村1号	61830371	工作日：8:30-17:30 周休日、法定节假日：休息
60	门头沟供电公司	斋堂供电所	北京市门头沟区斋堂镇东斋堂村东斋堂供电所	69818805	工作日：8:30-17:30 周休日、法定节假日：休息
61	房山供电公司	清水供电所	门头沟区清水镇上清水村清水供电所	60855075	工作日：8:30-17:30 周休日、法定节假日：休息
62	房山供电公司	国网房山客户服务中心供电营业厅	北京市房山区广阳西路11号西侧营销服务中心	工作日：63669566， 周休日：63669660	工作日：8:30-17:30 周休日：8:30-17:30（西侧售电窗口） 法定节假日：休息
63	房山供电公司	国网阎村供电所供电营业厅	北京市房山区阎村镇紫园路108号	89313809	工作日：8:30-17:30 周休日、法定节假日：休息
64	房山供电公司	国网琉璃河供电所供电营业厅	北京市房山区琉璃河镇二街村27号（北京农村商业银行东侧）	89381006	工作日：8:30-17:30 周休日、法定节假日：休息
65	房山供电公司	国网窦店供电所供电营业厅	北京市房山区窦店镇政府往北200米路西	69392805	工作日：8:30-17:30 周休日、法定节假日：休息
66	房山供电公司	国网城关供电所供电营业厅	北京市房山区城关饶乐府村南	69314277	工作日：8:30-17:30 周休日、法定节假日：休息
67	房山供电公司	国网佛子庄供电所供电营业厅	北京市房山区佛子庄乡西班各庄村	60360026	工作日：8:00-17:00 周休日、法定节假日：休息
68	房山供电公司	国网青龙湖供电所供电营业厅	北京市房山区青龙湖镇豆各庄村	60321668	工作日：8:00-17:00 周休日、法定节假日：休息
69	房山供电公司	国网张坊供电所供电营业厅	北京市房山区张坊镇张坊村东	61339414	工作日：8:30-17:30 周休日、法定节假日：休息
70	房山供电公司	国网石楼供电所供电营业厅	北京市房山区石楼镇石楼大街39号	89300083	工作日：8:00-17:00 周休日、法定节假日：休息

续表

序号	供电公司	供电营业窗口名称	地址	电话	营业时间
71	房山供电公司	国网长阳供电所供电营业厅	北京市房山区长阳镇广阳大街中路天骄骏园小区对面	80356551	工作日：8:30-17:30 周休日、法定节假日：休息
72	房山供电公司	国网良乡供电所供电营业厅	北京市房山区良乡西路临 13 号月华小区东侧	60382528	工作日：8:30-17:30 周休日、法定节假日：休息
73	房山供电公司	国网长沟供电所供电营业厅	北京市房山区长沟镇长沟派出所斜对面	61361182	工作日：8:00-17:00 周休日、法定节假日：休息
74	房山供电公司	国网周口店供电所供电营业厅	北京市房山区周口店镇周口店大街 1 号	69303918	工作日、周休日：8:30-17:30 法定节假日：休息
75	房山供电公司	国网韩村河供电所供电营业厅	北京市房山区韩村河镇五侯路口	61312088	工作日：8:00-17:00 周休日、法定节假日：休息
76	房山供电公司	国网霞云岭供电所供电营业厅	北京市房山区霞云岭乡凉水泉	60367011	工作日：8:30-17:30 周休日、法定节假日：休息
77	大兴供电公司	安定供电所营业厅	大兴区安定站兴安大街 17 号	63233552	8:00-17:00 （双休日及法定节假日休息）
78	大兴供电公司	北臧村供电所营业厅	北京市大兴区生物医药产业基地天河西路 21 号（北京达瑞兴钉业有限公司东院院内	63233574	8:00-17:00 （双休日及法定节假日休息）
79	大兴供电公司	采育供电所营业厅	大兴区采育镇消防队东 2000 米	80276542	8:00-17:00 （双休日及法定节假日休息）
80	大兴供电公司	黄村供电所营业厅	北京市大兴区黄村镇新风街 48 号（孙村卫生院南侧）	61268100	8:00-17:00 （双休日及法定节假日休息）
81	大兴供电公司	旧宫供电所营业厅	旧宫镇小红门路幻星家园北侧路口里	87970320	8:00-17:00 （双休日及法定节假日休息）
82	大兴供电公司	客户服务中心营业厅	大兴区黄村镇兴政街一号	收费厅：63670046 报装厅： 63670270\63670271	工作日：8:30-17:30 周休日：8:30-17:30（不进行业务办理） 法定节假日：休息
83	大兴供电公司	新城北区营业厅	大兴区黄村镇康庄路 53 号院康泰园小区底商 8-1 号	63670568	8:30-17:30 双休日及法定节假日休息
84	大兴供电公司	礼贤供电所营业厅	北京市大兴区礼贤镇青礼路 3 号	89275865	8:00-17:00 （双休日及法定节假日休息）
85	大兴供电公司	庞各庄供电所营业厅	庞各庄镇瓜乡桥向西 2000 米路南	89289989	8:00-17:00 （双休日及法定节假日休息）
86	大兴供电公司	青云店供电所营业厅	青云店镇垡上村村东	80211760-8001	8:00-17:00 （双休日及法定节假日休息）
87	大兴供电公司	魏善庄供电所营业厅	大兴区魏善庄镇半壁店工业街路北	89232919	8:00-17:00 （双休日及法定节假日休息）
88	大兴供电公司	西红门供电所营业厅	北京市大兴区西红门镇宏康路 17 号东院	60298883 转 810	8:00-17:00 （双休日及法定节假日休息）
89	大兴供电公司	瀛海供电所营业厅	北京市大兴区南海子公园南门黄亦路南 500 米	69272318	8:00-17:00 （双休日及法定节假日休息）
90	大兴供电公司	榆垡供电所营业厅	大兴区榆垡镇榆平路 4 号	63670772	8:00-17:00 （双休日及法定节假日休息）
91	平谷供电公司	芦城供电所营业厅	大兴区黄村镇西芦城村西 500 米	61239569	8:00-17:00 （双休日及法定节假日休息）
92	平谷供电公司	长子营供电所营业厅	长子营大街政府东 100 米	80265747	8:00-17:00 （双休日及法定节假日休息）
93	平谷供电公司	客户服务中心营业厅	平谷区新平南路 239 号	63671666	8:30-17:30 法定节假日休息
94	平谷供电公司	城区供电所	府前街 27 号［国泰路口东北角（国美电器东）］	63671901	8:30-17:30 双休日及法定节假日休息

续表

序号	供电公司	供电营业窗口名称	地　址	电　话	营业时间
95	平谷供电公司	大华山供电所	大华山镇大华山村西	61947921	8:00-17:00 （双休日及法定节假日休息）
96	平谷供电公司	峪口供电所	峪口镇政府西	61906049	8:00-17:00 （双休日及法定节假日休息）
97	平谷供电公司	马昌营供电所	马昌营镇海子村东	61981024	8:00-17:00 （双休日及法定节假日休息）
98	平谷供电公司	马坊供电所	马坊镇二条街村南	60996380	8:00-17:00 （双休日及法定节假日休息）
99	平谷供电公司	东高村供电所	东高村镇大旺务村西	63671654	8:00-17:00 （双休日及法定节假日休息）
100	平谷供电公司	夏各庄供电所	夏各庄镇前营北小区北 260 米路东	63671498	8:00-17:00 （双休日及法定节假日休息）
101	平谷供电公司	金海湖供电所	金海湖镇胡庄东环路 8 号	69992199	8:00-17:00 （双休日及法定节假日休息）
102	平谷供电公司	山东庄供电所	山东庄镇小北关东环路 4 号	60937604	8:00-17:00 （双休日及法定节假日休息）
103	平谷供电公司	王辛庄供电所	平谷镇谷丰东路 2 号	61921427	8:00-17:00 （双休日及法定节假日休息）
104	怀柔供电公司	客户服务中心营业厅	北京市怀柔区湖光小区 36 号	69652449	8:30-17:30 法定节假日休息
105	怀柔供电公司	城区供电所营业厅	北京市怀柔区开放路 111 号	61630642	8:00-17:00 （法定节假日休息）
106	怀柔供电公司	庙城供电所营业厅	北京市怀柔区庙城镇庙城政府南 100 米	60695329	8:00-17:00 （双休日及法定节假日休息）
107	怀柔供电公司	杨宋供电所营业厅	怀柔区杨宋镇凤翔开发区杨宋镇政府西 1000 米	61675343	8:00-17:00 （双休日及法定节假日休息）
108	怀柔供电公司	北房供电所营业厅	北京市怀柔区北房镇幸福东街 68 号	61684543	8:00-17:00 （双休日及法定节假日休息）
109	怀柔供电公司	雁栖供电所营业厅	北京市怀柔区雁栖镇雁栖大街 38 号	61668871	8:00-17:00 （双休日及法定节假日休息）
110	密云供电公司	桥梓供电所营业厅	北京市怀柔区桥梓镇政府西 50 米	60673067	8:00-17:00 （双休日及法定节假日休息）
111	密云供电公司	汤河口供电所营业厅	北京市怀柔区汤河口镇汤河口村 45 号	89671988	8:00-17:00 （双休日及法定节假日休息）
112	密云供电公司	客服中心营业厅	密云县新中街 3 号	69056571	8:30-17:30 法定节假日休息
113	密云供电公司	城区供电所营业厅	密云县长安小区西区 1 号楼 5 号门	69059223	8:30-17:30 双休日及法定节假日休息
114	密云供电公司	河南寨供电所营业厅	密云县河南寨镇套里村北	61086123	8:00-17:00 （双休日及法定节假日休息）
115	密云供电公司	溪翁庄供电所营业厅	密云县溪翁庄镇溪翁庄村（镇政府西侧 100 米）	69011315	8:00-17:00 （双休日及法定节假日休息）
116	密云供电公司	巨各庄供电所营业厅	密云县巨各庄镇政府东侧	63234314	8:00-17:00 （双休日及法定节假日休息）
117	密云供电公司	东邵渠供电所营业厅	密云县东邵渠镇太保庄村北东侧	61061995	8:00-17:00 （双休日及法定节假日休息）
118	密云供电公司	西田各庄供电所营业厅	密云县西田各庄镇西田各庄村北	61015689	8:00-17:00 （双休日及法定节假日休息）
119	顺义供电公司	太师屯供电所 营业厅	密云县太师屯镇葡萄园村	69032747	8:00-17:00 （双休日及法定节假日休息）
120	顺义供电公司	不老屯供电所营业厅	密云县不老屯镇不老屯村北（镇政府北 150 米）	81090891	8:00-17:00 （双休日及法定节假日休息）

续表

序号	供电公司	供电营业窗口名称	地　　址	电　话	营业时间
121	顺义供电公司	客户服务中心营业厅	顺义区站前北街四号	63674876	8:30-17:30
122	顺义供电公司	李桥供电所营业厅	顺义区李桥镇沿河村西	63234599	8:00-17:00
123	顺义供电公司	仁和供电所营业厅	顺义区仁和镇米各庄村北	63234726	8:00-17:00
124	顺义供电公司	高丽营供电所营业厅	顺义区高丽营学校对面	63234564	8:00-17:00
125	顺义供电公司	杨镇供电所营业厅	顺义区杨镇工业区内	63234760	8:00-17:00
126	顺义供电公司	北石槽供电所营业厅	顺义区北石槽镇府前西街 13 号	63234483	8:00-17:00
127	顺义供电公司	北小营供电所营业厅	顺义区北小营镇西乌鸡村南	63674963	8:00-17:00
128	顺义供电公司	大孙各庄供电所营业厅	顺义区大孙各庄镇府前东街 17 号	63234539	8:00-17:00
129	顺义供电公司	后沙峪供电所营业厅	顺义区后沙峪镇裕安路 4 号	63234572	8:00-17:00
130	顺义供电公司	龙湾屯供电所营业厅	顺义区龙湾屯镇焦庄户村南 2000 米	63234623	8:00-17:00
131	顺义供电公司	南法信供电所营业厅	顺义区南法信镇府前街刘家河段 1 号	63234691	24 小时
132	顺义供电公司	天竺供电所营业厅	顺义区天竺镇小王辛庄南路 6 号	63234738	8:00-17:00
133	顺义供电公司	赵全营供电所营业厅	顺义区赵全营镇政府西侧 100 米路北	63234781	8:00-17:00
134	顺义供电公司	南彩供电所营业厅	顺义区南彩镇河北村南	63674881	8:00-17:00
135	顺义供电公司	牛栏山供电所营业厅	顺义区牛栏山镇先进村北	63234701	8:00-17:00
136	顺义供电公司	木林供电所营业厅	顺义区木林镇木林教师楼北	63674984	8:00-17:00
137	顺义供电公司	张镇供电所营业厅	顺义区张镇派出所南侧 200 米	63234770	8:00-17:00
138	顺义供电公司	马坡供电所营业厅	顺义区马坡镇马坡幼儿园东侧	63674861	8:00-17:00
139	延庆供电公司	北务供电所营业厅	顺义区北务镇北务村北	63234510	8:00-17:00
140	延庆供电公司	李遂供电所营业厅	顺义区李遂镇工业区内	63234603	8:00-17:00
141	延庆供电公司	客户服务中心营业厅	延庆区庆园街 53 号	69187024	8:30-17:30
142	延庆供电公司	旧县供电所营业厅	北京市延庆县旧县商业街西南（旧县镇政府对面）	61151874	8:30-17:30
143	延庆供电公司	沈家营营业所营业厅	延庆县沈家营镇八里店东岔口路北	69103142	8:00-17:00
144	延庆供电公司	香营营业所营业厅	北京市延庆县香营乡政府西	60162177	8:00-17:00
145	延庆供电公司	永宁供电所营业厅	北京市延庆县永宁西关村北	60171219	8:30-17:30
146	延庆供电公司	刘斌堡营业所营业厅	刘斌堡乡政府东侧	60181794	8:00-17:00
147	延庆供电公司	大庄科营业所营业厅	大庄科乡政府东侧	60189915	8:00-17:00
148	延庆供电公司	千家店供电所营业厅	千家店镇政府对面	60188112	8:30-17:30
149	延庆供电公司	张山营供电所营业厅	北京市延庆区温泉馨苑小区北侧	69147931	8:30-17:30
150	延庆供电公司	张山营营业所营业厅	北京市延庆区张山营镇镇政府东	69112532	8:00-17:00
151	延庆供电公司	大榆树供电所营业厅	大榆树镇刘家堡村南	61182473	8:30-17:30
152	延庆供电公司	八达岭供电所营业厅	北京市延庆区八达岭镇营城子村东	69129439	8:00-17:00
153	延庆供电公司	康庄营业所营业厅	北京市延庆区康庄镇政府院西	69131327	8:30-17:30
154	延庆供电公司	四海供电所营业厅	北京市延庆区四海镇四海村	60187110	8:00-17:00

集体企业名录（含代管企业）

序号	企业名称	备注
1	北京市华商电力开发公司	平台企业出资人
2	北京华商伟业资产管理有限公司	集体资产经营平台
3	北京华商远大电力建设有限公司	下属集体企业
4	北京华商三优新能源科技有限公司	下属集体企业
5	北京潞电电气设备有限公司	下属集体企业
6	北京京电电力工程设计有限公司	下属集体企业
7	北京吉北电力工程咨询有限公司	下属集体企业
8	北京银杰供电民用电有限公司	下属集体企业
9	北京中电联汽车服务有限责任公司	下属集体企业
10	北京华商电灯有限公司	下属集体企业
11	北京谷新投资管理有限公司	下属集体企业
12	北京城区供电开发有限公司	下属集体企业
13	北京朝阳电力实业开发有限公司	下属集体企业
14	北京海淀供电实业开发有限公司	下属集体企业
15	北京丰供送变电工程有限责任公司	下属集体企业
16	北京市银光电力工程有限公司	下属集体企业
17	北京亦利和电力工程安装有限责任公司	下属集体企业
18	北京潞电电力建设有限公司	下属集体企业
19	北京市京电博源供用电工程安装有限公司	下属集体企业
20	北京门供电力工程有限公司	下属集体企业
21	北京房供电力工程有限责任公司	下属集体企业
22	北京首兴安成电力工程有限公司	下属集体企业
23	北京绿谷光明电力工程有限公司	下属集体企业
24	北京市京怀电力工程安装有限公司	下属集体企业
25	北京云电电气有限责任公司	下属集体企业
26	北京顺力成电力设备安装维修有限公司	下属集体企业
27	北京诚惠电力工程有限公司	下属集体企业
28	北京金电联供用电咨询有限公司	下属集体企业
29	北京新悦广发电力工程有限公司	下属集体企业
30	北京京电电网维护集团有限公司	下属集体企业
31	北京博瑞翔伦科技发展有限公司	下属集体企业
32	北京京供民科技开发有限公司	下属集体企业
33	北京路明路灯电气安装有限公司	下属集体企业
34	北京市顺义力源供用电工程安装有限公司	下属集体企业
35	北京市顺义光旺电力物资供应有限公司	下属集体企业
36	北京市京东电力设备安装有限公司	下属集体企业
37	北京市博源京电供电技术有限公司	下属集体企业
38	北京电力实业开发总公司	代管企业